법률과 판례·시행 예정 법률 수록

'현실 속 오징어 게임
참가자를 위한 종합 솔루션'

채권자의 민낯

전진웅 지음

'빚에 무너질 것인가, 빛을 볼 것인가'

신아사

전진응

세상을 보는 관점의 재구성을 통해 변화를 시도하는 경계인이다. 독서를 자양분 삼아 지적성장을 이루는 것을 낙으로 삼는다. 현실과 이상의 한계를 극복하기 위해 좌충우돌 하지만 결과에 얽매이지 않는다. 불운한 이들과 함께하지 못했다는 부채의식과 미래세대에 대한 책임의식을 갖고 있다. 그들에 대한 마음의 빚을 조금이라도 덜어내고자 '회생 방법에 관한 지혜의 공유'를 선택했다. 법학을 전공하였고, 서강대학교 경영전문대학원 SHAPE(단기 MBA) 과정에서 총장상을 받았다. 국책은행, 금융 공기업, 서울특별시 출연 보증재단 등 금융회사에서 30년 동안 근무했다. 특히 여신 및 채권관리 분야에서 전문성을 키워왔다. 신용관리, 자산관리, 재무관리(前), 부동산 중개에 관한 공인 자격을 취득했다.

채권자의 민낯

초판 1쇄 발행 _ 2022년 1월 30일

저　자 · 전 진 응
발행인 · 정 현 걸
발　행 · 신 아 사
인　쇄 · 한승인쇄
주　소 · 서울특별시 은평구 통일로 59길 4 (2F)
전　화 · (02) 382-6411　팩스 · (02) 382-6401
홈페이지 · www.shinasa.co.kr
E-mail · shinasa@daum.net
출판등록 · 1956년 1월 5일 (제 9-52호)

ISBN 979-11-91158-69-4 (03360)
저자와의 협의로 인지를 생략합니다.

정가 27,000 원

[프롤로그] 1천만 채무자를 위하여

COVID(코로나바이러스감염증)-19 사태의 나비효과로 전염병이 세계적으로 대유행하고 있다. 그야말로 혼돈의 시대이다. 장기화 된 대재앙으로 지속 가능한 삶에 대한 불안감은 갈수록 깊어진다. 그 중심에 있는 사회적 약자는 신음하고 있거나 생사의 기로에 서있다. 4차 산업혁명이라는 글로벌 경제의 새로운 패러다임도 전염병 유행으로 빛을 바랬다. 오히려 지금은 초불확실성의 시대이고 장기 저성장 국면 진입을 걱정해야 하는 상황이다. IMF 외환위기, 세계 금융대란, 코로나19로 일컬어지는 외부충격은 약 10년을 주기로 발생했다. 소시민이 완전하게 재기하기에는 부족한 시간이다. 우리는 위드 코로나에 적응해가며 누적된 충격과 공포로부터 벗어날 수 있을까? 대중적인 원인요법 치료제가 출시되어 백신을 대체할 때까지 불안은 이어질 수밖에 없다. 이와 같은 블랙스완(Black Swan, 예외적이고 극단적인 사건)이 불규칙적으로 출현하는 세상에서 버텨낼 사람이 얼마나 있겠는가.

각국 정부는 코로나19 대유행을 극복하기 위해 천문학적인 돈을 풀었다. 한국은행도 기준금리 0.5%로 인하, RP(환매조건부채권)매입, 통화스왑을 통한 외화대출 실시 등 다양한 방법으로 유동성을 공급해왔다. 이로 인해 금융시장은 안정되었지만, 초과잉 유동성은 실물자산인 주거용 부동산과 주식, 가상자산의 거품을 만들었다. 미국 연방준비제도(FED)의 양적완화축소(tapering)와 금리인상, 원자재 가격 상승이 가져올 후폭풍은 장기적으로 세계경제와 금융시장을 비관적인 방향으로 이끌 것이다. 괴리율이 큰 주식시장은 동학개미, 서학개미, 캠퍼스개미라는 신조어까지 탄생시켰다. 도파민에 취한 투기자본은 코인시장을 혼탁하게 만들었고 피해자를 양산했다. 씁쓸한 현실 속에서 진정한 기쁨을 나눌 수 있는 사람이 몇이나 될까. 승자의 대열에 운 좋게 편승했더라도 최소한의 의식이라도 있다면 마냥 웃고 있을 수만은 없다. 무한 이윤을 추구하는 투기자본의 본성과 탐욕이 만든 거품은 없는 이들의 박탈감과 미래세대의 절망감을 담보로 하기 때문이다.

2019년 5월 거주지 인근 아파트에서 일가족 사망 사건이 발생했다. 과도한 채무 때문에 희망의 끈을 놓아버린 50대 가장이 극단적 선택을 한 것으로 확인되었다. 같은 시대를 살아가는 가장으로서 남의 일 같지 않았다. 미래의 주인공인 청년들은 어떠한가. 상당수의 젊은이들이 제대로 된 일자리를 찾지 못하고 희망 없이 살아가고 있다. 치명적인 코로나19 후유증으로 가동률과 매출은 급락하고 휴·폐업하는 소상공인과 자영업자도 속출하고 있다. 이로 인한 대규모 실업사태와 소득절벽은 경제적 빈곤층의 삶을 압박할 것이다. 기약이 없는 거리두기로 운영이 어려워진 생계 현장과 방역 피로감 때문에 저항할 수밖에 없었던 자영업자의 심정에도 공감한다. 열심히 살아온 그들이 채무불이행자로 전락할 가능성이 높아진 것은 자명하기에 더욱 안타깝다. 치유와 회복, 포용의 공동체를 지향하는 정부에 대한 신뢰가 유지될 수 있도록 이들에 대한 관심과 지원을 확대해야 한다.

우리는 왜 한계에 몰린 사람들의 아픔에 공감하며 고통을 함께 나눠야 할까. 인간은 상호작용과 관계유지를 통해 존재가치를 확인해 가는 사회적 동물이기 때문이다. 소유보다 존재에 방점을 찍는 사람이라면 내 기쁨과 네 슬픔의 무게를 감정이 다른 저울로 측정하면 안 된다. 누적된 자격지심과 피해의식이 우리 사회를 지배할 때 법과 질서는 무너진다. 낙인의 반작용으로 인한 더 큰 사회적 비용을 치르기 전에 포용해야 한다. 그들이 스스로를 소외된 약자로 인식하기 전에 말이다.

여기서 '채권자'는 금융회사 등 기관 채권자로 한정하고, '채무자'는 변제능력을 완전히 상실한 다중채무자(금융채무의 주채무자, 연대보증인, 재산 상속인 등 포함)를 지칭한다. 어쩌다 채권자가 되어버린 개인의 경우 채무자와 동일하거나 더 큰 고통을 겪고 있을 것이기 때문이다. 부실심사와 혜택만 강조하고 위험성과 불이익에 대해서는 환기시키지 않는 금융 관행에 대한 시정과 고통분담을 촉구하는 측면도 포함되어 있다.

대한민국에는 1,000만명이 넘는 채무자가 있다. 그들 중에서 다중채무자 숫자는 423만6천명이다. 실직과 사업실패 등으로 상환약속을 어기는 순간 채무불이행자라는 꼬리표가 그들의 삶을 위협한다. 채권자는 강하나 채무자는 약한 존재이다. 채권자는 약탈적 금융관행의 수혜자이나 채무자는 피해자일 수 있다. 채권자는 집단이지만 채무자는 개인이다. 정보의 취득과 법률의 활용 등 전문성 측면에서는 비교가 되지 않는다. 기울어진 운동장이 분명하다. 채권자 입장에서 쓴 책은 많지만 채무자 입장에서 고민한 책은 없었다. 포털사이트나 유튜브에서 회자되는 단편적인 방어기술보다 절망에서 벗어날 수 있는 지혜를 공유하고 싶었다.

과도한 경쟁사회와 임계점이 넘는 채무로 인한 비극은 언제까지 이어질까. 사회・경제적 약자들만의 책임일까? 서민금융지원, 손실보상, 생계지원 등 사회안전망이 그들을 전부 보호할 수 있을까? 고립된 사람들을 위한 실질적인 대안은 없는가? 라는 의문과 부채의식이 생겼다. 법률과 판례, 채무자 보호제도, 공・사적 채무조정제도, 복지제도를 알지 못해 선택한 사회적 타살의 고리를 끊는데 도움을 주고 싶었다. 트라우마로 점철된 그들의 삶에 돌파구를 마련해줄 수 있다면 졸저의 목적은 달성된 것이다.

코로나19로 세계화는 숨을 고르겠지만 기술변화와 전반적인 생태계 붕괴로 양극화는 극심해질 것이다. 정치는 생물이라지만 선거철마다 채권자의 권리와 자유를 제약하는 부채 포퓰리즘(populism)도 한계에 이른듯하다. 그동안 금융당국은 포용성장을 금융으로 뒷받침하기 위해 서민금융 지원체계를 구축해왔다. 그러나 대다수 국민들의 삶은 여전히 곤궁하다. 언제까지 정치인의 약속과 채권자의 자비를 기대할 것인가. 반드시 재기하겠다는 자기 확신과 살아있는 지식으로 무장하자.

금융회사 등 기관 채권자는 여신관리 및 채권추심 조직을 자체적으로 운영하거나 추심 전문회사에 회수를 위임한다. 장기간 미 회수된 악성채권은 경쟁 입찰을 통해 매각하기도 한다. 신용정보회사는 추심 전문가로 구성된 집단이다. 강제집행 방법론에 대해 연구하고 공유한다. 사기꾼도 목표로 정한 사람에 대해 연구하고 작전을 수립한다. 채무자와 피해자는 강제집행과 사기를 당할 때까지 어떤 노력을 했는가? 협상 파트너로 존중받고 싶다면 채무자도 실력을 갖추고 선제적으로 대처해야 한다. 채권자에게 목덜미를 잡히기 전에 말이다.

이 책의 궁극적인 기획 의도는 채권자의 민낯을 간파함으로써 선량하지만 불운한 채무자의 회생을 돕는데 있다. 도덕적 해이(moral hazard)를 조장하거나 시장경제의 근간인 자기책임의 원칙을 훼손하자는 것이 아니다. 정상을 참작할 여지가 있고 변제할 의지와 양심이 있는 사람에게는 시간을 주고 배려하자는 것이다. 자유와 권리를 누리기 위해서는 책임과 의무의 이행이 뒤따라야 한다는 것은 상식이다. 그러나 개인의 능력으로 도저히 상환할 수 없는 채무의 변제를 끊임없이 강요해 극단적 선택으로 몰아가는 행위는 횡포이다. 채무자는 다수이지만 힘과 세력 없이 숨어 지내는 우리의 이웃이다. 법치주의 사회라는 미명하에 개인인 채무자에게 모든 책임을 전가시키는 것은 가혹하다. 채권자가 알지 못하는 그들만의 안타까운 사정이 있기 때문이다. 한 가정이 파괴되어도 어쩔 수 없다는 식의 미필적 살인에 가까운 강제집행은 역효과만 낳는다. 상환능력을 벗어난 과도한 채무 때문에 소중한 목숨을 버리는 일이 다시는 재발되어서는 안 된다. 그러나 상환여력이 충분함에도 고의로 채무변제를 면탈하려는 채무자나 호화생활을 하면서 조세를 납부하지 않는 체납자까지 두둔할 의도는 없다. 개인 간 금전 채무자와 상거래 관련 채무자도 마찬가지이다.

기본지식, 사례, 법률, 판례, 법리, tip을 선택적으로 채택하였다. 기본지식은 제도의 개요와 취지에 주안점을 두었다. 사례는 경험한 사건을 선별하여 각색하였고, 주제별 법률과 판례는 내용과 조문(사건)번호를 명기했다. 판결문은 한 호흡에 길게 작성된 경우가 많다. 요지 위주로 인용했지만 읽고 이해하는데 인내가 필요하다. 그 의미가 바뀌지 않는 선에서 단문으로 잘라주거나 해설을 추가하였다. tip은 채권자의 추심기법과 행동특성, 채무자의 권리와 대처방법, 주의사항 등을 중심으로 서술하였다. 종합적으로, 채권자의 강제집행에 대비하고 합법적으로 불복할 수 있는 법률지식을 객관적 근거에 따라 기술하였다.

감당할 수 없는 채무상환 부담에서 벗어나고 싶은가. 각 장의 다양한 사례를 통해 그 방법을 터득할 수 있을 것이다. 해당 내용을 반복해서 읽어보고 자신이 처한 상황과 연계시켜보면 정답을 찾을 수 있다. 일반 독자들도 이 책을 기반으로 생소한 영역의 지적 성장을 이룰 수 있을 것이다. 문제가 발생하는 지점에는 반드시 법이론, 법률조문, 판례가 등장하고 치열한 논리 다툼이 전개된다. 이러한 측면에서 채권자의 행동특성을 공유하고 빈틈을 찾아내기 위한 사례를 다수 수록하였다. 정독한 페이지에 비례하여 향상된 법적 사고력(legal mind)과 방어기법 체득은 큰 그림을 그리는데 도움이 될 것이라 확신한다. 채권자의 법률행위가 초래할 반향에 대해 무시하거나 방치하면 큰 코 다친다. 단순한 법리임에도 채권자 의도를 간파하지 못해 협상 한번 해보지 못하고 거액을 변제할 처지에 놓인 사람들이 많다.

웹드라마 '오징어 게임'이 책 출간의 결정적인 동기가 되었다. 우리 사회에 던진 묵직한 울림 때문이다. 픽션이라지만 과도한 채무와 사회적 폭력 때문에 고통받아온 약자들의 아픔을 심도 있게 묘사한 작품이었다. 시나리오가 탄탄하고 현실 속 채무자 상황과 겹쳐져 몰입할 수밖에 없었다. 인생의 벼랑 끝에 선 사람들이 456명 뿐이겠는가. "우리가 빚을 졌지 죽을죄를 진 것은 아니잖아요?"라고 외치는 남자의 절규에 감정이 복잡해졌다. 그의 말이 맞다. 죽을죄를 진 것이 아니기에 포용하며 함께 살아가야 한다. 죄수에게 인권이 있듯이 채무자에게도 행복할 권리가 있다. 우리가 애써 모른척하고 있을 뿐이다. 돈·명예·권력을 갖고 있는 현실 속 생존자도 타인의 도움 없이 성공할 수는 없었을 것이다.

이 책은 많은 사람의 관심과 도움이 있었기에 세상에 나올 수 있었다. 희생의 대명사이신 어머니, 사랑하는 아내와 내 인생의 버팀목인 두 딸, 인성 좋고 믿음직스러운 사위와 세상에서 가장 예쁜 손녀딸이 그 주인공이다. 더불어 도서출판 신아사 정현걸 대표님과 김금란 실장님, 교열과 편집에 심혈을 기울여주신 남궁연 팀장님과 직원들에게도 깊이 감사드린다.

이 책을 관통하는 논리는 '상환 불가능한 채무로부터의 해방'이다. 힘들고 지친 채무자에게 용기와 희망을 드리는 안내서가 될 수 있다면 감사할 일이다. 필자가 다년간 현장에서 쌓은 경험과 지혜가 독자들에게 그대로 전해지면 좋겠다. 오늘도 수많은 채무자가 채권자의 독촉과 압박에 시달리며 위태로운 삶을 연명하고 있을 것이다. 부족하지만 이 책을 통해 채무자의 삶이 '두려움'에서 '희망'으로, '빚의 굴레'에서 '빛과 행복'으로 바뀌어가길 소망한다.

2022년 1월, 전진웅

차례

프롤로그, 1천만 채무자를 위하여 - 3

1부 경제적 자유를 쟁취하기 위한 중요한 원칙들

1장 경계인의 눈으로 바라본 세상과 인간관계 …… 16

도시적 삶과 거리두기 …… 16
거꾸로 가고 있는 한국사회 …… 19
채권자와 채무자의 관계 …… 26

2장 모든 것이 점수화 되는 사회 …… 29

신용의 중요성 …… 29
일반신용정보 …… 30
신용등급, 개인 신용평점 …… 35

3장 왜 우리는 부채로부터 자유롭지 못한가. …… 38

부채의 위험성과 운 …… 38
부채 관리와 경영컨설팅 …… 40
대출 사기와 형사고소 …… 46
재무설계와 상속설계 …… 51

2부 채권자의 행동특성과 채무자의 방어기제

1장 채권자는 어떻게 사고(思考) 하는가. ········ 56

신용정보회사 ········ 56

채권자의 정보 취득 방법 ········ 59

채권자의 부실채권 회수 경로 ········ 62

[채권자의 단계별 행동특성] - 62

[부동산에 대한 강제집행] - 68

[유체동산에 대한 강제집행] - 76

[채권에 대한 강제집행] - 84

[재산명시 신청] - 104

[채무불이행자명부등재 신청] - 107

[재산조회 신청] -110

채권자가 제기할 수 있는 특수한 민사소송 ········ 112

[사해행위취소의 소] - 112

[가등기말소의 소, 사해행위취소의 소] - 112

[근저당권말소의 소, 사해행위취소의 소] - 118

[채권자대위권에 기초한 가압류 · 가처분 취소의 소] - 121

[배당이의의 소] - 122

[부당이득반환의 소] - 122

[지분반환의 소] - 124

[상호속용에 관한 소] - 126

[법인격부인의 소] - 129

2장 채무자는 어떻게 방어해야 하는가. ········ 135

채무자 보호제도 ········ 135

채무자 지원제도 ········ 142

[개인회생 · 개인파산 신청 지원] - 142

[신용대출 119 프로그램] - 142

[긴급 복지지원] - 144

[장기 소액채권 소각] - 145

보증인 보호제도 ········ 147

민원제도 ········ 162

소비자신용에 관한 법률(안) ········· 165
대부업체 이용 방법 ········· 172

3장 채권자의 강제집행에 불복할 권리 ········· 176

소멸시효 ········· 176
채무자가 불복의 방법으로 행사할 수 있는 권리 ········· 198
[채무자가 불복하여 행사할 수 있는 권리의 종류] - 198
[확인의 소] - 199
[청구에 관한 이의의 소] - 201
[집행문부여에 대한 이의의 소] - 203
[제3자이의의 소] - 205
[배당이의의 소] - 206
[재심의 소] - 209

3부 채무자가 법률과 친해져야 하는 이유

1장 보전처분, 알아야 제대로 대처한다 ········· 212

압류 ········· 212
가압류와 불복방법 ········· 213
가처분과 불복방법 ········· 223
가등기 ········· 228

2장 채권자의 민사소송 제기와 응소 전략 ········· 233

민사소송 일반 ········· 233
[민사소송 사건의 구분] - 247
[민사소송 절차] - 248
[공시송달과 추완항소] - 250
민사소송 응소 전략 ········· 253

3장 채무자가 가장 많이 당하는 소송과 독촉방법 ······ 254
이행권고결정 ······ 254
지급명령 ······ 256

4장 알아두면 유용한 법률지식 ······ 262
채권과 물권 ······ 262
권리분석 ······ 269
법정지상권 ······ 283
분묘기지권 ······ 286
유치권 ······ 288

4부 채권자의 대반격과 채무자의 대응 방안

1장 대반격의 법적 근거 ······ 294
채권자대위권 ······ 294
변제자대위권 ······ 298
보험자대위권 ······ 301
채권자취소권 ······ 302

2장 채권자대위권, 채권자취소권에 근거한 특수한 민사소송 ······ 305
채권자대위권에 근거한 소 제기 ······ 305
채권자취소권에 근거한 사해행위취소의 소 제기 ······ 311
[사해행위취소의 소 일반] - 311
[사해행위취소의 소 제기 검토(안)] - 320
[상속재산 협의분할과 사해행위취소의 소] - 330
[단순승인 간주자의 상속채무 변제의무] - 339
[상속재산 파산신청] - 355
[상속포기와 고유재산 강제집행] - 357
[우선 변제 소액보증금과 사해행위취소의 소] - 360
[공정증서 작성과 사해행위취소의 소] - 376

[부동산 명의신탁과 사해행위취소의 소] - 382
[기타 사해행위취소의 소에 관한 판례] - 389

3장 채권자의 형사고소 ······ 391

강제집행면탈죄 ······ 391
형사소송 판결이 민사소송에 미치는 영향 ······ 395

4장 채무자의 대응방안 ······ 398

채무자가 화를 면하는 방법 ······ 398
단계별 종합 대응방안 ······ 400

5부 혼돈의 시대, 희망을 노래하다

1장 공・사적 채무조정과 채무감면 ······ 408

신용회복지원 ······ 416
개인회생 ······ 422
개인파산・면책 ······ 455
국민행복기금 ······ 482
채무감면 ······ 484

2장 채무자 프레임과 고립에서의 탈피 ······ 489

패럴림픽의 영웅들 ······ 489
변호사와 법무사의 직무 영역과 선임 방법 ······ 493
무료로 법률 상담을 받을 수 있는 기관 ······ 496
법률정보에 접근하는 방법 ······ 498

법률용어 - 499
에필로그, 함께 행복하게 살아가는 세상을 위하여 - 509
참고문헌 - 512

"세상은 고통으로 가득하지만 그것을 이겨내는 일로도 가득 차 있다."

Although the world is full of suffering. it is full also of the overcoming of it.

헬렌 켈러 / Helen keller

가독성을 높이기 위해

주제별 관련 법률은 ●, 대법원 판례는 ☀, 일반이론과 경험은 ▸, 해설은 ＊ 표시로 구분하였고 복잡한 내용은 표와 박스로 정리하였다. 주제별 관련 법률은 조문 순서에 따라 서술하였다. 집중해야 될 내용은 조문 순서에 구애받지 않고 관련 법률을 한곳으로 묶어 판례와 함께 제공하였다.

1부

경제적 자유를 쟁취하기 위한 중요한 원칙들

1장 경계인의 눈으로 바라본 세상과 인간관계

▣ 도시적 삶과 거리두기

평소에 자연인의 삶을 동경해왔다. 원시적이고 투박한 환경을 극복하고 자급자족하는 그들의 일상에서 자유로움과 선한 인간으로서의 본성을 느꼈기 때문이다. 자연인의 적응기를 방송하는 매스컴의 영향도 컸다. 속마음은 알 수 없겠지만 속박에서 벗어난 그들이 마냥 행복해보였다. 그래서일까? 2020년 11월 1일에 수도권에 있는 집에서 420km 떨어진 관광지 호텔 총 책임자로 부임했다. 40년 만의 귀향길에 들려오는 정감있는 고향 사투리는 옛 추억을 소환했다. 호텔은 일반 차량의 진입이 허용되지 않는 청정한 섬에 있었다. 그 섬에 관한 잔상을 소개하자면 이렇다.

맛과 예술의 고장인 신안군 안좌면 끝자락에 위치한 퍼플섬(purple island)은 보라색 테마와 천혜의 자연환경으로 한국 관광 100선에 선정되었다. 라벤다를 비롯한 야생화와 갈대가 지천에 널려있고 밤길에는 고라니와도 조우할 수 있다. 밤하늘의 선명한 별빛은 정서적 허기를 달래준다. 어민들의 소망을 담은 고깃배는 넘실대고 갈매기는 먹이를 낚아채 날아오른다. 해풍을 견디며 자라난 신선한 먹거리와 맑은 공기는 삶에 지친 여행객을 치유해준다. 썰물 때 드러나는 청정한 갯벌의 크고 작은 수로는 독특하고 기하학적이다. 바위틈에서 자라난 섬초와 자갈밭에서 피어난 민들레의 강인함은 경이롭다. 섬과 섬을 연결하는 세 개의 목교(木橋)에서 비춰지는 야경 또한 일품이다.

섬의 중간 지점 바닷가에 위치한 호텔은 '힐링의 성지'로 불렸다. 매일 아침마다 적막을 가르는 새들의 지저귐과 파도소리에 잠을 깨는 상상을 해보시라. 그 섬에서 지내면

만성 두통에 시달리게 했던 일들로부터 해방될 것 같았다. 한편으로는 어지러운 세상사도 잊고 싶었다. 세속적인 욕망과 거리를 두고 나만의 시간을 갖고자 했다. 그래서 선택한 귀향이었다. 작은 용기를 내 자발적 고독을 선택한 셈이다.

그러나 인생의 쉼표를 찾아 떠난 곳은 '체험 삶의 현장'이었다. 근무기간 동안 심각한 사고와 시행착오도 숱하게 겪었다. 선한 고객들이 대부분이었지만 추태를 부리는 단체 여행객과 구시대적인 경영진도 있었다. 그곳에서는 합리적인 건의가 묵살되었고, 공과 사를 구분하는 것도 부질없는 짓이었다. 권력의 사유화나 안하무인적 태도는 상대방이나 아랫사람에 대한 영향력에서 비롯된다. 영향력이나 지배력은 이권이나 무기가 아닌 선한 의도로 행사되어야 세상이 밝아진다.

반면에 비단 같은 심성을 가진 여행객도 만날 수 있었다. 30대 젊은 부부와 노모를 모시고 온 50대 딸이 동시에 호텔 식당에 입장했다. 코로나19 방역지침 때문에 이용할 수 있는 좌석이 한 개 남아있었는데 젊은이들이 양보했다. 고마움에 노모의 딸이 부부의 식사비를 대신 지불했고, 식사를 대접받은 그들은 현지 특산품을 선물하는 것으로 보답했다.

섬 외부 주차장에서 차문을 열다가 옆에 주차된 승용차에 미세한 흠집을 낸 40대 남성 운전자도 있었다. 자세히 보지 않으면 발견할 수 없을, '문콕'정도의 흠집이고 본 사람도 없는데 안절부절 했다. 그는 연락처가 없는 차 주인을 한 시간 이상 기다리다 떠났다. 비에 젖을까봐 비닐로 감싸놓은 메모지에는 "죄송합니다. 아끼시는 차에 흠집을 냈습니다. 차주 분을 기다리다 일정 때문에 떠납니다. 연락주시면 보상해드리겠습니다". 라고 쓰여 있었다. 가슴이 뭉클해지고 훈훈한 순간이었다. 이런 사람들의 선한 영향력이 우리 사회를 지탱하게 하는 근간이다.

마음은 비교적 편했다지만 몸은 성치 않았다. 눈보라를 뚫고 자동차로 1시간 거리의 코로나19 선별 진료소에 가야했고, 지네에게 발목을 물려 종합병원 응급실에서 치료 받아야했다. 방파제에서 미끄러져 허리통증에 시달렸고, 난생 처음 수동 트럭을 운전하다가 낭떠러지로 추락할 뻔 했다. 당초 기대와는 달리 시간이 지날수록 행복감과 심리적 안정감은 무뎌져갔다. 일반인의 도덕 감정과 상식으로는 이해할 수 없는 크고 작은 사건 사고 때문이었다. 해가 바뀌자 가족들에 대한 그리움도 짙어졌다. 귀하고 예쁜 손녀딸의 모습을 보면서 바보같이 살고 싶은 간절함이 더해진 탓일 것이다. 더 소중한 가치를 멀리하고 혼자만의 만족을 추구한데 따른 인생 수업료를 톡톡히 지불한 셈이다.

돌이켜보면 삶의 궤적과 다른 분야를 가볍게 생각한 선부른 귀향이었다. 고향의 호출에 겁 없이 응한 부주의로 인생 계획표를 수정해야 했기 때문이다. 하지만 추억의 샛길로 인도해준 그 섬의 전경은 한 동안 잊혀지지 않았다. 시골 마을은 평온하고 주민들은 다정했지만 말 못할 사연들이 있었다. 결국 형제간 다툼으로 방화가 발생해 주택이 전소되었고 동생이 중화상을 입었다. 인접해있는 면에서는 경제난에 허덕이던 가장이 아내의 인명을 경시한 극단적 사건도 발생했다. 충격적이고 안타까웠다. 더 이상 '효의 마을, 범죄 없는 마을'이 아니었다. 한적한 시골도 자본의 탐욕과 비정함에 포획되어 가족애가 사라진 것이다.

이 모든 사건이 돈의 세속적인 측면 때문일까? 우리도 돈 문제로부터의 해방과 자유의 소중함에 대해 논하고 있지 않은가. 인간은 경제적 자유와 불확실한 미래에 대비하기 위해 돈을 필요로 한다. 그러나 돈을 신과 같은 존재로 추앙하려면 종교적・정치적 신념에 대해 거론하지 말아야 한다. 종교 활동은 인간의 선한 본성에 이르려는 성스러운 영역이고, 정치 활동은 공공의 이익을 추구해야 할 영역이기 때문이다. 우리는 한・미 양국의 현대 정치사를 통해 굳건한 신앙과 경제권력을 가진 사람이 정치권력까지 탐해 불행하게 되는 아픔을 경험했다. 대통령이었던 그들이 자유의지를 헌법정신과 무관하게 실현하여 초래된 비극이었다.

짧은 섬 생활이었지만 대자연을 벗 삼아 숙성할 수 있었던 소중한 시간이기도 했다. 지나간 인생을 복기하고 살아갈 날에 대해 사색하는 자유를 덤으로 얻은 것은 그나마 행운이었다. 귀향한 전직 경찰관 부부의 도움과 따뜻한 마음은 앞으로도 잊을 수 없을 것이다.

▣ 거꾸로 가고 있는 한국 사회

○ 경계인의 시선

필자의 심리지도는 도시인과 농부의 경계에 자리한다. 당장이라도 귀향해 자연 속에 파묻히고 싶지만 현실이 발목을 잡고 있기 때문이다. 경계에 서면 변화를 갈망하고 새로운 시선으로 사유하게 된다. 과거에 붙잡히지 않는 경계인은 그래서 자유롭고 독립적이다. 그 자유와 독립이 새로운 출발의 밑천이다. 세상이 내 뿜는 오염과 거리를 둘 수 있기에 내면이 단단해지고 두려움을 덜어낼 수 있는 여유도 생긴다. 요즘은 고향을 물리적인 거리만으로 측정하지 않는다. 그 동안 나는 익명성 속에 감춰진 존재로 40년 동안 타향살이를 해왔다. 각자도생 사회에서 중심부와 주변부 사이의 경계인으로 살아왔던 지난날은 썩 유쾌하지 않은 경험의 연속이었다. 위기 때마다 삶의 의미를 부여해준 것은 '가족'이라는 이름과 대가없는 사랑이었다.

우리나라는 괄목할만한 경제성장을 이루었지만 민주화 이후 정치발전은 더디다. 국가 전체의 부(富)가 증가한 것과 비례해야 할 국민들의 행복감도 제자리다. 시대착오적인 이분법적 투쟁에 매몰되어 정치·사회·경제적 갈등에 대한 조정을 소홀이 한 때문이다. 언젠가부터 몰상식이 상식위에 군림하고 불합리가 합리를 지배하는 현상에 대한 거부감이 생겼다. 거꾸로 가고 있는 우리 사회의 대전환이 필요해 보였다. 신념의 도발을 감행할 수 있는 용기와 사고체계를 갖추는 것이 쉽지 않다는 사실을 뒤늦게 깨달았다. 생각이 짧아 조심스럽지만 사심을 제거하고 경계인의 사고를 확장해 어지러운 세상을 바라본다.

정치의 계절이 돌아왔다. 대선정국이라 그런지 사활을 걸고 싸우는 후보들의 말이 매우 거칠다. 바꿔야 할 정권과 바뀌어야 할 정치는 구분되어야 함에도 이를 인식하지 못하는 정치인이 훨씬 많다. 진영정치와 계파정치 때문이다. 현대의 정치지형은 공동체

주의와 자유주의의 물리적, 화학적 결합으로 만들어진다. 여야를 대립하게 하는 것은 오해와 편견이다. "진보"란 혁명 정도는 아니더라도 변화에 과감하게 나서자는 것이며, "보수"란 점진적으로 개혁을 하되 좋은 것은 보전하자는 것이다. 각 정당이 추구하는 정책과 비전의 교집합 크기는 시간이 갈수록 확대될 것이다. 따라서 정치적 이념과 신념에 대해 진보와 보수가 사생결단식으로 대립할 성질은 아닌 것이다. 더 이상 정치뉴스 때문에 국민들의 사고회로가 꼬이는 일은 없어야 한다. 정치는 이종 격투기가 아니기 때문이다.

우리 사회의 행복감은 전체적으로 낮다. 경제규모는 세계 10위에 진입했지만 국가별 행복지수는 62위 수준이다. 인지적 오류와 부정적인 정신적 습관 때문이다. 부모세대보다 훨씬 잘 살게 되었음에도 행복하진 않다는 '풍요의 역설'이 사회 전반에 퍼져있다. 갈수록 커지는 양극화, 불공정, 지위재 추구 심리 때문이다. 이로 인해 '약자에 대한 혐오'와 '기득권 세력에 대한 증오'가 일상적인 현상으로 자리 잡았다. 이들의 충돌을 계속 방치하면 사회의 분노화로 인한 대가를 치르게 된다. 따라서 경제적 격차와 공정에 대한 사회 구성원 간 인식의 충돌이 한계선을 넘지 않도록 관리되어야 한다. 승자와 패자만 남는 '냉혹한 경쟁'이 인간관계의 중심에 있는 사회는 불행에서 벗어날 수 없다.

국민들이 체감할 수 없는 경제민주화는 공염불에 불과하다. '공정거래법'이 미래지향적으로 설계되었다면 플랫폼 기업의 질주가 계속될 수 있었을까? 이들의 전횡에 정치권이 감시하는 시늉만 하고 눈을 감으면 시장의 실패로 이어지게 된다. 시장의 자기조정 능력에 대한 회의적인 시각 때문이다. '스토킹처벌법' 하나 만드는데 22년이나 걸리고, 강력범죄를 저지른 의사면허가 영구 박탈되지 않는 나라가 대한민국이다. 국회의원들이 국민들의 변화에 대한 열망과 보편적 가치는 담아내지 못하면서 세비만 축내고 있는 것이다. 히포크라테스의 선서를 망각한 자와 의료 현장에서 사투를 벌이는 의사의 존재가치는 구분되어야 한다. '의사의 면허취소와 재교부에 관한 의료법' 제65조는 개정되어야 한다. 상식 중에 상식을 모아 놓은 것이 법이기 때문이다.

○ 공존과 역동성의 회복

우리는 코로나19 위기 극복과 4차 산업혁명 이라는 거대한 도전에 직면해 있다. 변이 바이러스, 인공지능 기술과 공존해야 하는 시대가 도래한 것이다. 초기술 사회의 빛과 그림자는 지금까지의 일상을 완전히 바꿔놓을 것이다. 사회 및 공적제도의 변화 속도가 기술의 변화 속도에 뒤쳐질 경우 국가 경쟁력의 하락과 계층 간 갈등으로 이어진다. 이토록 중요한 시기에 권력자와 피지배자, 대기업과 중소기업, 기성세대와 미래세대, 부자와 빈자, 남성과 여성, 채권자와 채무자가 공존하며 하모니를 이룰 수는 없을까?

위기에 처한 대한민국과 과도한 경쟁에 매몰된 우리 사회의 부분별 문제점을 진단해보자.

정치적으로, 민주주의의 과잉이 초래한 균열과 갈등은 공동체를 위험에 빠뜨리고 있다. 반(反)지성주의와 인지적 편향에 발목 잡힌 진영정치가 정당정치를 지배하고 있다. 이로 인한 정치의 사법화 현상은 심각한 수준이다. 윤리와 도덕규범에 구속되지 않는 철인(哲人)형 지도자도 보이지 않는다. 그나마 정치철학의 빈곤으로부터 자유롭고, 정책역량·통찰력 측면에서 강점을 가진 후보가 등장했다는 사실에 만족해야 하는 상황이다. 정치적 상상력의 축제가 되어야 할 대선이 아귀다툼으로 변질되고 있다. 한국 정치가 국민통합에 실패한 것만은 분명하다.

사회적으로, 계층 이동의 사다리는 부러지고 모순된 사회구조는 자발적 복종을 강요할 태세이다. 극심한 양극화와 경제적 파산은 가족해체를 가속화시키고 있다. 심각한 저 출산과 고령화는 생산 가능인구 감소와 세대갈등 요인으로 작용하고 있다. 투기광풍이라는 폭력적 수단은 주거안정 측면에서 볼 때 테러 수준이다. 기득권자의 배타적 이기심은 공존생태계를 교란하고 있다. 공동체의 나눔에 대한 인식과 인간적 유대감도 낮은 편이다.

경제적으로, 한국적 자본주의는 제대로 작동하고 있는가. 향후 10년 이내에 잠재성장률이 0%대에 진입할 것이라는 한국경제연구원의 발표는 충격적이다. 낙수효과(trickle down effect)는 실패했고, 분수효과(fountain effect)를 기대했던 소득주도성장은 양극화 문제의 해결책이 되지 못했다. 공룡이 되어버린 플랫폼 기업들의 무분별한 사업 확장과 독점적 지위의 추구는 혁신기업이 취할 자세가 아니다. 무한 경쟁에서 버텨낼 중소기업이나 골목상권은 없다. 국민들의 삶이 플랫폼 기업의 노예로 전락하기 전에 원래의 모습으로 되돌려놓아야 한다. 현실로 다가온 노동의 종말 속에서 독점의 일상화는 공생의 가치를 파괴하는 주범이기 때문이다.

공존의 관점에서 국가 시스템을 개조해야 할 이유가 이렇게 많다. 이 모든 난제들에 대해 사회적 자원을 총 동원해도 쉽게 해결될 기미가 보이지 않는 상황, 이것이 적폐청산과 개혁에 드라이브를 걸었던 현 정부의 딜레마이자 새 정부가 풀어나가야 할 과제이다.

투기 공화국과 이권 카르텔의 가면도 벗겨보자. 수도권에 아파트 한 채라도 소유하고 있다면 위안을 삼는다지만 치솟는 전세보증금을 마련하기에도 벅찬 소시민에게는 그림의 떡이다. 청약광풍 현상은 아직도 대한민국이 비이성적 사회에서 벗어나지 못했다는 사실을 반증하고 있다. 이성을 상실한 투기세력은 상대적으로 저평가된 엘로우칩 아파트와 개발 기대 지역의 부동산 사재기에 몰두하고 있다. 전 국토를 투기장으로 변질시킨 선봉에 국회의원을 비롯한 사회지도층 인사와 한국토지주택공사 임직원들이 포진해있다.

극소수에 편중된 천문학적인 대장동 개발이익이 유착과 로비, 은폐와 방임 없이 가능했을까? 산업재해를 희화화한 최대주주, (前)국회의원과 그 아들은 50억원의 퇴직금이 정당하다고 강변한다. 그들은 회사 이름처럼 "열심히 일했고, 하늘의 도움으로 천하를 얻고도 남을 돈을 벌었다"고 생각할지 모른다. 하지만 이 사건은 승자독식 사회구조, 권력의 남용과 견제의 포기, 정보의 독점, 이권 카르텔의 담합이 가져오는 불공정의 전형일 뿐이다. 불행하게도 이와 유사한 사업 진행방식이 전국에 널려 있다. 주택재개발・재건축 등 정비 사업에서 발생하는 초과수익이 장기간 불편을 감수해온 조합원들의 몫으로 돌아오지 않고 이권 카르텔이 독점하는 경우가 많다.

미래세대가 짊어질 짐의 무게는 어느 정도인가. 경기동향지수에 영향을 주는 개별경제지표는 세계경기 회복 기대감과 재난지원금에 반짝 반응할 뿐 혼조세를 이어가고 있다. 외부 충격의 장기화로 국민들의 삶은 피폐해지고 심리적인 거리까지 멀어지고 있다.

한편 정부는 소상공인을 비롯한 자영업자와 특수형태근로자 위주로 정책적 지원을 확대해 왔지만 그 효과는 제한적이다. 보편적 지원 확대와 복지수요 증가로 관리재정수지 적자시대는 고착화 될 것으로 보인다. 이로 인한 국가채무 증가는 국가 신용등급에 부정적 요인으로 작용하고 자금 조달비용을 상승시킨다. 대응자산을 감안하더라도 1천조 원이 넘는 국가채무는 미래세대의 부담으로 작용할 수밖에 없다.

위와 같은 이유와 코로나19의 영향으로 한국사회는 활력을 잃어버렸다. 공존의 가치를 확산시키는데도 실패했다. 코로나 팬데믹 (pandemic)은 언젠가 퇴치될 변수이다. 인류의 역사는 전염병을 극복하며 발전해왔기 때문이다. 그러나 우리 사회의 누적된 적폐와 고질화된 병폐는 상수로 자리 잡았다. '역동적인 대한민국(Dynamic Korea)'이란 명성을 되찾을 수 있는 방안은 없을까?

우선 정치가 안정되고 정치인이 청렴해야 한다. 정치인은 미워할 수 있겠지만 정치는 혐오하면 안 된다. 정치가 우리의 삶 대부분을 결정하기 때문이다. 개혁의 완성도 정치적인 결단이 뒷받침 되어야 가능하다. 하지만 우리 정치의 현실은 어떠한가. 정치인이 국민들의 안위를 살피는 것이 아니라, 국민들이 그들의 퇴보와 불행을 걱정해야 한다면 무언가 잘못된 것이다. 정치적 냉소주의를 걷어낼 책무는 정치인 스스로에게 있다. 의회정치에서는 다수결의 원칙도 중요하지만 소수 정당의 의견도 존중되어야 한다. 숙의(熟議) 민주주의 정신에 의한 실질적인 협치가 이뤄져야 정치에 대한 불신을 해소할 수 있다. 정치지형은 민심의 향방에 따라 언제든지 바뀔 수 있다는 점 또한 명심해야 한다. 수차례 대선을 통해 계급배반 투표의 무의미함은 이미 확인되었다. 유권자는 후보자에 대한 마타도어(Matador, 흑색선전, 근거 없는 비방)와 네거티브(Negative, 근거 있는 비판)를 구분해 소중한 권리를 행사해야 한다. 공직자를 선출하기 위한 선거에서 맹목적으로 정치적인 의사를 결정하면 대한민국의 미래는 암울해진다. 기성세대는 자신들이 이룩한 성과를 내세우기보다 세상이 변했다는 현실을 받아들이고 자식세대를 포용할 줄 알아야 존중받는다.

2016년 11월 미국 오바마 대통령이 민주주의 발상지인 그리스를 방문해서 한 연설이 민주주의 정치체제의 모든 것을 말해준다. "민주주의는 불완전하고 더디고 의심스럽지만 권력을 평화적으로 이양할 수 있어서 위대하다. 민주주의 체제에서는 자신이 지지하지 않았던 사람에게 정권이 넘어갈 때도 안심할 수 있다. 민주주의는 실수를 바로 잡을 수 있기 때문이다. 언론과 집회의 자유, 신앙의 자유, 침묵을 강요받지 않을 권리, 법치와 인권, 자유롭고 공정한 선거제도, 권력분립과 독립적인 사법부 등이 국가권력의 집중을 막는다." 이처럼 민주주의는 불완전하기에 비효율적이고 무능한 체제로 인식될 수 있다. 선출된 권력일지라도, 역작용으로 민주 독재의 유혹에 빠지지 않도록 감시의 끈을 놓지 않아야 한다.

두 번째로 미래세대가 운신할 공간을 폭 넓게 제공해야 한다. 초고령사회가 도래한다고 해서 영속성을 유지해야 할 대한민국까지 함께 늙어갈 필요는 없다. 청년들은 약자가 아니라 꿈을 꾸는 존재이다. 그들에게 세상을 바꿀 수 있는 기회를 제공해야 한다. 사회적 합의가 없는 정년연장은 젊은이들의 취업기회를 박탈하는 갈등요인이고 그 효과도 제한적이다. 양질의 일자리 확충과 주거안정, 창업자금 지원 등 청년들을 위한 정책비중을 훨씬 더 강화해야 한다. 1~2차 노동시장 간 이동에 장애가 되는 요인을 제거하고 정규직과 비정규직의 소득격차도 줄여나가야 한다. 청년들의 삶이 안정되고 희망을 갖게 되었을 때 대한민국이 역동성을 회복할 수 있고 생산가능 인구의 감소를 막을 수 있다. 이로 인해 기성세대에게 돌아가는 복지혜택도 확대될 수 있다.

마지막으로 4차 산업혁명의 주도권을 확보하고, 혼돈 속에 숨겨진 새로운 질서에 대비해야 한다. AI와 Deep Learning의 발전으로 지능형 로봇, 자율주행 자동차, 우주여행 상품 등 첨단 신기술이 속속 그 모습을 드러내고 있다. 4차 산업혁명이 미래가 아닌 현실로 다가온 것이다. 미국은 우방국들과 기술동맹을 맺어 중국을 견제하고 있다. 군비경쟁 보다는 기술패권을 장악하겠다는 포석일 것이다. 우리나라도 '규제자유특구 및 지역특화발전특구에 관한 규제 특례법'(규제 프리존)의 실효성을 높여 27개 전략산업과 혁신기업을 집중 육성해야 한다. 서민경제와 관련이 없는 업종에 대해서는 세계와 경쟁할 수 있도록 규제를 혁파해야 한다. 정책적 지원과 기업의 과감한 투자가 위기극복의 열쇠이다. 동반성장을 저해하는 대기업과 중소기업의 악성 관행은 하루 속히 제거되어야 한다. 2021년 12월 기준 기업경기실사지수(BSI)는 대기업 103, 중소기업 87이다. 코로나19 이후 격차가 더 벌어졌고 경기회복의 기대감에서 중소기업이 소외되고 있는 것이다. 포스트 코로나 시대에 우려되는 K자형 양극화를 완화하기 위해 '초과이익공유제'의 법제화와 '중소기업 적합업종 지정제도'를 개선해야 한다는 류호정 의원의 주장은 정의롭다. 소재·부품·장비산업의 육성은 국가경쟁력의 근간이다. 기술이 종속되면 시장 지배력이 강한 국가와 기업에 끌려 다닐 수밖에 없다. 우리 산업이 처한 공통적인 문제는 창조적 개념설계 역량의 부재로 요약할 수 있다. 축적된 경험이 부족하기 때문인데 단기간에 성과를 추구해야 한다는 기업·연구문화도 개선되어야 한다. 정부는 기술의 완전한 독립과 개념설계 역량 축적을 위해 클라스가 다른 지원을 해야 한다. 연구자와 기술자를 바라보는 시각도 축적지향의 관점으로 변화되어야 한다.

이탈리아의 사회학 이론가인 '프랑코 베라르디(FRANCO BIFO BERARDI)'는 한국사회의 문제점에 대해 "디지털 시대로의 전환 과정에서 발생하는 일상의 사막화, 끝없는 경쟁, 극단적 개인주의, 위태로운 일자리의 위협에 대해 경고하면서, 이로 인해 한국은 세계 최고 수준의 자살률을 기록하고 있는데 전혀 놀랍지 않다"고 일갈했다.

프린스턴대 '슬라보예 지젝(SLAVOJ ZIZEK)'교수는 『자본주의에 희망이 있는가』(원제목 Trouble in Paradise, 천국의 말썽)라는 책에서, 한술 더 떠 "베라르디가 한국을 미국의 로스앤젤레스와 같은 비현실적인 지옥에 견주어 묘사했다"면서 일침을 가했다.

기회가 평등한 공정사회와 보편적 가치가 실현되는 일류국가는 요원한 것인가. 오죽하면 세계적인 석학들이 한국사회를 모델로 삼아 그림자 국민들의 삶에 대해 천착했을까? 눈에 보이는 현상에만 매달리면 안 된다. 사회구조의 혁신으로 이어져야 '공존과 역동성의 회복'이라는 두 마리 토끼를 잡을 수 있다. 계층 간 양보와 화합의 정신, 법의 공정한 적용과 집행도 필수적이다.

■ 채권자와 채무자의 관계

호텔에서 근무할 때 일이다. 속칭 '2 대 8 사건'을 경험했다. 남자들 머리카락 가르마 숫자나 '파레토 법칙'(상위 20%가 전체 부의 80%를 소유하고 있다는 소득분포에 관한 통계)에 대한 비유가 아니다. 단체 여행객 8명이 객실 하나에서 이틀 동안 숙박하며 다양한 서비스를 요구했다. 그들은 마지막 날 아침 식사 때 1만 원 짜리 메뉴 2인분에 공기밥을 추가해서 8명이 식사 했다. 이른바 요식업계 대기록인 '2 대 8 사건'이다. 숙박 이후부터 식사 때마다 제공되었던 무상서비스는 구차해 논하지 않겠다. 1인당 매출 3천5백원에 설거지만 산더미 같이 쌓였다. 속사정은 알 수 없지만 이 정도면 호텔 측의 배려를 역이용한 것이 아닐까? 관광지에서 특별한 식사를 할 정도의 작은 사치는 아름다운 것이다. 건강 유지와 직결될 뿐만 아니라 현지 음식 체험을 통해 추억거리를 만들 수 있기 때문이다.

기우인지 모르겠지만 채무자도 이래서는 안 된다. 권리만 앞세우고 사회통념에 따른 매너와 채무불이행에 대해 침묵한다면 상대방의 포용을 이끌어낼 수 없다. 유보와 배려를 당연하게 생각하면 존중받지 못하고 합의점도 찾지 못한다. 예를 들어, 이자만 감면 가능한데 원금의 50%까지 감면해주지 않으면 안 갚는다고 억지 부리면 곤란하다. 호텔이나 채권자가 자본투자 없이 영업하는 것이 아니기 때문이다. 금융회사별 업무규정과 장・단기 등 채권 성격에 따라 감면기준이 다르다는 점을 이해할 필요가 있다.

들 고양이에게 먹을 것을 챙겨주었더니 숫자가 급격히 늘어났다. 폭설에 한파가 이어지자 호텔 객실까지 드나들었다. 주객이 전도된 것이다. 채무자가 채권자를 대하는 관점도 이와 같아서는 곤란하다. 재기와 성공은 자기반성의 토대위에서 가능하기 때문이다.

상대방을 배려하지 않는 언어폭력은 마음을 병들게 한다. 가족들과 벌어지는 일들도 인간관계의 연장이다. 무의식적으로 내뱉는 말은 상처가 되어 쌓이고 자녀에게 학습된다. 타인과의 언행은 조심하면서 '가족이니까 모두 받아주겠지'라는 태도는 매너가 아니다. 부모와 자식, 부부 간에도 예의를 지켜야 한다. 결점을 들춰내 비난하기보다 칭찬하고 존중해주는 것, 따뜻한 언어로 소통하는 것이 행복한 가정을 만들어가는 비결이다.

채권자와 채무자는 어떤 언어로 대화해야 할까? 호텔 인근 시골마을에서 거주하는 독거노인이 새우라면 1인분을 주문했다. "태어나서 이렇게 맛있는 라면은 처음 먹어 본다"고 하셨다. 소주를 물 컵에 마시는 촌로(村老)라지만 점잖은 분이었다. "새우와 라면을 구입해 직접 끓이시면 저렴하게 드실 수 있다"고 말씀드렸더니 "이곳 새우라면 맛은 특별해서 자주 온다."고 하셨다. 경륜이 묻어나는 노(老) 철학자의 언어이다. 더 깍듯하게 모실 수밖에 없었다.

반면에 이런 고객도 있었다. 심야 운송서비스까지 제공해드린 4명의 중년 투숙객에 관한 이야기이다. 예약 담당자 실수로 객실 배정에 혼선이 생겼다. 난방을 트집 잡아 휴대전화로 10여분 이상 괴롭혔다. 감기 걸리면 법대로 하겠다며 으름장을 놓았다. 시골노인보다 못한 도시형 인간들의 차가운 언어 때문에 잠을 설쳤다. 모름지기 신중년(新中年)으로 존중 받으려면 언행에서 인간의 향기와 여유가 묻어나야 하지 않을까?

품격 있는 언어가 따로 있는 것이 아니다. 상대방의 인격과 입장을 존중하되 자신의 자존감과 실리를 챙기는 교양 있는 말도 격조 있는 언어에 속한다. 채권자는 법률과 가이드라인에서 규정하고 있는 범위를 벗어난 언어적 폭행과 협박을 하면 안 된다. 채무자 또한 욕설, 거짓말, 비아냥거림, 마음대로 하라는 식의 표현을 사용해서는 곤란하다. 채권자와 채무자가 통화한 내용은 녹음 될 수 있으므로 더욱 주의해야 한다.

장기간 미 회수된 악성채권 때문에 자산건전성이 악화된 채권자는 골머리를 앓는다. 다수의 채권자에게 시달려왔던 트라우마와 자기 보호본능은 채무자를 예민하게 만든다. 채권자와 채무자는 이러한 사정을 이해하고 부드러운 상담이 진행되도록 노력해야 한다. 과도한 독촉과 이유 없는 저항은 서로에게 독이 될 수 있다는 점 또한 잊지 말아야 한다. 언어의 마술사 같은 지혜로운 화법을 구사해야 상처받지 않는다는 사실을 기억하자. 미국의 사상가 '랄프 왈도 에머슨(RALPH WALDO EMERSON)'은 "훌륭한 매너는 사소한 희생을 바탕으로 한다"고 했다. 훌륭한 매너 중에서 중요한 요소가 대화법이다. 갑을 관계를 내세운 위압감 보다는 공감할 수 있는 단어를 선택해야 상대방을 설득할 수 있다. 상호간에 적을 만들지 않는 질문형, 칭찬형, 배려형 대화로 소통해야 상생의 길이 열린다.

채권자가 채무자를 바라보는 관점은 어떠해야 할까? 폭설이 쌓인 날 빠른 속도로 활강하던 새가 호텔 유리창에 부딪혀 기절했다. 인간이 만든 장애물인 투명 유리창 너머 구조물을 보지 못한 것이다. 채무자들도 마찬가지이다. 국가와 자본주의 사회가 만든 제도와 틀 너머의 세상을 보지 못할 수 있다. 예상치 못한 상황과 경험 부족으로 실패할 수도 있다. 그러나 우리 사회는 그 실패를 포용해주지 않고 패배자로 낙인을 찍는다. 재기할 수 있는 기회를 제공하는데도 인색하다. 우리가 살고 있는 사회가 이처럼 팍팍하다 못해 잔인하다면 존중받아야 할 인간이 머무를 공간으로서의 가치가 없다. 실패한 사회적 약자라는 이유로 채무자에게만 희생을 강요할 수 없는 이유가 여기에 있다.

이 책을 통해 채무자는 합법적으로 채무 상환 부담에서 벗어날 수 있는 방법을 알게 될 것이다. 채권자의 추심기법에 대한 대응 논리도 터득할 수 있게 될 것이다. 정확한 법리에 근거한 객관적 주장도 펼칠 수 있을 것이다. 사안에 따라 달리 볼 수 있겠지만 원칙적인 피해자는 돈을 돌려받지 못한 채권자이다. 채무자에게 당부하건대 자신의 권리를 행사하거나 채권자의 강제집행을 무력화하게 되더라도 겸손한 마음으로 실행했으면 좋겠다. 서로 예의를 갖추고 적당한 거리를 유지해야 뒤탈이 없다. 채무감면 승인에 대해 감사하다는 의사를 표시해주는 것만으로도 채권자는 보람을 느낀다.

채권자(채무자)를 인정해주면 채무자(채권자)도 존중받는다. 이른바 협상술의 정석인 win - WIN 전략이다. 소문자와 대문자의 차이가 궁금하지 않은가. 채권자에게 작은 승리를 안겨주고 채무자는 더 큰 승리를 챙기자는 것이다. 이와 같은 올바른 사고방식이 전제되어야 보편적 차원의 채무포용(유예 · 조정 · 감면 · 탕감을 통한 경제적 회생)이 가능하고 부작용도 적다. 채권자와 채무자가 처음에 웃으면서 만난 이상 아름답게 이별할 줄 알아야 한다.

2장 모든 것이 점수화되는 사회

■ 신용의 중요성

현대사회를 일컬어 '신용(信用)사회'라고 한다. 맨손으로 시작해 세계적인 대기업을 일구어낸 현대그룹 고 정주영 회장은 평소 "내가 가진 최고의 기술은 신용(Credit)"이라고 말했다. 일화를 모두 소개할 수는 없지만 성공의 자양분이 되었던 것은 확실하다.

신용은 경제활동에 있어 핵심 가치이고 좋은 결과물은 신용의 토대위에서 나온다. 사업뿐만 아니라 일상생활에서도 마찬가지이다. 실패하더라도 재기의 발판을 마련해주는 것도 신용이다. 신용, 신뢰관계의 중요성은 시대가 바뀌어도 변하지 않은 진리와 같은 것이다. 한번 무너진 신용은 쉽게 회복할 수 없다. 신용 앞에서 겸손하고 절제해야 하는 이유이다.

신용의 사전적 의미로는 '언행이나 약속이 틀림없다고 믿어지는 정도'를 뜻한다. 경제행위의 결과와 관련해서는 '외상값이나 빌린 돈을 약속한 날짜에 상환할 수 있는 능력'의 의미로 쓰인다. 정직하고 성실하더라도 할부거래 대금, 신용카드 대금, 대출금을 갚을 능력이 없으면 신용이 좋지 않은 사람으로 평가된다. 금융거래 시 제약과 불이익이 따른다. 담보를 제공하지 않으면 대출도 받을 수 없다. 이와 같이 신용에는 조건이 따른다.

신용거래의 부정적인 측면은 낭비와 과소비이므로 신중하게 이용해야 한다. 본인에게 주어진 예산제약 하에서 최대의 효용을 얻는 알뜰한 소비를 해야 한다. 외상거래인 신용거래는 상품과 서비스 구매가격 이외에 수수료와 높은 이자를 부담해야하기 때문이다. 사업 실패로 큰 빚을 지게 된 사람도 있지만 이 부분을 가볍게 생각한 채무자들이 더 많다. 신용은 추상적인 것 같지만 일상생활과 밀접하게 연관되어 있다. 금융기관으로부터 돈을 빌리거나 신용카드를 개설할 때 등 신용상태가 결정적인 영향을 미치기 때문이다.

▣ 일반신용정보

"일반신용정보"란 개인이나 법인이 금융기관과 대출, 신용카드 개설 · 할부금융 등의 금융거래를 할 때 신용정보주체의 신용도 및 신용거래 능력 등을 판단하는데 필요한 정보이다.집중관리 되고 활용되는 일반신용정보에는 식별정보, 신용거래능력판단정보, 신용거래정보, 신용도판단정보, 공공정보가 있다.

○ 신용거래정보

금융거래 등 상거래와 관련하여 신용정보주체의 거래내용을 파악할 수 있는 정보

구분	내용
개설발급정보	개인, 개인사업자, 법인사업자의 당좌예금 및 가계당좌예금 개설 · 해지 사실, 신용(체크)카드 발급 · 해지 사실
개인대출정보	개인의 대출 · 할부금융 등 거래 일자, 금액, 대출종류 등
개인채무보증정보	개인의 채무보증일자, 보증금액 등
신용카드대출정보	개인의 카드론 및 신용카드 현금서비스 거래일자, 금액 등
기업신용 공여정보	개인사업자 및 법인의 대출 등 신용공여현황, 한도성 신용공여현황, 신용공여에 대한 담보현황, 법인의 채무보증 및 채무인수약정, 기업어음 거래내용(계정과목별 잔액, 만기구조 등)
복수카드정보	서로 다른 2개 이상의 신용카드사로부터 신용카드를 발급받은 자에 대한 신용판매 및 현금서비스 이용금액, 신용판매 및 리볼빙 이용잔액, 신용판매 및 현금서비스 신용공여 한도 등
사고회원정보	카드 도난 · 분실, 배달사고 등에 대하여 보상을 신청한 내역 또는 보상처리가 종결된 내역에 대한 정보 (신고 · 보상일자, 금액 등)

○ 신용도 판단정보

금융거래 등 상거래와 관련하여 신용정보주체의 연체나 부도 등의 신용도를 판단할 수 있는 정보

구 분	내 용
연체정보	대출금 · 신용카드대금연체 · 할부금융 연체, 외환관련연체, 무담보미수채권, 부실채권 인수 등(일자, 금액 등)
대위변제, 대지급정보	지급보증대지급금 · 대위변제, 해외지급보증 · 공단신용보증 대지급금, 학자금대출관련 대지급금 등(일자, 금액 등)
부도정보	가계수표 · 당좌수표 최종부도, 약속어음 최종부도(일자, 금액 등)
금융질서문란정보	식별정보대여, 대출사기, 보험사기, 신용카드 도용, 회생파산사기 등(일자, 금액 등)
관련인정보	연체정보, 대위변제 · 대지급정보, 부도정보, 금융질서문란정보가 등록된 법인의 관련인(일자, 금액 등)
미수발생정보	증권거래 시 증권회사에 납부하여야 하는 매수대금 또는 매도증권을 결제일까지 납부하지 아니한 정보(미수발생일자)
신용거래의무담보 미수채권정보	증권회사가 채권회수를 위하여 위탁자의 신용거래 융자 또는 신용거래 대주를 임의로 상환, 정리한 이후에도 남아있는 미회수채권에 대한 정보[미수발생(변동)일, 매수채권 최종액 등]

○ 공공정보

정부, 지방자치단체, 법원, 공공기관 등의 기관으로부터 제공 받는 정보

구 분	내 용
세금체납정보	국세체납, 지방세체납, 관세체납 등
채무불이행자정보	법원의 판결에 의하여 채무불이행자로 결정된 경우 * 채무불이행자명부 제도: 금전의 지급을 명령한 판결 등이 확정된 때로부터 6개월 이내에 채무를 이행하지 않을 때 법원이 채권자의 신청에 따라 채무불이행자명부에 등재하여 이를 일반에게 열람할 수 있게 하는 제도
고용 · 산재보험료 체납 등	- 고용 · 산재보험료를 1년에 3회 이상 체납하고 체납액이 5백만 원 이상인 자 - 고용 · 산재보험료 체납결손 처분액이 5백만 원 이상인 자 - 3년 이내 임금 등을 체불하여 2회 이상 유죄가 확정된 자로서 체불자료 제공일 이전 1년 이내 체불총액이 3천만 원 이상인 자
신용회복지원정보	신용회복위원회 신용회복지원 확정자, 법원의 파산면책결정을 받은 자, 법원의 개인회생절차 진행중인 자, 자산관리공사의 채무조정을 받은 자 등
사회적경제기업정보	사회적경제기업정보(기업개요, 인증 · 인가 · 인정 · 지정 · 등록유형, 일자 등) * 행정안전부(마을기업), 기획재정부 및 한국사회적기업진흥원(협동조합, 사회적협동조합 및 사회적기업), 한국자활복지개발원(자활기업) 등

▶ 각 정보마다 등록・해제사유, 보존기간, 등록시기가 다르다. 금융회사는 대출・신용카드・당좌거래 개설・지급보증서 발급 등 고유 업무를 수행하는 과정에서 신청인의 신용정보를 조회한다. 이를 통해 신용거래정보, 신용도판단정보, 공공정보를 확인한 후 가부를 결정한다.

▶ 채무불이행자(금융, 조세) 등록 및 해제 기준

① 연체정보는 금액에 관계없이 대출원금・이자를 3개월(학자금대출 6개월) 이상 연체하면 등록된다. 5만 원 이상의 카드론대금, 신용카드대금, 할부금융대금을 3개월 이상 연체한 경우에도 등록된다. 채무자나 보증인이 채무를 변제하면 해제된다. 변제하지 못하더라도 등록사유 발생일로부터 7년이 경과하면 해제된다.

[tip] 연체기간(3개월) 계산은 원금 또는 이자를 상환하기로 약정하였으나, 상환하지 않은 날의 익일부터 계산한다. 원금 또는 이자의 일부 상환에 의해 차기 납입일이 변경된 경우의 연체기산일은 차기 납입일의 익일부터 계산한다.

② 대위변제・대지급정보는 지급보증대지급금 또는 대위변제금을 3개월 이상 보유할 경우 등록된다. 해제사유와 해제기간은 연체정보와 동일하다. 금융기관은 연체・대위변제・대지급금 정보에 관한 등록사유가 발생하면 7영업일 이내에 한국신용정보원 전산망을 통해 등록한다.

③ 국세(지방세, 과태료, 관세, 고용・산재보험료 포함)는 체납 발생일로부터 1년이 경과하거나 1년에 3회 이상 체납하고, 체납액이 5백만 원 이상인 경우 공공정보로 등록된다. 체납결손 처분액이 5백만 원 이상인 경우에도 등록된다. 등록사유가 해소되거나 등록일로부터 7년이 경과하면 해제된다.

④ 신용회복지원 확정・개인회생 절차의 변제계획인가 결정, 파산면책 결정을 받은 경우에도 공공정보로 등록된다. 해당 채무를 변제하거나 등록사유 발생일로부터 5년이 경과하면 해제된다. 다만, 개인회생 절차의 개시결정, 중지・금지명령으로 인한 등록은 개시결정의 취소, 개시신청 취하 또는 기각, 등록사유 발생일로부터 3년이 경과하면 해제된다. 공공정보는 해제사유가 발생 하면 보존하지 않고 삭제된다.

⑤ 사유발생일로부터 7년이 경과된 정보(어음부도거래정보 제외)와 소멸시효가 완성된 채권 관련 정보는 한국신용정보원에 등록할 수 없다.

⑥ 금융거래 및 신용카드 관련 부당 행위자, 법원의 유죄 확정판결을 받은 경우 등에는 금융질서문란정보로 등록된다. 해당 금융기관이 해제를 요청하거나 등록사유 발생일로부터 7년이 경과한 때 해제된다. 금융질서문란정보는 해제사유 발생일로부터 5년간 기록보존 후 금융기관 제공 대상에서 제외된다.

⑦ 채무자가 자신의 채무의 존재를 다투는 소(이행의 소, 확인의 소 포함)를 제기하여 소송이 진행 중이거나, 금융기관이 제기한 채무의 존재를 다투는 소에서 채무자가 자신의 채무의 부존재를 주장하는 경우에는 연체정보 등의 등록을 유예하여야 한다. 연체정보 등의 등록 후에 위 사유가 발생하였다면 그 사실을 안 날로부터 30일 이내에 등록취소를 입력하여 삭제하여야 한다.

⑧ 이보다 더 세부적인 등록 · 해제 · 보존사유는 한국신용정보원의 '일반신용정보관리규약'을 통해서 확인할 수 있다.

▶ 연체정보 해제 시 금융기관에 제공되지 않는 정보.

채무불이행 기록은 최장 1년의 범위내에서 연체한 기간만큼(예, 6개월 연체 시에는 6개월 동안) 그 기록이 관리되어 금융기관에 제공된다. 연체정보의 해제는 연체금 완납 시 가능하며, 등록사유 및 등록 금액이 다음과 같은 경우에는 연체정보가 해제됨과 동시에 금융기관에 제공되지 않는다.

① 연체금액에 상관없이 연체정보 등록사유발생일로부터 90일 이내에 해제사유가 발생하는 경우

② 대출연체 등록금액이 1,000만 원 이하인 경우

③ 신용카드, 카드론, 할부금 연체 등록금액이 500만 원 이하인 경우 등

▶ 신용정보 및 신용평가정보 조회 방법

① 개인의 신용정보와 신용평가정보는 거래 금융기관과 아래의 기관에서 확인할 수 있다.

기관명	전화번호	확인 가능한 정보	상담 방법
한국신용정보원	1544~6640	개인의 신용정보	인터넷, ARS, 방문, 우편
NICE 평가정보 KCB SCI 평가정보	1588~2486 02~708~1000 1577~1006	개인의 신용평가 관련 정보	인터넷, ARS, 방문

② 한국신용정보원을 통해 개인의 신용정보를 확인할 수 있는 방법은 다음과 같다.

[인터넷] 인증기관에서 발급된 공동인증서나 본인명의의 휴대폰을 소지한 경우에는 신용정보원에서 운영 중인 인터넷 사이트 크레딧포유(www.credit4u.or.kr)의 회원가입을 통해서 신용정보조회서 발급이 가능하다.

[ARS] 신용정보원 ARS ☎ 1544~6640으로 전화해서 본인의 신용정보를 조회할 수 있다. 단, 본인명의의 휴대폰으로 인증해야 조회 가능하다.

[방문] 본인의 신분증을 지참한 후, 신용정보원 소비자보호실을 방문해서 신용정보조회서를 발급 받을 수 있다. 참고로 가까운 거래 금융기관 대출창구 에서 현재 등록 중인 신용정보 현황은 확인 가능하다. 이 경우 신용정보 조회서를 발급받을 수는 없다.

[우편] 우편을 통해서 조회신청 할 수 있다. 단, 신용정보원 홈페이지에서 신용정보 열람 우편신청서를 다운로드받아 작성한 후, 신분증 사본 · 인감 증명서(최근 3개월 내, 신청서상 인감도장 날인 필요) 등 구비서류를 동봉해야 한다.

③ 신용정보조회 기록은 신용정보법 제35조(신용정보 이용 및 제공사실의 조회) 및 동법 시행령 제30조(신용정보 이용 및 제공사실의 조회 등) 제2항에 의거하여 조회가 의뢰된 날을 기준으로 최근 3년간만 관리된다.

▣ 신용등급, 개인 신용평점

튼튼한 신용을 쌓아 우대 받으려면 어떻게 관리해야 할까? 신용등급은 신용평가회사(CB)인 나이스평가정보(NICE), 코리아크레딧뷰로(KCB), SCI평가정보(SIREN 24)가 개인의 금융기관 거래정보와 체납세금, 공공기관 보유정보 등의 신용정보를 평가하여 산정한 등급이다. 경제행위로부터 수반되는 개인의 신용활동과 관련한 신뢰도를 점수 또는 등급으로 분류한 상대적 지표이다.

신용등급은 2021. 1. 1.부터 제공되지 않지만 1~2등급(최우량 등급), 3~4등급(우량 등급), 5~6등급(일반 등급), 7~8등급(주의 등급), 9~10등급(위험 등급)으로 구분했었다. 3~4등급은 우량등급을 유지하면서 신용거래 실적을 높여가는 방법으로, 5~6등급은 연체된 것을 정리하고 연체가 반복되지 않도록 꾸준히 노력함으로써 상위 등급으로 올라갈 수 있었다. 7~8등급은 우선적으로 채무정리에 주력하면서 부채 중에서 고이자율과 오래된 채무를 정리하는 방법으로, 9~10등급은 연체금액을 정리하고 추가대출, 신용카드, 할부구매를 자제하는 방법으로 상위 등급으로 올라갈 수 있었다.

한편 2021. 1. 1.부터 신용등급제 적용에 따른 문턱효과 해소를 위해 신용등급 대신 신용평점제(1~1,000점)로 전면 전환되었다. 신용평점이란 신용평가회사가 개인에 대한 신용정보를 수집한 후 이를 통계적으로 분석하여, 향후 1년 이내에 90일 이상의 장기연체와 같은 신용위험이 발생할 가능성을 1점에서 1,000점으로 수치화한 지표이다. 평점이 높을수록 연체가 발생할 확률이 낮다는 것을 의미한다.

'신용등급'이라는 용어도 '개인 신용평점'으로 변경되고 특정 신용등급은 개인 신용평점 기준으로 변경되었다. 예를 들어, 4등급 이하는 개인 신용평점 하위 50%로, 6등급 이하는 하위 20%로, 7등급 이하는 하위 10%로 개정되었다. 개인 신용평점은 신용평가회사를 통해 1년에 3회까지 무료로 조회할 수 있다(NICE: www.credit.or.kr / KCB: www.allcredit.co.kr / SIREN 24: www.sci.co.kr). 토스, 카카오뱅크 어플에서 '신용정보 확인하기 서비스'를 통해서도 조회 가능하다. 한국신용정보원이 운영하는 인터넷 사이트인 크레딧포유(home.credit4u.or.kr)에 접속해서 확인할 수도 있다.

NICE 지키미가 제공한 자료에 따르면, 개인 신용평점 평가요소는 상환이력(30.6%), 신용형태(29.7%), 부채수준(26.4%), 신용거래기간(13.3%)이다. 여기에 금융소비자가 CB사에 비금융정보 제출을 통해 신용평점을 향상시킬 수 있는 가점 체계를 도입하여 운영하고 있다. 통신비, 전기요금, 국민연금 등 성실납부(4.0), 신복위 성실상환자(20.1), 서민금융 성실상환자(4.8), 학자금 성실상환자(22.9)에 대해 괄호 내용과 같은 평균 가점을 부여하고 있다. 신용평가회사별로 개인신용평점 평가 요소 및 활용비중, 평균 가점 부여 방법은 다르다. 개인 신용평점을 양호하게 관리하려면 어떻게 행동해야 할까?

① 자신의 신용도에 관심을 가지고 신용카드 대금은 자동이체를 활용한다.

② 원리금이 연체되지 않도록 세심하게 관리하고 소득대비 적정한 대출 및 보증상태를 유지해야 한다.

③ 상환능력을 고려하여 신용거래를 하고 현금서비스는 자제해야 한다.

④ 대부업체 등 사금융 이용을 삼가하고 잦은 대출을 받지 않아야 한다.

⑤ 돌려막기는 금물이며 이자부담이 크고 오래된 채무부터 갚아나가야 한다.

⑥ 할부결제는 채무로 간주된다. 가능하면 일시불 결제를 하는 것이 좋다.

⑦ 신용카드와 체크카드를 병행해서 함께 이용하는 것이 좋다. 신용카드 소득공제 혜택은 연간 본인 소득의 25%까지이다. 이를 초과하는 지출은 체크카드로 사용하는 것이 좋다.

⑧ 갚아야 할 대출금이 있을 경우, 저축을 하는 것보다 대출을 상환하는 것이 유리하다.

⑨ 성실하게 납부한 비금융 정보(4대 보험료, 통신비, 공과금)에 대한 기록을 6개월~1년 주기로 신용평가사에 제출해 반영을 요구할 수도 있다.

⑩ 급여통장 자동이체 등 주거래 금융기관을 정해 꾸준히 거래하고 연락처가 변경되면 거래 금융기관에 지체 없이 통보해야 한다. 이때 한국신용정보원 '금융주소 한번에' 서비스를 이용해 신고하면 간편하다.

⑪ 2019. 6. 12.부터는 대출받은 은행 영업점을 방문하거나 인터넷 · 모바일 뱅킹을 통해

은행법 제30조의2(금리인하 요구)에 따른 '금리인하요구권'을 행사할 수 있다. 취업, 승진, 재산증가(개인), 재무상태 개선(기업), 신용평가 등급 상승(개인 신용평점 상승 / 개인 · 기업 공통) 등 신용상태가 개선될 경우 누구든 신청 가능하다.

⑫ 2021. 12. 9. 상호금융업권 조합과 중앙회에 대한 금리인하 요구권을 법제화하는 '신용협동조합법' 개정안이 국회 본회의를 통과했다. 개정안 공포 후 6개월 경과 시점인 2022년 6월부터 농협, 수협, 신협에서도 금리인하 요구권 행사가 가능하다. 은행, 보험, 저축은행, 여전사 등 타 금융권은 개별법('19년 6월 시행)에 따라 금리인하요구권을 운영하고 있다.

가계대출 금리인하 신청요건

신청 사유	내 용
소득 · 재산 증가	소득 증가(취업, 승진, 이직, 전문자격 취득 등)나, 재산 증가(자산 증가, 부채 감소) 등 개인의 재무 상태가 개선된 것으로 판단되는 경우
신용도 상승	신용평가회사의 개인신용평점이 상승한 경우
기타	상기사항 이외에 기타 차주가 신용상태 개선으로 판단하는 사항 기타 은행이 정하는 사항 (우수고객 선정 등 자체운영 항목에 따름)

3장 왜 우리는 부채로부터 자유롭지 못한가.

▣ 부채의 위험성과 운

부채는 양날의 칼이다. 파산과 지렛대 효과(leverage effect) 때문이다. 과다하거나 무계획적으로 차용하면 파산을 면치 못하지만 잘 활용하면 일시적인 자금난을 해소하거나 수익률을 높이는 생산적인 도구가 된다. 동전의 양면성과 같은 것이다. 부채는 사업을 비롯한 소득을 확보하기 위해 돈을 빌리거나 소득을 초과하는 과도한 지출 때문에 발생한다. 충동적이고 습관적으로 신용카드를 사용하다보면 결제할 대금을 심각한 부채로 인식하지 못하는 경우도 있다. 눈덩이처럼 불어난 부채로 경제활동과 일상생활이 힘들어지고 돌려막으면서 버티게 된다. 재테크 측면에서 정(+)의 지렛대 효과를 추구하기 위해서 부채가 가져다주는 효용과 이점을 활용할 필요는 있다. 그러나 남용과 실패 가능성에 관해서도 따져보아야 한다.

종합 주가지수가 3,000선을 돌파한 날 전통시장 상인의 인터뷰를 보았다. "주식에 투자하지 않는 사람들이 불쌍하다"고 했다. 경제논리와 주식시장의 냉혹함을 모르는 위험한 발언이 여과 없이 방송된 것이다. 초저금리로 인플레이션이 발생하면 화폐의 구매력이 하락하고 유동성이 증가해 투자시장이 활성화 될 여지는 있다. 이때 실물자산인 부동산과 주식, 가상자산인 코인에 투자하기 위해 대출을 받는 경우가 많은데 위험하다. 기본적으로 부동산은 환금성이 낮고 주식은 위험성이 높은 투자 상품이기 때문이다. 본질가치인 채굴비용 보다 수백 배 높은 코인가격의 급락과 퇴출, 시세조작 리스크는 두말 할 것도 없다. 불안 심리에 뒤늦게 무분별한 투기에 뛰어들었다가 금리인상・정책변수・규제변수가 발생하게 되면 큰 손실을 볼 가능성이 높다.

운을 실력으로 착각한 상인의 근거 없는 자신감은 어디에서 나오는 것일까. 지금도 불패신화를 이어가고 있을까? 오만과 편견에 사로잡힌 사람은 벼락거지의 심정으로 살아가는 대중들의 삶에 대해 공감하기를 거부한다. 인구밀도가 높은 대한민국에서 주택과 그 부속 토지는 공공재 성격이 강하다. 투자와 투기는 구분되어야 한다. 갭 투기로 아파트 여러 채를 샀다고 자랑하는 철부지와 인생을 논할 수는 없다. 불로소득을 조장하고 무주택자들의 내 집 마련 기회를 빼앗는 부끄러운 행동이기 때문이다.

돈의 노예이자 욕망이 통제되지 않는 탐욕스러운 자가 선망의 대상이 되는 사회는 바람직하지 않다. 그보다 작고한 모친의 병원비로 생긴 빚 8천만 원을 2년 만에 갚고, 김치전에 캔 맥주를 마신다는 청년의 삶이 훨씬 가치 있다. 인생에서 보장된 내일이 있던가. 자신의 성취가 동료들의 희생과 헌신의 결과물이라는 사실을 인정한 사람은 너그럽다. 그 포용적 리더십이 더 큰 성공의 주춧돌이 된다. 인생은 타인과의 경쟁이 아니기 때문이다.

코넬대 경영대학원 '로버트 프랭크(ROBERT H. FRANK)' 교수는『실력과 노력으로 성공했다는 당신에게』(원제목 Success and Luck, 성공과 운)라는 책에서 "성공했다고 생각하는 사람은 자신이 모든 것을 해냈다고 믿는 경향이 있는데 그 부작용이 크다. 자기 성취가 스스로 이룬 것이라고 믿을수록 국가와 사회가 도와준 것이 별로 없다고 생각하게 된다. 세금 납부에도 적대적이고 기부와 봉사활동에도 인색하다. 실패한 사람을 운이 나쁘기보다는 노력하지 않는 사람으로 인식하기 때문에 이들을 배려하는데 소극적이고 공감능력도 떨어진다".고 했다.

인간관계의 중심에서 멀어지지 않는 방법, 그것은 올챙이 시절의 순수함을 기억하는 것이다. 그냥 오는 운은 없겠지만 "내 성공의 80%는 운"이라는 석학의 겸손한 삶에서 지혜로움을 발견할 수 있어야 진짜 성공한 사람이다.

▣ 부채 관리와 경영컨설팅

○ 부채관리

일반은행과 특수은행은 고객이 예금한 돈에서 법정지급준비율에 해당하는 금액을 제외하고 남은 잔액을 운용할 수 있다. 예를 들어, 고객이 수시입출금통장에 10,000천 원을 예치하면 7%인 지급준비금 700천 원을 제외하고 9,300천 원을 대출할 수 있다. 고객에게 대출해 준 돈 9,300천 원이 다시 은행으로 유입되면 지급준비금 651천 원을 제외하고 8,649천 원을 추가로 대출할 수 있다. 은행은 이러한 행위의 반복을 통해 법정지급준비율 7%의 역수인 142,857,142원(10,000천 원 ÷ 7%)까지 대출할 수 있다. 이와 같은 과정을 '신용창조'라고 하는데, 수익을 추구하는 금융회사 입장에서는 끊임없이 반복할 수 밖에 없다.

한국경제의 생산성 증가율은 갈수록 낮아지고 있다. 생산성 증가율 하락은 대출수요 감소로 이어지고 덩달아 이자율도 하락하게 된다. 금리가 낮아질수록 금융회사의 대출영업은 집요해진다. 수요자도 이자부담에 대한 민감도가 떨어져 과잉대출을 받게 된다. 채무자가 돈의 유혹으로부터 벗어나지 못하고 무리한 의사결정을 하는 이유가 여기에 있다.

□ 예금종류별 지급준비율

(2021년 12월 현재)

예금 종류	지급준비율
장기주택마련저축, 재형저축	0.0%
정기예금, 정기적금, 상호부금, 주택부금, CD4	2.0%
기타예금	7.0%

금융회사는 호황기에는 대출을 확대하고 불황기에는 축소한다. 이른바 '금융의 경기순응성(procyclicality)'이라고 하는데 수익증대와 리스크 방어차원이다. 금융서비스에서 소외된 계층은 경제적으로 낙오될 가능성이 크다. 금융 접근성이 높아지면 빈곤 문제

해결과 사회 안정에 도움이 된다. 금융포용에 관한 사회적 과제를 자본의 원리가 개입될 수밖에 없는 금융회사의 자율에만 맡겨서는 안 된다. 사회적 책임을 망각한 금융회사의 무분별한 수익 추구행위도 근절되어야 한다. 금융사기 사건은 시차를 두고 반복되어왔고 지금도 진행 중일 것이다. 선제적이고 적극적인 감독이 필요한 이유이다. 우리는 2008년 세계 금융대란, 2011년 부산저축은행 영업정지 사태, 2020년 옵티머스 펀드 사기 사건을 통해 '통제되지 않는 금융'은 괴물이 될 수 있다는 사실을 확인했다. 정책과 제도의 설계는 촘촘해야 하고 상호견제가 가능해야 한다.

우리 경제의 리스크 요인으로 작용할 수 있는 자영업자와 가계가 받은 대출 총량의 증가추세는 지속적이다. 젊은 층의 주택구매와 투자 열풍, 사업장 운영 및 생활자금 등의 수요가 대출금 증가 원인으로 보인다. "다중채무자"란 세 곳 이상의 금융회사로부터 대출받은 사람을 말한다. 전체 채무자 비중의 40%를 상회하는데 저축은행 업계의 경우 73%에 달한다.

한국은행 통계에 따르면, 2020년 말 기준 다중채무자의 총 대출금은 517조6천억 원으로 2017년 말 438조9천억 원 대비 17.9% 증가했다. 다중채무자 숫자는 423만6천 명으로 1인당 대출금은 1억2천2백만 원이다. 이들 중에서도 영세 자영업자 등 상환능력이 낮은 채무자는 돌려막기로 연명하고 있다. 코로나19 단계별 방역지침과 경기악화로 영업활동 현금흐름에 큰 문제가 생긴 것이다. '가계부채 보완대책'으로 DSR(총부채원리금상환비율) 규제가 강화될 경우 '부도 전염효과'가 우려되는 상황이다. 2021년 6월말 기준 국내은행의 부실채권(고정이하 여신) 12.2조원과 대손충당금 적립률 155.1%를 감안할 때, 현 상황이 금융시스템을 위협할 수준으로 보이지는 않는다. 하지만 코로나19 장기화 및 대출금리 상승 시 다중채무자의 대출이 가계부채 부실 뇌관으로 작동할 가능성이 높아 금융당국이 예의주시하고 있다.

국제금융협회(IIF)가 발표한 '세계부채보고서'에 따르면, 2021년 2분기 기준으로 우리나라의 GDP(국내총생산) 대비 가계부채 비율은 104.2%(일본 63.9%)로 세계 40개 주요국가 중 1위이다. 가계부채 규모가 GDP를 초과한 유일한 나라이고 코로나19 이후 증가폭(6%)까지 포함하면 불명예스러운 2관왕이다.

2021년 9월 말 기준으로 백약무효인 대한민국의 가계대출 잔액은 1,613.4조 원(주택담보대출 921.3조 원 + 신용 등 기타대출 692.1조 원)이다. 금융부채로 1인당 평균 3,100만 원(총 인구수 5,182만명), 1세대당 평균 7,000만 원(총 2,309만 세대 / 임대보증금 2,300만 원 별도)씩 빚을 지고 있는 셈이다. 설상가상으로 경기불황과 양극화, 휴·폐업과 실직 등 상환능력을 벗어난 부채로 자포자기 상태인 다중채무자가 너무 많다. 희망을 잃은 자영업자의 극단적 선택도 이어지고 있다. 서민금융지원정책과는 별개로 저인망식 복지의 확충이 필요한 시점이다. 저절로 사라지지 않는 부채를 효과적으로 관리하는 방법은 없을까?

① 이번 한방에? 실패한 사례가 훨씬 많다. 부채를 사용할 용도와 목적이 타당해야 한다.

② 총 대출 규모는 자산이나 소득을 초과하지 않는 적당한 금액이어야 한다.

③ 부채의 목적에 따라 장기·단기로 구분하여 적정한 기간을 확보한다.

④ 상환방법과 계획을 세운 후에 대출을 신청하고 담보대출과 신용대출의 장·단점을 확인한다. 대출 신청 시 사기죄의 구성요건인 기망에 해당되지 않도록 주의해야 한다.

⑤ 가장 유리한 금융회사를 선택하고 고정금리대출, 변동금리대출, 혼합형 고정금리대출의 장단점과 중도상환해약금 여부도 파악한다. 중도상환해약금은 채권금융회사마다 다른데 고정금리·변동금리, 부동산 담보·신용 및 기타담보 여부에 따라 차이가 있다.

⑥ 상환방식에는 만기일시상환대출, 원금균등분할상환대출, 원리금균등분할상환대출, 거치식상환대출이 있는데 소득주기에 맞춰 결정한다. 돈이 생기면 저축하는 것보다 소액이라도 대출부터 상환하는 것이 유리하다.

⑦ 대출 심사기준인 LTV(Loan To Value ratio 담보인정비율), DTI(Debt To Income ratio 소득대비총부채상환비율), DSR(Debt Service Ratio 총부채원리금상환비율)을 인정하고 받아들여야 서로 안전하다.

⑧ 채무가 불이행 될 경우 담보권의 행사나 보전(가압류, 가처분 등), 담보목적물의 조사 또는 추심, 채무이행의 독촉을 위한 통지비용은 은행 여신거래 기본약관에 따라 채무자가 부담해야 함을 인식해야 한다.

⑨ 대출 신규 시 근저당권 설정비용은 은행이, 인지대는 각 50%씩, 화재 보험료와 근저당권 말소비용은 채무자가 부담한다. 대출상품에 관한 정보가 궁금하다면 통합 비교 공

시 사이트인 '금융상품 한눈에(finlife.fss.or.kr)'를 통해 자신에게 가장 알맞은 대출을 확인한다.

⑩ 은행을 이용하는 개인고객은 은행별로 제공되는 '금융거래종합보고서'를 통해 은행과의 전년도 거래내역 전반을 확인할 수 있다. 거래은행 영업점을 방문하거나 인터넷·모바일뱅킹을 접속해 신청하면 해당은행과의 거래내역이 담긴 본인의 '금융거래종합보고서'를 무료로 제공받을 수 있다. 은행이용자는 '금융거래종합보고서'를 통해 본인의 금융자산 및 부채 현황을 파악하는 것은 물론 1년 동안 해당 은행과 거래하면서 받은 혜택과 지불한 비용을 직접 비교할 수 있다. 이를 통해 자신의 자산 및 부채관리, 합리적인 금융상품 선택이 가능하고 은행과의 거래 유지 또는 변경 여부를 판단하는데 도움이 된다.

⑪ 3개월 이상 경제활동을 한 채무자가 고금리대출로 부담이 크다면 '채무통합대환대출'로 전환하되 정부지원 서민금융상품인 '햇살론'을 우선적으로 신청한다. 신규 또는 운영자금대출은 각 지역신용보증재단 보증서 활용 등 정책자금을 활용한다.

⑫ 부채가 너무 많아 감당할 수 없다면 신용회복지원(사적 신용회복) 또는 개인회생(공적 신용회복) 제도를 통해 분할변제 할 수 있다. 개별 채권자의 독촉에서 벗어날 수 있는 방법이기도 하다. 신용회복이나 개인회생 신청은 부끄러운 일이 아니다. 망설이지 말고 적극적으로 공·사적 채무조정을 신청해야 한다. 다만, 개인회생은 정기적이고 확실한 수입이 있어서 생계비를 공제하더라도 채권자에게 변제재원으로 제공할 가용소득이 있어야 한다.

⑬ 개인파산·면책 신청은 최후의 수단이다. 과도한 부채를 감당할 수 없고 근로능력을 상실해 경제적 회생이 불가능할 때 신청해야 한다. 이 또한 너무 회의적으로 생각할 필요는 없다. 일정 기간 동안 파산선고로 인한 공·사법상의 불이익을 감수해야 하지만 면책결정이 확정되면 바로 복권된다. 회생 불가능한 채무자에게는 파산선고와 면책결정이 비면책 채무를 제외한 일반채무의 상환 부담으로부터 벗어날 수 있는 유일한 방법이기 때문이다. 도널드 트럼프도 4번의 기업파산과 6번의 기업회생을 신청했지만 미국의 제45대 대통령으로 재직했다.

○ 경영컨설팅

□ 은행권 경영컨설팅 서비스

은행권에서는 창업을 준비하는 예비 자영업자와 운영 노하우가 필요한 자영업자를 상대로 각 분야별 전문가가 ① 창업절차, ② 상권분석, ③ 자금조달, ④ 사업장 운영노하우, ⑤ 마케팅 · 홍보, ⑥ 세무 · 회계 · 노무 등에 대한 컨설팅을 제공하고 있다.

은행권 경영컨설팅 주요 지원 내용

구 분	내 용
재무 상담	코로나19 금융지원 상품 안내 및 재무상황 분석
업태 · 업종 전환	언택트 확산에 따른 영업형태 변경(오프라인 → 온라인) 및 온라인 시장진출 컨설팅
채무조정	일시적 자금난, 과다부채 등의 상황에 적합한 채무조정 방안 안내
사업정리 및 재기교육	폐업절차 안내, 업종 또는 취업시장 정보 제공

□ 연계 컨설팅 (은행권 외 경영컨설팅 서비스)

일부 은행은 서민금융진흥원, 소상공인진흥공단, 지역별 신용보증재단 등 유관기관 연계 컨설팅을 제공하고 있다.

▶ 서민금융진흥원

서민금융 지원대상 (미소금융, 햇살론, 햇살론17, 신용회복위원회 채무조정자 등)인 자영업자에게 전문 컨설턴트의 경영진단과 사업 솔루션을 제공하고 있으며, 서민금융콜센터(☏1397)에 문의 가능하다.

구 분	내 용
전문 컨설턴트 운영현황	전국에서 컨설턴트 150여명을 위촉하여 운영 중
지원업종(12개)	음식업, 편의점/슈퍼마켓, 의류도소매(악세서리 포함), 화장품도소매, 기타 도소매, 이 · 미용(네일아트 포함), 세탁업, 자동차 관련업, IT 관련 업(온라인쇼핑 포함), 오락, 문화, 운동 관련업, 기타 서비스업, 기타
지원분야(10개)	상권 및 입지분석, 사업성 분석, 경영진단, 홍보 및 마케팅, 점포운영 프랜차이즈, 고객서비스, 인테리어 및 익스테리어, 세무 및 회계, 온 라인스토어(전자상거래)

* '서민금융진흥원' 홈페이지를 방문하면 창업·운영자금, 생계·주거자금, 고금리 대안자금, 사회적 금융에 대한 안내를 받을 수 있다.

▶ 소상공인진흥공단

창업 → 성장 → 재기 등 자영업 생애주기 맞춤형 컨설팅을 제공하고 있으며 중소기업통합콜센터(☏1357)에 문의 가능하다.

자영업 생애주기	소상공인시장진흥공단 프로그램
창업 단계	신사업창업사관학교
성장 단계	소상공인 역량강화 사업, 소상공인 경영교육
재기 단계	희망리턴패키지

□ 서울신용보증재단

소상공인의 경우 서울시 출연기관인 '서울신용보증재단'(25개 지점 및 10개 센터 / 1577-6119)으로부터 무료로 창업컨설팅을 받을 수 있으며 경영에 관한 정보를 얻을 수 있다. 신용보증 신청, 기한연장 및 구상채권 분할상환 서비스 등은 방문하지 않고도 이용할 수 있다. 서울시에서 사업을 영위 중인 사업자(개인, 법인) 이거나, 서울시에서 창업을 준비 중인 예비 창업자는 예약 후 사업장 소재지 관할 지점이나 센터를 방문하면 된다. 각 지자체별로 지역별 신용보증재단을 운영하고 있다.

□ 서울금융복지상담센터(1644-0120)

소비·지출 관리가 막막하거나 빚으로 고통 받는 서울 시민은 서울시 복지재단의 '서울금융복지상담센터'를 통해 ① 악성부채 확대예방(공공 재무상담), ② 가계부채 규모관리(공적 채무조정 지원), ③ 복지서비스 연계에 관해 무료로 상담 및 지원 받을 수 있다. 서울시 각 권역별로 14개의 센터를 운영하고 있으며 예약 후 주소지 관할 센터에 방문하면 된다.

▣ 대출 사기와 형사고소

○ 대출 사기

[사례] 프리렌서 피부 관리사, 마사지사로 일한다는 그녀는 죽고 싶다면서 울먹였다. 코로나19로 대면접촉을 꺼려하는 고객들의 발길이 뚝 끊겨 생계를 이어갈 수 없다고 했다. 설상가상으로 췌장암에 걸린 부친의 병원비를 구하기 위해 급전을 알아보다가 대출사기에 걸려들었다고 호소했다. 피해금액은 2천만 원으로 스팸문자가 화근이었다. 신분을 증명해 줄 직장이 없고 신용등급이 낮다보니 제도 금융권 문턱을 넘기 어려웠던 것이다. 이상했지만 사기꾼의 현란한 말솜씨에 속아 서류와 통장, 카드를 건네주고 말았다. 알면서도 당하는 전형적인 대출 사기 행각이다.

신용등급 빌미 사기, 대출 관련 비용 선납 사기, 스마트폰 악성 앱 사기, 저금리(통합) 대환대출 사기, 중고차 리스료 대납 사기, 가상통화 연계 사기 등 유형도 다양하다. 각종 매스컴에 유사수신행위 등 금융사기 사건에 대한 보도가 많고 포털사이트에도 자주 노출되는데 근절되지 않은 이유는 무엇일까? 피해자의 방심과 실수도 있겠지만 가해자에게 형벌 비례원칙(과잉금지 원칙)이 적용되어 솜방망이 처벌에 그치기 때문이다. 과실범이 아닌 고의범 강력범에 대해서는 국민의 법 감정과 일치하는 양형 기준이 마련되어야 하고 그에 합당한 선고가 내려져야 한다. 피해자와 가족들의 고통은 회복할 수 없기 때문이다.

- 사기, 강박에 의한 의사표시 (민법 제110조).

① 사기나 강박에 의한 의사표시는 취소할 수 있다.
② 상대방 있는 의사표시에 관하여 제삼자가 사기나 강박을 행한 경우에는 상대방이 그 사실을 알았거나 알 수 있었을 경우에 한하여 그 의사표시를 취소할 수 있다.
③ 전2항의 의사표시의 취소는 선의의 제삼자에게 대항하지 못한다.

• 부당이득 (형법 제349조).

① 사람의 곤궁하고 절박한 상태를 이용하여 현저하게 부당한 이익을 취득한 자는 3년 이하의 징역 또는 1천만 원 이하의 벌금에 처한다.

② 제1항의 방법으로 제3자로 하여금 부당한 이익을 취득하게 한 경우에도 제1항의 형에 처한다.

▶ 대출사기 예방 방법

① 편법보다는 정상적인 방법을 찾는 것은 기본이다.

② 문자 메시지나 전화를 이용한 대출 광고를 믿는 것은 금물이다.

③ 개인 신용정보나 통장, 카드, 휴대폰을 넘겨주어서도 안 된다.

④ 대출 진행 비용이나 수수료 등을 먼저 입금하라고 하면 의심하고 확인해야 한다.

⑤ 경각심을 높이고 뉴스 내용을 귀담아 들어야 한다.

⑥ 비슷한 상호이거나 특정 은행을 사칭하는 불법대출광고 스팸문자는 전부 대출사기라고 생각하면 된다. 은행은 고객의 사전 동의 없이 불특정 다수에 대해 대출을 유도하는 광고 문자를 발송하지 않기 때문이다.

⑦ 혼자 고민하지 말고 사전에 전문가나 가족 등 주변 사람들에게 조언을 구하는 것도 좋은 방법이다.

⑧ 대출 사기를 당했다면 곧 바로 경찰청(☎112)이나 금융감독원(www.fss.or.kr) 피해신고센터(☎1332)에 신고하고 지급정지를 신청한다. 사기행위에 이용된 계좌에 남아있는 돈은 '피해금 환급 제도'를 통해 소송 절차 없이 되돌려 받을 수 있는데 계좌를 개설한 금융기관에 피해 구제 신청을 해야 한다.

⑨ 금융감독원 '금융소비자 정보포탈 파인(fine.fss.or.kr)'을 통해서 제도권 금융회사인지 여부와 금융거래 과정에서 필요하거나 알아두면 유익한 정보를 확인할 수 있다. 유사수신 업체와 거래 시 발생한 피해는 금융감독원 분쟁조정절차 등에 따른 피해구제를 받을 수 없으므로 각별히 유의해야 한다.

○ 형사고소

□ 사기죄의 유형

▶ '변제할 의사와 능력'을 속인 유형

> ☀ 차용금의 편취에 의한 사기죄의 성립 여부는 차용 당시를 기준으로 판단하여야 하므로, 피고인이 차용 당시에는 변제할 의사와 능력이 있었다면 그 후에 차용사실을 전면 부인하면서 변제를 거부한다고 하더라도 이는 단순한 민사상의 채무불이행에 불과할 뿐 형사상 사기죄가 성립한다고 할 수 없고, 한편 사기죄의 주관적 구성요건인 편취의 범의의 존부는 피고인이 자백하지 아니하는 한 범행 전후의 피고인의 재력, 환경, 범행의 내용, 거래의 이행과정, 피해자와의 관계 등과 같은 객관적인 사정을 종합하여 판단하여야 한다(대법원 1996. 3. 26. 선고 95도3034 판결).
>
> ☀ 사기죄의 성립 여부는 그 행위 당시를 기준으로 판단하여야 하고, 그 행위 이후의 경제사정의 변화 등으로 인하여 피고인이 채무불이행 상태에 이르게 된다고 하여 이를 사기죄로 처벌할 수는 없다(대법원 2008. 9. 25. 선고 2008도5618 판결).
>
> ☀ 사기죄가 성립하는지는 행위 당시를 기준으로 판단하여야 하므로, 소비대차 거래에서 차주가 돈을 빌릴 당시에는 변제할 의사와 능력을 가지고 있었다면 비록 그 후에 변제하지 않고 있더라도 이는 민사상 채무불이행에 불과하며 형사상 사기죄가 성립하지는 아니한다(대법원 2016. 4. 28. 선고 2012도14516 판결).

▶ 차용한 돈의 '용도'를 속인 유형

> ☀ 사기죄의 실행행위로서의 기망은 반드시 법률행위의 중요 부분에 관한 허위표시임을 요하지 아니하고 상대방을 착오에 빠지게 하여 행위자가 희망하는 재산적 처분행위를 하도록 하기 위한 판단의 기초가 되는 사실에 관한 것이면 족한 것이므로, 용도를 속이고 돈을 빌린 경우에 있어서 만일 진정한 용도를 고지하였더라면 상대방이 돈을 빌려 주지 않았을 것이라는 관계에 있는 때에는 사기죄의 실행행위인 기망은 있는 것으로 보아야 한다(대법원 1996. 2. 27. 선고 95도2828 판결).

▶ 편취한 액수에 따른 형사처벌 기준

● 사기 (형법 제347조).

① 사람을 기망하여 재물의 교부를 받거나 재산상의 이익을 취득한 자는 10년 이하의 징역 또는 2천만 원 이하의 벌금에 처한다.

② 전항의 방법으로 제삼자로 하여금 재물의 교부를 받게 하거나 재산상의 이익을 취득하게 한 때에도 전항의 형과 같다.

● 특정재산범죄의 가중처벌 (특정경제범죄 가중처벌 등에 관한 법률 제 3조).

①「형법」제347조(사기), 제347조의2(컴퓨터 등 사용사기), 제350조(공갈), 제350조의2(특

수공갈), 제351조(제347조, 제347조의2, 제350조 및 제350조의2의 상습범만 해당한다), 제355조(횡령·배임) 또는 제356조(업무상의 횡령과 배임)의 죄를 범한 사람은 그 범죄행위로 인하여 취득하거나 제3자로 하여금 취득하게 한 재물 또는 재산상 이익의 가액(이하 이 조에서 "이득액"이라 한다)이 5억 원 이상일 때에는 다음 각 호의 구분에 따라 가중 처벌한다.

1. 이득액이 50억 원 이상일 때: 무기 또는 5년 이상의 징역
2. 이득액이 5억 원 이상 50억 원 미만일 때: 3년 이상의 유기징역

② 제1항의 경우 이득액 이하에 상당하는 벌금을 병과할 수 있다.

▶ 사기죄의 구성요건 (기망, 편취의 고의)

☀ 사기죄의 요건인 '기망'은 널리 재산상의 거래관계에서 서로 지켜야 할 신의와 성실의 의무를 저버리는 모든 적극적, 소극적 행위를 말한다. 반드시 법률행위의 중요 부분에 관한 허위표시를 해야 하는 것은 아니고, 상대방을 착오에 빠뜨려 행위자가 희망하는 재산적 처분행위를 하도록 하기 위한 판단의 기초가 되는 사실에 관한 것이면 충분하다. 따라서 거래의 상대방이 일정한 사정에 관한 고지를 받았더라면 거래를 하지 않았을 것이라는 관계가 인정되는 경우에는, 그 거래로 재물을 받는 자에게는 신의성실의 원칙상 사전에 상대방에게 그와 같은 사정을 고지할 의무가 있다. 그런데도 이를 고지하지 않은 것은 고지할 사실을 묵비함으로써 상대방을 기망한 것이 되어 사기죄를 구성한다(대법원 2004. 4. 9. 선고 2003도7828 판결).

* 소극적으로 진실한 사실을 숨기는 것도 기망행위가 될 수 있다. 경우에 따라서는 단순한 침묵이나 의견, 평가의 진술 등도 기망행위가 될 수 있다.

☀ 사기죄의 주관적 구성요건인 '편취의 고의'는 피고인이 자백하지 않는 한 범행 전후 피고인의 재력, 환경, 범행의 내용, 거래의 이행과정, 피해자와의 관계 등과 같은 객관적인 사정을 종합하여 판단하여야 한다(대법원 1996. 3. 26. 선고. 95도3034 판결). 민사상 금전대차관계에서 채무불이행 사실을 가지고 바로 차용금 편취의 고의를 인정할 수는 없으나 피고인이 확실한 변제의 의사가 없거나 또는 차용 시 약속한 변제기일 내에 변제할 능력이 없는데도 변제할 것처럼 가장하여 금원을 차용한 경우에는 편취의 고의를 인정할 수 있다(대법원 1983. 8. 23. 선고 83도1048 판결).

* 사기자의 고의는, 사기자가 표의자를 기망하여 착오에 빠지게 하려는 고의와, 다시 표의자로 하여금 그 착오에 기하여 의사표시를 하게 하려는 고의가 있어야 한다.

[tip] 채권자의 형사고소 시 대처방법

▶ 채권자가 채무자를 기망(신의와 성실의 의무를 저버리는 행위)·편취의 고의(변제의사와 변제할 능력을 가장)또는 용도사기에 의한 사기죄로 형사고소 할 경우 억울한 피고소인이라면 어떻게 대처할 것인가. 일부 사채업자의 경우 형사고소를 채무변제 강제수단으로 악용하므로 주의해야 한다.

① 경찰서 조사 시 법리에 따라 신중하게 진술하고 유리한 증거자료를 제출한다. 조사받기 전에 진술방법·자료제출 등에 관해 변호사에게 자문을 구하는 것이 좋다.

② 차용 당시 채무자(피고소인)의 상황을 채권자에게 정확하게 고지했음을 주장한다.

③ 차용할 당시에는 채무자에게 변제할 의사와 능력이 충분했다. 그 동안 최선을 다해 변제하려고 노력해왔고, 사정이 변경되어 불가피하게 못 갚고 있을 뿐이다. 라고 주장하고 이에 관해 입증한다.

④ 용도사기는 변제할 의사와 능력을 불문하고 차용한 돈의 용도를 속이면 성립한다. 차용금의 사용 용도와 직·간접적으로 관련성 있는 증거자료를 제출한다.

⑤ 고소인의 주장은 인정할 수 없으며 단순히 민사상의 채무불이행에 해당된다고 주장한다. 향후에 경제사정이 좋아지면 변제할 의사가 있음을 밝히면 더 좋다.

⑥ 채무자가 대출(할부구입, 신용카드 개설 포함)을 받은 후 원리금·할부금·신용카드대금을 6개월 이상 정상적으로 변제하면 채권자의 형사고소 명분이 약해진다. 정부투자 금융 공기업, 지자체 산하 지역신용보증재단, 제1금융권 등 공신력 있는 기관은 채무자에게 사기죄의 혐의가 외관상 명백하더라도 대외 이미지 관리차원에서 쉽게 형사고소 결정을 내리지 않는다.

▣ 재무설계와 상속설계

○ 생애주기에 따른 재무 설계

"재무 계획"이란 생애 주기별로 발생하는 자신의 수입을 예상하고, 이를 현재와 미래의 자금수요에 적절하게 배분하는 것을 말한다. "재무 설계"란 재무계획을 세우고 실행에 옮기는 것을 말한다. 미래의 불확실성에 대비하고 안정적인 노후생활을 위해 재무설계가 필요하다. 재무목표는 단기와 장기로 구분하고 소득창출 방법과 수입・지출의 범위를 정해야 한다. 수입과 지출규모가 적당한지, 자산이 증가하고 있는지, 부채가 적정한지도 살펴보아야 한다. 재무목표의 우선순위를 정한 후 정기적으로 목표달성 정도를 평가하고 수정・보완하면 시행착오를 줄일 수 있다.

생애주기(life cycle)인 사회 초년기(20대, 결혼 준비), 가족 형성기(30대, 신혼), 자녀 성장기(40~50대, 자녀 양육), 노후생활기(60대 이후, 은퇴 생활)에 발생하는 주요 이슈에 따라 재무 설계와 부채관리를 병행한다. 소득과 지출 수준이 생애주기에 따라 달라지기 때문이다. 83세인 기대수명과 58세인 평균 정년과의 차이가 너무 크다. 개인마다 차이는 있겠지만 약 25년 동안 소득 없이 노후생활을 해야 한다. 준비되지 않은 노후와 의미 없는 장수는 불행으로 이어진다. 퇴직금이 보장되지 않은 직종에서 일하고 있거나 은퇴 후 국민연금을 받을 때까지 발생하는 소득 공백 기간이 길수록 철저한 준비가 필요하다.

▸ 재무 설계는 다음과 같은 과정에 따라 진행한다.

① 재무목표 설정 (생애 단계별 과업 설정).

② 재무상태 파악 (재무상태 및 부채 규모, 이용 가능한 자원에 대한 현실적인 분석).

③ 행동계획 수립 (수입과 지출에 관한 계획 수립).

④ 행동계획 실행 (구체적인 행동 실행 및 점검).

⑤ 실행 결과의 평가 및 수정

▶ 생애주기별 재무 설계는 다음과 같은 단계별 과업 목표를 달성하기 위해 수립한다.

① 사회 초년기: 경제적 독립, 취업 계획, 학자금 대출 상환, 결혼 준비, 창업 준비.

② 가족 형성기: 주택구입 자금 마련, 출산 및 육아, 투자대상 물색.

③ 자녀 성장기: 자녀 교육비, 대학 등록금, 주택 마련, 자녀 결혼자금 및 은퇴자금 준비.

④ 노후 생활기: 지출 관리, 상속·증여, 가족 구성원 사망·질병 등에 대비한 재무계획 수립 등.

이와 같이 장기적인 안목에서 재무계획을 실행함으로써 안정적으로 인생을 살아갈 수 있으며 과도한 부채와 거리를 둘 수 있다.

○ 상속 설계

개인 재무 설계의 마지막 단계라고 할 수 있는 상속 설계에 관해 살펴보자. 채무자 입장에서 가장 중요한 "상속설계"란 상속인들의 재무적 안정성을 도모하고 피상속인의 재산을 상속인에게 효과적으로 이전하기 위한 종합적인 대책을 말한다. 상속채무에서 해방되고, 피상속인 또는 상속인의 채권자에게 소 제기의 명분을 제공하지 않은 행위도 포함된다. 상속설계는 상속개시 전·후로 나눠서 시행한다. 상속에 관해서는 민법 제997조부터 제1118조에 규정되어 있다.

▶ 상속개시(사망) 전

① 상속재산 현황을 파악한 후 상속인을 지정한다. 피상속인의 유언이 있을 경우 유언장을 작성하고 공증을 받아두면 좋다. 상속인 중에 무능력자나 미성년자가 있을 경우 친권자 또는 후견인을 법정대리인으로 지정할 수 있다.

② 피상속인의 재산과 채무현황을 최대한 확인한다. 개인에 대한 채권·채무관계 등 타인에 대한 권리·의무에 관한 객관적인 서류도 확보해야 한다. 채권의 집행 측면에서는 피상속인 생전에 청구하거나 소송을 제기하는 것이 좋다.

③ 피상속인의 재산과 상속개시로 발생하는 권리 중에서 상속재산과 상속인의 고유재

산을 분류한다.

④ 다중채무자 등 변제능력을 상실한 상속인이 있는지 여부도 함께 파악한다.

⑤ 재산분배계획 수립 등 사후 대책을 마련한다.

▶ 상속개시(사망) 후

① 상속재산과 지분을 확정하고 상속인 간에 이해관계를 조정한다. 최종적으로 상속재산을 분할한다.

② 상속인은 민법 제1019조에 따라 상속개시있음을 안 날로부터 3월내에 한정승인 또는 포기를 해야 한다. 이 때 한정승인과 상속포기의 법적효과에 대해 정확하게 이해한 후 방향을 결정해야 한다. 상속인이 의무를 이행하지 않으면 단순승인 한 것으로 간주될 수 있다.

③ 채무에 대한 변제능력을 상실한 상속인이 있을 경우 자녀들을 포함해 가정법원에 상속포기심판을 청구해야 한다. 상속협의분할을 원인으로 다른 상속인 명의로 상속등기하면 안 된다. 채권자가 수익자인 상속인을 상대로 사해행위 취소소송을 제기해올 수 있기 때문이다.

④ 한정승인심판을 받았을 경우, 후속절차를 정해진 기간 내에 이행하고 상속채권자들에 대한 배당까지 완료해야 한다.

⑤ 상속채권자들에 대한 착오배당이 우려되거나 처분이 곤란한 상속재산이 있을 경우 '상속재산 파산'을 신청한다.

⑥ 단순승인을 제외한 상속포기 또는 한정승인의 경우, 가정법원의 최종 심판문이 도달되고 채권자에 대한 배당이 완료될 때까지 상속재산을 임의로 처분하면 단순승인으로 간주될 수 있으므로 주의해야 한다.

⑦ 상속개시 이후 예상치 못했던 상속인의 출현, 지분경쟁, 특별수익 확인, 상속세 및 증여세 문제 등이 발생할 경우, 상속인 간에 원만하게 합의하거나 유류분 제도를 활용한다.

⑧ 피상속인에 대한 새로운 채권·채무관계가 확인되었을 경우, 상속인의 지위로서 청구하거나 특별한정승인 제도를 활용한다.

2부

채권자의 행동특성과 채무자의 방어기제

1장 채권자는 어떻게 사고(思考) 하는가.

▣ 신용정보회사

변제능력을 상실한 다중채무자라면 채권회수와 관리를 위임받은 회사에 대해서 살펴볼 필요가 있다. 현재 국내에는 31개 신용정보회사(신용조회 6개, 채권추심 24개, 신용조사 1개)가 있는데 약 2만여 명이 종사하고 있다. 이 중 채무자와 직접적인 연관이 있는 곳은 주로 'OO신용(평가)정보주식회사'라는 상호를 사용한다. 신용(평가)정보회사는 '채권의 공정한 추심에 관한 법률'을 준수해야 한다. 추심원은 신용정보협회에서 실시하는 '가이드라인교육'을 정기적으로 수강해야 한다. 회원사가 협회를 중심으로 신용사회 구현을 위해 노력하고 있으며, 내부통제를 충실하게 이행하고 있다. 추심업자에는 수탁추심업자(허가제, 주로 신용정보회사)와 매입추심업자(등록제, 주로 대부업체)가 있다. 추심업자의 주요 매출원은 채무자로부터 받는 대부이자 수입, 위임사로부터 받는 채권관리 및 회수 수수료, 신용조사 수수료로 구성된다. 한편 부실채권과 고정비용의 증가, 과도한 채권 입찰 경쟁, 잇따른 퇴직금 소송의 패소는 추심업자의 수익구조를 악화시키는 요인으로 작용한다.

추심업자는 내부에 채권추심 전문 사업부 조직을 갖추고 있다. 매입하거나 수임한 채권을 종류별로 구분한 다음 각 지점(부서)에서 집중 관리한다. 그들은 채무자들이 두려워할 정도의 추심기법을 보유한 전문가 집단이다. 그렇다고 폭력적인 단체를 의미하는 것은 아니다. 연락을 회피하거나 적대시 할 필요는 없다. 채무자의 사정에 맞춰 법적 조치를 유보해주거나 분할변제 기회와 채무감면 혜택을 줄 수 있기 때문이다.

조직 구성원은 다년간 추심업무에 종사한 직원으로 계약직도 있지만 대부분 기본급이 없는 위임직이다. 특수형태근로자인 위임직 추심원의 소득은 급여라고 하지 않고 수수료나 수당이라고 한다. 공식적인 퇴직금도 없다. 그들은 근로자성에 관한 대법원 판례를 근거로 퇴직금 지급의 당위성을 주장하며 소송을 제기하기도 한다. 회사는 일방적으로 수수료 체계를 변경해 추심원의 의욕을 상실하게 하지만 속수무책으로 당할 수밖에 없다. 사실상 1인 자영업자인 추심원들의 협상력이 낮아 단체행동에 제약이 따르기 때문이다.

추심원은 '공인신용관리사'자격을 취득하거나 신용정보협회에서 주관하는 채권추심업무 연수를 받으면 업계에 종사할 수 있다. 추심업자도 고객(위임사와 채무자)의 신뢰를 확보해야 지속적인 성장이 가능하다. 이를 위해 추심원은 기본적으로 '공인신용관리사'자격을 취득하고 업무를 수행하는 것이 바람직하다. 법률적 근거에 따라 논리적으로 채무자를 설득하기 위한 공부는 필수적이기 때문이다.

추심원의 소득은 채무자로부터 회수한 추심 실적에 따라 결정된다. 악착같이 돈을 받아내야 생계를 이어갈 수 있고 회사도 운영되는 구조인 것이다. 전부는 아니지만 회수 실적이 인격이고 실력일 수밖에 없다. 채무자 입장에서는 경계해야할 대상이지만 그들도 열악한 조건 속에서 고군분투하는 노동자일 뿐이다. 생계에 대한 스트레스로 돌연사하거나 뇌출혈, 암과 같은 중병에 걸리는 비율이 일반 직종보다 높다. 그들이 사회적 약자로서 억울해하는 이유가 있다. 회사의 성장에 상당한 기여를 하면서도 4대 보험의 사각지대에서 그림자처럼 존재하며 차별받고 있기 때문이다.

고용의 안정성과 임금 등이 상대적으로 열악해서 발생하는 노동시장의 이중구조는 불공정의 표본이다. 비정규직과 특수형태근로자의 처우개선 문제는 사회통합을 위해 반드시 해결되어야 한다. '무늬만 정규직' 제도로는 조직역량을 극대화 할 수 없듯이 보편적 복지혜택에서 소외된 위임직 추심원에게 소속감을 기대할 수는 없을 것이다. 대한민국은 UN, OECD, IMF가 인정한 선진국이다. 우리 사회에서 일자리를 볼모로 차별을 정당화하는 행태는 사라져야 한다.

근본적인 노동개혁은 노동시장에서 발생하는 부의 정의로운 분배에 초점을 맞추는 것이다. 사실상 동일한 업무를 수행하면서 2~3배의 소득격차가 발생하는 나라에서 살고 싶은 사람은 없을 것이다. 소외된 내부고객인 비정규직과 특수형태근로자의 생존권 보장은 시대적 과제이다. 궂은일과 위험은 회피하면서 혜택은 독차지 하겠다는 정규직의 이기심은 공생의 가치를 훼손하는 것이다.

경영난과 노동의 유연성을 강조하며 엄살 부리는 경제단체의 입김에 휘둘릴 때가 아니다. 사회적 여론과 압력에 등 떠밀려 개정 · 시행된 '산업안전보건법'과 '중대재해처벌법'을 반면교사로 삼아야 한다. 확실한 개인의 능력과 노력, 기여도에 따라 결정되는 '정당한 격차'를 문제 삼는 것이 아니다. '부당한 차별'은 저항과 개혁을 통해 바꿔나가야 한다는 것이다. 4대 보험 적용의 확대 등 차별의 시정을 사업주의 선의에만 맡길 수 없기에 정책적 결단과 법률의 제정이 시급하다.

'당신의 자녀와 손자세대까지 비정규직이나 특수형태근로자로 차별받는 세상에서 살아도 괜찮은가.'라는 화두에 대해 국가와 사회, 기득권을 가진 주체들이 답해줄 때가 되었다. 불공정한 사회구조는 남북분단, 기후위기와 함께 미래세대에게 물려주지 말아야 할 그릇된 유산이기 때문이다.

이 시대의 채무자는 출생 이후 가장 힘든 시기를 보내고 있다. 계획된 지출을 하거나 미래를 설계한다는 것은 그들에게 사치일 수밖에 없다. 소득창출 기반의 붕괴로 압박감과 초조함 속에서 매일 고통스러운 삶을 이어가고 있기 때문이다. 사회 · 경제적 약자라는 측면에서 추심원과 채무자의 처지는 크게 다를 것이 없다. 채무자에 대한 배려를 통해 우리 공동체가 붕괴되지 않았다는 것을 보여줄 수는 없을까? 약자가 더 약한 자를 힘들게 해서야 되겠는가.

▣ 채권자의 정보 취득 방법

채권자는 부실채권을 회수할 목적으로 채무 관련인(주채무자, 연대보증인, 재산 상속인 등)의 개인 정보에 합법적으로 접근할 수 있다. 빅 데이터를 활용한 상당히 많은 정보가 유・무료로 제공되고 있는 디지털 환경 때문이다. 채무자 소유 재산에 대해 갑자기 강제집행을 당했다고 해서 이상하게 생각할 일이 아닌 것이다. 채권자가 채무자의 개인정보를 수집, 이용, 제공할 수 있는 근거는 대출 신청 당시 자필・서명한 개인정보의 제공 및 활용 동의서, 추가거래 약정서 등에 있다. 채무자 소유 부동산에 대한 가압류 등 채권보전조치와 경매 진행 정보를 전문적으로 제공하는 업체도 있다. 개인에 관한 정보는 개인정보보호법 제18조 제1항에 따라 개인정보의 목적 외 이용 및 제공이 제한된다.

그러나 '공공기관의 운영에 관한 법률'제4조에 의한 공공기관(예: 한국자산관리공사)은 같은 법 제2항 제5호부터 제9호까지 사유에 해당할 경우 개인정보를 목적 외로 사용하거나 제3자에게 제공할 수 있다. AI(Artificial Intelligence 인공지능), Deep Learning(인공 신경망을 기반으로 구축한 기계 학습 기술) 기술을 이용해 지급명령 신청, 민사소송 신청, 가압류 신청을 대행하는 비대면 법률서비스도 있다. 채권자를 비롯한 신용정보회사는 신용평가회사, 기업데이터 회사, 인터넷등기소가 제공한 개인과 기업의 정보를 바탕으로 추심활동을 전개한다. 이들 회사가 채권자에게 어떤 정보를 제공하고 있는지 살펴보자.

○ KCB를 통해 조회 가능한 정보

KCB(Korea Credit Bureau)는 빅데이터를 활용하여 개인신용평가체계를 고도화하고, 인공지능 등 신기술을 적용한 신용평가방법으로 작성된 개인정보를 금융기관 등에게 제공하는 신용평가회사이다. 인터넷 기반 신용조회서비스로 All My Credit을 운영하고 있다.

구 분	정보제공 내용
개설정보	카드(체크카드 포함), 대출, 연대보증
이용정보	카드(체크카드 포함), 대출
연체정보(단기)	금융연체, 대지급정보
연체정보(장기)	채무불이행, 금융질서 문란, 신용정보원 공공정보, 채무불이행, 비금융 연체정보
관보정보	면책, 개인회생정보
신용회복/자산관리	신용회복위원회, 조정 및 입금 정보
추정정보	소득, 부채, 주거래은행
경매정보	경매진행 상황

○ CRETOP을 통해 조회 가능한 정보

크레탑(Cretop)은 한국기업데이터(주)가 기업신용조사 등을 통해 구축한 국내 최대의 기업 신용정보, 벤처기업정보, 소비자신용정보, 각종 경제정보 등을 제공하는 인터넷 기반의 신용조회서비스이다. 해당 서비스는 법인 및 개인사업자만 이용 가능하다.

구 분	정보제공 내용
기업정보	브리핑 for CEO, 기업일반, 기업채무, 기업재무, 기업신용
기업인정보	프로필, 개인신용정보
산업 그룹정보	산업정보, 그룹정보, 신설법인정보
신용정보	기업신용정보, 휴폐업 등기정보, 행정처분정보, 외부 신용등급, 당좌거래정지정보
경영지원정보	지적재산권, 입찰정보, 부동산시가정보, 서식정보, 뉴스정보

○ 인터넷등기소를 통해 조회 가능한 정보

인터넷등기소(www.iros.go.kr)는 대법원이 운영하고 있는 시스템 중 하나이다. 이외에도 대법원은 나의사건 검색, 법원경매정보, 종합법률정보 등을 제공하고 있다. 인터넷등기소에서 등기사항증명서(부동산등기부등본)를 열람하고 채무자의 현재 주소지를 검색하면 임차인이 등기소에서 확정일자를 받았는지 여부가 조회된다. 확정일자를 받은 임차인 성명이 채무자와 동일인으로 확인되면 채권자가 전・월세보증금 반환청구권에 대한 (가)압류 조치를 취한다. 전(월)세 계약서 확정일자는 주소지 관할 주민센터에서 받는 것이 상대적으로 안전하다.

○ 그 밖의 정보취득 방법

① 채권자는 채무자 소유 재산에 대한 경매사건 및 보전처분(가압류・가처분・가등기) 등에 관한 정보를 전문적으로 취합하는 업체와 제휴를 맺어 정기적으로 제공받는다. 채무자 명의로(소유권 이전한 부동산 포함) 전국에 부동산 등 재산을 소유하고 있을 경우 언젠가는 채권자가 파악할 수 있다는 사실을 염두에 두어야 한다.

② 채권자는 집행권원을 근거로 채무자의 주민등록원초본을 발급받을 수 있다. 출생 이후 모든 주소지에 대한 등기부등본을 열람하는 방법으로 재산조사를 실시한다. 집행권원이 없는 경우, 우편물 2회 이상 반송 기록 및 이해관계 사실 확인서를 첨부하거나 법원의 보정명령을 통해 주민등록초본을 발급받을 수 있다. 이를 통해 채무자의 현 주소지를 파악한다.

③ 채권자는 집행권원에 기초해 법원에 채권압류 및 추심(전부)명령, 재산명시, 재산조회를 신청함으로써 채무자의 재산 및 권리 존재 여부를 확인한다.

④ 국세청은 정기적으로 체납자의 금융거래를 조회하여 예・적금・보험・주식 계좌를 압류함으로써 시효진행을 중단시킨다. 국세청 홈텍스(www.hometax.go.kr) 사업자 상태 조회를 통해 휴・폐업 여부도 확인할 수 있다.

▣ 채권자의 부실채권 회수 경로

채무자의 원·리금 연체로 대출이 부실화 될 경우 채권자가 취하는 법적조치와 강제집행에 대해서 알아보자. 채권자의 행동 특성을 파악하고 선제적으로 대처함으로써 협상전략의 우위를 점할 수 있게 된다. 여기서는 단계별 행동특성 중 1~10번에 대해서 살펴본다.

○ 채권자의 단계별 행동특성

순서	시점	방법
1	원·리금 연체발생 이후	전화독촉 및 내용증명 우편 발송, 재산조사 및 채권보전조치 (검토)
2	기한의 이익 상실·부활 요건 충족 시	기한의 이익 상실, 부활
3	원·리금 3개월 이상 연체 또는 지급보증대지급금 3개월 이상 보유 시	채무불이행자등록, 고정이하 여신으로 분류
4	원만한 회수가 어렵다고 판단되고 부실채권 발생이 현실화 된 때	담보권 실행 및 대위변제·보험금 청구·손실 확정을 위한 상각처리
5	부실채권 회수를 위한 추가 조치가 필요한 경우	추가 재산조사 및 채권보전조치
6	집행권원 확보 및 채권자취소권 행사가 필요하다고 판단될 때	소송의 제기, 대여금·구상금(이행권고결정), 지급명령, 사해행위취소의 소 등
7	판결이 확정되었음에도 변제하지 아니할 때	집행권원에 기초한 강제집행 (부동산·유체동산·채권 등)
8	심리적 압박 및 소유 재산에 대한 확인이 필요할 때	재산명시 신청
9	공적장부 등록을 통한 추가 압박이 필요할 때	채무불이행자명부등재 신청
10	숨겨놓은 재산을 확인할 필요가 있을 때	재산조회 신청
11	채권이 장기간 회수되지 아니할 때	특수채권으로 전환해서 관리. 장기 미회수 채권 → 채권양도(매각) 또는 채권추심 위임
12	채무자 사망 또는 추심위임에도 장기간 채권이 회수되지 아니할 때	상속인에 대한 소 제기 검토. 채무감면, 채권매각·소각, 소멸시효 중단, 소멸시효 완성

* 위 부실채권 회수경로는 채권자별 업무규정, 채무자의 사망, 재산도피, 연대보증인 유무, 재산 발견 및 채권보전조치, 소송 결과 등 상황에 따라 그 순서가 바뀔 수 있다.

■ 변제 독촉 및 재산조사

채권자는 채무 관련인(주채무자, 연대보증인, 재산 상속인 등)의 제반 사정을 고려해 전화·문서 발송·채권보전조치·주소지 방문·소 제기 등 가장 효과적인 방법으로 변제를 촉구하고 재산조사를 실시한다. 채권의 공정한 추심에 관한 법률, 금융감독원 채권추심업무 가이드라인, 금융회사별 규정에 따른 변제 독촉 방법은 다음과 같다.

▶ 변제 독촉

① 전화·문자메시지·이메일을 통한 변제 촉구

모두 합쳐서 하루에 2회 이내로 제한된다. 다만, 단순한 안내는 횟수에서 제외된다. 전화 상대방에 대한 본인 확인을 철저히 하여야 하며, 채무자의 정보유출 등으로 인한 민원이 발생하지 않도록 주의하여야 한다.

② 문서 발송을 통한 변제 촉구

채권 금융회사에서 정한 규정서식을 이용하며, 협박성 문자내용을 표시할 수 없다. 봉투 겉면에는 발신인과 수신인에 대한 표시 외에 혐오감을 주는 지나친 원색을 사용할 수 없다. 채무자가 명백히 거주하지 않음에도 불구하고 반복적으로 발송하여 실거주자에게 불편을 초래하여서는 안 된다.

③ 채권보전조치를 통한 압박

공신력이 있는 금융회사는 급여 및 퇴직금 (가)압류 시에는 사전에 문자 또는 문서로 통지한다. 다만, 예·적금 등 채권 (가)압류 시에는 별도의 통지를 하지 않는다.

④ 채무자 주소지 방문을 통한 변제 촉구

방문계획을 전화, 문자메시지, 문서를 통해 사전에 통지하며, 주 2회 이내에서 허용된다. 방문 시에는 종사원증을 제시해야 하며, 언행과 복장 등에 관한 기본적인 예의를 갖추어야 한다. 면담이나 탐문시 정보원이나 탐정, 경찰관 등 소속을 사칭하거나 채무자나 관계인을 가장하는 행위를 하여서는 안 된다.

⑤ 소 제기를 통한 압박

채무자를 상대로 대여금(구상금)청구의 소를, 수익자·전득자를 상대로 사해행위취소의 소를 제기해 자진변제를 압박한다.

⑥ 소재 파악

채무자에 대한 소재파악은 필요한 최소한의 범위 안에서 실시하되, 장기간에 걸쳐 채무자와 연락이 이루어지지 않거나 행방불명 상태인 경우에 실시하여야 한다. 채무자의 관계인이나 주변 사람들에 대한 면담 또는 탐문의 방법으로 소재파악을 할 때에는 상대방에게 채무에 관한 사실을 알려서는 안 된다.

▶ 재산조사 시기

① 부실채권 발생 시

채무자의 주민등록초본을 발급받아 최종 주소지에 대한 등기부등본을 열람한다.

② 추심업자가 채권 수임 또는 매입 시

채무자의 주민등록(원)초본을 발급받아 필요한 주소지에 대한 등기부등본을 열람한다.

③ 소 제기 및 법원의 주소보정 명령 시

채무자의 주민등록초본을 발급받아 최종 주소지에 대한 등기부등본을 열람한다.

④ 채무변제 촉구문서 등 주요 문서 반송 시 (집행권원이 있을 때)

채무자의 주민등록원초본을 발급받아 모든 주소지에 대한 등기부등본을 열람한다.

⑤ 채무 관련인의 주소지가 변경될 때

소유재산에 관한 정보가 입수된 때 등 필요할 때 마다 수시로 재산조사를 실시하고 발견재산에 대해 채권보전조치 한다.

■ 기한의 이익 상실과 부활

□ 기한의 이익 상실

▶ 은행 여신거래 기본약관에는 기한전의 채무변제 의무에 대해 명시하고 있는데 사유가 다양하다. '기한의 이익 상실'이란 채무자의 신용위험이 커졌다고 판단되면 만기 이전에라도 남아있는 대출금을 채권자가 일시에 회수할 수 있는 권리를 말한다.

▶ 대표적으로, 이자를 지급하여야 할 때부터 1개월(주택담보대출의 경우 2개월)간 지체하거나, 분할상환금 또는 분할상환원리금의 지급을 2회(주택담보대출의 경우 3회)이상 연속하여 지체한 때 기한의 이익이 상실된다. 기한의 이익 상실 처리 7일 전까지 채무자에게 통보해야 한다. 개인회생절차 또는 파산절차의 신청이 있는 때, 채무자가 제공한 담보재산에 압류(가압류)나 강제집행이 개시된 경우, 신용정보관리규약상 연체정보 · 대위변제 대지급정보 · 부도정보 등이 등록된 때에도 기한의 이익이 상실된다. 기한의 이익 상실 후 채무자는 대출잔액 전부에 대해 상환의무가 발생하고, 미상환 시 대출잔액에 대해 연체이자율이 가산된다.

□ 기한의 이익 부활

▶ 채무자가 기한의 이익을 상실한 경우라도 은행의 명시적 의사표시가 있거나, 은행이 분할상환금 · 분할상환원리금 · 이자 · 지연배상금을 받는 등 정상적인 거래의 계속이 있을 때에는 그 채무 또는 은행이 지정하는 채무의 기한의 이익은 그 때부터 부활한다.

■ 채무불이행자 등록 및 고정이하여신 분류

□ 채무불이행자 등록

▶ 금융기관은 금액에 관계없이 대출원금, 이자를 3개월 이상 연체하거나, 지급보증대지급금, 대위변제금을 3개월 이상 보유하면 사유 발생일로부터 7영업일 이내에 한국신용정보원 전산망에 채무불이행자(前 신용불량자)로 등록한다. 5만 원 이상의 신용카드대금과 할부금융대금을 3개월 이상 연체한 경우에도 등록한다. 그 외에도 등록사유는 다양하다.

▶ 공유되는 '채무불이행정보(한국신용정보원)'는 일반신용정보관리규약 상 금융회사가 신용정보원에 집중하는 100만원, 90일 이상 장기연체를 말한다. 채무불이행자로 등록되면 개인신용평점이 하락하게 되고 신규 대출 및 기간연장에 제약이 따른다. 신용카드의 신규개설이 불가능해지고 기존에 사용하던 카드도 정지된다. 신용보증서, 보증보험증권의 발급도 어려워진다.

□ 고정이하여신 분류

▶ 은행은 보유하고 있는 여신을 자산건전성 분류기준에 따라 5단계(정상, 요주의, 고정, 회수의문, 추정손실)로 분류한다. 연체기간이 3개월 이상 지속되어 채권회수가 불투명해지면 부실채권(NPL)을 의미하는 고정이하 여신(고정, 회수의문, 추정손실)으로 분류한다. 대출금 이자를 받지 못하고 있는 기간이 3개월째 이면 요주의, 3개월 이상은 고정, 6개월 이상은 회수의문, 회수가 불가능할 것으로 판단되면 추정손실로 분류한다. '고정이하 여신비율'(고정, 회수의문, 추정손실 여신 합계액 / 총여신 금액)이 낮을수록 은행의 여신 건전성이 양호한 것으로 판단하고, 높을수록 금융 불안 요소가 증가한 것으로 평가한다.

■ 담보권 실행 및 대위변제 · 보험금 청구 · 손실 확정을 위한 상각처리

□ 담보권 실행

▶ 부동산 등 담보가 있는 경우에는 임의경매를 신청하여 담보권을 실행한다. 채무자와 연대보증인(이상 채무 관련인)에 대한 재산조사를 실시할 목적으로 주민등록초본(원초본)을 발급받는다. 현재 및 과거의 모든 주소지에 대한 부동산등기부등본을 열람해 소유권 변경 이력을 조사한다. 세부 점검을 통해 채무자가 사해행위를 한 사실이 없는지 확인하게 된다. 자동차등록원부를 열람해 법적조치 실익 여부도 살펴본다. 임차보증금반환청구권, 전세권, 근저당권, 예 · 적금, 보험 등 채무자가 채권자의 지위로 보유하고 있는 권리 유무를 조사한다. 직장 재직여부 및 금융거래 상황 등 전반적인 내용을 확인한다.

□ 대위변제 · 보험금 청구

▶ 보증서 · 보험증권 담보대출에 대해 전액 또는 담보권 실행 후 남은 잔액에 대해 보증사 · 보험사에 대위변제 청구한다. 수기 또는 전자적 방법으로 청구한다.

□ 손실 확정을 위한 상각처리

▶ 통상 연체 후 1년(카드사의 경우 6개월) 시점에 부실채권을 '추정손실'로 분류하고 일정한 절차를 거쳐 상각 처리한다(분기마다 금감원 승인을 거쳐 상각, 예외: 1천만 원 이하는 자체상각 가능).

▶상각 후 부실채권은 대차대조표에서 제거(난외계정으로 분류하여 관리)하고 법인세법상손금으로 산입한다.

■ 추가 재산조사 및 발견재산에 대한 채권보전조치

▶ 채권자는 추가로 발견된 채무자 소유 재산과 권리에 대하여 채권보전조치를 취한다.

① 급여 및 퇴직금, 예금채권, 보험, 임차보증금반환청구권, 자동차 등에 대해 (가)압류 신청한다.

② 채무자 소유 부동산에 가족이나 지인 명의로 통정허위표시 등에 의한 소유권이전등기가 완료된 경우 사해행위취소소송 제기를 전제로 가압류 · 가처분 신청한다.

③ 채무자 소유 부동산에 제3자 명의로 통정허위표시 등에 의한 근저당권 · 가등기가 설정되거나 채권 소멸시효 완성 · 매매예약완결권의 제척기간이 경과된 것으로 판단될 경우, 사해행위취소소송 또는 채권자대위권에 기한 근저당권(가등기)말소소송 제기를 전제로 가압류 · 가처분 신청한다.

④ 채무자가 권리자인 근저당권과 전세권 등은 제3자에게 양도 가능하기 때문에 해당 권리에 대해 (가)압류 신청한다. 채권자가 본안 소송을 제기해 확정판결을 받으면 근저당권부채권가압류 또는 전세권부채권가압류를 본 압류로 이전하는 채권압류 및 추심(전부) 명령을 신청한다. 결정된 채권압류 및 추심(전부)명령에 기하여 근저당권 · 전세권을 실행한다.

■ 소송 제기

▶ 가압류 · 가처분된 채권은 결정일로부터 3년 이내에 본안소송을 제기한다.

▶ 가압류 등 채권보전조치가 없는 채권은 ① 집행권원이 필요하다고 판단될 때, ② 소멸시효(상사채권 5년, 민사채권 10년) 중단 시에 이행의 소(대여금 · 구상금 청구소송)를 제기한다.

* 소멸시효 중단 시에 '이행의 소' 대신 '소멸시효 중단을 위한 재판상 청구 확인의 소'를 제기할 수도 있다. 이때 판결문 주문은 '원고의 피고에 대한 OO지방법원 2010. 7. 5. 선고 2009가단12345 대여금(구상금) 판결에 따른 채권의 소멸시효 중단을 위하여 이 사건 소의 제기가 있었음을 확인한다. 라고 기재된다. '재판상 청구 확인의 소'는 일반소송 비용의 10% 정도로 진행할 수 있다.

☀ 채권자가 전소로 이행청구를 하여 승소 확정판결을 받은 후 그 채권의 시효중단을 위한 후소를 제기하는 경우, 후소의 형태로서 항상 전소와 동일한 이행청구만이 시효중단사유인 '재판상의 청구'에 해당한다고 볼 수는 없다. 시효중단을 위한 후소로서 이행소송 외에 전소 판결로 확정된 채권의 시효를 중단시키기 위한 조치, 즉 '재판상의 청구'가 있다는 점에 대하여만 확인을 구하는 형태의 '새로운 방식의 확인소송'이 허용되고, 채권자는 두 가지 형태의 소송 중 자신의 상황과 필요에 보다 적합한 것을 선택하여 제기할 수 있다고 보아야 한다(대법원 2018. 10. 18. 선고 2015다232316 전원합의체 판결).

▶ 채권자취소권 행사를 전제로 가압류·가처분한 채권은 제척기간(채권자가 취소원인을 안 날로부터 1년, 법률행위 있은 날로부터 5년 내) 이내에 수익자·전득자를 상대로 사해행위취소소송을 제기한다.
▶ 법정(약정)기한 내에 가등기권자(근저당권자)가 권리를 행사하지 않은 경우, 채권자가 채무자를 대위하여 처분금지가처분 후 가등기권자(근저당권자)를 상대로 가등기말소소송(근저당권말소소송)을 제기한다.
▶ 이 외에도 채권자는 부당이득반환청구소송, 배당이의소송, 법인격부인소송 등을 제기한다.

[집행권원에 기초한 강제집행]

대여금(구상금) 청구에 관하여 일반적인 채무자를 상대로 하는 강제집행의 유형은, 집행대상인 재산의 종류에 따라 부동산집행, 준부동산집행, 자동차 및 건설기계 집행, 유체동산 및 채권집행으로 분류된다. 여기서는 부동산·유체동산·채권에 대한 강제집행을 중심으로 살펴보기로 한다.

○ 부동산에 대한 강제집행

▶ 부동산 강제집행은 '강제경매와 강제관리'의 방법으로 이루어진다. 채권자는 두 가지 중 선택적으로 집행하거나 두 가지 방법을 함께 사용할 수도 있다. 예를 들어, 먼저 강제관리를 진행하다가 적당한 시기에 강제경매를 신청할 수 있다.

□ 부동산 경매

▶ 집행권원의 유·무에 따른 구분

부동산경매는 집행권원의 유·무에 따라 강제경매와 임의경매로 구분된다.

- "강제경매"란 확정된 집행권원을 기초로 법원에서 채무자의 부동산을 압류(강제경매개시결정)·매각해 그 대금으로 채권자의 금전채권을 만족시키는 것을 말한다.
- "임의경매"란 별도의 재판절차를 거치지 않고 부동산에 설정된 근저당권, 전세권, 담보가등기 등의 담보권과 유치권을 실행하는 것을 말한다.

- 강제경매와 임의경매는 절차상 유사하나 집행권원 유무, 공신력 유무, 경매절차 정지 사유, 실체법상 하자로 인한 영향 등 법리적 측면에서 차이가 있다. 예를 들어, 강제경매는 그 절차가 유효하면 어떤 경우에도 경락인에게 소유권이 넘어간다는 공신적 효과가 있다.

▶ 경매신청 목적에 따른 구분

부동산 경매신청 목적에 따라 형식적 경매와 실질적 경매로 구분한다. 경매절차는 크게 압류 절차(경매개시결정 등), 현금화 절차(매각 등), 변제 절차(배당)로 이루어진다.

- "형식적 경매"란 재산의 보관 또는 정리, 가격보존 등 목적으로 현금화를 하기 위한 경매로 원칙적으로 인수주의이다. 유찰 위험 때문에 경매조건이 소멸주의로 공고될 수도 있다. 유치권자의 현금화를 통한 점유나 공유물분할을 위해 진행되므로 현금화 단계까지만 진행된다. 따라서 인수주의로 진행될 경우 변제가 이뤄지지 않고 제한물권 등의 권리가 소멸하지 않는다.
- "실질적 경매"란 변제를 위한 일반적인 경매를 말한다. 변제단계까지 진행되므로 소멸주의이다.

* 원칙적으로 신축 건물의 소유권은 신축한 자(시공자)에게 있다. 다만, 도급계약에 의한 신축공사일 경우 도급인(발주자)에게 있다. 유치권자는 담보물권자로서 경매신청은 가능하나 권리를 등기할 수 없으므로 우선변제권은 없다.

▶ 부동산경매 절차

① 압류 절차

채권자의 경매 신청 → 경매개시결정 및 등기 → 배당요구의 종기 결정 및 공고 · 경매개시결정통지서 채무자에게 송달 → 공과금 및 채권신고 최고 → 현황조사 → 감정평가 → 최저 매각가격 결정

② 현금화 절차

매각기일 공고 → 물건명세서 비치 → 매각기일(경쟁 입찰) → 매각허부의 결정 → 매각대금 납부 → 소유권이전등기 등의 촉탁, 부동산인도명령

③ 변제 절차

배당기일에 이해관계인과 배당을 요구한 채권자에게 배당하는 순서대로 진행된다.

* 매각기일에 유찰되거나 매각이 불허될 경우에는 신경매를, 최고가 매수인이 낙찰대금을 미납할 경우에는 재경매를 실시한다.

▶ 배당 순위

최우선순위인 집행비용을 제외한 배당의 순위는 다음과 같다.

① 최종 3개월분의 임금채권 · 최종 3년간 퇴직금채권과 재해보상채권, 주택의 소액보증금채권 · 상가건물의 소액보증금채권

② 조세 중 해당 부동산에 부과된 세금

③ 담보권에 앞서는 일반조세

④ 조세의 법정기일 후에 설정된 저당권 · 가등기담보권 · 전세권 · 등기명령에 따라 등기된 임차권 · 확정일자를 갖춘 주택임대차보증금 · 상가건물임대차보증금채권

⑤ 임금 · 퇴직금 · 재해보상금 그 밖에 근로관계채권

⑥ 법정기일 등이 저당권 · 전세권의 설정보다 이후인 그 밖의 조세채권

⑦ 의료보험채권 · 연금보험료채권 · 고용보험료나 산업재해보험료채권

⑧ 일반채권

* 신용대출 등 담보권을 설정하지 않는 대여금 채권은 일반채권이므로 8순위에 해당된다.

* 배당을 받고자 하는 모든 임차인은 배당요구종기일 전까지 권리신고 및 배당요구 신청서를 제출해야 한다.

■ 부동산 경매에 관한 '민사집행법'

● 경매개시결정 등(동법 제83조).

① 경매절차를 개시하는 결정에는 동시에 그 부동산의 압류를 명하여야 한다.

② 압류는 부동산에 대한 채무자의 관리 · 이용에 영향을 미치지 아니한다.

③ 경매절차를 개시하는 결정을 한 뒤에는 법원은 직권으로 또는 이해관계인의 신청에 따라 부동산에 대한 침해행위를 방지하기 위하여 필요한 조치를 할 수 있다.

④ 압류는 채무자에게 그 결정이 송달된 때 또는 제94조의 규정에 따른 등기가 된 때에 효력이 생긴다.

⑤ 강제경매신청을 기각하거나 각하하는 재판에 대하여는 즉시항고를 할 수 있다.

* "경매개시결정"이란 경매신청이 적법하다고 인정하여 경매절차의 개시를 선고하는 법원의 결정을 말한다. 경매신청이 적법하고 첨부서류도 모두 구비되었다면 법원은 경매개시결정의 재판을 하여야 한다. 경매개시결정에는 경매절차를 개시한다는 취지와 그 부동산의 압류를 명하여야 한다. 부동산집행절차에 있어서 경매개시결정이 바로 압류이다. 경매개시결정은 경매절차를 진행할 수 있는 기초단계이고, 또 압류의 효력이 발생하는 중요한 결정이기 때문에 반

드시 채무자에게 송달하여야 하고 관할등기소에 경매개시결정의 등기를 촉탁하여야 한다. 압류는 채무자에게 경매개시결정이 송달된 때 또는 경매개시결정사유가 등기부에 등기된 때에 효력이 생긴다.

- 배당요구의 종기결정 및 공고 (동법 제84조).

① 경매개시결정에 따른 압류의 효력이 생긴 때(그 경매개시결정전에 다른 경매개시결정이 있은 경우를 제외한다)에는 집행법원은 절차에 필요한 기간을 감안하여 배당요구를 할 수 있는 종기를 첫 매각기일 이전으로 정한다.

② 배당요구의 종기가 정하여진 때에는 법원은 경매개시결정을 한 취지 및 배당요구의 종기를 공고하고, 제91조제4항 단서의 전세권자 및 법원에 알려진 제88조 제1항의 채권자에게 이를 고지하여야 한다.

③ 제1항의 배당요구의 종기결정 및 제2항의 공고는 경매개시결정에 따른 압류의 효력이 생긴 때부터 1주 이내에 하여야 한다.

④ 법원사무관등은 제148조 제3호 및 제4호의 채권자 및 조세, 그 밖의 공과금을 주관하는 공공기관에 대하여 채권의 유무, 그 원인 및 액수(원금・이자・비용, 그 밖의 부대채권을 포함한다)를 배당요구의 종기까지 법원에 신고하도록 최고하여야 한다.

⑤ 제148조 제3호 및 제4호의 채권자가 제4항의 최고에 대한 신고를 하지 아니한 때에는 그 채권자의 채권액은 등기사항증명서 등 집행기록에 있는 서류와 증빙에 따라 계산한다. 이 경우 다시 채권액을 추가하지 못한다.

⑥ 법원은 특별히 필요하다고 인정하는 경우에는 배당요구의 종기를 연기할 수 있다.

⑦ 제6항의 경우에는 제2항 및 제4항의 규정을 준용한다. 다만, 이미 배당요구 또는 채권신고를 한 사람에 대하여는 같은 항의 고지 또는 최고를 하지 아니한다.

- 경매개시결정에 대한 이의신청 (동법 제86조).

① 이해관계인은 매각대금이 모두 지급될 때까지 법원에 경매개시결정에 대한 이의신청을 할 수 있다.

② 제1항의 신청을 받은 법원은 제16조제2항에 준하는 결정을 할 수 있다.

③ 제1항의 신청에 관한 재판에 대하여 이해관계인은 즉시항고를 할 수 있다.

- 배당요구 (동법 제88조).

① 집행력 있는 정본을 가진 채권자, 경매개시결정이 등기된 뒤에 가압류를 한 채권자, 민법・상법, 그 밖의 법률에 의하여 우선변제청구권이 있는 채권자는 배당요구를 할 수 있다.

② 배당요구에 따라 매수인이 인수하여야 할 부담이 바뀌는 경우 배당요구를 한 채권자는 배당요구의 종기가 지난 뒤에 이를 철회하지 못한다.

• 경매절차의 이해관계인 (동법 제90조).

경매절차의 이해관계인은 다음 각호의 사람으로 한다.

1. 압류채권자와 집행력 있는 정본에 의하여 배당을 요구한 채권자
2. 채무자 및 소유자
3. 등기부에 기입된 부동산 위의 권리자
4. 부동산 위의 권리자로서 그 권리를 증명한 사람

• 남을 가망이 없을 경우의 경매취소 (동법 제102조).

① 법원은 최저매각가격으로 압류채권자의 채권에 우선하는 부동산의 모든 부담과 절차비용을 변제하면 남을 것이 없겠다고 인정한 때에는 압류채권자에게 이를 통지하여야 한다

② 압류채권자가 제1항의 통지를 받은 날부터 1주 이내에 제1항의 부담과 비용을 변제하고 남을 만한 가격을 정하여 그 가격에 맞는 매수신고가 없을 때에는 자기가 그 가격으로 매수하겠다고 신청하면서 충분한 보증을 제공하지 아니하면, 법원은 경매절차를 취소하여야 한다.

③ 제2항의 취소 결정에 대하여는 즉시항고를 할 수 있다.

• 매각허가에 대한 이의신청사유 (동법 제121조).

매각허가에 관한 이의는 다음 각호 가운데 어느 하나에 해당하는 이유가 있어야 신청할 수 있다.

1. 강제집행을 허가할 수 없거나 집행을 계속 진행할 수 없을 때
2. 최고가매수신고인이 부동산을 매수할 능력이나 자격이 없는 때
3. 부동산을 매수할 자격이 없는 사람이 최고가매수신고인을 내세워 매수신고를 한 때
4. 최고가매수신고인, 그 대리인 또는 최고가매수신고인을 내세워 매수신고를 한 사람이 제108조 각호 가운데 어느 하나에 해당되는 때
5. 최저매각가격의 결정, 일괄매각의 결정 또는 매각물건명세서의 작성에 중대한 흠이 있는 때
6. 천재지변, 그 밖에 자기가 책임을 질 수 없는 사유로 부동산이 현저하게 훼손된 사실 또는 부동산에 관한 중대한 권리관계가 변동된 사실이 경매절차의 진행중에 밝혀진 때
7. 경매절차에 그 밖의 중대한 잘못이 있는 때

• 공유물지분에 대한 경매 (동법 제139조).

① 공유물지분을 경매하는 경우에는 채권자의 채권을 위하여 채무자의 지분에 대한 경매개시결정이 있음을 등기부에 기입하고 다른 공유자에게 그 경매개시결정이 있다는 것을

통지하여야 한다. 다만, 상당한 이유가 있는 때에는 통지하지 아니할 수 있다.
② 최저매각가격은 공유물 전부의 평가액을 기본으로 채무자의 지분에 관하여 정하여야 한다. 다만, 그와 같은 방법으로 정확한 가치를 평가하기 어렵거나 그 평가에 부당하게 많은 비용이 드는 등 특별한 사정이 있는 경우에는 그러하지 아니하다.

- 공유자의 우선매수권 (동법 제140조).

① 공유자는 매각기일까지 제113조에 따른 보증을 제공하고 최고매수신고가격과 같은 가격으로 채무자의 지분을 우선매수하겠다는 신고를 할 수 있다.
② 제1항의 경우에 법원은 최고가매수신고가 있더라도 그 공유자에게 매각을 허가하여야 한다.
③ 여러 사람의 공유자가 우선매수하겠다는 신고를 하고 제2항의 절차를 마친 때에는 특별한 협의가 없으면 공유지분의 비율에 따라 채무자의 지분을 매수하게 한다.
제147조제1항에 규정한 금액을 배당받을 채권자는 다음 각호에 규정된 사람으로 한다.
④ 제1항의 규정에 따라 공유자가 우선매수신고를 한 경우에는 최고가매수신고인을 제114조의 차순위매수신고인으로 본다.

- 배당받을 채권자의 범위 (동법 제148조).

1. 배당요구의 종기까지 경매신청을 한 압류채권자
2. 배당요구의 종기까지 배당요구를 한 채권자
3. 첫 경매개시결정등기전에 등기된 가압류채권자
4. 저당권·전세권, 그 밖의 우선변제청구권으로서 첫 경매개시결정등기전에 등기되었고 매각으로 소멸하는 것을 가진 채권자

- 배당표에 대한 이의 (동법 제151조).

① 기일에 출석한 채무자는 채권자의 채권 또는 그 채권의 순위에 대하여 이의할 수 있다.
② 제1항의 규정에 불구하고 채무자는 제149조제1항에 따라 법원에 배당표원안이 비치된 이후 배당기일이 끝날 때까지 채권자의 채권 또는 그 채권의 순위에 대하여 서면으로 이의할 수 있다.
③ 기일에 출석한 채권자는 자기의 이해에 관계되는 범위 안에서는 다른 채권자를 상대로 그의 채권 또는 그 채권의 순위에 대하여 이의할 수 있다.

□ 부동산강제관리

▶ "강제관리"란 채무자의 부동산을 압류하지 않고 강제적으로 관리·수익하여 그 수익으로 채권자의 금전채권을 만족시키는 부동산집행의 방법을 말한다. 강제관리개시결정, 배당의 순서로 이루어진다.

▶ 부동산의 강제관리 시에는 부동산수익에서 그 부동산이 부담하는 조세, 그 밖의 공과금을 뺀 뒤에 관리비용을 변제하고, 그 나머지 금액이 채권자에게 지급된다.

▶ 강제관리는 채무자의 소유권은 잠정적으로 유지한 채 강제관리를 통한 수익으로 변제 충당하는 방법이다. 주로 임대용 빌딩이나 선순위 채권자 경합으로 경매실익이 불투명할 때, 해당 부동산 가격이 오를 것으로 기대될 때 신청한다. 법원이 채무자 소유 부동산에 대한 관리인을 임명한다.

■ 부동산 강제관리에 관한 '민사집행법'

● 강제관리개시결정 (동법 제164조).

① 강제관리를 개시하는 결정에는 채무자에게는 관리사무에 간섭하여서는 아니되고 부동산의 수익을 처분하여서도 아니된다고 명하여야 하며, 수익을 채무자에게 지급할 제3자에게는 관리인에게 이를 지급하도록 명하여야 한다.

② 수확하였거나 수확할 과실과, 이행기에 이르렀거나 이르게 될 과실은 제1항의 수익에 속한다.

③ 강제관리개시결정은 제3자에게는 결정서를 송달하여야 효력이 생긴다.

④ 강제관리신청을 기각하거나 각하하는 재판에 대하여는 즉시항고를 할 수 있다.

● 수익의 처리 (동법 제169조).

① 관리인은 부동산수익에서 그 부동산이 부담하는 조세, 그 밖의 공과금을 뺀 뒤에 관리비용을 변제하고, 그 나머지 금액을 채권자에게 지급한다.

② 제1항의 경우 모든 채권자를 만족하게 할 수 없는 때에는 관리인은 채권자 사이의 배당협의에 따라 배당을 실시하여야 한다.

③ 채권자 사이에 배당협의가 이루어지지 못한 경우에 관리인은 그 사유를 법원에 신고하여야 한다.

④ 제3항의 신고가 있는 경우에는 제145조・제146조 및 제148조 내지 제161조의 규정을 준용하여 배당표를 작성하고 이에 따라 관리인으로 하여금 채권자에게 지급하게 하여야 한다.

- 강제관리의 취소 (동법 제171조).

① 강제관리의 취소는 법원이 결정으로 한다.

② 채권자들이 부동산수익으로 전부 변제를 받았을 때에는 법원은 직권으로 제1항의 취소결정을 한다.

③ 제1항 및 제2항의 결정에 대하여는 즉시항고를 할 수 있다.

④ 강제관리의 취소결정이 확정된 때에는 법원사무관등은 강제관리에 관한 기입등기를 말소하도록 촉탁하여야 한다.

■ 부동산 강제집행에 관한 판례

☀ 민사소송법 제186조 제1항에 의하면 근무장소 외의 송달할 장소에서 송달받을 사람을 만나지 못한 때에는 그 동거인 등으로서 사리를 분별할 지능이 있는 사람에게 서류를 교부하는 방법으로 송달할 수 있고, 여기에서 말하는 동거인이란 송달을 받을 사람과 동일한 세대에 속하여 생활을 같이하는 사람이기만 하면 되고 반드시 법률상 친족관계에 있어야 하는 것은 아니므로, 이혼한 배우자라도 사정에 의하여 사실상 동일 세대에 소속되어 생활을 같이하고 있다면 여기에서 말하는 수령대행인으로서의 동거인이 될 수 있다(대법원 2000. 10. 28.자 2000마5732 결정).

☀ 판결의 선고 및 송달 사실을 알지 못하여 상소기간을 지키지 못한 데 과실이 없다는 사정은 상소를 추후보완하고자 하는 당사자 측에서 주장・입증하여야 한다(대법원 2012. 10. 11. 선고 2012다44730 판결).

민사집행법에 의한 부동산 경매절차에서는 민사집행법 제121조 각 호 및 제124조 제1항에 규정된 사유가 아닌 이상 매각을 불허할 수 없고, 최고가매수신고인이 착오로 자신이 본래 기재하려고 한 입찰가격보다 높은 가격을 기재하였다는 사유는 민사집행법 제121조 각 호 및 제124조 제1항의 어디에도 해당한다고 볼 수 없으므로, 결국 그러한 사유로는 매각을 불허할 수 없다(대법원 2010. 2. 16.자 2009마2252 결정).

☀ 매각허가의 이의신청 사유인 '매수할 자격이 없는 때'는 법률의 규정에 의하여 매각부동산을 취득할 자격이 없거나 그 부동산을 취득하려면 관청의 증명이나 인・허가를 받아야 하는 경우를 의미하는 것으로서, 부동산을 매수할 경제적 능력을 의미하는 것이 아니다(대법원 2009. 10. 5.자 2009마1302 결정).

☀ 경매대상토지가 농지법 제2조 제1호의 농지에 해당하여 농지를 취득하는 자가 그 소유권에 관한 등기를 신청할 때에 농지취득자격증명이 필요함에 따라 집행법원이 '최고가매수신고인은 매각결정기일까지 이 사건 경매대상토지에 관한 농지취득자격증명서를 제출할 것'을 특별매각조건으로 정한 경우 최고가매수신고인이 매각결정기일까지 농지취득자격증명을 제출하지 않았다면 이는 민사집행법 제121조 제2호의 매각불허가사유에 해당하고, 최고가매수신고인이 농지취득자격증명서의 발급에 필요한 모든 요건을 갖추었음에도 행정청이 부당히 위 증명서의 발급을 거부하여 이를 제출하지 못한 경우에도 마찬가지다 할 것이다(대법원 2014. 4. 3.자 2014마62 결정).

☀ 채무자가 동생 소유의 아파트에 관하여 근저당권을 설정하고 대출을 받으면서 채권자에게 자신은 임차인이 아니고 위 아파트에 관하여 일체의 권리를 주장하지 않겠다는 내용의 확인서를 작성하여 준 경우, 그 후 대항력을 갖

춘 임차인임을 내세워 이를 낙찰받은 채권자의 인도명령을 다투는 것은 금반언 및 신의칙에 위배되어 허용되지 않는다(대법원 2000. 1. 5.자 99마4307 결정).

☀ 채권자가 채무자 소유의 부동산에 대하여 강제경매신청을 하여 자녀들 명의로 이를 경락받았다면 그 소유자는 경락인인 자녀들이라 할 것이므로, 채권자가 그 후 채무자와 사이에 채권액의 일부를 지급받고 자녀들 명의의 소유권이전등기를 말소하여 주기로 합의하였다 하더라도 이는 일종의 타인의 권리의 처분행위에 해당하여 비록 양자 사이에서 위 합의는 유효하고 채권자는 자녀들로부터 위 부동산을 취득하여 채무자에게 그 소유권이전등기를 마쳐주어야 할 의무를 부담하지만 자녀들은 원래 부동산의 소유자로서 타인의 권리에 대한 계약을 체결한 채무자에 대하여 그 이행에 관한 아무런 의무가 없고 이행을 거절할 수 있는 자유가 있었던 것이므로, 채권자의 사망으로 인하여 자녀들이 상속지분에 따라 채권자의 의무를 상속하게 되었다고 하더라도 그들은신의칙에 반하는 것으로 인정할만한 특별한 사정이 없는 한 원칙적으로 위 합의에 따른 의무의 이행을 거절할 수 있다(대법원 2001. 9. 25. 선고 99다19698 판결).

☀ 토지거래허가 없이 체결된 매매예약에 기하여 소유권이전청구권 보전을 위한 가등기가 경료되어 있는 상태에서 당해 토지가 제3자에게 낙찰되어 소유권이 이전된 경우에는 그 후 그 가등기에 기한 본등기까지 경료되었더라도 이는 효력이 없는 무효의 등기라 할 것이다(대법원 2013. 2. 14. 선고 2012다89900 판결).

○ 유체동산에 대한 강제집행

▶ 통상 1천만 원 이하의 소액채권자, 대부업자 등 개인채권자, 채무자에 대해 나쁜 감정이 있는 채권자는 마지막 수단으로 유체동산(TV, 냉장고, 가구, 기계 등)에 대해 압류를 신청한다.

▶ 유체동산에 대한 강제집행은 채권자의 서면신청에 기하여 집행관이 목적물을 압류함으로써 개시된다. 압류, 입찰 또는 호가매매, 배당 순서대로 진행된다.

▶ 집행관은 입찰 또는 호가경매의 방법으로 압류물을 적정한 가격에 매각하여 현금화하고, 압류채권자는 압류물의 매각대금에서 배당을 받음으로써 채권의 만족을 얻게 된다.

▶ 유체동산 압류 절차

유체동산 가압류는 채권자가 청구금액의 2/5를 현금으로 공탁해야 하는 부담 때문에 긴급한 경우가 아니면 신청하지 않는다. 통상적으로 소송을 통해 집행권원을 확보한 후에 압류 신청한다. 유체동산 매각가격은 채무자의 생활수준에 따라 다르나 대부분 500만 원 미만이다. 민사집행법 제221조에 따라 배우자가 지급을 요구할 경우 실제 회수할 수 있는 금액은 많아야 250만 원(500만 원의 2분의 1)에 불과하다. 따라서 1천만 원 이하 소액 채권의 강제집행에 주로 이용된다.

▶ 유체동산 강제집행 절차

채권자가 집행권원 확보 → 채무자의 실제 거주지(주민등록초본상 주소지) 또는 사업장 관할법원에 유체동산 압류 신청 및 예납금 납부 → 담당 집행관 배정 → 1~2주일 후 유체동산에 '빨간 스티커'(압류물 표시)를 부착하는 방법으로 압류 집행 (채무자 부재 시 채권자 측 증인 2명 대동, 2회차 부터 강제 개문 가능) → 압류물 감정평가 → 매각기일 지정(압류 집행 후 2주 이후) → 매각 및 배당

▶ 주의할 점

채무자는 '빨간 스티커'(압류물 표시)를 임의로 떼거나 압류물을 다른 장소로 옮기면 '공무상비밀표시무효죄'로 처벌 받을 수 있다. 매각되기 전까지 유체동산을 사용할 수는 있다.

> ● 공무상비밀표시무효 (형법 제140조).
>
> ① 공무원이 그 직무에 관하여 실시한 봉인 또는 압류 기타 강제처분의 표시를 손상 또는 은닉하거나 기타 방법으로 그 효용을 해한 자는 5년 이하의 징역 또는 700만 원 이하의 벌금에 처한다.
>
> ② 공무원이 그 직무에 관하여 봉함 기타 비밀장치한 문서 또는 도화를 개봉한 자도 제1항의 형과 같다.
>
> ③ 공무원이 그 직무에 관하여 봉함 기타 비밀장치한 문서, 도화 또는 전자기록등 특수매체기록을 기술적 수단을 이용하여 그 내용을 알아낸 자도 제1항의 형과 같다.

▶ 유체동산 매각 절차 (압류 목적물이 가전제품인 경우)

① 매각기일에 채무자 주소지에서 매각절차가 진행된다. 통상적으로 집행관, 채권자, 증인과 열쇠 수리공(채무자 부재 시), 채무자와 배우자가 참석하고 중고 가전제품 업자들이

호가경매에 참여한다.

② 가전제품의 경우 일괄매각으로 진행된다. 최고가 매수인이 현장에서 현금이나 자기앞수표로 지불하고 가져가야 한다.

③ 유체동산 압류는 현장에서 낙찰, 대금납부, 배당, 인도까지 모두 이루어진다. 호가경매로 입찰이 이루어진다. 호가경매는 입찰금액을 써서 제출하는 것이 아니라 최저 매각가격 보다 높은 가격을 구두로 제시하는 방식을 말한다.

④ 우선 집행관이 채무자의 인적사항을 확인하고 매각절차를 설명한다. 매각 시간이 되면 집행관이 매각을 선언하고 일괄매각, 호가경매, 최저 일괄매각 가격, 배우자 우선매수신청권 등을 고지한다.

⑤ 참여자 중 최고가를 제시한 입찰자가 확정되면, 배우자가 그 가격에 우선매수신청권을 행사할 수 있다. 부동산 경매절차의 '공유물 우선매수신청권'과 같은 개념이다.

⑥ 배우자가 최고가에 유체동산을 매수하면 채권자 몫으로 1/2, 배우자 몫으로 1/2을 배당해준다. 유체동산은 부부의 공유물로 간주하기 때문이다. 실제로 배우자는 최고 매각금액 1/2만 지급하고 매수하는 격이다. 집행관은 배우자에게 매각조서를 교부한다.

⑦ 배우자가 우선 매수를 포기할 경우에는 매각금액에서 1/2을 배당해준다.

⑧ 배우자가 우선매수신청권을 행사하고 매각대금을 납부한 이후부터 그 유체동산은 배우자 단독 소유가 된다. 향후에는 채무자에 대한 채권자가 배우자 단독소유 유체동산에 대해 추가로 강제집행 할 수 없다.

▶ 합법적으로 유체동산 강제집행을 취하 · 정지시킬 수 있는 방법

① 일부 자진변제 또는 채무감면을 통해 채권자와 합의하는 방법

매각기일 전까지 일부라도 변제하거나 채무감면 등을 통해 채권자와 합의할 경우 유체동산 압류를 취하하거나 매각을 연기할 수 있다.

② 개인회생절차와 개인파산 · 면책 제도를 활용하는 방법

개인회생절차의 중지명령 신청 또는 개인파산의 면제재산 결정과 중지명령을 신청해 압류한 유체동산에 대한 강제집행을 정지시킬 수 있다.

1. 개인회생절차의 중지명령을 받으면 변제계획인가결정일까지 유체동산 압류 및 매각절차가 일시 중지된다. 그 후 변제계획인가결정을 받으면 유체동산 압류의 효력이 상실

되므로 빨간 스티커를 제거할 수 있다.

2. 개인파산·면책 신청 사건에서 면제재산 결정이 내려지고 중지명령 신청이 타당할 경우, 법원은 면제대상 재산에 대한 중지명령을 내리고 결정문을 채무자와 채권자에게 송달한다. 중지명령이 내려지면 파산선고 시까지 강제집행이 중지되고, 파산선고가 결정되면 채무자의 재산은 파산재단에 속하는 재산으로 귀속된다. 파산선고 및 면책결정이 확정되면 빨간 스티커를 제거할 수 있다.

3. 채무자는 유체동산 매각기일 전까지 중지명령을 신속하게 받아야 하고 반드시 결정문을 집행관 사무실에 제출해야 강제집행이 정지된다.

4. 채무자는 변제계획인가결정 확정증명원·파산선고 및 면책결정문을 집행관 사무실에 제출하고, 유체동산 압류해제 및 집행취소 결정을 받은 후에 빨간 스티커를 제거해야 한다.

> ● 파산재단에 속하지 아니하는 재산 (채무자 회생 및 파산에 관한 법률 제383조 제8항).
> 법원은 파산선고 전에 면제신청이 있는 경우에 채무자의 신청 또는 직권으로 파산선고가 있을 때까지 제2항의 면제재산에 대하여 파산채권에 기한 강제집행, 가압류 또는 가처분의 중지 또는 금지를 명할 수 있다.
>
> ● 중지명령 (동법 제593조 제1항 제2호).
> 법원은 개인회생절차개시의 신청이 있는 경우 필요하다고 인정하는 때에는 이해관계인의 신청에 의하거나 직권으로 개인회생절차의 개시신청에 대한 결정시까지, 개인회생채권에 기하여 채무자의 업무 및 재산에 대하여 한 강제집행·가압류 또는 가처분 행위의 중지 또는 금지를 명할 수 있다.

③ 개인회생, 개인파산·면책 사건의 중지명령이 결정되기 전에 유체동산 매각기일이 지정된 경우에는 배우자 우선매수권을 행사하여 피해를 줄일 수 있다.

■ 유체동산 강제집행에 관한 '민사집행법'

> ● 채무자가 점유하고 있는 물건의 압류 (동법 제189조).
> ① 채무자가 점유하고 있는 유체동산의 압류는 집행관이 그 물건을 점유함으로써 한다. 다만, 채권자의 승낙이 있거나 운반이 곤란한 때에는 봉인, 그 밖의 방법으로 압류물임을 명확히 하여 채무자에게 보관시킬 수 있다.

② 다음 각호 가운데 어느 하나에 해당하는 물건은 이 법에서 유체동산으로 본다.
1. 등기할 수 없는 토지의 정착물로서 독립하여 거래의 객체가 될 수 있는 것
2. 토지에서 분리하기 전의 과실로서 1월 이내에 수확할 수 있는 것
3. 유가증권으로서 배서가 금지되지 아니한 것

- 부부공유 유체동산의 압류 (동법190조).

채무자와 그 배우자의 공유로서 채무자가 점유하거나 그 배우자와 공동으로 점유하고 있는 유체동산은 제189조의 규정에 따라 압류할 수 있다.

- 채무자 외의 사람이 점유하고 있는 물건의 압류 (동법 제191조).

채권자 또는 물건의 제출을 거부하지 아니하는 제3자가 점유하고 있는 물건은 제189조의 규정을 준용하여 압류할 수 있다.

- 압류물의 인도 (동법 제193조).

① 압류물을 제3자가 점유하게 된 경우에는 법원은 채권자의 신청에 따라 그 제3자에 대하여 그 물건을 집행관에게 인도하도록 명할 수 있다.
② 제1항의 신청은 압류물을 제3자가 점유하고 있는 것을 안 날부터 1주 내에 해야 한다.
③ 제1항의 재판은 상대방에게 송달되기 전에도 집행할 수 있다.
④ 제1항의 재판은 신청인에게 고지된 날부터 2주가 지난 때에는 집행할 수 없다.
⑤ 제1항의 재판에 대하여는 즉시항고를 할 수 있다.

- 압류의 효력 (동법 제194조).

압류의 효력은 압류물에서 생기는 천연물에도 미친다.

- 압류가 금지되는 물건 (동법 제195조).

다음의 물건 및 그 밖에 이에 준하는 물건에 대하여 압류가 금지된다.

① 채무자 및 그와 같이 사는 친족(사실상 관계에 따른 친족을 포함한다. 이하 이 조에서 "채무자등"이라 한다)의 생활에 필요한 의복·침구·가구·부엌기구, 그 밖의 생활필수품
② 채무자등의 생활에 필요한 2월간의 식료품·연료 및 조명재료
③ 채무자등의 생활에 필요한 1월간의 생계비로서 대통령령이 정하는 액수의 금전
④ 주로 자기 노동력으로 농업을 하는 사람에게 없어서는 아니될 농기구·비료·가축·사료·종자

⑥ 전문직 종사자·기술자·노무자, 그 밖에 주로 자기의 정신적 또는 육체적 노동으로 직업 또는 영업에 종사하는 사람에게 없어서는 아니 될 제복·도구

⑦ 채무자 또는 그 친족이 받은 훈장·포장·기장, 그 밖에 이에 준하는 명예증표

⑧ 위패·영정·묘비, 그 밖에 상례·제사 또는 예배에 필요한 물건

⑨ 족보·집안의 역사적인 기록·사진첩, 그 밖에 선조숭배에 필요한 물건

⑩ 채무자의 생활 또는 직무에 없어서는 아니 될 도장·문패·간판

⑪ 채무자의 생활 또는 직업에 없어서는 아니 될 일기장·상업장부

⑫ 공표되지 아니한 저작 또는 발명에 관한 물건

⑬ 채무자등이 학교·교회·사찰, 그 밖의 교육기관 또는 종교단체에서 사용하는 교과서·교리서·학습용구

⑭ 채무자등의 일상생활에 필요한 안경·보청기·의치·의수족·지팡이·장애보조용 바퀴의자, 그 밖에 이에 준하는 신체보조기구

⑮ 채무자등의 일상생활에 필요한 자동차로서 자동차관리법이 정하는 바에 따른 장애인용 경형자동차

⑯ 재해의 방지 또는 보안을 위하여 법령의 규정에 따라 설비하여야 하는 소방설비·경보기구·피난시설

- 매각장소 (동법 제203조).

매각은 압류한 유체동산이 있는 시·구·읍·면(도농복합형태의 시의 경우 동지역은 시·구, 읍·면지역은 읍·면)에서 진행한다. 다만, 압류채권자와 채무자가 합의하면 합의된 장소에서 진행한다.

- 배우자의 우선매수권 (동법 제206호)

① 제190조의 규정에 따라 압류한 유체동산을 매각하는 경우에 배우자는 매각기일에 출석하여 우선매수할 것을 신고할 수 있다.

② 제1항의 우선매수신고에는 제140조제1항 및 제2항의 규정을 준용한다.

- 금·은붙이의 현금화 (동법 제209조).

금·은붙이는 그 금·은의 시장가격 이상의 금액으로 일반 현금화의 규정에 따라 매각하여야 한다. 시장가격 이상의 금액으로 매수하는 사람이 없는 때에는 집행관은 그 시장가격에 따라 적당한 방법으로 매각할 수 있다.

- 유가증권의 현금화 (동법 제210조).

집행관이 유가증권을 압류한 때에는 시장가격이 있는 것은 매각하는 날의 시장가격에 따라 적당한 방법으로 매각하고 그 시장가격이 형성되지 아니한 것은 일반 현금화의 규정에 따라 매각하여야 한다.

- 배당요구의 시기 (동법 제220조).

① 배당요구는 다음 각호의 시기까지 할 수 있다.

1. 집행관이 금전을 압류한 때 또는 매각대금을 영수한 때
2. 집행관이 어음·수표 그 밖의 금전의 지급을 목적으로 한 유가증권에 대하여 그 금전을 지급받은 때

② 제198조제4항에 따라 공탁된 매각대금에 대하여는 동산집행을 계속하여 진행할 수 있게 된 때까지, 제296조제5항 단서에 따라 공탁된 매각대금에 대하여는 압류의 신청을 한 때까지 배당요구를 할 수 있다.

- 배우자의 지급요구 (동법 제221조).

① 제190조의 규정에 따라 압류한 유체동산에 대하여 공유지분을 주장하는 배우자는 매각대금을 지급하여 줄 것을 요구할 수 있다.

② 제1항의 지급요구에는 제218조 내지 제220조의 규정을 준용한다.

③ 제219조의 통지를 받은 채권자가 배우자의 공유주장에 대하여 이의가 있는 때에는 배우자를 상대로 소를 제기하여 공유가 아니라는 것을 확정하여야 한다.

- 매각대금의 공탁 (동법 제222조).

① 매각대금으로 배당에 참가한 모든 채권자를 만족하게 할 수 없고 매각허가된 날부터 2주 내에 채권자 사이에 배당협의가 이루어지지 아니한 때에는 매각대금을 공탁하여야 한다.

② 여러 채권자를 위하여 동시에 금전을 압류한 경우에도 제1항과 같다.

③ 제1항 및 제2항의 경우에 집행관은 집행절차에 관한 서류를 붙여 그 사유를 법원에 신고하여야 한다.

- 유체동산에 관한 청구권의 압류 (동법 제243조).

① 유체동산에 관한 청구권을 압류하는 경우에는 법원이 제3채무자에 대하여 그 동산을 채권자의 위임을 받은 집행관에게 인도하도록 명한다.

② 채권자는 제3채무자에 대하여 제1항의 명령의 이행을 구하기 위하여 법원에 추심명령을 신청할 수 있다.

③ 제1항의 동산의 현금화에 대하여는 압류한 유체동산의 현금화에 관한 규정을 적용한다.

- 유체동산에 대한 경매 (동법 제271조).

유체동산을 목적으로 하는 담보권 실행을 위한 경매는 채권자가 그 목적물을 제출하거나, 목적물의 점유자가 압류를 승낙한 때에 개시한다.

▶ 압류된 유체동산이 제3자의 재산이라면 이를 주장하는 사람이 입증함으로써 피해를 방지 할 수 있다. 경매기일에 채무자를 제외한 가족도 호가경매에 참여할 수 있다.

■ 유체동산 강제집행에 관한 판례

☀ 유체동산 가압류결정에 대하여 그 취소처분이 없는 이상 채권자와 채무자간에 그 채권변제에 관한 합의나 그 집행을 취소하겠다는 합의가 있었다는 것만으로는 가압류결정집행의 효력이 소멸될 수 없다(대법원 1972. 8. 29. 선고 72도1603 판결).

☀ 유체동산 인도청구권에 대한 압류

민사소송법상 유체동산인도청구권에 대한 압류나 가압류는 막바로 인도청구권 자체를 처분하여 그 대금으로 채권의 만족을 얻는 것이 아니고, 먼저 그 청구권의 내용을 실현하여 유체동산의 소유와 점유를 채무자에게 귀속시켜 이를 채무자의 책임재산으로 만든 다음 이에 대하여 강제집행을 실시하여 채권을 만족시키는 제도이다. 인도명령이 있었는지 여부나 집달관이 제3채무자로부터 그 동산을 인도받아 점유하고 있는지 여부와는 관계없이 압류명령이 제3채무자에게 송달됨으로써 유체동산인도청구권 자체에 대한 압류의 집행은 끝나고 그 효력이 발생하는 것으로 보아야 할 것이다(대법원 1994. 3. 25. 선고 93다42757 판결).

☀ 부부공유 유체동산과 국세 체납처분

납세자가 아닌 제3자의 재산을 대상으로 한 압류처분은 그 처분의 내용이 법률상 실현될 수 없는 것이어서 당연무효이다. 과세관청이 조세의 징수를 위하여 체납자가 점유하고 있는 제3자의 소유 동산을 압류한 경우, 그 체납자는 그 압류처분에 의하여 당해 동산에 대한 점유권의 침해를 받은 자로서 그 압류처분에 대하여 법률상 직접적이고 구체적인 이익을 가지는 것이어서 그 압류처분의 취소나 무효확인을 구할 원고적격이 있다.

부부공유 유체동산의 압류에 관한 민사집행법 제190조의 규정은 체납처분의 경우에 유추적용을 배제할 만한 특수성이 없으므로 이를 체납처분의 경우에도 유추적용 할 수 있다(대법원 2006. 4. 13. 선고 2005두15151 판결).

☀ 부부의 누구에게 속한 것인지 분명하지 아니한 재산은 부부의 공유로 추정하고(민법 제830조 제2항), 채무자와 그 배우자의 공유로서 채무자가 점유하거나 그 배우자와 공동으로 점유하고 있는 유체동산은 압류할 수 있는데(민사집행법 제190조), 이와 같은 부부공유재산의 추정과 부부공유의 유체동산에 대한 압류는 혼인관계가 유지되고 있는 부부를 전제로 한다고 할 것이다(대법원 2013. 7. 11. 선고 2013다201233 판결).

※ 부부의 일방이 혼인 전부터 가진 고유재산과 혼인 중 자기의 명의로 취득한 재산은 그의 특유재산으로 추정되고, 혼인 중 그 재산을 취득함에 있어 상대방의 협력이 있었다거나 혼인생활에 있어 내조의 공이 있었다는 것만으로는 위 추정을 번복할 사유가 되지 못하나, 실질적으로 다른 일방 또는 쌍방이 그 재산의 대가를 부담하여 취득한 것이 증명된 때에는 특유재산의 추정은 번복되어 다른 일방의 소유이거나 쌍방의 공유라고 보아야 할 것이다(대법원 1998. 12. 22. 선고 98두15177 판결).

○ 채권에 대한 강제집행

채권자가 채무자의 재산을 찾아내 강제집행 할 수 있는 방법으로 채권압류 및 추심(전부)명령, 재산명시 신청, 재산조회 제도가 있다. 채권압류 및 추심(전부)명령은 금전채권에 대한 집행을 강제하기 위해 제3채무자의 진술서를 통해 재산을 찾아내는 우회적 방법이다.

▶ 재산명시 신청은 법원의 명령에 의해 재산목록을 채무자 스스로 제출하게 하는 방법으로 재산을 찾아내는 절차이다.

▶ 재산조회는 법원의 결정에 따라 공공기관·금융기관·단체 등에 채무자 명의의 재산을 조회하는 방법이다.

시간과 비용 측면에서 채권압류 및 추심(전부)명령이 채권자에게 유리해 많이 활용된다. 채무자 입장에서 보면 재산명시 신청과 재산조회(거래정보 제공사실 10일 이내 통보 시)는 대처할 수 있는 시간이라도 있다. 하지만 채권압류 및 추심(전부)명령은 예상할 수 없는 시점에 갑자기 계좌가 압류되고 거래가 중지되어 그 충격이 클 수밖에 없다.

[사례] 50대인 황모 씨는 2003년 7월부터 천안에서 테이블 15개 규모의 호프집을 운영했었다. 2004년 6월과 2005년 5월에 프렌차이즈 경쟁업소 2곳이 생긴 이후 매출이 큰 폭으로 감소했다. 적자규모가 확대되어 가게 양도를 시도했지만 6개월이 지나도 인수하겠다는 사람이 없었다. 2006년 7월에 당초 권리금의 20% 정도만 받고 사업을 양도했다. 창업자금대출 등 3억 원의 빚만 남았다. 2016. 5. 7. 개인파산·면책을 신청했고 2017. 3. 16. 면책결정이 인용되었다.

그 후 친구가 운영하는 회사의 운전직으로 취업해 생계를 이어가던 중 2019. 10. 11. 잔액 160만 원인 OO은행 통장이 압류되었다는 통보를 받았다. 당장 들어갈 돈은 많은데 생계가 막막했다. 이미 면책인용을 받았다면서 압류 채권자 OO신용보증재단에게 항변했으나 받아들여지지 않았다. 개인파산·면책 사건을 수임한 변호사가 구상금채권자인 OO신용보증재단 채무 2천만 원을 파산채권자 목록에서 누락시킨 것이다. OO신용보증재단은 황모 씨가 상환하지 않은 XX은행 대출을 2006. 12. 15. 대위변제 해주었다. 황모 씨가 XX은행으로부터 대출 받을 때 OO신용보증재단이 발급한 신용보증서를 담보로 제공했던 것이다.

이 사실을 황모 씨와 변호사가 간과한 것이다. 대출일로부터 10년 이상 지난 채권이었고 황모 씨의 부정확한 기억에 의존한 것 또한 화근이었다. 그렇다고 XX은행을 파산채권자로 신고한 것도 아니었다. OO신용보증재단은 2010. 12. 11 구상금청구소송을 제기했고, 법원이 발송한 이행권고결정문이 송달되지 않자 소장 부본을 공시송달하여 2011. 5. 10. 확정되었다. 이때 확정된 집행권원으로 황모 씨의 OO은행 예금계좌를 압류했던 것이다. 황모 씨의 해법은 무엇일까?

□ 법리와 결론

[압류된 예·적금을 합법적으로 인출하는 방법 등]

▶ 채권자가 채무자의 예·적금 계좌에 대해 가압류를 신청하면 대부분 현금공탁 명령이 내려지므로 부담스러워 한다. 채무자 명의 계좌 보유 여부가 확실하지 않으면 우선 소송을 제기한다. 확정판결 이라는 집행권원을 기초로 채권압류 및 추심(전부)명령을 신청하면 현금공탁 명령 대상에서 제외되기 때문이다.

▶ 채권자가 압류를 신청하기 전에 채무자 명의 금융기관 계좌의 존부(存否)를 미리 알 수는 없다. 채권자는 신용평가회사가 제공한 채무자의 체크카드 개설정보와 주거래 은행정보를 근거로 압류할 금융기관을 선정한다. 무작위로 선정하거나 네이버나 다음 지도상 채무자 주소지 인근에 소재한 금융기관을 특정하여 압류를 신청하기도 한다. 채무자가 거래 금융기관 예·적금 계좌에 대해 압류당하지 않으려면 체크카드를

개설하면 안 된다. 급여 수령 등 사유로 부득이 계좌를 개설해야 한다면 잔액을 압류금지채권 금액인 185만 원 이하로 유지해야 한다.

▶ '압류하지 못하는 예금 등의 금액'인 185만 원은 개인별 잔액을 말한다. 따라서 OO은행 예금 잔액뿐만 아니라 압류하지 못한 타 금융기관 예금 잔액까지 합한 금액이다. 위 사례의 채무자 황모 씨의 개인별 예금잔액 160만 원과 민사집행법 제195조(압류가 금지되는 물건) 제3호에 의하여 압류하지 못한 타 금융기관 금전의 합계액이 185만 원을 초과한다는 사실은 채권자가 이를 증명하여야 한다. 실무적으로 복수의 제3채무자가 제출한 진술서상 예금 잔액을 기준으로 입증할 수밖에 없다.

▶ 채무지(황모 씨)의 제3채무자(OO은행)에 대한 채무가 존새할 경우, 압류로 인해 기한의 이익이 상실 되므로 예금과 대출금이 상계될 수 있다. 개설된 통장이 안심통장(국민연금, 기초연금 등 수령계좌)인 경우 압류의 효력이 미치지 않는다.

▶ 압류금지채권범위변경신청

압류를 당한 채무자는 민사집행법 제246조 제2항 ~ 제3항에 근거하여 압류금지채권범위변경을 신청할 수 있다. 채무자 황모 씨의 예금 잔액이 160만 원으로, 1월간 생계유지에 필요한 예금 잔액인 185만 원 이하이기 때문에 '압류금지채권범위변경'을 신청할 수 있다. 신청서, 채권압류 및 추심명령 결정문, 결정문상 제3채무자(금융기관) 전원 예금 잔액증명서, 제3채무자 법인등기부등본, 주민등록초본, 송달료·인지대 납부영수증을 첨부하여 압류결정 법원에 제출하면 된다. 법원이 발송한 이의신청 안내문에 대해 채권자가 이의하지 않으면 채권압류 및 추심명령 결정을 취소하게 된다. 취소 결정문이 제3채무자 OO은행에 송달되면 효력이 발생하고 황모 씨는 예금 160만 원 전액을 인출할 수 있다. 압류가 금지된 예금채권에 대한 압류명령은 강행규정에 위반되므로 무효이고, 무효인 압류명령에 기초한 추심명령도 실체법상으로 무효이기 때문이다.

▶ 예금 잔액이 185만 원을 초과할 경우, 황모 씨는 면책결정 인용을 근거로, 원고 OO신용보증재단의 확정판결(공시송달)에 대해 청구이의소송을 제기할 수 있다. 채무자의 소제기 증명원과 강제집행정지 결정문이 제3채무자(또는 배당 법원)에 도달되어야 강제집행의 위험에서 벗어날 수 있다. 청구이의소송 제기나 즉시항고 했다는 이유로 채권압류 및 추심명령 같은 강제집행의 진행에 영향을 미칠 수 없기 때문이다. 채무자가 즉시항고 할 경우, 압류결정의 기초가 되는 판결의 집행력을 배제하고 기판력을 부인하는 결과가 되므로 항고법원으로부터 기각될 가능성이 높다. 더군다나 황모 씨의

경우라면, 면책결정이 확정되었더라도 면책에서 제외된 채무에 관한 집행권원 정본에 기초하여 신청된 채권압류 및 추심명령에 대한 적법한 항고이유가 되지 않는다.

▶ 채무자 황모 씨의 경우와 같이 '채무자 회생 및 파산에 관한 법률'에 의한 면책결정이 확정되었더라도 이는 면책에서 제외된 채무에 관한 집행권원의 효력을 당연히 상실시키는 사유는 되지 않는다. 집행권원이 있는 채권자를 파산채권자 목록에 기재하지 않은 채무자는 청구이의소송을 제기함과 동시에 강제집행 정지신청을 함으로써 제3채무자나 법원의 배당절차를 정지시켜야 한다.

☀ 만약 '채무자 회생 및 파산에 관한 법률'제557조(강제집행의 정지) 제1항에 의한 면책신청이 있고 파산폐지결정의 확정 또는 파산종결결정이 있는 때에는 면책신청에 관한 재판이 확정될 때까지 채무자의 재산에 대하여 파산채권에 기한 강제집행, 가압류 또는 가처분을 할 수 없으므로 채권압류 및 추심명령도 위 법률의 규정에 따라야 한다(대법원 2010. 7. 28. 선고 2009마783 결정).

▶ 채권압류 및 추심명령 결정문이 제3채무자 OO은행에 송달된 이후에 황모 씨가 신규계좌를 개설했다면 그 계좌에는 압류의 효력이 미치지 않는다.

☀ 채권에 대한 압류명령은 압류목적채권이 현실로 존재하는 경우에 그 한도에서 효력을 발생시키는 것이므로, 그 효력이 발생된 후 새로이 발생한 채권에 대하여는 압류의 효력이 미치지 않는다(대법원 2001. 12. 24. 선고 2001다62640 판결).

▶ 종중 또는 단체의 돈

청구이의소송에서 채무자가 자신의 돈이 아니고 종중 또는 모임이나 단체의 돈을 자신 명의로 관리하고 있을 뿐이라고 항변할 수 있다. 단, 통장개설 당시 또는 채권압류 및 추심명령 결정문 송달 전까지 동 사실을 금융기관에 고지하고 종중이나 단체의 규약을 제출하는 등 금융기관의 확인을 받았다는 입증서류를 제출해야 한다. 금융기관과 예금명의자, 출연자 사이에서 예금반환청구권을 출연자에게 귀속시키겠다는 명확한 의사의 합치가 있는 극히 예외적인 경우에 한 한다.

▶ "압류"란 채권관계에서 채무가 이행되지 않을 경우 채권자가 집행권원에 기초해 본인의 채권을 집행할 목적으로 취하는 법적조치를 말한다. 채무자가 채권자의 지위로 소유하고 있는 각종 재산이나 권리에 대해 행사한다. 압류의 종류에는 예금채권 · 임금채권 · 임차보증금 반환청구권 · 소유권이전등기청구권 · 유체동산 압류 등 다양하다. 압류결정문 송달 후 제3채무자(예금채권의 경우 금융회사, 임차보증금의 경우 임대인)는 채무자(예금주, 임차인)에게 지급하여서는 안 되고 채무자는 처분과 영수를 하지 못한다.

▶ 압류명령은 제3채무자와 채무자에게 송달하여야 하고 제3채무자에게 송달되면 효력이 발생한다. 다만, 전부명령이 제3채무자에게 송달되기 전에 그 금전채권에 관하여 다른 채권자가 압류·가압류 또는 배당요구를 한 경우에는 전부명령은 효력이 없다.

▶ 압류한 금전채권에 대하여 추심명령이 결정되면 압류채권자는 대위절차 없이 압류채권을 추심할 수 있고, 전부명령이 결정되면 압류된 채권은 지급에 갈음하여 압류채권자에게 이전된다.

▶ 채권자는 추심한 채권액을 법원에 신고(추심 신고서 제출)해야 하고, 추심신고 전에 다른 압류·가압류 또는 배당요구가 있을 때에는 채권자는 추심한 금액을 공탁하고 그 사유를 신고해야 한다.

▶ 압류채권의 제3채무자는 채무를 면하기 위해 채무액을 공탁할 수 있는데 이를 '집행공탁'이라고 한다. 제3채무자는 압류채권자가 한 사람인 경우(집행공탁 중 권리공탁 사유), 여러 명의 채권자가 경합하거나 가압류가 집행되어 압류에 관련된 금전채권의 면책필요성이 있을 때 그 전액을 공탁할 수 있다(집행공탁 중 의무공탁 사유).

▶ 채권자의 행동특성

① 채권자의 채권 압류명령 신청에 따라 강제집행절차가 개시되고 추심·전부명령 신청을 통해 현금화절차에 착수한다. 통상적으로 채권압류와 추심명령 또는 전부명령을 동시에 신청한다. 이를 '채권압류 및 추심명령', '채권압류 및 전부명령'이라고 한다. 실무적으로 이와 동시에 제3채무자(은행, 채무자의 회사, 임대인 등)에 대한 진술을 최고한다.

② 집행법원으로부터 채권압류 및 추심명령을 받은 압류채권자는 제3채무자로부터 피압류채권을 추심하여 채권의 만족을 얻게 된다.

③ 채권압류 및 전부명령의 압류채권자는 법원의 전부명령을 통하여 제3채무자에 대한 채무자의 채권을 이전받음으로써 채권의 만족을 얻게 된다. 전부명령이 확정되면 전부명령이 제3채무자에게 송달된 때에 채무자가 채무를 변제한 것으로 본다.

④ 채무자가 제3채무자에 대하여 가지는 권리(예·적금, 급여, 전·월세보증금반환청구권 등)에 대해 채권압류 및 추심명령의 채권자가 진술최고를 신청했을 경우 제3채무자는 민사집행법 제237조에 의한 진술의무를 부담한다.

⑤ 채권자는 제3채무자가 법원에 제출한 진술최고서를 열람해 채무자 명의 재산 유무를 확인한다. 실익 있는 재산이 발견될 경우 압류금지채권을 제외한 금액에 대해 압류금 추심(송금)을 요청하게 된다. 채권자가 압류금을 추심한 후에 법원에 추심신고서를 제출한다.

⑥ 채권자가 제3채무자를 선정하는 기준은 제각각이나 일반 시중은행은 기본적으로 포함된다. 직장이나 현 주소지 인근에 소재한 금융기관을 타겟으로 삼기도 한다. 새마을금고, 지역농협, 신협 등도 예외가 아니다. KCB 조회를 통해 체크카드 개설은행이나 주거래 은행을 확인해 압류할 수도 있다.
⑦ 예를 들어, 총 채권액이 5천만 원이고 제3채무자를 5개 금융기관으로 선정했다면 각각 1천만 원씩 압류 신청한다. 가능성이 높은 금융기관에 더 많은 금액을 배정해 압류할 수도 있다.

■ 채권압류 및 추심(전부)명령에 관한 '민사집행법'

- 채권의 압류명령 (동법 제223조).

제3자에 대한 채무자의 금전채권 또는 유가증권, 그 밖의 유체물의 권리이전이나 인도를 목적으로 한 채권에 대한 강제집행은 집행법원의 압류명령에 의하여 개시한다.

▶ 특허권 압류 가능 여부

채권자는 채무자가 운영하는 사업체의 대외홍보에 활용되고 있는 특허권 유무를 확인한다. 채무자 명의 특허권은 압류 후, 특별현금화 명령 및 가치평가를 통해 매각할 수 있다. 그러나 2인 이상이 공동 보유한 특허권은 채무자를 제외한 타인의 동의를 받아야 하므로 사실상 압류가 어렵다. 동의서에는 인감증명서가 첨부되어야 한다.

▶ 출자증권 압류 가능 여부

(전문)건설공제조합 등 출자금도 공제조합을 제3채무자로 하여 압류할 수 있다. 결정문이 제3채무자에게 송달된 후, 집행관이 출자증권을 점유해야 압류의 효력이 발생한다. 다만, 공제조합은 출자금을 담보로 대출해주었거나 질권이 설정된 경우, 하자보증기간이 경과하지 않은 경우에는 출자증권의 점유인도를 거부할 수 있다.

▶ 개인택시 사업자의 면허(권리금) 압류 가능 여부

자동차운수사업법의 관계 규정에 따르면, 인가를 받아 자동차운수사업의 양도가 적법하게 이루어지면 그 면허는 당연히 양수인에게 이전되는 것일 뿐, 자동차운수사업을 떠난 면허 자체는 자동차운수사업을 합법적으로 영위할 수 있는 자격에 불과하므로, 자동차운수사업자의 자동차운수사업면허는 법원이 강제집행의 방법으로 이를 압류하여 환가하기에 적합하지 않은 것이다(대법원 1996. 9. 12.자 96마1088, 1089 결정).

☀ 자동차운수사업 면허에 대한 압류 가능여부를 판단하기 위해서는 ① 독립한 재산적 가치가 있는 것인지, ② 양도가 가능한 것인지, ③ 금전적 평가에 의하여 현금화 할 수 있는지 여부를 따져보아야 하고, 이 세 가지를 모두 충족해야 압류가 가능하다. ④ 단, 자동차(개인택시) 자체에 대한 가압류(압류)는 가능하다.

● 심문의 생략 (동법 제226조).

압류명령은 제3채무자와 채무자를 심문하지 아니하고 한다.

● 금전채권의 압류 (동법 제227조).

① 금전채권을 압류할 때에는 법원은 제3채무자에게 채무자에 대한 지급을 금지하고 채무자에게 채권의 처분과 영수를 금지하여야 한다.

② 압류명령은 제3채무자와 채무자에게 송달하여야 한다.

③ 압류명령이 제3채무자에게 송달되면 압류의 효력이 생긴다.

④ 압류명령의 신청에 관한 재판에 대하여는 즉시항고를 할 수 있다.

[tip] 주의할 점

☀ 예·적금 계좌가 압류되더라도 자동이체가 정지되고 인출이 제한될 뿐 입금은 가능하다. 추가 입금된 돈 역시 압류결정금액 범위 내에서 인출이 제한된다. 압류된 예·적금 계좌에 입금될 돈이 있으면 즉시 상대방에게 알리고 적절한 조치를 취해야 한다.

● 저당권이 있는 채권의 압류 (동법 제228조).

① 저당권이 있는 채권을 압류할 경우 채권자는 채권압류사실을 등기부에 기입하여 줄 것을 법원사무관 등에게 신청할 수 있다. 이 신청은 채무자의 승낙 없이 법원에 대한 압류명령의 신청과 함께 할 수 있다.

② 법원사무관등은 의무를 지는 부동산 소유자에게 압류명령이 송달된 뒤에 제1항의 신청에 따른 등기를 촉탁하여야 한다.

● 금전채권의 현금화방법 (동법 제229조).

① 압류한 금전채권에 대하여 압류채권자는 추심명령이나 전부명령을 신청할 수 있다.

② 추심명령이 있는 때에는 압류채권자는 대위절차 없이 압류채권을 추심할 수 있다.

③ 전부명령이 있는 때에는 압류된 채권은 지급에 갈음하여 압류채권자에게 이전된다.

④ 추심명령에 대하여는 위 제227조제2항 및 제3항의 규정을, 전부명령에 대하여는 제227조제2항의 규정을 각각 준용한다.

⑤ 전부명령이 제3채무자에게 송달될 때까지 그 금전채권에 관하여 다른 채권자가 압

류・가압류 또는 배당요구를 한 경우에는 전부명령은 효력을 가지지 아니한다.

⑥ 제1항의 신청에 관한 재판에 대하여는 즉시항고를 할 수 있다.

⑦ 전부명령은 확정되어야 효력을 가진다.

⑧ 전부명령이 있은 뒤에 제49조제2호(강제집행의 일시정지를 명한 취지를 적은 재판의 정본) 또는 제4호(집행할 판결이 있은 뒤에 채권자가 변제를 받았거나, 의무이행을 미루도록 승낙한 취지를 적은 증서)의 서류를 제출한 것을 이유로 전부명령에 대한 즉시항고가 제기된 경우에는 항고법원은 다른 이유로 전부명령을 취소하는 경우를 제외하고는 항고에 관한 재판을 정지하여야 한다.

☀ 채권의 추심명령은 압류한 금전채권을 대위절차 없이 추심할 수 있게 해주는 것으로서 유효한 압류명령이 있음을 전제하는 것이므로, 압류할 채권이 특정되지 않아 압류명령에 따른 압류의 효력이 발생하지 않는 경우에는 그에 따른 추심명령도 효력이 없다. 그와 같은 경우 채무자는 가압류이의나 즉시항고로써 가압류결정이나 압류 및 추심명령의 효력을 다툴 수 있지만, 제3채무자로서도 추심금 소송에서 추심명령의 무효를 주장하여 다툴 수 있다(대법원 2012. 11. 15. 선고 2011다38394 판결).

☀ 채권압류・추심명령의 '압류할 채권의 표시'에 기재된 문언은 그 문언 자체의 내용에 따라 객관적으로 엄격하게 해석하여야 하고, 문언의 의미가 불명확한 경우 그로 인한 불이익은 압류 등 신청채권자에게 부담시키는 것이 타당하다. 따라서 제3채무자가 통상의 주의력을 가진 사회평균인을 기준으로 그 문언을 이해할 때 포함 여부에 의문을 가질 수 있는 채권은 특별한 사정이 없는 한 압류 등의 대상에 포함되었다고 보아서는 아니 된다(대법원 2018. 5. 30. 선고 2015다51968 판결).

- 제3채무자의 진술의무 (동법 제237조).

압류채권자는 제3채무자로 하여금 압류명령을 송달받은 날부터 1주 이내에 서면으로 다음 각호의 사항을 진술하게 하도록 법원에 신청할 수 있다.

- 채권을 인정하는지의 여부 및 인정한다면 그 한도
- 채권에 대하여 지급할 의사가 있는지의 여부 및 의사가 있다면 그 한도
- 채권에 대하여 다른 사람으로부터 청구가 있는지의 여부 및 청구가 있다면 그 종류
- 다른 채권자에게 채권을 압류당한 사실이 있는지의 여부 및 그 사실이 있다면 그 청구의 종류

☀ 제3채무자의 공탁의무

같은 채권에 관하여 추심명령이 여러 번 발부되더라도 그 사이에는 순위의 우열이 없고, 추심명령을 받아 채권을 추심하는 채권자는 자기채권의 만족을 위하여서 뿐만 아니라 압류가 경합되거나 배당요구가 있는 경우에는 집행법원의 수권에 따라 일종의 추심기관으로서 압류나 배당에 참가한 모든 채권자를 위하여 제3채무자로부터 추심을 하는 것이므로 그 추심권능은 압류된 채권 전액에 미치며, 제3채무자로서도 정당한 추심권자에게 변제하면 그 효력은 위 모든 채권자에게 미치므로 압류된 채권을 경합된 압류채권자 및 또 다른 추심권자의 집행채권액에 안분하여 변제하여야 하는 것도 아니다(대법원 2001. 3. 27. 선고 2000다43819 판결).

다만, 「민사집행법」 제248조 제1항은 "제3채무자는 압류에 관련된 금전채권의 전액을 공탁할 수 있다."라고 규정하여 제3채무자의 공탁할 수 있는 권리를 규정하고 있고, 같은 조 제2항, 제3항은 "금전채권에 관하여 배당요구서를 송달 받은 제3채무자는 배당에 참가한 채권자의 청구가 있으면 압류된 부분에 해당하는 금액을 공탁하여야 한다. 금전채권 중 압류되지 아니한 부분을 초과하여 거듭 압류명령 또는 가압류명령이 내려진 경우에 그 명령을 송달 받은 제3채무자는 압류 또는 가압류채권자의 청구가 있으면 그 채권의 전액에 해당하는 금액을 공탁하여야 한다."라고 규정하여 제3채무자의 공탁의무를 규정하고 있으므로, 「민사집행법」 제248조 제2항, 제3항에 해당하는 경우에는 추심채권자에게 직접 지급하지 말고 법원에 공탁해야 한다.

- 압류금지채권 (동법 제246조).

① 다음 각호의 채권은 압류하지 못한다.

1. 법령에 규정된 부양료 및 유족부조료
2. 채무자가 구호사업이나 제3자의 도움으로 계속 받는 수입
3. 병사의 급료
4. 급료 · 연금 · 봉급 · 상여금 · 퇴직연금, 그 밖에 이와 비슷한 성질을 가진 급여채권의 2분의 1에 해당하는 금액. 다만, 그 금액이 국민기초생활보장법에 의한 최저생계비를 감안하여 대통령령이 정하는 금액에 미치지 못하는 경우 또는 표준적인 가구의 생계비를 감안하여 대통령령이 정하는 금액을 초과하는 경우에는 각각 당해 대통령령이 정하는 금액으로 한다.
5. 퇴직금 그 밖에 이와 비슷한 성질을 가진 급여채권의 2분의 1에 해당하는 금액
6. 「주택임대차보호법」 제8조, 같은 법 시행령의 규정에 따라 우선변제를 받을 수 있는 금액
7. 생명, 상해, 질병, 사고 등을 원인으로 채무자가 지급받는 보장성보험의 보험금(해약환급 및 만기환급금을 포함한다). 다만, 압류금지의 범위는 생계유지, 치료 및 장애 회복에 소요될 것으로 예상되는 비용 등을 고려하여 대통령령으로 정한다.
8. 채무자의 1월간 생계유지에 필요한 예금(적금 · 부금 · 예탁금과 우편대체를 포함한다). 다만, 그 금액은 「국민기초생활 보장법」에 따른 최저생계비, 제195조제3호에서 정한 금액 등을 고려하여 대통령령으로 정한다.

② 법원은 제1항 제1호부터 제7호까지에 규정된 종류의 금원이 금융기관에 개설된 채무자의 계좌에 이체되는 경우 채무자의 신청에 따라 그에 해당하는 부분의 압류명령을 취소하여야 한다.

③ 법원은 당사자가 신청하면 채권자와 채무자의 생활형편, 그 밖의 사정을 고려하여 압류명령의 전부 또는 일부를 취소하거나 제1항의 압류금지채권에 대하여 압류명령을 할 수 있다.

④ 제3항의 경우에는 제196조 제2항 내지 제5항의 규정을 준용한다.

▶ 압류금지 범위

2019. 4. 1.부터 시행된 민사집행법 시행령에 따르면, 압류금지 생계비(제2조), 압류금지 최저금액(제3조), 압류금지 예금 등의 범위(제7조)는 모두 185만 원 이하를 말한다. 민사집행법 제195조 제3호(채무자등의 생활에 필요한 1월간의 생계비로서 185만 원)와 제246조 제1항 제8호(채무자의 1월간 생계유지에 필요한 예금·적금·부금·예탁금으로 185만 원)는 각각 185만 원씩 중복 적용할 수 없고, 위 법률조항에 따라 압류하지 못한 금전이 있으면 그 금전 등의 금액을 뺀 금액으로 한다. 다만 보장성보험의 경우 보험료 미납 등의 사유로 발생한 해약환급금이나 만기환급금 중 150만 원 이하의 금액은 압류가 금지된다. 민사집행법 시행령 부칙 제2조에 따라 위 제2조, 제3조 및 제7조의 개정규정은 2019. 4. 1. 이후 접수되는 압류명령 신청 사건부터 적용한다.

● 압류금지 보장성 보험금 등의 범위 (동법 시행령 제6조).

① 법 제246조 제1항 제7호에 따라 다음 각 호에 해당하는 보장성보험의 보험금, 해약환급금 및 만기환급금에 관한 채권은 압류하지 못한다.

1. 사망보험금 중 1천만 원 이하의 보험금
2. 상해·질병·사고 등을 원인으로 채무자가 지급받는 보장성보험의 보험금 중 다음 각 목에 해당하는 보험금
   가. 진료비, 치료비, 수술비, 입원비, 약제비 등 치료 및 장애 회복을 위하여 실제 지출되는 비용을 보장하기 위한 보험금
   나. 치료 및 장애 회복을 위한 보험금 중 가목에 해당하는 보험금을 제외한 보험금의 2분의 1에 해당하는 금액

* 나목의 보험금은 진단금을 말한다. 예를 들어, 암 진단금이 3천만 원인 경우 2분의 1 금액인 1천5백만 원까지 압류가 금지된다.

---

3. 보장성보험의 해약환급금 중 다음 각 목에 해당하는 환급금
   가. 「민법」 제404조에 따라 채권자가 채무자의 보험계약 해지권을 대위행사하거나. 추심명령 또는 전부명령을 받은 채권자가 해지권을 행사하여 발생하는 해약환급금
   나. 가목에서 규정한 해약사유 외의 사유로 발생하는 해약환급금 중 150만 원 이하의 금액

4. 보장성보험의 만기환급금 중 150만 원 이하의 금액

* 채권자대위권이나 해지권 행사로 인한 해약환급금은 전액 압류 금지된다.

---

② 채무자가 보장성보험의 보험금, 해약환급금 또는 만기환급금 채권을 취득하는 보험계약이 둘 이상인 경우에는 다음 각 호의 구분에 따라 제1항 각 호의 금액을 계산한다.

1. 제1항 제1호, 제3호나목 및 제4호: 해당하는 보험계약별 사망보험금, 해약환급금, 만기환급금을 각각 합산한 금액에 대하여 해당 압류금지채권의 상한을 계산한다.
2. 제1항 제2호 나목 및 제3호 가목: 보험계약별로 계산한다.

● **압류금지채권이 금융기관 계좌로 이체된 경우 압류취소 가능 (민사집행법 제246조 제2항).** 민사집행법상 압류금지채권(법령상 부양료 및 유족부조료, 구호사업 수입, 병사 급료, 압류금지 급여채권 및 퇴직금, 보증금 중 일정액, 압류금지 보장성 보험)이 채무자의 금융계좌로 이체되어 예금 등으로 변경된 경우 그 예금 등에 대하여 채무자의 신청에 따라 법원이 압류금지채권에 해당하는 부분에 대한 압류명령을 취소할 수 있다.

* 위 압류금지채권에 해당하는 돈이 압류방지통장이 아닌 일반계좌로 입금되어 압류된 경우, 채무자는 법원에 압류명령의 취소를 신청할 수 있다.

[사례] 서울시에 거주하고 있는 채무자의 전세보증금 1억5천만 원 전액이 압류되었다고 가정하자. 2021. 5. 11. 개정된 기준에 따르면, 주택임대차보호법상 보호되는 임차인(서울시 기준)은 보증금 1억5천만 원이하, 보증금 중 일정액(소액보증금) 5천만 원이다. 이 경우 전세 계약기간이 만료될 때까지 제3채무자인 임대인은 채권자의 추심요청에 응할 의무가 없다. 임대인은 임차인의 주택명도와 동시이행으로 압류된 보증금 1억5천만 원에서 지역별 소액보증금 5천만 원을 차감한 1억 원을 압류채권자에게 지급해야 한다(민사집행법 제246조 제1항 제6호, 주택임대차보호법 제8조, 동법 시행령 제10조). 만약 전세보증금이 1억5천만 원을 초과하고 전액 압류되었다면 전액에 대해 압류의 효력이 미치므로 임차인은 소액보증금 5천만 원도 반환받지 못한다. 5천만 원 이하인 전세보증금이 압류되었다면 전액 보호받을 수 있으므로 임대인이 계약서 사본을 첨부해 압류금지채권임을 소명하면 된다.

* 그러나 상가건물 임대차보호법 제14조(보증금 중 일정액의 보호) 및 시행령 제7조(우선변제를 받을 보증금의 범위 등)에 의한 우선변제를 받을 '보증금 중 일정액'은 압류금지채권이 아니다.

▶ 추심명령과 전부명령의 차이점

- "압류명령"은 신청이 이유있다고 인정되는 경우에는 채무자와 제3채무자를 심문하지 않고 서면심사에 의해 발령한다. 집행채무자에의 귀속여부, 피압류채권의 존재 여부도 심사하지 않는다.

- 추심명령과 전부명령은 압류한 채권을 현금화하는 절차이다. "추심명령"이란 압류채권자가 대위절차 없이 압류된 채권의 추심권능을 취득하는 것이다. "전부명령"이란 압류된 채권이 지급에 갈음하여 압류채권자에게 이전되는 것을 말한다. 압류금지채권에 대해서는 추심명령과 전부명령을 발령할 수 없다. 추심명령과 전부명령의 신청은 압류명령과 동시 또는 사후에도 신청할 수 있다.

▶세부적인 차이점

- 집행의 대상

추심명령은 금전채권 외에 유체물의 인도나 권리이전의 청구권도 가능하나, 전부명령은 금전채권으로 제한된다.

- 공탁의무

추심명령의 제3채무자는 압류채권자가 배당을 요구하거나 추심완료 전에 다른 채권자가 압류·가압류할 경우 배당해주거나 공탁 후 그 사유를 법원에 신고해야 하나, 전부명령은 공탁의무가 없다.

- 집행채권의 소멸 시

추심명령은 제3채무자 또는 법원으로부터 배당 변제를 받았을 때 집행채권이 소멸하나, 전부명령은 효력발생과 동시에 소멸한다.

- 효력발생의 범위

추심명령의 효력은 압류채권 전부에 미치나, 전부명령은 압류채권자의 채권액과 집행비용으로 제한된다.

- 다른 채권자의 배당요구

추심명령은 압류채권자의 추심완료 시까지 다른 채권자의 배당요구가 허용되나(일부라도 추심한 채권자가 법원에 추심신고를 이행하지 않은 경우 포함), 전부명령은 압류채권자가 채권의 독점적 만족을 얻게 되므로 다른 채권자의 배당요구가 허용되지 않는다.

- 압류법원에 대한 신고의무

추심명령의 압류채권자는 추심할 때 마다 그 사유를 법원에 신고해야 하나, 전부명령은 신고의무가 없다.

- 위험의 이전 및 부담

추심명령은 집행채권이 전액 회수될 때까지 소멸하지 않는다. 추심권의 포기도 가능하며 채무자의 다른 재산에 대한 집행도 가능하다. 전부명령은 채권이 동일성을 유지한 채 지급에 갈음하여 압류채권자에게 이전되면 집행채권이 권면액 만큼 소멸한다. 그 이후부터 발생하는 위험은 전부채권자가 부담해야 한다.

☀ 채권압류 및 추심명령과 임대인의 갱신거절권

임대주택의 임차인인 원고가, 임차인인 피고의 채권자가 임대차보증금반환채권에 대해 압류 및 추심명령을 받아 갱신중지 요청을 하였다는 이유로, 임차인의 임대차계약 갱신 요구를 거절하면서 기간만료를 이유로 인도를 구한 사안에서, 원고가 내세우는 사정은 표준임대차계약서 제10조 제1항 각호의 사유에 해당하지 않을 뿐만 아니라 임대인이 임대차계약의 갱신을 거절할 수 있는 특별한 사정에도 해당하지 않는다 (대법원 2020. 5. 28. 선고 2020다202371 판결).

□ 채권압류 및 추심(전부) 명령 결정의 위험을 방지할 수 있는 방법

[tip] 예금 및 보험금, 급여 · 퇴직금 등에 대한 채권압류 피해를 최소화 하는 방법

① 일반 시중은행이나 우체국, 지명도가 있는 보험회사 등에 예치된 예금과 보험은 압류될 가능성이 높다.

② 각 지역의 새마을금고, 단위농협, 신협은 각각 별개의 독립 법인이므로 채권자가 그 법인 명칭을 정확하게 알아야 압류할 수 있다.

③ 새마을금고, 단위농협, 신협, 증권사, 종금사에 개설된 채무자의 계좌는 금융회사를 특정해서 재산조회를 하지 않는 이상 채권자가 쉽게 찾아낼 수 없다.

④ 증권사, 종금사의 CMA(Cash Management Account) 등 수시로 입 · 출금이 가능한 통장을 사용한다. CMA 통장은 ATM 기기로 입출금과 이체가 자유롭고, 종금사 CMA는 예금자보호를 받을 수 있다.

⑤ 주소지나 직장 인근의 금융회사는 이용하지 않는다.

⑥ 체크카드를 발급받지 않는다.

⑦ 가능하면 잔액을 압류금지 채권 금액인 185만 원 이하로 유지한다.

⑧ 채권자가 급여 및 퇴직금에 대해 압류할 태세를 보이거나 예고할 경우, 정상적인 상환이 어려운 다중채무자는 신속하게 개인회생을 신청해 중지 · 금지명령을 득한다. 상황에 따라 근로자퇴직급여보장법과 시행령 제3조(퇴직금의 중간정산) 및 제14조 (확정기여형퇴직연금의 중도인출)에 따른 퇴직금 중간정산 · 중도인출 제도를 활용할 수도 있다.

[tip] 압류효력의 범위와 압류방지 통장

▶ 압류 당한 급여와 금융회사 예·적금 잔액이 185만 원 이하인 경우와, 우선변제를 받을 수 있는 지역별 소액보증금은 압류의 효력이 미치지 않는다(민사집행법 제246조 제1항). 예를 들어 압류된 은행의 예·적금 총 잔액이 300만 원이라면 185만 원을 초과한 115만 원에 대해서만 채권자가 추심해갈 수 있다.

▶ 법원의 압류명령과 국세청·지자체의 체납처분으로부터 압류를 방지할 수 있는 통장의 종류와 법적 근거

① 국민기초생활보장법 제35조 → 행복지킴이 통장

② 국민연금법 제58조 → 국민연금 안심통장

③ 군인연금법 제18조 → 평생 안심통장

④ 고용보험법 제38조 → 실업급여 지킴이 통장

[tip] 압류금지에 관한 법적 근거

- 압류금지 (국민기초생활보장법 제35조).

① 수급자에게 지급된 수급품(제4조 제4항에 따라 지방자치단체가 실시하는 급여를 포함한다)과 이를 받을 권리는 압류할 수 없다.

② 제27조의2제1항에 따라 지정된 급여수급계좌의 예금에 관한 채권은 압류할 수 없다.

- 양도금지 (국민기초생활보장법 제36조).

수급자는 급여를 받을 권리를 타인에게 양도할 수 없다.

- 수급권 보호 (국민연금법 제58조).

① 수급권은 양도·압류하거나 담보로 제공할 수 없다.

② 수급권자에게 지급된 급여로서 대통령령으로 정하는 금액 이하의 급여는 압류할 수 없다.

③ 급여수급전용계좌에 입금된 급여와 이에 관한 채권은 압류할 수 없다.

- 권리의 보호 (군인연금법 제18조).

① 급여를 받을 권리는 양도 또는 압류하거나 담보로 제공할 수 없다.

② 수급권자에게 지급된 급여 중「민사집행법」제195조제3호에서 정하는 금액 이하의 급여는 압류할 수 없다.

- 수급권의 보호 (고용보험법 제38조).

① 실업급여를 받을 권리는 양도 또는 압류하거나 담보로 제공할 수 없다.

② 제37조의2제1항에 따라 지정된 실업급여수급계좌의 예금 중 대통령령으로 정하는 액수 이하의 금액에 관한 채권은 압류할 수 없다.

▶ 주의할 점

① 압류방지 통장은 총 1개만 개설할 수 있다.

② 월 185만 원 한도 내에서 해당 연금이나 급여의 입·출금만 가능하다.

③ 제3자가 개인적인 목적으로 추가 입금할 수 없다.

④ 영업활동 등 목적 외의 용도로 입·출금 거래를 할 수 없다.

□ 민사집행법 제246조(압류금지채권) 제1항 제4호 및 시행령 제3조(압류금지 최저금액), 시행령 제4조(압류금지 최고금액)에 따른 급여채권별 압류 가능금액

▶ 채무자가 제3채무자(회사)에 대해 가지는 급여 청구 채권액을 기준으로 한다.

▶ 월 급여액 185만 원 이하는 압류가 금지된다.

▶ 월 급여액 185만 원 ~ 월 370만 원 → 월 급여액 - 185만 원까지 압류 가능

▶ 월 급여액 370만 원 ~ 월 600만 원 → 월 급여액 X 1/2까지 압류 가능

▶ 월 급여액 600만 원 초과 → 월 급여액 - [300만 원 + (월 급여액 X 1/2 - 300만 원) X 1/2]까지 압류 가능

＊ 예를 들어 월 소득 250만 원인 경우 65만 원까지, 월 소득 500만 원인 경우 250만 원까지 압류할 수 있다. 월 소득 700만 원인 경우 375만 원까지 압류할 수 있고 325만 원은 채무자에게 지급된다. 조세를 체납한 경우에도 월 급여 185만 원 이하는 압류가 금지된다.

▶ 법정 퇴직금 압류금지 여부 (자료, 미래에셋 은퇴연구소).

- 법정 퇴직금: 퇴직금 50% 압류금지 / 퇴직연금 전액 압류금지.
- 근로자 추가 적립금: 확정기여형(DC)에 적립한 금액 전액 압류금지.
- 명예퇴직 수당, 퇴직 위로금: 퇴직연금 규약에 따라 퇴직연금으로 적립하기로 했다면 전액 압류금지.
- 퇴직 후 퇴직급여를 개인형(IRP) 계좌에 이체한 경우: 퇴직급여와 운용수익 전액 압류금지.
- 회사가 퇴직연금 제도를 도입하기 이전에 발생한 퇴직급여일지라도 회사가 과거 퇴직급여를 전부 소급해서 퇴직연금에 가입했다면 전액 압류금지.
- 퇴직연금계좌에 개인이 추가로 납부한 금액도 압류금지, DC형에 추가로 적립한 금액도 압류금지.

- 퇴직급여를 일반계좌로 수령하면 해당 계좌 압류 가능. 단, 퇴직급여를 개인형퇴직연금인 IRP 계좌로 이체하면 압류금지. IRP 계좌에서 퇴직급여를 운용해 얻은 수익도 전액 압류금지.
- 명예퇴직금, 퇴직위로금은 50% 압류 금지. 단, 퇴직연금 규약에서 해당 금액을 퇴직연금으로 적립하기로 했다면 전액 압류금지.

[tip] 개인형퇴직연금(IRP)과 연금저축의 차이점

IRP와 연금저축은 세액공제 연금상품이라는 점에서 유사하지만, 공제한도, 운용규제, 일부(중도)인출 유무 등에 차이가 있다.

* 개인형퇴직연금(IRP)

'근로소득자'로 가입이 제한되고, 연간 700만 원까지 세액공제 혜택이 부여되며, 주식형 펀드·ETF 등 위험자산에 대해 투자한도(70%) 규제가 적용되고, 일정 사유 외에는 일부인출이 불가능하다.

* 연금저축

가입자격을 제한하지 않고, 연간 400만 원까지 세액공제 혜택이 부여되며, 위험자산 투자한도에 대한 제한이 없고, 일부 인출이 자유롭다.

---

* 공무원과 사립학교 교직원 퇴직금의 경우 압류할 수 없으나. 공무원의 명예 퇴직금은 50%까지 압류할 수 있다.

* 급여가 아닌 법인기업 이사의 보수채권과 지방의회 의원의 의정활동비 등은 전부 압류 가능하다.

▶ 퇴직연금 압류금지에 관한 법적 근거 및 중도인출 사유 등

- 근로자퇴직급여보장법 제7조 제1항 (퇴직연금제도의 급여를 받을 권리는 양도하거나 담보로 제공할 수 없다)
- 민사집행법 제246조(압류금지채권) 제1항 제4호 ~ 제5호

☀ 보조금 등 성질상 양도가 금지된 채권은 강제집행의 대상이 될 수 없다(대법원 1996. 12. 24. 선고 96마1302 결정).

☀ 근로자퇴직급여보장법 제7조 제1항에 의해 양도 금지된 퇴직급여를 받을 권리는 압류대상 적격이 없어 전액 압류가 금지된다(대법원 2014. 1. 23. 선고 2013다71180 판결).

- 퇴직연금은 전액 압류금지 대상이므로, 근로자퇴직급여보장법 시행령 제2조(퇴직연급 제도 수급권의 담보제공 사유 등)에 따라 압류결정문이 도달되더라도 담보제공 할 수 있다.

- 퇴직금은 근로자퇴직급여보장법과 시행령 제3조에 따라 담보제공 할 수 있다.

- **퇴직금의 중간정산 사유 (근로자퇴직급여보장법 시행령 제3조)**

① 법 제8조제2항 전단에서 "주택구입 등 대통령령으로 정하는 사유"란 다음 각 호의 어느 하나에 해당하는 경우를 말한다.

1. 무주택자인 근로자가 본인 명의로 주택을 구입하는 경우
2. 무주택자인 근로자가 주거를 목적으로 「민법」 제303조에 따른 전세금 또는 「주택임대차보호법」 제3조의2에 따른 보증금을 부담하는 경우. 이 경우 근로자가 하나의 사업에 근로하는 동안 1회로 한정한다.
3. 근로자가 6개월 이상 요양을 필요로 하는 다음 각 목의 어느 하나에 해당하는 사람의 질병이나 부상에 대한 의료비를 해당 근로자가 본인 연간 임금총액의 1천분의 125를 초과하여 부담하는 경우

가. 근로자 본인　나. 근로자의 배우자　다. 근로자 또는 그 배우자의 부양가족

4. 퇴직금 중간정산을 신청하는 날부터 거꾸로 계산하여 5년 이내에 근로자가 「채무자 회생 및 파산에 관한 법률」에 따라 파산선고를 받은 경우
5. 퇴직금 중간정산을 신청하는 날부터 거꾸로 계산하여 5년 이내에 근로자가 「채무자 회생 및 파산에 관한 법률」에 따라 개인회생절차개시 결정을 받은 경우
6. 사용자가 기존의 정년을 연장하거나 보장하는 조건으로 단체협약 및 취업규칙 등을 통하여 일정나이, 근속시점 · 임금액을 기준으로 임금을 줄이는 제도를 시행하는 경우

6의2. 사용자가 근로자와의 합의에 따라 소정근로시간을 1일 1시간 또는 1주 5시간 이상 변경하여 그 변경된 소정근로시간에 따라 근로자가 3개월 이상 계속 근로하기로 한 경우

6의3. 법률 제15513호 근로기준법 일부개정법률의 시행에 따른 근로시간의 단축으로 근로자의 퇴직금이 감소되는 경우

7. 재난으로 피해를 입은 경우로서 고용노동부장관이 정하여 고시하는 사유에 해당하는 경우

② 사용자는 제1항 각 호의 사유에 따라 퇴직금을 미리 정산하여 지급한 경우 근로자가 퇴직한 후 5년이 되는 날까지 관련 증명 서류를 보존하여야 한다.

- 근로자퇴직급여보장법과 시행령 제14조에 따라 무주택인 자가 주택구입 또는 전세금 지급 사유로 퇴직연금을 중도인출 할 수 있다. 이 경우 신청인의 부담으로 계약금을 지급하고 부동산매매(전세)계약서를 제출해야 한다. 잔금일 전까지 1개월 이상 남은 상태에서 퇴

직연금 중도인출 신청 가능하다. 인출대금을 신청인의 일반계좌에 입금하는 경우 해당 계좌에 대해서는 압류 가능하다.

- 확정기여형퇴직연금제도(DC)의 중도인출 사유(근로자퇴직급여보장법 시행령 제14조).

① 법 제22조에서 "주택구입 등 대통령령으로 정하는 사유"란 다음 각 호의 어느 하나에 해당하는 경우를 말한다.

1. 제2조 제1항 제1호 · 제1호의2 또는 제5호(재난으로 피해를 입은 경우로 한정한다)에 해당하는 경우

1의2. 제2조 제1항 제2호에 해당하는 경우로서 가입자가 본인 연간 임금총액의 1천분의 125를 초과하여 의료비를 부담하는 경우

2. 중도인출을 신청한 날부터 거꾸로 계산하여 5년 이내에 가입자가 「채무자 회생 및 파산에 관한 법률」에 따라 파산선고를 받은 경우

3. 중도인출을 신청한 날부터 거꾸로 계산하여 5년 이내에 가입자가 「채무자 회생 및 파산에 관한 법률」에 따라 개인회생절차개시 결정을 받은 경우

4. 법 제7조 제2항 후단에 따라 퇴직연금제도의 급여를 받을 권리를 담보로 제공하고 대출을 받은 가입자가 그 대출 원리금을 상환하기 위한 경우로서 고용노동부장관이 정하여 고시하는 사유에 해당하는 경우

② 제1항 제4호에 해당하는 사유로 적립금을 중도 인출하는 경우 그 중도인출 금액은 대출 원리금의 상환에 필요한 금액 이하로 한다.

▶ 퇴직연금 압류금지 여부(고용노동부 퇴직연급복지과 유권해석 2999호).

확정급여형퇴직연금(DB) 가입자의 급여채권이 압류된 경우 해당 근로자의 퇴직 시 압류금 공제 없이 전액 지급할 수 있다. 확정기여형퇴직연금(DC) 최소 적립비율 미달 시 사용자가 개인형퇴직연금(IRP) 계정으로 이전하여 지급하는 미납부금과 지연이자도 퇴직연금 가입기간 중에 발생한 급여이므로 전액 압류가 금지된다.

[사례] 채무자가 강제집행(급여 및 퇴직금 압류) 직전에 퇴직연금을 인출한 경우

연봉이 1억 원 이상인 대기업에서 15년 동안 근무한 채무자가 있었다. 구상금채권자가 대위변제 한 1억5천만 원의 전세보증금대출은 전액 신용대출이었다. 대기업에서 장기간 근속한 채무자를 믿고 전세보증금반환청구권에 대한 근질권설정계약이나 채권양수도계약은 체결하지 않았다. 재직여부가 확인되지 않고 연락이 두절된 채무자가 이미 다른 재산을 빼돌려 불가피하게 급여 및 퇴직금을 압류하였다. 제3채무자인 회사에 확인해본 결과,

채무자는 퇴직연금을 확정기여형(DC)으로 가입했는데 주택 전세보증금을 지급해야 한다는 이유로 퇴직연금 전액을 중도 인출해 은닉하였다. 원칙적으로 퇴직연금은 전액 압류가 금지될 뿐만 아니라, 확정기여형퇴직연금은 '근로자퇴직급여보장법과 시행령에서 정한 사유 발생 시 인출해서 사용할 수 있다. 채무자는 이혼하였고 다른 범죄 사건에 연루되어 수감생활을 하고 있었다. 채권압류 및 추심명령은 채무자의 퇴직으로 그 의미가 축소되었다. 그나마 미지급 상태이었던 소액의 성과급에 대해서만 추심할 수 있었다.

□ 채권 종류별 압류금지채권범위변경신청

▶ 예·적금에 대한 압류금지채권범위변경신청

- '압류하지 못하는 예금 등의 금액'인 185만 원은 개인별 잔액을 말한다. 압류한 특정은행의 예금 잔액뿐만 아니라 압류하지 못한 타 금융회사의 예금 잔액까지 합한 금액이다. 민사집행법 제195조(압류가 금지되는 물건) 제3호에 의하여 압류하지 못한 타 금융기관 금전의 합계액이 185만 원을 초과한다는 사실은 채권자가 이를 증명하여야 한다.

- 예를 들어, 압류된 3개 금융기관 예금 잔액이 A은행 180만 원, B은행 100만 원, C은행 70만 원, 합계 350만 원 일지라도 제3채무자인 개별 금융회사는 예금을 출금해주지 않는다. 압류금지채권 금액이 통장별 잔액이 아니고 개인별 잔액이기 때문이다. 이 경우 채무자가 압류금지채권범위변경 신청을 통해서 실제로 인출할 수 있는 돈은 165만 원(350만 원 ~ 185만 원)으로 제한될 수 있다. 현실적으로 압류하지 못한 타 금융회사의 예금 잔액은 채권자가 확인할 수 있는 방법이 없으므로 일단 '압류금지채권범위변경신청'을 하는 것이 좋다.

▶ 임차보증금반환청구권에 대한 압류금지채권범위변경신청

- 채권자가 채권압류 및 추심(전부)명령을 통해 채무자의 주택 전·월세보증금반환청구권을 압류한 경우에도 민사집행법 제246조(압류금지 채권) 제1항 제6호에 따라 '압류금지채권범위변경'을 신청하면 된다. 압류취소 결정문이 제3채무자인 임대인에게 송달되면 효력이 발생하고 명도와 동시이행으로 보증금을 반환받을 수 있다. 준비서류 중 예금 잔액증명서 대신 전·월세 계약서를 제출하면 된다.

- 채권자는 대법원 인터넷등기소 사이트에서 채무자의 현 주소지에 대한 부동산등기를 열람해 확정일자 존부를 확인할 수 있다. 확정일자를 받은 임차인 성명이 채무자와 동일인으로 확인되면 채무자가 임차인이 되어 전(월)세 계약을 체결한 것으로 확신한다. 채권자로부터 전·월세 보증금 반환청구권을 (가)압류 당하지 않으려면 등기소에서 전·월세 계약서 확정일자를 받으면 안 된다. 전입할 주소지 관할 주민센터에서 확정일자를 받을 경우 인터넷등기소

사이트에 임차인의 확정일자 정보가 제공되지 않는다.

▶ 급여 수급권에 대한 압류금지채권범위변경신청

급여에 대해서는 압류금지채권범위변경을 매월 신청해야 하는 경우가 발생할 수 있다. 통상적인 급여는 매월 지급되기 때문이다. 이를 방지하기 위해서는 압류금지채권범위변경 결정문에 '매월 185만 원 한도 내에서 압류를 취소한다'.라는 표시가 기재되어 있어야 한다. 신청 시 '매월'이란 표시를 반드시 기재해야 한다.

▶ 보험 해약환급금 압류금지채권 금액의 인출

- 보장성보험의 경우 해약환급금이나 만기환급금 중 150만 원 이하의 금액은 압류가 금지된다는 점에 대해 이미 살펴보았다. 제3채무자인 보험회사는 보험 해약환급금이 실효된 날 이후 3년 내에 계약자가 '보험계약 부활'에 대한 의사표시를 하지 않거나 채권자의 '추심에 동의'한다는 의사표시를 할 때에 비로소 강제추심 절차(공탁 또는 압류채권자에게 해지환급금 지급)의 이행에 착수할 수 있다. 해약환급금은 실효일 이후 3년이 경과하여 휴면보험 상태가 되어야 강제추심이 가능하다는 의미이다.

- 채무자 입장에서는 해약환급금이 150만 원 미만인 경우 방치할 것이 아니라 적극적으로 법원에 압류금지채권범위변경 신청을 통해 권리를 행사할 필요가 있다. 150만 원을 초과할 경우에도 '압류금지채권범위변경'이 결정되면 150만 원을 공제하고 압류채권자에게 지급하므로 채무자는 해약환급금 150만 원을 찾을 수 있다. 소액이라고 별 생각없이 보험계약 부활의사를 포기하거나 추심에 동의하면 압류금지채권범위변경에 관한 권리를 행사할 수 없다는 점에 주의해야 한다.

[tip] 개인회생, 개인파산·면책 사건의 보험 해약환급금 처리

* 개인회생 시 150만 원을 초과한 해약환급금은 청산가치 산정에 포함된다.

* 개인파산·면책 시 150만 원을 초과한 해약환급금은 파산재단에 포함되어 환수된다.

■ 국세징수법

- 압류금지 재산 (국세징수법 제41조).

국세징수법 제41조에 의하면, 주택임대차보호법 제8조에 따라 우선변제를 받을 수 있는 금액, 체납자의 생계 유지에 필요한 소액금융재산으로서 대통령령으로 정하는 것 등 18가지 재산 항목에 대해 압류가 금지된다.

- 배분 방법 (국세징수법 제96조).

① 제94조제2호 및 제3호의 금전은 다음 각 호의 체납액과 채권에 배분한다. 이 경우, 제76조제1항 및 제2항에 따라 배분요구의 종기까지 배분요구를 하여야 하는 채권의 경우에는 배분요구를 한 채권에 대해서만 배분한다.

1. 압류재산과 관계되는 체납액
2. 교부청구를 받은 체납액・지방세 또는 공과금
3. 압류재산과 관계되는 전세권・질권・저당권 또는 가등기담보권에 의하여 담보된 채권
4. 주택임대차보호법 또는 상가건물 임대차보호법에 따라 우선변제권이 있는 임차보증금 반환채권
5. 근로기준법 또는 근로자퇴직급여 보장법에 따라 우선변제권이 있는 임금, 퇴직금, 재해보상금 및 그 밖에 근로관계로 인한 채권
6. 압류재산과 관계되는 가압류채권
7. 집행문이 있는 판결정본에 의한 채권

○ 재산명시 신청

▶ 재산명시 신청의 목적

채권자의 재산명시신청에 대하여 법원이 이를 인용하는 결정인 재산명시명령을 통하여 채권자는 채무자의 책임재산을 탐지할 수 있다. 강제집행을 용이하게 하고 자기재산이 공개되는 것을 꺼리는 채무자에게 심리적 압박을 가하여 그로 하여금 채무를 자진 이행하도록 유도하여 채무의 간접강제를 그 주된 목적으로 한다.

▶ 재산명시 신청 단계

재산명시신청에 정당한 이유가 있는 때에는 법원은 채무자에게 재산상태를 명시한 재산목록을 제출하도록 명한다. 재산명시신청은 채무자의 재산을 우회적으로 확인할 수 있는 방법 중 하나로 재산조회의 전 단계이다.

▶ 재산명시 결정에 대한 불복 방법

채무자는 재산명시명령을 송달받은 날로부터 1주일 이내에 이의신청 할 수 있다. 이의신청으로 재산명시명령이 취소된 경우와 이의신청이 기각된 경우에는 즉시항고 할 수 있다.

▶ 채무자의 강제집행의 대상이 되는 재산목록 제출 의무

① 재산명시명령이 송달되기 전 1년 이내에 채무자가 한 부동산의 유상양도

② 재산명시명령이 송달되기 전 1년 이내에 채무자가 배우자, 직계혈족 및 4촌 이내의 방계혈족과 그 배우자, 배우자의 직계혈족과 형제자매에게 한 부동산 외의 재산의 유상양도

③ 재산명시명령이 송달되기 전 2년 이내에 채무자가 한 재산상 무상처분. 다만, 의례적인 선물은 제외한다.

▶ 채무자의 선서 의무

채무자는 재산명시기일에 재산목록이 진실하다는 것을 선서해야하고, 선서서(宣誓書)에는 다음과 같이 적어야 한다. "양심에 따라 사실대로 재산목록을 작성하여 제출하였으며, 만일 숨긴 것이나 거짓 작성한 것이 있으면 처벌을 받기로 맹세합니다."

▶ 채무자의 의무불이행에 대한 처벌

명시기일 불출석 · 재산목록 제출거부 · 선서를 거부한 경우에는 20일 이내의 감치에 처한다. 채무자가 거짓의 재산목록을 제출한 때에는 3년 이하의 징역 또는 5백만 원 이하의 벌금에 처한다.

● 재산명시신청 (민사집행법 제 61조).

금전의 지급을 목적으로 하는 집행권원에 기초하여 강제집행을 개시할 수 있는 채권자는 채무자의 보통재판적이 있는 곳의 법원에 채무자의 재산명시를 요구하는 신청을 할 수 있다. 다만, 민사소송법 제213조에 따른 가집행의 선고가 붙은 판결 또는 같은 조의

준용에 따른 가집행의 선고가 붙어 집행력을 가지는 집행권원의 경우에는 그러하지 아니하다.

□ 재산명시 신청에 대한 채무자의 대처방법

▶ 재산명시명령은 채무자가 소유한 재산의 목록을 스스로 밝히라는 법원의 명령이다. 재산목록을 제출할 때는 압류금지채권(재산)을 제외한 일반재산에 대해서는 강제집행을 당할 수 있다는 사실까지 염두에 두고 대책을 세워야 한다.

▶ 결정문이 채무자에게 송달되어야 하므로 주민등록상 거주불명자인 경우 재산명시를 신청할 수 없다.

▶ 재산명시결정은 채무자에게 송달되어야 하고 공시송달의 방법으로 할 수 없다. 1회차에 송달되지 않으면 법원은 채권자에게 주소보정 명령을 한다. 2회 차에도 송달되지 않으면 각하 결정을 하고 채권자는 사건을 종결한다.

▶ 채무자에게 재산명시개시결정 등본이 도달되었을 경우, 그 후에 재산명시기일 출석요구서가 폐문부재로 부도달 되더라도 송달간주 될 수 있다.

▶ 재산명시 신청이 기각되거나 각하된 경우 그 명시신청을 한 채권자는 기각·각하사유를 보완하지 않은 상태에서 같은 집행권원으로 다시 재산명시신청을 할 수 없다.

▶ 재산명시 기일에 불출석 시 재산명시 사건은 잠정 종결하고 감치재판개시결정을 하게 된다. 채무자가 감치재판기일에 출석하지 않으면 감치결정 및 집행명령을 한다. 관할경찰서에 감치결정 등본, 집행장, 집행명령을 송달한다. 그러나 실제로 집행되어 감치된 사례는 거의 보지 못했다. 경찰공무원이 집행했으나 불발될 경우 감치사건이 종결되고 재산명시 사건도 집행기간 경과로 최종 종결된다.

▶ 채권자는 징역, 벌금, 감치 등을 언급하며 채무자를 압박한다. 그러나 징역이나 벌금형 처벌 사유(거짓의 재산목록 제출)에 대해 채권자가 입증해야하기 때문에 쉽지 않다.

▶ 채권자 입장에서는 채무자가 제출한 재산목록을 신뢰할 수 없다는 한계가 있다. 현실적으로 법원이나 채권자가 검증하는 것도 마땅치 않다. 채권자는 이를 보완하기 위해 재산조회를 신청한다.

▶ 채무자가 제출한 재산목록과 재산조회 내역을 확인한 결과, 거짓의 재산목록을 제출한 것으로 판단될 경우 채권자가 추가 법적조치의 명분으로 삼을 수 있다.

☀ 재산명시결정과 소멸시효 중단의 효력
재산관계명시절차는 민법 제168조 제2호 소정의 소멸시효 중단사유인 압류 또는 가압류, 가처분에 준하는 효력까지 인정될 수는 없다. 재산관계명시결정에 의한 소멸시효 중단의 효력은 그로부터 6월 내에 다시 소를 제기하거나 압류 또는 가압류, 가처분을 하는 등 민법 제174조에 규정된 절차를 속행하지 아니하는 한 상실되는 것으로 보는 것이 옳다(대법원 2001. 5. 29. 선고 2000다32161 판결).

○ 채무불이행자명부등재 신청

▶ 채무불이행자명부등재는 채무자의 성명 등 인적사항을 공적장부에 기재함으로써 명예와 신용의 훼손과 같은 불이익을 가해 자진변제를 이행하도록 유도하는 제도이다.

▶ '채무불이행자정보'는 채권자가 고의적으로 빚을 갚지 않는 채무자를 제재하기 위한 방법으로, '민사집행법'에 규정된 '채무불이행자명부등재제도'가 있다. 채권자가 소송에서 승소한 판결문을 근거로 법원에 명부등재 신청을 하면, 법원은 '민사집행법' 제72조(명부의 비치) 제③항 및 민사집행규칙 제33조에 의거, 채무자를 한국신용정보원에 채무불이행자로 통보하고, 신용정보원은 '신용정보법' 시행령 제2조(정의) 제①항에 따라, 동 정보를 집중 관리하면서 금융회사 등이 신용정보로 활용한다.

▶ 강제집행이 가능한 다른 방법이나 재산이 있는 경우에는 신청이 기각될 수 있다. 채무불이행자명부등재가 결정되면 법원은 결정문을 시・구・읍・면의 장과 한국신용정보원에 발송한다. 한국신용정보원이 채무불이행자(0801)로 등록한 후, 등록사유가 해소되거나 사유 발생일로부터 7년이 경과하면 해제된다. 채무불이행자명부는 시・구・읍・면사무소에서 일반인이 열람 가능하다. 한국신용정보원에서 '채무불이행자'로 등록하게 되면 금융기관에 정보가 제공되어 개인신용평점 하락, 신용카드 개설 불가 및 이용 중지, 대출금 기한의 이익 상실 등 불이익이 따른다.

▶ 채무불이행자정보 해제 절차
채무자가 채무액을 채권자에게 모두 변제하거나, 그 밖의 사유로 채무가 소멸 되었다는 것을 증명하여 법원에 신청할 수 있다. 신청이 타당할 경우 법원은 채무불이행자명부에서 채무자의 이름을 말소하는 결정을 한다. 이어서 한국신용정보원에 말소 데이터를 전송해 채무불이행자정보를 해제하게 된다.

- 채무불이행자명부 등재신청 (민사집행법 제70조).

채무자가 다음 각호 가운데 어느 하나에 해당하면 채권자는 그 채무자를 채무불이행자명부에 올리도록 신청할 수 있다.

1. 금전의 지급을 명한 집행권원(확정판결, 지급명령, 이행권고결정, 공정증서 등)이 확정된 후 또는 집행권원을 작성한 후 6월 이내에 채무를 이행하지 아니하는 때. 다만, 가집행의 선고가 붙은 판결 또는 같은 조의 준용에 따른 가집행의 선고가 붙어 집행력을 가지는 집행권원은 제외한다.
2. 재산명시절차에서 명시 기일 불출석, 재산목록 제출 거부, 선서 거부, 거짓의 재산목록을 제출한 경우, 이 중 어느 하나에 해당하는 때 신청할 수 있다.

- 등재신청에 대한 재판 (동법 제71조).

① 제70조의 신청에 정당한 이유가 있는 때에는 법원은 채무자를 채무불이행자명부에 올리는 결정을 하여야 한다.

② 등재신청에 정당한 이유가 없거나 쉽게 강제집행 할 수 있다고 인정할 만한 명백한 사유가 있는 때에는 법원은 결정으로 이를 기각하여야 한다.

③ 제1항 및 제2항의 재판에 대하여는 즉시항고를 할 수 있다. 이 경우 민사소송법 제447조의 규정은 준용하지 아니한다.

- 명부등재의 말소 (동법 제73조).

① 변제, 그 밖의 사유로 채무가 소멸되었다는 것이 증명된 때에는 법원은 채무자의 신청에 따라 채무불이행자명부에서 그 이름을 말소하는 결정을 하여야 한다.

② 채권자는 제1항의 결정에 대하여 즉시항고를 할 수 있다. 이 경우 민사소송법 제447조의 규정은 준용하지 아니한다.

③ 채무불이행자명부에 오른 다음 해부터 10년이 지난 때에는 법원은 직권으로 그 명부에 오른 이름을 말소하는 결정을 하여야 한다.

④ 제1항과 제3항의 결정을 한 때에는 그 취지를 채무자의 주소지(채무자가 법인인 경우에는 주된 사무소가 있는 곳) 시·구·읍·면의 장 및 제72조제3항의 규정에 따라 채무불이행자명부의 부본을 보낸 금융기관 등의 장에게 통지하여야 한다.

⑤ 제4항의 통지를 받은 시·구·읍·면의 장 및 금융기관 등의 장은 그 명부의 부본에 오른 이름을 말소하여야 한다.

□ 즉시 항고와 이의 신청

▶ 채무자는 채무불이행자명부등재 결정에 대하여 즉시항고 할 수 있다. 반대로 채권자는 법원이 채무불이행자명부에서 말소한다는 결정을 하면 즉시항고 할 수 있다.

▶ 채무불이행자명부등재 신청 사건은 공시송달로 가능하며 채무자에게 부도달 시 2주 후에 송달된 것으로 간주한다. 공시송달 후 2주가 다시 경과하면 결정일을 지정한다.

▶ 필요한 경우 이해관계인을 심문하나 통상적으로 심문기일을 지정하지 않고 채무자의 서면 이의 신청서를 기준으로 결정한다. 다툴 여지가 있는 경우에는 서면을 통해 이의를 신청을 해야 한다.

▶ 채무불이행자명부등재 결정을 하기 전에 서면으로 이의 신청을 하지 않으면 법원은 채무자의 사정을 알 수 없기 때문에 결정 할 수밖에 없다. 예를 들어, 한정승인 한 상속채무자에 대하여 법원이 채무불이행자명부등재결정을 했더라도 상속인이 이미 '상속재산 파산'을 신청했다면 이의를 제기하고 결정 취소를 신청할 수 있다.

☀ 채무자는 채권자에 대한 채무가 변제되었다고 주장하면서 채무불이행자명부 말소를 신청하였으나 사법보좌관이 기각결정을 하여 채무자가 즉시항고장을 제출하자 제1심은 사법보좌관 처분 인가결정, 원심은 항고기각결정을 하였으며 채무자가 이에 대하여 재항고함. 채무불이행자명부 말소신청을 기각한 경우에는 채무자가 즉시항고를 할 수 없고, 민사집행법 제16조 제1항에 따라 집행에 관한 이의신청을 하여야 하고 이의신청에 대한 재판에 대하여는 특별항고로만 다투어야 하므로, 채무자가 즉시항고장을 제출하였다고 하더라도 이를 이의신청으로 보아 제1심이 이에 대한 결정을 하는 절차부터 진행되어야 한다(대법원 2021. 10. 26. 2021마220결정).

☀ 채무불이행자명부등재제도의 소극적 요건인 '쉽게 강제집행 할 수 있다고 인정할 만한 명백한 사유'라 함은 채무자가 보유하고 있는 재산에 대하여 많은 시간과 비용을 투입하지 아니하고서도 강제집행을 통하여 채권의 만족을 얻을 수 있다는 점이 특별한 노력이나 조사 없이 확인 가능하다는 것을 의미하고, 그 사유의 존재에 관하여는 채무자가 이를 증명한다(대법원 2010. 9. 9.자 2010마779 결정).

○ 재산조회 신청

● 재산조회 (민사집행법 제74조).

재산명시절차의 관할 법원은 다음 각호의 어느 하나에 해당하는 경우에는 그 재산명시를 신청한 채권자의 신청에 따라 개인의 재산 및 신용에 관한 전산망을 관리하는 공공기관 · 금융기관 · 단체 등에 채무자명의의 재산에 관하여 조회할 수 있다.

1. 재산명시절차에서 채권자가 주소보정명령을 받고 이행했으나 채무자에게 송달되지 않아 최종 각하된 경우

2. 재산명시절차에서 채무자가 제출한 재산목록의 재산만으로는 집행채권의 만족을 얻기에 부족한 경우

3. 재산명시절차에서 명시기일 불출석, 재산목록 제출거부, 선서거부 사유 또는 거짓의 재산목록 제출 사유가 있는 경우

□ 공공기관 · 금융기관 · 단체별 재산 조회 대상

조회할 재산 내용	조회기관
토지 · 건물	법원 행정처
건물	국토교통부
자동차 · 건설기계	지자체
특허권 · 실용신안권 · 의장권 · 상표권	특허청
금융자산 (계좌별로 시가 합계액 50만 원 이상)	은행, 증권사, 보험사, 상호저축은행중앙회, 지역조합(농협, 축협), 수협은행, 신협중앙회, 산림조합중앙회, 미래창조과학부(우체국)

▶ 증권사와 보험사에는 국내에서 영업 중인 외국계 회사도 포함된다. 불특정 금융기관 중에서 가능성이 높은 곳을 선택적으로 지정한다. 부동산은 과거에 소유했던 이력도 조회할 수 있다.

▶ 만약 채무자가 재산이나 권리를 소유하고 있거나 소유했던 부동산을 가장매매 하거나 증여했다면 빠져나갈 구멍이 많지 않다. 채권자는 신청비용과 기관별 재산조회 비용

을 미리 납부해야 한다. 그 비용이 상당하다. 조회할 수 있는 기관과 실익이 불투명한 경우가 많아 채권자가 잠시 보류하고 있을 뿐이다. 채무자 명의로 소유한 모든 재산에 대해 조회 가능하다는 전제하에 대책을 수립해야 한다. 채권자가 조회기관으로부터 일괄 회신을 받기까지 통상 1~2개월 정도 소요된다.

▶ 금융 거래정보 제공 사실의 통보

재산조회 결정에 의해 금융회사가 법원에 거래정보를 제출한 경우, '금융실명거래 및 비밀보장에 관한 법률' 제4조의2 제1항에 따라 제공한 날(통보를 유예한 경우에는 통보유예기간이 끝난 날)부터 10일 이내에 제공한 거래정보 등의 주요 내용, 사용 목적, 제공받은 자 및 제공일 등을 명의인(채무자)에게 서면으로 통보해야 한다.

□ 금융실명거래 및 비밀보장에 관한 법률 제4조의2 제2항

> ● 거래정보 등의 제공사실의 통보
> ① 금융회사 등은 통보 대상 거래정보 등의 요구자로부터 다음 각 호의 어느 하나에 해당하는 사유로 통보의 유예를 서면으로 요청받은 경우에는 제1항에도 불구하고 유예요청기간(그 유예요청기간이 6개월 이상인 경우에는 6개월) 동안 통보를 유예하여야 한다.
> 1. 해당 통보가 사람의 생명이나 신체의 안전을 위협할 우려가 있는 경우
> 2. 해당 통보가 증거 인멸, 증인 위협 등 공정한 사법절차의 진행을 방해할 우려가 명백한 경우
> 3. 해당 통보가 질문·조사 등의 행정절차의 진행을 방해하거나 과도하게 지연시킬 우려가 명백한 경우

▶ 주의할 점

- 거래하고 있는 금융회사로부터 거래정보 제공 사실을 통보받은 채무자는 곧바로 예금을 인출해야 한다. 보험해약에 관한 이해득실도 따져보아야 한다. 지체하면 채권압류 및 추심(전부)명령을 당하게 된다.
- 금융회사의 '거래정보 제공 사실 통보'기간(10일)과 채권자의 재산조회 결과 일괄 열람 시까지 기간(통상1~2개월) 차이가 발생한다. 이 사실을 통보받은 채무자가 금융재산을 인출해가는 것을 방지하기 위해 법원에 재산조회를 신청할 때 '거래정보 제공사실 통보'를 6개월 동안 유예해달라고 요청하는 경우가 많다.

▣ 채권자가 제기할 수 있는 특수한 민사소송

채권자가 집행권원 획득 · 소멸시효 중단 목적으로 채무자와 연대보증인을 상대로 제기하는 일반적인 소송으로 대여금청구의 소 · 구상금청구의 소가 있다. 이 외에도 채권자는 채무자 · 수익자(전득자) · 근저당권자 · 가등기권자 · 허위권리자 · 제3채무자, 계약당사자가 아닌 자를 상대로 특수한 유형의 소를 제기할 수 있는데 대표적으로 아래와 같은 소송이 있다.

○ 사해행위취소의 소

▶ 채무초과 상태인 채무자가 채권자를 해함을 알면서도 자신의 재산을 은닉, 손괴, 허위양도 · 가장매매, 허위의 채무를 부담하는 방법으로 총 재산을 감소시킨 행위에 대해 수익자 또는 전득자를 상대로 원상회복(원물반환, 예외적으로 가액배상)을 청구하기 위해 제기할 수 있다.

▶ 하나의 소장에 대여금(구상금)청구와 사해행위취소에 관한 청구취지 및 청구원인을 모두 기재함으로써 두 종류의 소송을 한꺼번에 제기할 수 있다. 순서와 무관하게 별개의 소로 제기할 수도 있다.

* 다양한 사해행위취소소송 종류는 '채권자대위권, 채권자취소권에 근거한 특수한 민사소송'편에서 다루기로 한다.

○ 가등기말소의 소, 사해행위취소의 소

[사례] 2016년 9월 제주도에서 개인 사업자로 건설업체를 운영하던 47세 남모 씨는 서귀포시 대정읍에 소재한 토지(田)를 매수했다. 향후에 농지전용 허가를 받아 노부모를 부양할 주택 신축 용도로 구입했다. 매매대금 1억 원은 자기자금 3천만 원과 제부 성모 씨에게 차용한 7천만 원으로 지급하였다. 서귀포시 성산읍 일대에 제2공항을 건설한다

는 정부 발표로 땅 값이 많이 오른 상황에서 급매로 나온 물건이었다.

남모 씨는 2017년 3월에 제법 큰 공사를 수주했는데 총 공사대금이 5억 원이었다. 의욕이 앞섰던 남모 씨는 최대한 자금을 융통해 공사를 진행했으나 2017년 7월에 '건물신축공사도급계약' 발주자 '주식회사 갑'이 부도처리 되었다. 그가 받지 못한 공사 기성대금만 1억3천만 원에 달했다. 현장에 '유치권 행사 중'이라는 현수막을 걸어놓고 공사를 중단했다. 설상가상으로 다른 공사현장 3층에서 인부가 추락해 중상을 입었다. 가진 돈을 다 끌어 모아 병원비와 위로금으로 지급하고 합의했다. 그때부터 남모 씨가 7개 금융회사로부터 받은 대출 3억 원과 사채 5천만 원에 대한 원·리금 연체가 시작되었다.

그가 유일한 재산인 대정읍 토지를 매도하려고 했으나 토지거래허가구역으로 묶여 여의치 않았다. 매매대금으로 채무를 변제할 생각도 해보았지만 양도소득세를 납부하고 나면 턱 없이 모자라 이내 포기했다. 제2공항 건설 예정지와 거리가 있지만 땅 값이 더 오를 것이라는 중개업자의 말에 미련도 있었다. 언젠가 새집을 지어 노모를 모시고 싶다는 생각에 2017. 9. 13. 친구 천모 씨 명의로 가등기를 설정해주었다. 매매계약서는 형식적으로 작성해서 가등기신청서와 함께 등기소에 제출했다. 가족인 제부를 가등기권자로 등기 할 경우 채권자들이 의심할 것이라고 생각해 선택한 차선책이었다.

1억2천만 원을 회수하지 못한 채권자 A가 남모 씨를 상대로 대여금청구소송을 제기했고 2018. 8. 20. 원고 승소판결이 확정되었다. 2020. 4. 18. 채무자(소유자) 남모 씨와 친구 천모 씨는 채권자 A로부터 가등기 설정에 관해 소명해달라는 요청 공문을 받았다. 채권자 A가 재산조사를 통해 남모 씨 소유 토지를 발견한 것이었다. 매매대금에 관한 통장 거래 내역 등을 증명할 수 없었던 두 사람은 소명에 응하지 않았다. 2020. 5. 7. 채권자 A가 가등기권자 천모 씨를 상대로 사해행위취소소송을 제기했다. 이와 동시에 '가등기상의권리처분금지가처분'도 신청했다. 무엇이 잘못된 것일까?

□ 결론 및 법리

> ▶ 사해행위취소소송 제기의 적법성과 수익자(피고)의 선의 입증
> - 채권자 A의 사해행위취소소송은 채무자의 무자력, 제척기간 준수 등 적법한 절차에 따라 제기되었다.

- 이 경우 피고 천모 씨가 재판 과정에서 ① 채무자와 수익자의 인적관계, ② 가등기의 내용과 경위, ③ 매매계약 및 가등기 조건이 정상적 이라는 사실 + 의심할 만한 특별한 사정이 없다는 사실 + 정상적인 거래관계임을 증명할 객관적인 자료의 제출, ④ 가등기 이후의 정황 등을 입증하여 자신의 선의를 주장해야 한다.

▶ 남모 씨와 천모 씨의 법률행위

- 남모 씨가 채권자의 강제집행을 회피할 목적으로 친구 천모 씨와 공모해 토지에 관한 매매계약서를 허위로 작성하고, 소유권이전청구권가등기를 설정한 행위는 통정허위표시의 취소 대상이고 더 나아가 무효이다. 따라서 민법 제406조에 의한 채권자취소권 행사 대상이고, 가등기의 말소를 구하는 통상의 소 제기 대상이다..

- 두 사람은 대정읍 소재 토지에 대한 매매계약을 체결하고 소유권이전청구권가등기를 설정했다. 소유권이전청구권가등기는 부동산매매계약을 체결하고 소유권의 변동을 목적으로 하는 청구권을 보전하거나 본등기의 순위를 미리 확보할 목적으로 신청하는 것이다. 반면에 담보가등기는 채권담보를 목적으로 대물변제 또는 매매예약을 하고 채무불이행 시 소유권이전청구권을 보전하기 위해 신청하는 것이다.

▶ 채무자 남모 씨의 과실

- 부모 자식관계 뿐만 아니라, 혼인으로 맺어진 가족 사이에 발생한 채권·채무 관계는 채권자와 법원의 의심을 살 여지가 크다. 그러나 채권자를 해칠 의사 없이 실제 금전소비대차 거래에 따라 가등기담보계약이 체결되었음을 입증할 수 있다면 다툴 여지 또한 충분하다.

- 채무자 남모 씨가 채권자의 강제집행을 회피할 목적으로, 실제 대금을 주고받지도 않은 허위 매매계약서를 작성하여 친구 천모 씨에게 소유권이전청구권가등기를 설정해 준 것은 큰 실수이다.

- 차라리 토지 매매대금 중 7천만 원을 실제 차용했던 제부 성모 씨에게 미리 담보가등기를 설정해주었다면 훨씬 유리한 상황이 전개되었을 것이다.

② 그러나 위 방법보다는 다음과 같이 권리를 행사하는 것이 효율적이다.

- 채권자 성모 씨가 대여금 7천만 원에 대한 차용증, 통장거래 내역 등을 첨부하여 남모 씨를 상대로 지급명령을 신청한다. 채무자 남모 씨가 이의를 신청하지 않을 경우 지급명령이 확정된다.

- 채권자 A가 천모 씨를 상대로 제기한 사해행위취소소송 결과를 지켜본다. 원고 승소 판결이 확정되면, 천모 씨 명의 가등기와 '가등기상의권리처분금지가처분'이 말소되고 토지 소유권이 채무자 남모 씨 명의로 원상회복 된다.

- 채권자 A가 토지에 대한 강제경매를 신청하면 채권자 성모 씨는 확정된 지급명령을 근거로 배당요구 종기일 전까지 '권리신고 및 배당요구서'를 제출한다.
- 경매 매각가격에 대하여 채권자 A와 채권자 성모 씨가 채권액 대비 안분해서 배당받음으로써 피해를 줄일 수 있다.

□ 채무자 남모 씨가 토지 소유권이전등기 후 지체 없이 채권자(제부) 성모 씨에게 대여금 7천만 원에 대한 담보가등기를 설정해주었을 경우.

▶ 채무자 남모 씨의 채권자 A가 사해행위취소소송을 제기하더라도 가등기담보권자 성모 씨가 담보권 실행 및 청산절차를 거쳐 본등기 함으로써 소유권을 취득할 수 있다. 이로써 남모 씨는 성모 씨에 대한 대여금 채무 7천만 원 변제 의무에서 벗어날 수 있고 청산금 3천만 원도 청구할 수 있다. 한편 정상적인 담보가등기·저당권으로 인정받기 위해서는 대여금 송금 및 약정이자 수령 기록 등 금융자료를 갖추어야 한다.

▶ 이 경우 채권자 A의 사해행위취소소송 상대방은 친구 천모 씨가 아니라 가등기담보권자 성모 씨가 된다. 성모 씨가 가등기담보계약서, 자금 출처를 입증하는 통장거래 내역 등을 제출하고 선의임을 항변하면 원고 패소 판결할 가능성이 높다.

▶ 다만, 채무자 남모 씨가 가등기담보권자(제3채무자) 성모 씨 에게 청구할 수 있는 청산금 3천만 원에 대하여 채권자 A가 압류할 수 있다.

▶ 담보가등기 실행 방법

- 가등기담보권자는 담보물의 소유권을 취득하는 방법(귀속 청산)과 경매절차를 통한 환가대금으로 만족을 얻는 방법 중에서 선택적으로 자신의 권리를 행사할 수 있다.
- 담보가등기는 피담보채무가 존재하지 않으면 무효이다. 피담보채무가 존재하더라도 매매예약 성립일로부터 10년이 경과하면 시효로 소멸하고, 부종성의 원리에 따라 가등기도 무효이다.

▶ 귀속청산 절차

① 청산기간이 경과되었더라도 채무자가 청산금을 수령하기 전까지 피담보채무 전액을 상환하면 그 채권담보의 목적으로 마쳐진 담보가등기의 말소를 청구할 수 있다.

② 피담보채권의 변제기에 채무자가 상환하지 않는 경우, 가등기담보권자는 가등기담보권 실행 통지를 하고, 청산기간이 지나면 소유권을 취득하게 된다.

③ 가등기담보권자가 담보권실행을 위하여 담보목적 부동산의 소유권을 취득하기 위해서

는 그 채권의 변제기 후에 소정의 청산금 평가액 또는 청산금이 없다고 하는 뜻을 채무자에게 통지해야 한다. 위 사례의 경우, 가등기담보권자 성모 씨가 채무자 남모 씨에게 지급할 청산금은 목적 부동산 평가액 1억 원에서 피담보채권 7천만 원을 공제한 3천만 원이다.
④ 가등기담보권 실행 통지가 채무자에게 도달한 날부터 2개월이 경과할 때까지 채무자가 상환하지 않는 경우, 가등기담보권자가 청산에 착수하게 된다.
⑤ 가등기권자(채권자)가 채무자에게 청산금 3천만 원을 지급하고 가등기에 기한 본등기를 함으로써 소유권을 취득하게 된다.
⑥ 청산금의 지급과 소유권이전등기 및 목적물의 인도는 동시이행의 관계에 있다. 청산금 미지급 시 채무자는 가등기담보권자의 본등기 청구에 대하여 이행을 거절할 수 있다.
▶ 일반적인 등기절차에 따르면 등기의무자가 공동신청에 협력하지 않을 경우에는 등기권리자가 판결을 받아 단독으로 그 등기를 신청할 수 있는데, 부동산등기법은 비송사건절차법에 의한 간편한 절차로서 가등기권자가 가등기의무자의 승낙에 갈음한 가등기가처분명령의 정본을 첨부하여 단독으로 가등기를 신청할 수 있도록 하고 있다.(부동산등기법 제37조, 제38조) 다만, 가등기가처분명령에 의한 가등기는 민사집행법상의 가처분과 달리 법원의 촉탁에 의하는 것이 아니라 가등기권자가 가처분명령의 정본을 첨부하여 직접 등기소에 신청하여야 한다. 그러나 가등기이기 때문에 순위보전의 효력을 갖게 된다.

▶ 채권자의 행동특성
① 채무면탈을 목적으로 한 통정한 허위의 의사표시에 의한 가등기로 판단되거나, 법정(약정)기한 내에 가등기권자가 권리를 행사하지 않은 경우, 채권자가 '가등기상의권리처분금지가처분' 후 가등기권자를 상대로 '사해행위취소소송 또는 가등기말소소송'을 제기할 수 있다.
② 가등기권자가 본등기하거나 채무자(소유자)의 동의나 승낙을 받아 가등기를 제3자에게 이전할 수 있기 때문에 가처분을 신청한다. 담보가등기는 담보물권이므로 피담보채권과 분리하여 양도할 수 없다.
③ 사해행위취소소송 제척기간이 경과하거나, 채무자의 무자력 증명이 곤란하다고 판단될 경우, 채권소멸시효 또는 매매예약완결권 제척기간이 만료된 경우에는 가등기말소소송을 제기한다. 이 과정에서 통정허위표시에 의한 가등기임을 주장하기도 한다.
④ 증명책임 측면에서 가등기말소소송보다 사해행위취소소송이 채권자에게 더 유리하다.
⑤ 사해행위취소소송 제척기간 5년이 경과한 경우, 채무자가 가등기권자로부터 받을 매매

잔금과 청산금 채권에 대해 압류한 후 가등기말소소송을 제기한다.

▶ 통정한 허위의 의사표시에 의한 가등기·근저당권설정·가장매매로 의심되나, 사해행위취소소송의 제척기간이 경과했거나 채권의 소멸시효(매매예약 완결권의 제척기간)가 만료된 때에는 통정허위표시의 무효를 원인으로 가등기·근저당권말소소송, 소유권이전등기말소소송(진정 명의회복)을 제기할 수 있다. 부모와 자녀, 부부 사이의 매매행위는 가장매매로 추정된다.

☀ '통정허위표시'나 '사해행위취소권'은 다 같이 채무자의 책임재산의 보전을 목적으로 하는 양립 가능한 제도로서 어떠한 법률행위가 통정허위표시의 요건을 갖춤과 동시에 사해행위로서의 요건도 갖추고 있는 경우에 채권자는 그의 편의에 따라 사해행위취소의 소를 제기하여 통정허위표시의 취소를 구하거나, 통상의 소로써 통정허위표시의 무효를 주장할 수 있다(서울중앙지법 2001가단303387 판결, 서울고등법원 2003나20406 판결).

▶ 가등기와 관련한 채권자의 소 제기 및 압류 방법

① 채권자가 가등기 일로부터 5년 내에 통정한 허위의 의사표시(민법 제108조)에 의한 가등기라는 사실을 확인한 경우 → 안 날(가처분 신청일자)로부터 1년 이내에 사해행위취소소송을 제기할 수 있다.

② 가등기권자가 상인(법인)이고, 가등기일로부터 5년 이상 경과하고 10년 이내인 경우 → 상법 제64조(상사시효)에 의한 채권 소멸시효 5년 경과를 원인으로 채무자를 대위하여 가등기말소소송을 제기할 수 있다.

③ 가등기일로부터 10년 이상 경과한 경우 → 채권의 소멸시효 10년 경과, 매매예약완결권의 제척기간 10년 경과를 원인으로 채무자를 대위하여 가등기말소소송을 제기할 수 있다.

④ 가등기에 관한 매매예약완결권의 제척기간 10년이 경과했을 경우, 채권자는 '가등기상의권리처분금지가처분'을 신청한 후 채무자를 대위하여 가등기말소소송을 제기한다. 그 사이에 가등기권자가 본등기 했을 경우, 채권자는 '원인무효의 가등기에 기한 소유권이전등기말소청구권 가처분'을 추가로 신청하고 본등기의 말소를 청구하는 내용을 추가하는 방법으로 청구취지 및 청구원인을 변경한다.

⑤ 소유권이전청구권가등기일 경우, 매매예약완결권의 의사 표시 후 본등기 이전 시 채무자가 제3채무자(가등기권자)로부터 받을 매매대금(중도금과 잔금)중 채권금액에 이를 때까지의 금액을 압류할 수 있다.

⑥ '가등기담보등에 관한 법률'에 근거하여 제3채무자(가등기권자)가 담보권을 실행한 경우, 채무자가 제3채무자(가등기권자)로부터 지급받을 청산금 중 채권금액에 이를 때까지의 금액에 대해서도 압류할 수 있다.

☀ 소유권이전등기청구권 보전의 가등기와 사해행위

사해행위가 성립되려면 채무자가 어떤 법률행위를 함으로써 채무자의 공동담보, 즉 그의 적극재산에서 소극재산을 공제한 금액이 그 법률행위 이전보다 부족하게 되어야 하는 것이므로 수익자가 채무초과상태에 있는 채무자의 부동산에 관하여 설정된 선순위 담보가등기의 피담보채무를 변제하여 그 가등기를 말소하는 대신 동일한 금액을 피담보채무로 하는 새로운 담보가등기를 설정하는 것은 채무자의 공동담보를 부족하게 하는 것이라고 볼 수 없어 사해행위가 성립한다고 할 수 없지만, 선순위 담보가등기를 말소시킨 후 그 부동산에 관하여 매매예약을 하고, 그에 기하여 소유권이전등기청구권 보전의 가등기를 경료한 경우에는 그 부동산의 가액, 즉 시가에서 피담보채무액을 공제한 잔액의 범위 내에서 사해행위가 성립한다(대법원 2003. 7. 11. 선고 2003다19435 판결).

☀ 가등기를 마치고 본등기 한 경우 사해행위 성립 여부

사해행위인 매매예약에 기하여 수익자 앞으로 가등기를 마친 후 전득자 앞으로 그 가등기 이전의 부기등기를 마치고 나아가 그 가등기에 기한 본등기까지 마쳤다 하더라도, 위 부기등기는 사해행위인 매매예약에 기초한 수익자의 권리의 이전을 나타내는 것으로서 위 부기등기에 의하여 수익자로서의 지위가 소멸하지는 아니하며, 채권자는 수익자를 상대로 그 사해행위인 매매예약의 취소를 청구할 수 있다. 그리고 설령 부기등기의 결과 위 가등기 및 본등기에 대한 말소청구소송에서 수익자의 피고적격이 부정되는 등의 사유로 인하여 수익자의 원물반환의무인 가등기말소의무의 이행이 불가능하게 된다 하더라도 달리 볼 수 없으며, 특별한 사정이 없는 한 수익자는 위 가등기 및 본등기에 의하여 발생된 채권자들의 공동담보 부족에 관하여 원상회복의무로서 가액을 배상할 의무를 진다 할 것이다(대법원 2015. 5. 21. 선고 2012다952 전원합의체 판결).

☀ 가등기에 기하여 본등기가 마쳐진 경우 가등기의 원인인 법률행위와 본등기의 원인인 법률행위가 다르지 않다면 사해행위 요건의 구비 여부는 가등기의 원인인 법률행위를 기준으로 하여 판단해야 한다(대법원 1998. 3. 10. 선고 97다51919 판결, 대법원 2006. 12. 21. 선고 2004다24960 판결 참조). 그러나 가등기와 본등기의 원인인 법률행위가 다르다면 사해행위 요건의 구비 여부는 본등기의 원인인 법률행위를 기준으로 판단해야 하고 제척기간의 기산일도 본등기의 원인인 법률행위가 사해행위임을 안 때라고 보아야 한다.

○ 근저당권말소의 소, 사해행위취소의 소

▶ 채무자·보증인 소유 부동산 등기부등본에 제3자 명의로 통정허위표시에 의한 근저당권(저당권)이 설정되거나 피담보채권의 소멸시효가 완성된 경우, 채권자는 근저당권자를 상대로 '사해행위취소소송 또는 근저당권말소소송'을 제기할 수 있다.

▶ 저당권

담보물권인 "저당권"은 채무자 또는 제3자가 점유를 이전하지 않고, 채무의 담보로 제공한 부동산 기타 목적물로부터 채권자가 우선변제를 받을 수 있는 권리를 말한다.

▶ 근저당권

"근저당권"이란 계속적인 거래관계로부터 발생하는 불특정 다수의 채권을 장래의결산기에 일정한 한도액까지 담보하기 위하여 설정하는 저당권을 말한다. 근저당의 설정을 위해서는 보통의 저당권 설정의 경우와 같이 물권적 합의와 등기가 있어야 하는데, 그 등기에는 근저당권이라는 취지를 밝히고 채권의 최고액 및 채무자를 명시해야한다. 이 경우 최고액으로서 등기되는 것은 채권원본만의 한도액이 아니라 이자를 포함하는 원리금의 한도액이다. 근저당의 존속기간은 이를 반드시 등기할 필요는 없으며, 당사자의 자유이다.

- 저당권의 내용 (민법 제356조).

저당권자는 채무자 또는 제삼자가 점유를 이전하지 아니하고 채무의 담보로 제공한 부동산에 대하여 다른 채권자보다 자기채권의 우선변제를 받을 권리가 있다.

- 근저당 (민법 제357조).

① 저당권은 그 담보할 채무의 최고액만을 정하고 채무의 확정을 장래에 보류하여 이를 설정할 수 있다. 이 경우에는 그 확정될 때까지의 채무의 소멸 또는 이전은 저당권에 영향을 미치지 아니한다.

② 전항의 경우에는 채무의 이자는 최고액 중에 산입한 것으로 본다.

- 저당권의 효력의 범위 (민법 제358조).

저당권의 효력은 저당부동산에 부합된 물건과 종물에 미친다. 그러나 법률에 특별한 규정 또는 설정행위에 다른 약정이 있으면 그러하지 아니하다.

- 피담보채권의 범위 (민법 제360조).

저당권은 원본, 이자, 위약금, 채무불이행으로 인한 손해배상 및 저당권의 실행비용을 담보한다. 그러나 지연배상에 대하여는 원본의 이행기일을 경과한 후의 1년분에 한하여 저당권을 행사할 수 있다.

- 피담보채권의 범위 (민법 제360조).

저당권은 원본, 이자, 위약금, 채무불이행으로 인한 손해배상 및 저당권의 실행비용을 담보한다. 그러나 지연배상에 대하여는 원본의 이행기일을 경과한 후의 1년분에 한하여 저당권을 행사할 수 있다.

- 저당권의 처분제한 (민법 제361조).

저당권은 그 담보한 채권과 분리하여 타인에게 양도하거나 다른 채권의 담보로 하지 못한다.

- 부종성 (민법 제369조).

저당권으로 담보한 채권이 시효의 완성 기타 사유로 인하여 소멸한 때에는 저당권도 소멸한다.

▶ 채권자의 행동특성

① 채무면탈을 목적으로 한 통정한 허위의 의사표시에 의한 근저당권으로 판단되거나, 법정(약정)기한 내에 근저당권자가 권리를 행사하지 않은 경우, 채권자가 '근저당권처분금지가처분'후 근저당권자를 상대로 '사해행위취소소송 또는 근저당권말소소송'을 제기할 수 있다.

② 근저당권자가 피담보채권이 확정된 후, 제3자에게 '확정채권양도에 의한 근저당권이전등기'를 해줄 수 있기 때문에 가처분을 신청한다. 저당권은 민법 제361조에 따라 담보한 채권과 분리하여 양도할 수 없다.

③ 사해행위취소소송 제척기간이 경과하거나, 채무자의 무자력 증명이 곤란하다고 판단될 경우, 채권소멸시효 기간이 만료된 경우에는 근저당권말소소송을 제기한다. 이 과정에서 통정허위표시에 의한 근저당권임을 주장하기도 한다.

④ 증명책임 측면에서 근저당권말소소송보다 사해행위취소소송이 채권자에게 더 유리하다.

▶ 근저당권과 관련한 채권자의 소 제기 방법

① 채권자가 근저당권 설정일로부터 5년 이내에 통정한 허위의 의사표시(민법 제108조)에 의한 근저당권이라는 사실을 확인한 경우 → 안 날(가처분 신청일자)로부터 1년 이내에 사해행위취소소송을 제기할 수 있다.

② 근저당권자가 상인(법인)이고, 근저당권 설정일로부터 5년 이상 경과하고 10년 이내인 경우 → 상법 제64조(상사시효)에 의한 채권 소멸시효 5년 경과를 원인으로 채무자를 대위하여 근저당권말소소송을 제기할 수 있다.

③ 근저당권 설정일로부터 10년 이상 경과한 경우 → 민법 제162조 (재산권의 소멸시효)에 의한 채권소멸시효 10년 완성을 원인으로 채무자를 대위하여 근저당권말소소송을 제기할 수 있다.

☀ 채무자의 담보제공 취지에 따른 사해행위 성립여부 / (대법원 대법원 2009. 5. 14. 선고 2008다70701 판결).

[1] 채무초과 상태에 있는 채무자가 그의 유일한 재산을 채권자 중의 어느 한 사람에게 채권담보로 제공하는 행위는 특별한 사정이 없는 한 다른 채권자들에 대한 관계에서 사해행위에 해당한다.

[2] 자금난으로 사업을 계속 추진하기 어려운 상황에 처한 채무자가 자금을 융통하여 사업을 계속 추진하는 것이 채무 변제력을 갖게 되는 최선의 방법이라고 생각하고 자금을 융통하기 위하여 부득이 그 재산을 특정 채권자에게 담보로 제공하고 그로부터 신규자금을 추가로 융통받았다면 특별한 사정이 없는 한 채무자의 담보권 설정행위는 사해행위에 해당하지 않는다.

[3] 다만 사업의 계속 추진과는 아무런 관계가 없는 기존 채무를 아울러 피담보채무 범위에 포함시켰다면, 그 부분에 한하여 사해행위에 해당할 여지가 있다.

☀ 채무초과 상태에서 사업을 계속하기 위한 방법으로 채권자 중 1인으로부터 신규자금을 대출받고 그 대출금채무 및 기존 채무를 담보하기 위하여 근저당권을 설정하여 준 경우, 근저당권의 피담보채무에 기존 채무를 포함시켰다 하더라도 기존 채무를 위한 담보설정과 신규자금의 융통을 위한 담보설정이 불가피하게 동일한 목적하에 일련의 행위로 이루어졌고, 기존 채무가 새로 설정한 근저당권의 근저당 최고액보다 훨씬 많은 점에 비추어 기존 채무를 위한 담보설정행위 역시 사해행위에 해당하지 않는다(대법원 2002. 3. 29. 선고 2000다25842 판결).

☀ 채무자와 수익자 사이의 근저당권설정계약이 사해행위인 이상 그로 인한 근저당권설정등기가 경락으로 인하여 말소되었다고 하더라도 수익자로 하여금 근저당권자로서의 배당을 받도록 하는 것은 민법 제406조 제1항의 취지에 반하므로, 수익자에게 그와 같은 부당한 이득을 보유시키지 않기 위하여 그 근저당권설정등기로 인하여 해를 입게 되는 채권자는 근저당권설정계약의 취소를 구할 이익이 있다(대법원 1997. 10. 10. 선고 97다8687 판결).

○ 채권자대위권에 기초한 가압류 · 가처분 취소의 소

▶ 경합 중인 다른 채권자(가압류 · 가처분권자)로 인해 실익이 없는 경우 → 채권자가 채무자를 대위하여 다른 가압류 · 가처분권자를 상대로 가압류 · 가처분 취소소송을 제기할 수 있다. (사정변경에 의한 취소, 본안소송 제소기간 경과, 소멸시효 완성)

▶ 가압류보다 먼저 등기된 선순위 근저당권이 있는 경우 채권자는 근저당권의 피담보채무가 소멸되었는지 확인한 후 채무자를 대위하여 가압류취소소송을 제기한다. 선순위 근저당권의 피담보채무가 존재할 경우 가압류취소소송에서 승소 판결을 받더라도 집행실익이 없을 수 있기 때문이다.

▶ 가압류취소소송에서 채권자는 제소기간 경과와 가압류 원인채권의 소멸시효 경과를 동시에 주장한다. 보증인이 가압류 취소대상 부동산의 소유자일 경우, 주채무자에 대한 시효경과 여부까지 확인한다.

○ 배당이의의 소

▶ 허위 근저당, 허위 가압류권자, 허위 시효변경, 사정변경 등의 사유를 배당기일 전에 발견한 경우 → 채권자가 배당기일에 이의를 제기하고 배당표에 배당금을 지급할 채권자로 기재된 허위 권리자를 상대로 배당이의소송을 제기할 수 있다. 채무자도 배당이의소송을 제기할 수 있다.

* 자세한 내용은 채무자가 불복의 방법으로 행사할 수 있는 권리 '배당이의의 소'편에서 다루기로 한다.

○ 부당이득반환의 소

▶ 후순위 권리자, 허위 근저당, 허위 가압류권자, 허위 시효변경, 사정변경 등의 사유가 존재함에도 배당금을 받아간 사실이 배당기일 이후에 발견된 경우 → 채권자가 법률상 원인 없이 배당금을 수령해간 허위(후순위) 권리자를 상대로 부당이득반환청구소송을 제기할 수 있다.

▶ 부당이득의 성립요건

① 타인의 재산 또는 노무에 의하여 이익을 얻었을 것, ② 타인에게 손해를 주었을 것,
③ 사회통념상 수익과 손실 사이에 인과관계가 있을 것, ④ 법률상의 원인이 없을 것.

☀ 채무자가 피해자로부터 횡령한 금전을 그대로 채권자에 대한 채무변제에 사용하는 경우 피해자의 손실과 채권자의 이득 사이에 인과관계가 있음이 명백하고, 한편 채무자가 횡령한 금전으로 자신의 채권자에 대한 채무를 변제하는 경우 채권자가 그 변제를 수령함에 있어 악의 또는 중대한 과실이 있는 경우에는 채권자의 금전 취득은 피해자에 대한 관계에 있어서 법률상 원인을 결여한 것으로 봄이 상당하나, 채권자가 그 변제를 수령함에 있어 단순히 과실이 있는 경우에는 그 변제는 유효하고 채권자의 금전 취득이 피해자에 대한 관계에 있어서 법률상 원인을 결여한 것이라고 할 수 없다(대법원 2003. 6. 13. 선고 2003다8862 판결).

▶ 부당이득반환청구가 금지되는 경우

① 비채변제 (민법 제 742조), ② 변제기 전의 변제 (민법 제743조), ③ 도의관념에 적합한 비채변제 (민법 제744조), ④ 타인의 채무의 변제 (민법 제745조), ⑤ 불법원인급여 (민법 제746조).

● 부당이득의 내용 (민법 제741조).

법률상 원인없이 타인의 재산 또는 노무로 인하여 이익을 얻고 이로 인하여 타인에게 손해를 가한 자는 그 이익을 반환하여야 한다.

● 불법원인급여 (민법 제746조).

불법의 원인으로 인하여 재산을 급여하거나 노무를 제공한 때에는 그 이익의 반환을 청구하지 못한다. 그러나 그 불법원인이 수익자에게만 있는 때에는 그러하지 아니하다.

▶ 부당이득의 효과

● 원물반환 불능한 경우와 가액반환, 전득자의 책임 (민법 제747조).

① 수익자가 그 받은 목적물을 반환할 수 없는 때에는 그 가액을 반환하여야 한다.

② 수익자가 그 이익을 반환할 수 없는 경우에는 수익자로부터 무상으로 그 이익의 목적물을 양수한 악의의 제삼자는 전항의 규정에 의하여 반환할 책임이 있다.

● 수익자의 반환범위 (민법 제748조).

① 선의의 수익자는 그 받은 이익이 현존한 한도에서 전조의 책임이 있다.

② 악의의 수익자는 그 받은 이익에 이자를 붙여 반환하고 손해가 있으면 이를 배상하여야 한다.

● 수익자의 악의인정 (민법 제749조).

① 수익자가 이익을 받은 후 법률상 원인 없음을 안 때에는 그때부터 악의의 수익자로서 이익반환의 책임이 있다.

② 선의의 수익자가 패소한 때에는 그 소를 제기한 때부터 악의의 수익자로 본다.

☀ 부당이득반환청구권과 배당이의소송

[1] 확정된 배당표에 의하여 배당을 실시하는 것은 실체법상의 권리를 확정하는 것이 아니므로, 배당을 받아야 할 채권자가 배당을 받지 못하고 배당을 받지 못할 자가 배당을 받은 경우에는 배당을 받지 못한 채권자로서는 배당에 관하여 이의를 한 여부에 관계없이 배당을 받지 못할 자이면서도 배당을 받았던 자를 상대로 부당이득반환청구권을 갖는다 할 것이고, 배당을 받지 못한 그 채권자가 일반채권자라고 하여 달리 볼 것은 아니다.

[2] 배당이의소송은 대립하는 당사자 사이의 배당액을 둘러싼 분쟁을 그들 사이에서 상대적으로 해결하는 것에 지나지 아니하여 그 판결의 효력은 오직 그 소송의 당사자에게만 미칠 뿐이므로, 어느 채권자가 배당이의소송에서의 승소확정판결에 기하여 경정된 배당표에 따라 배당을 받은 경우에 있어서도, 그 배당이 배당이의소송에서 패소확정판결을 받은 자 아닌 다른 배당요구채권자가 배당받을 몫까지도 배당받은 결과로 된다면 그 다른 배당요구채권자는 위 법리에 의하여 배당이의소송의 승소확정판결에 따라 배당받은 채권자를 상대로 부당이득반환청구를 할 수 있다(대법원 2007. 2. 9. 선고 2006다39546 판결).

☀ 부당이득반환의무는 이행기한의 정함이 없는 채무이므로 그 채무자는 이행청구를 받은 때에 비로소 지체책임을 진다. 부당이득반환의무자가 악의의 수익자라는 점에 대하여는 이를 주장하는 측에서 입증책임을 진다. 여기서

'악의'라고 함은, 민법 제749조 제2항에서 악의로 의제되는 경우 등은 별론으로 하고, 자신의 이익 보유가 법률상 원인 없는 것임을 인식하는 것을 말하고, 그 이익의 보유를 법률상 원인이 없는 것이 되도록 하는 사정, 즉 부당이득반환의무의 발생요건에 해당하는 사실이 있음을 인식하는 것만으로는 부족하다(대법원 2010. 1. 28. 선고 2009다24187, 24194 판결).

☀ 부당이득금 반환 범위

부당이득의 반환의 경우 수익자가 반환하여야 할 이득의 범위는 손실자가 입은 손해의 범위에 한정되고 손실자의 손해는 사회통념상 손실자가 당해 재산으로부터 통상 수익할 수 있을 것으로 예상되는 이익 상당이라 할 것이다(대법원 1997. 7. 11. 선고 96다31581 판결).

☀ 일반적으로 수익자가 법률상 원인 없이 이득한 재산을 처분함으로 인하여 원물반환이 불가능한 경우에 있어서 반환하여야 할 가액은 특별한 사정이 없는 한 그 처분 당시의 대가라 할 것이다.(대법원 1981. 8. 11. 선고 80다2885, 2886 판결).

☀ 위 내용의 경우에 수익자가 그 법률상 원인 없는 이득을 얻기 위하여 지출한 비용은 수익자가 반환하여야 할 이득의 범위에서 공제되어야 할 것이고, 수익자가 자신의 노력 등으로 부당이득 한 재산을 이용하여 남긴 이른바 운용이익도 그것이 사회통념상 수익자의 행위가 개입되지 아니하였더라도 부당이득된 재산으로부터 손실자가 당연히 취득하였으리라고 생각되는 범위 내의 것이 아닌 한 수익자가 반환하여야 할 이득의 범위에서 공제되어야 할 것이다(대법원 1995. 5. 12. 선고 94다25551 판결).

☀ 첫 경매개시결정등기 전에 등기된 가압류채권자로부터 피보전권리를 양수한 채권양수인이 경매법원에 채권신고를 하였으나 배당표가 확정되기 전까지 채권양수사실을 제대로 소명하지 못함에 따라 가압류채권자에게 배당된 경우에, 다른 배당참가 채권자가 가압류채권자의 피보전권리는 채권양수인에게 양도되어 이미 소멸하였다는 이유로 가압류채권자에게 배당된 금액에 대하여 배당이의를 제기하고 배당이의의 소를 통해 가압류채권자에게 배당된 금액을 배당받는다면 채권양수인은 그 채권자를 상대로 가압류채권자의 배당액에 관하여 부당이득반환청구를 할 수 있다(대법원 2012. 4. 26. 선고 2010다94090 판결).

○ 지분반환의 소

▶ 채무자가 합유지분을 소유한 경우 → 채권자가 채무자와 다른 합유자 전원을 피고로 하여 지분반환소송을 제기할 수 있다. 채무자인 합유자가 제3채무자에 대하여 가지는 지분반환청구권, 잔여재산분배청구권, 장래의 이익 배당청구권 등에 대하여 압류할 수도 있다.

▶ 채무자가 공유지분을 소유한 경우 → 예외적인 경우가 아니라면 채권회수 목적으로다른 공유자를 상대로 하는 공유물분할청구소송을 제기할 수 없다.

---

* 합유

법률의 규정 또는 계약에 의하여 수인이 조합체로서 물건을 소유하는 때의 그 공동소유를 말한다. 즉 합유는 조합재산을 소유하는 형태이며, 합유에 있어서도 공유에서와 같이 합유자는 지분을 가지나 등기를 할 수 없다. 그러나 합유자의 지분은 자유로이 처분하지 못하는 점에서 공유지분과 다르다. 합유는 계약 또는 법률 규정에 의해 성립하는데, 민법의 조합재산과 수탁자가 수인이 있는 경우의 신탁재산은 법률의 규정에 의해 합유관계가 성립하는 예이다. 부동산을 합유하는 경우에는 등기하여야 한다. 합유자의 권리, 즉 지분은 합유물 전부에 미친다. 합유물의 보존행위는 단독으로 할 수 있으나, 합유물의 처분・변경은 합유자 전원의 동의를 요한다. 또 합유지분의 처분에는 합유자 전원의 동의를 요한다. 합유자는 합유물의 분할을 청구하지 못한다. 합유관계가 종료하는 경우는 조합체가 해산하는 때와 합유물의 양도로 조합재산이 없게 되는 때이다. 조합체의 해산으로 합유관계를 종료하게 되는 때에는 합유재산을 분할하게 되는데, 그 분할에는 공유물분할에 관한 규정이 준용된다.

＊ 공유

그 토지에 대하여 소유권을 가지는데 단독의 소유인 경우와는 달리, 그 소유권은 서로 견제하게 되는 것이므로 이런 경우는 지분권이라고 불리게 된다. 3인이 모두 그 토지 전부에 대한 사용・수익할 수 있는 권리가 있는 것이며, 3분의 1씩 나누어서 사용하지 않아도 된다. A・B・C의 사이에 사용・수익의 비율이 정해져 있으면(이것을 지분의 비율이라 함) 그에 따라서 사용・수익한다. 그러한 규정이 없으면 그 비율은 동비율로 추정되는 것이다. 공유물의 공조 공과도 지분의 비율에 따라서 부담한다. 공유물의 보존행위(수리 등)는 각 공유자가 단독으로 할 수 있지만 그 밖의 관리행위는 공유자의 지분에 따라서 과반수로써 정한다. 공유물에 변경을 가한다거나 처분을 하게 되는 경우에는 공유자 전원의 동의가 필요하게 된다. 공유물에 침해를 가하는 자가 있을 경우에는 그것이 공유자의 한 사람이거나 제3자이거나 막론하고, 각 공유자는 단독으로 그 침해의 배제를 청구할 수 있다. 공유자는 원칙으로 언제나 공유를 그만두고 공유물의 분할을 청구할 수 있다. 분할은 전원의 협의에 의해서 하게 되는데 어떻게 정해도 된다. 현물을 분할하든가 매각 대금의 분배 또는 한 사람이 현물을 받고 다른 사람은 그 가격의 일부를 받든가 해도 된다. 협의가 성립되지 않을 때는 법원에 분할을 청구할 수가 있다. 법원은 원칙으로 현물분할을 하도록 하지만 현물분할이 불가능하다거나 또는 현물분할로 인해서 현저하게 가격이 하락할 우려가 있을 때에는 경매를 해서 대금을 분배하게 한다.

＊ 총유

법인 아닌 사단의 공동소유형태를 말한다. 총유의 주체는 법인이 아닌 사단, 즉 법인격 없는 인적 결합체이며 권리능력 없는 사단, 종중이 그 예이다. 등기신청은 사단의 명의로 그 대표자 또는 관리인이 한다. 총유관계는 사단의 정관 기타의 규약에 의해 규율 되나, 그것으로 정한 것이 없는 때에는 민법 제276조와 제277조의 규정에 의한다.

○ 상호속용에 관한 소

상인인 자영업자가 권리금을 받고 영업 일체를 양도하는 경우가 많다. 이때 영업 양도인과 양수인은 상호, 종업원, 집기비품, 고객명단, 재고현황 등에 대한 포괄양수도 계약을 체결하게 된다. 양수인은 임차인으로서 임대인과 상가건물 임대차계약을 별도로 체결하게 된다. 시간이 지나 양도인의 채권자는 상호를 속용(같은 상호를 계속 사용하면서 영업하는 행위)한 양수인에게 상법 제42조에 따라 양도인의 채무를 대신 변제하라고 청구할 수 있다.

양수인은 억울한 사정을 아래와 같이 항변으로 주장·증명해야 한다. 가능하면 포괄양수도계약서(통상 '권리금계약서'라고 한다) 특약사항에 "양도인의 영업으로 인한 채무의 부존재 사실을 확인하며, 양수인이 알지 못한 양도인의 영업에 관한 채무는 승계하지 않는다" 라고 기재하는 것이 좋다. 만약 양도인의 영업으로 인한 채무가 존재한다는 사실이 확인될 경우 잔금일까지 전액 상환한다는 조건을 특약에 기재해야 한다.

▶ 영업 양수인의 선의 항변할 내용

① 양도인의 영업으로 인한 채무존재 사실을 알지 못했다는 사실.

② 양도인의 채무가 영업활동으로 인한 채무가 아니라는 점.

③ 상법 제42조 제2항에 따라, 양수인이 영업양도를 받은 후 지체없이 양도인의 채무에 대한 책임이 없음을 등기한 사실과, 양도인과 양수인이 지체없이 제3자에 대하여 그 뜻을 통지한 사실.

④ 채권자가 영업양도와 관련한 양도인과 양수인의 채무승계 사실 등이 없다는 것을 알고 있는 악의의 채권자라는 점.

■ 상호속용 등에 관한 '상법'

● 영업양도인의 경업금지 (상법 제41조). ☞ 영업 양수인 보호규정

① 영업을 양도한 경우에 다른 약정이 없으면 양도인은 10년간 동일한 특별시·광역시·시·군과 인접 특별시·광역시·시·군에서 동종영업을 하지 못한다.

② 양도인이 동종영업을 하지 아니할 것을 약정한 때에는 동일한 특별시·광역시·시·군과 인접 특별시·광역시·시·군에 한하여 20년을 초과하지 아니한 범위내에서 그 효력이 있다.

▶ 영업양도 행위에 관한 주요 쟁점

① 영업양도 행위에 해당되는지 여부

- 일정한 영업 목적에 의하여 조직화되어 유기적 일체로서 기능하는 재산의 총체를 말하며, 유형·무형의 재산 일체가 포함된다.

- 상호, 집기비품 및 시설, 전화번호, 고객명단, 제조방법, 권리금 등 포괄적으로 영업을 양도하는 행위에 해당되어야 한다.

② 당사자 간 경업금지 의무 또는 배제 특약의 존재 여부

- 경업금지 의무 또는 배제 특약은 임의규정이다. 계약서에 양도인의 경업금지 의무 특약을 기재하거나 녹취, 문자메시지 등 증거자료와 증인 진술에 의해 보호받을 수 있다.

- 명확하게 영업양도에 해당되지 않더라도 묵시적으로 경업금지 합의가 있었음이 증명될 경우 양수인은 보호받을 수 있다.

③ 동종 영업에 해당되는지 여부

- 동종 영업은 동일 영업보다 넓은 개념이다. 영업의 내용, 규모, 방식, 범위 등 여러 사정을 종합적으로 고려하여 볼 때 양도된 영업과 경쟁관계·대체관계가 발생할 수 있는 영업을 의미한다.

- 공인중개사사무소 VS 부동산 중개법인, 커피숍 VS 카페, 노래방 VS 단란주점이 동종 영업에 해당되는지 여부에 관해서는 사건별 영업양도 내용과 증거자료에 따라 판단이 달라질 수 있다.

▶ 경업금지의무를 위반한 영업 양도인의 손해배상 책임

- 양도인이 경업금지의무를 위반할 경우 양수인은 '경업금지가처분' 신청할 수 있다. 이를 원인으로 양도인을 상대로 '손해배상청구소송'을 제기할 수 있다.

- 양수인 승소판결 사건의 경우, "양도인이 판결 주문 내용대로 이행하지 않는 경우, 양수인에게 하루에 00만 원씩 배상하라"는 간접강제명령이 결정된다.

- 양수인이 손해배상청구소송에서 승소하더라도 현실적으로 재산적 손해에 대해서는 인정받기 어렵고 정신적 손해(위자료)를 배상받을 수 있다.

☀ 경업금지 또는 독점적 영업권보장 약정은 다른 계약의 경우와 마찬가지로 반드시 계약서의 한 조항 등을 통하여 명시적으로 행하여질 필요는 없고 묵시적으로도 이루어질 수 있다(대법원 2013. 9. 26. 선고 2011다98365 판결).

☀ 양도 대상으로 규정한 영업은 일정한 영업 목적에 의하여 조직화되어 유기적 일체로서 기능하는 재산의 총체를 말하는데, 여기에는 유형·무형의 재산 일체가 포함된다. 영업양도인이 영업을 양도하고도 동종 영업을 하면 영업양수인의 이익이 침해되므로 상법은 영업양수인을 보호하기 위하여 영업양도인의 경업금지의무를 규정하고 있다. 경업이 금지되는 대상으로서의 동종 영업은 영업의 내용, 규모, 방식, 범위 등 여러 사정을 종합적으로 고려하여 볼 때 양도된 영업과 경쟁관계가 발생할 수 있는 영업을 의미한다고 보아야 한다(대법원 2015. 9. 10. 선고 2014다80440 판결).

- 상호를 속용하는 양수인의 책임 (상법 제42조).

① 영업양수인이 양도인의 상호를 계속 사용하는 경우에는 양도인의 영업으로 인한 제3자의 채권에 대하여 양수인도 변제할 책임이 있다.

② 전항의 규정은 양수인이 영업양도를 받은 후 지체없이 양도인의 채무에 대한 책임이 없음을 등기한 때에는 적용하지 아니한다. 양도인과 양수인이 지체없이 제3자에 대하여 그 뜻을 통지한 경우에 그 통지를 받은 제3자에 대하여도 같다.

☀ 영업양도인이 사용하던 상호와 양수인이 사용하는 상호가 동일할 것까지는 없고 다만 전후의 상호가 주요 부분에 있어서 공통되기만 하면 상호를 계속 사용한다고 보아야 한다(대법원 1998. 4. 14. 선고 96다8826 판결).

- 영업양수인에 대한 변제 (상법 제43조).

전조 제1항의 경우에 양도인의 영업으로 인한 채권에 대하여 채무자가 선의이며 중대한 과실없이 양수인에게 변제한 때에는 그 효력이 있다.

- 채무인수를 광고한 양수인의 책임 (상법 제44조).

영업양수인이 양도인의 상호를 계속사용하지 아니하는 경우에 양도인의 영업으로 인한 채무를 인수할 것을 광고한 때에는 양수인도 변제할 책임이 있다.

- 영업양도인의 책임의 존속기간 (상법 제45조).

영업양수인이 제42조제1항 또는 전조의 규정에 의하여 변제의 책임이 있는 경우에는 양도인의 제3자에 대한 채무는 영업양도 또는 광고후 2년이 경과하면 소멸한다.

■ 상호속용에 관한 판례

☀ 상호의 속용은 형식상 양도인과 양수인의 상호가 전혀 동일한 것임을 요하지 않고, 양도인의 상호 중 그 기업주체를 상징하는 부분을 양수한 영업의 기업주체를 상징하는 것으로 상호중에 사용하는 경우를 포함한다고 할 것이고, 그 동일 여부는 명칭, 영업목적, 영업장소, 이사의 구성 등을 참작하여 결정하여야 한다(대법원 1989. 3. 28. 선고 88다카12100 판결).

☀ 상호를 속용하는 영업양수인에게는 상법 제42조 제1항에 따라 양도인의 영업으로 인한 제3자의 채권에 대하여 변제할 책임이 있기는 하나, 양수인이 책임지는 제3자의 채권은 영업양도 당시 채무의 변제기가 도래할 필요까지는 없다 하더라도 그 당시까지 발생한 것이어야 하고, 영업양도 당시로 보아 가까운 장래에 발생될 것이 확실한 채권도 양수인이 책임져야 한다고 보기 어렵다(대법원 2004. 12. 9. 선고 2004다35656 판결 참조).

☀ 양수인에 의하여 속용되는 명칭이 상호 자체가 아닌 옥호(옥호) 또는 영업표지인 때에도 그것이 영업주체를 나타내는 것으로 사용되는 경우에는 영업상의 채권자가 영업주체의 교체나 채무승계 여부 등을 용이하게 알 수 없다는 점에서 일반적인 상호속용의 경우와 다를 바 없으므로, 양수인은 특별한 사정이 없는 한 상법 제42조 제1항의 유추적용에 의하여 그 채무를 부담한다고 봄이 상당하다(대법원 2010. 9. 30. 선고 2010다35138 판결).

☀ 영업양도가 있다고 볼 수 있는지의 여부는 양수인이 유기적으로 조직화된 수익의 원천으로서의 기능적 재산을 이전받아 양도인이 하던 것과 같은 영업적 활동을 계속하고 있다고 볼 수 있는지의 여부에 따라 판단되어야 한다(대법원 2005. 7. 22. 선고 2005다602 판결, 대법원 2008. 4. 11. 선고 2007다89722 판결).

☀ 현물출자와 상법 제42조(상호를 속용하는 양수인의 책임)의 유추적용 판례

영업을 출자하여 주식회사를 설립하고 그 상호를 계속 사용하는 경우 영업의 양도는 아니지만 출자의 목적이 된 영업의 개념이 동일하고 법률행위에 의한 영업의 이전이란 점에서 영업의 양도와 유사하며 채권자의 입장에서 볼 때는 외형상 양도와 출자를 구분하기 어려우므로 새로 설립된 법인은 출자자의 채무를 변제할 책임이 있다. 상호의 속용은 형식상 양도인과 양수인의 상호가 전혀 동일한 것임을 요하지 않고, 양도인의 상호 중 그 기업주체를 상징하는 부분을 양수한 영업의 기업주체를 상징하는 것으로 상호중에 사용하는 경우를 포함한다고 할 것이고, 그 동일 여부는 명칭, 영업목적, 영업장소, 이사의 구성 등을 참작하여 결정하여야 한다. 영업으로 인하여 발생한 채무란 영업상의 활동에 관하여 발생한 모든 채무를 말하는 것이므로 불법행위로 인한 손해배상채무도 이에 포함된다(대법원 1989. 3. 28. 선고 88다카12100 판결).

* 위 판례에 따라, 개인사업자가 영업활동에 필요한 집기, 비품, 시설 등을 현물 출자해 주식회사를 설립하고 동일하거나 유사한 상호를 사용한 경우에도 상호속용을 유추적용 할 수 있다. 새로 설립된 법인은 채무를 면탈과 같은 불법행위로 인한 채무를 승계해야 하므로, 출자자인 개인사업자 명의의 채무를 변제할 책임이 있다.

○ 법인격부인의 소

법인(회사)인 채무자가 변제를 이행하지 않을 경우, 채권자는 원칙적으로 법인을 상대로 소송을 제기할 수 있고, 승소판결 확정 후 집행권원 상의 피고에 대해서만 책임을

물을 수 있다. "법인격 부인"이란 채무자인 회사의 법인격을 부분적으로 부인하여 회사와 그 배후에 있는 책임 있는 자를 동일시하는 법리를 말한다. 즉, 회사가 그 배후에 있는 자의 대리인 또는 수단에 지나지 않는 경우 회사의 법인격 또는 실체를 부인하여 법인격의 배후에 있는 자에게 법률상의 책임을 물을 수 있다.

주식회사는 자본이 증권화 된 회사 형태로 주식은 환금성이 뛰어나다. 소유와 경영이 분리되고 주주는 인수한 주식의 가액을 한도로 출자의무를 부담할 뿐 이외의 어떤 의무도 부담하지 않는다. 법인격 부인의 법리는 주식회사에 있어서 대표이사를 비롯한 주주가 유한책임의 원칙을 악용함으로써 이로 인해 발생하는 폐단을 시정하기 위해 발전된 이론이다.

이와 달리 합명회사, 합자회사, 유한회사, 유한책임회사가 사해설립을 한 경우 '사해설립취소의 소'를 제기할 수 있으므로 굳이 법인격 부인론을 차용할 필요가 없다. 우리나라는 법인격 부인에 관해 직접 규율하는 법률은 없으나 실정법적 근거로 민법 제2조에 기초해 판단한다.

- 신의성실 (민법 제2조).

① 권리의 행사와 의무의 이행은 신의에 좇아 성실히 하여야 한다. ② 권리는 남용하지 못한다.

법인격의 악용형태, 적용요건 등 법인격 부인에 대한 정설은 없으며 구체적 사례에서 타당성 있는 해결을 위해 판례에 의존하고 있다. 판례는 사안별로 법인격의 남용과 형해화(형식만 있고 가치나 의미가 없음)를 이 법리근거의 적용요건으로 적시하고 있지만 반드시 둘 중의 하나에 해당되어야 한다는 것은 아니다. 이러한 요건은 문제가 되는 법률행위나 사실행위, 채무면탈 등의 남용행위를 한 시점을 기준으로 판단해야 한다.

□ 법인격 남용과 형해화

▶ 법인격 남용

법인격을 인정한 많은 사례는 채무면탈을 위해서 신설회사를 설립하는 경우인데, 판례는 이 경우 법인격의 형해화까지 요구하지 않는 대신 법인격을 남용하려는 주관적 요건이 필요하다고 본다. 예를 들어, ① 기존회사의 폐업 당시 경영상태, ② 자산 상황, ③ 신설회사의 설립 시점, ④ 기존회사에서 신설회사로 유용된 자산의 유무와 그 정도, ⑤ 기존회사에서 신설회사로 이전된 자산이 있는 경우 정당한 대가가 지급되었는지 여부 등 이다.

[사례] 대표이사 겸 과점주주인 서모 씨가 채무자인 주식회사 1을 폐업하고 주식회사 2를 설립했을 때, 아래와 같은 경우 채권자는 신설회사인 주식회사 2와 서모 씨 개인을 상대로 대여금이나 물품대금 지급을 청구하는 소송을 제기할 수 있다.

---

① 주식회사 1을 폐업하고 주식회사 2를 설립한 경위가 주식회사 1의 채무를 면탈할 목적으로 보이는 경우. 이를 사해설립 이라고 한다.

② 주식회사 1에 대한 대출금을 서모 씨의 개인용도로 사용했을 경우.

③ 주주명부상으로는 서모 씨가 주식회사 1, 2 주식의 일부를 갖고 있으나, 서모 씨 이외의 나머지 주주들도 대부분 서모 씨의 인척 내지 직원으로 실질적으로는 서모 씨가 주식회사 2 주식의 거의 전부를 소유하고 있을 경우.

④ 주식회사 1, 2 임원의 대부분이 서모 씨의 처 내지 인척들인 경우.

⑤ 주식회사 1, 2의 매출대금이나 제품 반품대금이 서모 씨 개인의 계좌에 입금되는 등 주식회사 1, 2의 계좌와 서모 씨 개인의 계좌가 혼용되어 사용된 경우.

⑥ 주식회사 1의 인적조직과 집기 비품, 설비 등을 주식회사 2가 그대로 사용하는 등 유용된 자산이 있는 경우.

⑦ 주식회사 1, 2의 사업장소, 사업목적, 생산제품, 매출처 등이 동일하거나 대동소이한 경우.

⑧ 종합적으로 주식회사 1, 2가 정상적인 지분구조를 갖춘 주식회사라고 볼 수 없고 서모 씨의 개인기업 이라고 판단될 경우.

⑨ 대외적으로 영업활동을 하면서 주식회사1, 2가 동일 회사인 것으로 홍보한 경우 등.

위와 같은 경우 주식회사 2는 형식상으로는 주식회사의 형태를 갖추고 있으나 이는 회사의 형식을 빌리고 있는 것에 지나지 않고 그 실질은 배후에 있는 서모 씨의 개인기업이라고 할 것이다. 서모 씨가 주식회사 1, 2와 별개의 인격체임을 내세워 채권자에 대한 대출금

채무의 상환책임을 부정하는 것은 신의성실의 원칙에 위반되는 법인격의 남용으로서 정의와 형평에 반하여 허용될 수 없다. 따라서 채권자는 주식회사 2는 물론 그 배후자인 서모 씨 개인에 대하여도 책임을 물을 수 있다는 것이다.

▶ 법인격 형해화

법인격을 부인하여 주주에게 책임을 지우기 위해서는 회사가 그 법인격의 배후에 있는 사람의 개인 기업에 불과하다고 인정되어야 한다. 법인격이 형해화 되었는지는 주로 객관적 사정에 의해서 판단한다. 예를 들어, ① 완전한 주주의 지배, ② 주주의 개인재산과 회사재산이 혼용, ③ 주주총회·이사회 개최, ④ 주주의 분산, ⑤ 직함, ⑥ 회사의 규모, ⑦ 자금의 흐름 ⑧ 주요 의사결정 구조 등이다.

[사례] 황모 씨가 노후에 거주할 목적으로 수도권 외곽지역에 전원주택을 신축하기로 하였다. 소규모 건설업체인 주식회사 A에게 공사를 맡기고 계약금 3천만 원을 지급했다. 주식회사 A는 기초공사를 하는 시늉만 하면서 계약금이 너무 적다는 이유로 추가 공사대금 지급을 요구해왔다. 황모 씨가 공사대금 2천만 원을 계약금 용도로 추가 지급했음에도 1년 이상 공사가 진행되지 않았다. 황모 씨는 주택신축에 관한 도급계약을 적법하게 해제하고 시공자에게 계약금 반환과 위약금을 지급해줄 것을 청구하였다. 그러나 주식회사 A의 법인등기부등본상의 대표이사 정모 씨는 자신은 모르겠다면서 발뺌하고 있고, 회사 자산도 전혀 없어 1년째 반환받지 못하고 있다. 그런데 도급계약서 체결 현장 및 공사 진행 일정 등에 관해서 사모 씨라는 사람이 주도해왔다. 주식회사 A의 주식은 4인 명의로 분산되어 있었으나 가족과 인척으로 구성되어 있었고 실질적으로는 사모 씨가 전부 소유하고 있었다. 사모 씨의 명함에는 주식회사 A의 '전무'라고 표기되어 있었다. 주주총회나 이사회도 거의 개최되지 않았고, 외관상 개최되었더라도 회사운영에 관한 일체의 결정이 공식 직함이 없는 사모 씨 개인의 의사에 따라 이루어져왔다. 특히 대표이사 정모 씨는 사모 씨에게 대표이사 직인과 법인 통장을 맡긴 채 사모 씨의 의사대로 업무집행이 이루어지는 것을 방치하였다. 평소에 사모 씨는 미국에 있는 배우자와 아들을 들먹이면서 체류비용과 유학비용을 마련해주느라고 정신이 없다고 하소연 했다. 황모 씨가 지급한 계약금 5천만 원 중 대부분을 아들 유학비용으로 송금한 사실도 확인되었다.

---

① 사모 씨가 주식회사 A에 공식 직함은 없고 전무라며 행동하고 있으나 과점주주이자 실질적인 대표이사로서 업무집행지시자에 해당될 여지가 크다.

② 사모 씨의 행위는 법인격 형해화의 객관적 사정을 대부분 충족시키고 있으므로, 황모 씨는 사모 씨 개인에게도 계약금 반환 및 위약금의 지급을 청구할 수 있다.
③ 사모 씨의 행위에 고의 또는 중과실이 있을 경우, 상법 제401조(제삼자에 대한 책임) 및 제401조의 2(업무집행지시자 등의 책임)에 의한 책임을 물을 수도 있다.

- 제삼자에 대한 책임 (상법 제401조).

① 이사가 고의 또는 중대한 과실로 그 임무를 게을리한 때에는 그 이사는 제3자에 대하여 연대하여 손해를 배상할 책임이 있다.

② 제399조 제2항, 제3항의 규정은 전항의 경우에 준용한다.

- 업무집행지시자 등의 책임 (상법 제401조의2).

① 다음 각 호의 어느 하나에 해당하는 자가 그 지시하거나 집행한 업무에 관하여 제399조, 제401조, 제403조 및 제406조의2를 적용하는 경우에는 그 자를 "이사"로 본다.

1. 회사에 대한 자신의 영향력을 이용하여 이사에게 업무집행을 지시한 자
2. 이사의 이름으로 직접 업무를 집행한 자
3. 이사가 아니면서 명예회장 · 회장 · 사장 · 부사장 · 전무 · 상무 · 이사 기타 회사의 업무를 집행할 권한이 있는 것으로 인정될 만한 명칭을 사용하여 회사의 업무를 집행한 자

② 제1항의 경우에 회사 또는 제3자에 대하여 손해를 배상할 책임이 있는 이사는 제1항에 규정된 자와 연대하여 그 책임을 진다.

■ 법인격부인에 관한 판례

☀ 법인격부인의 법리

회사는 그 구성원인 사원과는 별개의 법인격을 가지는 것이고, 이는 이른바 1인 회사라 하여도 마찬가지이다. 그러나 회사가 외형상으로는 법인의 형식을 갖추고 있으나 이는 법인의 형태를 빌리고 있는 것에 지나지 아니하고 그 실질에 있어서는 완전히 그 법인격의 배후에 있는 타인의 개인기업에 불과하거나 그것이 배후자에 대한 법률적용을 회피하기 위한 수단으로 함부로 쓰여지는 경우에는 비록 외견상으로는 회사의 행위라 할지라도 회사와 그 배후자가 별개의 인격체임을 내세워 회사에게만 그로 인한 법적 효과가 귀속됨을 주장하면서 배후자의 책임을 부정하는 것은 신의성실의 원칙에 위반되는 법인격의 남용으로서 심히 정의와 형평에 반하여 허용될 수 없다 할 것이고, 따라서 회사는 물론 그 배후자인 타인에 대하여도 회사의 행위에 관한 책임을 물을 수 있다(대법원 2001. 1. 19. 선고 97다21604 판결).

☀ 법인격부인론의 요건과 효과

비록 외견상으로는 회사의 행위라 할지라도 회사와 그 배후자가 별개의 인격체임을 내세워 회사에게만 그로 인한 법적 효과가 귀속됨을 주장하면서 배후자의 책임을 부정하는 것은 신의성실의 원칙에 위반되는 법인격의 남용으로서 심히 정의와 형평에 반하여 허용될 수 없고, 따라서 회사는 물론 그 배후자인 타인에 대하여도 회사의 행위에 관한 책임을 물을 수 있다고 보아야 한다(대법원 2001. 1. 19. 선고 97다21604 판결).

☀ 법인격부인론의 적용에 있어 '법인격 형해화'또는 '법인격 남용'을 인정하기 위한 요건

회사가 외형상으로는 법인의 형식을 갖추고 있으나 법인의 형태를 빌리고 있는 것에 지나지 아니하고 실질적으로는 완전히 그 법인격의 배후에 있는 사람의 개인기업에 불과하거나, 그것이 배후자에 대한 법률적용을 회피하기 위한 수단으로 함부로 이용되는 경우에는, 비록 외견상으로는 회사의 행위라 할지라도 회사와 그 배후자가 별개의 인격체임을 내세워 회사에게만 그로 인한 법적 효과가 귀속됨을 주장하면서 배후자의 책임을 부정하는 것은 신의성실의 원칙에 위배되는 법인격의 남용으로서 심히 정의와 형평에 반하여 허용될 수 없다.

따라서 회사는 물론 그 배후자인 타인에 대하여도 회사의 행위에 관한 책임을 물을 수 있다고 보아야 한다. 여기서 회사가 그 법인격의 배후에 있는 사람의 개인기업에 불과하다고 보려면, 원칙적으로 문제가 되고 있는 법률행위나 사실행위를 한 시점을 기준으로 하여, 회사와 배후자 사이에 재산과 업무가 구분이 어려울 정도로 혼용되었는지 여부, 주주총회나 이사회를 개최하지 않는 등 법률이나 정관에 규정된 의사결정절차를 밟지 않았는지 여부, 회사 자본의 부실 정도, 영업의 규모 및 직원의 수 등에 비추어 볼 때, 회사가 이름뿐이고 실질적으로는 개인 영업에 지나지 않는 상태로 될 정도로 형해화되어야 한다.

또한, 위와 같이 법인격이 형해화될 정도에 이르지 않더라도 회사의 배후에 있는 자가 회사의 법인격을 남용한 경우, 회사는 물론 그 배후자에 대하여도 회사의 행위에 관한 책임을 물을 수 있으나, 이 경우 채무면탈 등의 남용행위를 한 시점을 기준으로 하여, 회사의 배후에 있는 사람이 회사를 자기 마음대로 이용할 수 있는 지배적 지위에 있고, 그와 같은 지위를 이용하여 법인 제도를 남용하는 행위를 할 것이 요구되며, 위와 같이 배후자가 법인 제도를 남용하였는지 여부는 앞서 본 법인격 형해화의 정도 및 거래상대방의 인식이나 신뢰 등 제반 사정을 종합적으로 고려하여 개별적으로 판단하여야 한다(대법원 2008. 9. 11. 선고 2007다90982 판결).

☀ 기존회사가 채무를 면탈할 목적으로 기업의 형태·내용이 실질적으로 동일한 신설회사를 설립한 경우, 기존회사의 채권자가 두 회사 모두에 채무 이행을 청구할 수 있는지 여부(적극) 및 기존회사의 채무를 면탈할 의도로 다른 회사의 법인격이 이용되었는지 판단하는 기준

기존회사가 채무를 면탈할 목적으로 기업의 형태·내용이 실질적으로 동일한 신설회사를 설립하였다면, 신설회사의 설립은 기존회사의 채무면탈이라는 위법한 목적달성을 위하여 회사제도를 남용한 것이므로 기존회사의 채권자에 대하여 두 회사가 별개의 법인격을 갖고 있음을 주장하는 것은 신의성실의 원칙상 허용될 수 없고, 기존회사의 채권자는 두 회사 어느 쪽에 대하여서도 채무의 이행을 청구할 수 있다고 볼 것이다(대법원 2004. 11. 12. 선고 2002다66892 판결).

☀ 기존회사가 채무를 면탈할 의도로 기업의 형태·내용이 실질적으로 동일한 신설회사를 설립한 경우 이는 기존회사의 채무면탈이라는 위법한 목적을 달성하기 위하여 회사제도를 남용한 것에 해당한다. 기존회사의 채권자에 대하여 위 두 회사가 별개의 법인격을 갖고 있다고 주장하는 것은 신의성실의 원칙상 허용되지 않는다. 기존회사의 채권자는 위 두 회사 어느 쪽에 대해서도 채무의 이행을 청구할 수 있다(대법원 2019. 12. 13. 선고 2017다271643 판결).

2장 채무자는 어떻게 방어해야 하는가.

▣ 채무자 보호제도

○ 불법 추심행위 사례

□ 사례 1

▶ 전자제품 회사 계약직으로 근무하는 김모 씨(남. 39세)는 주식투자 실패로 손실을 본 후 신용상태가 악화되었다. 신용카드대금을 돌려막기 위해 대부업체로부터 받은 소액 대출을 연체했다가 직장생활에 어려움을 겪고 있다. 처음에는 연체 상환 요청 문자만 오더니 차츰 강도가 심해졌다. 하루에도 5차례 이상 전화와 문자로 급여를 가압류 한다면서 독촉했다. 숨기려고 했으나 상사와 동료들도 눈치 챈 것 같다. 채권추심원이 회사까지 찾아온 적도 있었다. 3개월 후 고용계약이 연장되지 않을 것 같아 하루하루가 불안하다.

□ 사례 2

▶ 건강이 좋지 않아 일을 할 수 없는 주부 박모 씨(57세)도 공포감 속에 살아가고 있다. 남편의 실직으로 신용카드대금을 6개월 정도 연체하게 되었는데 갑자기 남자 채권추심원이 집으로 찾아왔다. 두 번째다. 연락이 되는데 또 오셨냐고 하자 인근에 출장 나왔다가 들렀다고 했다. 미안해서 커피를 대접했는데 휴대폰으로 거실과 주방 전자제품 사진을 찍어갔다. 2주 이내에 갚지 않으면 소송을 제기하고 그래도 상환되지 않으면 가재도구와 전자제품을 압류할 수밖에 없다고 했다. 63세인 남편이 일자리를 장기간 구할 수 없을 것 같아 걱정이 태산이다.

□ 사례 3

▶ 원룸에서 자취하며 2년차 골프장 캐디로 근무하는 이모 씨(여. 28세) 역시 엄청난 스트레스를 받고 있다. 교외에 있는 직장 출퇴근이 불편해 캐피탈 회사 대출을 받아 승용차를 구입했다. 형편이 좋지 않은 집안 사정 때문에 수입 중 일부를 보내줄 수밖에 없는 상황이다. 월세를 내고 나면 빠듯했다. 동절기에는 성수기 수입의 1/3 이하로 줄어들어 원리금을 연체하게 되었다. 고용보험 의무화 시 소득세를 추가로 납부할 수밖에 없어 실제 수입이 더 줄어들까봐 걱정이다. 고객들과 라운딩 중이어서 휴대전화를 받지 않으면 채권추심원이 밤 10시에도 독촉 전화를 걸어왔다. 근무 중이므로 나중에 연락드리겠다고 문자를 보내도 소용이 없었다. 추위가 풀리고 시즌이 시작되는 3~4월까지 연체를 정리하겠다고 해도 막무가내이다.

□ 사례 4

▶ 전세버스를 불법 지입제로 운행하는 민모 씨(남. 59세) 또한 이혼위기에 처해있다. 2년 전에 어렵게 사는 여동생 부탁으로 저축은행에서 대출을 받아 빌려주었다. 금액이 크지 않아 여동생이 갚지 못하면 자신이 해결할 생각도 있었다. 그런데 코로나-19로 여동생 부부는 더 힘들어졌고 전세버스 운송 사업도 직격탄을 맞았다. 코로나-19 이전에는 비용을 차감하고도 월 평균 수입이 400~500만 원 정도로 먹고는 살았다. 코로나-19 이후에는 많아야 한 달에 2~3회 밖에 운행하지 못해 지입 차량 할부금과 대출금도 연체중이다. 민씨가 방법이 없어 몇 차례 휴대전화를 받지 않자 채권추심원이 집으로 전화했다. 궁금해 하는 아내에게 대출받은 사실을 넌지시 알리고 연체금을 대신 상환해달라고 요청했다. 6년 전에도 아내 몰래 여동생에게 돈을 빌려주었다가 문제가 생겨 부부 싸움을 크게 했었다. 배우자와 상의 없이 같은 일을 두 번째 저지른 것이 화근이었다.

○ 각 사례에 관한 불법성 여부

모두 불법이다. '채권의 공정한 추심에 관한 법률'에 따르면 금지사항에 대해 다음과 같이 명시하여 채무자를 보호하고 있다. 위반한 법률 내용에 따라 채권추심자는 손해배상책임 · 과태료를 부담해야하고 징역 또는 벌금에 처해질 수 있다.

동일 채권에 대한 복수 채권추심 위임금지(제7조), 채무불이행정보 등록 금지(제8조), 대리인 선임 시 채무자에 대한 연락 금지(제8조의2), 관계인에 대한 연락 금지(제8조의3), 소송행위의 금지(제8조의4), 폭행 · 협박 등의 금지(제9조), 개인정보의 누설 금지 등(제10조), 거짓 표시의 금지 등(제11조), 불공정한 행위의 금지(제12조), 부당한 비용 청구 금지(제13조) 등

□ 사례 1에 관한 불법성

▶ 구체적으로 살펴보면, 회사원 김모 씨 사례의 경우 채권추심원은 '채권의 공정한 추심에 관한 법률'제9조 제3호를 위반했다. 정당한 사유 없이 반복적으로 또는 야간(오후 9시 이후부터 다음 날 오전 8시까지)에 전화하는 등 말 · 글 · 음향 · 영상 또는 물건을 채무자나 관계인에게 도달하게 함으로써 공포심이나 불안감을 유발하여 사생활 또는 업무의 평온을 심하게 해치는 행위이기 때문이다. 채무 변제 촉구는 전화, 문자, 이메일, 방문을 모두 포함하여 하루에 2회까지로 제한된다.

□ 사례 2에 관한 불법성

▶ 주부 박모 씨 사례의 경우 채권추심원이 동법 제9조 제2호를 위반했다. 정당한 사유 없이 반복적으로 또는 야간(오후 9시 이후부터 다음 날 오전 8시까지)에 채무자나 관계인을 방문함으로써 공포심이나 불안감을 유발하여 사생활 또는 업무의 평온을 심하게 해치는 행위이기 때문이다. 채무자에게 사전에 예고하고 방문해야 한다.

□ 사례 3에 관한 불법성

▶ 캐디 이모 씨 사례의 경우에도 동법 제9조 제3호를 위반했다. 정당한 사유 없이 반복적으로 또는 야간(오후 9시 이후부터 다음 날 오전 8시까지)에 전화하는 등 말 · 글 · 음향 · 영상 또는 물건을 채무자나 관계인에게 도달하게 함으로써 공포심이나 불안감을 유발하여 사생활 또는 업무의 평온을 심하게 해치는 행위이기 때문이다. 야간에 전화나 문자 등으로 독촉하면 안 된다.

□ 사례 4에 관한 불법성

▶ 전세버스 기사 민모 씨 사례의 경우 동법 제9조 제6호를 위반했다. 채무를 변제할 법률상 의무가 없는 채무자 외의 사람에게 채무자를 대신하여 채무를 변제할 것을 요구함으로써 공포심이나 불안감을 유발하여 사생활 또는 업무의 평온을 심하게 해치는 행위이기 때문이다. 제10조(개인정보의 누설 금지 등)도 위반했다. 채권추심원은 채권발생이나 채권추심과 관련하여 알게 된 채무자 또는 관계인의 신용정보나 개인정보를 누설하거나 채권추심의 목적 외로 이용하여서는 안 되기 때문이다. 배우자를 포함한 다른 가족이더라도 법률상 채무를 변제할 의무가 없고 대출 받은 사실을 알려서도 안 된다. 단 채무자로부터 사전에 동의를 받은 경우 위임받은 사람에게 채무내용을 안내하거나 감면제도에 대해 상담하는 행위는 가능하다.

▶ 불법추심 대응방법과 채무자대리인 제도

규모가 크고 체계화된 대부분의 신용정보회사는 직원 교육을 강화하고 법을 준수하기 위해 노력한다. 채권추심원이 이 법을 위반하는 추심행위를 할 경우 즉시 중단해 줄 것을 요청한다. 반복되는 불법 추심행위에 대해서는 녹취 등 증거를 확보하여 감사실 또는 금융감독원에 민원을 제기하거나 관할 경찰서에 신고할 수 있다. 금융감독원에서도 '채권추심업무 가이드 라인'을 통해 지도 · 감독하고 있다. 한편 대부업체(4금융)로부터 대출을 받은 채무자는 '채무자대리인제도'를 통해 변호사 등 대리인을 선임할 수 있다. 채무자가 대리인을 선임하면 대부업체는 직접 채무자에게 변제독촉을 하지 못하고 채무자의 대리인과 협의하여야 한다. 이자면제나 원금감면 등 금액 측면에서 혜택이 있는 것은 아니다. 대부업체를 제외한 1~3금융권 채무자는 이용할 수 없다.

▶ 불법추심 행위에 따른 손해배상 책임.

금융기관이 파산과 면책결정으로 면책된 채무에 대하여 강제집행을 경고하며 변제를 요구하는 내용의 통지를 수차례 발송한 행위는 채무자의 생활의 평온 및 경제활동의 자유를 부당히 침해한 것으로 불법행위가 된다고 할 것이고, 원고가 이로 인하여 정신적 고통을 받았을 것임은 경험칙상 명백하다 할 것이므로 피고는 그 소속 직원의 위와 같은 불법행위로 인하여 원고가 입은 정신적 고통을 금전으로 배상할 의무가 있다.(서울중앙지방법원 2006. 6. 7. 선고 2005가합100354 판결).

■ 금지행위 등에 관한 '채권의 공정한 추심에 관한 법률'

▶ 채무불이행정보 등록 금지 (동법 제8조).

채권추심자(제2조제1호가목 및 라목에 규정된 자 및 그 자를 위하여 고용, 도급, 위임 등 원인을 불문하고 채권추심을 하는 자를 말한다. 이하 이 조에서 같다)는 채무자가 채무의 존재를 다투는 소를 제기하여 그 소송이 진행 중인 경우에 「신용정보의 보호 및 이용에 관한 법률」에 따른 신용정보집중기관이나 신용정보업자의 신용정보전산시스템에 해당 채무자를 채무불이행자로 등록하여서는 아니된다. 이 경우 채무불이행자로 이미 등록된 때에는 채권추심자는 채무의 존재를 다투는 소가 제기되어 소송이 진행 중임을 안 날부터 30일 이내에 채무불이행자 등록을 삭제하여야 한다.

▶ 폭행 · 협박 등의 금지 (동법 제9조).

채권추심자는 채권추심과 관련하여 다음 각 호의 어느 하나에 해당하는 행위를 하여서는 아니 된다.

1. 채무자 또는 관계인을 폭행 · 협박 · 체포 또는 감금하거나 그에게 위계나 위력을 사용하는 행위
2. 정당한 사유 없이 반복적으로 또는 야간(오후 9시 이후부터 다음 날 오전 8시까지를 말한다.)에 채무자나 관계인을 방문함으로써 공포심이나 불안감을 유발하여 사생활 또는 업무의 평온을 심하게 해치는 행위
3. 정당한 사유 없이 반복적으로 또는 야간에 전화하는 등 말 · 글 · 음향 · 영상 또는 물건을 채무자나 관계인에게 도달하게 함으로써 공포심이나 불안감을 유발하여 사생활 또는 업무의 평온을 심하게 해치는 행위

4. 채무자 외의 사람(제2조제2호에도 불구하고 보증인을 포함한다)에게 채무에 관한 거짓 사실을 알리는 행위

5. 채무자 또는 관계인에게 금전의 차용이나 그 밖의 이와 유사한 방법으로 채무의 변제자금을 마련할 것을 강요함으로써 공포심이나 불안감을 유발하여 사생활 또는 업무의 평온을 심하게 해치는 행위

6. 채무를 변제할 법률상 의무가 없는 채무자 외의 사람에게 채무자를 대신하여 채무를 변제할 것을 요구함으로써 공포심이나 불안감을 유발하여 사생활 또는 업무의 평온을 심하게 해치는 행위

7. 채무자의 직장이나 거주지 등 채무자의 사생활 또는 업무와 관련된 장소에서 다수인이 모여 있는 가운데 채무자 외의 사람에게 채무자의 채무금액, 채무불이행 기간 등 채무에 관한 사항을 공연히 알리는 행위

▶ 개인정보의 누설 금지 등 (동법 제10조).

① 채권추심자는 채권발생이나 채권추심과 관련하여 알게 된 채무자 또는 관계인의 신용정보나 개인정보를 누설하거나 채권추심의 목적 외로 이용하여서는 아니 된다.

② 채권추심자가 다른 법률에 따라 신용정보나 개인정보를 제공하는 경우는 제1항에 따른 누설 또는 이용으로 보지 아니한다.

▶ 거짓 표시의 금지 등 (동법 제11조).

채권추심자는 채권추심과 관련하여 채무자 또는 관계인에게 다음 각 호의 어느 하나에 해당하는 행위를 하여서는 아니 된다.

1. 무효이거나 존재하지 아니한 채권을 추심하는 의사를 표시하는 행위

2. 법원, 검찰청, 그 밖의 국가기관에 의한 행위로 오인할 수 있는 말·글·음향·영상·물건, 그 밖의 표지를 사용하는 행위

3. 채권추심에 관한 법률적 권한이나 지위를 거짓으로 표시하는 행위

4. 채권추심에 관한 민사상 또는 형사상 법적인 절차가 진행되고 있지 아니함에도 그러한 절차가 진행되고 있다고 거짓으로 표시하는 행위

5. 채권추심을 위하여 다른 사람이나 단체의 명칭을 무단으로 사용하는 행위

▶ 불공정한 행위의 금지 (동법 제12조).

채권추심자는 채권추심과 관련하여 다음 각 호의 어느 하나에 해당하는 행위를 하여서는 아니 된다.

1. 혼인, 장례 등 채무자가 채권추심에 응하기 곤란한 사정을 이용하여 채무자 또는 관계인에게 채권추심의 의사를 공개적으로 표시하는 행위
2. 채무자의 연락두절 등 소재파악이 곤란한 경우가 아님에도 채무자의 관계인에게 채무자의 소재, 연락처 또는 소재를 알 수 있는 방법 등을 문의하는 행위
3. 정당한 사유 없이 수화자부담전화료 등 통신비용을 채무자에게 발생하게 하는 행위
3의2. 「채무자 회생 및 파산에 관한 법률」 제593조제1항제4호 또는 제600조제1항제3호에 따라 개인회생채권에 대한 변제를 받거나 변제를 요구하는 일체의 행위가 중지 또는 금지되었음을 알면서 법령으로 정한 절차 외에서 반복적으로 채무변제를 요구하는 행위
4. 「채무자 회생 및 파산에 관한 법률」에 따른 회생절차, 파산절차 또는 개인회생절차에 따라 전부 또는 일부 면책되었음을 알면서 법령으로 정한 절차 외에서 반복적으로 채무변제를 요구하는 행위
5. 엽서에 의한 채무변제 요구 등 채무자 외의 자가 채무사실을 알 수 있게 하는 행위(제9조제7호에 해당하는 행위는 제외한다).

▣ 채무자 지원 제도

○ 개인회생, 개인파산 신청 지원 (신용회복위원회)

신용회복 지원이 어려운 자에 대해 법원의 개인회생 및 파산 신청을 연계하여 지원(단, 신용회복지원 대상이 되는 경우에도 채무자의 연령, 채무종류 등을 감안, 개인회생·파산지원이 불가피한 자)하고 있다.

▶ 지원대상

● 법적 구제신청이 불가피하다고 판단되는 자로서 아래 요건 해당자 - 연소득 4천만 원 이하 - 최근 3개월 이내 신규채무 발생비중 30% 이하 - 최근 1년 이내 신규채무 발생비중 40% 이하 - 금융기관에 대한 채무불이행 기간이 30일 초과인 자

▶ 지원내용

① 개인회생・파산신청서, 변제계획안 등 관련 서류 작성을 무료로 지원 ② 법률구조기관(법률구조공단), 신용회복위원회 법률지원단이 소송대리 ③ 신용상담보고서 발급

＊ 신용회복위원회와 패스트트랙 협약이 체결되어 있는 지방법원의 경우 부채 증명서 대신 신용상담보고서를 제출하면 된다.

＊ 신용회복위원회(☎ 1600-5500, 홈페이지 www.ccrs.or.kr)

○ 신용대출 119 프로그램

개인 채무자의 연체 발생을 예방하기 위해 연체 우려 채무자 등을 대상으로 대출 만기 2개월(은행별로 2개월 이상으로 조정 가능) 전후에 은행에서 장기분할상환대출 전환 등의 대고객 안내 · 상담을 실시하고 있다.

▶ 지원대상

- 대출신규 이후 정상적인 기한연장이 어려운 신용등급으로 하락한 고객
- 현금서비스 과다 사용, 타 금융기관 부채증가 등의 사유로 다중채무자로 분류된 고객
- 기타 은행별 여신 정책상 연체발생우려 고객
- 본인의 채무관리를 희망하는 고객 등

* 단, 연체발생 우려자에 대한 세부기준은 각 은행별로 조정 가능

* 개별은행별 여건 등을 감안하여 신용대출 119 프로그램의 지원대상이 정해지므로 자신이 지원대상에 해당하는지 거래은행에 문의하면 된다.

▶ 지원내용

채무자별 상황에 따라 원금상환 유예, 만기연장, 분할상환으로의 대환 등 다양한 지원 강구

- 시행시기: 2016. 6월 말부터 시행중
- 신용대출 119 프로그램 지원절차

은행본점(대상자 선정, 영업점통지), 신용등급 하락고객 등, 만기 2개월 전 → 영업점(고객상담), TM · DM 활용안내 → 신용대출 119지원(장기분할상품 전환, 서민금융상품 지원) → 연체발생 예방

▶ 지원 사례: 선제적인 대출상담 및 지원으로 빚을 내 빚을 갚는 악순환 탈피

- A씨(42세, 남)는 1년 만기 신용대출 2천만 원을 받아 사용해 오던 중, 대출 만기를 두달여 앞두고 거래은행으로부터 대출연장을 하기 위해서는 일부 금액을 상환하여야 한다는 이야기를 듣고 고민에 빠졌다.
- 그 동안 A씨는 생계비가 필요할 때 신용카드 현금서비스나 서민금융 회사의 대출을 받아 사용해왔는데 이로 인하여 대출받을 당시의 신용등급보다 2단계 이상 하락하여 거래은행에서는 신용대출의 자동연장이 불가능한 상황이었다.

- 연체를 막기 위해 카드론이나 대부업체 이용을 고민하던 A씨에게 거래 은행은 A씨가 "신용대출 119 프로그램"의 대상자가 되며, 상환의지가 있다면 대출금의 일부 상환없이 최장 10년까지 장기분할상환대출로 전환하거나 다른 서민금융상품을 이용할 수 있다고 안내 받았다.
- A씨는 만기도래 전까지 거래은행의 안내, 상담에 따라 기존의 신용대출을 새희망홀씨로 전환하여 대출상환의 부담을 덜고 고금리 대출을 이용하여 더 많은 빚을 질 위험에서 벗어날 수 있었다.

○ 긴급 복지지원 (보건복지부), 상담센터 ☏ 129, 홈페이지 www.bokjiro.go.kr

갑작스러운 위기상황으로 생계유지가 곤란한 저소득층에게 생계·의료·주거지원 등 필요한 복지서비스를 신속하게 지원하여 위기상황에서 벗어날 수 있도록 돕는 제도이다.

▶ 지원대상

① 위기상황
- 주소득자의 사망, 가출, 행방불명, 구금시설 수용 등으로 소득상실.
- 중한 질병이나 부상.
- 가구원으로부터 방임·유기·학대 등을 당한 경우.
- 가정폭력 또는 성폭력을 당한 경우 등

② 소득기준
중위소득 75%(1인 기준 137만 873원, 4인기준 365만 7,218원) 이하

③ 재산기준
* 대도시(188백만 원), 중소도시(118백만 원), 농어촌(101백 만 원)
* 금융재산 5백만 원 이하. 단, 주거지원은 7백만 원 이하

▶ 지원내용

* 생계지원
- 식료품비, 의료비 등 생계유지에 필요한 비용 지원
- 123만 원(4인 기준), 최대 6회

* 의료지원
- 각종 검사, 치료 등 의료서비스 지원 (본인부담금 및 비급여 항목)
- 300만 원, 최대 2회

* 주거지원
- 임시거주 할 수 있는 주거 제공, 주거비용 지원
- 64만 3천 원 (4인 기준), 최대 12회

* 복지시설 이용 지원
- 사회복지시설 입소 또는 이용서비스 제공
- 145만 1천 원 (4인 기준), 최대 6회

* 교육지원
- 초 · 중 · 고등학생 중 수업료 지원
- 초 22.2만 원, 중 35.3만 원, 고 43.2만 원, 최대 2회 (주거지원 가구 4회)

○ 장기 소액채권 소각

▶ 내용 및 방법

예금보험공사 등 금융공기업과 일반금융회사가 보유중인 생계형 소액채무(원금 1천만 원 이하, 10년 이상 경과)는 정부의 '장기소액연체자 지원 대책'의 상환능력 심사 결과에 따라 추심을 중단하고 채권을 소각하기도 한다. 소각은 소멸시효를 완성시키는 방법으로 하는데 반드시 채무자가 신청하고 채권자가 동의해야 하므로 정부 발표만 믿고 가만히 있으면 안 된다.

▶ 소멸시효 완성채권

금융채권의 소멸시효는 통상 5년(상법 제 64조)으로 해당 기간이 지나면 시효가 완성된다. 다만, 법원의 지급명령 등으로 시효가 연장될 수 있고, 채무자가 일부 변제하는 등의 경우, 시효의 이익포기로 인정되어 채무가 부활한다.

▶ 금융권 소멸시효완성채권 처리

- 대상채권

공공부문 소멸시효 완성채권(국민행복기금, 금융공공기관)

민간부문 소멸시효 완성채권(은행, 보험, 여전, 저축은행, 상호여전 등)

▶ 소멸시효 완성채권 처리 절차도

- 대상채권 선별 · 심사 (조사확인 구비서류 점검표, 승인신청 대상명세 작성)
- 채권 상각 (상각승인 · 회계별 내부승인절차, 회계처리, 특수채권 편입)
- 채권 포기 (채권포기 · 소각, 내부규정 추가 마련, 전산원장 삭제)
- 사후관리 (채권포기 조회시스템 등록)
- 채권포기 단계에서 채무자에게 통보.

▶ 공공부문 소멸시효 완성채권 조회시스템

크레딧포유를 통해 금융공공기관의 대출채권 소각정보를 한 번에 조회할 수 있다.

[대상기관] 예금보험공사, 주택금융공사, 한국자산관리공사, 신용보증기금, 기술보증기금, 농림수산업자신용보증기금 (6개 기관)

* 대출채권 소각정보는 신용정보원이 아닌 각 금융공공기관이 보유하고 있는 정보로 세부사항에 대해서는 해당 금융공공기관으로 문의하면 된다.

■ 보증인 보호제도

IMF 외환위기 당시 필자가 이직했던 은행이 퇴출되었고 직원들은 뿔뿔이 흩어졌다. 그때까지 직장 동료들의 은행 내·외부 대출에 4건의 연대보증을 서주었다. 그 중 2명은 맞보증이었고 2명은 순수한 의도에서 도움을 주었다. 보증사고는 아무런 대가없이 연대보증을 서 주었던 2명에게서 발생했다. 상사와 부하직원이었던 그들은 잠적했고 지금까지 미안하다는 말 한 마디 전해오지 않았다. 그들을 대신해 9년 만에 연대보증채무를 감면받아 상환했다. 속 시원하기도 했지만 허탈했다. 필자와 같은 고통을 겪고 있을 보증인들을 생각하면 가슴이 아프다.

▶ 공동채무자

동일한 채권에 대하여 공동으로 채무를 부담하는 자를 말한다. 즉 수인이 각자 채무를 부담하는데 한 사람이 이행한다면 그것으로 인하여 전원의 채무가 소멸하는 것과 같은 관계에 있는 것이 보통이고 불가분채무자·연대채무자·주된 채무자와 보증인 등이 그것이다. 한 사람의 이행으로 인하여 채무가 소멸하게 되면 내부관계에 있어서 구상권이 발생한다.

▶ 연대보증의 기능

연대보증의 기능으로 순기능과 역기능이 있다. 순기능은 서민·영세상공인, 중소기업 등의 금융접근성을 제고하는 것이다. 역기능은 ① 주변 사람들까지 경제적 타격을 입게 되어 재기의 기반이 붕괴되고 패자부활의 기회가 사라진다. ② 금융회사의 책임성이 약화되어 연대보증의 관행화가 심화되고 대출책임을 회피하게 된다. ③ 보증책임에 대한 설명과 이해부족으로 금융소비자 보호에 취약해진다. 이처럼 역기능이 더 심각하기에 연대보증제도의 폐지 및 개선에 이르게 되었다.

□ 연대보증의 책임범위

- '특정 근보증'은 당해 채무(기한연장 · 증액 포함)만 보증하는 것이다. 예를 들어, 채무자 갑이 아파트담보대출을 받을 때 을이 보증인으로 입보하는 경우, A금융회사는 을에게 동 대출(기한연장 · 증액 포함)에 대해서만 보증책임을 부과할 수 있다.

- '한정 근보증'은 당해 채무와 같은 종류의 채무(특정 + 동일종류 신규대출)까지 보증하는 것이다. 예를 들어, 채무자 갑이 아파트담보대출을 받을 때 을이 보증인으로 입보하는 경우, 갑이 다른 부동산을 담보로 대출을 받아도 A금융회사는 을에게 그에 대한 보증책임을 부과하는 것이다.

- '포괄 근보증'은 대출 종류를 불문하고 모든 채무(한정 + 다른 종류 신규대출)를 보증하는 것이다. 예를 들어 채무자 갑이 아파트담보대출을 받을 때 을이 보증인으로 입보하는 경우, 갑이 다른 부동산을 담보로 대출을 받고, 신용대출까지 받아도 을에게 보증책임이 부과되는 것이다. 채권자에게 가장 유리하고 연대보증인에게 가장 가혹한 입보 방법이다.

□ 연대보증제도 폐지 및 개선 내용

시행일	폐지, 개선 내용	예외, 개선, 경과조치
2008. 7. 1.	은행의 가계대출에 대한 연대보증제도 폐지	주택금융공사모기지론 및 국민주택기금대출 등과 같이 법규상 연대보증이 요구된 경우 예외 인정
2009. 10. 1.	은행의 기업대출 자영업자 등 기업대출에 대한 개인연대보증을 실질적 기업소유주에 한하여 허용하는 등 최소범위로 운용	국민주택기금대출 등 법규상 연대보증인이 요구되는 등 부득이한 경우예외 인정
2013. 7. 1.	제2금융권 연대보증 전면 폐지	최대주주 등이 자신의 사업을 위해 필요한 경우, 생계 · 생업 유지에 필수적인 차량 구입의 경우 예외 인정
2016. 12. 19.	연대보증인, 담보제공자에 대한 통지 강화	채무자의 파산 · 폐업 · 연체 등에 대하여 연대보증인과 담보제공자에게 통지하는 것으로 개선
2019. 1. 1.	금융위에 등록한 대부업자의 연대보증 관행 폐지	기존 연대보증 계약은 계약변경 · 갱신 시 연대보증 취급을 중단함. 매입채권 추심업자는 2019. 1. 1. 이후 체결된 연대보증계약채권 양 · 수도 금지

□ 물적담보와 인적담보

▶ '물적담보'란 특정한 재산에 의한 채권의 담보로, 저당권 · 근저당권 · 질권이 있다.

▶ '인적담보'란 채무불이행에 대비하기 위하여 채무자 이외의 특정인의 신용에 의한 채권의 담보로, 단순보증 · 연대보증 · 공동보증이 있다.

▶ 인적담보(보증)의 종류

구분	최고, 검색의 항변권	분별의 이익
단순보증	유(有)	-
연대보증	무(無)	무(無)
공동보증	-	유(有)
부진정연대채무	-	무(無)

▶ 최고 · 검색의 항변권과 분별의 이익

* 최고 · 검색의 항변권
보증인이 채권자로부터 주채무자의 채무를 이행할 것을 청구받은 경우, 주채무자에게 변제자력이 있고 그 집행이 용이하다는 사실을 증명하여 먼저 주채무자에게 이행을 청구하라고 주장할 수 있는 권리이다(민법 제437조). 그러나 보증인이 주채무자와 연대하여 채무를 부담한 때에는 그러하지 아니하다.
* 나아가 채권자가 먼저 주채무자에게 최고하고 보증인에게 청구하더라도, 다시 주채무자의 변제자력과 집행의 용이함을 증명하고, 먼저 주채무자의 재산에 대하여 항변할 수 있다.
* 보증인의 최고 · 검색의 항변에도 불구하고 채권자가 최고나 검색(집행)을 게을리 하여 주채무자로부터 전부나 일부의 변제를 받지 못한 경우에, 보증인은 채권자가 게으르지 않았으면 변제받았을 한도에서 그 의무를 면한다.
* 분별의 이익
각 보증인이 주채무에 대하여 보증인의 수에 따라 균등한 비율로 분할하여 책임을 부담하는 것을 말한다.

▶ 단순보증

주채무자가 채무를 불이행할 경우 그를 대신해서 보증인이 채무를 변제하는 것을 말한다. 최고와 검색의 항변권이 인정된다.

▶ 연대보증

주채무자가 채무를 불이행할 경우 보증인이 주채무자와 연대하여 채무를 변제하는 것을 말한다. 연대보증인은 최고, 검색의 항변권이 인정되지 않고 분별의 이익이 없다.

법률적으로 연대보증은 주채무자가 변제를 하지 않을 경우에 한해서 채권자가 연대보증인에게 청구할 수 있는 것이 아니다. 금전소비대차계약서 1장에 각각 서명・날인 하지만 채권자와 주채무자, 채권자와 연대보증인 사이에 2개의 계약이 존재하기 때문에 각자가 상환할 의무가 있는 것이다. 실무적으로 주채무자가 채무불이행 상태에 빠졌을 때 연대보증인에게 청구하고 있을 뿐이다. 연대보증인 A가 채무를 대위변제한 경우 대위변제 금액 전액에 대하여 주채무자에게 구상권을 행사할 수 있다. 다른 연대보증인 B가 있을 경우 그 에게는 A가 대위변제한 금액 1/2(연대보증인 2명)에 대하여 구상권을 행사할 수 있다.

[tip] 연대보증인(관련인)에 대한 신용정보 등록

* 연대보증인은 연체정보의 등록대상이 아니다. 주 채무자가 채무변제를 하지 않을 경우, 연대보증인은 주 채무자와 연대하여 채무변제의 의무를 갖지만, 연대보증인에게 연체정보를 등록할 수는 없다. 다만 채권자인 금융회사가 법원의 판결을 받아 채무불이행자(등록코드: 0801)로 연대보증인을 공공정보에 등록할 수 있다.

* 법인에 대한 연체정보가 등록된 경우, 등록사유발생일 현재 그 회사 경영에 일정한 요건에 따라 참여하여 법인을 사실상 지배하는 자는 본인의 연체사실 여부에 상관없이 관련인정보로 등록된다.

* 관련인 정보는 해당 법인의 신용도판단정보가 해제되거나 금융기관이 정한 본인 부담액을 정리한 때, 또는 정책금융기관으로부터 연대보증을 면제받고 책임・투명경영 이행약정을 준수한 것으로 결정되어 보증부대출 취급 금융기관에 증명한 경우에는 해제된다.

▶ 공동보증

동일한 주채무에 대하여 수인의 보증인이 보증채무를 부담하는 것을 말한다. 공동보증인에게는 분별의 이익이 있다.

● 공동보증의 분별의 이익 (민법 제439조). 수인의 보증인이 각자의 행위로 보증채무를 부담한 경우에도 제408조의 규정을 적용한다.

• 분할채권관계 (민법 제408조).
채권자나 채무자가 수인인 경우에 특별한 의사표시가 없으면 각 채권자 또는 각 채무자는 균등한 비율로 권리가 있고 의무를 부담한다.
- 분별의 이익
공동보증에서는 각보증인이 1개의 계약으로 보증인이 되었거나 별개의 계약으로 보증인이 된 경우일지라도 각 보증인간에 균등하게 분할하고 그 분할된 부분을 보증하여야 한다.
- 분별의 이익의 예외
주채무가 '불가분채무'이거나 수인의 보증인이 주채무자와 연대로 채무를 부담하기로 하는 '연대보증'의 경우, 각 보증인이 분별의 이익을 포기하고 서로 연대하여 보증채무를 부담하기로 하는 '보증연대'인 경우에는 분별의 이익이 없다.

* 보험금을 대위변제한 채권자의 경우, 공동보증 관계에 있는 '주계약상 보증인'(보험계약에는 연대보증인으로 입보하지 않았으나 주계약서에 보증인으로 입보한 자)을 상대로 구상금청구소송 제기를 비롯한 추심활동을 할 수 있다.

□ 연대책임

국세기본법상 인정되는 대표적인 연대책임으로, 연대납세의무 · 법인의 2차 납세의무 · 사업양수인의 제2차 납세의무가 있다.

• 연대납세의무 (국세기본법 제25조).
공유물, 공동사업 또는 그 공동사업에 속하는 재산과 관계되는 국세 및 강제징수비는 공유자 또는 공동사업자가 연대하여 납부할 의무를 진다.
• 법인의 제2차 납세의무 (동법 제40조).
① 국세(둘 이상의 국세의 경우에는 납부기한이 뒤에 오는 국세)의 납부기간 만료일 현재 법인의 무한책임사원 또는 과점주주의 재산으로 그 출자자가 납부할 국세 및 강제징수비에 충당하여도 부족한 경우에는 그 법인은 다음 각 호의 어느 하나에 해당하는 경우에만 그 부족한 금액에 대하여 제2차 납세의무를 진다.
1. 정부가 출자자의 소유주식 또는 출자지분을 재공매하거나 수의계약으로 매각하려 하여도 매수희망자가 없는 경우
2. 법률 또는 그 법인의 정관에 의하여 출자자의 소유주식 또는 출자지분의 양도가 제한된 경우(「국세징수법」 제66조제4항에 따라 공매할 수 없는 경우는 제외한다)

> • 사업양수인의 제2차 납세의무 (동법 제41조).
>
> ① 사업이 양도·양수된 경우에 양도일 이전에 양도인의 납세의무가 확정된 그 사업에 관한 국세 및 강제징수비를 양도인의 재산으로 충당하여도 부족할 때에는 대통령령으로 정하는 사업의 양수인은 그 부족한 금액에 대하여 양수한 재산의 가액을 한도로 제2차 납세의무를 진다.
>
> - 연대납세의무가 있는 공유자나 제2차 납세의무가 있는 과점주주 등은 분별의 이익을 주장할 수 없다.

▶ 부진정 연대채무

"부진정연대채무"란 연대채무자의 의사와 상관없이 우발적으로 발생한 채무를 말한다. 주로 동일한 사실관계에 기한 손해를 수인이 각자의 입장에서 배상해주어야 할 의무를 부담하는 경우에 생긴다. 예를 들어, ① 2명 이상이 일방을 폭행하거나 사기행위를 하는 등 공동불법행위에 기한 가해자들의 손해배상의무 상호간 ② 불법행위에 기한 노동조합 간부 개인의 손해배상책임과 노동조합 자체의 손해배상책임 상호간 ③ 피용자가 사무집행에 관하여 불법행위를 한 경우에 피용자의 불법행위로 인한 손해배상 의무와 사용자의 손해배상의무 상호간 ④ 이행보조자 등의 과책에 기한 채무자의 채무불이행책임과 이행보조자 등의 불법행위책임 상호간 등이 있다. 부진정연대채무는 원칙적으로 구상관계가 발생하지 않는다. 그러나 공동불법행위에서와 같이 채무자들 사이에 특별한 내부관계에 있는 경우에 그에 기하여 구상관계가 인정되기도 한다.

> • 공동불법행위자의 책임 (민법 제760조).
>
> ① 수인이 공동의 불법행위로 타인에게 손해를 가한 때에는 연대하여 그 손해를 배상할 책임이 있다.
>
> ② 공동 아닌 수인의 행위중 어느 자의 행위가 그 손해를 가한 것인지를 알 수 없는 때에도 전항과 같다.
>
> ③ 교사자나 방조자는 공동행위자로 본다.

▶ 일상가사 연대책임

일상가사에 관한 연대책임에 관하여 판례의 태도는 사회통념상 부부간에 있어 남편이 처에게 가사 전반에 대한 대리권을 수여한다는 것은 이례적인 일에 속하고, 처가 소비대차, 어음발행, 근저당권설정, 부동산 매매계약 등과 같은 중요한 사항에 관하여 남편을 대리한다는 것은 극히 드문 일이라고 보고 있다.

☀ 민법 제832조에서 말하는 일상의 가사에 관한 법률행위라 함은 부부의 공동생활에서 필요로 하는 통상의 사무에 관한 법률행위를 말하는 것으로, 그 구체적인 범위는 부부공동체의 사회적 지위 · 재산 · 수입 능력 등 현실적 생활 상태뿐만 아니라 그 부부의 생활장소인 지역사회의 관습 등에 의하여 정하여지나, 당해 구체적인 법률행위가 일상의 가사에 관한 법률행위인지 여부를 판단함에 있어서는 그 법률행위를 한 부부공동체의 내부 사정이나 그 행위의 개별적인 목적만을 중시할 것이 아니라 그 법률행위의 객관적인 종류나 성질 등도 충분히 고려하여 판단하여야 한다(대법원 2000. 4. 25. 선고 2000다8267 판결).

□ 채권양도와 보증채무

채권자가 주채무에 대한 채권을 양도하면서 주채무자에 대한 대항요건(채권양도의 통지)을 갖춘 경우에, 이 채권양도는 보증인에 대해서도 효력이 미친다. 효력발생 이후부터 보증인은 채권의 양수인에 대하여 보증채무를 부담한다.

☀ 공사도급계약에서 "이 계약으로부터 발생하는 권리 또는 의무는 제3자에게 양도하거나 승계할 수 없다. 다만, 상대방의 서면승낙과 보증인의 동의를 얻었을 때에는 그러하지 아니하다."고 규정하고 있다 할지라도, 원칙적으로 의무의 승계에 있어서는 의무이행자가 누구인가 하는 것이 보증에 있어서 중대한 요소이므로 보증인의 동의를 요한다고 봄이 상당할 것이나, 권리의 양도로 인하여 보증인에게 어떠한 책임이 가중되거나 하는 일은 없으므로, 권리의 양도에 보증인의 동의를 요한다고 보기는 어렵다 할 것이어서, 도급인과 수급인이 수급인의 기성금청구채권을 하수급인들에게 양도함에 있어 위 도급계약조항에 의하여 수급인의 보증인의 동의를 요한다고 할 수는 없다(대법원 2001. 10. 26. 선고 2000다61435 판결).

■ 보증에 관한 '민법'및 '보증인 보호를 위한 특별법'

▶ 민법

● 분할채권관계 (민법 제408조).

분할채권관계 채권자나 채무자가 수인인 경우에 특별한 의사표시가 없으면 각 채권자 또는 각 채무자는 균등한 비율로 권리가 있고 의무를 부담한다.

• 연대채무의 내용 (민법 제413조).

수인의 채무자가 채무전부를 각자 이행할 의무가 있고 채무자 1인의 이행으로 다른 채무자도 그 의무를 면하게 되는 때에는 그 채무는 연대채무로 한다.

* 반면에 "연대채권"이란 수인의 채권자가 동일한 내용의 급부에 대하여 각자 독립하여 그 전부 또는 일부를 청구할 수 있는 권리를 가지고, 그 중 1인 또는 수인이 급부 전부를 수령하면 모든 채권자의 채권이 소멸하는 다수 당사자의 채권관계를 말한다.

• 각 연대채무자에 대한 이행청구 (민법 제414조).

채권자는 어느 연대채무자에 대하여 또는 동시나 순차로 모든 연대채무자에 대하여 채무의 전부나 일부의 이행을 청구할 수 있다.

• 채무자에 생긴 무효, 취소 (민법 415조).

어느 연대채무자에 대한 법률행위의 무효나 취소의 원인은 다른 연대채무자의 채무에 영향을 미치지 아니한다.

• 이행청구의 절대적 효력 (민법 제416조).

어느 연대채무자에 대한 이행청구는 다른 연대채무자에게도 효력이 있다.

• 상계의 절대적 효력 (민법 제418조).

① 어느 연대채무자가 채권자에 대하여 채권이 있는 경우에 그 채무자가 상계한 때에는 채권은 모든 연대채무자의 이익을 위하여 소멸한다.

② 상계할 채권이 있는 연대채무자가 상계하지 아니한 때에는 그 채무자의 부담부분에 한하여 다른 연대채무자가 상계할 수 있다.

• 혼동의 절대적 효력 (민법 제420조).

어느 연대채무자와 채권자간에 혼동이 있는 때에는 그 채무자의 부담부분에 한하여 다른 연대채무자도 의무를 면한다.

• 소멸시효의 절대적 효력 (민법 421조).

어느 연대채무자에 대하여 소멸시효가 완성한 때에는 그 부담부분에 한하여 다른 연대채무자도 의무를 면한다.

• 채권자지체의 절대적 효력 (민법 제422조).

어느 연대채무자에 대한 채권자의 지체는 다른 연대채무자에게도 효력이 있다.

• 부담부분의 균등 (민법 제424조).

연대채무자의 부담부분은 균등한 것으로 추정한다.

• 출재채무자의 구상권 (민법 제425조).

① 어느 연대채무자가 변제 기타 자기의 출재로 공동면책이 된 때에는 다른 연대채무자의

부담부분에 대하여 구상권을 행사할 수 있다.

② 전항의 구상권은 면책된 날 이후의 법정이자 및 피할 수 없는 비용 기타 손해배상을 포함한다.

● 구상요건으로서의 통지 (민법 제426조).

① 어느 연대채무자가 다른 연대채무자에게 통지하지 아니하고 변제 기타 자기의 출재로 공동면책이 된 경우에 다른 연대채무자가 채권자에게 대항할 수 있는 사유가 있었을 때에는 그 부담부분에 한하여 이 사유로 면책행위를 한 연대채무자에게 대항할 수 있고 그 대항사유가 상계인 때에는 상계로 소멸할 채권은 그 연대채무자에게 이전된다.

② 어느 연대채무자가 변제 기타 자기의 출재로 공동면책되었음을 다른 연대채무자에게 통지하지 아니한 경우에 다른 연대채무자가 선의로 채권자에게 변제 기타 유상의 면책행위를 한 때에는 그 연대채무자는 자기의 면책행위의 유효를 주장할 수 있다.

* 과실 있는 구상권자보다 과실 없는 피구상자를 보호하려는 취지에 기한 것이다. 즉, 공동면책을 발생시키는 행위를 한 연대채무자가 사전 또는 사후의 통지를 하지 않은 경우에, 그의 내부 관계에 기한 구상권이 제한된다.

* 어느 연대채무자가 변제 기타 출재로 연대채무자 모두의 면책, 즉 공동면책을 가져온 경우에, 그는 다른 연대채무자들에 대하여 그들의 부담부분에 따라 구상권을 행사할 수 있다. 구상을 용이하게 하기 위해 변제자대위권이 인정된다.

● 보증의 방식 (민법 제428조의2).

① 보증은 그 의사가 보증인의 기명날인 또는 서명이 있는 서면으로 표시되어야 효력이 발생한다. 다만, 보증의 의사가 전자적 형태로 표시된 경우에는 효력이 없다.

② 보증채무를 보증인에게 불리하게 변경하는 경우에도 제1항과 같다.

③ 보증인이 보증채무를 이행한 경우에는 그 한도에서 제1항과 제2항에 따른 방식의 하자를 이유로 보증의 무효를 주장할 수 없다.

● 근보증 (민법 제428조의3).

① 보증은 불확정한 다수의 채무에 대해서도 할 수 있다. 이 경우 보증하는 채무의 최고액을 서면으로 특정하여야 한다.

② 제1항의 경우 채무의 최고액을 제428조의2 제1항에 따른 서면으로 특정하지 아니한 보증계약은 효력이 없다.

● 보증채무의 범위 (민법 제429조).

① 보증채무는 주채무의 이자, 위약금, 손해배상 기타 주채무에 종속한 채무를 포함한다.

② 보증인은 그 보증채무에 관한 위약금 기타 손해배상액을 예정할 수 있다.

• 보증인의 조건 (민법 제431조).

① 채무자가 보증인을 세울 의무가 있는 경우에는 그 보증인은 행위능력 및 변제자력이 있는 자로 하여야 한다.

② 보증인이 변제자력이 없게 된 때에는 채권자는 보증인의 변경을 청구할 수 있다.

③ 채권자가 보증인을 지명한 경우에는 전2항의 규정을 적용하지 아니한다.

• 보증인과 주채무자항변권 (민법 제433조).

① 보증인은 주채무자의 항변으로 채권자에게 대항할 수 있다.

② 주채무자의 항변포기는 보증인에게 효력이 없다.

• 보증인과 주채무자상계권 (민법 제434조).

보증인은 주채무자의 채권에 의한 상계로 채권자에게 대항할 수 있다.

• 보증인과 주채무자의 취소권 등 (민법 제435조).

주채무자가 채권자에 대하여 취소권 또는 해제권이나 해지권이 있는 동안은 보증인은 채권자에 대하여 채무의 이행을 거절할 수 있다.

• 보증인의 최고, 검색의 항변 (민법 제437조).

채권자가 보증인에게 채무의 이행을 청구한 때에는 보증인은 주채무자의 변제자력이 있는 사실 및 그 집행이 용이할 것을 증명하여 먼저 주채무자에게 청구할 것과 그 재산에 대하여 집행할 것을 항변할 수 있다. 그러나 보증인이 주채무자와 연대하여 채무를 부담한 때에는 그러하지 아니하다.

• 최고, 검색의 해태의 효과 (민법 438조).

전조의 규정에 의한 보증인의 항변에 불구하고 채권자의 해태로 인하여 채무자로부터 전부나 일부의 변제를 받지 못한 경우에는 채권자가 해태하지 아니하였으면 변제받았을 한도에서 보증인은 그 의무를 면한다.

• 공동보증의 분별의 이익 (민법 제439조).

수인의 보증인이 각자의 행위로 보증채무를 부담한 경우에도 제408조의 규정을 적용한다.

• 수탁보증인의 구상권 (민법 제441조).

① 주채무자의 부탁으로 보증인이 된 자가 과실없이 변제 기타의 출재로 주채무를 소멸하게 한 때에는 주채무자에 대하여 구상권이 있다.

② 제425조 제2항의 규정은 전항의 경우에 준용한다.

• 수탁보증인의 사전구상권 (민법 제442조).

① 주채무자의 부탁으로 보증인이 된 자는 다음 각호의 경우에 주채무자에 대하여 미리 구상권을 행사할 수 있다.

1. 보증인이 과실없이 채권자에게 변제할 재판을 받은 때

2. 주채무자가 파산선고를 받은 경우에 채권자가 파산재단에 가입하지 아니한 때

3. 채무의 이행기가 확정되지 아니하고 그 최장기도 확정할 수 없는 경우에 보증계약 후 5년을 경과한 때

4. 채무의 이행기가 도래한 때

② 전항 제4호의 경우에는 보증계약후에 채권자가 주채무자에게 허여한 기한으로 보증인에게 대항하지 못한다.

● 부탁없는 보증인의 구상권 (민법 제444조).

① 주채무자의 부탁없이 보증인이 된 자가 변제 기타 자기의 출재로 주채무를 소멸하게 한 때에는 주채무자는 그 당시에 이익을 받은 한도에서 배상하여야 한다.

② 주채무자의 의사에 반하여 보증인이 된 자가 변제 기타 자기의 출재로 주채무를 소멸하게 한 때에는 주채무자는 현존이익의 한도에서 배상하여야 한다.

③ 전항의 경우에 주채무자가 구상한 날 이전에 상계원인이 있음을 주장한 때에는 그 상계로 소멸할 채권은 보증인에게 이전된다.

● 구상요건으로서의 통지 (민법 제445조).

① 보증인이 주채무자에게 통지하지 아니하고 변제 기타 자기의 출재로 주채무를 소멸하게 한 경우에 주채무자가 채권자에게 대항할 수 있는 사유가 있었을 때에는 이 사유로 보증인에게 대항할 수 있고 그 대항사유가 상계인 때에는 상계로 소멸할 채권은 보증인에게 이전된다.

② 보증인이 변제 기타 자기의 출재로 면책되었음을 주채무자에게 통지하지 아니한 경우에 주채무자가 선의로 채권자에게 변제 기타 유상의 면책행위를 한 때에는 주채무자는 자기의 면책행위의 유효를 주장할 수 있다.

● 부부간의 가사대리권 (민법 제827조).

① 부부는 일상의 가사에 관하여 서로 대리권이 있다.

② 전항의 대리권에 가한 제한은 선의의 제삼자에게 대항하지 못한다.

● 가사로 인한 채무의 연대책임 (민법 제832조).

부부의 일방이 일상의 가사에 관하여 제삼자와 법률행위를 한 때에는 다른 일방은 이로 인한 채무에 대하여 연대책임이 있다. 그러나 이미 제삼자에 대하여 다른 일방의 책임없음을 명시한 때에는 그러하지 아니하다.

▶ '보증인 보호를 위한 특별법'

'보증인 보호를 위한 특별법'(이하 '이 법'이라고 한다)에는 보증인을 보호하기 위하여 보증의 방식, 보증채무 최고액의 특정, 보증기간 등에 대한 규정을 두고 있고 이는 편면적 강행규정이다. 따라서 이 법에 반하는 보증으로서 보증인에게 불리한 것은 효력이 없다. 그러나 위와 같은 규정들이 적용되기 위해서는 먼저 그가 이 법에서 보호받는 보증인에 해당하여야 한다(이 법의 보증인에 해당되지 않는다고 해서 당연 무효가 되는 것은 아니다). 이 법은 민법의 특별법으로서 아무런 대가 없이 호의로 이루어지는 보증인의 피해를 방지하기 위한 것이므로, 제2조에서 정한 일정한 사람을 보호대상인 보증인에서 제외하고 있다.

● 목적 (동법 제1조).

이 법은 보증에 관하여「민법」에 대한 특례를 규정함으로써 아무런 대가 없이 호의로 이루어지는 보증으로 인한 보증인의 경제적·정신적 피해를 방지하고, 금전채무에 대한 합리적인 보증계약 관행을 확립함으로써 신용사회 정착에 이바지함을 목적으로 한다.

● 정의 (동법 제2조).

이 법에서 사용하는 용어의 뜻은 다음과 같다.

1. "보증인"이란「민법」제429조제1항에 따른 보증채무(이하 "보증채무"라 한다)를 부담하는 자로서 다음 각 목에서 정하는 경우를 제외한 자를 말한다.

가.「신용보증기금법」제2조제1호에 따른 기업(이하 "기업"이라 한다)이 영위하는 사업과 관련된 타인의 채무에 대하여 보증채무를 부담하는 경우

나. 기업의 대표자, 이사, 무한책임사원,「국세기본법」제39조제2항에 따른 과점주주 또는 기업의 경영을 사실상 지배하는 자가 그 기업의 채무에 대하여 보증채무를 부담하는 경우

다. 기업의 대표자, 이사, 무한책임사원,「국세기본법」제39조 제2항에 따른 과점주주 또는 기업의 경영을 사실상 지배하는 자의 배우자, 직계 존속·비속 등 특수한 관계에 있는 자가 기업과 경제적 이익을 공유하거나 기업의 경영에 직접·간접적으로 영향을 미치면서 그 기업의 채무에 대하여 보증채무를 부담하는 경우

라. 채무자와 동업 관계에 있는 자가 동업과 관련한 동업자의 채무를 부담하는 경우

마. 나목부터 라목까지의 어느 하나에 해당하는 경우로서 기업의 채무에 대하여 그 기업의 채무를 인수한 다른 기업을 위하여 보증채무를 부담하는 경우

바. 기업 또는 개인의 신용을 보증하기 위하여 법률에 따라 설치된 기금 또는 그 관리기관이 보증채무를 부담하는 경우

2. "보증계약"이란 그 형식이나 명칭에 관계없이 채무자가 채권자에 대한 금전채무를 이행하지 아니하는 경우에 보증인이 그 채무를 이행하기로 하는 채권자와 보증인 사이의 계약을 말한다.

- 보증채무 최고액의 특정 (동법 제4조).

보증계약을 체결할 때에는 보증채무의 최고액을 서면으로 특정하여야 한다. 보증기간을 갱신할 때에도 또한 같다.

- 채권자의 통지의무 등 (동법 제5조).

① 채권자는 주채무자가 원본, 이자 그 밖의 채무를 3개월 이상 이행하지 아니하는 경우 또는 주채무자가 이행기에 이행할 수 없음을 미리 안 경우에는 지체 없이 보증인에게 그 사실을 알려야 한다.

② 채권자로서 보증계약을 체결한 금융기관은 주채무자가 원본, 이자 그 밖의 채무를 1개월 이상 이행하지 아니하는 경우에는 지체 없이 그 사실을 보증인에게 알려야 한다.

③ 채권자는 보증인의 청구가 있으면 주채무의 내용 및 그 이행 여부를 보증인에게 알려야 한다.

④ 채권자가 제1항부터 제3항까지의 규정에 따른 의무를 위반한 경우에는 보증인은 그로 인하여 손해를 입은 한도에서 채무를 면한다.

- 근보증 (동법 제6조).

① 보증은 채권자와 주채무자 사이의 특정한 계속적 거래계약이나 그 밖의 일정한 종류의 거래로부터 발생하는 채무 또는 특정한 원인에 기하여 계속적으로 발생하는 채무에 대하여도 할 수 있다. 이 경우 그 보증하는 채무의 최고액을 서면으로 특정하여야 한다.

② 제1항의 경우 채무의 최고액을 서면으로 특정하지 아니한 보증계약은 효력이 없다.

- 보증기간 등 (동법 제7조).

① 보증기간의 약정이 없는 때에는 그 기간을 3년으로 본다.

② 보증기간은 갱신할 수 있다. 이 경우 보증기간의 약정이 없는 때에는 계약체결 시의 보증기간을 그 기간으로 본다.

③ 제1항 및 제2항에서 간주되는 보증기간은 계약을 체결하거나 갱신하는 때에 채권자가 보증인에게 고지하여야 한다.

④ 보증계약 체결 후 채권자가 보증인의 승낙 없이 채무자에 대하여 변제기를 연장하여 준 경우에는 채권자나 채무자는 보증인에게 그 사실을 알려야 한다. 이 경우 보증인은 즉시 보증채무를 이행할 수 있다.

● 금융기관 보증계약의 특칙 (동법 제8조).

① 금융기관이 채권자로서 보증계약을 체결할 때에는 「신용정보의 이용 및 보호에 관한 법률」에 따라 종합신용정보집중기관으로부터 제공받은 채무자의 채무관련 신용정보를 보증인에게 제시하고 그 서면에 보증인의 기명날인이나 서명을 받아야 한다. 보증기간을 갱신할 때에도 또한 같다.

② 금융기관이 제1항에 따라 채무자의 채무관련 신용정보를 보증인에게 제시할 때에는 채무자의 동의를 받아야 한다.

③ 금융기관이 제1항에 따라 보증인에게 채무관련 신용정보를 제시하지 아니한 경우에는 보증인은 금융기관에 대하여 보증계약 체결 당시 채무자의 채무관련 신용정보를 제시하여 줄 것을 요구할 수 있다.

④ 금융기관이 제3항에 따라 채무관련 신용정보의 제시요구를 받은 날부터 7일 이내에 그 요구에 응하지 아니하는 경우에는 보증인은 그 사실을 안 날부터 1개월 이내에 보증계약의 해지를 통고할 수 있다. 이 경우 금융기관이 해지통고를 받은 날부터 1개월이 경과하면 해지의 효력이 생긴다.

■ 보증인 보호, 보증채무 이행에 관한 판례

☀ '보증인 보호를 위한 특별법'제4조 전단은 "보증계약을 체결할 때에는 보증채무의 최고액을 서면으로 특정"할 것을 요구한다. 이는 위 법률 제3조 제1항과도 조응하여 보증인이 보증을 함에 있어서 자신이 지게 되는 법적 부담의 주요한 내용을 미리 예측할 수 있도록 하려는 것으로 이해된다. 따라서 확정된 주채무에 관한 채권증서에 보증인이 기명날인 또는 서명하는 방식으로 보증의 의사를 표시한 일반 보증의 경우에 그 서면에 주채무자가 부담하는 원본채무의 금액이 명확하게 기재되어 있다면 다른 특별한 사정이 없는 한 이로써 위 법률 제4조 전단의 요건은 적법하게 충족되었다고 볼 것이고, 그 외에 이자 또는 지연손해금 등과 같은 종된 채무에 관하여 별도로 그 액을 특정할 것이 요구되지는 아니한다(대법원 2013. 6. 27. 선고 2013다23372 판결).

☀ 보증인 보호를 위한 특별법에 의하면, 보증기간의 약정이 없는 때에는 그 기간을 3년으로 보고(제7조 제1항), 보증기간은 갱신할 수 있되 보증기간의 약정이 없는 때에는 계약체결 시의 보증기간을 그 기간으로 본다(제7조 제2항) 라고 되어 있다.

이러한 규정들의 내용과 체계, 입법 목적 등에 비추어 보면, 보증인보호법 제7조 제1항의 취지는 보증채무의 범위를 특정하여 보증인을 보호하는 것이다. 따라서 이 규정에서 정한 '보증기간'은 특별한 사정이 없는 한 보증인이 보증책임을 부담하는 주채무의 발생기간이라고 해석함이 타당하고, 보증채무의 존속기간을 의미한다고 볼 수 없다(대법원 2020. 7. 23. 선고 2018다42231 판결).

☀ 사업을 하는 개인이나 법인이 타인의 채무에 대하여 보증계약을 체결한 경우 그 타인의 채무가 자신이 영위하는 사업과 관련된 것이라면 그 보증계약은 보증인보호법의 적용대상이 되지 아니하므로 비록 보증하는 채무의 최고액을 서면으로 특정하지 아니하였더라도 보증인보호법 제6조 제2항에 따라 무효라고 할 수 없다(대법원 2013. 12. 12. 선고 2013다71159 판결).

☀ 보증인 보호를 위한 특별법의 목적 및 보증인보호법 제2조 제1호, 제2호의 문언에 비추어 볼 때, 보증인보호법은 민법 제429조 제1항에 따른 보증채무를 부담하는 경우에 적용될 뿐 타인의 채무에 대하여 담보물의 한도 내에서 책임을 지는 물상보증의 경우에는 적용되지 아니한다(대법원 2015. 3. 26. 선고 2014다83142 판결).

☀ 일반적으로 서명은 기명날인과 달리 명의자 본인이 자신의 이름을 쓰는 것을 의미한다. 구 보증인보호법의 입법 목적과 취지, 규정 내용 등을 종합해 보면, 구 보증인보호법 제3조 제1항에서 정한 '보증인의 서명'은 원칙적으로 보증인이 직접 자신의 이름을 쓰는 것을 의미하며 타인이 보증인의 이름을 대신 쓰는 것은 이에 해당하지 아니한다고 해석함이 타당하다(대법원 2017. 12. 13. 선고 2016다233576 판결).

☀ '보증인의 서명'은 원칙적으로 보증인이 직접 자신의 이름을 쓰는 것을 의미하므로 타인이 보증인의 이름을 대신 쓰는 것은 이에 해당하지 않지만, '보증인의 기명날인'은 타인이 이를 대행하는 방법으로 하여도 무방하다. 불확정한 다수의 채무에 대하여 보증하는 경우, 보증채무의 최고액이 서면으로 특정되어 보증계약이 유효하다고 하기 위해서는 보증인의 보증의사가 표시된 서면에 보증채무의 최고액이 명시적으로 기재되거나 이와 동일시할 수 있을 정도의 구체적인 기재가 필요하다(대법원 2019. 3. 14. 선고 2018다282473 판결).

☀ 연대채무자 또는 연대보증인 중 1인이 채무의 일부를 변제한 경우에 당사자 사이에 특별한 합의가 없는 한 그 변제된 금액은 민법 제479조의 법정충당 순서에 따라 비용, 이자, 원본의 순서로 충당되어야 하므로 지연손해금 채무가 원본채무보다 먼저 충당된다. 채권의 목적을 달성시키는 변제와 같은 사유는 연대채무자 또는 연대보증채무자 전원에 대하여 절대적 효력을 가지므로 어느 채무자의 변제 등으로 다른 채무자와 공동으로 부담하는 부분의 채무가 소멸되면 그 채무소멸의 효과는 다른 채무자 전원에 대하여 미친다(대법원 2013. 3. 14. 선고 2012다85281 판결).

☀ 경매개시결정의 다른 연대채무자에 대한 시효중단의 효력
채권자의 신청에 의한 경매개시결정에 따라 연대채무자 1인의 소유 부동산이 압류된 경우, 이로써 위 채무자에 대한 채권의 소멸시효는 중단되지만, 압류에 의한 시효중단의 효력은 다른 연대채무자에게 미치지 아니하므로, 경매개시결정에 의한 시효중단의 효력을 다른 연대채무자에 대하여 주장할 수 없다. 채권자가 연대채무자 1인의 소유 부동산에 대하여 경매신청을 한 경우, 이는 최고로서의 효력을 가지고 있고, 연대채무자에 대한 이행청구는 다른 연대채무자에게도 효력이 있으므로, 채권자가 6월 내에 다른 연대채무자를 상대로 재판상 청구를 하였다면 그 다른 연대채무자에 대한 채권의 소멸시효가 중단되지만, 이로 인하여 중단된 시효는 위 경매절차가 종료된 때가 아니라 재판이 확정된 때로부터 새로 진행된다(대법원 2001. 8. 21. 선고 2001다22840 판결).

☀ 수인의 보증인이 주채무자의 채무를 일정한 한도에서 보증하기로 하는 이른바 일부보증을 한 경우에 보증인 중 1인이 채무의 전액이나 자기의 부담부분 이상을 변제함으로써 다른 보증인의 책임한도가 줄어들게 되어 공동으로 면책이 되었다면 다른 보증인에 대하여 구상을 할 수 있고, 그 부담부분의 비율에 대하여는 그들 사이에 특약이 있으면 당연히 그에 따르되 그 특약이 없는 경우에는 각자 보증한도액의 비율로 부담하게 된다(대법원 2005. 3. 11. 선고 2004다42104 판결).

☀ 기업 대표자 등의 배우자·직계가족 등일지라도 기업과 경제적 이익을 공유하거나 기업의 경영에 직접 또는 간접적으로 영향을 미치면서 그 기업의 채무에 대하여 보증채무를 부담하는 경우가 아닌 때에는 다른 보증인과 마찬가지로 보증인 보호를 위한 특별법(이하 '보증인보호법'이라 한다)의 보호를 받는 보증인에 해당한다고 할 것이고, 보증인보호법의 적용대상에서 제외된다는 점에 관해서는 이를 주장하는 자가 증명해야 한다(서울고등법원 2019. 7. 16. 선고 2018나2033075 판결).

☀ 채권자와 주채무자 사이의 소송에서 주채무의 존부나 범위에 관하여 주채무자가 전부 또는 일부 승소하는 판결이 확정된 경우에도 그 판결의 기판력이 보증인에게는 미치지 아니하므로, 보증채무의 부종성 원칙에도 불구하고 보증인이 주채무자 승소판결을 원용하여 자신의 보증채무의 이행을 거절할 수는 없다(대법원 2015. 7. 23. 선고 2014다228099 판결).

▣ 민원 제도

조선의 3대 왕 태종(1400~1418) 이방원은 태조 이성계의 다섯째 아들이다. 그는 관제 개혁을 통해 왕권을 강화한 인물로 세종대왕의 부친이기도 하다. 정도전을 살해하는 등 1~2차 왕자의 난을 일으키고 즉위한 태종은 민심을 수습해야 했다. 백성들의 억울함을 직접 풀어주기 위해 이듬해에 설치한 '신문고'가 그 일환이었다. 오늘날은 '청와대 국민청원 제도'와 국민권익위원회에서 운영하고 있는 참여포털인 '국민신문고'가 그 역할을 대신하고 있다.

금융회사와 고객 간 분쟁에 관해서는 금융위원회 산하 '금융감독원'에서 관장하고 있다. 금융위원회와 금융감독원은 공동으로 금융민원센터(www.fcsc.kr / ☎1332)를 운영하고 있다. 민원대상 금융회사는 은행부문 66개, 비은행부문 3,183개, 보험부문 45개, 증권부문 232개, 기타 60,493개, 총 64,019개 기관으로 폭 넓게 지정되어 있다. 전화 · 서면 또는 금융민원 신청하기를 클릭해서 접수하면 된다. 한편 신용보증기금, 기술신용보증기금, 예금보험공사, 한국자산관리공사, 한국주택금융공사, 한국거래소, 산업은행, 농림수산업자신용보증기금 등 정부투자 공공기관에 관한 민원은 '국민신문고로 신청하기'를 클릭해야 한다.

은행은 국제결제은행(Bank for international Settlement)이 정한 위험자산 대비 자기자본 비율을 8% 이상으로 유지하여야 한다. 이를 BIS비율이라고 하는데 자산 건전성을 점검하는 핵심지표이다. 은행 신용등급 등 대외 공신력과도 직결되어 있다. BIS비율을 높이려면 위험자산을 줄이거나 자기자본을 늘려야 한다. 위험자산 산정을 위한 위험 가중치는 주택담보대출 50%, 신용대출 100%이다. 부실채권의 대부분은 기업체의 담보물 매각가격 하락과 외환업무 등 신용여신에서 발생하지만 개인 신용대출도 상당부분을 차지한다. 이 때문에 은행을 비롯한 금융회사는 부실채권 감축에 총력을 기울일 수밖에 없다.

장기간 회수되지 않는 부실채권 때문에 골머리를 앓고 있는 채권자와 생활고로 예민해진 채무자는 충돌할 수밖에 없다. 당사자가 서로의 입장을 이해하고 부드럽게 상담하는 것이 순리이지만 현실은 그렇지 않다. 채권자(채권추심원)의 불법추심 행위가 근절되지 않거나 부당한 강제집행을 당한 경우 다음과 같이 대처한다.

① 채권자에게 자신이 처한 상황을 설명한 다음, 변제계획 고지와 함께 특정 기한까지 기다려줄 것을 요청한다. 도저히 변제하지 못할 상황이라면 솔직하게 말해줘야 채권자도 추심행위를 보류하거나 포기한다.
② 변제약속을 이행하지 못할 경우에는 사전에 양해를 구한다. 기다려 준 채권자에 대한 도리이다.
③ 신용회복, 개인회생, 개인파산·면책 신청 예정인 경우 그 사실을 고지한다. 신청서 접수 후 사건번호를 알려주고 거듭 양해를 구한다. "말 한마디가 천 냥 빚을 갚는다".는 속담을 되새기자.
④ 신용회복의 경우 채권자의 동의가 필요하므로 평소에 원만한 관계를 유지하는 것이 중요하다. 동의한 채권금융회사 채권합계액이 총 채권액 대비 50%이상 되어야 채무조정이 가능하다. 이 때문에 상대적으로 고액의 채권을 보유한 채권자가 부동의 하는 경우도 있다.
⑤ '채권의 공정한 추심에 관한 법률'을 위반한 불법 추심행위에 대해서는 시정을 요구한다. 이와 같은 행위가 반복될 경우에는 민원 제기 가능성을 언급하며 경고한다.
⑥ 민원 제기 경고에도 불구하고 불법 추심행위가 계속 반복될 경우, 채권 금융회사의 지점장·부서장에게 공식적으로 이의를 제기한다. 공식적인 문제 제기에도 정당한 요청이 수용되지 않을 경우, 감사실 → 금융감독원 → 국민권익위원회 순서대로 민원을 제기한다.
⑦ 현실적으로 금융감독원 조정 대상에서 제외된 민원은 소송을 통해 해결할 수밖에 없다. 특히 국민권익위원회는 국민의 보편적 인권과 권익의 신장을 위해 존속하는 기관이라는 점도 감안해야 한다. 민원을 제기하더라도 금융감독원이나 채권금융회사에 이첩하는 경우가 많다. 청와대는 할 일이 너무 많은 곳이다. 국민청원은 자제하자.
⑧ 처음부터 감사실, 금융감독원, 국민권익위원회에 민원을 제기하는 것은 절차적 정당

성에 대한 명분을 스스로 훼손하는 것이다. 채무자도 최소한의 예의를 지켜야 한다.

⑨ 민원 접수 건수에 대해 채권 금융회사의 지점은 본사의 평가를 받고, 본사는 금융감독원의 평가를 받는다. 법률과 업무규정에 크게 저촉되지 않는 민원은 대부분 지점장·부서장 선에서 처리할 수 있으므로 너무 흥분하지 않는 것이 좋다.

⑩ 무조건 민원을 제기한다고 해결된다는 생각은 버려야 한다. 채무자 입장에서 억울한 강제집행이 채권자의 합법적인 권리 행사의 일환이라면 특별한 해결책이 없을 수도 있다.

⑪ 민원을 제기하더라도 폭언 등 욕설, 협박을 하면 안 된다. 기본적인 예의이기도 하지만 통화내용이 자동 녹음되어 모욕죄·협박죄의 증거로 활용될 수 있다. 그렇다고 너무 점잖게 민원을 제기하면 얕잡아 본다.

⑫ 민원의 수용을 비롯한 채권자의 사과가 있거나, 채무자의 오해가 있었던 경우에는 감정의 앙금을 풀고 화해하는 것이 정신건강에 이롭다.

⑬ 법률에 근거해 강제 집행하는 채권자에게 억지 부리고 큰 소리 치는 것이 민원의 본질은 아니다. 부당한 강제집행에 대하여 채권자를 능가하는 법률지식과 실력으로 빈틈을 찾아내 자신의 주장을 관철시키는 것이 민원의 본 모습이다. 불친절 등 태도에 관한 민원은 부수적인 것이어서 근본적으로 문제를 해결하지는 못한다.

▣ 소비자신용에 관한 법률(안)

채무자를 더욱 두텁게 보호할 목적으로 금융위원회가 추진 중인 '소비자신용에 관한 법률'안의 주요 내용을 정리하면 아래와 같다. 이미 미국・영국・호주 등 선진국에서는 채무자 등을 보호하기 위한 소비자신용법이 시행되고 있다. 이 법률안은 2020년 12월 15일(화) 온라인 공청회를 마치고 법제처에서 심사 중이다. 2022년 상반기 중 국회 본회의 통과 후 시행을 목표로 하고 있는데 대선일정 때문에 유동적이다. 내용이 파격적이어서 관련 업계의 업무처리 관행에 큰 변화를 줄 것으로 예상된다. 이 때문에 법제처 심사 및 국회 입법 심의 과정에서 조문과 자구가 수정될 수 있다. 정확한 법률내용이 공포된 후에 내용을 확인하기 바란다.

○ 추진 배경

□ 개인 신용대출이 본격화된 2000년대 이후 수차례 제도개선을 통해 현재의 개인채무자보호 제도의 틀을 형성해 왔음.

1. 연체채무자 재기지원을 위해 신용회복위원회 개인워크아웃('02년), 법원 개인회생('04년) 등 채권자 집단적 채무조정 제도를 구축함.
2. 추심자와 채무자간 접점에서 나타날 수 있는 가혹한 불법 추심행위를 제한하기 위해 채권추심법을 제정함('09년).
3. 불법사금융 방지를 위해 대부업법을 제정('02년)하고, 매입추심업을 규율・감독대상에 포함시킴('09년).

□ 이에 따라 추심질서 개선 등 상당한 성과가 있었으나, 개인연체채무자 입장에서는 여전히 연체・추심부담이 과도한 상황임.

1. 채무자가 신복위 · 법원에 채무조정을 신청하기 前 조기에 채권금융기관과 직접 채무조정을 협의할 수 있는 기회가 부재한 현실임.

* 신복위 채무조정 확정 연체채무자의 평균 연체기간은 35개월임('19년 기준).

2. 채권추심법은 폭행 · 협박 등 특정 추심행위를 금지하는 소극적 규율방식으로 채무자의 재기지원과 권익증진에 한계를 드러냄.

3. 채권금융기관의 제3자 추심(추심위탁 · 채권매각)이 보편화되어 고객보호에 소홀해지고 회수에 치중한 추심관행이 형성됨.

▶ 대출 全과정에서 채권금융기관, 추심자, 개인채무자간 권리 · 의무가 균형을 이룰 수 있도록 규율마련 추진 ▶ 대부계약을 규율하는 현행 대부업법에 연체발생 이후 추심, 채무조정 등 관련 규율을 추가 ▶ 소비자신용법으로 확대 개편(대부업법 전부개정 및 제명변경)

○ 기본방향

채권자와 추심자의 채무자 보호책임을 강화하고 채무자의 방어권을 확대 → 고객보호 회수가치의 균형

○ 특정 행위를 금지 · 의무화하기 보다는 내부 관리절차와 유인구조 마련에 집중 → 채무자의 추심부담 · 피해가 채권자와 추심자의 비용으로 인식되도록 하고 이들에 대한 시장 평판 형성 유도

○ 주요 내용

1. 개인채무자와 채권금융기관간 사적 채무조정 활성화

* 채무조정요청권 및 채무조정교섭업 도입 등

2. 개인채무자의 과도한 연체 · 추심부담 완화

* 연체채무부담 한정, 추심총량제한, 연락제한요청권 및 법정손해배상 도입 등

3. 채권금융기관의 채무자 보호책임 강화

* 수탁 · 매입추심업자가 법 위반시 원채권금융기관도 추심업자와 함께 법적책임 부담

○ 법체계 개편

법체계 개편

○「대부업법」(전체) + 「신용정보법」(일부) + @ →「소비자신용법」

대부업법 ▶ 대부업(매입추심업 포함), 대부중개업 ▶ 대부계약의 모집과 체결 등	대부업법 규율 개선 ▶ 금전대부업과 매입추심업 분리 ▶ 매입추심업자의 담보조달비율 제한 ▶ 그 외 조항 존치
규율 공백	규율 신설 ▶ 채무조정요청권 및 채무조정교섭업 도입 ▶ 연체채무부담 및 추심총량 제한 ▶ 연락제한요청권 및 법정손해배상 도입 ▶ 원채권금융기관의 추심업자 관리의무
신용정보법 ▶ 수탁추심업 ▶ 위임직채권추심인 등 추심 규율	신용정보법 규율 이관 ▶ 수탁추심업 허가 관련 규율 이관 ▶ 매입 수탁추심업에 동일한 추심규율 적용

1. 적용대상 채권과 행위

개인채권의 생성부터 소멸까지 전반적으로 규율하되, 채권금액·담보유무에 따라 일부규율을 차등하여 적용함.

2. 사적 채무조정 활성화

채무자와 접점에 있는 채권자의 사적 채무조정을 활성화하여 기존 채무조정제도의 사각지대를 해소하고 신속한 재기를 도모함.

1) 채무조정요청권 일반절차

▶ 채무상환을 연체한 개인채무자는 자력으로 채무의 상환이 어렵다고 판단하는 경우 채권금융기관에 채무조정 요청 가능함.

▶ 개인채무자는 채무조정 요청시 소득, 재산현황 등 상환의 곤란정도를 입증할 수 있는 자료를 제공해야 함(미제공시 접수거부 가능).

▶ 채무자가 채무조정 요청시 채권금융기관은 추심을 중지하고, 채무조정 내부기준에 따라 10영업일내 채무조정안을 마련·제안해야 함.

- 채권금융기관은 채무자 상환능력과 채무특성(연체기간 등)에 따라 채무감면율과 상환일정을 정한 내부기준을 미리 마련해야 함.

- 다만, 채권금융기관은 내부기준에 따른 채무조정 적용대상에 해당하지 않는 경우 채무조정을 거절 가능함.

▶ 개인채무자가 채권금융기관이 제안한 채무조정안을 수락하는 경우 채무조정의 합의가 성립함.

2) 채무조정요청권 특별절차

▶ 채권금융기관이 개인연체채권에 대한 기한이익상실 및 양도 절차를 진행하는 경우 미리 채무자와 채무조정 협상을 의무화 함.

▶ 채무자에게 기한의 이익 상실 및 양도 예정일까지 채무조정 요청이 가능하다는 사실을 예정일 10영업일 이전까지 통지해야 함.

＊ 채권금융기관의 통지가 예정일 10영업일 이전까지 도달하지 않은 경우 도달일로부터 10영업일이 지나야 절차진행 가능함.

▶ 채무자가 정해진 기간내 채무조정을 요청하는 경우* 채권금융기관은 심사결과를 채무자에게 통지하기 전까지 절차진행을 금지함.

＊ 채무조정 요청이 없는 경우 채권금융기관은 채무자에게 통지한대로 절차진행 가능함.

▶ 1가구 1주택(일정금액 이하 실거주→令) 등 주택담보대출의 경우 주거권 보장 차원에서 경매절차에 한해 채무조정 특별절차 적용함.

- 채권금융기관이 令으로 정하는 주택의 경매를 신청하려는 경우,

＊ 경매신청 예정일까지 채무조정 요청이 가능하다는 사실을 예정일 10영업일 이전까지 통지해야 함.

＊ 경매는 연체발생일로부터 令으로 정하는 기간 이상 경과해야 신청 가능함(다만, 채무자 희망시 단축 가능).

- 채무자의 채무조정 요청에 따른 절차와 효과는 동일함.

3. 채무조정교섭업 도입

채무조정 협상 과정에서 개인채무자의 부족한 전문성과 협상력을 보완하기 위해 채무조정교섭업을 도입함.

▶ **채무자 피해방지를 위해 수수료, 업무행위 등을 엄격하게 규율함.**

- 개인채무자로부터 수취가능한 수수료 내역 및 수준을 제한함.

* 개인채무자로부터 '교섭수수료'및 '성과수수료'(채무조정의 합의 성립 전에는 수취 불가)

* 총수수료 상한을 100만 원의 범위에서 슈으로 규정함.

- 채권금융기관으로부터는 개인채무자의 채무조정 상환현황 관리 및 고지업무를 위탁받은 경우에만 수수료 수취가 가능함.

* 이 경우 채권금융기관으로부터 수취하는 수수료 총액은 개인채무자로부터 수취하는 수수료 총액보다 적어야 함.

▶ **개인채무자의 이익을 보호하기 위한 신의성실 의무를 부과함.**

- 채권금융기관에 대해서도 채무조정 교섭과정에서 개인채무자의 소득·재산 등 상환능력에 대한 거짓정보 전달이 금지됨.
- 채무조정요청권, 신복위·법원 채무조정제도, 수수료 등 개인채무자가 알아야 할 중요사항을 계약 전 설명할 의무를 부과함.
- 기타 개인채무자 피해 가능성이 있는 불건전 영업행위가 금지됨.

* (예) 상환지체 유도·종용, 개인채무자를 대신하여 채무조정 수락의사 표시, 고객의 채무상환금을 보관(escrow), 직원 이외의 자에 대한 고객모집위탁 등

4. 채무자의 연체·추심부담 경감

채무자에 대해 심리적 압박수단으로 활용되는 연체기간 중 채무금액 누적과 추심강도 강화를 제한, 채무자의 곤궁과 수모를 방지하고자 함.

1) 기한이익상실 후 연체이자 부과방식을 개선함.

2) 개인채권 양도 전 장래 이자채권을 면제함.

3) 소멸시효관리 내부기준을 마련해야 함.

5. 추심 및 양도금지

1) 개인채무자가 법에 따른 채무조정(§44), 신복위 채무조정을 요청한 채권의 경우 심사 결과 통지 전까지는 추심·양도 모두 금지됨.

▶ 신복위 채무조정이 확정되어 그 효력이 상실되기 전까지는 추심을 금지하나 양도는 허용함.

▶ 신복위가 채무조정 합의안에 대한 개인채무자의 변제상황을 관리 중(신복위 협약)

2) 매입추심업자 등 채권양수인이 채권자변동정보를 종합신용정보집중기관(신용정보원)에 제공하지 아니한 채권에 대한 추심이 금지됨.

▶ 채권양도시 양도인과 양수인은 채권관련 정보(양도일, 양도금액, 소멸시효 완성여부 등)를 '채권자변동정보 조회시스템'(운영: 신용정보원)에 제공할 의무(신정법 39의2).

3) 기타 채권·채무관계가 불분명한 경우 추심 또는 양도가 금지됨.

▶ 소멸시효 완성채권, 채무자 사망채권(분쟁소지 없는 경우 제외), 채권 존부·금액을 소송·분쟁중인 채권 등은 추심·양도 모두 금지됨.

▶ 개인채무자가 채무확인서의 교부를 요청하였으나 추심자가 이를 교부하지 않은 경우 추심 금지됨.

6. 추심연락 총량제한

추심자의 지나치게 빈번한 연락은 채무자의 정상생활을 방해하고 심각한 정신적 고통(emotional distress)을 유발함에 따라 빈도를 제한하고자 함.

▶ 채권추심자가 동일한 채권의 추심을 위해 개인채무자에게 1주일에 7회를 초과하여 추심연락하는 것을 금지함.

▶ 방문 또는 말·글·음향·영상·물건 등을 도달하게 하는 행위(채권추심법 8의2 등 준용) → 횟수에 포함되는 구체적 행위는 令으로 규정함.

▶ 동일한 채권을 추심함에 있어 채권금융기관, 수탁추심업자, 위임직채권추심인의 연락행위를 모두 합산함.

▶ 채권추심자가 추심연락을 통해 상환능력 등(→令으로 규정)을 확인한 경우 확인일로부터 7일간 재연락을 금지함.

▶ 단, 개인채무자의 이익을 위하여 필요한 연락으로서 개인채무자가 사전에 동의하

는 경우 등 令으로 정하는 경우는 제외함.

* 현재 채권추심법(제9조제2호 등)에서 정당한 사유없는 반복적 연락을 금지하고 있으나 구체적인 기준이 없어 실효성이 낮음.

7. 연락제한요청권 도입

개인채무자는 채권추심자에게 특정한 시간대 또는 특정한 방법 수단을 통한 추심연락을 하지 않도록 요청 가능함.

▶ 채권추심자는 추심활동을 현저하게 저해할 우려가 없다고 令으로 정하는 경우에 해당하면 요청에 응할 의무가 있음.

※ 가상사례 (예시) ▶ 개인채무자가 '특정 요일의 14:00~18:00'에 연락제한을 요청한 경우, 추심자가 다른 요일·시간대에 연락할 수 있으므로 요청 수락 ▶ 채무자가 직장방문 대신 직장근처 카페에서 면담 요청한 경우에는 요청 수락

8. 법정손해배상 도입

개인채무자는 소비자신용관련업자 및 채권금융기관에 대해 손해배상(§68) 대신 300만원 이하 손해액에 대한 배상청구가 가능함.

▶ 해당 소비자신용관련업자 및 채권금융기관은 고의 또는 과실이 없음을 증명하지 아니하면 책임을 면할 수 없음.

* 법정손해배상(Statutory Damages): 무형의 재산권 침해 등 실손해액을 정확하게 산정·입증하기 어려운 경우 손해배상의 실효성 보장을 위해 법으로 배상액 규정

9. 기대효과

사회적 추심비용 감소와 채무자 재기에 따른 회수증대 등 채무자와 채권자가 상생(win-win)하는 선순환 구조가 형성될 것으로 기대됨.

1) 개인채권 당사자간 사적 채무조정 제도화 → 사회적 비용 절감

2) 채권관리·회수체계에 고객보호가치 내재 → 채무자 재기·회수 증가

3) '추심'이라는 동일기능에 동일규율 적용 → 건전한 추심질서 정립

▣ 대부업체 이용 방법

등록업태별 구분에 따라 대부업(채권매입추심업 포함), 대부중개업, 대부 및 중개겸업, P2P 연계대부업을 통칭하여 '대부업'이라고 한다. 2021년 상반기 기준 대부업 실태조사 결과에 따르면, 등록 대부업자(대부중개업자 포함) 수는 8,678개로 2020년 말 대비 177개 업체가 증가하였다. 그러나 대출 잔액은 총 14조 5,141억원으로, 2020년 말(14조 5,363억원)대비 222억원(△0.2%) 감소하였다. 대출유형 측면에서 신용대출은 감소하였으나, 대출다각화에 따른 담보대출 취급 확대로 총 대출 기준으로는 전년 말 수준을 유지하였다.

대부 이용자 수는 123만 명이며, 일본계 및 저축은행 인수 대부업자의 영업축소로 전년 말 대비 15.9만 명 감소하였다. 한편 대부이용자 1인당 대출 잔액은 1,180만원으로 지속적인 증가추세를 보이고 있으며 연체율은 7.3%이다. 2021. 7. 7.부터 법정 최고이자율이 연 24%에서 연 20%(신규대출·기존대출 갱신·연장 포함)로 인하되었다. 반면에 코로나19 사태로 인한 영세 자영업자들의 자금난이 가중되어 예년과 같은 이용자 감소추세가 이어질지 주목된다. 대부업자가 금융 사각지대에 방치된 자금 수요자에게 가뭄의 단비와 같은 역할을 해온 점은 긍정적으로 평가할 일이다. 대부업자는 채권매입추심업도 겸하고 있는데 경쟁 심화로 채권매입률(매입가/액면가)이 17%대로 상승하고 있다. 여기에 법정 최고이자율 인하 여파로 신용대출만으로는 수익성을 담보할 수 없는 상황에 이르렀다. 대부업자 폐업증가와 심사 강화가 맞물려 급전을 구하지 못하거나 기간연장이 어렵게 되는 절벽현상이 현실화될 수 있다. 이로 인해 저소득·저신용자들이 불법 사금융으로 내몰리거나 축출되는 부작용도 우려된다. 기존 대출 연장이나 신규 대출이 어려운 경우 서민금융진흥원(☎ 1397)의 안전망 대출 2, 햇살론 15 정책상품을 이용한다. 한편 금융감독원은 저신용자에의 원활한 자금공급을 지원하기 위해 21개사를 서민금융 우수대부업자로 선정하였다.

[서민금융 우수 대부업자 (21개사)]

아프로파이낸셜대부㈜,	㈜리드코프,	㈜태강대부,	㈜에이원대부캐피탈,	㈜바로크레디트대부,
㈜밀리언캐쉬대부,	㈜스타크레디트대부,		㈜유아이크레디트대부,	㈜골든캐피탈대부,
㈜오케이파이낸셜대부,	옐로우캐피탈대부㈜,		앤알캐피탈대부㈜,	유미캐피탈대부㈜,
엠에스아이대부㈜,	㈜넥스젠파이낸스대부,		㈜콜렉트대부,	㈜엘하비스트대부,
애니원캐피탈대부㈜,	㈜미래크레디트대부,		웰컴크레디라인대부㈜,	테크메이트코리아대부㈜

* 저신용자 개인신용대출 규모순

대부업자 입장에서 상승한 매입 채권의 원가와 최고이자율 인하로 악화된 수익성을 어떻게 보전할까? 신청자에 대해 정밀 심사하고 강제추심 대상인 악성 채무자와 기존 채무자에 대한 관리를 강화할 수밖에 없다. 부실채권 관리과정에서 일부 대부업자의 불법행위나 과도한 추심으로 인한 피해 가능성이 증가하고 있는 것이다. 부득이 대부업체를 이용할 수밖에 없는 상황이라면 어떻게 해야 할까?

① 그보다 먼저 새희망홀씨, 햇살론, 햇살론17, 미소금융 등 정책 서민금융상품을 이용할 수 있는지부터 확인하는 것이 좋다(서민금융진흥원 홈페이지 www.kinfa.or.kr / 전국 47개 서민금융통합지원센터 내방, ☎1397).

② 반드시 금융위원회나 지자체에 등록된 대부업체만 이용한다.

③ 현행 '대부업 등의 등록 및 금융이용자 보호에 관한 법률 시행령'제5조(이자율의 제한) 제2항에 따라 연 20%를 초과하는 대출 이자는 불법이다. 같은 법 시행령 제5조 제5항에 따라 연체이자율도 대부이자율+3%(상한, 시행령에 따른 연체이자율에 관한 규정 제3조 제1항, 최고 연 20%)를 초과할 수 없다. 한편 현행 '이자 제한법'제2조 제1항에서는 금전대차에 관한 계약상의 최고이자율은 연 25%를 초과하지 아니하는 범위 안에서 대통령령으로 정한다고 규정하고 있으나 최고이자율에 관한 규정에서 연 20%로 제한하고 있다.

④ 따라서 계약상의 이자로서 연 20%(연체이자 포함)를 초과하는 부분은 무효이며, 초과 지급된 이자 상당금액은 원금에 충당되고 원금이 소멸한 때에는 그 반환을 청구할 수 있다. 다만 대차원금이 10만 원 미만인 경우에는 최고이자율에 관한 규정을 적용하지 않는다. 최고이자율을 초과하여 이자를 수취한 금융회사・대부업자 및 불법사금융업자는

3년 이하 징역 또는 3천만 원 이하의 벌금에 처해질 수 있다(대부업 등의 등록 및 금융이용자 보호에 관한 법률 제19조). 대부업자 및 불법사금융업자를 제외한 채권자가 최고이자율을 초과하여 이자를 수취한 경우 1년 이하의 징역 또는 1천만 원 이하의 벌금에 처해질 수 있다(이자제한법 제8조).

⑤ 이자율 등 대출조건을 자세히 확인하고 대부계약서를 꼭 받아야 한다.

⑥ 수수료·사례금 등 명칭에 상관없이 대출중개수수료 성격의 대가를 요구하는 행위는 불법이다.

⑦ 2019. 1. 1.부터 등록 대부업체의 경우 개인대출은 연대보증 관행이 폐지되었으므로 이를 요구하는 업체는 이용하지 않는다.

⑧ 대출상환과 추심 관련해서는 민법 제162조(채권, 재산권의 소멸시효) 제1항에 따른 채권 소멸시효 10년과, 상법 제64조(상사시효)에 따른 상행위 채권 소멸시효 5년 완성 여부를 확인한다.

⑨ 정상적으로 상환이 어려울 경우 채무조정 제도를 알아본다(신용회복위원회 → 신속채무조정·프리워크아웃·개인워크아웃 / 법원 → 개인회생·개인파산 / 한국자산관리공사 → 국민행복기금 채무조정).

⑩ 불법채권추심, 고금리, 미등록 대부업 대출로 인한 피해 시 불법사금융 피해신고센터(☎1332)에 신고하면 수사를 의뢰하고 법률구조공단 변호사 연계를 지원해준다. 금감원 홈페이지 '불법금융신고센터'내 '채무자대리인 및 소송변호사 무료지원'에서도 신청 가능하다.

⑪ 청소년은 콘서트 티켓, 게임비용 등 대리입금 거래로 인한 소액 고금리 사채를 이용하지 않아야 한다. 특히 타인에게 대리입금을 해주는 행위는 실정법 위반으로 형사처벌을 받을 수 있으므로 주의해야 한다.

⑫ 채권자의 수령 거절, 채권자의 수령불능, 채권자 불확지(사망한 채권자의 상속인을 알 수 없는 경우 등) 상태인 경우에는 변제할 돈을 법원에 공탁하면 되는데 이를 '변제공탁'이라고 한다.

⑬ 불법대부업자의 광고에 현혹되지 않아야 한다.

⑭ 법정 이자율 정리

- 민사이율(다른 법률의 규정이나 당사자의 약정이 없는 경우): 연 5% (민법 제379조)

- 상사이율(다른 법률의 규정이나 당사자의 약정이 없는 경우): 연 6% (상법 제54조)

- 금전채무의 이행을 구하는 소송: 연 12% (소송촉진법 제3조 및 법정이율에 관한 규정)

- 등록 대부업자의 최고 이자율: 연 20% (대부업법 시행령 제5조)

- 최고 이자율: 연 20% (이자제한법 제2조 및 최고 이자율에 관한 규정)

- 당사자가 약정할 경우, 위 법정 이자율에 불구하고 최고 이자율인 연 20% 범위 내에서 정할 수 있다.

▶ 불법대부(대출)광고 유의사항 및 대응요령

- 금융회사 명의의 전화・문자・팩스 대출광고는 사칭 가능성이 높으므로 유의
- '누구나 대출', '신용불량자 대출' 등의 문구를 사용하는 경우 불법대부광고를 의심
- 최고 이자율('21. 7. 7.부터 연 20%) 초과는 불법으로 초과 이자계약은 무효임을 명심
- 미등록 대부업자로부터 피해 발생시에는 무료 변호사 지원제도를 적극 활용
- 불법대부광고는 금융감독원 또는 한국인터넷진흥원(불법스팸)에 신고
- 광고를 통해 대부(대출)거래를 하려는 경우 먼저 파인(fine.fss.or.kr)을 통해 등록 대부업체 여부를 반드시 확인하고 필요시 해당 금융회사에 직접 확인

3장 채권자의 강제집행에 불복할 권리

▣ 소멸시효

[사례] 주채무자 송모 씨와 연대보증인 박모 씨는 채권자 A로부터 대여금 원금 2천만 원과 지연이자를 변제하라는 취지의 소송을 당했다. 주채무자 송모 씨에 관한 이행권고결정은 2010. 9. 7. 확정되었고, 연대보증인 박모 씨에 관한 이행권고결정은 송달이 지연되어 2010. 10. 15. 확정되었다. 10년 후인 2020. 9. 30. 채권자 A는 이들을 상대로 시효를 관리하기 위한 2회차 소송을 제기해왔다. 주채무자와 연대보증인이 합법적으로 채무변제 부담에서 벗어날 수 있는 방법은 없는 것일까?

□ 결론 및 법리

▶ 소멸시효는 권리를 행사할 수 있는 때로부터 진행한다. 변제기를 정한 대출금 채권은 확정기한부 권리이므로 이행지체일과 시효기산일이 '기한이 도래한 때'로 동일하다.

▶ 소멸시효 중단사유 중 재판상 청구의 소멸시효 기산일은 판결 확정일이고, 시효기간은 10년이다. 재판상으로 청구하는 확정된 이행권고결정이나 지급명령은 확정판결과 동일한 효력이 있다. 따라서 2010. 9. 7. 이행권고결정이 확정된 주채무자 송모 씨의 소멸시효 진행은 2010. 9. 8.부터 시작되어 2020. 9. 7. 만료된다. 기간의 계산은 민법 제157조에 따라, 기간을 일, 주, 월 또는 연으로 정한 때에는 기간의 초일은 산입하지 않기 때문이다.

▶ 2010. 10. 15. 이행권고결정이 확정된 연대보증인 박모 씨의 소멸시효 진행은 2010. 10. 16.부터 시작되어 2020. 10. 15. 만료된다.

▶ 채권자 A는 실수로 이 채권의 소멸시효 만료일을 연대보증인 박모 씨 기준에 따라 2020. 10. 15.로 전산 등록해 관리해왔고, 소멸시효 완성 직전인 2020. 9. 30. 소송을 제기해왔다. 소 제기 당시 주채무자 송모 씨의 소멸시효는 이미 완성된 상태이었다. 채권자 A는 시효중단을 위해 2020. 9. 7. 이전에 소장을 접수했어야 한다. 즉, 주채무가 시효 완성으로 소멸되었으므로 연대보증 채무도 부종성으로 소멸되었다. 두 사람은 소멸시효 완성 항변을 통해 합법적으로 변제부담에서 벗어날 수 있다.

▶ 연대보증인이 있는 채권의 경우, 주채무자를 기준으로 소멸시효를 관리해야 한다는 원칙을 채권자 A가 지키지 않은 것이다.

- 기간의 기산점 (민법 제156조).

기간을 시, 분, 초로 정한 때에는 즉시로부터 기산한다.

- 기간의 기산점 (민법 제157조).

기간을 일, 주, 월 또는 연으로 정한 때에는 기간의 초일은 산입하지 아니한다. 그러나 그 기간이 오전 영시로부터 시작하는 때에는 그러하지 아니하다.

□ 소멸시효에 관한 판례

주채무자에 대한 시효중단은 연대보증인에 대하여 그 효력이 있다(민법 제440조). 민법 제440조는 민법 제169조에 대한 예외규정으로 채권자 보호 내지 채권담보의 확보를 위해 마련한 특별조항이다. 공동계약자 상호간에는 시효중단의 효력이 미치지 않는다.

☀ 연대보증채무에 대한 소멸시효가 중단되었다고 하더라도 이로써 주채무자에 대한 소멸시효가 중단되는 것은 아니고, 주채무가 소멸시효 완성으로 소멸된 경우에는 연대보증채무도 그 채무 자체의 시효중단에도 불구하고 부종성에 따라 당연히 소멸된다고 할 것이다(대법원 2002. 5. 14. 선고 2000다62476 판결).

[tip] 그러나 주채무자가 사망하고 상속인이 한정승인을 한 경우에서와 같이 '채무'가 아니라 '책임'이 경감되었을 뿐이라면 보증인은 원래의 보증채무를 부담한다. 한편 주채무를 소멸시킨 행위가 무효나 취소 등에 의하여 효력을 상실하여 주채무가 소멸하지 않은 것으로 되면 보증채무도 부활한다.

☀ 보증채무에 대한 소멸시효가 중단되는 등의 사유로 완성되지 아니하였다고 하더라도 주채무에 대한 소멸시효가 완성된 경우에는 시효완성 사실로써 주채무가 당연히 소멸되므로 보증채무의 부종성에 따라 보증채무 역시 당연히 소멸된다. 주채무의 시효소멸에도 불구하고 보증채무를 이행하겠다는 의사를 표시한 경우 등과 같이 부종성을 부정하여야 할 다른 특별한 사정이 없는 한 보증인은 여전히 주채무의 시효소멸을 이유로 보증채무의 소멸을 주장할 수 있다고 보아야 한다(대법원 2012. 7. 12. 선고 2010다51192 판결).

☀ 주채무가 제3자의 변제에 의하여 소멸한 경우에는 주채무의 소멸로 인하여 보증채무도 소멸한다. 연대보증채무도 마찬가지이다(대법원 1996. 9. 20. 선고 96다22655 판결).

☀ 보증채무는 주채무와는 별개의 독립한 채무이므로 보증채무와 주채무와의 소멸시효기간은 그 채무의 성질에 따라 각각 별개로 정해진다(대법원 2010. 9. 9. 선고 2010다28031 판결).

■ 제척기간과 소멸시효의 차이점

구 분	제척기간	소멸시효
정의	법률에서 정한 권리행사의 존속기간이다. 제척기간이 경과하면 권리가 소멸하므로 행사할 수 없다.	법률에서 정한 권리행사가 가능한 기간이다. 일정한 기간 동안 권리를 행사하지 않은 것에 중점을 두고 그 기간이 경과하면 권리를 소멸시키는 제도이다.
구분방법	법률 조문에, ~ 권리는 ~ 년 내에 행사(소 제기)해야 한다. 라고 쓰여 있다.	법률 조문에, '시효로 인하여'소멸한다. 라고 쓰여 있다.
구별실익	중단 · 정지 사유가 인정되지 않는다. (존속기간 고정)	중단 · 정지 사유가 인정된다. 중단사유 발생 시 소멸시효가 중단되었다가 중단사유 종료 시 종전의 시효가 처음부터 새로이 진행된다.
주장 · 입증	당사자가 주장하고 입증하지 않더라도 법원이 직권으로 조사하여 판단한다.	당사자가 소멸시효 완성에 대해 주장하고 입증해야 한다(변론주의).
기산점	권리가 발생한 때	권리를 행사할 수 있는 때
대상권리	형성권(해제권, 취소권)	채권 또는 채권적 청구권 (계약) 물권 중 용익물권(소멸시효 20년, 지상권 · 지역권 · 전세권) 소유권이전등기청구권(원칙적으로 소멸시효 10년, 다만, 매수인이 점유 · 사용 수익 · 처분한 경우에는 소멸시효에 걸리지 않는다).
종류	매매예약 완결권, 채권자취소권 등	손해배상청구권, 부당이득반환청구권 등
행사방법	법률 조문 문구에 따라서 행사한다. ① 재판상 행사(소 제기, 민법 제406조 제2항) ② 재판외 행사 (내용증명 · 문자 · 전화 등, 민법 146조)	아래와 같은 소멸시효 완성 요건을 갖추고 주장해야 한다. ① 소멸시효 대상 권리일 것 ② 권리행사가 가능함에도 권리를 행사하지 않았을 것 ③ 소멸시효 법정기간이 중단 · 정지없이 계속되었을 것
소급효	소급효가 인정되지 않는다. 장래를 향해 소멸한다.	소급효가 인정된다.
이익의 포기	강행규정으로 근거 조문이 없다.	시효이익의 포기가 가능하다.
단축	강행규정으로 근거 조문이 없다.	당사자간 약정에 의해 단축 가능

* 제척기간은 특별한 규정이 없는 한 그 기간 내에 재판상 · 재판 외의 행사로써 권리가 보전되는 권리행사기간일 뿐이다. 그 기간 내에 소를 제기해야 하는 출소기간(出訴其間)이 아니다.

■ 민사채권, 손해배상청구권, 상사채권 소멸시효에 관한 '민법 및 상법'

● 채권, 재산권의 소멸시효 (민법 제162조).

① 채권은 10년간 행사하지 아니하면 소멸시효가 완성한다.

② 채권 및 소유권 이외의 재산권은 20년간 행사하지 아니하면 소멸시효가 완성한다.

[tip] 부당이득반환청구권 소멸시효 등

☀ 상행위인 계약의 무효로 인한 부당이득반환청구권은 민법 제741조의 부당이득 규정에 따라 발생한 것으로서 특별한 사정이 없는 한 민법 제162조 제1항이 정하는 10년의 민사 소멸시효기간이 적용되나, 부당이득반환청구권이 상행위인 계약에 기초하여 이루어진 급부 자체의 반환을 구하는 것으로서 채권의 발생 경위나 원인, 당사자의 지위와 관계 등에 비추어 법률관계를 상거래 관계와 같은 정도로 신속하게 해결할 필요성이 있는 경우 등에는 상법 제64조가 유추 적용되어 같은 조항이 정한 5년의 상사 소멸시효기간에 걸린다(대법원 2021. 7. 22. 선고 2019다277812 전원합의체 판결).

* 민법 제162조 제1항에 대한 위헌소원(2019헌바129) 사건에서 재판관 전원일치 의견으로 합헌 결정되었다.

☀ 부당이득반환청구권은 미지의 당사자 간에 예기치 못한 사건으로 발생하는 경우가 많고 부당이득반환관계에서 수익자의 법적 지위가 다소 불안정하므로, 객관적 기산점인 권리를 행사할 수 있는 때로부터 채권 일반에 관한 원칙적 시효기간인 10년이 지나면 소멸시효가 완성되도록 함으로써 민사 법률관계의 안정을 도모할 필요가 있다. 따라서 민법상 소멸시효 조항은 합리적이며, 입법형성권의 범위를 벗어난 것이라고 할 수 없다[헌재 2020. 12. 23. 2019헌바129, (전원재판부)].

---

* 3년의 단기소멸시효 (민법 제163조).

다음 각호의 채권은 3년간 행사하지 아니하면 소멸시효가 완성한다.

1. 이자, 부양료, 급료, 사용료 기타 1년 이내의 기간으로 정한 금전 또는 물건의 지급을 목적으로 한 채권
2. 의사, 조산사, 간호사 및 약사의 치료, 근로 및 조제에 관한 채권
3. 도급받은 자, 기사 기타 공사의 설계 또는 감독에 종사하는 자의 공사에 관한 채권
4. 변호사, 변리사, 공증인, 공인회계사 및 법무사에 대한 직무상 보관한 서류의 반환을 청구하는 채권
5. 변호사, 변리사, 공증인, 공인회계사 및 법무사의 직무에 관한 채권
6. 생산자 및 상인이 판매한 생산물 및 상품의 대가
7. 수공업자 및 제조자의 업무에 관한 채권

● 1년의 단기소멸시효 (민법 제164조).

다음 각호의 채권은 1년간 행사하지 아니하면 소멸시효가 완성한다.

1. 여관, 음식점, 대석, 오락장의 숙박료, 음식료, 대석료, 입장료, 소비물의 대가 및 체당금의 채권

2. 의복, 침구, 장구 기타 동산의 사용료의 채권

3. 노역인, 연예인의 임금 및 그에 공급한 물건의 대금채권

4. 학생 및 수업자의 교육, 의식 및 유숙에 관한 교주, 숙주, 교사의 채권

● 판결 등에 의하여 확정된 채권의 소멸시효 (민법 제165조).

① 판결에 의하여 확정된 채권은 단기의 소멸시효에 해당한 것이라도 그 소멸시효는 10년으로 한다.

② 파산절차에 의하여 확정된 채권 및 재판상의 화해, 조정 기타 판결과 동일한 효력이 있는 것에 의하여 확정된 채권도 전항과 같다.

③ 전2항의 규정은 판결확정당시에 변제기가 도래하지 아니한 채권에 적용하지 아니한다.

* 단, 소송 등에서 제외된 연대보증인은 확정일로부터 종전의 소멸시효 기간에 따른다. 개인회생 채권자목록에 기재된 채권은 신청채무자에 대하여 시효중단의 효력이 있고 그 중단된 시효는 그 절차의 폐지(또는 면책결정 확정)된 때로부터 종전의 시효가 새로이 진행한다.

● 손해배상청구권의 소멸시효 (민법 제766조).

① 불법행위로 인한 손해배상의 청구권은 피해자나 그 법정대리인이 그 손해 및 가해자를 안 날로부터 3년간 이를 행사하지 아니하면 시효로 인하여 소멸한다.

② 불법행위를 한 날로부터 10년을 경과한 때에도 전항과 같다.

③ 미성년자가 성폭력, 성추행, 성희롱, 그 밖의 성적침해를 당한 경우에 이로 인한 손해배상청구권의 소멸시효는 그가 성년이 될 때까지는 진행되지 아니한다.

☀ 소멸시효는 권리를 행사할 수 있는 때부터 진행한다(민법 제166조 제1항). 채무불이행으로 인한 손해배상청구권은 현실적으로 손해가 발생한 때에 성립하고, 현실적으로 손해가 발생하였는지 여부는 사회통념에 비추어 객관적이고 합리적으로 판단하여야 한다. (대법원 2020. 6. 11. 선고 2020다201156 판결).

● 상사시효 (상법 제64조).

상행위로 인한 채권은 본법에 다른 규정이 없는 때에는 5년간 행사하지 아니하면 소멸시효가 완성한다. 그러나 다른 법령에 이보다 단기의 시효의 규정이 있는 때에는 그 규정에 의한다.

● 상행위는 기본적 상행위(상법 제46조)와 보조적 상행위(상법 제47조)를 포괄하는 개념이다. 은행 등 금융회사로부터 받은 대출금은 상사채권이므로 소멸시효가 5년이다.

☀ 대법원은 피고들이 폐업신고로 상인자격을 상실하였다고 보고 민사시효 10년을 적용하여 소멸시효 항변을 배척

한 원심판단에 대하여, 피고들이 폐업신고 이후 원고에게 이 사건 대여금채권에 관하여 공정증서를 작성하여 준 행위는 유체동산 가압류에 대한 대응 및 폐업에 따른 청산사무 또는 잔무를 처리하는 보조적 상행위에 해당하므로 5년의 상사시효를 적용해야 한다는 이유로 파기환송 하였다(대법원 2021. 12. 10. 선고 2020다295359 판결).

- 기본적 상행위 (상법 제46조).

영업으로 하는 다음의 행위를 상행위라 한다. 그러나 오로지 임금을 받을 목적으로 물건을 제조하거나 노무에 종사하는 자의 행위는 그러하지 아니하다.

1. 동산, 부동산, 유가증권 기타의 재산의 매매
2. 동산, 부동산, 유가증권 기타의 재산의 임대차
3. 제조, 가공 또는 수선에 관한 행위
4. 전기, 전파, 가스 또는 물의 공급에 관한 행위
5. 작업 또는 노무의 도급의 인수
6. 출판, 인쇄 또는 촬영에 관한 행위
7. 광고, 통신 또는 정보에 관한 행위
8. 수신·여신·환 기타의 금융거래
9. 공중이 이용하는 시설에 의한 거래
10. 상행위의 대리의 인수
11. 중개에 관한 행위
12. 위탁매매 기타의 주선에 관한 행위
13. 운송의 인수
14. 임치의 인수
15. 신탁의 인수
16. 상호부금 기타 이와 유사한 행위
17. 보험
18. 광물 또는 토석의 채취에 관한 행위
19. 기계, 시설, 그 밖의 재산의 금융리스에 관한 행위
20. 상호·상표 등의 사용허락에 의한 영업에 관한 행위
21. 영업상 채권의 매입·회수 등에 관한 행위
22. 신용카드, 전자화폐 등을 이용한 지급결제 업무의 인수

- 보조적 상행위 (상법 제47조).

① 상인이 영업을 위하여 하는 행위는 상행위로 본다.

② 상인의 행위는 영업을 위하여 하는 것으로 추정한다.

■ 국세의 부과제척기간, 국세징수권 소멸시효에 관한 '국세기본법'

● 납부의무의 소멸 (동법 제26조).

국세 및 강제징수비를 납부할 의무는 다음 각 호의 어느 하나에 해당하는 때에 소멸한다.

1. 납부 · 충당되거나 부과가 취소된 때
2. 제26조의2에 따라 국세를 부과할 수 있는 기간에 국세가 부과되지 아니하고 그 기간이 끝난 때
3. 제27조에 따라 국세징수권의 소멸시효가 완성된 때

● 국세의 부과제척기간 (동법 제26조의2).

① 국세를 부과할 수 있는 기간은 국세를 부과할 수 있는 날부터 5년으로 한다. 다만, 역외거래[「국제조세조정에 관한 법률」 제2조제1항제1호에 따른 국제거래 및 거래 당사자 양쪽이 거주자(내국법인과 외국법인의 국내사업장을 포함한다)인 거래로서 국외에 있는 자산의 매매 · 임대차, 국외에서 제공하는 용역과 관련된 거래를 말한다. 이하 같다]의 경우에는 국세를 부과할 수 있는 날부터 7년으로 한다.

② 제1항에도 불구하고 다음 각 호의 어느 하나에 해당하는 경우에는 다음 각 호의 구분에 따른 기간을 부과제척기간으로 한다.

1. 납세자가 법정신고기한까지 과세표준신고서를 제출하지 아니한 경우: 해당 국세를 부과할 수 있는 날부터 7년(역외거래의 경우 10년)
2. 납세자가 대통령령으로 정하는 사기나 그 밖의 부정한 행위(이하 "부정행위"라 한다)로 국세를 포탈하거나 환급 · 공제를 받은 경우: 그 국세를 부과할 수 있는 날부터 10년(역외거래에서 발생한 부정행위로 국세를 포탈하거나 환급 · 공제받은 경우에는 15년). 이 경우 부정행위로 포탈하거나 환급 · 공제받은 국세가 법인세이면 이와 관련하여 「법인세법」 제67조에 따라 처분된 금액에 대한 소득세 또는 법인세에 대해서도 또한 같다.
3. 납세자가 부정행위를 하여 다음 각 목에 따른 가산세 부과대상이 되는 경우: 해당 가산세를 부과할 수 있는 날부터 10년

가. 「소득세법」 제81조의10 제1항 제4호
나. 「법인세법」 제75조의8 제1항 제4호
다. 「부가가치세법」 제60조 제2항 제2호, 같은 조 제3항 및 제4항

④ 제1항 및 제2항에도 불구하고 상속세 · 증여세의 부과제척기간은 국세를 부과할 수 있는 날부터 10년으로 하고, 다음 각 호의 어느 하나에 해당하는 경우에는 15년으로 한다. 부담부증여에 따라 증여세와 함께 「소득세법」 제88조 제1호 각 목 외의 부분 후단에 따른 소

득세가 과세되는 경우에 그 소득세의 부과제척기간도 또한 같다.

1. 납세자가 부정행위로 상속세·증여세를 포탈하거나 환급·공제받은 경우

2. 「상속세 및 증여세법」 제67조 및 제68조에 따른 신고서를 제출하지 아니한 경우

3. 「상속세 및 증여세법」 제67조 및 제68조에 따라 신고서를 제출한 자가 대통령령으로 정하는 거짓신고 또는 누락신고를 한 경우(그 거짓신고 또는 누락신고를 한 부분만 해당한다)

*** '국세의 부과제척 기간'에 관한 더 자세한 법률내용은 '국가법령정보센터'국세기본법 제26조의2를 통해 확인하기 바란다.**

- 국세징수권의 소멸시효 (동법 제27조).

① 국세의 징수를 목적으로 하는 국가의 권리는 이를 행사할 수 있는 때부터 다음 각 호의 구분에 따른 기간 동안 행사하지 아니하면 소멸시효가 완성된다. 이 경우 다음 각 호의 국세의 금액은 가산세를 제외한 금액으로 한다.

1. 5억원 이상의 국세: 10년

2. 제1호 외의 국세: 5년

② 제1항의 소멸시효에 관하여는 이 법 또는 세법에 특별한 규정이 있는 것을 제외하고는 「민법」에 따른다.

③ 제1항에 따른 국세징수권을 행사할 수 있는 때는 다음 각 호의 날을 말한다. (소멸시효의 기산일)

1. 과세표준과 세액의 신고에 의하여 납세의무가 확정되는 국세의 경우 신고한 세액에 대해서는 그 법정 신고납부기한의 다음 날 (소득세·법인세·부가가치세·개별소비세·교육세·양도소득세)

2. 과세표준과 세액을 정부가 결정, 경정 또는 수시부과 결정하는 경우 납부고지한 세액에 대해서는 그 고지에 따른 납부기한의 다음 날 (상속세·증여세)

④ 제3항에도 불구하고 다음 각 호의 날은 제1항에 따른 국세징수권을 행사할 수 있는 때로 본다.

1. 원천징수의무자 또는 납세조합으로부터 징수하는 국세의 경우 납부고지한 원천징수세액 또는 납세조합징수세액에 대해서는 그 고지에 따른 납부기한의 다음 날

2. 인지세의 경우 납부 고지한 인지세액에 대해서는 그 고지에 따른 납부기한의 다음 날

3. 제3항 제1호의 법정 신고납부기한이 연장되는 경우 그 연장된 기한의 다음 날

- 소멸시효 중단과 정지 (동법 제28조).

① 제27조에 따른 소멸시효는 다음 각 호의 사유로 중단된다.

1. 납부고지 2. 독촉 3. 교부청구 4. 압류

② 제1항에 따라 중단된 소멸시효는 다음 각 호의 기간이 지난 때부터 새로 진행한다.

1. 고지한 납부기간
2. 독촉에 의한 납부기간
3. 교부청구 중의 기간
4. 압류해제까지의 기간

③ 제27조에 따른 소멸시효는 다음 각 호의 어느 하나에 해당하는 기간에는 진행되지 아니한다. (시효의 정지)

1. 세법에 따른 분납기간
2. 세법에 따른 납부고지의 유예, 지정납부기한·독촉장에서 정하는 기한의 연장, 징수 유예기간
3. 세법에 따른 압류·매각의 유예기간
4. 세법에 따른 연부연납 기간
5. 세무공무원이 「국세징수법」 제25조에 따른 사해행위취소소송이나 「민법」 제404조에 따른 채권자대위 소송을 제기하여 그 소송이 진행 중인 기간
6. 체납자가 국외에 6개월 이상 계속 체류하는 경우 해당 국외 체류 기간

④ 제3항에 따른 사해행위 취소소송 또는 채권자대위 소송의 제기로 인한 시효정지의 효력은 소송이 각하·기각 또는 취하된 경우에는 효력이 없다.

■ 사해행위취소 및 압류에 관한 '국세징수법'

- 사해행위의 취소 및 원상회복 (동법 제25조).

관할 세무서장은 강제징수를 할 때 납세자가 국세의 징수를 피하기 위하여 한 재산의 처분이나 그 밖에 재산권을 목적으로 한 법률행위(「신탁법」 제8조에 따른 사해신탁을 포함한다)에 대하여 「신탁법」 제8조 및 「민법」 제406조·제407조를 준용하여 사해행위의 취소 및 원상회복을 법원에 청구할 수 있다.

- 압류의 요건 등 (동법 제31조).

① 관할 세무서장은 다음 각 호의 어느 하나에 해당하는 경우 납세자의 재산을 압류한다.

1. 납세자가 제10조에 따른 독촉을 받고 독촉장에서 정한 기한까지 국세를 완납하지 아니한 경우
2. 납세자가 제9조제2항에 따라 납부고지를 받고 단축된 기한까지 국세를 완납하지 아니한 경우
② 관할 세무서장은 납세자에게 제9조제1항 각 호의 어느 하나에 해당하는 사유가 있어 국세가 확정된 후 그 국세를 징수할 수 없다고 인정할 때에는 국세로 확정되리라고 추정되는 금액의 한도에서 납세자의 재산을 압류할 수 있다.
③ 관할 세무서장은 제2항에 따라 재산을 압류하려는 경우 미리 지방국세청장의 승인을 받아야 하고, 압류 후에는 납세자에게 문서로 그 압류 사실을 통지하여야 한다.
④ 관할 세무서장은 제2항에 따라 재산을 압류한 경우 다음 각 호의 어느 하나에 해당하면 즉시 압류를 해제하여야 한다.
1. 납세자가 납세담보를 제공하고 압류 해제를 요구한 경우
2. 압류를 한 날부터 3개월이 지날 때까지 압류에 따라 징수하려는 국세를 확정하지 아니한 경우
⑤ 관할 세무서장은 제2항에 따라 압류를 한 후 압류에 따라 징수하려는 국세를 확정한 경우 압류한 재산이 다음 각 호의 어느 하나에 해당하고 납세자의 신청이 있으면 압류한 재산의 한도에서 확정된 국세를 징수한 것으로 볼 수 있다.
1. 금전
2. 납부기한 내 추심 가능한 예금 또는 유가증권
* 국세 체납처분에 관한 압류금지 재산은 국가법령정보센터에서 '국세징수법 제41조'를 통해 확인하기 바란다.

■ 체납처분면탈에 관한 '조세범처벌법'

- 체납처분 면탈 (동법 제7조).

① 납세의무자 또는 납세의무자의 재산을 점유하는 자가 체납처분의 집행을 면탈하거나 면탈하게 할 목적으로 그 재산을 은닉·탈루하거나 거짓 계약을 하였을 때에는 3년 이하의 징역 또는 3천만 원 이하의 벌금에 처한다.
② 형사소송법 제130조 제1항에 따른 압수물건의 보관자 또는 국세징수법 제49조 제1항에 따른 압류물건의 보관자가 그 보관한 물건을 은닉·탈루하거나 손괴 또는 소비하였을 때

에도 제1항과 같다.

③ 제1항과 제2항의 사정을 알고도 제1항과 제2항의 행위를 방조하거나 거짓 계약을 승낙한 자는 2년 이하의 징역 또는 2천만 원 이하의 벌금에 처한다.

* 국세청의 고발에 의해 형사소송이 진행된다.

- 명의대여행위 등 (동법 제11조).

① 조세의 회피 또는 강제집행의 면탈을 목적으로 타인의 성명을 사용하여 사업자등록을 하거나 타인 명의의 사업자등록을 이용하여 사업을 영위한 자는 2년 이하의 징역 또는 2천만 원 이하의 벌금에 처한다.

② 조세의 회피 또는 강제집행의 면탈을 목적으로 자신의 성명을 사용하여 타인에게 사업자등록을 할 것을 허락하거나 자신 명의의 사업자등록을 타인이 이용하여 사업을 영위하도록 허락한 자는 1년 이하의 징역 또는 1천만 원 이하의 벌금에 처한다.

* 친구 등 지인의 부탁을 받아 사업자 명의를 대여주고, 실제 사업주가 조세를 체납할 경우 위 법률에 의해 형사처벌 받을 수 있으므로 주의해야 한다.

* 헌법에 규정된 납세의 의무

일반적인 채무와 달리 국세와 지방세 납세 의무는 헌법 제38조에 규정된 국민의 6대 의무 중 하나이다. 국가와 사회를 유지하게 하는 근간이기에 면책 대상 채무에서 제외된다. 엄청난 재산을 숨겨놓고 가족 대대로 호화생활을 누리면서 수십, 수백억원의 조세를 체납하는 자들을 단죄하지 않는다면 정의로운 사회라고 말할 수 없다. 공동체는 상호 의무감, 정서적 유대, 공동의 이해관계를 바탕으로 형성되기 때문이다.

☀ 체납처분 면탈에 관한 형법 제327조의 강제집행면탈죄 적용 여부

형법 제327조의 강제집행면탈죄가 적용되는 강제집행은 민사집행법의 적용대상인 가압류・가처분 등의 집행을 가리키는 것이므로, 국세징수법에 의한 체납처분을 면탈할 목적으로 재산을 은닉하는 등의 행위는 위 죄의 규율대상에 포함되지 않는다(대법원 2012. 4. 26. 선고 2010도 5693 판결). 벌금, 추징금, 과태료, 소송비용 등도 포함되지 않는다.

■ 소멸시효에 관한 '민법'및 해설

▶ "시효"란 사실 상태가 일정한 기간 동안 계속됨으로써 법률상 권리취득 또는 소멸이 발생하게 하는 요건이다.

☀ 소멸시효제도

소멸시효 제도는 권리자가 그의 권리를 행사할 수 있음에도 불구하고 일정한 기간 동안 그 권리를 행사하지 않는 상태, 즉 권리불행사의 상태가 계속된 경우에, 법적 안정성을 위하여 그 자의 권리를 소멸시켜 버리는 제도로서, 오

랜 기간 동안 자기의 권리를 주장하지 아니한 자는 이른바 '권리 위에 잠자는 자'로서 법률의 보호를 받을 만한 가치가 없으며 시효제도로 인한 희생도 감수할 수밖에 없는 것이지만, 반대로 장기간에 걸쳐 권리행사를 받지 아니한 채무자의 신뢰는 보호할 필요가 있다는 데서 그 주된 존재이유가 있다(헌법재판소 2009. 10. 29. 선고 2008헌바45 전원재판부 결정)

▶ 소멸시효에 걸리지 않는 권리

① 소유권과 파생권리인 물권적 청구권, 공유물분할청구권, 상린권

② 점유권

③ 담보물권. (다만, 피담보채권은 소멸시효에 걸리며, 이 경우 담보물권도 함께 소멸한다. 이것을 '담보물권의 부종성'이라고 한다).

④ 형성권. (제척기간이 적용된다).

⑤ 광업권, 어업권, 지적소유권 (소멸시효에는 걸리지 않으나 특별법에 그 존속기간이 정해져 있다).

⑥ 비재산권. (신분권, 인격권을 말한다).

* 물권인 소유권은 소멸시효에 걸리지 않는다. 절대적·배타적 권리로 항구성을 가지기 때문이다.

* 전세권은 최장 존속기간이 10년이므로 소멸시효의 대상이 될 수 없다. 반면에 지상권(물권 소멸시효 20년)은 최장 존속기간이 30년 이므로 소멸시효의 대상이 된다.

* 공유물분할청구권은 소멸시효의 대상이 될 수 없으나 지역권은 시효의 대상이 된다.

- 주물, 종물 (민법 제100조).

① 물건의 소유자가 그 물건의 상용에 공하기 위하여 자기소유인 다른 물건을 이에 부속하게 한 때에는 그 부속물은 종물이다.

② 종물은 주물의 처분에 따른다.

이와 반대 개념으로, 저당권이 존재한다고 해서 피담보채권의 소멸시효가 진행되지 않는 것은 아니다.

* 그러나 피담보채권(공사대금 채권)과 유치권(건물 유치)과의 관계에 있어서는, 유치권을 행사하고 있다고 해서 피담보채권의 소멸시효가 진행되지 않는 것은 아니다. 공사대금 채권의 시효 10년이 경과해 유치권의 시효가 완성되어 소멸하면 유치권자에게 건물의 반환을 청구할 수 있다.

* 소유권이전등기청구권은 채권적 청구권이므로 시효가 10년이다. 반면에 소유권말소등기청구권은 물권적 청구권이므로 시효와 무관하다. 소유권이전등기청구권을 피보전권리로 가등기 한 경우 소유권이전등기청구권의 시효 10년이 경과하면 완성되고 가등기의 시효도 완성되어 소멸된다. 반면에 가압류·가처분한 경우에는 소멸시효가 중단된다.

● 소멸시효의 기산점 (민법 제166조).

① 소멸시효는 권리를 행사할 수 있는 때로부터 진행한다.

② 부작위를 목적으로 하는 채권의 소멸시효는 위반행위를 한 때로부터 진행한다.

▶ 채권 종류별 이행지체 기산일과 소멸시효 기산일

소멸시효에 있어 기산일은 주요사실이다. "주요사실"이란 당사자가 주장하면 법원이 구속받는 것을 말한다. 반면에 취득시효는 간접사실이다. 소멸시효에 있어 채권의 종류별로 이행지체 기산일과 시효의 기산일이 다르다. 변제기를 정한 채권 중에서 확정기한부 권리의 경우 이행지체 기산일과 시효기산일 모두 '기한이 도래한 때'이다. 불확정기한부 권리의 경우 이행지체 기산일은 '기한의 도래를 안 때'이고, 시효의 기산일은 '기한이 객관적으로 도래한 때'이다. 기한의 정함이 없는 채권의 경우 이행지체 기산일은 '이행청구를 한 때'이고 시효의 기산일은 '채권 성립 즉시'시효가 진행된다. 불법행위로 인한 손해배상청구권은 채무불이행시 부터 시효가 진행된다.

▶ 소멸시효의 기산일

* 소멸시효의 중단사유 마다 시효 기산일이 다른데 다음과 같다. 괄호 안의 내용이 기산일 및 시효기간이다. 재판상 청구(확정일, 10년), 최고(채무자에게 도달한 때, 6개월), 압류(배당일, 종전 시효 · 확정판결의 경우 10년), 가압류, 가처분(절차의 종료 시, 종전 시효 · 확정판결의 경우 10년), 지급명령(확정일, 종전 시효 또는 10년) 제소 전 화해, 민사조정(확정일, 10년), 채무의 승인(채권자에게 승인의사가 도달된 때, 종전 시효), 개인회생절차(개인회생절차 종료일 · 폐지결정 확정일, 10년), 개인파산 · 면책절차(파산절차 종료일 · 폐지결정 확정일, 10년)

* 최고를 재판 외 청구라고 하는데, 6월내에 재판상의 청구, 파산절차참가, 화해를 위한 소환, 임의출석, 압류 또는 가압류, 가처분을 하지 않으면 시효중단의 효력이 없다.

* 채무의 승인은 일부변제, 채무존재 확인서 또는 지불각서의 작성을 말한다.

● 소멸시효의 소급효 (민법 제167조).

소멸시효는 그 기산일에 소급하여 효력이 생긴다.

● 소멸시효의 중단사유 (민법 제168조).

① 청구, ② 압류 또는 가압류 · 가처분, ③ 승인이 있다.

- '청구'란 재판상 청구, 파산절차 참가, 지급명령, 화해를 위한 소환, 임의출석을 포함하는 개념이다. 재판상 청구는 본소, 반소, 이행의 소, 형성의 소, 확인의 소, 재심의 소를 말한다. 채무자가 제기한 채무부존재확인(근저당권말소) 소송에 대해 채권자가 응소해 승소한 경

우, 이러한 응소행위도 재판상 청구에 포함된다. 행정소송과 형사소송사건은 원칙적으로 재판상 청구에 해당되지 않는다. 다만, 소송 촉진 등에 관한 특례법상 배상명령 신청은 재판상 청구에 해당된다.

* 소멸시효의 중단사유 마다 중단 일자가 다른데 다음과 같다. 괄호 안의 내용이 중단 일자이다. 재판상 청구(소장 접수일), 최고(채무자에게 도달한 때), 압류, 가압류, 가처분, 지급명령, 제소 전 화해, 민사조정(신청서 법원 접수일), 채무의 승인(채권자에게 승인 의사가 도달된 때), 개인회생절차(채권자목록 제출 시점, 즉 개인회생 신청 시), 개인파산 · 면책절차(채권 신고일)

[tip]

* 소멸시효 중단

중단사유 발생 시 진행되던 시효가 중단되었다가 그 사유가 해제, 취소되면 종전의 시효가 새로이 진행되는 것을 말한다.

* 소멸시효 정지

정지사유 발생 시 진행되던 시효가 정지되었다가 다시 시작하는 것이다.

---

* 시효의 중단이 채무자에게 미치는 영향

"시효의 중단" 이란 시효의 진행 중에 권리의 행사라고 볼 수 있는 사유가 발생하면 그때까지 진행된 시효기간이 효력을 잃게 되는 것을 말한다. 중단 사유가 해제, 취소되면 그 때부터 종전의 시효가 새로이 진행되고, 전체 시효기간이 진행되어야 권리가 소멸된다.

* 예를 들어, 소멸시효 중단사유 중 압류, 가압류, 가처분이 결정되었을 경우 시효가 중단될 뿐만 아니라 더 이상 진행되지 않는다. 시간이 흘러도 압류, 가압류, 가처분 집행이 해제, 취소되기 전에는 시효가 멈춰있게 된다. 채무자 입장에서는 확정판결보다 불리한 상황이 전개되는 것이다.

* 조세채권에 대한 압류는 국세징수법 제57조(압류 해제의 요건) 제1항 제4~5호에 해당할 경우 해제를 요청할 수 있다.

* 금융회사 등 일반채권자의 경우 스스로 압류, 가압류, 가처분을 해제해주지 않는다. 이의 · 취소사유가 있다면 소의 제기를 통해 취소시킴으로써 소멸시효를 진행시킬 수 있다.

▶ 시효중단효가 미치는 소송물의 범위

급여의 대상이 다르더라도 청구원인이 서로 같고 동일한 경제적 이익을 목적으로 하는 복수의 청구권 상호간에 하나가 시효로 중단되면 그 효과가 다른 하나에도 미치는가 여부가 문제된다. 예를 들어, 동일한 버스사고에서 불법행위에 의한 손해배상청구를 한 경우 운송계약 불이행으로 인한 손해배상청구에는 그 효력이 미치지 않는다. 또한 임대차계약에 대한 임대차관계와 그로부터 발생하는 임료채권 · 원금채권 · 이자채권은 법률상 별개의 채권이므로 어느 하나에 관한 소가 제기되어도 다른 하나에 시효중단의 효력이 미치지 않는다. 가분채권의 일부임을 명시하여 소의 제기가 있는 경우에도 판례는 나머지 청구에 대하여는 시효중단의 효력이 발생하지 않는다는 일부중단설을 취하고 있다. 그러나 확인의 소는 그로부터 파생되거나 선별적인 개별적 청구권에도 시효중단의 효력이 미친다. 예를 들어, 보험계약존재확인의 소를 제기하면 보험금청구권에 대해서도 시효가 중단된다.

---

* 추가 소멸시효 중단사유

이 외에도 민사조정, 제소전 화해, 개인회생(파산)절차 참가, 신용회복지원 확정, 최고 등의 소멸시효 중단사유가 있다. 가압류를 사유로 시효가 중단되는 경우에는 결정문상에 장래에 발생할 지연이자 부분까지 포함되어야 채권 전액의 시효가 중단된다. 내용증명은 최고의 효력이 있어 송달시점에 시효가 중단되나 그로부터 6개월 이내에 소송을 제기해야 한다.

● 시효중단의 효력 (민법 제169조).

시효의 중단은 당사자 및 그 승계인간에만 효력이 있다.

● 재판상 청구와 시효중단 (민법 제170조).

재판상의 청구는 소송의 각하, 기각 또는 취하의 경우에는 시효중단의 효력이 없다. 이 경우 6월내에 재판상의 청구, 파산절차참가, 압류 또는 가압류, 가처분을 한 때에는 시효는 최초의 재판상 청구로 인하여 중단된 것으로 본다.

● 최고와 시효중단 (민법 제174조).

최고는 6월내에 재판상의 청구, 파산절차참가, 화해를 위한 소환, 임의출석, 압류 또는 가압류, 가처분을 하지 아니하면 시효중단의 효력이 없다.

☀ 재산명시결정과 시효중단에 대한 엇갈린 판결

재산관계명시결정에 의한 소멸시효 중단의 효력은 그로부터 6월 내에 다시 소를 제기하거나 압류 또는 가압류, 가처분을 하는 등 민법 제174조에 규정된 절차를 속행하지 아니하는 한 상실된다는 것이 대법원 판례이다(대법원 2001. 5. 29. 선고 2000다32161 판결).

그러나 하급심인 부산지방법원은 2018. 8. 22. 선고 2018나40461 사건에서, 채권자가 확정판결에 기한 채권의 실현을 위하여 채무자에 대하여 한 민사집행법상 재산명시신청은 민법이 소멸시효 중단사유로서 규정한 '압류'에 준하는 것으로 보되, 다만 재산명시신청을 통하여 법원의 재산명시결정이 내려지고 그 결정등본이 채무자에게 송달되면 채권자의 재산명시신청 시에 소급하여 채권의 소멸시효가 중단된다고 판결하면서 기존 대법원 판결과 다른 입장을 취했다.

● 중단 후에 시효 진행 (민법 제178조).

시효가 중단된 때에는 중단까지에 경과한 시효기간은 이를 산입하지 아니하고 중단사유가 종료한 때로부터 새로이 진행한다. 재판상의 청구로 인하여 중단한 시효는 재판이 확정된 때로부터 새로이 진행한다.

● 상속재산에 관한 권리와 시효정지 (민법 제181조).

상속재산에 속한 권리나 상속재산에 대한 권리는 상속인의 확정, 관리인의 선임 또는 파산선고가 있는 때로부터 6월내에는 소멸시효가 완성하지 아니한다.

● 시효중단의 보증인에 대한 효력 (민법 제440조).

주채무자에 대한 시효의 중단은 보증인에 대하여 그 효력이 있다.

[tip] 기타 소멸시효에 관한 내용

* 금전소비대차, 채무변제에 관한 공정증서 시효는 10년이고, 약속어음, 물품대금, 공사대금에 관한 공정증서 시효는 3년 이다. 개인간 채권·채무관계에서 발생하는 지불각서, 차용증의 시효는 10년이다.

* 피담보채권(주된 권리)의 소멸시효가 완성되지 않으면 담보권(종된 권리)의 시효도 완성되지 않는다. 담보권은 자체적으로 소멸시효가 완성되지 않기 때문이다.

■ 소멸시효에 관한 판례

☀ 배당액 중 이의가 없는 부분과 배당받지 못한 부분의 배당표가 확정이 되었다면, 이로써 그와 같이 배당표가 확정된 부분에 관한 권리행사는 종료되고 그 부분에 대하여 중단된 소멸시효는 위 종료 시점부터 다시 진행된다. 그리고 위 채권 중 배당이의의 대상이 된 부분은 그에 관하여 적법하게 배당이의의 소가 제기되고 그 소송이 완결된 후 그 결과에 따라 종전의 배당표가 그대로 확정 또는 경정되거나 새로 작성된 배당표가 확정되면 그 시점에서 권리행사가 종료되고 그때부터 다시 소멸시효가 진행한다(대법원 2009. 3. 26. 선고 2008다89880 판결).

☀ 경매신청이 취하된 경우에는 특별한 사정이 없는 한 압류로 인한 소멸시효 중단의 효력은 물론, 첫 경매개시결정등기 전에 등기되었고 매각으로 소멸하는 저당권을 가진 채권자의 채권신고로 인한 소멸시효 중단의 효력도 소멸하지만, 이와 달리 민사집행법 제102조 제2항에 따라 경매절차가 취소된 경우에는 압류로 인한 소멸시효 중단의 효력이 소멸하지 않고, 마찬가지로 첫 경매개시결정등기 전에 등기되었고 매각으로 소멸하는 저당권을 가진 채권자의 채권신고로 인한 소멸시효 중단의 효력도 소멸하지 않는다(대법원 2015. 2. 26. 선고 2014다228778 판결).

☀ 소멸시효 중단 사유로서의 승인은 시효이익을 받을 당사자인 채무자가 소멸시효의 완성으로 권리를 상실하게 될 자 또는 그 대리인에 대하여 그 권리가 존재함을 인식하고 있다는 뜻을 표시함으로써 성립하는바, 그 표시의 방법은 아무런 형식을 요구하지 아니한다(대법원 2005. 2. 17. 선고 2004다59959 판결).

☀ 동일한 채권자에게 다수의 채무를 부담하는 채무자가 충당할 채무를 지정하지 아니한 채 모든 채무를 변제하기에 부족한 변제금을 지급한 경우 모든 채무에 대하여 채무 승인의 효과가 미친다(대법원 2021. 9. 30. 선고 2021다239745 판결).

☀ 공정증서는 일률적으로 정해진 소멸시효가 없다. 상행위인 경우 상법상의 소멸시효 5년이 적용되고, 약속어음 공정증서에 관한 시효는 만기일로부터 3년이다. 준소비대차계약(임금채권이 대여금채권으로 변경된 경우)의 경우 대여금채권이 아닌 임금채권의 소멸시효 3년이 적용된다. 그러나 고용주가 권리를 남용한 것으로 판단될 경우에는 소멸시효 완성을 주장할 수 없다.

☀ 당사자 쌍방에 대하여 모두 상행위가 되는 행위로 인한 채권뿐만 아니라 당사자 일방에 대하여만 상행위에 해당하는 행위로 인한 채권도 상법 제64조에서 정한 5년의 소멸시효기간이 적용되는 상사채권에 해당하고, 여기에서 말하는 상행위에는 상인이 영업을 위하여 하는 상법 제47조의 보조적 상행위도 포함된다(대법원 2005. 5. 27. 선고 2005다7863 판결).

☀ 채권자가 확정판결에 기한 채권의 실현을 위하여 채무자의 제3채무자(채무자의 예 적금이 피압류채권인 경우에는 은행)에 대한 채권에 관하여 압류 및 추심명령을 받아 그 결정이 제3채무자에게 송달이 되었다면 거기에 소멸시효 중단 사유인 '최고'로서의 효력(채무자의 제3채무자에 대한)을 인정하여야 한다(대법원 2003. 5. 13. 선고 2003다16238 판결).

☀ 민법 제176조의 규정에 비추어 압류, 가압류 및 가처분이 시효의 이익을 받을 당사자에 대하여 이루어진 경우에는 그에 대한 통지를 하지 아니하더라도 바로 시효중단의 효력이 발생한다고 할 것이다(대법원 2012. 4. 26. 선고 2011다108231 판결).

☀ 시효완성 후 시효이익의 포기가 인정되려면 시효이익을 받는 채무자가 시효의 완성으로 인한 법적인 이익을 받지 않겠다는 효과의사가 필요하기 때문에 시효완성 후 소멸시효 중단 사유에 해당하는 채무의 승인이 있었다고 하더라도 그것만으로는 곧바로 소멸시효 이익의 포기라는 의사표시가 있었다고 단정할 수 없다(대법원 2013. 2. 28. 선고 2011다21556 판결).

☀ 유체동산에 대한 가압류결정을 집행한 경우 가압류에 의한 시효중단 효력은 가압류 집행보전의 효력이 존속하는 동안 계속된다. 그러나 유체동산에 대한 가압류 집행절차에 착수하지 않은 경우에는 시효중단 효력이 없고, 집행절차를 개시하였으나 가압류할 동산이 없기 때문에 집행불능이 된 경우에는 집행절차가 종료된 때로부터 시효가 새로이 진행된다. 임차인 갑이 임대인 을에 대하여 임대차계약기간 만료일로부터 10년이 경과한 시점에 임대차보증금반환을 구하는 소를 제기한 사안에서, 을의 갑에 대한 임대차보증금반환채무는 시효로 소멸하였고 갑이 을 소유의 유체동산에 대한 가압류결정을 받은 사실만으로는 가압류 집행보전의 효력이 존속하지 않는 한 시효가 중단되지 않는다(대법원 2011. 5. 13. 선고 2011다10044 판결).

☀ 보증채무의 시효중단과 부종성

보증채무에 대한 소멸시효가 중단되는 등의 사유로 완성되지 아니하였다고 하더라도 주채무에 대한 소멸시효가 완성된 경우에는 시효완성의 사실로 주채무가 소멸되므로 보증채무의 부종성에 따라 보증채무 역시 당연히 소멸되는 것이 원칙이다.

다만 보증채무의 부종성을 부정하여야 할 특별한 사정이 있는 경우에는 예외적으로 보증인은 주채무의 시효소멸을 이유로 보증채무의 소멸을 주장할 수 없으나, 특별한 사정을 인정하여 보증채무의 본질적인 속성에 해당하는 부종성을 부정하려면 보증인이 주채무의 시효소멸에도 불구하고 보증채무를 이행하겠다는 의사를 표시하거나 채권자와 그러한 내용의 약정을 하였어야 하고, 단지 보증인이 주채무의 시효소멸에 원인을 제공하였다는 것만으로는 보증채무의 부종성을 부정할 수 없다(대법원 2018. 5. 15. 선고 2016다211620 판결).

☀ 채무승인과 시효이익의 포기

[1] 채무자회생 및 파산에 관한 법률 제32조 제3호에서는 개인회생채권자목록을 제출한 경우 시효중단의 효력이 있다고 규정하고 있다. 한편 소멸시효 중단사유로서의 채무승인은 시효이익을 받는 당사자인 채무자가 소멸시효의 완성으로 채권을 상실하게 될 자에 대하여 상대방의 권리 또는 자신의 채무가 있음을 알고 있다는 뜻을 표시함으로써 성립하는 이른바 관념의 통지로 여기에 어떠한 효과의사가 필요하지 않다. 이에 반하여 시효완성 후 시효이익의 포기가 인정되려면 시효이익을 받는 채무자가 시효의 완성으로 인한 법적인 이익을 받지 않겠다는 효과의사가 필요하기 때문에 시효완성 후 소멸시효 중단사유에 해당하는 채무의 승인이 있었다 하더라도 그것만으로는 곧바로 소멸시효 이익의 포기라는 의사표시가 있었다고 단정할 수 없다.

[2] 채무자가 소멸시효 완성 후 채무를 일부 변제한 때에는 액수에 관하여 다툼이 없는 한 채무 전체를 묵시적으로 승인한 것으로 보아야 하고, 이 경우 시효완성의 사실을 알고 이익을 포기한 것으로 추정되므로, 소멸시효가 완성된 채무를 피담보채무로 하는 근저당권이 실행되어 채무자 소유의 부동산이 경락되고 대금이 배당되어 채무의 일부 변제에 충당될 때까지 채무자가 아무런 이의를 제기하지 아니하였다면, 경매절차의 진행을 채무자가 알지 못하였다는 등 다른 특별한 사정이 없는 한, 채무자는 시효완성의 사실을 알고 채무를 묵시적으로 승인하여 시효의 이익을 포기한 것으로 볼 수 있다. 개인회생신청을 하면서 채권자목록에 소멸시효기간이 완성된 피고의 근저당권부 채권을 기재하였다고 하여 그 시효이익을 포기하려는 효과의사까지 있었다고 보기는 어렵다. 즉 소외인에게 피고에 대하여 피고의 채권의 시효완성으로 인한 법적인 이익을 받지 않겠다는 의사표시가 있었다고 단정할 수 없다(대법원 2017. 7. 11. 선고 2014다32458 판결).

□ 주의할 점

* 확정판결 채권에 대한 시효중단 사유 발생

▶ 소멸시효 완성은 피고가 반드시 항변을 해야만 법원이 판단한다. 시효관리에 다급한 채권자는 성의표시 차원에서 5~10만 원이라도 우선 변제해달라고 채무자를 설득한다. 이때 채무자 명의로 소액이라도 직접 변제하거나 채권자 계좌에 입금할 경우 시효진행이 중단된다. 확정판결 채권의 시효 진행 중에, 시효중단 사유(압류, 가압류, 가처분, 주채무자의 채무승인 등)가 발생하면 시효진행이 중단된다. 시효가 중단된 때에는 민법 제178조에 따라 중단까지에 경과한 시효기간은 이를 산입하지 아니하고 중단사유가 종료한 때로부터 새로이 진행한다.

소멸시효는 그때부터 다시 10년이 경과되어야 완성된다. 압류, 가압류, 가처분은 채무자에게 송달되어야 시효중단의 효력이 발생한다. 소멸시효 재연장 기간 10년에 대한 판례는 없고 하급심 판결이 있을 뿐이다. 금융회사별로 이 경우에 대한 소멸시효 기간 적용기준이 다를 수 있다.

[사례] 확정판결 채권의 소멸시효 10년의 만료일이 2021. 9. 30.인 경우, 2021. 9. 20. 채권자의 설득에 따라 주채무자가 본인 명의로 1만 원만 입금해도 채무승인으로 간주된다. 따라서 2021. 9. 20. 시효진행이 중단되고 그때부터 다시 10년의 소멸시효가 진행된다. 원칙적으로 채권자가 시효기간을 10년 더 연장하기 위해서는 2021. 9. 30. 이전에 채무자를 상대로 '이행의 소' 또는 '소멸시효 중단을 위한 재판상 청구 확인의 소'를 제기해야 한다. 채권자 입장에서는 시간과 비용 측면에서 매우 귀찮은 일이다. 시효만료일 10일을 남겨두고 채무자가 채권자를 적극 도와준 것이다. 채권자 업무 규정에 따라 다르지만 20년 이상 경과된 채권이나 소액 채권은 시효연장을 포기하는 경우도 많다는 사실을 염두에 두어야 한다.

▶ 채권자가 오래된 채무를 갚으라고 독촉할 때는 시효가 완성되었는지부터 확인해야 한다. 시효가 완성되었음에도 불구하고 채권자의 설득 때문에 소액이라도 일부변제 하거나, 채무가 존재한다는 확인서, 지불각서 등을 무심코 작성해주면 안 된다. 이 경우 시효이익을 포기하겠다는 의사를 표시한 것으로 간주될 수 있으므로 주의해야 한다. 단, 소멸시효의 이익은 만료일 전에 미리 포기하지 못한다. 개인회생 절차 개시 후 면책결정 확정 전에 채무자가 개인회생채권자에게 '변제계획과 별도로 개인회생채무를 변제하겠다'는 취지의 의사를 표시하고 그 후에 면책결정이 확정된 경우, 개인회생채무와 별개의 채무가 아닌 이상 면책결정의 효력이 미친다.

☀ 대법원은 채권자인 원고가 면책결정 후 채무자와 사이에 파산채권의 상환을 약정하였음을 이유로 약정금의 지급을 구하는 소송을 제기한 사안에서, 원심으로서는 피고가 자발적으로 채무재승인약정을 체결한 것인지, 채무재승인약정의 내용이 채무자에게 과도한 부담을 초래하는지 여부 등에 관하여 추가로 심리하여 채무재승인약정의 효력을 신중하게 판단하였어야 한다고 판단하여 파기환송 하였다.(대법원 2021. 9. 9. 선고 2020다269794 판결).

☀ 소멸시효 완성 후 시효이익의 포기

채무자가 소멸시효 완성 후 채무를 일부변제한 때에는 그 액수에 관하여 다툼이 없는 한 그 채무전체를 묵시적으로 승인한 것으로 보아야 하고, 이 경우 시효완성의 사실을 알고 그 이익을 포기한 것으로 추정된다(대법원 2001. 6. 12. 선고 2001다3580 판결).

▶ 구상금채권자가 채무자에 대해 복수의 채권을 보유하고 있을 때 (피보험자가 보험금을 분할 청구할 때 마다 지급하면 이런 상황이 발생할 수 있다), 각각의 채권에 대한 시효만료일이 다를 수 있다. 이때는 실제 보험금을 지급(대위변제)한 날짜를 기준으로 각각 시효완성 여부를 판단해야 한다.

☀ 채권자가 동일한 목적을 달성하기 위하여 복수의 채권을 갖고 있는 경우, 채권자로서는 그 선택에 따라 권리를 행사할 수 있되 그 중 어느 하나의 청구를 한 것만으로는 다른 채권 그 자체를 행사한 것으로 볼 수는 없으므로 특별한 사정이 없는 한 그 다른 채권에 대한 소멸시효 중단의 효력은 없다(대법원 2002. 6. 14. 선고 2002다11441 판결).

▶ 은행 등 금융기관 대출금, 대부업체 대부금, 신용카드대금 등은 상사채권으로 5년의 소멸시효가 적용된다. 채권자가 시효완성일(5년) 전에 재판상 청구의 방법으로 시효진행을 중단시키고, 그 소송에서 승소했을 때 판결 확정일로부터 10년의 소멸시효가 다시 기산된다.

▶ 지급명령신청사건을 소송절차에 부치는 결정을 한 경우에는 지급명령을 신청한 때에 소가 제기된 것으로 본다(민사소송법 제472조). 소송절차로 전환된 시점이 아니라 지급명령신청서 접수 일자에 시효진행이 중단된다.

▶ 금융회사인 채권자가 시효중단 조치를 포기하고 스스로 시효를 완성시키는 채권 (채권자별 업무규정에 따라 다를 수 있음)

① 채무자 외에 연대보증인이 없는 채권 중에서,

1. 채무자가 사망하여 상속포기 했거나 한정승인하여 배당 완료한 채권
2. 채무자가 사회취약계층, 고령자, 해외이주자인 채권
3. 채무자가 법인인 채권
4. 채무자가 개인회생·개인파산으로 면책 받은 채권 등

② 주채무자와 연대보증인이 있는 채권 중에서,

1. 주채무자와 연대보증인이 모두 상속포기 했거나 한정승인하여 배당 완료한 채권
2. 주채무자와 연대보증인이 모두 사회취약계층, 고령자, 해외이주자인 채권
3. 주채무자가 법인이고 연대보증인이 위 1~2에 해당되거나 개인회생·개인파산으로 면책 받은 채권
4. 주채무자와 연대보증인이 모두 개인회생·개인파산으로 면책 받은 채권 등

③ 지연이자만 남아있거나 원금이 극히 소액인 채권

④ 2회 이상 확정판결을 받았으나 다시 시효가 도래하는 채권 등

▶ 채권의 소멸 여부를 확인하는 방법

① 채권자의 독촉 때문에 채무자가 전입신고를 하지 않고 주소지를 옮기거나 주소불명 상태인 경우에는 공시송달로 소송이 종결된다. 이 경우 채무자는 채권의 소멸 및 강제집행 여부 등 사실관계를 파악할 수 없게 된다.

② 먼저 채권자가 소멸시효 중단사유인 지급명령 신청 등 재판상 청구를 했는지, 보전처분(압류·가압류·가처분)을 했는지 여부와 그 시기를 살펴보아야 한다.

③ 대법원 전자민원센터 '나의 사건 검색'에서 공인인증서로 본인 확인 절차를 거친 후 소송 및 강제집행 현황과 그 결과를 확인한다.

④ 인근에 있는 법원 민원실에 방문해서 채무자의 주민등록번호로 소송 및 강제집행 현황과 그 결과를 확인할 수 있다.

⑤ 채권자가 제기한 소송 및 보전처분이 없는 경우에는 채무불이행 날짜로부터 계산해 소멸시효 완성여부를 판단한다.

⑥ 채권자가 소송을 제기해 판결이 확정되었다면, 판결 확정일 다음날로부터 계산해 시효 완성 여부를 판단한다.

⑦ 소멸시효가 완성된 것으로 판단될 경우 채권자에게 면책 사실을 고지한다.

⑧ 소멸시효가 완성되지 않고 진행 중이라면, 감면을 통한 자진변제, 신용회복, 개인회생, 개인파산·면책 신청에 대해 검토할 필요가 있다.

□ 금융회사인 채권자의 시효관리 예시

상사채권으로 종전 소멸시효 기간이 5년이고, 최초로 소송을 제기해 확정판결을 받은 채권인 경우를 가정한다.

▶ 주채무자와 연대보증인 모두에 대해 판결을 받은 경우 → 주채무와 연대보증채무 모두 판결 확정일로부터 10년으로 관리한다.

▶ 주채무자에 대해서만 판결을 받은 경우 → 주채무는 판결 확정일로부터 10년, 연대보증채무는 판결 확정일로부터 5년으로 관리한다.

* 민법 제440조에 따라 주채무자에 대한 시효중단은 연대보증인에 대하여 그 효력이 미친다. 연대보증인에 대한 판결을 받지 않았더라도 연대보증채무는 종전의 소멸시효 기간인 5년이 적용된다.

▶ 연대보증인에 대해서만 판결을 받은 경우 → 연대보증채무만 판결 확정일로부터 10년으로 관리한다. 이 경우 주채무에 대한 시효연장 효력은 없다.

□ 은행예금과 보험금청구권 소멸시효 (자료: 매일경제신문 기사)

▶ 은행예금의 소멸시효는 최장 10년이다. 무거래는 5년, 요구불예금은 10년이다. 보험금청구권은 보험계약 해지 또는 보험 만기 후 3년이 지나면 소멸시효가 완성된다. 은행예금의 경우 소멸시효가 지나면 휴면예금으로 전환되어 서민금융진흥원에 출연된다. 휴면예금은 은행법 등 관련되는 법률규정이나 약정에 따라 채권 또는 청구권 소멸시효가 완성된 예금, 수표, 보험금 등을 말한다.

▶ 휴면예금은 금융감독원과 금융결제원이 운영하는 '어카운트인포', 서민금융진흥원의 '휴면예금 찾아줌(sleepmoney.kinfa.or.kr)"에서 30만 원 이하 휴면예금을 돌려받을 수 있다' '정부 24'에서도 통합 조회할 수 있다. 1,000만 원 이하인 경우 영업점 방문 없이 평일 24시간 언제든지 찾을 수 있다. 온라인 이용이 어려울 경우 '1397 서민금융콜센터'를 통해 휴면예금 조회 지급을 신청할 수 있다. 피상속인이 특별한 채무가 없는 상태에서 사망한 경우 상속인이 지급 신청하면 된다. 부모님이 고령자이어서 예금이나 보험가입 자체를 몰라 휴면예금으로 출연되는 경우가 많으므로 자녀들이 적극적으로 확인해볼 필요가 있다.

□ 명의신탁과 소멸시효

※ 부동산의 매수인(신탁자)이 목적물을 인도받아 계속 점유하는 경우에는 신탁자의 매도인에 대한 소유권이전등기청구권은 소멸시효가 진행되지 않는다. 이러한 법리는 3자간 등기명의신탁에 의한 등기가 유효기간의 경과로 무효가 된 경우에도 마찬가지이다(대법원 2013.12.12. 선고 2013다26647 판결).

※ 계약명의신탁에서 등기가 무효로 된 경우, 수탁자는 신탁자에게 자신이 취득한 해당 부동산을 부당이득으로 반환할 의무가 있다. 이 경우 신탁자가 수탁자에 대해 가지는 소유권이전등기청구권은 부당이득반환청구권으로서 소멸시효가 10년이다. 3자간 등기명의신탁과는 달리 계약명의신탁에서는 신탁자가 해당 부동산을 점유하거나 사용하고 있더라도 소멸시효는 진행 된다(대법원 2009. 7. 9. 선고 2009다23313 판결).

▣ 채무자가 불복의 방법으로 행사할 수 있는 권리

채무자가 불복하여 집행문부여 · 집행절차 · 배당절차 단계와 종국판결 이후에 채권자를 상대로 행사할 수 있는 권리의 종류에는 ① 가압류 · 가처분 이의 신청, 취소의 소, ② 확인의 소, ③ 청구에 관한 이의의 소, ④ 집행문부여에 대한 이의의 소, ⑤ 제3자이의의 소, ⑥ 배당이의의 소, ⑦ 재심의 소 등이 있다.

○ 채무자가 불복하여 행사할 수 있는 권리의 종류

채권자의 강제집행에 대해 채무자가 불복하여 이의를 신청하거나 소송을 제기할 수 있는 권리에 대해 살펴보자.

구 분	조 문	불복대상 및 방법
즉시항고	민사집행법 제15조	집행절차에 관한 집행법원의 재판에 대하여 특별한 규정이 있는 경우 즉시항고 할 수 있다. 항고인은 재판을 고지받은 날부터 1주의 불변기간 이내에 항고장을 제출해야 하고, 항고장을 제출한 날부터 10일 이내에 항고이유서를 원심법원에 제출해야 한다.
집행에 관한 이의 신청	민사집행법 제16조	집행법원의 집행절차에 관한 재판으로서 즉시항고를 할 수 없는 것과, 집행관의 집행처분, 그 밖에 집행관이 지킬 집행절차에 대하여서는 법원에 이의를 신청할 수 있다.
가압류 · 가처분 결정에 대한 이의신청	민사집행법 제283조	채권의 존부나 그 타당성에 대한 심문 없이 법원이 채무자의 재산 또는 권리에 대해 가압류 · 가처분 결정을 했을 경우 이의 신청할 수 있다. 자세한 내용은 가압류, 가처분 편에서 다루기로 한다.
확인의 소	민사소송법 제250조, 제264조	확인의 이익이 있고 확인판결이 가장 유효적절한 수단일 때에 확인소송이 허용된다. 실효적인 이행소송이 불가능할 때 보충적으로 확인의 소를 제기할 수 있다.
청구에 관한 이의의 소	민사집행법 제44조	채무자가 판결에 따라 확정된 청구에 관하여 이의하려면 제1심 판결법원에 청구에 관한 이의의 소를 제기하여야 한다.
집행문부여에 대한 이의의 소	민사집행법 제45조	집행문부여 단계에서, 채무자가 집행문부여에 관하여 증명된 사실에 의한 판결의 집행력을 다투거나, 인정된 승계에 의한 판결의 집행력을 다투는 때, 제1심 판결법원에 제기할 수 있다.

제3자이의의 소	민사집행법 제48조	집행절차 단계에서, 제3자가 강제집행의 목적물에 대하여 소유권이 있다고 주장하거나 목적물의 양도나 인도를 막을 수 있는 권리가 있다고 주장하는 때에는 채권자를 상대로 집행법원에 그 강제집행에 대한 이의의 소를 제기할 수 있다.
배당이의의 소	민사집행법 제154조	집행력 있는 집행권원의 정본을 가지지 아니한 채권자(가압류채권자를 제외한다)를 상대로 제기할 수 있다. 배당기일에 이의하고 1주 이내에 집행법원에 배당이의의 소 제기 증명서를 제출해야 한다.
재심의 소	민사소송법 제451조	판결의 증거가 된 문서, 그 밖의 물건이 위조되거나 변조된 것인 때 등 민사소송법 제451조의 재심사유에 해당하는 경우 확정된 종국판결에 대하여 재심의 소를 제기할 수 있다.

○ 확인의 소

▶ "확인의 소"란 권리나 법률관계의 존재 · 부존재의 확정을 요구하는 소송을 말한다. 당사자의 현재 권리나 법률관계에 대하여 판결로 확인해 줌으로써 이를 구하는 당사자에게 권리나 법률상의 지위에 현존하는 법률적 불안이나 위험을 제거할 수 있고, 이를 제거함에 있어 확인의 판결을 받는 것이 가장 유효 · 적절한 수단에 해당될 때 허용된다. 과거의 법률관계 존재확인은 원칙적으로 허용되지 않는다. 실효적인 이행소송이 불가능할 때만 확인소송을 보충적으로 제기할 수 있으므로, 확인 판결에 기초한 강제집행도 허용되지 않는다.

● 증서의 진정여부를 확인하는 소 (민사소송법 제250조).

확인의 소는 법률관계를 증명하는 서면이 진정한지 아닌지를 확정하기 위하여서도 제기할 수 있다.

▶ 확인의 이익

확인의 소는 즉시 확정의 법률상 이익이 있어야 한다. 반사적으로 받게 될 사실상 또는 경제상의 이익밖에 없을 때에는 확인의 이익이 부인된다. 당해 소송 내에서 심판을 받는 것이 예정되어 있는 절차문제, 예컨대 소송대리권의 존부, 소취하의 유 · 무효 등은 별소로 확인을 구할 이익이 없다.

▶ 채권자는 의무가 있다고 판단되는 채무자를 상대로 채무의 이행을 구하는 '이행의 소'를 제기할 수 있고, 반대로 채무가 없다고 주장하는 채무자는 채권자를 상대로 변제할 의무가 없음을 판결로 확인해달라는 '확인의 소'를 제기할 수 있다.

▶ 채권자는 소멸시효 중단 시에 '이행의 소' 대신 '소멸시효 중단을 위한 재판상 청구 확인의 소'를 제기할 수도 있다.

▶ 집행권원을 가진 채권자를 상대로 제기하는 '면책 확인의 소'는 확인의 이익이 없어 부적법하므로 허용되지 않는다.

▶ 변제는 채무내용에 좇은 현실제공으로 이를 해야 한다. 그러나 채권자가 미리 변제받기를 거절하거나 채무의 이행에 채권자의 행위를 요하는 경우에는 변제준비의 완료를 통지하고 그 수령을 최고하면 된다(민법 제460조). 변제의 제공은 그 때부터 채무불이행의 책임을 면하게 한다(민법 제461조).

[tip] 채무자가 채무부존재확인의 소를 제기할 수 있는 경우

채무자가 원고가 되어 채권자에게 제기할 수 있는 '채무부존재확인소송'의 대표적인 예를 들어보자.

① 사기꾼에게 속아 금융거래에 필요한 개인정보를 넘겨서 사기대출이 발생한 경우.

② 적법한 절차를 거치지 않았거나 대출을 신청할 의사가 없었던 경우.

③ 채권의 소멸시효가 완성된 경우.

④ 이미 변제했거나, 존재했지만 취소 또는 무효가 되었거나, 당초부터 채무 자체가 존재하지 않은 경우.

⑤ 보험사가 수익자에게 보험금을 지급할 의무가 없다고 주장하는 경우.

⑥ 부당한 사유로 해고당한 근로자가 회사를 상대로 해고가 무효라는 사실을 주장하는 경우 등

[tip] 채무부존재확인의소와 신용정보 등록

채무자가 자신의 채무존재를 다투는 소를 제기하여 소송이 진행 중이거나, 금융기관이 제기한 채무의 존재를 다투는 소(이행의 소, 확인의 소 등)에서 채무자가 자신의 채무부존재를 주장한 경우, 금융기관은 확정 판결 시까지 연체정보의 등록을 보류하고 있으며, 확정판결의 내용이 채무존재를 인정하는 경우, 최종판결 확정일을 등록사유 발생일로 하여 연체정보에 등록한다.

☀ 확인의 소에 있어서 확인의 대상은 현재의 권리 또는 법률관계일 것을 요하므로 특별한 사정이 없는 한 과거의 권리 또는 법률관계의 존부확인은 인정되지 않는다. 근저당권의 피담보채무에 관한 부존재확인의 소는 근저당권이 말소되면 과거의 권리 또는 법률관계의 존부에 관한 것으로서 확인의 이익이 없게 된다(대법원 2013. 8. 23. 선고 2012다17585 판결).

※ 확인의 소에 있어서는 권리보호요건으로서 확인의 이익이 있어야 하고 그 확인의 이익은 원고의 권리 또는 법률상의 지위에 현존하는 불안, 위험이 있고 그 불안, 위험을 제거함에는 피고를 상대로 확인판결을 받는 것이 가장 유효적절한 수단일 때에만 인정된다고 할 것이므로 확인의 소의 피고는 원고의 권리 또는 법률관계를 다툼으로써 원고의 법률적 지위에 불안을 초래할 염려가 있는 자 다시 말하면 원고의 보호법익과 대립 저촉되는 이익을 주장하고 있는 자이어야 하고 그와 같은 피고를 상대로 하여야 확인의 이익이 있게 된다(대법원 1991. 12. 10. 선고 91다14420 판결).

※ 확인의 소는 분쟁의 당사자 간에 현재의 권리 또는 법률관계에 관하여 즉시 확정할 이익이 있는 경우에 허용되는 것인바, 손해배상 청구를 할 수 있는 경우에 별도로 그 침해되는 권리의 존재 확인을 구하는 것은 분쟁의 종국적인 해결 방법이 아니어서 확인의 이익이 없다(대법원 1995. 12. 22. 선고 95다5622 판결).

○ 청구에 관한 이의의 소

▶ "청구에 관한 이의의 소"란 채무자가 확정된 종국판결 등 집행권원에 표시된 청구권에 관하여 실체상 사유(집행권원의 효력 부정, 변제로 인한 소멸, 소멸시효 완성 등)를 주장하여 집행력의 배제를 구하는 소를 말한다. 단, 미확정 상태에 있는 지급명령은 유효한 집행권원이 될 수 없으므로 이에 대하여 집행력의 배제를 구하는 청구이의의 소를 제기할 수 없다.

- 청구에 관한 이의의 소 (민사집행법 제44조).

① 채무자가 판결에 따라 확정된 청구에 관하여 이의하려면 제1심 판결법원에 청구에 관한 이의의 소를 제기하여야 한다.

② 제1항의 이의는 그 이유가 변론이 종결된 뒤(변론 없이 한 판결의 경우에는 판결이 선고된 뒤)에 생긴 것이어야 한다.

③ 이의이유가 여러 가지인 때에는 동시에 주장하여야 한다.

▶ 이행권고결정 · 확정된 지급명령 · 공정증서에 관한 청구이의의 소에서는 민사집행법 제44조 제 2항을 적용하지 않는다. 그 이유 발생 시기가 변론종결 전 · 후와 상관없이 소 제기 가능하다. 채무자가 항소하지 않아 판결이 확정되었더라도 청구이의소송을 제기할 수 있다. 단, 확정판결인 경우에는 채무자가 그러한 사정이 있음을 과실 없이 알지 못하여 변론종결 전에 이를 주장하지 못한 것이라 하여도 청구이의의 이유로 삼을 수 없다.

▶ 청구이의 사유와 소 제기 요건

① 청구권의 존재(변제, 상계, 면제) ② 청구권의 내용(변제기한 유예, 정지조건 등 권리저지 사유) ③ 청구권의 행사(부집행계약, 권리남용 및 신의칙 위반, 한정승인) ④ 청구권의 성립

* '청구권의 존재와 내용'에 관한 이의는 기판력 때문에 사실심 변론 종결 이후에 발생한 사유로만 청구이의소송을 제기할 수 있다. '청구권의 행사와 성립'에 관한 이의는 위와 같은 제한을 받지 않는다. 특히 '청구권의 성립'에 관한 이의는, 기판력이 없는 집행권원(이행권고

결정, 확정된 지급명령, 공정증서)에 대한 권리 장애를 사유로 청구이의소송을 제기할 수 있다.

▶ 확정판결에 의한 권리라 할지라도 그것이 신의에 따라 성실하게 행사되어야한다. 채권자가 상속포기 사실을 알고도 소송을 제기하는 방법으로 권리를 남용한 경우, 집행자체가 불법인 경우에는 청구이의의 소를 제기할 수 있다.

▶ 청구이의소송은 강제집행을 계속하여 진행하는 데에는 영향을 미치지 아니하므로, 별도로 강제집행정지신청을 해야 한다. 이때 법원의 공탁금 납부 명령에 대비해야 한다.

▶ 청구이의소송은 즉시항고나 이의신청과는 달리, 집행권원(종래의 채무명의)에 표시된 실체법상의 청구에 관한 존재나 태양이 변경되었음을 이유로 강제집행을 허용하지 않는다는 판단을 구하기 위해 제1심 판결법원에 집행권원의 피고가 원고를 상대로 제기하는 소송이다. 집행권원의 종류를 따지지 않는다.

[사례] 채권자 A는 채무자 송모 씨와 지모 씨에게 각각 대여금채권을 가지고 있다. 두 사람 사망 후 피상속인 송모 씨의 상속인들은 가정법원을 통해 상속을 포기했다. 피상속인 지모 씨의 상속인들은 한정승인을 득했다. 이와 같은 사실을 모르는 채권자 A가 대여금청구소송을 제기했다. 상속인들은 법원으로부터 소장과 변론기일 통지서를 받고도 항변과 출석을 하지 않았다. 두 상속인 가족이 각각 상속포기와 한정승인을 했으므로 피상속인에 대한 채무관계는 종결된 것으로 생각했기 때문이다. 원고 승소 판결에도 항소하지 않아 1심 판결이 확정되었다. 이 경우 피상속인 지모 씨의 상속인들은 한정승인을 했으므로 대여금청구소송 확정판결의 집행력을 배제시키기 위해 채권자를 상대로 청구이의소송을 제기할 수 있다. 그러나 상속포기한 피상속인 송모 씨의 상속인들은 청구이의소송을 제기할 수 없고 고유재산에 대해 강제집행 당할 수 있다. 확정판결에 기초한 강제집행에 대하여 권리남용으로 항변할 수는 있다. 이에 관해 송모 씨의 상속인들에게 증명책임이 있다. 상속포기나 한정승인을 했더라도 그 사실을 답변서·준비서면을 통해 반드시 항변해야 한다.

☀ 한정승인·상속포기한 채무자의 청구에 관한 이의의 소 제기 가능 여부 및 권리남용

[1] 채무자가 한정승인을 하였으나 채권자가 제기한 소송의 사실심 변론종결시까지 이를 주장하지 아니하는 바람에 책임의 범위에 관하여 아무런 유보 없는 판결이 선고·확정된 경우라 하더라도 채무자가 그 후 위 한정승인 사실을 내세워 청구에 관한 이의의 소를 제기하는 것이 허용되는 것은, 한정승인에 의한 책임의 제한은 상속채무의 존재 및 범위의 확정과는 관계없이 다만 판결의 집행 대상을 상속재산의 한도로 한정함으로써 판결의 집행력을 제한할 뿐으로, 채권자가 피상속인의 금전채무를 상속한 상속인을 상대로 그 상속채무의 이행을 구하여 제기한 소송에서 채무자가 한정승인 사실을 주장하지 않으면 책임의 범위는 현실적인 심판대상으로 등장하지 아니하여 주문에서는 물론 이유에서도 판단되지 않는 관계로 그에 관하여는 기판력이 미치지 않기 때문이다.

위와 같은 기판력에 의한 실권효 제한의 법리는 채무의 상속에 따른 책임의 제한 여부만이 문제되는 한정승인과 달리 상속에 의한 채무의 존재 자체가 문제되어 그에 관한 확정판결의 주문에 당연히 기판력이 미치게 되는 상속포기의 경우에는 적용될 수 없다.

[2] 확정판결의 내용이 실체적 권리관계에 배치되는 경우, 그 판결에 의하여 집행할 수 있는 것으로 확정된 권리의 성질과 내용, 판결의 성립 경위, 판결 성립 후 집행에 이르기까지의 사정, 그 집행이 당사자에게 미치는 영향 등 여러 사정을 종합하여 볼 때, 그 확정판결에 기한 집행이 현저히 부당하고 상대방에게 그 집행을 수인하도록 하는 것이 정의에 반함이 명백하여 사회생활상 용인할 수 없다고 인정되는 경우에 그 집행은 권리남용으로서 허용되지 않고, 그러한 경우 집행채무자는 청구이의의 소에 의하여 그 집행의 배제를 구할 수 있다(대법원 2009. 5. 28. 선고 2008다79876 판결).

☀ 확정판결에 의한 집행과 권리남용 증명 책임

판결이 확정되면 기판력에 의하여 대상이 된 청구권의 존재가 확정되고 그 내용에 따라 집행력이 발생한다. 확정판결에 의한 권리라 하더라도 신의에 좇아 성실히 행사되어야 하고 판결에 기한 집행이 권리남용이 되는 경우에는 허용되지 않으므로 집행채무자는 청구이의의 소에 의하여 그 집행의 배제를 구할 수 있다. 그러나 법적 안정성을 위하여 확정판결에 기판력을 인정한 취지 및 확정판결의 효력을 배제하려면 재심의 소에 의하여 그 취소를 구하는 것이 원칙적인 방법인 점 등에 비추어 볼 때, 확정판결에 따른 강제집행이 권리남용에 해당한다고 쉽게 인정하여서는 안 되고, 이를 인정하기 위해서는 확정판결의 내용이 실체적 권리관계에 배치되는 경우로서 그에 기한 집행이 현저히 부당하고 상대방으로 하여금 그 집행을 수인하도록 하는 것이 정의에 반함이 명백하여 사회생활상 용인할 수 없다고 인정되는 것과 같은 특별한 사정이 있어야 한다(대법원 2014. 2. 21. 선고 2013다75717 판결). 그리고 이때 확정판결의 내용이 실체적 권리관계에 배치된다는 점은 확정판결에 기한 강제집행이 권리남용이라고 주장하며 그 집행 불허를 구하는 자가 주장·증명하여야 한다(대법원 2014. 5. 29. 선고 2013다82043 판결).

☀ 주장한 내용에 따른 증명책임

청구이의의 소에서 청구이의 사유에 관한 증명책임은 일반 민사소송에서의 증명책임 분배의 원칙에 따라야 한다. 따라서 청구이의소송에서 원고가 피고의 채권이 성립하지 아니하였음을 주장하는 경우에는 피고에게 '채권의 발생원인 사실'을 증명할 책임이 있고, 원고가 그 채권이 통정허위표시로서 무효라거나 변제에 의하여 소멸되었다는 등 '권리 발생의 장애 또는 소멸 사유에 해당하는 사실'을 주장하는 경우에는 원고에게 그 사실을 증명할 책임이 있다(대법원 2010. 6. 24. 선고 2010다12852 판결 참조). 이는 배당이의의 소에서도 동일하게 적용된다.

○ 집행문부여에 대한 이의의 소

▶ "집행문부여에 대한 이의의 소"란 채무자가 집행문부여에 관하여 증명된 사실에 의한 판결의 집행력이나, 인정된 승계에 의한 판결의 집행력을 다투어 집행문부여의 위법성을 주장함으로써 강제집행을 저지하기 위한 소이다.

▶ 집행문부여에 관한 이의사유

- 집행권원이 유효하게 존재하지 않거나 이미 소멸한 경우

- 정당한 사유가 없음에도 집행문을 수통·재도부여 해준 경우
- 재판장의 명령이 존재하지 않는 등 집행문 방식에 위배되는 경우
- 판결의 미확정, 소 취하, 화해 등으로 집행력이 존재하지 않은 경우
- 사망한 채무자에 대해 집행문을 부여한 경우 등.

● 집행에 관한 이의신청 (민사집행법 제16조).

① 집행법원의 집행절차에 관한 재판으로서 즉시항고를 할 수 없는 것과, 집행관의 집행처분, 그 밖에 집행관이 지킬 집행절차에 대하여서는 법원에 이의를 신청할 수 있다.

② 법원은 제1항의 이의신청에 대한 재판에 앞서, 채무자에게 담보를 제공하게 하거나 제공하게 하지 아니하고 집행을 일시정지하도록 명하거나, 채권자에게 담보를 제공하게 하고 그 집행을 계속하도록 명하는 등 잠정처분을 할 수 있다.

● 집행문부여 (동법 제30조).

집행문은 판결이 확정되거나 가집행의 선고가 있는 때에만 내어 준다. 판결을 집행하는 데에 조건이 붙어 있어 그 조건이 성취되었음을 채권자가 증명하여야 하는 때에는 이를 증명하는 서류를 제출하여야만 집행문을 내어 준다. 다만, 판결의 집행이 담보의 제공을 조건으로 하는 때에는 그러하지 아니하다.

● 집행문부여 등에 관한 이의 신청 (동법 제34조).

집행문을 내어 달라는 신청에 관한 법원사무관등의 처분에 대하여 이의신청이 있는 경우에는 그 법원사무관등이 속한 법원이 결정으로 재판한다. 집행문부여에 대한 이의신청이 있는 경우에는 법원은 제16조제2항의 처분에 준하는 결정을 할 수 있다.

● 공정증서와 집행 (동법 제59조).

집행문을 내어 달라는 신청에 관한 공증인의 처분에 대하여 이의신청이 있는 때에는 그 공증인의 사무소가 있는 곳을 관할하는 지방법원 단독판사가 결정으로 재판한다.

☀ 법원주사의 집행문부여 거절처분에 대한 채권자의 이의신청을 인용하여 그 집행문의 부여를 명하는 결정은 채권자에 대한 일방적인 것이고 그 채무자를 상대방으로 하는 것이 아니기 때문에 채무자는 직접 이에 대한 불복신청을 할 수 없고 다만 위 결정에 의한 집행문부여에 대하여 이의할 수 있을 뿐이다(대법원 1979. 8. 25.자 78마249 결정).

☀ 집행문부여에 대한 이의신청에 관한 재판에 대하여는 민사소송법 제449조 제1항에 정한 특별항고만이 허용될 뿐인데(대법원 1997. 6. 20.자 97마250 결정 등 참조), 특별항고는 법률상 불복할 수 없는 결정·명령에 재판에 영향을 미친 헌법 위반이 있거나, 재판의 전제가 된 명령·규칙·처분의 헌법 또는 법률의 위반 여부에 대한 판단이 부당하다는 것을 이유로 하는 때에 한하여 허용되는 것이므로(민사소송법 제449조 제1항), 결정이 법률에 위반되었다는 등의 사유만으로는 재판에 영향을 미친 헌법 위반이 있다고 할 수 없어 특별항고 사유가 되지 못한다(대법원 2008. 8. 21.자 2007그49 결정).

○ 제3자이의의 소

▶ "제3자이의의 소"란 이미 개시된 집행의 목적물에 대하여 소유권 기타 목적물의 양도나 인도를 막을 수 있는 권리가 있다고 주장함으로써 그에 대한 집행의 배제를 구하는 소이다. 따라서 그 소의 원인이 되는 권리는 집행채권자에 대항할 수 있는 것이어야 한다.

● 제3자이의의 소 (민사집행법 제48조).

제3자가 강제집행의 목적물에 대하여 소유권이 있다고 주장하거나 목적물의 양도나 인도를 막을 수 있는 권리가 있다고 주장하는 때에는 채권자를 상대로 그 강제집행에 대한 이의의 소를 제기할 수 있다. 다만, 채무자가 그 이의를 다투는 때에는 채무자를 공동피고로 할 수 있다.

▶ 강제집행이 일정한 외관을 갖추었다면 책임재산이 아닌 물건에 대해 집행을 하더라도 당연히 위법한 것은 아니다. 따라서 집행에 관한 이의신청이나 즉시항고로써 불복할 수 없다는 것이 통설이다. 이 때문에 실질적으로 부당한 집행에 의하여 권리를 침해받은 제3자 구제 목적의 소로써, 채권자의 집행에 대한 이의를 주장할 수 있는 기회를 제공하는 것이 제3자이의소송이다.

▶ 제3자이의소송은 강제집행을 계속하여 진행하는 데에는 영향을 미치지 아니하므로, 별도로 강제집행정지신청을 해야 한다. 이때 법원의 공탁금 납부 명령에 대비해야 한다.

▶ 강제집행이 개시되고 종료 전에 한해 제3자이의소송을 제기할 수 있으며 집행권원의 종류를 따지지 않는다. 경매절차가 종료되었어도 배당절차가 종료되지 않았다면 제3자이의소송을 제기할 수 있다.

▶ 한정승인한 상속인의 고유재산에 대해 강제집행 할 경우 제3자이의소송을 제기할 수 있다. 피상속인 채권자의 채권압류 및 추심명령 결정에 대해서 즉시항고를 통해 불복할 수도 있다. 채권을 추심하여 강제집행이 종료된 경우에는 채권자를 상대로 부당이득반환을 구해야 한다. 부당이득반환청구소송 청구취지를 통해 피전부채권 중 실제로 추심한 금전 부분에 관해서는 그 상당액을 반환을 구하고, 아직 추심하지 아니한 부분에 관하여는 그 채권 자체의 양도를 구해야 한다.

[예시] 상속채무의 이행을 구하는 소송에서 피고의 한정승인 항변이 받아들여진 결과 집행권원 자체에 유한책임(상속받은 재산 범위 내에서 채무를 변제하라는 판결)의 취지가 명시되어 있음에도 불구하고 상속인의 고유재산에 대한 강제집행이 이루어졌을 때 제기하는 것이 제3자이의소송이다. 책임재산이 될 수 없는 재산에 대하여 강제집행이 행하여졌을 때

제3자가 집행을 중지해달라고 제기하는 소송인 것이다. 채권자가 강제집행 시 책임재산 여부를 특정할 때 외관상으로만 판단할 뿐 실체적 심사까지 하지 않기 때문에 발생하는 문제이다.

☀ 제3자이의의 소

[1] 제3자이의의 소는 모든 재산권을 대상으로 하는 집행에 대하여 적용되는 것이므로, 금전채권에 대하여 압류 및 추심명령이 있은 경우에 집행채무자 아닌 제3자가 자신이 진정한 채권자로서 자신의 채권의 행사에 있어 압류 등으로 인하여 사실상 장애를 받았다면 그 채권이 자기에게 귀속한다고 주장하여 집행채권자에 대하여 제3자이의의 소를 제기할 수 있다.

[2] 조합의 채권은 조합원 전원에게 합유적으로 귀속하는 것이어서, 특별한 사정이 없는 한 조합원 중 1인이 임의로 조합의 채무자에 대하여 출자지분의 비율에 따른 급부를 청구할 수 없는 것이므로, 조합원 중 1인의 채권자가 그 조합원 개인을 집행채무자로 하여 조합의 채권에 대하여 강제집행하는 경우, 다른 조합원으로서는 보존행위로서 제3자이의의 소를 제기하여 그 강제집행의 불허를 구할 수 있다(대법원 1997. 8. 26. 선고 97다4401 판결).

○ 배당이의의 소

□ 배당이의의 소

채무자가 제기할 수 있는 "배당이의의 소"란 강제집행 사건의 배당(경매, 채권)절차에서 정당하지 않은 권리를 가진 채권자를 상대로 이의를 주장하기 위해 제기하는 소송이다.

- 배당받을 채권자의 범위 (민사집행법 제148조).

제147조제1항에 규정한 금액을 배당받을 채권자는 다음 각호에 규정된 사람으로 한다.

1. 배당요구의 종기까지 경매신청을 한 압류채권자
2. 배당요구의 종기까지 배당요구를 한 채권자
3. 첫 경매개시결정등기 전에 등기된 가압류채권자
4. 저당권·전세권, 그 밖의 우선변제청구권으로서 첫 경매개시결정등기 전에 등기되었고 매각으로 소멸하는 것을 가진 채권자

- 배당표에 대한 이의 (동법 제151조).

① 기일에 출석한 채무자는 채권자의 채권 또는 그 채권의 순위에 대하여 이의할 수 있다.

② 제1항의 규정에 불구하고 채무자는 제149조제1항에 따라 법원에 배당표원안이 비치된 이후 배당기일이 끝날 때까지 채권자의 채권 또는 그 채권의 순위에 대하여 서면으로 이의할 수 있다.

③ 기일에 출석한 채권자는 자기의 이해에 관계되는 범위 안에서는 다른 채권자를 상대로 그의 채권 또는 그 채권의 순위에 대하여 이의할 수 있다.

- 배당이의의 소 등 (동법 제154조).

① 집행력 있는 집행권원의 정본을 가지지 아니한 채권자(가압류채권자를 제외한다)에 대하여 이의한 채무자와 다른 채권자에 대하여 이의한 채권자는 배당이의의 소를 제기하여야 한다.

② 집행력 있는 집행권원의 정본을 가진 채권자에 대하여 이의한 채무자는 청구이의의 소를 제기하여야 한다.

③ 이의한 채권자나 채무자가 배당기일부터 1주 이내에 집행법원에 대하여 제1항의 소를 제기한 사실을 증명하는 서류를 제출하지 아니한 때 또는 제2항의 소를 제기한 사실을 증명하는 서류와 그 소에 관한 집행정지재판의 정본을 제출하지 아니한 때에는 이의가 취하된 것으로 본다.

- 이의한 사람 등의 우선권 주장 (동법 제155조).

이의한 채권자가 제154조제3항의 기간을 지키지 아니한 경우에도 배당표에 따른 배당을 받은 채권자에 대하여 소로 우선권 및 그 밖의 권리를 행사하는 데 영향을 미치지 아니한다. 이로 인해 배당이의의 소가 취하 간주되더라도 부당이득금반환청구의 소 제기는 가능하다.

▶ 배당절차는 실체적 권리관계를 실현하는 수단이 되는 경매절차의 일부를 이루는데 그칠 뿐, 이에 따라 실체적 권리를 확인하거나 형성하는 절차가 아니다.

▶ 배당에 이의하려는 자는 배당기일에 출석하여 자기의 이해에 관계되는 범위 내에서 다른 채권자를 상대로 채권의 존부 또는 채권의 순위에 대하여 이의를 제기해야 한다. 배당기일부터 1주 이내에 집행법원에 배당이의의 소를 제기했다는 증명서를 제출해야 한다.

▶ 배당이의의 소에 관한 판결에서는 배당액에 대한 다툼이 있는 부분에 관하여 배당을 받을 채권자와 그 액수를 정하게 된다.

▶ 배당이의의 소를 제기한 원고가 첫 변론기일에 출석하지 않을 경우 소를 취하한 것으로 본다.

▶ 배당요구 및 배당을 받을 채권자의 범위

* 집행력 있는 정본을 가진 채권자, 경매개시결정이 등기된 뒤에 가압류를 한 채권자, 민법·상법, 그 밖의 법률에 따라 우선변제청구권이 있는 채권자는 배당요구의 종기까지 배당요구를 한 경우에 한하여 비로소 배당을 받을 수 있다(민사집행법 제88조 제1항, 제148조 제2호).

반면 배당요구의 종기까지 경매신청을 한 압류채권자, 첫 경매개시결정등기 전에 등기된 가압류채권자, 저당권 · 전세권, 그 밖의 우선변제청구권으로서 첫 경매개시결정등기 전에 등기되었고 매각으로 소멸하는 것을 가진 채권자는 배당요구를 하지 않더라도 배당을 받을 수 있다(민사집행법 제148조 제1, 3, 4호).

☀ 배당이의는 배당받은 각 채권자의 채권의 존부 및 범위, 배당순위에 대한 것이지 배당액에 대한 것이 아니므로 배당이의의 소에 있어서 피고의 채권액이 그 받은 배당액보다 많다고 하더라도 배당의 기초가 된 채권액(배당요구액)에 대하여 다툼이 있고, 그 채권액이 줄어들 경우 민사집행법상의 배당법리에 따라 배당하면 결과적으로 배당액이 줄어들 경우에는 배당이의를 할 수 있다.

한편 배당이의의 소에 있어서 원고는 배당기일 후 그 사실심 변론종결시까지 발생한 사유를 이의사유로 주장할 수 있으므로, 배당기일 후 배당이의 소송 중에 가압류채권자의 채권액이 변제 등의 사유로 일부 소멸하여 그 잔존 채권액이 그 가압류 청구금액에 미달하게 된 경우에도 이를 이의사유로 주장할 수 있다(대법원 2007. 8. 23. 선고 2007다27427 판결).

☀ 배당이의의 소의 원고적격이 있는 자는 배당기일에 출석하여 배당표에 대한 실체상의 이의를 신청한 채권자 또는 채무자에 한하고, 제3자 소유의 물건이 채무자의 소유로 오인되어 강제집행목적물로서 경락된 경우에도 그 제3자는 경매절차의 이해관계인에 해당하지 아니하므로 배당기일에 출석하여 배당표에 대한 실체상의 이의를 신청할 권한이 없으며, 따라서 제3자가 배당기일에 출석하여 배당표에 대한 이의를 신청하였다고 하더라도 이는 부적법한 이의신청에 불과하고, 그 제3자에게 배당이의의 소를 제기할 원고적격이 없다(대법원 2002. 9. 4. 선고 2001다63155 판결).

☀ 증명 책임

배당이의소송에 있어서의 배당이의사유에 관한 증명책임도 일반 민사소송에서의 증명책임 분배의 원칙에 따라야 하므로, 원고가 피고의 채권이 성립하지 아니하였음을 주장하는 경우에는 피고에게 채권의 발생원인사실을 입증할 책임이 있고, 원고가 그 채권이 통정허위표시로서 무효라거나 변제에 의하여 소멸되었음을 주장하는 경우에는 원고에게 그 장애 또는 소멸사유에 해당하는 사실을 증명할 책임이 있다(대법원 2007. 7. 12. 선고 2005다39617 판결).

☀ 채권자는 자기의 이해에 관계되는 범위 안에서만 다른 채권자를 상대로 그의 채권 또는 그 채권의 순위에 대하여 이의할 수 있으므로(민사집행법 제151조 제3항), 채권자가 제기한 배당이의의 소에서 승소하기 위하여는 피고의 채권이 존재하지 아니함을 주장 · 증명하는 것만으로 충분하지 아니하고 원고 자신이 피고에게 배당된 금원을 배당받을 권리가 있다는 점까지 주장 · 증명하여야 한다(대법원 2015. 4. 23. 선고 2014다53790 판결).

○ 재심의 소

▶ 판결의 증거가 된 문서 그 밖의 물건이 위조되거나 변조된 것인 때, 판결에 영향을 미칠 중요한 사항에 관하여 판단을 누락한 때 등 민사소송법 제451조의 재심사유에 해당하는 경우, 확정된 종국판결이더라도 재심의 사유를 안 날부터 30일 이내, 판결 확정일로부터 5년 이내에 '재심의 소'를 제기할 수 있다.

▶ 이와 병행해서 형사소송을 진행했을 경우 피고인에 대한 유죄판결이 확정된 사실을 안 날부터 30일 이내에 재심의 소를 제기해야 한다. 형사판결문을 발급신청 한다는 것은 신청대상인 형사판결이 선고된 사실을 알고 난 후에 하는 것이므로(법원명, 형사 사건번호 등을 기재하여 판결문 등본을 신청하게 됨), 형사판결문을 신청, 발급받은 후에야 형사판결의 확정사실을 알았다고 하는 것은 모순인 점에 유의해야 한다.

▶ "재심의 소"란 민사소송법 제451조에 규정된 재심 사유를 주장하며, 재심 대상 판결의 취소를 구하는 소송을 말한다.

- 재심사유 (민사소송법 제451조).

① 다음 각호 가운데 어느 하나에 해당하면 확정된 종국판결에 대하여 재심의 소를 제기할 수 있다. 다만, 당사자가 상소에 의하여 그 사유를 주장하였거나, 이를 알고도 주장하지 아니한 때에는 그러하지 아니하다.

1. 법률에 따라 판결법원을 구성하지 아니한 때
2. 법률상 그 재판에 관여할 수 없는 법관이 관여한 때
3. 법정대리권·소송대리권 또는 대리인이 소송행위를 하는 데에 필요한 권한의 수여에 흠이 있는 때. 다만, 제60조 또는 제97조의 규정에 따라 추인한 때에는 그러하지 아니하다.
4. 재판에 관여한 법관이 그 사건에 관하여 직무에 관한 죄를 범한 때
5. 형사상 처벌을 받을 다른 사람의 행위로 말미암아 자백을 하였거나 판결에 영향을 미칠 공격 또는 방어방법의 제출에 방해를 받은 때
6. 판결의 증거가 된 문서, 그 밖의 물건이 위조되거나 변조된 것인 때
7. 증인·감정인·통역인의 거짓 진술 또는 당사자신문에 따른 당사자나 법정대리인의 거짓 진술이 판결의 증거가 된 때

8. 판결의 기초가 된 민사나 형사의 판결, 그 밖의 재판 또는 행정처분이 다른 재판이나 행정처분에 따라 바뀐 때

9. 판결에 영향을 미칠 중요한 사항에 관하여 판단을 누락한 때

10. 재심을 제기할 판결이 전에 선고한 확정판결에 어긋나는 때

11. 당사자가 상대방의 주소 또는 거소를 알고 있었음에도 있는 곳을 잘 모른다고 하거나 주소나 거소를 거짓으로 하여 소를 제기한 때

② 제1항 제4호 내지 제7호의 경우에는 처벌받을 행위에 대하여 유죄의 판결이나 과태료부과의 재판이 확정된 때 또는 증거부족 외의 이유로 유죄의 확정판결이나 과태료부과의 확정재판을 할 수 없을 때에만 재심의 소를 제기할 수 있다.

③ 항소심에서 사건에 대하여 본안판결을 하였을 때에는 제1심 판결에 대하여 재심의 소를 제기하지 못한다.

- 재심제기의 기간 (동법 제456조).

① 재심의 소는 당사자가 판결이 확정된 뒤 재심의 사유를 안 날부터 30일 이내에 제기하여야 한다.

② 제1항의 기간은 불변기간으로 한다.

③ 판결이 확정된 뒤 5년이 지난 때에는 재심의 소를 제기하지 못한다.

④ 재심의 사유가 판결이 확정된 뒤에 생긴 때에는 제3항의 기간은 그 사유가 발생한 날부터 계산한다.

※ 민사소송법 제451조 제1항 제8호에 정하여진 재심사유인 '판결의 기초로 된 민사나 형사의 판결 기타의 재판 또는 행정처분이 다른 재판이나 행정처분에 의하여 변경된 때'라고 함은, 그 확정판결에 법률적으로 구속력을 미치거나 또는 그 확정판결에서 사실인정의 자료가 된 재판이나 행정처분이 그 후 다른 재판이나 행정처분에 의하여 확정적이고 또한 소급적으로 변경된 경우를 말하는 것이고, 여기서 사실인정의 자료가 되었다고 하는 것은 그 재판이나 행정처분이 확정판결의 사실인정에 있어서 증거자료로 채택되었고 그 재판이나 행정처분의 변경이 확정판결의 사실인정에 영향을 미칠 가능성이 있는 경우를 말한다. 화해권고결정의 경우에도 민사소송법 제451조 제1항 제8호가 적용된다고 봄이 상당하다(서울고등법원 2004. 4. 22. 선고 2003재나660 판결).

3부

채무자가 법률과 친해져야 하는 이유

1장 보전처분, 알아야 제대로 대처한다

■ 압류

압류(押留)는 채권자의 신청을 받은 국가기관이 특정한 물건 또는 권리에 대하여 법률상의 처분을 금시하는 행위를 말한다. 동산은 집행관이 물건을 점유하거나 봉인하는 방법으로, 채권 기타의 재산권은 집행법원의 압류명령을 채무자 또는 제3채무자에게 송달하는 방법으로 행한다. 부동산 또는 선박은 강제경매 개시결정이나 강제관리의 개시결정을 채무자에게 송달하는 방법으로 행한다. 국세체납처분은 행정상 편의를 고려하여 집행권원 없이 간이한 방법으로 압류할 수 있다. 조세징수에 있어서는 국세기본법 제36조에 의한 압류선착주의가 적용된다. 채무자를 상대로 확정판결을 받기 전에 보전처분 하는 것은 가압류 이고, 확정판결을 받고 이를 기초로 강제집행 하는 것이 압류이다. 즉, 압류는 확정판결 기타의 채무명의에 기하여 행하는 강제집행으로서 특정 목적물에 대한 구체적 집행행위이고, 가압류・가처분은 보전처분의 실행을 내용으로 하는 권리의 실행행위이다.

☀ 채권에 대한 가압류 또는 압류명령을 신청하는 채권자는 신청서에 압류할 채권의 종류와 액수를 밝혀야 하고(민사집행법 제225조, 제291조), 특히 압류할 채권 중 일부에 대하여만 압류명령을 신청하는 때에는 그 범위를 밝혀 적어야 한다(민사집행규칙 제159조 제1항 제3호, 제218조). 그럼에도 채권자가 가압류나 압류를 신청하면서 압류할 채권의 대상과 범위를 특정하지 않음으로 인해 가압류결정 및 압류명령에서도 피압류채권이 특정되지 않은 경우에는 그 압류 등 결정에 의해서는 압류 등의 효력이 발생하지 않는다. 이러한 법리는 채무자가 제3채무자에 대하여 여러 개의 채권을 가지고 있고, 채권자가 그 각 채권 전부를 대상으로 하여 압류 등의 신청을 할 때에도 마찬가지로 적용되므로, 그 경우 채권자는 여러 개의 채권 중 어느 채권에 대해 어느 범위에서 압류 등을 신청하는지 신청취지 자체로 명확하게 인식할 수 있도록 특정하여야 한다. 압류의 대상과 범위를 특정하지 않고 단지 그 여러 개의 채권 전부를 압류의 대상인 채권으로 나열하고 그 중 집행채권액과 동등액에 대한 압류를 구하는 등으로 금액만을 한정하여 압류 등 결정을 받게 되면, 채무자 및 제3채무자는 그 압류 등 결정에 의하여 지급이나 처분이 금지된 대상이 무엇인지를 명확하게 구분할 수가 없고, 그 결과 채무자가 압류 등의 대상이 아닌 부분에 대한 권리 행사를 하거나 제3채무자가 압류된 부분만을 구분하여 공탁을 하는 등으로 부담을 면하는 것이 불가능하기 때문이다(대법원 2012. 11. 15. 선고 2011다38394 판결).

▣ 가압류와 불복방법

가압류(假押留)는 금전채권이나 금전으로 환산할 수 있는 채권(예: 매매대금, 대여금, 어음금, 수표금, 양수금, 공사대금, 임료, 손해배상청구권 등)에 관한 권리를 갖고 있는 자가 동산·부동산·채권 등에 대한 강제집행을 보전하기 위해서 미리 해두는 법적조치이다.

▶ 예를 들어, 부동산 매매계약 후 매도인의 채무불이행으로 계약이 해제되었다. 그러나 매수인은 손해배상의 예정액으로 약정한 계약금의 배액을 반환받지 못했다. 이때 매수인이 위약금의 지급을 청구할 수 있는 권리를 보전하기 위해 해당 부동산에 대한 가압류를 신청할 수 있다. 소송을 제기해 승소 판결이 확정되더라도 그 전에 채무자가 재산을 처분해버리면 강제집행을 할 수 없기 때문이다.

[tip] 초과 손해금의 배상과 위약벌

참고로 당사자가 미리 손해배상을 예정한 경우 초과손해가 있더라도 별도로 배상받을 수 없다. 이를 막으려면 위약금 조항 뒤에 '실제 손해가 예정액을 초과하는 경우 이를 별도로 배상한다'라는 내용을 추가할 수 있다. 반대로 계약서에 '위약벌'이라는 단어가 보인다면 불측의 손해발생에 대비하여 '손해배상의 예정'으로 바꾸거나 해당 조항을 삭제해야 한다. 계약금을 '손해배상의 예정'으로 정할 경우 법원의 판단에 따라 감액될 수 있으나 위약벌은 감액될 수 없으며 전체가 무효인지 여부만 엄격한 기준 하에 판단하기 때문이다.

▶ 가압류결정의 요건

가압류결정을 통해서 미리 보전해야 될 실체법 상의 권리(피보전권리)와 채무자에게 불이익을 감수시키더라도 미리 보전처분을 해야 할 필요성(보전의 필요성)이 있어야 한다.

* 피보전권리

동시이행항변권이 붙어있는 보증금채권, 아직 만기가 도래하지 않은 금전채권도 피보전권리가 될 수 있다. 채권가압류의 경우 가압류 명령의 송달 이후에 채무자의 계좌에 입금될 예금채권도 법률관계가 존재하여 권리의 특정이 가능하고 가까운 장래에 예금채권이 발생할 것이 상당한 정도로 기대될 경우 가압류의 대상이 될 수 있다.

* 보전의 필요성

채무자가 책임재산을 낭비 · 은닉 · 훼손 · 포기하거나, 채무자에게 빈번한 이사, 도망, 염가매매, 주거부정 등의 사유가 있을 때 보전의 필요성이 있는 것으로 본다. 보증인 · 연대보증인에게 위 사유가 있을 경우에는 보전의 필요성이 인정되지 않는다. 보전의 필요성에 관한 사유는 제3자의 행위, 불가항력에 의한 것, 채무자의 고의나 과실여부를 불문한다. 보전의 필요성은 채무자의 신분, 직업, 자산상태 등을 종합적으로 고려해 판단한다. 채권자의 금전채권에 관해 근저당권 등 충분한 물적담보가 설정되어 있을 경우 보전의 필요성이 부정될 수 있다.

☀ 채권을 담보하기 위하여 대와 그 지상건물을 근저당권설정을 하였을 경우 채권의 집행보전을 위한 가압류의 필요 유무를 판단함에 있어서는 위 부동산의 환가가치를 확정하여 그 가격으로 채권만족을 얻을 수 있는 가의 여부를 먼저 가려야 할 것이다(대법원 1967. 12. 29. 선고 67다2289 판결).

▶ 가압류 대상 목적물 종류에 따른 효력발생 요건

① 채권은 가압류결정문이 제3채무자에게 도달한 때

② 부동산은 등기사항증명서(부동산등기부등본)에 가압류 기입등기가 완료된 때

③ 자동차(건설기계)는 등록원부에 가압류 등록이 완료된 때

④ 유체동산은 채권자가 가압류결정문을 수령한 후 결정일로부터 14일 이내에 집행관이 가압류 표지를 부착한 때 효력이 발생한다.

* 환매특약등기에 대한 (가)압류

매매와 동시에 환매의 특약을 한 때에는 매도인은 매매대금과 매수인이 부담한 비용을 반환하고 일방적으로(형식적으로) 그 목적물을 환매할 수 있고 또 이 특약의 등기를 한 때에는 제3자에게 대하여도 효력이 있다. 환매목적물의 제3취득자에 대하여도 환매권을 행사하여 그로부터 직접 권리의 이전을 받을 수 있을 뿐만 아니라, 환매권의 등기 후에 그 권리를 목적으로 하는 제3자의 권리의 등기가 있는 때에는 이를 부정할 수 있는 것이다. 이와 같은 환매권은 일종의 권리취득권이라고 할 수 있는 독립한 권리이므로, 거래의 대상이 될 수 있고 압류, 가압류의 대상이 된다.

▶ 가압류 신청에 따른 법원의 담보제공 명령

채권자가 가압류를 신청하게 되면 법원은 재량에 따라 담보제공명령을 내린다.

① 부동산, 자동차(건설기계)는 청구금액의 1/10

② 유체동산은 청구금액의 2/5

③ 채권과 그 밖의 재산권은 청구금액의 2/5(급여, 자영업자 예금채권은 1/5이상 현금공탁)

④ 채권자는 담보제공 명령에 따라 현금 납부 또는 공탁보증보험증권을 제출해야 한다.

⑤ 현금 담보제공 명령이 있을 경우 채권자에게 부담이 되므로, 가압류 신청서에 담보제공에 관하여 보증보험회사에서 발행하는 문서의 제출로 갈음해 줄 것을 허가해달라는 취지를 기재하게 한다. 공탁보증보험증권은 채권자의 신용상태에 따라 발급여부가 결정된다.

□ 가압류 이의 신청

가압류 사유가 처음부터 존재하지 않아 결정이 부당한 경우 채무자는 이의를 신청할 수 있다.

▶ 이의신청을 할 수 있는 사람은 가압류의 채무자와 그 일반승계인, 파산관재인이다. 채무자의 채권자는 채무자를 대위하여 이의신청할 수 없다. 다만, 이해관계인으로서 보조참가신청과 동시에 이의신청을 할 수 있다. 채권가압류의 제3채무자는 당사자가 아니므로 이의신청을 할 수 없다.

▶ 이의신청의 시기는 법률상 제한이 없으므로 가압류가 유효하게 존재하고 취소·변경을 구할 이익이 있는 한 언제든지 할 수 있다.

▶ 이의신청에 대한 재판은 결정으로 한다. 이의신청에 대한 결정에 대해 즉시항고를 할 수 있으나 집행정지의 효력은 없다.

▶ 가압류이의소송은 채무자가 가압류 이의 신청서를 재판부에 제출하고, 그 신청이 이유 있다고 판단되면 심문기일을 지정하여 가압류결정의 취소 변경을 구하는 절차이다. 가압류 재판부가 심리를 했으나 양측의 주장이 대립하여 쉽게 그 결론을 내릴 수 없을 경우 기일을 추정하고 결론을 유보한다. 본안소송 판결 후에 가압류이의소송에 대한 결론을 내리게 된다.

☀ 가압류이의소송은 가압류결정의 취소 변경을 구하는 절차라는 면에서 제소기간(2주 이상) 도과로 인한 가압류취소소송과 다를 바 없고, 소송경제적 측면과 보전소송의 긴급성의 요청에 비추어 볼 때 제소명령기간 내에 본안소송을 제기하지 아니한 때에 그 기간이 도과되었다는 것도 가압류 이의사유로 주장할 수 있다(대법원 2000. 2. 11. 선고 99다50064 판결).

□ 가압류 취소 신청

▶ 가압류 사유는 존재하나, ① 본안소송 제소기간 경과, ② 가압류이유가 소멸되거나 그 밖에 사정이 바뀐 때, ③ 법원이 정한 담보를 제공한 때, ④ 가압류가 집행된 뒤에 3년간 본안의 소를 제기하지 아니한 때는, 민사집행법 제287조(본안의 제소명령) ~ 제288조(사정변경 등에 따른 가압류 취소)에 따라 가압류 취소를 신청할 수 있다.

▶ 일부 채권자는 채무자 재산에 가압류 한 후 아래의 판례에 의존해 장기간 동안 채권행사를 방치하는 경향이 있었다. 이를 방지하기 위해 민사집행법 제288조 제3항에 본안의 소 제기 기간을 가압류가 집행된 뒤 3년(현행) 이내로 규정하였다.

☀ 가압류에 의한 시효중단의 효력 등

[1] 민법 제168조에서 가압류를 시효중단사유로 정하고 있는 것은 가압류에 의하여 채권자가 권리를 행사하였다고 할 수 있기 때문인데 가압류에 의한 집행보전의 효력이 존속하는 동안은 가압류채권자에 의한 권리행사가 계속되고 있다고 보아야 할 것이므로 가압류에 의한 시효중단의 효력은 가압류의 집행보전의 효력이 존속하는 동안은 계속된다.

[2] 민법 제168조에서 가압류와 재판상의 청구를 별도의 시효중단사유로 규정하고 있는데 비추어 보면, 가압류의 피보전채권에 관하여 본안의 승소판결이 확정되었다고 하더라도 가압류에 의한 시효중단의 효력이 이에 흡수되어 소멸된다고 할 수 없다(대법원 2000. 4. 25. 선고 2000다11102 판결).

▶ 1심 소송에서 패소한 채권자가 항소한 경우, 원칙적으로 가압류는 취소되지 않는다. 다만, 1심 판결이 항소심에서 뒤집힐 가능성이 없을 경우에만 제한적으로 가압류 취소가 허용된다.

■ 가압류에 관한 '민사집행법'

- 가압류의 목적 (동법 제276조).

① 가압류는 금전채권이나 금전으로 환산할 수 있는 채권에 대하여 동산 또는 부동산에 대한 강제집행을 보전하기 위하여 할 수 있다.

② 제1항의 채권이 조건이 붙어 있는 것이거나 기한이 차지 아니한 것인 경우에도 가압류를 할 수 있다.

- 보전의 필요 (동법 제277조).

가압류는 이를 하지 아니하면 판결을 집행할 수 없거나 판결을 집행하는 것이 매우 곤란할 염려가 있을 경우에 할 수 있다.

- 가압류신청 (동법 제279조).

① 가압류신청에는 다음 각호의 사항을 적어야 한다.

1. 청구채권의 표시, 그 청구채권이 일정한 금액이 아닌 때에는 금전으로 환산한 금액

2. 제277조의 규정에 따라 가압류의 이유가 될 사실의 표시

② 청구채권과 가압류의 이유는 소명하여야 한다.

- 가압류명령 (동법 제280조).

① 가압류신청에 대한 재판은 변론 없이 할 수 있다.

② 청구채권이나 가압류의 이유를 소명하지 아니한 때에도 가압류로 생길 수 있는 채무자의 손해에 대하여 법원이 정한 담보를 제공한 때에는 법원은 가압류를 명할 수 있다.

③ 청구채권과 가압류의 이유를 소명한 때에도 법원은 담보를 제공하게 하고 가압류를 명할 수 있다.

④ 담보를 제공한 때에는 그 담보의 제공과 담보제공의 방법을 가압류명령에 적어야 한다.

- 재판의 형식 (동법 제281조).

① 가압류신청에 대한 재판은 결정으로 한다.

② 채권자는 가압류신청을 기각하거나 각하하는 결정에 대하여 즉시항고를 할 수 있다.

③ 담보를 제공하게 하는 재판, 가압류신청을 기각하거나 각하하는 재판과 제2항의 즉시항고를 기각하거나 각하하는 재판은 채무자에게 고지할 필요가 없다.

- 가압류해방금액 (동법 제282조).

가압류명령에는 가압류의 집행을 정지시키거나 집행한 가압류를 취소시키기 위하여 채무자가 공탁할 금액을 적어야 한다.

- 가압류결정에 대한 채무자의 이의신청 (민사집행법 제283조).

채무자는 가압류결정에 대하여 이의를 신청할 수 있다. 이의신청에는 가압류의 취소나 변경을 신청하는 이유를 밝혀야 한다. 이의신청은 가압류의 집행을 정지하지 않는다.

- 가압류이의신청의 취하 (동법 제285조).

① 채무자는 가압류이의신청에 대한 재판이 있기 전까지 가압류이의신청을 취하할 수 있다.

② 제1항의 취하에는 채권자의 동의를 필요로 하지 아니한다.

③ 가압류이의신청의 취하는 서면으로 하여야 한다. 다만, 변론기일 또는 심문기일에서는 말로 할 수 있다.

④ 가압류이의신청서를 송달한 뒤에는 취하의 서면을 채권자에게 송달하여야 한다.

⑤ 제3항 단서의 경우에 채권자가 변론기일 또는 심문기일에 출석하지 아니한 때에는 그 기일의 조서등본을 송달하여야 한다.

- 이의신청에 대한 심리와 재판 (동법 제286조).

① 이의신청이 있는 때에는 법원은 변론기일 또는 당사자 쌍방이 참여할 수 있는 심문기일

을 정하고 당사자에게 이를 통지하여야 한다.

② 법원은 심리를 종결하고자 하는 경우에는 상당한 유예기간을 두고 심리를 종결할 기일을 정하여 이를 당사자에게 고지하여야 한다. 다만, 변론기일 또는 당사자 쌍방이 참여할 수 있는 심문기일에는 즉시 심리를 종결할 수 있다.

③ 이의신청에 대한 재판은 결정으로 한다.

④ 제3항의 규정에 의한 결정에는 이유를 적어야 한다. 다만, 변론을 거치지 아니한 경우에는 이유의 요지만을 적을 수 있다.

⑤ 법원은 제3항의 규정에 의한 결정으로 가압류의 전부나 일부를 인가·변경 또는 취소할 수 있다. 이 경우 법원은 적당한 담보를 제공하도록 명할 수 있다.

⑥ 법원은 제3항의 규정에 의하여 가압류를 취소하는 결정을 하는 경우에는 채권자가 그 고지를 받은 날부터 2주를 넘지 아니하는 범위 안에서 상당하다고 인정하는 기간이 경과하여야 그 결정의 효력이 생긴다는 뜻을 선언할 수 있다.

⑦ 제3항의 규정에 의한 결정에 대하여는 즉시항고를 할 수 있다. 이 경우 민사소송법 제447조의 규정을 준용하지 아니한다.

- 본안의 제소명령 (민사집행법 제287조).

① 가압류법원은 채무자의 신청에 따라 변론 없이 채권자에게 상당한 기간 이내에 본안의 소를 제기하여 이를 증명하는 서류를 제출하거나 이미 소를 제기하였으면 소송계속사실을 증명하는 서류를 제출하도록 명하여야 한다.

② 제1항의 기간은 2주 이상으로 정하여야 한다.

③ 채권자가 제1항의 기간 이내에 제1항의 서류를 제출하지 아니한 때에는 법원은 채무자의 신청에 따라 결정으로 가압류를 취소하여야 한다.

④ 제1항의 서류를 제출한 뒤에 본안의 소가 취하되거나 각하된 경우에는 그 서류를 제출하지 아니한 것으로 본다.

⑤ 제3항의 신청에 관한 결정에 대하여는 즉시항고를 할 수 있다. 이 경우 민사소송법 제447조의 규정은 준용하지 아니한다.

- 사정변경 등에 따른 가압류취소 (동법 제288조).

채무자는 다음 어느 하나에 해당하는 사유가 있는 경우에는 가압류가 인가된 뒤에도 그 취소를 신청할 수 있다. 제3호에 해당하는 경우에는 이해관계인도 신청할 수 있다.

① 가압류이유가 소멸되거나 그 밖에 사정이 바뀐 때

* 사정변경에 해당된다고 보는 경우

- 채권 또는 권리가 변제, 면제, 시효완성 등으로 소멸되어 피보전권리의 부존재가 분명한 경우.

- 본안 소송에서 채권자 패소 판결이 확정된 경우(확정되지 않았더라도 상급심에서 취소나 파기될 염려가 없는 경우 포함).
- 본안 소송에서 가처분 신청인이 실체적 이유로 패소한 경우.
- 채권자가 본안소송에서 패소판결을 받고 항소심에서 소를 취하하여 재소금지 원칙의 적용을 받은 경우.
* 사정변경에 해당되지 않는다고 보는 경우
- 가압류에 대한 본안 소송을 취하하였다는 사실만으로는 사정변경에 해당되지 않는다.
- 본안소송이 이송된 경우와, 본안 소송에서 소송법상의 이유로 각하 판결을 받은 경우에는 사정변경에 해당되지 않는다. 각하 판결은 사정변경 발생사유가 아니기 때문이다. 다만, 본안의 소에서 소송요건의 흠결을 보완하는 것이 불가능하거나 현저히 곤란하다고 볼 만한 특별한 사정이 있는 경우에는 사정변경이 발생했다고 볼 수 있다.
② 법원이 정한 담보를 제공한 때
③ 가압류가 집행된 뒤에 3년간 본안의 소를 제기하지 아니한 때
● 가압류취소결정의 효력정지 (동법 제289조).
① 가압류를 취소하는 결정에 대하여 즉시항고가 있는 경우에, 불복의 이유로 주장한 사유가 법률상 정당한 사유가 있다고 인정되고 사실에 대한 소명이 있으며, 그 가압류를 취소함으로 인하여 회복할 수 없는 손해가 생길 위험이 있다는 사정에 대한 소명이 있는 때에는, 법원은 당사자의 신청에 따라 담보를 제공하게 하거나 담보를 제공하지 아니하게 하고 가압류취소결정의 효력을 정지시킬 수 있다.
● 집행개시의 요건 (동법 제292조).
① 가압류에 대한 재판이 있은 뒤에 채권자나 채무자의 승계가 이루어진 경우에 가압류의 재판을 집행하려면 집행문을 덧붙여야 한다.
② 가압류에 대한 재판의 집행은 채권자에게 재판을 고지한 날부터 2주를 넘긴 때에는 하지 못한다.
③ 제2항의 집행은 채무자에게 재판을 송달하기 전에도 할 수 있다.
● 가압류집행의 취소 (동법 제299조).
① 가압류명령에 정한 금액을 공탁한 때에는 법원은 결정으로 집행한 가압류를 취소하여야 한다.
② 삭제 <2005. 1. 27.>
③ 제1항의 취소결정에 대하여는 즉시항고를 할 수 있다.
④ 제1항의 취소결정에 대하여는 제17조 제2항의 규정을 준용하지 아니한다.

□ 가압류결정에 대한 채무자의 불복방법 등

▶ 가압류결정에 대한 채무자의 불복방법

① 가압류 이의신청

가압류 사유가 처음부터 존재하지 않아 결정이 부당한 경우.

② 제소명령 신청

채무자는 법원에 제소명령을 신청할 수 있다. 본안의 소 제소명령을 송달받은 채권자는 법원이 정한 기간(통상 2주이며, 기간은 법원이 정함) 이내에 본안의 소를 제기하여 이를 증명하는 서류를 제출하거나 이미 소를 제기하였으면 소송계속사실을 증명하는 서류를 제출하여야 한다.

③ 가압류 취소신청

- 채무자의 제소명령 신청에 따라 법원이 발령한 본안의 소 제소명령을 송달받고도, 채권자가 2주 이내에 소를 제기하지 않은 경우.
- 민사집행법 제288조(사정변경 등에 따른 가압류 취소)에 따른 사유가 하나라도 발생한 경우.
- 피보전권리인 채권의 소멸시효가 완성된 경우, 채무부존재확인의 소를 제기하여 가압류 취소신청 할 수 있다.
- 가압류 취소신청을 하려면 사정변경에 의한 가압류취소신청서(당사자 수 +1부)를 작성하고, 소명방법에 기재된 첨부서류를 가압류 결정 법원에 제출해야 한다. 다만, 본안 소송이 이미 계속된 때에는 본안법원에 제출해야 한다.

④ 해방공탁

가압류의 집행을 정지시키거나 집행한 가압류를 취소하기 위해 부동산가압류결정문에 기재된 공탁금액을 법원에 납부하면 민사집행법 제299조 제1항에 따라 가압류를 취소하고 부동산가압류등기를 말소시킬 수 있다. 해방공탁으로 부동산가압류 등기가 말소되어도 가압류 자체는 유효하다.

* 해방 금액을 공탁하게 되면 부동산가압류등기가 말소되나 해방공탁금에 대하여 가압류 채권자에게 우선권이 있는 것은 아니다. 가압류해방금은 가압류의 목적물에 갈음하는 것으로 가압류의 효력이 채무자가 가지는 공탁금회수청구권에 존속하게 되는 것에 불과하여 변제로서의 효력은 없다. 제3채무자가 공탁한 경우에는 그 가압류의 효력은 그 청구채권액에 해당하는 공탁금액에 대한 채무자의 출급청구권에 존속한다.

☀ 가압류집행의 목적물에 갈음하여 가압류해방금이 공탁된 경우에 그 가압류의 효력은 공탁금 자체가 아니라 공탁자인 채무자의 공탁금 회수청구권에 대하여 미치는 것이므로 채무자의 다른 채권자가 가압류해방공탁금 회수청구권에 대하여 압류명령을 받은 경우에는 가압류채권자의 가압류와 다른 채권자의 압류는 그 집행대상이 같아 서로 경합하게 된다(대법원 1996. 11. 11.자 95마252 결정).

▶ 공탁금 출급청구권과 공탁금 회수청구권(소멸시효 완성 시 국고로 귀속)
가압류의 집행정지나 집행한 가압류를 취소하기 위하여 채무자가 가압류명령에서 정한 금액을 공탁할 수 있는데 이를 '해방공탁'이라고 한다. 가압류채권자가 해방공탁금을 지급받기 위해서는 본안 승소판결 등을 집행권원으로 하여 가압류채무자가 가지는 공탁금 회수청구권에 대하여 채권압류 및 추심(전부)명령을 받아야 한다(공탁금 출급청구권).
▶ 가압류채무자인 공탁자가 해방공탁금을 회수하기 위해서는 가압류의 효력을 이의신청이나 사정변경에 의한 가압류결정취소신청으로 깨뜨리거나, 가압류채권자와의 합의를 통해 해방공탁금에 대한 가압류를 해제하여야 한다(공탁금 회수청구권). 한편, 가압류채권자가 가압류 목적물에 대하여 우선변제 받을 수 없듯이 가압류 해방공탁금에 대해서도 우선변제 받을 권리가 없다. 공탁금 출급(회수)청구권의 소멸시효는 10년이다.

▶ 소액 채권의 가압류 신청 기각
법원별 실무방침에 따라 차이는 있지만 채권자의 가압류 청구금액이 3~5백만 원 이하로 소액인 경우에는 가압류 신청이 기각될 수 있다. 채권자가 확정판결 등 집행권원을 확보한 상태에서 가압류를 신청한 경우에도 대법원 2005. 5. 26. 선고 2005다7672 판결에 따라 기각될 가능성이 크다.
▶ 가압류(가처분) 결정일자에 따른 채권자의 본안소송 제기 의무
- 채무자 소유 부동산, 자동차, 유체동산, 채권 등에 대한 가압류(가처분) 집행(결정)일자가,
① 2002. 7. 1. 이전에 집행한 경우 → 10년 이내
② 2002. 7. 1. ~ 2005. 7. 27.까지 사이에 집행한 경우 → 5년 이내
③ 2005. 7. 28. 이후에 집행한 경우 → 3년 이내에 본안 소송을 제기해야 한다.
* 채권자가 위 기간 이내에 본안소송을 제기하지 않을 경우 민사집행법 제288조 제3호에 의한 가압류(가처분)취소 사유에 해당된다.

[tip] 가압류 집행 취소, 해제 방법
* 채권자가 가압류 해놓고 실익이 불투명해 장기간 방치된 부동산이 상당히 많다. 해당 부동산에 대한 개발호재가 있거나 가압류등기를 말소해야 할 사정이 생겼을 경우, 위 본안소송 제기 기간을 고려하여 채권자를 상대로 가압류집행취소소송(가압류등기말소소송) 제기할 수 있다.
* 파산·면책 인용 결정 시에는 면책 결정문, 확정증명원, 채권자 목록 등을 첨부하여 가압류 집행법원에 해제 신청한다.
* 개인회생 인가 결정 시에는 최종 변제를 통한 회생 면책 이전에 신청 가능한데, 인가 결정문, 확정증명원, 채권자 목록을 첨부하여 가압류 집행법원에 해제 신청한다.

＊ 채권자와 채무자 사이에 원만한 합의가 성립된 경우와 같이 이미 집행된 가압류집행을 해제(취소)할 필요가 있는 경우 채권자는 가압류의 집행상태가 계속되고 있는 한 채무자의 동의 없이 언제든지 집행기관에 대하여 집행해제신청 할 수 있다.

■ 가압류에 관한 판례

☀ 가압류·가처분채권자가 가압류·가처분집행 후 10년(현행 3년)간 본안의 소를 제기하지 아니한 때에는 가압류·가처분채무자 또는 이해관계인은 그 취소를 신청할 수 있고, 위 기간이 경과되면 취소의 요건은 완성되며, 그 후에는 본안의 소가 제기되어도 가압류·가처분취소를 배제하는 효력이 생기지 아니한다(대법원 1999. 10. 26. 선고 99다37887 판결).
☀ 선순위, 경합채권 과다로 경매절차가 취소될 우려가 있더라도 채권자가 피보전권리에 관하여 이미 확정 판결이나 그 밖의 집행권원(조정, 화해 등의 조서 또는 집행증서)을 가지고 있는 때에는 원칙적으로 보전의 필요성이 없어 가압류 신청이 허용되지 않는다(대법원 2005. 5. 26. 선고 2005다7672 판결).
☀ 가압류채권자가 본안소송에서 승소하고 집행권원을 획득하여 즉시 본집행을 할 수 있는 요건을 갖추었음에도 그 집행을 하지 않고 있는 경우에는 피보전권리에 대한 보전의 필요성은 소멸되었다고 할 것이고, 이와 같이 가압류결정 후에 보전의 필요성이 소멸된 때에는 그 가압류를 그대로 존속시켜 놓을 수 없는 사유인 사정변경이 있다고 보아야 한다(대법원 1984. 10. 23. 선고 84다카935 판결, 1990. 11. 23. 선고 90다카25246 판결).
☀ 보전처분의 피보전채권과 본안의 소송물인 권리는 엄격히 일치함을 요하지 않으며 청구의 기초의 동일성이 인정되는 한 보전처분의 보전의 효력은 본안소송의 권리에 미친다고 할 것이므로, 본안소송에서 피보전채권 중 일부의 존재가 인정되지 아니한 때에는, 특별한 사정이 없는 한 가압류결정에 피보전채권액으로 기재된 액의 범위 내에서는 위 피보전채권 중 그 존재가 인정되는 나머지 부분뿐만 아니라 그와 청구기초의 동일성이 인정되는 채권에도 그 존재가 인정되는 한 보전처분의 보전의 효력이 미친다고 할 것이다(대법원 1997. 2. 28. 선고 95다22788 판결 참조).
☀ 가압류채권자가 본안소송에서 승소하고 집행권원을 획득하여 즉시 본집행을 할 수 있는 요건을 갖추었음에도 그 집행을 하지 않고 있는 경우에는, 본집행을 하지 못할 장애가 있다는 등의 다른 사정이 없는 한, 피보전권리에 대한 보전의 필요성은 소멸되었다고 할 것이고, 이와 같이 가압류결정 후에 보전의 필요성이 소멸된 때에는 그 가압류를 그대로 존속시켜 놓을 수 없는 사유인 사정변경이 있다고 보아야 한다(대법원 1984. 10. 23. 선고 84다카935 판결).
☀ 민법 제175조는 가압류가 '권리자의 청구에 의하여 또는 법률의 규정에 따르지 아니함으로 인하여 취소된 때에는 소멸시효 중단의 효력이 없다'고 규정하고 있고, 이는 그러한 사유가 가압류 채권자에게 권리행사의 의사가 없음을 객관적으로 표명하는 행위이거나 또는 처음부터 적법한 권리행사가 있었다고 볼 수 없는 사유에 해당한다고 보기 때문이므로, 법률의 규정에 따른 적법한 가압류가 있었으나 제소기간의 도과로 인하여 가압류가 취소된 경우에는 위 법조가 정한 소멸시효 중단의 효력이 없는 경우에 해당한다고 볼 수 없다(대법원 2011. 1. 13. 선고 2010다88019 판결).
☀ 가압류를 위하여 법원의 명령으로 제공된 공탁금은 부당한 가압류로 인하여 채무자가 입은 손해를 담보하는 것이므로, 가압류의 취소에 관한 소송비용은 가압류로 인하여 제공된 공탁금이 담보하는 손해의 범위에 포함된다. 그리고 담보권리자가 공탁금회수청구권을 압류하고 추심명령이나 확정된 전부명령을 받은 후 담보취소결정을 받아 공탁금회수청구를 하는 경우에도 그 담보공탁금의 피담보채권을 집행채권으로 하는 것인 이상, 담보권리자의 위와 같은 담보취소신청은 어디까지나 담보권을 포기하고 일반 채권자로서 강제집행을 하는 것이 아니라 오히려 적극적인 담보권실행에 의하여 그 공탁물회수청구권을 행사하기 위한 방법에 불과하다고 보는 것이 합리적이므로, 이는 담보권의 실행방법으로 인정된다(대법원 2019. 12. 12. 선고 2019다256471 판결).

▣ 가처분과 불복방법

"가처분"이란 금전채권 이외의 특정물의 급여·인도를 목적으로 하는 청구권에 대한 집행을 보전하기 위하여 또는 다툼이 있는 권리관계에 대하여 임시의 지위를 정하기 위해 법원이 하는 일시적인 명령을 말한다. 즉, 금전채권은 가처분의 피보전채권이 될 수 없다. 가처분은 크게 '다툼의 대상(계쟁물)에 관한 가처분'과 '임시의 지위를 정하기 위한 가처분'이 있다. 가처분절차는 가압류절차에 관한 규정을 준용한다.

□ 가처분 이의 신청

가처분 사유가 처음부터 존재하지 않아 결정이 부당한 경우 상대방은 이의를 신청할 수 있다. 이의신청 기간에 제한은 없다.

□ 가처분 취소 신청

가처분 사유는 존재하나, ① 본안소송 제소기간 경과, ② 가처분이유가 소멸되거나 그 밖에 사정이 바뀐 때, ③ 특별한 사정이 있어 법원이 정한 담보를 제공한 때, ④ 가압류가 집행된 뒤에 3년간 본안의 소를 제기하지 아니한 때는, 민사집행법 제287조(본안의 제소명령) ~ 제288조(사정변경 등에 따른 가압류 취소)에 따라 가처분 취소를 신청할 수 있다.

■ 가처분에 관한 '민사집행법'

● 가처분의 목적 (동법 제300조).

다툼의 대상에 관한 가처분은 현상이 바뀌면 당사자가 권리를 실행하지 못하거나 이를 실행하는 것이 매우 곤란할 염려가 있을 경우에 한다. 가처분은 다툼이 있는 권리관계에 대하여 임시의 지위를 정하기 위하여도 할 수 있다. 이 경우 가처분은 특히 계속하는 권리관계에 끼칠 현저한 손해를 피하거나 급박한 위험을 막기 위하여, 또는 그 밖의 필요한 이유가 있을 경우에 하여야 한다.

- 가압류절차의 준용 (동법 제301조).

가처분절차에는 가압류절차에 관한 규정을 준용한다.

* 가처분도 가압류와 마찬가지로 피보전권리와 보전의 필요성이 존재해야 한다. 집행 후 3년(현행)간 본안의 소를 제기하지 않은 때에는 가처분채무자 또는 이해관계인은 그 취소를 신청할 수 있다.

- 임시의 지위를 정하기 위한 가처분 (동법 제304조).

제300조제2항의 규정에 의한 가처분의 재판에는 변론기일 또는 채무자가 참석할 수 있는 심문기일을 열어야 한다. 다만, 그 기일을 열어 심리하면 가처분의 목적을 달성할 수 없는 사정이 있는 때에는 그러하지 아니하다

- 가처분의 방법 (동법 제305조).

① 법원은 신청목적을 이루는 데 필요한 처분을 직권으로 정한다.

② 가처분으로 보관인을 정하거나, 상대방에게 어떠한 행위를 하거나 하지 말도록, 또는 급여를 지급하도록 명할 수 있다.

③ 가처분으로 부동산의 양도나 저당을 금지한 때에는 법원은 제293조의 규정을 준용하여 등기부에 그 금지한 사실을 기입하게 하여야 한다.

- 가처분의 취소 (동법 제307조).

① 특별한 사정이 있는 때에는 담보를 제공하게 하고 가처분을 취소할 수 있다.

② 제1항의 경우에는 제284조, 제285조 및 제286조제1항 내지 제4항 · 제6항 · 제7항의 규정을 준용한다.

- 원상회복재판 (동법 제308조).

가처분을 명한 재판에 기초하여 채권자가 물건을 인도받거나, 금전을 지급받거나 또는 물건을 사용 · 보관하고 있는 경우에는, 법원은 가처분을 취소하는 재판에서 채무자의 신청에 따라 채권자에 대하여 그 물건이나 금전을 반환하도록 명할 수 있다.

- 가처분의 집행정지 (동법 제309조).

① 소송물인 권리 또는 법률관계가 이행되는 것과 같은 내용의 가처분을 명한 재판에 대하여 이의신청이 있는 경우에, 이의신청으로 주장한 사유가 법률상 정당한 사유가 있다고 인정되고 주장사실에 대한 소명이 있으며, 그 집행에 의하여 회복할 수 없는 손해가 생길 위험이 있다는 사정에 대한 소명이 있는 때에는, 법원은 당사자의 신청에 따라 담보를 제공하게 하거나 담보를 제공하게 하지 아니하고 가처분의 집행을 정지하도록 명할 수 있고, 담보를 제공하게 하고 집행한 처분을 취소하도록 명할 수 있다.

② 제1항에서 규정한 소명은 보증금을 공탁하거나 주장이 진실함을 선서하는 방법으로 대신할 수 없다.
③ 재판기록이 원심법원에 있는 때에는 원심법원이 제1항의 규정에 의한 재판을 한다.
④ 법원은 이의신청에 대한 결정에서 제1항의 규정에 의한 명령을 인가·변경 또는 취소하여야 한다.
⑤ 제1항·제3항 또는 제4항의 규정에 의한 재판에 대하여는 불복할 수 없다.

□ 가처분결정에 대한 채무자의 불복방법, 가처분의 종류 등

▶ 가처분결정에 대한 채무자의 불복방법

민사집행법 제301조에 따라 가처분절차에는 가압류절차에 관한 규정을 준용하므로 불복방법도 크게 다르지 않다.

① 가처분 이의신청

가처분 사유가 처음부터 존재하지 않아 결정이 부당한 경우 이의신청 할 수 있다. 민사집행법 제309조 제1항에 해당될 경우, 담보를 제공하게 하거나 담보를 제공하게 하지 아니하고 가처분의 집행을 정지하도록 명할 수 있고, 담보를 제공하게 하고 집행한 처분을 취소하도록 명할 수 있다.

② 제소명령 신청

채무자는 법원에 제소명령을 신청할 수 있다. 본안의 소 제소명령을 송달받은 채권자는 법원이 정한 기간(통상 2주이며, 기간은 법원이 정함) 이내에 본안의 소를 제기하여 이를 증명하는 서류를 제출하거나 이미 소를 제기하였으면 소송계속사실을 증명하는 서류를 제출하여야 한다.

③ 가처분 취소신청

- 채무자의 제소명령 신청에 따라 법원이 발령한 본안의 소 제소명령을 송달받고도, 채권자가 2주 이내에 소를 제기하지 않은 경우.
- 민사집행법 제288조(사정변경 등에 따른 가압류 취소)에 따른 사유가 하나라도 발생한 경우.
- 가처분 절차는 가압류 절차를 준용하므로, '가압류와 불복방법'의 '사정변경 등에 따른 가압류 취소'(민사집행법 제288조) 하단 해설과 '가압류 취소신청' 내용을 참고하기 바란다.

* 파산·면책 인용 결정 시에는 면책 결정문, 확정증명원, 채권자 목록 등을 첨부하여 가압류(가처분) 집행법원에 해제 신청 한다.

* 개인회생 인가 결정 시에는 최종 변제를 통한 회생 면책 이전에 신청 가능한데, 인가 결정문, 확정증명원, 채권자 목록을 첨부하여 가압류(가처분) 집행법원에 해제 신청한다.

* 채권자와 채무자 사이에 원만한 합의가 성립된 경우와 같이 이미 집행된 가처분집행을 해제(취소)할 필요가 있는 경우 채권자는 가처분의 집행상태가 계속되고 있는 한 채무자의 동의 없이 언제든지 집행기관에 대하여 집행해제신청 할 수 있다.

[tip] 해방공탁에 의한 가처분 취소 가능 여부

가처분은 금전채권 외의 권리가 피보전채권이므로 원칙적으로 해방 금액을 공탁하는 방법에 의한 가처분 취소를 신청할 수 없다. 다만, 민사집행법 제307조 제1항에 따라 특별한 사정이 있는 때에는 담보를 제공하게 하고 가처분을 취소할 수 있을 뿐이다.

▶ 가처분의 종류

- 다툼의 대상에 관한 가처분

가처분(假處分)은 금전채권 이외의 권리(예: 부동산소유권이전 또는 말소등기청구권, 소유물반환청구권, 매매목적물인도청구권, 임차물인도청구권 등)를 대상으로 하는 청구권을 갖고 있는 채권자가 장래의 집행을 보전하기 위해 미리 신청하는 법적조치이다. 예를 들어, 아파트 매매계약 후 계약금과 중도금까지 지급했는데 시세가 갑자기 1억원이나 상승했다. 화가 난 매도인이 잔금일에 나타나지 않은 것으로 보아 이중매매가 우려되는 상황이다. 이 경우 매수인은 소유권이전등기청구권을 피보전권리로 하여 해당 부동산에 대해 처분금지 가처분을 신청할 수 있다. 중도금을 지급해 이행에 착수했으므로 매도인이 일방적으로 매매계약을 해제할 수도 없다.

- 임시의 지위를 정하기 위한 가처분

다툼이 있는 권리관계가 존재하고 그에 대한 확정판결이 있기까지 현상의 진행을 그대로 방치한다면 권리자가 현저한 손해를 입거나 급박한 위험에 처하는 등 소송의 목적을 달성하기 어려운 경우 인정되는 보전처분을 말한다. 예를 들어, 특허·실용신안·상표와 상호·의장·저작권 등 지식재산권침해금지가처분, 직무집행정지가처분, 부정경쟁행위금지가처분, 보증보험금·신용장대금지급정지가처분, 이사직무집행정지가처분 등이 있다.

- 채권추심 및 처분금지가처분 (예시)

채권추심 및 처분금지가처분이란 채무자 명의로 된 채권이 허위 또는 강박에 의하여 성립되었더라도 그 채권이 선의의 제3자에게 양도되면 대항할 수 없는 경우가 발생할 수 있다. 이 경우 채권자로 하여금 제3자에게 이를 처분할 수 없도록 채무자가 신청하는 가처분을 말한다.

■ 가처분에 관한 판례

※ 가처분절차에는 가압류절차에 관한 규정을 준용하고 있다(민사집행법 제301조). 민사집행법 제288조 제1항(가압류 취소) 규정은 가처분 취소의 경우에도 준용된다. 따라서 가처분도 집행 후 3년(현행)간 본안의 소를 제기하지 아니한 때에는 가처분채무자 또는 이해관계인은 그 취소를 신청할 수 있다(대법원 1999. 10. 26. 선고 99다37887판결).

※ 채권자가 가처분결정이 있은 후 보전의사를 포기하였거나 상실하였다고 볼 만한 사정이 있는 경우에는 제1호 사유인 '사정이 바뀐 때'에 해당하여 가처분을 취소할 수 있는데, 제3호 사유(가압류가 집행된 뒤에 3년간 본안의 소를 제기하지 아니한 때)는 채권자가 보전의사를 포기 또는 상실하였다고 볼 수 있는 전형적인 경우로 보아 이를 가처분취소 사유로 규정한 것이다(대법원 2018. 10. 4.자 2017마6308 결정).

※ 가처분취소결정의 집행에 의하여 처분금지가처분등기가 말소된 경우 그 효력은 확정적인 것이다. 따라서 처분금지가처분결정에 따른 가처분등기가 마쳐져 있던 상태에서 부동산을 양수하여 소유권이전등기를 마친 제3자라 하더라도 위와 같이 가처분등기가 말소된 이후에는 더 이상 처분금지효의 제한을 받지 않고 소유권취득의 효력으로 가처분채권자에게 대항할 수 있게 된다. 이러한 경우 가처분채권자는 더 이상 처분금지가처분을 신청할 이익이 없게 된다(대법원 2017. 10. 19.자 2015마1383 결정).

※ 부당한 처분금지가처분의 집행으로 그 가처분 목적물의 처분이 지연되어 소유자가 손해를 입었다면 가처분 신청인은 그 손해를 배상할 책임이 있다고 할 것인데, 가처분 집행 당시 부동산의 소유자가 그 부동산을 사용·수익하는 경우에는 그 부동산의 처분이 지체되었다고 하더라도 그 부동산의 환가가 지연됨으로 인한 손해는 그 부동산을 계속 사용·수익함으로 인한 이익과 상쇄되어 결과적으로 부동산의 처분이 지체됨에 따른 손해가 없다고 할 수 있을 것이고, 만일 그 부동산의 환가가 지연됨으로 인한 손해가 그 부동산을 계속 사용·수익하는 이익을 초과한다면 이는 특별손해라고 할 것이다(대법원 2001. 11. 13. 선고 2001다26774 판결).

■ 가등기

가등기(假登記)는 본등기의 순위를 보전하기 위한 예비등기로써 본등기를 할 수 있는 법적요건을 갖추지 못했을 때 하는 것이다. 권리의 보전을 목적으로 하는 청구권보전가등기(부동산등기법)와 채권담보 목적의 담보가등기(가등기담보 등에 관한 법률)가 있다.

▶ 가등기의 효력

가등기는 순위보전의 효력이 있다. 가등기가 되어 있으면 본등기의 순위는 가등기 순위에 따르게 된다. 즉, 가등기는 장래에 할 본등기의 순위를 보전하는 효력이 있다. 따라서 가등기 후 본등기와의 사이에 제3자가 등기를 해도 본등기의 내용에 저촉되는 것은 효력이 없거나 후순위가 된다.

▶ 청구권보전가등기 (소유권이전청구권가등기)

"소유권이전청구권가등기"란 부동산매매계약을 체결하고 소유권의 변동을 목적으로 하는 청구권을 보전하거나 본등기의 순위를 미리 확보할 목적으로 신청하는 것이다. 소유권이전청구권가등기 이후 본등기가 이뤄지기 전에 제3자에게 소유권을 이전해주면 형사적으로는 배임죄에 해당된다. 매도인이 가등기를 해주었다고 해도 매수인의 재산을 보전해야 하는 매도인의 책임은 변하지 않기 때문이다. 다른 등기를 해도 본등기 내용에 저촉되는 등기는 효력이 없거나 후순위이다.

▶ 담보가등기

"담보가등기"란 채권담보를 목적으로 대물변제 또는 매매예약을 하고 채무불이행 시 소유권이전청구권을 보전하기 위해 신청하는 것이다. 가등기담보권자가 담보권실행을 위하여 담보목적 부동산의 소유권을 취득하기 위해서는 그 채권의 변제기 후에 소정의 청산금 평가액 또는 청산금이 없다고 하는 뜻을 채무자에게 통지해야 한다(가등기담보등에 관한 법률 제3조 제1항). 담보가등기는 피담보채무가 존재하지 않으면 무효이다. 피담보채무가 존재하더라도 매매예약 성립일로부터 10년이 경과하면 시효로 소멸하고, 부종성의 원리에 따라 가등기도 무효이다.

▶ 가등기담보권의 피담보채권 범위

저당권에 관한 민법 제360조가 적용된다. 이에 따르면, 원본, 이자, 위약금, 채무불이행으로 인한 손해배상 및 저당권의 실행비용을 담보한다. 그러나 지연배상에 대하여는 원본의 이행 기일을 경과한 후의 1년분에 한하여 저당권을 행사할 수 있다.

■ '가등기담보 등에 관한 법률'

> ● 목적 (동법 제1조).
>
> 이 법은 차용물의 반환에 관하여 차주가 차용물을 갈음하여 다른 재산권을 이전할 것을 예약할 때 그 재산의 예약 당시 가액이 차용액과 이에 붙인 이자를 합산한 액수를 초과하는 경우에 이에 따른 담보계약과 그 담보의 목적으로 마친 가등기 또는 소유권이전등기의 효력을 정함을 목적으로 한다.
>
> ● 정의 (동법 제2조).
>
> 이 법에서 사용하는 용어의 뜻은 다음과 같다.
>
> 1. "담보계약"이란 「민법」 제608조에 따라 그 효력이 상실되는 대물반환의 예약[환매, 양도담보 등 명목이 어떠하든 그 모두를 포함한다]에 포함되거나 병존하는 채권담보계약을 말한다.
>
> 2. "채무자등"이란 다음 각 목의 자를 말한다.
>
> 가. 채무자
>
> 나. 담보가등기목적 부동산의 물상보증인
>
> 다. 담보가등기 후 소유권을 취득한 제삼자
>
> 3. "담보가등기"란 채권담보의 목적으로 마친 가등기를 말한다.
>
> 4. "강제경매등"이란 강제경매와 담보권의 실행 등을 위한 경매를 말한다.
>
> 5. "후순위권리자"란 담보가등기 후에 등기된 저당권자·전세권자 및 담보가등기권리자를 말한다.
>
> ● 담보권 실행의 통지와 청산기간 (동법 제3조).
>
> 채권자가 담보계약에 따른 담보권을 실행하여 그 담보목적부동산의 소유권을 취득하기 위하여는 그 채권의 변제기 후에 제4조의 청산금의 평가액을 채무자등에게 통지하고, 그 통지가 채무자등에게 도달한 날부터 2개월(이하 "청산기간"이라 한다)이 지나야 한다. 이 경우 청산금이 없다고 인정되는 경우에는 그 뜻을 통지하여야 한다.

● 청산금의 지급과 소유권의 취득 (동법 제4조).

① 채권자는 제3조제1항에 따른 통지 당시의 담보목적부동산의 가액에서 그 채권액을 뺀 금액(이하 "청산금"이라 한다)을 채무자등에게 지급하여야 한다. 이 경우 담보목적부동산에 선순위담보권 등의 권리가 있을 때에는 그 채권액을 계산할 때에 선순위담보 등에 의하여 담보된 채권액을 포함한다.

② 채권자는 담보목적부동산에 관하여 이미 소유권이전등기를 마친 경우에는 청산기간이 지난 후 청산금을 채무자등에게 지급한 때에 담보목적부동산의 소유권을 취득하며, 담보가등기를 마친 경우에는 청산기간이 지나야 그 가등기에 따른 본등기를 청구할 수 있다.

③ 청산금의 지급채무와 부동산의 소유권이전등기 및 인도채무의 이행에 관하여는 동시이행의 항변권에 관한 「민법」 제536조를 준용한다.

④ 제1항부터 제3항까지의 규정에 어긋나는 특약으로서 채무자등에게 불리한 것은 그 효력이 없다. 다만, 청산기간이 지난 후에 행하여진 특약으로서 제삼자의 권리를 침해하지 아니하는 것은 그러하지 아니하다.

● 법정지상권 (동법 제10조).

토지와 그 위의 건물이 동일한 소유자에게 속하는 경우 그 토지나 건물에 대하여 제4조제2항에 따른 소유권을 취득하거나 담보가등기에 따른 본등기가 행하여진 경우에는 그 건물의 소유를 목적으로 그 토지 위에 지상권이 설정된 것으로 본다. 이 경우 그 존속기간과 지료는 당사자의 청구에 의하여 법원이 정한다.

● 채무자등의 말소청구권 (동법 제11조).

채무자등은 청산금채권을 변제받을 때까지 그 채무액(반환할 때까지의 이자와 손해금을 포함한다)을 채권자에게 지급하고 그 채권담보의 목적으로 마친 소유권이전등기의 말소를 청구할 수 있다. 다만, 그 채무의 변제기가 지난 때부터 10년이 지나거나 선의의 제삼자가 소유권을 취득한 경우에는 그러하지 아니하다.

● 우선변제청구권 (동법 제13조).

담보가등기를 마친 부동산에 대하여 강제경매등이 개시된 경우에 담보가등기권리자는 다른 채권자보다 자기채권을 우선변제 받을 권리가 있다. 이 경우 그 순위에 관하여는 그 담보가등기권리를 저당권으로 보고, 그 담보가등기를 마친 때에 그 저당권의 설정등기가 행하여진 것으로 본다.

■ 가등기에 관한 판례

▶ 매매예약완결권의 제척기간

☀ 제척기간이란 그 기간의 경과 자체만으로 곧 권리소멸의 효과를 가져오게 하는 것이다. 당사자의 합의로 매매예약완결권의 행사기간을 10년 이상으로 약정한 경우, 당사자가 합의를 하더라도 매매예약완결권의 행사기간을 10년 이상의 기간으로 연장할 수 없다(대법원 1995. 11. 10. 선고 94다22682 판결).

☀ 매매의 일방예약에서 예약자의 상대방이 매매예약 완결의 의사표시를 하여 매매의 효력을 생기게 하는 권리, 즉 매매예약의 완결권은 일종의 형성권으로서 당사자 사이에 그 행사기간을 약정한 때에는 그 기간 내에, 그러한 약정이 없는 때에는 그 예약이 성립한 때로부터 10년 내에 이를 행사하여야 하고, 그 기간을 지난 때에는 예약 완결권은 제척기간의 경과로 인하여 소멸한다. 제척기간에 있어서는 소멸시효와 같이 기간의 중단이 있을 수 없다(대법원 2003. 1. 10. 선고 2000다26425 판결).

* 매매예약완결권의 행사와 채권자의 소 제기

매매예약완결권의 행사기간에 대한 약정이 없으면 예약 성립일로부터 10년 내에 행사해야 하고, 약정했다면 그 기간 내에 행사해야 한다. 채권자는 가등기 원인, 당사자 사정, 매매예약완결권 행사기간 약정 여부 등을 사전에 정확하게 알 수 없다. 따라서 가등기 일로부터 10년 이상 경과한 후에 가등기말소소송을 제기하는 것이다. 반대로 가등기권자는 최소한 가등기일로부터 10년 내에 본등기를 해야 본등기 의무자(채무자)의 채권자로부터 가등기말소소송을 당하지 않는다.

☀ 소유권이전등기청구권의 양도에 따른 대항력 요건

소유권이전등기청구권을 매수인으로부터 양도받은 양수인은 매도인이 그 양도에 대하여 동의하지 않고 있다면 매도인에 대하여 채권양도를 원인으로 하여 소유권이전등기절차의 이행을 청구할 수 없고, 따라서 매매로 인한 소유권이전등기청구권은 특별한 사정이 없는 이상 그 권리의 성질상 양도가 제한되고 그 양도에 채무자의 승낙이나 동의를 요한다고 할 것이므로 통상의 채권양도와 달리 양도인의 채무자에 대한 통지만으로는 채무자에 대한 대항력이 생기지 않으며 반드시 채무자의 동의나 승낙을 받아야 대항력이 생긴다(대법원2005. 3. 10. 선고 2004다67653, 67660 판결).

부동산의 매매예약에 기하여 소유권이전등기청구권의 보전을 위한 가등기가 마쳐진 경우에 그 매매예약완결권이 소멸하였다면 그 가등기 또한 효력을 상실하여 말소되어야 할 것이나, 그 부동산의 소유자가 제3자와 사이에 새로운 매매예약을 체결하고 그에 기한 소유권이전등기청구권의 보전을 위하여 이미 효력이 상실된 가등기를 유용하기로 합의하고 실제로 그 가등기 이전의 부기등기를 마쳤다면, 그 가등기 이전의 부기등기를 마친 제3자로서는 언제든지 부동산의 소유자에 대하여 위 가등기 유용의 합의를 주장하여 가등기의 말소청구에 대항할 수 있고, 다만 그 가등기 이전의 부기등기 전에 등기부상 이해관계를 가지게 된 자에 대하여는 위 가등기 유용의 합의 사실을 들어 그 가등기의 유효를 주장할 수는 없다(대법원 2009. 5. 28. 선고 2009다4787 판결).

☀ 담보가등기

강행법규를 위반하여 담보가등기에 기한 본등기가 이루어진 경우 본등기는 무효라고 할 것이고, 설령 그와 같은 본등기가 가등기권리자와 채무자 사이에 이루어진 특약에 의하여 이루어졌다고 할지라도 만일 특약이 채무자에게 불리한 것으로서 무효라고 한다면 본등기는 여전히 무효일 뿐, 이른바 약한 의미의 양도담보로서 담보의 목적 내에서는 유효하다고 할 것이 아니다. 다만 가등기권리자가 가등기담보법 제3조, 제4조에 정한 절차에 따라 청산금의 평가액을 채무자 등에게 통지한 후 채무자에게 정당한 청산금을 지급하거나 지급할 청산금이 없는 경우에는 채무자가 통지를 받은 날부터 2월의 청산기간이 지나면 위와 같이 무효인 본등기는 실체적 법률관계에 부합하는 유효한 등기로 될 수 있을 뿐이다(대법원 2019. 6. 13. 선고 2018다300661 판결).

채권자와 채무자가 가등기담보권설정계약을 체결하면서 가등기 이후에 발생할 채권도 후순위권리자에 대하여 우선변제권을 가지는 가등기담보권의 피담보채권에 포함시키기로 약정할 수 있고, 가등기담보권을 설정한 후에 채권자와 채무자의 약정으로 새로 발생한 채권을 기존 가등기담보권의 피담보채권에 추가할 수도 있으나, 가등기담보권 설정 후에 후순위권리자나 제3취득자 등 이해관계 있는 제3자가 생긴 상태에서 새로운 약정으로 기존 가등기담보권에 피담보채권을 추가하거나 피담보채권의 내용을 변경, 확장하는 경우에는 이해관계 있는 제3자의 이익을 침해하게 되므로, 이러한 경우에는 피담보채권으로 추가, 확장한 부분은 이해관계 있는 제3자에 대한 관계에서는 우선변제권 있는 피담보채권에 포함되지 않는다고 보아야 한다(대법원 2011. 7. 14. 선고 2011다28090 판결).

▣ 민사소송 일반

송무는 생물이다. 증명책임의 문제, 증거방법의 다양성, 증인의 영향력, 청구취지 및 청구원인의 변경 등 많은 변수가 존재한다. 재판은 삼단논법에 의한 추리이다. 법규를 대전제로 하고, 인정된 사실을 소전제로 하여 판결을 결론으로 끌어내는 것이다. 법원은 직권조사사항, 변론주의, 당사자처분권주의, 직권탐지주의, 자유심증주의에 의해 판결한다.

소송법과 실체법에 따라 소송이 진행되지만 결국 사람(판사, 변호사, 당사자)이 하는 일이기 때문에 그 결과가 유동적이다. 변호사가 소송을 대리하더라도 채무자도 방어차원에서 민사소송 절차를 이해하고 법률지식을 쌓아야 한다. 이를 통해 채권자의 강제집행을 합법적으로 저지하고 유리한 판결을 이끌어내야 한다. 화해, 조정, 중재를 통해 분쟁이 해결될 가능성이 없다면 미리 대비해야 한다는 것이다.

▶ 민사소송의 의의와 대상

민사소송은 법원이 개인간의 분쟁에 관하여, 대립하는 이해관계인이 당사자로서 하는 신청에 법을 적용하여 재판하는 절차이다. 민사소송은 법원에 의한 일반적 · 강제적 · 공권적 분쟁해결 제도이지만, 그 대상은 민 · 상법 등 사법체제가 규율하는 대등한 개인간의 경제상 · 신분상의 구체적 생활관계에서 생겨나는 사법상의 권리나 법률관계이다.

▶ 민사소송 제도의 목적

민사소송은 사인의 권리보호와 사법질서의 유지를 목적으로 하여 국가가 마련한 제도이다. 민사소송제도가 이상적으로 운영되려면 ① 적정, ② 공평, ③ 신속, ④ 소송경제, ⑤ 신의칙의 이념이 지배하여야 한다. 사인에 대한 국가의 형벌권 행사에 관한 사건을 대상으로 하는 형사소송, 공법상의 권리관계에 대한 사건을 대상으로 하는 행정소송과 구별된다.

▶ 채권 · 채무관계 등을 규율하는 법률의 종류

채권 · 채무관계를 직 · 간접적으로 규율하는 법률은 다음과 같다. 이토록 많은 법률이 얽히고 설켜 사건 당사자를 구속한다. 채권 · 채무관계 등에 대한 권리를 확정시키는 민사소송 절차는 민사소송법에 규정되어 있다. 민사소송법은 공법적 성격 · 민사법적 성격 · 절차법적 성격을 갖고 있다. 한편 가족 간의 반목으로 인한 분쟁은 가사소송법에 따라야 한다.

번호	법률 명칭	번호	법률 명칭
1	민법	11	주택임대차보호법
2	상법	12	보증인 보호를 위한 특별법(약칭: 보증인보호법)
3	형법	13	가등기담보 등에 관한 법률(약칭: 가등기담보법)
4	민사소송법	14	채권의 공정한 추심에 관한 법률(약칭: 채권추심법)
5	형사소송법	15	부동산 실권리자명의 등기에 관한 법률 (약칭: 부동산실명법)
6	국세기본법	16	신용정보의 이용 및 보호에 관한 법률(약칭: 신용정보법)
7	국세징수법	17	대부업 등의 등록 및 금융이용자 보호에 관한 법률 (약칭: 대부업법)
8	조세범처벌법	18	근로자퇴직급여 보장법 (약칭: 퇴직급여법)
9	이자제한법	19	채무자 회생 및 파산에 관한 법률(약칭: 채무자회생법) 등
10	부동산등기법	20	금융실명거래 및 비밀보장에 관한 법률(약칭: 금융실명법)

▶ 소송요건

소송요건에는 적극적 요건과 소극적 요건이 있다. 적극적 요건은 그 요건의 존재가 소를 적법하게 하여 본안판결의 요건으로 되는 경우로서 당사자 능력 · 소송능력 · 관할

권 · 재판권 등을 들 수 있다. 소극적 요건은 그 요건의 부존재가 본안판결의 전제요건이 되며, 소극적 요건의 존재는 소를 부적법하게 하는 소송장애를 가져온다. 중복소송 · 제소금지 · 기판력 · 중재계약 등이 그것이다. 적극적 요건 중 당사자에 관한 소송요건은 다음과 같다.

① 당사자가 실제로 존재하고 당사자능력과 소송능력이 있어야 한다. 당사자가 소송 무능력자인 경우에는 법정대리인에 의하며, 법인, 기타 단체인 경우에는 대표자에 의하여 대표되어야 한다. 법정대리권도 소송요건이다.
② 당사자가 당사자적격을 가지는 정당한 당사자이어야 한다.
③ 소제기의 방식 및 소장송달이 적법하여야 한다. 소송대리인에 의하여 제소된 경우에는 대리권이 유효하게 존재하여야 한다.
④ 원고가 소송비용의 담보를 제공할 필요가 있을 때에는 그에 따라야 한다.

▶ 소 제기의 효과

소를 제기하면 소송계속이 발생한다. 소송법적 효과로서 중복제소 금지와 실체법적 효과로서 시효중단과 법률기간 준수가 있다. 이 밖에도 각종 소송참가나 소송고지의 기회가 생기고 관련청구의 재판적이 인정된다.

▶ 당사자의 명칭

"당사자"라 함은 법원에 대하여 자기 명의로 판결이나 강제집행을 요구하는 자(적극적 당사자)와 그에 대립하는 상대방(소극적 당사자)을 의미한다.

구 분	적극적 당사자	소극적 당사자
1심 판결절차	원고	피고
2심 판결절차	항소인	피항소인
3심 판결절차	상고인	피상고인
강제집행 및 독촉절차	채권자	채무자
가압류 · 가처분 절차	채권자 또는 신청인	채무자 또는 피신청인
제소 전 화해 · 증거보전 · 소송비용확정절차	신청인	상대방

[tip] 형사소송법상 당사자 명칭

* 형사소송 사건에서 형사책임을 져야 할 자로 공소가 제기된 자, 또는 제기된 것으로 취급되는 자를 '피고인'이라고 한다.

* 범죄 혐의로 경찰 · 검찰의 수상대상이 되어 있는 자로서 아직 공소가 제기되지 않은 자는 '피의자'라고 한다.

* 민사소송 법률대리인을 '변호사', 형사소송 법률대리인을 '변호인'이라고 한다.

* 한편 "선정당사자 제도"란 공동의 이해관계를 가진 다수자가 법인 아닌 사단의 실체를 갖추지 못하여 전체로서 민사소송법 제52조(법인이 아닌 사단 등의 당사자능력)에 의한 당사자능력을 인정받지 못할 경우에 그 다수자 중에서 총원을 위하여 당사자가 될 1인 또는 수인을 선출하게 하여 그처럼 선정된 자만이 소송당사자가 되게 하고, 그 선정된 자가 받은 판결의 효력을 선정자 모두에게 미치게 하는 제도이다(민사소송법 제218조 제3항).

▸ 각종의 소에 공통된 소의 이익(일반적 권리보호 요건)

① 청구가 재판상 청구할 수 있는 것이어야 한다.

② 청구가 법률상 구체적인 권리 또는 법률관계의 주장이어야 한다.

③ 법률상 또는 계약상 제소금지 사유가 없어야 한다.

④ 제소장애 사유가 없어야 한다.

⑤ 승소확정판결이다 그와 동일한 채무명의가 없어야 한다.

⑥ 소 이외의 특별한 선 행정 구제절차가 없어야 한다.

⑦ 신의성실의 원칙에 위배되지 않아야 한다.

▸ 기각과 각하

기각은 본안심리에서 청구에 이유가 없다고 하여 배척하는 재판을 말한다. 각하는 당사자의 소송상 신청에 관하여 부적법을 이유로 배척하는 재판을 말한다. 기각은 보정이 없으므로 상소로써 다퉈야 하고, 각하는 법원의 재량으로 직권 또는 상대방의 신청에 따르고 흠결을 보정하여 다시 재판할 수 있다.

▸ 변론의 종류

변론은 심리절차상의 차이에 따라 필요적 변론과 임의적 변론으로 구분할 수 있다. 변론은 민사소송심리의 주요 부분이므로 판결절차는 원칙적으로 반드시 변론을 경유하여야 하고, 변론에 제출된 소송자료(구술진술)만을 판결의 기초로서 채용하여야 한다. 이것이 필요적 변론이다. 임의적 변론은 변론을 열 것인지의 여부가 법원의 재량에 달려 있는 경우이다. 결정으로 완결할 사건이 여기에 해당된다. 결정·명령이라도 성질상 소송 심리 중에 변론을 열어 재판하는 경우도 있다. 임의적 변론에 있어서는 소송기록에 의한 서면심리만으로 재판할 수 있으나 변론을 거친 경우라도 구술진술 외에 서면심리의 결과를 참작할 수 있다.

▶ 변론주의

민사소송법은 변론주의를 기본으로 하고 있는 관계상 진술 또는 주장의 철회는 자유이다. 변론조서에 적지 아니한 사항은 판단의 기초로 삼을 수 없게 되므로, 조서의 작성은 법원의 심판작용에 있어서 커다란 의미와 중요성을 갖는다. 변론은 직접주의의 원칙에 의하여 심리해야 한다. 직접주의란 변론에 직접 관여하지 아니한 법관은 판결을 할 수 없다는 원칙이다.

* 당사자가 주장한 사실에 한하여 법원은 판단하고, 다툼이 없으면 그 사실을 법원이 인정해야 하고, 다툼이 있으면 신청한 증거에 의해 사실관계를 확정해야 한다는 원칙을 말한다.

▶ 변론절차에 있어서의 심리원칙

민사소송법은 구술주의를 원칙으로 하면서 서면심리주의를 보충적으로 병용한다. 소송당사자가 아닌 사람에게도 변론, 증거조사, 판결 선고 등의 방청이 허용되는 공개주의를 채택하고 있다. 사건심리에 있어서는 당사자 양쪽을 평등하게 대우하여 공격·방어방법을 제출할 수 있는 기회를 똑같이 부여하는 쌍방심리주의를 기본으로 한다. 다만, 결정·명령절차에서는 임의적 변론에 의하므로 일방심리주의에 의한다.

▶ 항소의 의의

항소는 지방법원의 제1심 종국판결에 대한 불복신청이다. 고등법원이 제1심으로서 한 판결에 대하여는 상고할 수 있다. 항소장은 판결서가 송달된 날부터 2주 이내에 제1심 법원에 제출한다. 항소이유서는 항소심 법원에 제출한다. 위 2주의 기간은 불변기간인데 판결서 송달 전에도 항소할 수 있다.

▶ 상고의 의의 및 특례

상고는 원칙적으로 항소심의 종국판결에 법령의 위반이 있음을 주장하여 그 판결의 당부에 관하여 심판을 구하는 절차이다. 고등법원이 제1심으로 한 종국판결에 대하여도 바로 상고할 수 있다. 상고심이 법률심으로서의 기능을 효율적으로 수행하게 하고, 법률관계를 신속하게 확정시키기 위하여 심리의 불속행, 판결 이유 기재의 생략, 판결선고의 특례 등이 규정되어 있다. 상고장은 판결이 송달된 날부터 2주 내에 원심법원에 제출해야 하며 상고법원에 직접 제출하면 그 효력이 없다. 상고장에 이유를 적지 아니한 때에는 상고인은 소송기록접수의 통지를 받은 날부터 20일 이내에 상고이유서를 제출해야 한다.

* 소송기록접수의 통지를 받은 날부터 20일 이내에 제출하지 않은 상고이유는 고려하지 않는다.

▶ 소 제기의 방식

① 소장을 작성하여 법원에 제출하는 방법에 의하는 것이 원칙이다. ② 소액사건에 관하여는 간이한 방법에 의하여 소를 제기할 수 있는 특례가 마련되어 있다. ③ 독촉·제소전 화해·조정 등 다른 절차로부터 소송절차로 이행되는 경우에는 소가 제기된 것으로 간주한다.

▶ 소장의 기재사항, 청구취지와 청구원인

[소장의 기재사항]

* 필수적 기재사항

① 당사자 및 연락처, ② 법정대리인, ③ 청구취지· 청구원인, ④ 작성자의 기명날인 또는 서명

* 임의적 기재사항

① 사건명의 표시, ② 공격 또는 방어의 방법, ③ 증거보전 사건의 표시, ④ 덧붙인 서류의 표시, ⑤ 낙성한 날짜, ⑥ 법원의 표시

[청구취지와 청구원인]

* 청구취지

원고의 주장은 원칙적으로 일정한 권리 또는 법률관계의 존부의 주장이라는 형식을 취하는데 이것이 바로 청구이고 그 내용이 되는 권리관계가 '소송물'이다.

* 청구원인

소송상의 청구로서 원고가 주장하는 권리 또는 법률관계(소송물)의 성립원인인 사실을 말한다.

▶ 소장의 첨부서류

원고가 제출하는 서증에 "갑", 피고가 제출하는 서증에 "을", 독립당사자참가인이 제출하는 서증에 "병"이라는 부호를 붙인다. 제출한 증거가 여러 개이면 '갑1호증, 갑2호증, 갑3호증.'이라는 식으로 번호를 붙인다.

▶ 준비서면을 제출한 경우에 발생하는 효과

준비서면을 제출하고 변론기일에 출석하지 않더라도 다음과 같은 효과가 생긴다.

① 진술간주의 이익 (동법 제148조).

② 자백간주의 이익 (동법 제150조 제1~3항).

③ 피고 경정에 대한 동의권 (동법 제260조 제1항).

④ 소의 취하에 대한 동의권 (동법 제266조 제2항).

⑤ 변론준비기일 종결 효과에 대한 실권효 배제 (동법 제285조 제3항).

▶ 준비서면을 제출하지 않은 경우에 발생하는 효과

① 소송비용 부담 (동법 제100조).

② 자백간주로 인한 무변론 패소판결의 위험 (동법 제257조 제1항).

③ 상대방 불출석 시 준비서면에 기재하지 않은 사실의 주장 금지 (동법 제276조).

④ 변론절차의 종결 (동법 제284조).

▶ 문서제출명령과 문서송부촉탁

문서제출명령은 제출의무가 있는 문서에 대한 서증신청 방법이다. 반면에 문서송부촉탁은 그 소지자의 제출의무가 없는 문서에 대한 서증신청 방법이다.

▶ 증인신문의 순서

재판장의 인정 신문 → 증인신문을 신청한 당사자의 신문 → 상대방 당사자의 신문 → 증인신문을 한 당사자의 재신문 → 재판장의 개입신문 순서에 따라 진행된다.

▶ 소송기록의 열람 · 복사

소송기록을 열람 · 복사 신청할 수 있는 사람은 ① 당사자와 그로부터 위임을 받은 사람, ② 법정대리인 또는 특별대리인, ③ 소송대리인, ④ 이해관계를 소명한 제3자, ⑤ 그 밖에 법령이 허용하는 사람에 한 한다.

■ '민사소송법'

● 민사소송의 이상과 신의성실의 원칙 (동법 제1조).

법원은 소송절차가 공정하고 신속하며 경제적으로 진행되도록 노력하여야 한다.

당사자와 소송관계인은 신의에 따라 성실하게 소송을 수행하여야 한다.

● 소송대리인의 자격의 예외 (동법 제88조).

단독판사가 심리 · 재판하는 사건 가운데 그 소송목적의 값이 1억 원 이하인 사건에서, 당사자와 밀접한 생활관계를 맺고 있고 일정한 범위안의 친족관계에 있는 사람 또는 당사자와 고용계약 등으로 그 사건에 관한 통상사무를 처리 · 보조하여 오는 등 일정한 관계에 있는 사람이 법원의 허가를 받은 때에는 제87조를 적용하지 아니한다.

● 소송비용부담의 원칙 (동법 제98조).

소송비용은 패소한 당사자가 부담한다.

● 원칙에 대한 예외 (동법 제99조).

법원은 사정에 따라 승소한 당사자로 하여금 그 권리를 늘리거나 지키는 데 필요하지 아니한 행위로 말미암은 소송비용 또는 상대방의 권리를 늘리거나 지키는 데 필요한 행위로 말미암은 소송비용의 전부나 일부를 부담하게 할 수 있다.

● 원칙에 대한 예외 (동법 제100조).

당사자가 적당한 시기에 공격이나 방어의 방법을 제출하지 아니하였거나, 기일이나 기간의 준수를 게을리 하였거나, 그 밖에 당사자가 책임져야 할 사유로 소송이 지연된 때에는 법원은 지연됨으로 말미암은 소송비용의 전부나 일부를 승소한 당사자에게 부담하게 할 수 있다.

● 소송비용액의 확정결정 (동법 제110조).

① 소송비용의 부담을 정하는 재판에서 그 액수가 정하여지지 아니한 경우에 제1심 법원은 그 재판이 확정되거나, 소송비용부담의 재판이 집행력을 갖게 된 후에 당사자의 신청을 받아 결정으로 그 소송비용액을 확정한다.

② 제1항의 확정결정을 신청할 때에는 비용계산서, 그 등본과 비용액을 소명하는 데 필요한 서면을 제출하여야 한다.

③ 제1항의 결정에 대하여는 즉시항고를 할 수 있다.

● 구조의 요건 (동법 제128조).

법원은 소송비용을 지출할 자금능력이 부족한 사람의 신청에 따라 또는 직권으로 소송구조를 할 수 있다. 다만, 패소할 것이 분명한 경우에는 그러하지 아니하다.

* "소송구조"라 함은 소송비용을 지출할 능력이 부족한 사람에게 재판받을 권리와 법 앞의 평등을 실질적으로 보장하기 위해 국가가 구조조치를 취하는 것이다. 소송구조의 요건으로 ① 무자력, ② 패소할 것이 분명한 경우가 아닐 것, ③ 구조여건의 소명이 있다.

● 구조의 객관적 범위 (동법 제129조).

① 소송과 강제집행에 대한 소송구조의 범위는 다음 각호와 같다. 다만, 법원은 상당한 이유가 있는 때에는 다음 각호 가운데 일부에 대한 소송구조를 할 수 있다.

1. 재판비용의 납입유예
2. 변호사 및 집행관의 보수와 체당금의 지급유예
3. 소송비용의 담보면제
4. 대법원규칙이 정하는 그 밖의 비용의 유예나 면제

* 소송비용은 당사자비용과 재판비용으로 구분되는데 당사자가 법원에 내지 않고 스스로 지출하는 소송서류 작성비용, 소송서류 제출비용, 변론기일 출석에 소요되는 비용 등 당사자 비용은 구조대상이 아니다. 구조대상인 '재판비용'이라 함은 당사자가 소송을 수행하기 위해서 법원에 납입해야 하는 비용으로 인지대(인지액)와 수수료 외의 비용(송달료, 감정료, 감정인과 법원 공무원의 여비, 강제절차 집행비용 등)이다.

● 한 쪽 당사자가 출석하지 아니한 경우 (동법 제148조).

① 원고 또는 피고가 변론기일에 출석하지 아니하거나, 출석하고서도 본안에 관하여 변론하지 아니한 때에는 그가 제출한 소장·답변서, 그 밖의 준비서면에 적혀 있는 사항을 진술한 것으로 보고 출석한 상대방에게 변론을 명할 수 있다.

② 제1항의 규정에 따라 당사자가 진술한 것으로 보는 답변서, 그 밖의 준비서면에 청구의 포기 또는 인낙의 의사표시가 적혀 있고 공증사무소의 인증을 받은 때에는 그 취지에 따라 청구의 포기 또는 인낙이 성립된 것으로 본다.

③ 제1항의 규정에 따라 당사자가 진술한 것으로 보는 답변서, 그 밖의 준비서면에 화해의 의사표시가 적혀 있고 공증사무소의 인증을 받은 경우에, 상대방 당사자가 변론기일에 출석하여 그 화해의 의사표시를 받아들인 때에는 화해가 성립된 것으로 본다.

* 당사자 한쪽이 결석한 경우 동법 제150조에 따라 자백으로 간주되고, 당사자 양쪽이 결석한 경우 동법 제268조에 따라 소 취하 한 것으로 간주된다.

● 실기한 공격 · 방어방법의 각하 (동법 제149조).

① 당사자가 제146조의 규정을 어기어 고의 또는 중대한 과실로 공격 또는 방어방법을 뒤늦게 제출함으로써 소송의 완결을 지연시키게 하는 것으로 인정할 때에는 법원은 직권으로 또는 상대방의 신청에 따라 결정으로 이를 각하할 수 있다.

② 당사자가 제출한 공격 또는 방어방법의 취지가 분명하지 아니한 경우에, 당사자가 필요한 설명을 하지 아니하거나 설명할 기일에 출석하지 아니한 때에는 법원은 직권으로 또는 상대방의 신청에 따라 결정으로 이를 각하할 수 있다.

● 자백간주 (동법 제150조).

① 당사자가 변론에서 상대방이 주장하는 사실을 명백히 다투지 아니한 때에는 그 사실을 자백한 것으로 본다. 다만, 변론 전체의 취지로 보아 그 사실에 대하여 다툰 것으로 인정되는 경우에는 그러하지 아니하다.

② 상대방이 주장한 사실에 대하여 알지 못한다고 진술한 때에는 그 사실을 다툰 것으로 추정한다.

③ 당사자가 변론기일에 출석하지 아니하는 경우에는 제1항의 규정을 준용한다. 다만, 공시송달의 방법으로 기일통지서를 송달받은 당사자가 출석하지 아니한 경우에는 그러하지 아니하다.

● 소송행위의 추후보완 (동법 제173조).

당사자가 책임질 수 없는 사유로 말미암아 불변기간을 지킬 수 없었던 경우에는 그 사유가 없어진 날부터 2주 이내에 게을리 한 소송행위를 보완할 수 있다. 다만, 그 사유가 없어질 당시 외국에 있던 당사자에 대하여는 이 기간을 30일로 한다. 이를 '추완항소'라고 한다.

● 자유심증주의 (동법 제202조).

법원은 변론 전체의 취지와 증거조사의 결과를 참작하여 자유로운 심증으로 사회정의와 형평의 이념에 입각하여 논리와 경험의 법칙에 따라 사실주장이 진실한지 아닌지를 판단한다.

● 처분권주의 (동법 제203조).

법원은 당사자가 신청하지 아니한 사항에 대하여는 판결하지 못한다.

* "처분권주의"라 함은 국가에 의한 권리보호는 당사자가 이를 요구할 때에 비로소, 요구된 한도 내에서, 요구할 때까지만 부여된다는 원칙이다. 이를 소송절차의 각 단계에 따르면

① 소송절차는 당사자의 신청이 있을 때에만 개시되고, ② 법원의 심판범위와 한도는 당사자의 신청에 의하여서만 결정되고 법원은 당사자의 신청을 넘어서 재판할 수 없으며(동법 제203조 내용), ③ 당사자는 법원의 판결에 의하지 않고도 청구의 포기·인낙, 화해 및 소취하 등에 의하여 소송절차를 자유로이 종료시킬 수 있다는 입장이다.

● 답변서의 제출의무 (동법 제256조).

피고가 원고의 청구를 다투는 경우에는 소장의 부본을 송달받은 날부터 30일 이내에 답변서를 제출하여야 한다. 다만, 피고가 공시송달의 방법에 따라 소장의 부본을 송달받은 경우에는 그러하지 아니하다.

＊ 실무적으로 30일은 엄격하게 정해진 기간은 아니지만 준수하는 것이 좋다. 답변서를 제출하지 못해 판결 선고기일이 지정된 경우 뒤늦게라도 제출하면 선고기일 지정을 취소하고 변론기일이 지정될 수 있다. 당사자는 변론기일에 출석해야 하고 기일에 출석하지 않을 경우 불이익을 받을 수 있다. 특히 배당이의 소송에서 원고가 첫 변론기일에 출석하지 않으면 소를 취하한 것으로 본다.

● 변론 없이 하는 판결 (동법 제257조).

법원은 피고가 제256조제1항의 답변서를 제출하지 아니한 때에는 청구의 원인이 된 사실을 자백한 것으로 보고 변론 없이 판결할 수 있다. 다만, 직권으로 조사할 사항이 있거나 판결이 선고되기까지 피고가 원고의 청구를 다투는 취지의 답변서를 제출한 경우에는 그러하지 아니하다.

● 피고의 경정 (동법 제260조).

① 원고가 피고를 잘못 지정한 것이 분명한 경우에는 제1심 법원은 변론을 종결할 때까지 원고의 신청에 따라 결정으로 피고를 경정하도록 허가할 수 있다. 다만, 피고가 본안에 관하여 준비서면을 제출하거나, 변론준비기일에서 진술하거나 변론을 한 뒤에는 그의 동의를 받아야 한다.

② 피고의 경정은 서면으로 신청하여야 한다.

③ 제2항의 서면은 상대방에게 송달하여야 한다. 다만, 피고에게 소장의 부본을 송달하지 아니한 경우에는 그러하지 아니하다.

④ 피고가 제3항의 서면을 송달받은 날부터 2주 이내에 이의를 제기하지 아니하면 제1항 단서와 같은 동의를 한 것으로 본다.

● 소의 취하 (동법 제266조).

① 소는 판결이 확정될 때까지 그 전부나 일부를 취하할 수 있다.

② 소의 취하는 상대방이 본안에 관하여 준비서면을 제출하거나 변론준비기일에서 진술하거나 변론을 한 뒤에는 상대방의 동의를 받아야 효력을 가진다.

③ 소의 취하는 서면으로 하여야 한다. 다만, 변론 또는 변론준비기일에서 말로 할 수 있다.

④ 소장을 송달한 뒤에는 취하의 서면을 상대방에게 송달하여야 한다.

⑤ 제3항 단서의 경우에 상대방이 변론 또는 변론준비기일에 출석하지 아니한 때에는 그 기일의 조서등본을 송달하여야 한다.

⑥ 소취하의 서면이 송달된 날부터 2주 이내에 상대방이 이의를 제기하지 아니한 경우에는 소취하에 동의한 것으로 본다. 제3항 단서의 경우에 있어서, 상대방이 기일에 출석한 경우에는 소를 취하한 날부터, 상대방이 기일에 출석하지 아니한 경우에는 제5항의 등본이 송달된 날부터 2주 이내에 상대방이 이의를 제기하지 아니하는 때에도 또한 같다.

- 양 쪽 당사자가 출석하지 아니한 경우 (동법 제268조).

① 양 쪽 당사자가 변론기일에 출석하지 아니하거나 출석하였다 하더라도 변론하지 아니한 때에는 재판장은 다시 변론기일을 정하여 양 쪽 당사자에게 통지하여야 한다.

② 제1항의 새 변론기일 또는 그 뒤에 열린 변론기일에 양 쪽 당사자가 출석하지 아니하거나 출석하였다 하더라도 변론하지 아니한 때에는 1월 이내에 기일지정신청을 하지 아니하면 소를 취하한 것으로 본다.

③ 제2항의 기일지정신청에 따라 정한 변론기일 또는 그 뒤의 변론기일에 양쪽 당사자가 출석하지 아니하거나 출석하였다 하더라도 변론하지 아니한 때에는 소를 취하한 것으로 본다.

④ 상소심의 소송절차에는 제1항 내지 제3항의 규정을 준용한다. 다만, 상소심에서는 상소를 취하한 것으로 본다.

- 준비서면의 기재사항 (동법 제274조).

① 준비서면에는 다음 각호의 사항을 적고, 당사자 또는 대리인이 기명날인 또는 서명한다.

1. 당사자의 성명·명칭 또는 상호와 주소
2. 대리인의 성명과 주소
3. 사건의 표시
4. 공격 또는 방어의 방법
5. 상대방의 청구와 공격 또는 방어의 방법에 대한 진술
6. 덧붙인 서류의 표시
7. 작성한 날짜
8. 법원의 표시

② 제1항 제4호 및 제5호의 사항에 대하여는 사실상 주장을 증명하기 위한 증거방법과 상대방의 증거방법에 대한 의견을 함께 적어야 한다.

● 준비서면에 적지 아니한 효과 (동법 제276조).

준비서면에 적지 아니한 사실은 상대방이 출석하지 아니한 때에는 변론에서 주장하지 못한다. 다만, 제272조제2항 본문의 규정에 따라 준비서면을 필요로 하지 아니하는 경우에는 그러하지 아니하다.

● 변론준비절차의 종결 (동법 제284조).

① 재판장등은 다음 각호 가운데 어느 하나에 해당하면 변론준비절차를 종결하여야 한다. 다만, 변론의 준비를 계속하여야 할 상당한 이유가 있는 때에는 그러하지 아니하다.

1. 사건을 변론준비절차에 부친 뒤 6월이 지난 때
2. 당사자가 제280조제1항의 규정에 따라 정한 기간 이내에 준비서면 등을 제출하지 아니하거나 증거의 신청을 하지 아니한 때
3. 당사자가 변론준비기일에 출석하지 아니한 때

② 변론준비절차를 종결하는 경우에 재판장등은 변론기일을 미리 지정할 수 있다.

● 변론준비기일을 종결한 효과 (동법 제285조).

① 변론준비기일에 제출하지 아니한 공격방어방법은 다음 각호 가운데 어느 하나에 해당하여야만 변론에서 제출할 수 있다.

1. 그 제출로 인하여 소송을 현저히 지연시키지 아니하는 때
2. 중대한 과실 없이 변론준비절차에서 제출하지 못하였다는 것을 소명한 때
3. 법원이 직권으로 조사할 사항인 때

② 제1항의 규정은 변론에 관하여 제276조의 규정을 적용하는 데에 영향을 미치지 아니한다.

③ 소장 또는 변론준비절차전에 제출한 준비서면에 적힌 사항은 제1항의 규정에 불구하고 변론에서 주장할 수 있다. 다만, 변론준비절차에서 철회되거나 변경된 때에는 그러하지 아니하다.

● 불요증사실 (동법 제288조).

법원에서 당사자가 자백한 사실과 현저한 사실은 증명을 필요로 하지 아니한다. 다만, 진실에 어긋나는 자백은 그것이 착오로 말미암은 것임을 증명한 때에는 취소할 수 있다.

● 출석·선서·진술의 의무 (동법 제369조).

당사자가 정당한 사유 없이 출석하지 아니하거나 선서 또는 진술을 거부한 때에는 법원은 신문사항에 관한 상대방의 주장을 진실한 것으로 인정할 수 있다.

• 항소기간 (동법 제396조).

① 항소는 판결서가 송달된 날부터 2주 이내에 하여야 한다. 다만, 판결서 송달전에도 할 수 있다. ② 제1항의 기간은 불변기간으로 한다.

* 형사소송법상 항소와 상고는 재판을 선고 또는 고지한 날로부터 7일 내에 제기해야 한다. 항소기간은 그 기간이 경과되면 항소권이 소멸하는 불변기간이므로 주의해야 한다.

• 상고의 대상 (동법 제422조).

① 상고는 고등법원이 선고한 종국판결과 지방법원 합의부가 제2심으로서 선고한 종국판결에 대하여 할 수 있다.

② 제390조제1항 단서의 경우에는 제1심의 종국판결에 대하여 상고할 수 있다.

• 상고이유 (동법 제423조). ☞ 상대적 상고이유

상고는 판결에 영향을 미친 헌법 · 법률 · 명령 또는 규칙의 위반이 있다는 것을 이유로 드는 때에만 할 수 있다.

• 절대적 상고이유 (동법 제424조).

① 판결에 다음 각호 가운데 어느 하나의 사유가 있는 때에는 상고에 정당한 이유가 있는 것으로 한다.

1. 법률에 따라 판결법원을 구성하지 아니한 때
2. 법률에 따라 판결에 관여할 수 없는 판사가 판결에 관여한 때
3. 전속관할에 관한 규정에 어긋난 때
4. 법정대리권 · 소송대리권 또는 대리인의 소송행위에 대한 특별한 권한의 수여에 흠이 있는 때
5. 변론을 공개하는 규정에 어긋난 때
6. 판결의 이유를 밝히지 아니하거나 이유에 모순이 있는 때

② 제60조 또는 제97조의 규정에 따라 추인한 때에는 제1항제4호의 규정을 적용하지 아니한다.

• 상고이유서 제출 (동법 제427조).

상고장에 상고이유를 적지 아니한 때에 상고인은 제426조의 통지(상고법원이 원심법원으로부터 소송 기록을 받은 사실)를 받은 날부터 20일 이내에 상고이유서를 제출하여야 한다.

* 피상고인의 답변서 제출의무는 없다. 항소심의 항소이유서 제출기한은 법률로 정해진 것이 없다.

• 항고의 대상 (동법 제439조).

소송절차에 관한 신청을 기각한 결정이나 명령에 대하여 불복하면 항고할 수 있다.

● 형식에 어긋나는 결정·명령에 대한 항고 (동법 제440조).

결정이나 명령으로 재판할 수 없는 사항에 대하여 결정 또는 명령을 한 때에는 항고할 수 있다.

● 재항고 (동법 제442조).

항고법원·고등법원 또는 항소법원의 결정 및 명령에 대하여는 재판에 영향을 미친 헌법·법률·명령 또는 규칙의 위반을 이유로 드는 때에만 재항고 할 수 있다.

● 즉시항고, 효력 (동법444조, 447조).

즉시항고는 재판이 고지된 날부터 1주 이내에 하여야 하고, 이 기간은 불변기간으로 한다. 즉시항고는 집행을 정지시키는 효력을 가진다.

○ 민사소송 사건의 구분

민사소송은 소가 등에 따라 단독사건, 소액사건, 합의사건으로 구분된다. 우리나라는 3심제를 채택하고 있으며, 1~2심은 사실심이고 3심(대법원)은 법률심이다.

▶ 단독사건은 소가(청구금액) 2억원 이하인 사건으로 판사 1명이 단독으로 재판한다. 수표금과 약속어음금 등 일정한 요건을 갖춘 사건의 원고가 금융기관인 경우 소가에 관계없이 단독판사가 재판한다. 채권압류 및 추심명령, 재산명시, 재산조회, 채무불이행자명부등재사건 등 채무자와 밀접한 사건도 단독판사가 결정한다. 지방법원 단독 → 지방법원 본원 합의부 → 대법원으로 상소법원이 구성되고 고등법원을 거치지 않는다.

▶ 소액사건은 단독사건 중에서도 소가 3천만 원 이하인 사건이다. 지방법원 본원 합의부에 항소할 수 있으나 대법원 상고(재항고)는 제한된다. 법률·명령·규칙 또는 처분의 헌법위반여부와 명령·규칙 또는 처분의 법률위반여부에 대한 판단이 부당한 때, 대법원의 판례에 상반되는 판단을 한 때에 한해서 대법원에 상고 또는 재항고 할 수 있다(소액사건 심판법 제3조).

▶ 합의사건은 소가 2억원 초과 사건으로 판사 3명이 합의부를 구성해서 재판한다. 지방법원 → 고등법원 → 대법원으로 상소법원이 구성된다.

▶ 상소는 종국판결에 대한 불복절차인 항소, 상고가 있고, 판결 이외의 재판(결정, 명령)에 대한 불복절차인 항고, 재항고, 특별항고가 있다. 상소는 재판의 확정을 방지하는 차단적 효력과 사건 자체가 상급법원으로 옮겨지는 이심(移審)의 효력을 지닌다. 상소 시에는 별도의 이유서를 제출해야 한다.

○ 민사소송 절차

▶ 진행 단계별 흐름

다툼이 있는 소송 사건은 일반적으로, 소장접수 → 답변서 제출(준비서면 제출 등 서면공방 + 기일 전 증거조사) → 변론기일(집중 증거조사, 심문, 쟁점 정리) → 판결 선고의 순서대로 진행된다. 채권을 회수할 목적으로 소송을 제기한 채권자를 원고라 하고 소송을 당한 채무자를 피고라고 한다. 단계별 흐름에서 원·피고가 유의할 사항에 대해서 살펴보자.

▶ 쟁점 정리 및 증거 제출, 변론기일 지정

- 원고가 소장을 제출하면 법원에서는 재판기일을 열기 전에 당사자에게 답변서 또는 준비서면을 제출하게 하여 서로 상대방의 주장과 증거를 검토하고 반박할 수 있는 기회를 갖도록 함으로써 사건의 쟁점을 정리하는 절차를 먼저 진행하게 된다.
- 어느 정도 사건의 쟁점이 드러나고 쌍방이 필요한 증거신청을 마친 다음에 재판기일이 지정된다.
- 따라서 원고와 피고는 법원에서 정한 기한 내에 주장과 입증을 해야 한다. 만일 지정된 기한이 지난 후에 주장 또는 증거신청을 하면 제출기한이 지났다는 이유로 각하되는 불이익을 받을 수 있으므로 유의해야 한다.
- 재판기일이 지정되면 법원에서는 원고와 피고에게 날짜를 알려주고 법원에 출석하도록 통지한다.

▶ 답변서 제출

- 피고는 소장 부본을 받은 날부터 30일 이내에 답변서를 제출해야 한다. 그러나 원고의 청구를 그대로 인정할 경우에는 답변서를 제출하지 않아도 된다.
- 피고가 위 기간 안에 답변서를 제출하지 아니한 때에는 법원은 피고가 원고의 청구를 모두 인정한 것으로 보고 변론을 거치지 않고 판결할 수 있다.
- 답변서와 준비서면은 판사가 궁금해 하는 내용을 읽기 쉽게 작성한다. 반복해서 하소연하거나 쟁점에서 벗어난 내용은 자제한다.

▶ 준비서면 제출

준비서면에는 상대방이 주장하는 사실 중 인정하는 사실과 반박하는 사실을 명확히 구분하여 적고 자신의 주장을 뒷받침할 수 있는 증거가 무엇인지를 적은 다음, 상대방의 주장 및 증거자료에 대한 구체적인 의견을 밝혀야 한다.

▶ 증거의 사전・일괄제출

서증, 증인신청, 감정, 사실조회, 문서송부촉탁신청 등 증거는 입증취지를 명확하게 적어 재판기일이 열리기 전에 신청해야 한다.

▶ 기타

- 법원에 제출하는 모든 서류에는 사건번호와 당사자를 표시해야 한다. 답변서 등 처음 제출하는 서면에는 전화번호, 팩스번호, 주소 등 연락처를 적어야 한다. 소송 진행 중에 연락처가 변경되었을 경우 곧바로 법원에 신고해야 한다.
- 답변서나 준비서면은 원본 외에 상대방 수만큼의 부본을 함께 제출해야 한다. (예: 상대방이 2명이면 원본 1통, 부본 2통) 서증은 상대방 수에 1을 더한 만큼의 사본을 제출해야 한다. (예: 상대방이 2명이면 3통)
- 소송대리는 변호사가 아니면 수행할 수 없다. 단독판사가 심리・재판하는 사건 중에서 수표금, 약속어음금, 은행 등이 원고인 대여금, 구상금, 보증금, 자동차손해배상보장법에 따른 손해배상 등 소송목적의 값이 1억원 이하인 청구사건에서는 ① 배우자 또는 4촌 안의 친족, ② 고용 등 계약관계를 맺고 사건에 관한 통상적인 사무를 처리, 보조하는 사람을 소송대리인으로 허가해 달라는 신청을 할 수 있다.
- 기일에는 지정된 시각을 엄격하게 지켜 출석해야 하고, 만약 질병 등의 사유로 출석하지 못할 경우에는 그 사유를 적은 기일변경신청서를 미리 제출해야 한다.
- 법원은 당사자 본인이 법관 앞에서 사건 내용을 직접 설명하고 주장할 수 있는 기회를 최대한 보장하고 있다. 소송대리인이 선임되어 있는 경우에도 재판기일에는 당사자 본인이 함께 출석하는 것이 좋다.

▶ 판결 선고기일

- 변론을 종결(결심)한 후 약 1~2개월 후에 판결을 선고한다. 판결 선고기일에는 주문만 낭독한 후 판결문을 사건 당사자에게 송달한다. 전자소송의 경우 약 1주일 이내에 판결문을 전자우편으로 확인할 수 있다. 불복할 경우 판결문을 송달받은 날부터 2주 이내에 판결한 법원에 상소(항소, 상고)를 제기해야 한다.

○ 공시송달과 추완항소

● 소송행위의 추후보완 (민사소송법 제173조).

① 당사자가 책임질 수 없는 사유로 말미암아 불변기간을 지킬 수 없었던 경우에는 그 사유가 없어진 날부터 2주 이내에 게을리 한 소송행위를 보완할 수 있다. 다만, 그 사유가 없어질 당시 외국에 있던 당사자에 대하여는 이 기간을 30일로 한다.

② 제1항의 기간에 대하여는 제172조의 규정을 적용하지 아니한다.

▶ 추완항소 기간 및 '사유가 종료된 때' 의 의미

☀ 소장이나 판결정본 등이 공시송달의 방법에 의하여 송달되었다면 특별한 사정이 없는 한, 피고는 과실 없이 그 판결의 송달을 알지 못한 것이라고 할 것이고, 이러한 경우 피고는 그 책임을 질 수 없는 사유로 인하여 불변기간을 준수할 수 없었던 때에 해당하여 그 사유가 종료된 후 2주일 내(그 사유가 종료될 당시 외국에 있었던 경우에는 30일 내)에 추완항소를 할 수 있는바, 여기에서 '사유가 종료된 때'라 함은 당사자나 소송대리인이 단순히 판결이 있었던 사실을 안 때가 아니고, 나아가 그 판결이 공시송달의 방법으로 송달된 사실을 안 때를 의미한다(대법원 1994. 12. 13. 선고 94다24299 판결).

☀ '판결이 공시송달의 방법으로 송달한 사실을 안 때'라고 함은 다른 특별한 사정이 없는 한 통상의 경우에는 당사자나 소송대리인이 사건 기록을 열람하거나 또는 새로이 판결정본을 영수한 때에 비로소 그 판결이 공시송달의 방법으로 송달된 사실을 알게 되었다고 보아야 한다(대법원 2011. 5. 26. 선고 2011다19430 판결).

● 공시송달의 요건 (민사소송법 제194조).

당사자의 주소 등 또는 근무 장소를 알 수 없는 경우 또는 외국에서 하여야 할 송달에 관하여 제191조의 규정에 따를 수 없거나 이에 따라도 효력이 없을 것으로 인정되는 경우에는 법원사무관등은 직권으로 또는 당사자의 신청에 따라 공시송달을 할 수 있다.

▶ 송달의 종류

소장부본이 송달됨에 의하여 소송계속의 효과가 발생하며, 그 중 가장 중요한 것은 중복제소금지이다.

① 교부송달: 송달 받을 당사자에게 직접 서류를 교부하는 방법이다.

② 보충송달: 송달할 장소에서 당사자를 만나지 못해 가족 등 동거인, 고용인, 사무원으로서 사리를 분별할 능력이 있는 자에게 서류를 교부하는 방법이다.

③ 유치송달: 송달받을 당사자 또는 그 수령 대리인이 서류의 송달을 거부하는 경우 송달할 장소에 둠으로써 송달의 효력을 발생시키는 방법이다.

④ 발송송달: 보충송달이나 유치송달이 불가능한 때, 송달할 장소를 알 수 없는 때, 법원이 서류를 등기우편으로 발송하고, 발송한 때에 송달의 효력을 발생시키는 방법이다.

⑤ 특별송달: 수차례 우편집배원을 통한 송달이 불가능한 경우, 법원 집행관이 야간·주말·휴일 등을 이용하여 서류를 송달함으로써 송달의 효력을 발생시키는 방법이다.

⑥ 공시송달: 통상적인 조사·재송달·특별송달을 했음에도 송달이 불가능하고, 주소·거소·기타 송달장소를 알 수 없는 경우, 당사자의 신청 또는 법원사무관 등의 직권에 의해 법원 게시판·관보·공보 등에 게시하는 방법으로 송달의 효력을 발생시키는 방법이다. 게시일로부터 2주일(외국에 있는 당사자는 2개월)이 경과하면 송달의 효력이 발생한다.

[사례] 잔액 200만 원이 남아있는 채무자 임모 씨의 통장이 갑자기 압류되어 출금이 되지 않았다. 곧바로 A은행(제3채무자)을 찾아가 확인해보니 채권압류 및 추심명령의 채권자는 전혀 모르는 D대부업체 이었다. 다시 D대부업체에 확인해본 결과, 그 채권의 발생 원인은 임모 씨가 20년 전에 채권자 B은행으로부터 받은 소액대출 3백만 원 이었다.

- 임모 씨에 대한 채권은 시효가 완성된 상태에서 B은행 → C캐피탈 → D대부업체로 순차적으로 매각된 것으로 확인되었다. 채권양도 당시 B은행은 임모 씨와 연락이 닿지 않고 소액채권이어서 시효중단을 하지 않고 있다가 다른 채권들과 함께 C캐피탈에 일괄매각(채권양도)했고 C캐피탈이 다시 D대부업체에 매각한 것이었다.
- 임모 씨가 사건기록을 열람해 보았더니 12년째 되는 해에 C캐피탈이 소송을 제기했는데 공시송달로 판결이 확정되었다. 채무가 많은 그의 거주지가 일정치 않아 이행권고결정문 및 소장 부본이 송달되지 않았던 것이다. 임모 씨는 3년 전에 이 사건 채무를 제외한 모든 채무를 감면받아 변제하였다. 지금은 정상적으로 금융거래를 하고 있었는데 기억도 나지 않는 채권 때문에 날벼락을 맞은 것이다. D대부업체가 원금 3백만 원과 20년 동안 발생한 연체이자·법적조치 비용으로 1천2백만 원, 합계 1천5백만 원을 변제하라고 통보해왔기 때문이다. 임모 씨는 이 위기를 어떻게 극복해야 하는가.

▸ **채무상환 부담에서 벗어날 수 있는 방법**(압류채권범위변경 신청은 별론).

① 통상적으로 장기간 회수되지 않는 무담보 채권은 원금의 10 ~ 15% 정도에 매각된다. 그 이하일 수도 있다. 따라서 D대부업체의 임모 씨 채권 양수금액은 많아야 45만 원 정도로 추정할 수 있다. 임모 씨의 경제 사정이 허락된다면 채무감면을 통해 연체이자를 감면받고 원금 3백만 원과 법적조치 비용을 변제하거나 그 이하 금액을 변제하는 조건으로 협상할 수 있다.

② 임모 씨의 형편이 어렵다면 법적으로 항변할 수 있다. 위와 같이 소장 부본의 공시송달로 종결되었을 경우 그 판결의 송달을 알지 못한 때에 해당된다. 사건기록을 열람・등사한 날(공시송달의 방법으로 송달된 사실을 안 때)부터 2주(외국에 있었던 당사자는 30일) 이내에 추완항소 할 수 있다.

③ C캐피탈이 제기한 소송의 소장 부본이 공시송달 된 후, 이의신청기간 내에 이의신청을 하지 않아 확정되었더라도 임모 씨는 위 불변기간 내에 추완항소 할 수 있다. 동시에 강제집행 정지 신청을 해야 한다. B은행이 C캐피탈에 채권을 양도한 시점과 C캐피탈이 소장을 접수할 당시에 이미 소멸시효가 완성되었다는 사실을 주장할 수 있다.

④ 이 외에도 다툼의 여지가 있는 사건에 대하여 자신도 모르는 사이에 공시송달로 판결이 확정되었다면 그와 같은 사실을 안 때로부터 2주(외국에 있었던 당사자는 30일) 이내에 항소장을 제출해 추후보완(추완)해야 한다.

▣ 민사소송 응소 전략

채권자의 민사소송 제기에 대하여 다음과 같은 방법에 따라 응소한다.

▶ 모든 주장과 증거를 1심에 집중시켜 사실관계를 확정함으로써 재판부의 심증형성에 확신을 주어야 한다.

▶ 답변서 · 준비서면에는 상대방의 주장에 대한 항목별 · 구체적 반박 사유가 기재되어야 한다.

▶ 법률적인 주장에 대해서는 법률적으로 반박해야 한다. 상대방이 준비서면을 제출할 때마다 반박 준비서면을 제출하는 등 적극적인 의지를 보여야 한다.

▶ 상대방이 제출한 증거자료에 대해 반박 증거자료를 제출하고 주장하는 내용을 구체적으로 기재한다. 반박사유를 뒷받침하는 문서나 증거가 있을 경우 주장 사실별로 인용하고 내용과의 관련성을 명시한다.

▶ 검증, 감정, 사실조회, 관련 민 · 형사 사건의 문서송부촉탁 등이 필요한 경우에는 별도의 신청서를 작성하여 제출한다.

▶ 화해권고결정문을 송달받은 날부터 2주 이내에 이의 신청할 수 있다. 변론이 종결되고 판결 선고기일이 지정된 다음에 화해권고결정문을 송달받을 경우 받아들이는 것이 좋다. 이의를 신청하더라도 화해권고결정 내용과 큰 차이 없이 판결하는 경우가 많기 때문이다.

▶ 항소심에서 주장할 새로운 주장이나 증거는 한꺼번에 기재하고 주장과 증거의 관련성을 명시한 증거설명서를 첨부한다.

▶ 항소심에서 새로운 증거를 제출하는 경우에는 1심에서 제출하지 못한 사유를 밝힌다.

▶ 대법원에 제기하는 상고심과 재항고심은 법률심이다. 상고심과 재항고심은 재판에 영향을 미친 헌법 · 법률 · 명령 · 규칙의 위반이 있음을 이유로 하는 때에 한해 인정된다. 일부 예외가 있으나, 사실문제에 대한 원심의 오판을 주장할 수 없고 새로운 사실의 주장과 증거의 제출을 인정하지 않는다. 청구취지 및 원인 변경 신청이 금지되고 자백의 취소도 인정되지 않으므로 주의해야 한다.

☀ 상고심에 이르러 새로이 하는 주장은 원심판결에 대한 적법한 상고이유가 될 수 없다고 할 것이다(대법원 1992. 9. 25. 선고 92다24325 판결).

▶ 소액사건은 상고가 제한될 뿐만 아니라 예외적으로 허용되더라도 심리 불속행으로 기각될 가능성이 높다. 평균 기각률이 70%에 달한다. 사실심(1심, 항소심, 항고심)에서 사건을 종결한다는 생각으로 적극적으로 대처해야 한다.

▣ 이행권고결정

"이행권고결정"이란 소가 3천만 원 이하인 민사 소액사건의 소가 제기된 경우에, 법원이 소장 부본이나 제소조서등본을 피고에게 송달하고 청구취지대로 이행할 것을 서면으로 권고하는 결정을 말한다. 소액의 민사사건을 간이한 절차에 따라 신속히 처리하기 위한 민사소송법에 대한 특례이다.

☀ 확정된 이행권고 결정에 대한 청구이의의 소에 있어서는 이행권고 결정 이후의 청구권의 소멸이나 청구권의 행사를 저지하는 사유뿐만 아니라, 이행권고 결정 전의 청구권의 불성립이나 무효 등도 그 이의사유가 된다고 할 것이다 (대법원 2006. 1. 26. 선고 2005다54999 판결).

■ 소액사건심판법

- 상고 및 재항고 (동법 제3조).

소액사건에 대한 지방법원 본원 합의부의 제2심판결이나 결정·명령에 대하여는 다음 하나에 해당하는 경우에 한하여 대법원에 상고 또는 재항고를 할 수 있다.

① 법률·명령·규칙 또는 처분의 헌법위반여부와 명령·규칙 또는 처분의 법률위반여부에 대한 판단이 부당한 때, ② 대법원의 판례에 상반되는 판단을 한 때.

- 결정에 의한 이행권고 (동법 제5조의3).

법원은 소가 제기된 경우에 결정으로 소장부본이나 제소조서등본을 첨부하여 피고에게 청구취지대로 이행할 것을 권고할 수 있다. 다만, 다음 어느 하나에 해당하는 때에는 그러하지 아니하다.

① 독촉절차 또는 조정절차에서 소송절차로 이행된 때

② 청구취지나 청구원인이 불명한 때

③ 그 밖에 이행권고를 하기에 적절하지 아니하다고 인정하는 때

● 이행권고결정에 대한 이의신청 (동법 제5조의4).

피고는 이행권고결정서의 등본을 송달받은 날부터 2주일 내에 서면으로 이의신청을 할 수 있다. 다만, 그 등본이 송달되기 전에도 이의신청을 할 수 있다. 위 기간은 불변기간으로 한다. 법원은 이의신청이 있는 때에는 지체없이 변론기일을 지정하여야 한다. 이의신청을 한 피고는 제1심 판결이 선고되기 전까지 이의신청을 취하할 수 있다. 피고가 이의신청을 한 때에는 원고가 주장한 사실을 다툰 것으로 본다.

● 이의신청의 각하 (동법 제5조의5).

법원은 이의신청이 적법하지 아니하다고 인정되는 경우에는 그 흠을 보정할 수 없으면 결정으로 이를 각하하여야 한다. 위 결정에 대하여는 즉시항고를 할 수 있다.

● 이행권고결정에 기한 강제집행의 특례 (동법 제5조의8).

이행권고결정에 기한 강제집행은 집행문을 부여받을 필요 없이 제5조의7제2항(원고에게 송달한 이행권고결정서의 정본)의 결정서의 정본에 의하여 행한다. 다만, 다음 어느 하나에 해당하는 경우에는 그러하지 아니하다.

① 이행권고결정의 집행에 조건을 붙인 경우

② 당사자의 승계인을 위하여 강제집행을 하는 경우

③ 당사자의 승계인에 대하여 강제집행을 하는 경우

● 소장의 송달 (동법 제6조).

소장부본이나 제소조서등본은 지체없이 피고에게 송달하여야 한다. 다만, 피고에게 이행권고결정서의 등본이 송달된 때에는 소장부본이나 제소조서등본이 송달된 것으로 본다.

● 이행권고결정의 특칙 · 특례 (동법 제8조 ~ 제11조의2).

당사자의 배우자 · 직계혈족 또는 형제자매는 법원의 허가없이 소송대리인이 될 수 있다. 법원은 소장 · 준비서면 기타 소송기록에 의하여 청구가 이유 없음이 명백한 때에는 변론없이 청구를 기각할 수 있다. 판사는 필요하다고 인정한 때에는 직권으로 증거조사를 할 수 있고, 판결의 선고는 변론종결 후 즉시 할 수 있다

▣ 지급명령

"지급명령(독촉절차)"이란 금전, 그 밖에 대체물이나 유가증권의 일정한 수량의 지급을 목적으로 하는 청구에 대하여, 청구취지와 원인이 명확하고 채무자가 다투지 않을 것으로 예상되는 경우에, 법원이 채무자에게 채권자의 신청대로 지급할 것을 명령하는 것을 말한다.

▶ 일반적인 소송을 통해 확정판결을 받으려면 상당한 시간과 비용이 소요된다. 채무자를 상대로 법원의 명령을 신속하게 받아 집행할 수 있는 방법으로 독촉절차인 지급명령 제도를 인정하고 있다.

▶ 지급명령은 사실상 변론기일이 없고 채무자를 심문하지 않으므로 절차가 매우 신속하게 진행된다. 채권자 입장에서 매우 유리한 제도이나, 대한민국에서 공시송달 외의 방법으로 송달할 수 있는 경우에 한한다.

▶ 채무자가 적법한 이의신청을 한 경우에는 소송절차로 이행되는데 법원은 30일 내에 답변서를 제출하라는 명령을 하게 된다. 지급명령신청은 본안 소송의 선행절차인 것이다, 채권자는 채무자의 주소보정 명령을 받은 경우에 소제기신청을 할 수 있다.

▶ 소송절차로 이행되면 수입인지와 송달료 차액을 추가로 납부해야 한다. 전자소송으로 신청하면 소장 제출부담 감소, 소송비용 절감(인지대 10% 할인), 소송절차의 신속성과 투명성을 높이는 측면이 있다.

■ 지급명령에 관한 '민사소송법'

● 적용의 요건 (동법 제462조).

금전, 그 밖에 대체물이나 유가증권의 일정한 수량의 지급을 목적으로 하는 청구에 대하여 법원은 채권자의 신청에 따라 지급명령을 할 수 있다. 다만, 대한민국에서 공시송달 외의 방법으로 송달할 수 있는 경우에 한한다.

● 지급명령을 하지 아니하는 경우 (동법 제466조).

채권자는 법원으로부터 채무자의 주소를 보정하라는 명령을 받은 경우에 소제기신청을 할 수 있다. 지급명령을 공시송달에 의하지 아니하고는 송달할 수 없거나 외국으로 송달하여야 할 때에는 법원은 직권에 의한 결정으로 사건을 소송절차에 부칠 수 있다.

- 일방적 심문 (동법 제467조).

지급명령은 채무자를 심문하지 아니하고 한다.

- 지급명령의 송달 (동법 제469조), 이의신청의 효력 (동법 제470조), 이의신청의 각하 (동법 제471조).

① 지급명령은 당사자에게 송달하여야 한다. 채무자는 지급명령에 대하여 이의신청을 할 수 있다. ② 채무자가 지급명령을 송달받은 날부터 2주 이내에 이의신청을 한 때에는 지급명령은 그 범위 안에서 효력을 잃는다. 위 기간은 불변기간으로 한다. ③ 법원은 이의신청이 부적법하다고 인정한 때에는 결정으로 이를 각하하여야 한다. 각하 결정에 대하여는 즉시항고를 할 수 있다.

- 소송으로의 이행 (동법 472조).

채권자가 제466조제1항의 규정에 따라 소제기신청을 한 경우, 또는 법원이 제466조제2항의 규정에 따라 지급명령신청사건을 소송절차에 부치는 결정을 한 경우에는 지급명령을 신청한 때에 소가 제기된 것으로 본다. 채무자가 지급명령에 대하여 적법한 이의신청을 한 경우에는 지급명령을 신청한 때에 이의신청된 청구목적의 값에 관하여 소가 제기된 것으로 본다.

- 지급명령과 집행 (민사집행법 제58조).

확정된 지급명령에 기한 강제집행은 집행문을 부여받을 필요없이 지급명령 정본에 의하여 행한다. 다만, 다음 어느 하나에 해당하는 경우에는 그러하지 아니하다.

① 지급명령의 집행에 조건을 붙인 경우

② 당사자의 승계인을 위하여 강제집행을 하는 경우

③ 당사자의 승계인에 대하여 강제집행을 하는 경우

■ 확정된 지급명령, 이행권고결정, 공정증서에 관한 청구이의의 소 제기 관련 법률

□ 집행권원의 효력

- 민사소송법 제474조 (지급명령의 효력)

지급명령에 대하여 이의신청이 없거나, 이의신청을 취하하거나, 각하결정이 확정된 때에는 지급명령은 확정판결과 동일한 효력이 있다.

- 소액사건심판법 제5조의7 (이행권고결정의 효력) 제1항, 제3항

① 이행권고결정은 다음 가운데 어느 하나에 해당하면 확정판결과 같은 효력을 가진다.

1. 피고가 제5조의4제1항의 기간내에 이의신청을 하지 아니한 때
2. 이의신청에 대한 각하결정이 확정된 때
3. 이의신청이 취하된 때
③ 제1항에 해당하지 아니하는 이행권고결정은 제1심 법원에서 판결이 선고된 때에는 그 효력을 잃는다.

● 민사집행법 제56조 (그 밖의 집행권원) 제4호.

공증인이 일정한 금액의 지급이나 대체물 또는 유가증권의 일정한 수량의 급여를 목적으로 하는 청구에 관하여 작성한 공정증서로서 채무자가 강제집행을 승낙한 취지가 적혀 있는 것은 집행권원으로서의 효력이 있다.

● 민사집행법 제44조 (청구에 관한 이의의 소)

① 채무자가 판결에 따라 확정된 청구에 관하여 이의하려면 제1심 판결법원에 청구에 관한 이의의 소를 제기하여야 한다.
② 제1항의 이의는 그 이유가 변론이 종결된 뒤(변론 없이 한 판결의 경우에는 판결이 선고된 뒤)에 생긴 것이어야 한다.
③ 이의이유가 여러 가지인 때에는 동시에 주장하여야 한다.

□ 민사집행법 제44조 제2항의 적용 여부

● 민사집행법 제58조 (지급명령과 집행) 제3항

청구에 관한 이의의 주장에 대하여는 민사집행법 제44조 제2항의 규정을 적용하지 아니한다.

● 소액사건심판법 제5조의8 (이행권고결정에 기한 강제집행의 특례) 제3항

청구에 관한 이의의 주장에 관하여는 민사집행법 제44조제2항의 규정에 의한 제한을 받지 아니한다.

● 민사집행법 제59조 (공정증서와 집행) 제3항

청구에 관한 이의의 주장에 대하여는 민사집행법 제44조 제2항의 규정을 적용하지 아니한다.

▶ "기판력"이란 확정판결을 받은 사건에 대해 나중에 다른 법원에 소송이 제기되어도 이전에 진행한 재판 내용과 모순되는 판단을 할 수 없도록 후소 법원을 구속하는 효력을 말한다.

☀ 확정판결의 주문에 포함된 법률적 판단과 동일한 사항이 소송상 문제가 되었을 때 당사자는 이에 저촉되는 주장을 할 수 없고 법원도 이에 저촉되는 판단을 할 수 없는데 이를 '확정판결의 기판력'이라고 한다(대법원 2020. 5. 14. 선고 2019다261381 판결).

▶ 결론적으로, 확정된 지급명령 · 이행권고결정 · 공정증서는 기판력이 없고 집행력만 있으므로, 청구에 관한 이의의 소 제기에 있어 민사집행법 제44조 제2항을 적용하지 않는다. 따라서 위 3가지 집행권원 발령 전에 생긴 청구권의 불성립이나 무효 등의 사유를 해당 집행권원에 관한 이의의 소에서 주장 할 수 있다. 청구이의의 소를 제기할 때는 강제집행 정지도 동시에 신청해야 한다.

▶ 예를 들어, 채권자가 지급명령을 신청하기 전에 이미 '채무 변제 · 소멸시효 완성 · 채권 불성립'의 경우 등에 관하여 채무자가 독촉절차에서 이를 주장하지 않아 지급명령이 확정되었더라도 그 후에 청구이의의 소를 제기할 수 있다는 것이다.

▶ 위와 같이 다툼의 여지가 있다면 채권자를 상대로 청구이의소송을 제기할 수 있지만 다음과 같이 증명책임은 부담해야 한다.

☀ 확정된 지급명령에 대한 청구이의소송에서 원고(채무자)가 피고(채권자)의 채권이 성립하지 아니하였음을 주장하는 경우에는 피고에게 채권의 발생원인 사실을 증명할 책임이 있다. 원고가 그 채권이 통정허위표시로서 무효라거나 변제의 의하여 소멸되었다는 등 권리발생의 장애 또는 소멸사유에 해당하는 사실을 주장하는 경우에는 원고에게 그 사실을 증명할 책임이 있다(대법원 2010. 6.24. 선고 2010다12852 판결). 청구이의의 소에서 청구이의 사유에 관한 증명책임도 일반 민사소송에서의 증명책임 분배의 원칙에 따라야 한다는 것이다.

□ 이행권고결정과 지급명령의 다른 점

▶ 이행권고결정은 소송가액이 3천만 원 이하이지만 지급명령은 청구금액 제한이 없다.

▶ 이행권고결정은 소액사건심판법에 근거한 소송절차이고, 지급명령은 민사소송법상 독촉절차이다.

▶ 이행권고결정문이 송달되지 않으면 결정을 취소하고 소장 부본을 송달한다. 이행권고결정문은 소액사건심판법 제5조의3 제3항에 의해 공시송달 할 수 없으나 소장 부본은 공시송달 가능하다. 지급명령은 원칙적으로 공시송달이 안되지만 금융기관이 채권자일 경우 정당한 사유가 있으면 가능하다. 채무자의 주민등록상 최종 주소지가 거주불명인 경우 지급명령을 신청할 수 없다.

▶ 이행권고결정은 일반소송으로 접수된 사건에 대해 재판부가 소액사건에 해당되는지 여부를 확인하여 이행을 권고하는 것이다. 소액이라고 할지라도 청구취지와 원인이 명확한 전부승소 판결 대상 사건에 한해서 이행권고결정을 한다. 지급명령은 채권자가 신청하는 것으로 소송 제기가 아닌 추심을 위한 독촉절차이다.

□ 이행권고결정과 지급명령의 같은 점

▶ 심문이나 변론기일을 지정하지 않고 결정하는 간이한 제도이다. 다만 이행권고결정문이 송달되지 않아 결정을 취소하고 소장 부본을 송달 할 때, 채무자의 이의 신청으로 지급명령이 본안소송으로 전이되는 경우에는 변론기일을 지정하게 된다.

▶ 확정되면 집행력은 있으나 기판력(실질적 확정력)은 없다. 그래서 법원의 결정에 대하여 이의신청이 가능하다.

▶ 민사집행법 제44조(청구에 관한 이의의 소) 제2항이 적용되지 않는다.

▶ 이행권고결정문이나 지급명령을 채무자 본인이나 가족들이 수령했음에도 정식재판이 아니라고 방치하면 안 된다. 송달 받은 날부터 2주일 내에 이의신청을 하지 않으면 그대로 확정되고 강제집행 당할 수 있다. 이의를 제기하면 본안소송으로 전이된다.

▶ 이의신청을 할 때는 이행권고결정문이나 지급명령 내용이 정확한지 확인한다. 채권의 소멸시효가 완성 되었는지 여부도 반드시 확인해야 한다. 시효는 확정일로부터 10년으로 동일하다.

▶ 결정문 정본에 송달일자, 확정일자, 강제집행을 실시하기 위한 것이라는 내용이 표시되어 있으므로, 특칙으로 강제집행 시 송달증명원, 확정증명원, 집행문을 발급받을 필요가 없다.

▶ 주의할 점

① 변제로 소멸된 채무에 대한 이행권고결정이나 지급명령이 송달될 경우 반드시 2주 이내에 이의를 신청해야 한다. 2주 이내에 소 취하 증명서를 받고 이의신청을 유보할 수도 있다.

② 취하해준다는 채권자의 말을 믿고 이의신청을 하지 않으면 이행권고결정 · 지급명령이 그대로 확정될 수 있다. 이미 채무를 변제받고도 소를 제기한 양심 없는 채권자가 취하하지 않고 방치할 가능성이 높기 때문이다.

③ 이행권고결정이나 지급명령이 확정되면 채권자는 채무자의 재산에 대해 부동산강제경매, 채권압류 및 추심명령 등 강제집행을 신청한다.

④ 이의 사유(채무를 변제한 사실)가 사실심 변론종결 전에 발생했지만 채무자는 이행권고결정이나 지급명령에 대한 청구이의의 소를 제기할 수 있다.

⑤ 청구이의의 소 제기와 동시에 강제집행 정지신청을 해야 한다. 이때 이행권고결정이나 지급명령 금액이 1억 원이라면 전액을 현금으로 공탁해야 한다. 채무자 입장에서는 큰 부담이 될 수 있다.

⑥ 이행권고결정・지급명령과 달리, 일반 소송의 이의 사유가 사실심 변론종결 전에 발생하였다면 이미 확정된 판결에 대해서는 원칙적으로 청구이의의 소를 제기할 수 없다. 다만, 채권자가 판결을 편취하거나 권리를 남용하여 확정판결을 득한 경우 예외적으로 청구이의의 소를 제기할 수 있다. 입증책임은 채무자에게 있다.

▣ 채권과 물권

○ 채권과 물권의 개요

권리에는 신분권과 재산권이 있다. 재산권에는 채권과 물권이 있다. 채권은 상대방의 행위(급부)를 청구할 수 있는 권리이고, 물권은 특정한 물건을 배타적으로 지배할 수 있는 권리이다.

"채권"이란 '돈을 지급하라'든가 '건물을 인도하라'고 하는 것과 같이 특정인(채권자)이 다른 특정인(채무자)에게 일정한 행위(급부)를 청구할 수 있는 권리이다. 이 까닭에 채권을 상대권, 대인권 이라고 한다. 채무자가 그 행위(급부)를 하지 않을 때에는 채권자는 법원에 소송을 제기하고 강제적으로 이를 이행하게 할 수 있다(현실적 이행의 강제). 또한 채무자가 의무를 이행하지 않음으로써 손해가 발생했다면 채권자는 손해배상을 받을 수 있다. 그뿐 아니라 제3자가 불법적으로 채권의 실현을 방해하였을 때에는 제3자에 대하여도 손해배상을 청구할 수 있다. 오늘날의 사회생활에 있어서 채권은 재산관계의 중심이 되고 있다. 상품의 매매, 금전의 대차, 임대차, 근로계약 등은 물론 교통사고와 같은 불법행위로부터 발생하는 손해배상채권 등 채권관계가 경제상 중요한 역할을 하고 있기 때문이다. 채권과 나란히 중요한 지위를 차지하고 있는 물권도 그 중요성 측면에서 채권에게 자리를 양보했다고 해도 과언이 아니다. 왜냐하면 개인과 기업인의 경제활동에서 행해지는 금전소비대차 · 자금의 조달 · 노동력의 고용 · 상품의 매매 등 생산 · 소비과정의 대부분이 어떤 형태로든 채권관계에 의해서 지탱되고 있기 때문이다.

"물권"은 특정의 물건을 직접 지배하여 이익을 얻는 배타적인 권리이기 때문에 제3

자의 개입을 인정한다면 직접적인 지배에 지장이 생기게 된다. 그래서 물권에는 '배타성'이 주어지고 모든 사람에게 주장할 수 있으므로 절대권이라고 한다.

이에 반해 채권은 타인에게 일정한 행위를 청구할 수 있는 권리일 뿐이기 때문에 채권의 실현은 채무자의 의사에 맡길 수밖에 없다. 그렇기 때문에 채무자가 의무를 이행하지 않을 때는 손해배상을 청구할 수 있을 뿐이다. 이와 같이 채권에는 배타성이 인정되지 않는다. 물권과 채권 모두 양도성을 인정하나 채권의 경우 양수인의 권리행사 시 제한이 따를 수 있다. 채권(비금전채권 포함)은 양도금지 특약이 있거나 대항요건을 갖추지 않으면 권리를 행사할 수 없기 때문이다. 권리(채권)는 법률행위(금전소비대차계약 등) 또는 법률의 규정(고의·과실로 손해를 입힌 경우 피해자의 손해배상청구권, 신축 건물의 소유권 취득 등)에 의해 만들어진다. 법률의 규정에 의한 부동산의 물권 변동에는 상속, 공용징수, 판결, 경매 등이 있는데 처분하지 않는 한 등기하지 않아도 권리를 취득한다.

▶ 금전채권·비금전채권과 구별의 실익

계약은 청약과 승낙의 의사의 합치에 따른 채권의 발생을 목적으로 하는 법률행위이다. 부동산 매매계약에 있어 당사자의 '대금지급청구권'과 '소유권이전등기청구권'은 모두 채권이다. 임대차계약에 있어 '차임지급청구권'과 '사용·수익청구권(임차권)'도 채권이다. 이 중에서 대금지급청구권과 차임지급청구권은 금전채권이나, 소유권이전등기청구권과 사용·수익청구권은 비금전채권이다.

금전채권과 비금전채권을 구별하는 실익은 통지방법과 채권보전 방법의 차이에 있다. 금전채권을 양도할 때는 양도인이 통지하면 되지만, 비금전채권은 상대방의 동의나 승낙을 받아야 한다. 금전채권에 대해 보전조치 할 때는 압류·가압류하지만 비금전채권은 가처분해야 한다. 예를 들어, 이혼 시 재산분할청구권은 비금전채권이므로 가처분 신청해야 한다.

이 책에서 다룰 채권은 주로 금전채권으로 채권자와 채무자의 금전소비대차계약으로 인해 발생한다. 대차계약에는 사용대차(무상)·임대차(유상), 소비대차가 있다. 채권자가 돈을 빌려주고 채무자가 약속한 날짜에 변제하기로 하는 계약을 '금전소비대차계약'이라고 한다. 채무불이행에 대한 구제방법으로 금전채권과 유체물의 인도청구권 등에 대해서는 직접강제를 허용한다.

▶ 이행지체의 요건

① 이행기가 도래하여야 한다(민법 제 387조).

② 이행기에 채무의 이행이 가능해야 한다.

③ 채무를 이행하지 않는 것이 위법해야 한다.

④ 채무자에게 귀책사유가 있어야 한다(민법 제391조).

▶ 이행지체의 효과

① 이행지체의 경우 이행을 강제할 수 있다.

② 지체로 인해 생긴 손해의 배상, 즉 지연배상금을 청구할 수 있다.

③ 전보배상 청구할 수 있다(민법 제395조).

④ 계약을 해제할 수 있다.

⑤ 책임이 가중된다(민법 제392조).

▶ 채권자지체의 효과

① 채무자의 주의의무가 경감된다(민법 제401조).

② 채무자가 이자를 지급할 의무가 없다(민법 제402조).

③ 목적물의 보관 또는 변제비용의 증가액은 채권자가 부담해야 한다(민법 제403조).

■ 채권에 관한 '민법'

- 채권의 목적 (민법 제373조).

금전으로 가액을 산정할 수 없는 것이라도 채권의 목적으로 할 수 있다.

- 종류채권 (민법 제375조).

① 채권의 목적을 종류로만 지정한 경우에 법률행위의 성질이나 당사자의 의사에 의하여 품질을 정할 수 없는 때에는 채무자는 중등품질의 물건으로 이행하여야 한다.

② 전항의 경우에 채무자가 이행에 필요한 행위를 완료하거나 채권자의 동의를 얻어 이행할 물건을 지정한 때에는 그때로부터 그 물건을 채권의 목적물로 한다.

- 금전채권 (민법 제376조).

채권의 목적이 어느 종류의 통화로 지급할 것인 경우에 그 통화가 변제기에 강제통용력을 잃은 때에는 채무자는 다른 통화로 변제하여야 한다.

- 법정이율 (민법 제379조).

이자있는 채권의 이율은 다른 법률의 규정이나 당사자의 약정이 없으면 연 5분(%)으로 한다.

- 이행기와 이행지체 (민법 제387조).

① 채무이행의 확정한 기한이 있는 경우에는 채무자는 기한이 도래한 때로부터 지체책임이 있다. 채무이행의 불확정한 기한이 있는 경우에는 채무자는 기한이 도래함을 안 때로부터 지체책임이 있다.

② 채무이행의 기한이 없는 경우에는 채무자는 이행청구를 받은 때로부터 지체책임이 있다.

- 기한의 이익의 상실 (민법 제388조).

채무자는 다음 각호의 경우에는 기한의 이익을 주장하지 못한다.

1. 채무자가 담보를 손상, 감소 또는 멸실하게 한 때
2. 채무자가 담보제공의 의무를 이행하지 아니한 때

- 강제이행 (민법 제389조).

① 채무자가 임의로 채무를 이행하지 아니한 때에는 채권자는 그 강제이행을 법원에 청구할 수 있다. 그러나 채무의 성질이 강제이행을 하지 못할 것인 때에는 그러하지 아니하다.

② 전항의 채무가 법률행위를 목적으로 한 때에는 채무자의 의사표시에 갈음할 재판을 청구할 수 있고 채무자의 일신에 전속하지 아니한 작위를 목적으로 한 때에는 채무자의 비용으로 제삼자에게 이를 하게 할 것을 법원에 청구할 수 있다.

③ 그 채무가 부작위를 목적으로 한 경우에 채무자가 이에 위반한 때에는 채무자의 비용으로써 그 위반한 것을 제각하고 장래에 대한 적당한 처분을 법원에 청구할 수 있다.

④ 전3항의 규정은 손해배상의 청구에 영향을 미치지 아니한다.

- 채무불이행과 손해배상 (민법 제390조).

채무자가 채무의 내용에 좇은 이행을 하지 아니한 때에는 채권자는 손해배상을 청구할 수 있다. 그러나 채무자의 고의나 과실없이 이행할 수 없게 된 때에는 그러하지 아니하다.

☀ 채권자가 채무자의 채무 이행에 대한 수령을 거절하는 의사를 명백히 표시하고 그 의사를 뒤집을 가능성이 보이지 않는 경우 채무자는 채무를 이행하거나 그 이행을 제공하지 않더라도 채무불이행 책임을 면하지만, 채권자의 명백한 수령거절 의사가 없는 채무자는 채무내용에 좇은 이행을 제공해야 채무불이행 책임을 면한다(대법원 1976. 11. 9. 선고 76다2218 판결, 대법원 2012. 10. 25. 선고 2010다89050 판결).

- 이행보조자의 고의, 과실 (민법 제391조).

채무자의 법정대리인이 채무자를 위하여 이행하거나 채무자가 타인을 사용하여 이행하는 경우에는 법정대리인 또는 피용자의 고의나 과실은 채무자의 고의나 과실로 본다.

● 이행지체 중의 손해배상 (민법 제392조).

채무자는 자기에게 과실이 없는 경우에도 그 이행지체 중에 생긴 손해를 배상하여야 한다. 그러나 채무자가 이행기에 이행하여도 손해를 면할 수 없는 경우에는 그러하지 아니하다.

● 손해배상의 범위 (민법 제393조).

① 채무불이행으로 인한 손해배상은 통상의 손해를 그 한도로 한다.

② 특별한 사정으로 인한 손해는 채무자가 그 사정을 알았거나 알 수 있었을 때에 한하여 배상의 책임이 있다.

● 손해배상의 방법 (민법 제394조).

다른 의사표시가 없으면 손해는 금전으로 배상한다.

● 이행지체와 전보배상 (민법 제395조).

채무자가 채무의 이행을 지체한 경우에 채권자가 상당한 기간을 정하여 이행을 최고하여도 그 기간 내에 이행하지 아니하거나 지체후의 이행이 채권자에게 이익이 없는 때에는 채권자는 수령을 거절하고 이행에 갈음한 손해배상을 청구할 수 있다.

● 금전채무불이행에 대한 특칙 (민법 제397조).

① 금전채무불이행의 손해배상액은 법정이율에 의한다. 그러나 법령의 제한에 위반하지 아니한 약정이율이 있으면 그 이율에 의한다.

② 전항의 손해배상에 관하여는 채권자는 손해의 증명을 요하지 아니하고 채무자는 과실 없음을 항변하지 못한다.

● 배상액의 예정 (민법 제398조).

① 당사자는 채무불이행에 관한 손해배상액을 예정할 수 있다.

② 손해배상의 예정액이 부당히 과다한 경우에는 법원은 적당히 감액할 수 있다.

③ 손해배상액의 예정은 이행의 청구나 계약의 해제에 영향을 미치지 아니한다.

④ 위약금의 약정은 손해배상액의 예정으로 추정한다.

⑤ 당사자가 금전이 아닌 것으로써 손해의 배상에 충당할 것을 예정한 경우에도 전4항의 규정을 준용한다.

● 채권자지체 (민법 제400조).

채권자가 이행을 받을 수 없거나 받지 아니한 때에는 이행의 제공있는 때로부터 지체책임이 있다.

● 채권자지체와 채무자의 책임 (민법 제401조).

채권자지체 중에는 채무자는 고의 또는 중대한 과실이 없으면 불이행으로 인한 모든 책임이 없다.

● 채권자지체와 채권자의 책임 (민법 제403조).

채권자지체로 인하여 그 목적물의 보관 또는 변제의 비용이 증가된 때에는 그 증가액은 채권자의 부담으로 한다.

▶ 채권과 물권의 특성

구 분	채 권	물 권
성질	상대권(채권에 기한 청구권)	절대권(물권에 기한 청구권)
배타성	불인정	인정
대항력	원칙적으로 불인정 (대항력을 갖춘 경우 인정)	인정
효과	손해배상 등 금전적 청구	행위청구(반환, 방해제거, 방해예방)
양도성	자유롭게 양도할 수 있다. 다만, ① 양도금지특약이 있는 경우, ② 대항요건(금전채권은 채권양도통지, 비금전채권은 동의·승낙)을 갖추지 못한 경우 권리를 행사할 수 없다.	자유롭게 양도할 수 있다.
종 류	금전채권·이자채권·선택채권·특정물채권·종류채권·외화채권 등이 있다.	민법이 인정하고 있는 물권에는 점유권·소유권·지상권·지역권·전세권·유치권·질권·저당권의 8 종류가 있다.

* 배타성은 타인의 간섭을 배제하는 것이고, 양도성은 처분 가능성을 말한다.

* 물권은 크게 점유권(부동산·동산)과 본권으로 구분된다. 본권은 다시 소유권(부동산·동산)과 제한물권(타물권)으로 나뉜다. 제한물권에는 용익물권(지상권·지역권·전세권 / 사용가치)과 담보물권(유치권·질권·저당권 / 교환가치)이 있다.

▶ 금전채권과 이자채권

* 금전채권

① 금전채권은 종류채권의 일종으로 금전의 지급을 목적으로 하는 채권이다.

② 금전채무에 있어서는 이행불능이 있을 수 없고 이행지체만 문제될 수 있다.

③ 금전채무불이행에 따른 손해배상에서는 그 손해를 증명할 필요가 없다.

④ 채무자의 무과실 항변이 허용되지 않는다.

* 이자채권

① 이자는 금전 기타 대체물의 사용대가로서 법정 과실의 일종이다. 이자채권은 이자의 지급을 목적으로 하는 종류채권의 일종이다.

② 이율을 약정할 경우 약정이율에 따르고, 약정이 없으면 법정이율에 따른다.

③ 민사 법정이율은 연 5% (민법 제379조), 상사 법정이율은 연 6% (상법 제54조)이다.

④ 법정이율은 금전채무불이행에 따른 손해배상액 산정에 있어서도 적용된다.

■ '이자제한법'

- 이자의 최고한도 (동법 제2조).

① 금전대차에 관한 계약상의 최고이자율은 연 25퍼센트를 초과하지 아니하는 범위 안에서 대통령령으로 정한다.

② 제1항에 따른 최고이자율은 약정한 때의 이자율을 말한다.

③ 계약상의 이자로서 제1항에서 정한 최고이자율을 초과하는 부분은 무효로 한다.

④ 채무자가 최고이자율을 초과하는 이자를 임의로 지급한 경우에는 초과 지급된 이자 상당금액은 원본에 충당되고, 원본이 소멸한 때에는 그 반환을 청구할 수 있다.

⑤ 대차원금이 10만 원 미만인 대차의 이자에 관하여는 제1항을 적용하지 아니한다.

- 이자제한법 제2조제1항의 최고이자율에 관한 규정.

[시행 2021. 7. 7.] [대통령령 제31593호, 2021. 4. 6. 일부개정]

이자제한법 제2조제1항에 따른 금전대차에 관한 계약상의 최고이자율은 연 20퍼센트로 한다.

- 이자의 사전공제(동법 제3조).

선이자를 사전공제한 경우에는 그 공제액이 채무자가 실제 수령한 금액을 원본으로 하여 제2조제1항에서 정한 최고이자율에 따라 계산한 금액을 초과하는 때에는 그 초과부분은 원본에 충당한 것으로 본다.

- 간주이자 (동법 제4조).

① 예금, 할인금, 수수료, 공제금, 체당금, 그 밖의 명칭에도 불구하고 금전의 대차와 관련하여 채권자가 받은 것은 이를 이자로 본다.

② 채무자가 금전대차와 관련하여 금전지급의무를 부담하기로 약정하는 경우 의무 발생의 원인 및 근거법령, 의무의 내용, 거래상 일반원칙 등에 비추어 그 의무가 원래 채권자가 부담하여야 할 성질인 때에는 이를 이자로 본다.

- 복리약정제한 (동법 제5조).

이자에 대하여 다시 이자를 지급하기로 하는 복리약정은 제2조제1항에서 정한 최고이자율을 초과하는 부분에 해당하는 금액에 대하여는 무효로 한다.

- 적용범위 (동법 제7조).

다른 법률에 따라 인가·허가·등록을 마친 금융업 및 대부업과 대부업 등의 등록 및 금융이용자 보호에 관한 법률 제9조의 4에 따른 미등록대부업자에 대하여는 이 법을 적용하지 아니한다.

▣ 권리분석

부동산 등 강제집행 대상물건에 관한 권리분석은 채권자나 경매사건의 매수자・부실채권의 양수인만 하는 것이 아니다. 채무자도 자신의 권리행사와 방어권 확보 차원에서 권리를 분석할 줄 알아야 한다. 예를 들어, 부동산경매사건에서는 권리분석과 물건분석을 병행해야 한다. 권리분석은 등기부등본, 건축물 대장, 토지대장, 지적도, 토지이용계획확인원 등 공적서류를 기초로 법률관계를 분석하는 것이다.

물건분석은 해당 부동산의 국토교통부 실거래가격을 확인하고, 임장활동을 통해 현지 시세, 임차인 현황, 관리비 연체 사실, 공적장부 표시 내용과 실제 부동산 현황의 차이, 이용 상황, 경계 침범 여부, 누수 여부 등을 현장에서 확인하는 것이다. 권리분석의 궁극적인 목적은 당초에 확인하고 예상했던 것과 다른 사실로 인해 추가적인 지출이나 손해가 발생하는 위험을 방지하는데 있다.

경매 권리분석은 ① 말소기준권리 찾기, ② 인수되는 권리 찾기, ③ 임차인의 권리분석, ④ 유치권 등 현장 상황 분석, ⑤ 기타 권리 확인 단계로 진행한다.

▶ 말소기준권리

등기부등본에 의해 확인해야 할 "말소기준권리"란 인수할 권리와 소멸되는 권리의 기준이 되는 권리이다. 경매 법률 용어로는 '소멸되는 최선순위 권리'라고 한다.

말소기준권리에는 가압류등기, 체납압류등기, 근저당권등기, 저당권등기, 전세권, 경매개시결정기입등기, 담보가등기가 있다. 이들 권리 중 등기부등본상에 최선순위로 등기된 권리가 말소기준권리이다.

말소기준권리의 공통점은 처분권이므로 이 중 하나의 권리를 행사하게 되면 나머지 권리는 소멸한다. 전세권자는 사용・수익권, 우선변제권, 경매신청권을 가진다. 전세권은 원칙적으로 말소기준권리가 아니다. 다만, 건물 전부를 목적으로 하는 전세권자가 임의경매를 신청하거나 가장 선순위 권리이면서 배당요구 할 경우 말소기준권리가 된다. 반면에 대항력을 갖춘 주택·상가 건물의 임차권, 순위보전가등기, 가처분, 지상권, 지역권, 환매 등이 말소기준권리 등기일보다 빠르면 '인수되는 권리'이다.

① 다가구주택 경매사건 사례

임차인 '갑'1, 저당권자 A, 전세권자 2, 저당권자 B, 전세권자 3.이 순차적으로 등기된 상태에서 저당권자 B 가 임의경매를 신청할 경우.

* 말소기준권리는 저당권자 A이다. 매각대금이 납부되면 저당권자 A부터 전세권자 3까지 모두 말소되고 임차인 '갑'의 권리는 낙찰자가 인수해야 한다. 원칙적으로 임차인 '갑'의 권리는 채권이기 때문에 소멸해야 한다. 다만, 임차인 '갑'이 임차권등기를 하거나 대항력을 갖추고 배당요구를 하지 않은 경우에는 인수되는 권리이다.

② 다가구주택(원룸) 경매사건 사례

임차인 '갑', 전세권자 1, 저당권자 A, 임차인 '을', 전세권자 2, 저당권자 B, 임차인 '병', 저당권자 C. 가 순차적으로 등기된 상태에서 저당권자 B 가 임의경매를 신청할 경우.

* 말소기준권리는 저당권자 A이다. 매각대금이 납부되면 저당권자 A부터 저당권자 C까지 모두 말소되고 낙찰자는 임차인 '갑'과 전세권자 1에 대한 권리를 인수해야 한다. 다만, 전세권자 1이 임의경매를 신청하거나 위와 같이 가장 선순위 권리이면서 배당요구를 했을 경우 말소기준권리가 되어 소멸한다. 전세권이 말소기준권리 등기일보다 늦을 경우에는 당연히 소멸한다. 빠르더라도 전세권자가 배당요구를 하면 소멸한다.

* 예를 들어, 배당을 요구한 임차인 '갑'의 보증금보다 매각가격이 낮아 전액을 배당받지 못할 경우에는 그 차액을 낙찰자가 인수해야 한다. 대항력이 있는 임차권은 주택임대차보호법 제3조의5(경매에 의한 임차권의 소멸) 단서에 따라 보증금 채권 전액을 만족시켜야 소멸되기 때문이다.

[tip] 깡통 전세주택 예방 요령

▶ 빌라 전세 사기 유형

- 등장인물: 빌라 신축업자(A), 분양대행사(B), 악덕 부동산 중개업자 또는 브로커(C), 바지 또는 노숙자(D)

- 사기 유형 예시

① A가 빌라를 신축함 (1채당 신축 원가 1억5천만 원, 목표 분양가 1억 9천만 원).

② B가 빌라 분양을 대행하고, 대외 홍보 및 현수막 설치함 (허위 분양가 2억5천만 원으로 홍보). 빌라 분양은 현실적으로 어려움이 있음. A와 B는 분양에 큰 관심이 없고 전세 입주자를 통해 투자금을 회수하려고 함.

③ C가 고객들에게 분양받을 것을 권유한 후 어려울 것 같으면 전세로 유도함 (분양가격이 2억5천만 원 이라는 사실을 강조하면서 2억 3천만 원에 전세계약을 체결함).

④ 전세계약 잔금일 이후에 빌라 소유권을 D로 변경함.

⑤ 전세보증금 2억3천만 원으로, A: 1억9천만 원, B: 2천만 원, C: 1천만 원, D: 5백만 원, 취·등록세 등으로 5백만 원을 배분하는 돈 잔치를 벌임.

⑥ 전세계약 만기 시 A 연락두절 또는 현 소유자 D에게 전세보증금 반환책임을 떠넘기며 모르쇠로 일관함.

＊ 주의할 점

① 인근 신축빌라의 거래시세를 확인한 후, 경매진행을 대비해 합리적인 분양가격의 최대 70% 이내 금액으로 전세계약을 체결해야 한다(근저당권 등 선순위 권리 포함).

② 전세보증보험에 가입해야 한다. 전세계약 체결 즈음에 임대인(건축업자)의 인적사항을 파악해 전세보증보험 가입이 가능한지 반드시 확인해야 한다.

③ 전세계약서 특약사항에 다음과 같이 기재하되, 거절하는 임대인과는 계약을 체결하지 않는 것이 좋다.

- '임대인은 임차인의 전세자금대출(전세보증보험 가입) 과정에 협조해주기로 한다. 임차인의 귀책사유가 아닌 이유로 전세자금대출(전세보증보험 가입)이 불가능할 경우 계약을 해제할 수 있다.'

- '계약기간 동안 전세 목적물의 소유권을 제3자에게 이전하지 않는다. 단, 임차인의 동의를 득하는 조건으로 소유권을 이전(매도)할 수 있다. 이 경우 양수인이 전세보증금을 반환해주지 않을 경우 양도인이 책임지고 반환해주기로 한다.'

☀ 주택임대차보호법 제3조 제4항은 주택의 인도와 주민등록의 대항요건을 갖춘 임대차의 목적이 된 임차주택의 양수인은 임대인의 지위를 승계한 것으로 본다고 규정하고 있다. 이는 법률상 당연승계 규정으로 보아야 하므로

로, 임대주택이 양도된 경우에 그 양수인은 주택의 소유권과 결합하여 임대인의 임대차 계약상의 권리·의무 일체를 그대로 승계한다. 그 결과 양수인은 임대차보증금반환채무를 면책적으로 인수하고, 양도인은 임대차관계에서 탈퇴하여 임차인에 대한 임대차보증금 반환채무를 면하게 된다(대법원 2013. 1. 17. 선고 2011다49523 전원합의체 판결).

그러나 임차인의 보호를 위한 주택임대차법의 입법취지에 비추어 임차인이 임대인의 지위승계를 원하지 않는 경우에는 임차인이 임차주택의 양도사실을 안 때로부터 상당한 기간 내에 이의를 제기함으로써 승계되는 임대차관계의 구속으로부터 벗어날 수 있고, 그와 같은 경우에는 양도인의 임차인에 대한 임대차보증금 반환채무는 소멸하지 않는다(대법원 2002. 9. 4. 선고 2001다64615 판결).

▶ 주택임대차보호법과 판례를 악용한 사기 유형

* 주택을 매수한 사람이 부족한 잔금을 임차인의 전세보증금으로 해결하는 경우.

① 매수인이 매매계약을 체결한 상태에서 임차인을 물색하게 된다. 이 사실을 알게 된 임차인은 전세계약 체결 시 등기부등본상의 소유자와 매수인을 계약 당사자에 포함시키는 것이 좋다. 이때 매매계약서의 잔금일과 전세계약서의 잔금일이 일치하는 계약서를 작성한다. 매도인의 소유권이전등기 서류 교부와 매수인의 잔금지급(임차인이 지급한 보증금으로)이 동시에 이행되면 소유권이 매수인 명의로 변경된다.

② 임차인은 전세보증금 잔금을 지급하고 전입신고와 확정일자를 받는다.

③ 임차인이 대항요건을 갖출 때까지 임차 주택에 근저당권이 설정되지 않으면 문제가 없다.

④ 사기꾼인 임대인(매수인)은 임차인이 잔금 지급과 전입신고를 한 당일에 제3자에게 거액의 근저당권을 설정해준다. 이 경우 매수인 명의 소유권이전등기, 근저당권설정등기, 임차인의 대항력 취득이 동일한 날짜에 이뤄지나 효력은 순서에 따라 발생하게 된다.

⑤ 소유권이전등기와 근저당권 설정 효력은 당일에 발생하고 임차인의 대항력은 익일 0시부터 발생하므로 임차인이 후순위가 된다. 경매가 진행될 경우 임차인의 보증금이 주택임대차보호법에서 정한 지역별 보증금 규모를 초과하게 되면 한 푼도 배당받지 못할 수 있다. 범위 내 이더라도 보증금 중 일정액만 우선배당 받을 수 있다.

---

* 아파트를 분양받은 사람이 부족한 잔금을 임차인의 전세보증금으로 해결하는 경우.

① 수분양자는 분양받은 아파트 잔금일과 전세계약서의 잔금일이 일치하는 계약서를 작성한다. 시행사의 소유권이전등기 서류 교부와 수분양자의 잔금지급(임차인이 지급한 보증금으로)이 동시에 이행되면 소유권이 수분양자 명의로 변경된다.

② 임차인은 전세보증금 잔금을 지급하고 전입신고와 확정일자를 받는다.

③ 임차인이 대항요건을 갖출 때까지 해당 아파트 소유권이 임대인 명의로 등기되고, 근저당권이 설정되지 않으면 문제가 없다.

④ 사기꾼인 수분양자는 잔금 지급일 전에 부동산소유권이전등기청구권에 대한 가처분·(가)압류가 결정 되었음에도 이를 숨긴다. 위 주택의 경우와 같이 임차인이 잔금을 지급하고 전입신고 한 당일에 거액의 근저당권을 설정해주기도 한다.

⑤ 가처분·가압류로 인해 전세계약을 체결한 아파트의 소유권이 수분양자(임대인) 명의로 이전등기가 불가능할 수도 있다. 근저당권 설정의 효력에 관해서는 위 주택 ⑤의 내용과 동일하다.

---

* 주의할 점

소유권이전등기청구권에 대한 압류나 가압류는 채권에 관한 것이지 등기청구권의 목적물인 부동산에 관한 것이 아니다. 등기부에 이를 공시하는 방법이 없으므로 제3자에 대하여는 압류나 가압류의 처분 금지적 효력을 주장할 수 없다.

① 채무자가 부동산을 소유하고 있는 경우

채무자가 임의로 부동산의 소유권을 제3자에게 넘겨줄 경우, 소유권이전등기청구권 (가)압류 채권자는 제3자에게 소유권이전등기의 무효를 주장할 수 없다. 채무자에게 손해배상책임을 물을 수 있을 뿐이다.

② 채무자가 수분양자로서, 잔금 납부 시 시행사에 대해 소유권이전등기청구권을 갖게 되는 경우

소유권이전등기청구권 (가)압류 신청 사건의 제3채무자인 시행사에 결정문이 송달될 경우, 수분양자(채무자)가 잔금을 납부하더라도 채권자의 동의나 (가)압류 해제 없이 소유권을 이전받을 수 없다.

③ 개인 간에 부동산 매매계약이 진행 중인 경우

소유권이전등기청구권 (가)압류 명령이 제3채무자(매도인)에게 송달된 경우에도, 매수인(채무자)이 잔금을 지급하더라도 채권자 동의나 (가)압류 해제 없이 소유권을 이전받을 수 없다.

▶ 만약 거주하고 있는 빌라에 대한 경매 진행 시 임차인은 어떻게 대처해야 할까?

*** 말소기준권리보다 빠른 날짜에 대항력을 갖춘 임차인이 배당요구 하지 않은 경우**

- 경매법원에 임차인의 권리만 신고하고 배당요구는 하지 않는다. 즉, 계속 거주하겠다는 의사를 표시하는 것이다.
- 1순위 임차인이 배당요구하지 않으면 임차인의 전세보증금을 낙찰자가 인수해야 하므로 몇 차례 유찰되게 된다.

- 유찰 후 실익을 따져 임차인이 직접 최저 매각가격 이상으로 입찰에 참여할 수 있다.

*** 말소기준권리보다 빠른 날짜에 대항력과 우선변제권을 갖춘 임차인이 권리신고 및 배당요구 한 경우**

● 배당요구 (민사집행법 제88조).

① 집행력 있는 정본을 가진 채권자, 경매개시결정이 등기된 뒤에 가압류를 한 채권자, 민법·상법, 그 밖의 법률에 의하여 우선변제청구권이 있는 채권자는 배당요구를 할 수 있다.

② 배당요구에 따라 매수인이 인수하여야 할 부담이 바뀌는 경우 배당요구를 한 채권자는 배당요구의 종기가 지난 뒤에 이를 철회하지 못한다.

- 유찰되어 임차인의 전세보증금 보다 낮은 금액으로 매각되더라도, 주택임대차보호법 제3조의5(경매에 의한 임차권의 소멸) 단서 조항에 따라 전세보증금과 경매 배당 금액과의 차액을 낙찰자가 인수해야 한다.

- 매수자가 이 내용을 모르고 낙찰 받아 명도를 요구할 경우 임차인은 자신의 권리를 주장하며 명도를 거절할 수 있다.

- 유찰 후 실익을 따져 임차인이 직접 최저 매각가격 이상으로 입찰에 참여할 수 있다. 이때는 민사집행법 제143조 제2항에 따라, 매각결정기일이 끝날 때까지 임차인이 배당받아야 할 금액과 낙찰자로서 납부해야 할 금액의 상계를 신청할 수 있다. 배당받아야 할 금액보다 납부할 금액이 클 경우 그 차액만 납부하면 된다.

● 특별한 지급방법 (민사집행법 제143조).

① 매수인은 매각조건에 따라 부동산의 부담을 인수하는 외에 배당표의 실시에 관하여 매각대금의 한도에서 관계채권자의 승낙이 있으면 대금의 지급에 갈음하여 채무를 인수할 수 있다.

② 채권자가 매수인인 경우에는 매각결정기일이 끝날 때까지 법원에 신고하고 배당받아야 할 금액을 제외한 대금을 배당기일에 낼 수 있다.

③ 제1항 및 제2항의 경우에 매수인이 인수한 채무나 배당받아야 할 금액에 대하여 이의가 제기된 때에는 매수인은 배당기일이 끝날 때까지 이에 해당하는 대금을 내야 한다.

*** 소액의 근저당권(말소기준권리), 대항요건을 갖춘 임차인, 고액의 근저당권이 순차적으로 설정된 경우.**

- 주택임대차보호법에 제8조에 해당하는 임차인은 보증금 중 일정액을 우선 배당받고, 나머지 보증금은 확정일자 순위에 의해 배당받는다. 임차인이 대항요건만 갖추고 확정일자를

받지 않았을 경우 나머지 보증금은 고액의 근저당권자보다 후순위로 밀리게 된다.

- 대항요건만 갖추고 확정일자를 받지 못한 임차인은 경매주택의 이해관계인이므로, 말소기준권리인 소액의 근저당권 피담보채무액을 채무자 대신 변제하고 근저당권을 말소할 수 있다. 이 경우 임차인은 대항력을 취득하게 되고 배당요구를 하지 않을 경우 보증금을 낙찰자가 인수해야 한다.
- 임차인은 채무자(임대인)에게 대신 변제한 금액에 대한 구상권을 취득한다.

▶ 한편 대법원은 '부동산 등의 인도집행 절차 등에 관한 업무처리 지침'을 마련하여 임차인의 인권을 보호하고 있다. 그 주요내용은 다음과 같다.

① 집행관은 임차인의 인권을 존중하고 인권침해를 예방해야 한다.

② 인도집행 과정에서 아동・노약자가 있을 경우 안전을 배려해야 한다.

③ 세입자의 건강권 침해가 명백할 경우 입도집행을 일시 정지하고 집행취하를 권고해야 한다.

---

* 전(월)세 사기를 예방하는 방법

① 중개수수료에 연연하지 말고 성실하고 책임감 있는 중개업자를 통해 전(월)세계약을 체결하는 것이 좋다.

② 등기부등본은 계약일, 중도금 지급일, 잔금 지급일 당일에(대금 지급 직전에), 대항요건을 갖춘 날 익일에 발급받아 권리 권계를 확인해야 한다. 계약금, 중도금, 잔금은 임대인(수분양자) 본인 계좌로 입금하는 것이 좋다.

③ 아직 소유권이전등기가 완료되지 않은 신규 입주 아파트에 대한 전세계약을 체결할 때는 다음 사항에 주의해야 한다.

1. 임대인이 아파트 공급계약서 원본을 갖고 있는지 여부와 권리의무승계계약 체결 여부를 확인한다. 분양권(입주권) 양도여부를 확인하기 위함이다.

2. 계약을 체결하기 전에 시행사(조합)에 수분양자의 채무로 인한 가처분・(가)압류가 결정된 사실이 없는지 확인한다. 중도금, 잔금 지급일에도 확인해야 한다.

3. 잔금은 중개업소에서 지급하지 말고 시행사(조합)에 방문해서 지급한 후, 소유권이전등기서류 교부와 잔금 지급이 동시에 이행되는지 확인하고 열쇠 일체를 전달 받아야 한다. 잔금 지급일에 지체 없이 전입신고를 하고 확정일자를 받아야 한다.

④ 주택 전세계약서 특약사항에 '계약 체결 당시의 등기부등본상 권리관계가 잔금일 이후 2 영업일까지 유지되어야 한다'라고 기재하는 것이 좋다.

⑤ 신규 입주 아파트 전세계약서 특약사항에 '잔금 지급 및 임차인이 전입신고 한 날까지 전세 목적물에 대해 권리침해가 발생하거나 임대인 명의로 소유권이전등기가 불가능할 경우 계약을 해제할 수 있다'. 라고 기재하는 것이 좋다.

⑥ 임차인이 전세자금대출을 신청하거나 주택도시보증공사(HUG), 서울보증보험의 전세보증보험에 가입할 경우, 잔금일까지 등기부등본에 가압류 등 권리침해가 발생하거나 임대인의 신용에 문제가 있으면 전세보증보험증권 발급 및 전세자금대출이 불가능하다. 이 경우를 대비해 전세계약서 특약사항에 '임대인은 임차인의 전세자금대출(전세보증보험 가입) 과정에 협조해주기로 한다. 임차인의 귀책사유가 아닌 이유로 전세자금대출(전세보증보험 가입)이 불가능할 경우 계약을 해제할 수 있다. 라고 기재하는 것이 좋다.

⑦ 자금이 부족한 건물 소유자는 부동산의 관리나 처분권한을 신탁회사에 넘긴 후 수익증권을 발행하고 이것을 담보로 금융회사로부터 돈을 빌리게 된다. 이를 담보신탁이라고 하는데, 감정가격에서 보증금 중 일정액을 차감하지 않고 대출금액을 높이기 위해서 활용된다. 등기부등본 갑구에 최종 소유자가 OO신탁회사로 등기된 부동산에 대해 전(월)세 계약을 체결할 때는 등기소에서 신탁원부를 발급받아 권리관계를 확인해야 한다. 반드시 신탁회사와 계약을 체결하고 우선수익자의 동의를 받아야 한다. 임대인(시행사)의 말을 믿고 그와 계약을 체결하거나 임대인 계좌로 보증금을 입금하면 보호받지 못한다.

■ 대항력과 확정일자, '주택임대차보호법'

● 대항력 등 (동법 제3조).

① 임대차는 그 등기가 없는 경우에도 임차인이 주택의 인도트와 주민등록을 마친 때에는 그 다음 날부터 제삼자에 대하여 효력이 생긴다. 이 경우 전입신고를 한 때에 주민등록이 된 것으로 본다.

* 대항력을 취득한 것처럼 외관만 갖추었을 뿐 주택을 주거용으로 사용・수익할 목적이 없는 계약은 통정허위표시로서 무효이므로 대항력이 인정되지 않는다.

☀ '그 다음 날부터'의 의미

주택임대차보호법 제3조의 임차인이 주택의 인도와 주민등록을 마친 때에는 그 '익일부터' 제3자에 대하여 효력이 생긴다고 함은 익일 오전 영시부터 대항력이 생긴다는 취지이다(대법원 1999. 5. 25. 선고 99다9981 판결).

● 보증금의 회수 (동법 제3조의2 제2항).

제3조 제1항・제2항 또는 제3항의 대항요건과 임대차계약증서(제3조제2항 및 제3항의 경우

에는 법인과 임대인 사이의 임대차계약증서를 말한다)상의 확정일자를 갖춘 임차인은「민사집행법」에 따른 경매 또는「국세징수법」에 따른 공매를 할 때에 임차주택(대지를 포함한다)의 환가대금에서 후순위권리자나 그 밖의 채권자보다 우선하여 보증금을 변제받을 권리가 있다.

* 원칙적으로 임차권은 채권이므로 담보권자보다 우선할 수 없지만, 대항력을 갖추고 확정일자를 받은 주택의 임차인은 확정일자를 기준으로 담보권자와의 선후 관계를 따져 후순위의 권리자 또는 그 밖의 채권자보다 우선변제 받을 수 있다.

● 경매에 의한 임차권의 소멸 (동법 제3조의5).

임차권은 임차주택에 대하여「민사집행법」에 따른 경매가 행하여진 경우에는 그 임차주택의 경락에 따라 소멸한다. 다만, 보증금이 모두 변제되지 아니한, 대항력이 있는 임차권은 그러하지 아니하다.

● 보증금 중 일정액의 보호 (동법 제8조).

① 임차인은 보증금 중 일정액을 다른 담보물권자보다 우선하여 변제받을 권리가 있다. 이 때 임차인은 주택에 대한 경매신청의 등기 전에 제3조제1항의 요건을 갖추어야 한다.

② 제1항의 경우에는 제3조의2 제4항부터 제6항까지의 규정을 준용한다.

③ 제1항에 따라 우선변제를 받을 임차인 및 보증금 중 일정액의 범위와 기준은 제8조의2에 따른 주택임대차위원회의 심의를 거쳐 대통령령으로 정한다. 다만, 보증금 중 일정액의 범위와 기준은 주택가액(대지의 가액을 포함한다)의 2분의 1을 넘지 못한다.

* 이에 관한 주택임대차보호법 시행령 제10조(보증금 중 일정액의 범위 등) 내용은 '우선 변제 소액보증금과 사해행위'편에 자세히 기술하였다.

☀ 대항력 발생시기의 의미, 확정일자의 우선변제적 효력 발생시기

주택임대차보호법 제3조 제1항이 인도와 주민등록을 갖춘 다음날부터 대항력이 발생한다고 규정한 것은 인도나 주민등록이 등기와 달리 간이한 공시 방법이어서 인도 및 주민등록과 제3자 명의의 등기가 같은 날 이루어진 경우에 그 선후관계를 밝혀 선순위 권리자를 정하는 것이 사실상 곤란한데다가, 제3자가 인도와 주민등록을 마친 임차인이 없음을 확인하고 등기까지 경료하였음에도 그 후 같은 날 임차인이 인도와 주민등록을 마침으로 인하여 입을 수 있는 불측의 피해를 방지하기 위하여 임차인보다 등기를 경료한 권리자를 우선시키고자 하는 취지이다. 법 제3조의2 제1항에 규정된 확정일자를 입주 및 주민등록일과 같은 날 또는 그 이전에 갖춘 경우에는 우선변제적 효력은 대항력과 마찬가지로 인도와 주민등록을 마친 다음날을 기준으로 발생한다(대법원 1997. 12. 12. 선고 97다22393 판결).

☀ 대항력의 취득시기

주택임대차보호법 제3조 제1항에서 주택의 인도와 더불어 대항력의 요건으로 규정하고 있는 주민등록은 거래의 안

전을 위하여 임대차의 존재를 제3자가 명백히 인식할 수 있게 하는 공시방법으로 마련된 것이라고 볼 것이므로, 주민등록이 어떤 임대차를 공시하는 효력이 있는가의 여부는 일반 사회통념상 그 주민등록으로 당해 임대차건물에 임차인이 주소 또는 거소를 가진 자로 등록되어 있는지를 인식할 수 있는가의 여부에 따라 결정된다.

주택을 임차하여 적법한 전입신고를 마친 후에 그 대지가 분할됨으로써 주택의 지번이 변경되자 갱신된 임대차계약서에는 새로운 지번을 표시하였으나 주민등록상 주소는 주택에 대한 경매개시결정 기입등기가 경료된 후에야 변경한 경우, 임차인은 주택에 대한 유효한공시방법인 주민등록을 갖추었다고 볼 수 없어 경락인에게 대항할 수 없다(대법원 2000. 4. 21. 선고 2000다1549,1556 판결).

[tip] 경매개시결정의 기입등기 전까지 주민등록 전입신고와 주택의 점유가 있어야 대항력이 발생한다.

☀ 임차인의 대항력 유지 의무

주택임대차보호법이 제3조 제1항에서 주택임차인에게 주택의 인도와 주민등록을 요건으로 명시하여 등기된 물권에 버금가는 강력한 대항력을 부여하고 있는 취지에 비추어 볼 때 달리 공시방법이 없는 주택임대차에 있어서 주택의 인도 및 주민등록이라는 대항요건은 그 대항력 취득시에만 구비하면 족한 것이 아니고 그 대항력을 유지하기 위하여서도 계속 존속하고 있어야 한다. 어떤 이유에서든지 그 가족과 함께 일시적이나마 다른 곳으로 주민등록을 이전하였다면 이는 전체적으로나 종국적으로 주민등록의 이탈이라고 볼 수 있으므로 그 대항력은 그 전출 당시 이미 대항요건의 상실로 소멸되는 것이고, 그 후 그 임차인이 얼마 있지 않아 다시 원래의 주소지로 주민등록을 재전입하였다 하더라도 이로써 소멸되었던 대항력이 당초에 소급하여 회복되는 것이 아니라 그 재전입한 때부터 그와는 동일성이 없는 새로운 대항력이 재차 발생하는 것이다(대법원 1998. 1. 23. 선고 97다43468 판결).

[tip] 거주 주택의 임대인이나, 전세・월세를 안고 주택을 매수한 사람이 은행대출을 받기 위해 잠시 주민등록을 옮겨달라고 요청할 경우 협조해주면 안 된다. 잠시라도 다른 주소로 전출하게 되면 대항력이 상실된다.

☀ 주택의 공동임차인 중 1인이라도 주택임대차보호법 제3조 제1항에서 정한 대항력 요건을 갖추게 되면 그 대항력은 임대차 전체에 미치므로, 임차 건물이 양도되는 경우 특별한 사정이 없는 한 공동임차인에 대한 보증금반환채무 전부가 임대인 지위를 승계한 양수인에게 이전되고 양도인의 채무는 소멸한다. 이러한 법리는 계약당사자 사이에 공동임차인의 임대차보증금 지분을 별도로 정한 경우에도 마찬가지이다(대법원 2021. 10. 28. 선고 2021다238650 판결).

☀ 보증금 중 일정액의 우선변제권과 대항력의 존속기간

공시방법이 없는 주택임대차에 있어서 주택의 인도와 주민등록이라는 우선변제의 요건은 그 우선변제권 취득시에만 구비하면 족한 것이 아니고, '배당요구의 종기인 경락기일'까지 계속 존속하고 있어야 한다(대법원 1997. 10. 10. 선고 95다44597 판결).

[tip] 위 판례의 '배당요구의 종기인 경락기일까지'라는 표현은 민사집행법의 용어가 개정되기 전에 사용된 표현이다. 현행 민사집행법에 의한 표현으로는 '매각기일까지'로 해석하는 것이 타당해 보인다. 판례 내용이 이러할지라도 임차인은 보증금을 배당받는 날까지 다른 주택에 전입신고 하지 않는 것이 좋다. 불가피하게 다른 주택에 전입신고를 해야 할 상황이라면 경매진행 주택에 대한 임차권등기가 선행되어야 한다. 매각불허가・매각허가결정

취소·매각대금 미납으로 재매각 될 경우 전(前) 경매절차에서의 대항력 취득 사실은 인정되지 않기 때문이다.

▶ 대항력의 효력은 대항요건을 갖춘 날의 익일 오전 0시부터 발생한다. 대항력과 확정일자를 받으면 우선변제권을 취득하게 된다. 확정일자가 없으면 대항력이 있거나 배당요구를 하더라도 순위배당 절차에서 배제된다. 다만, 확정일자가 없더라도 임차인의 보증금이 주택임대차보호법 제8조 제1항~제3항에서 정한 지역별 보증금액 이하에 해당되고, 대항력을 갖춘 경우에는 보증금 중 일정액(소액보증금)을 최우선 배당 받을 수 있다.

▶ 대항력의 효력발생시기가 근저당권 등 말소기준권리 등기일자 보다 앞서야 낙찰자에게 대항할 수 있다. 경매사건에서 임차인은 '권리신고 및 배당요구'를 신청해야 배당절차에 참가할 수 있으므로 주의해야 한다.

[tip] 대항력과 확정일자의 효력 및 발생 시기 정리

① 경매개시결정의 기입등기 전까지 대항요건(주민등록 전입신고와 주택의 점유)을 갖추어야 대항력이 발생한다.

② 대항력의 효력은 대항요건을 갖춘 날의 익일 오전 0시부터 발생한다.

③ 대항력은 매각기일까지 계속 유지되어야 한다.

④ 대항력 외에 확정일자까지 받으면 후순위권리자나 그 밖의 채권자보다 우선변제 받을 수 있다. 다만, 주택임대차보호법에서 정한 보증금 규모를 초과하거나, 범위 내이더라도 보증금 중 일정액을 초과한 보증금은 확정일자의 순위배당에 의한다.

③ 처분금지가처분이 등기된 경매사건 사례

[사례 1]

저당권자 A, 가처분권자 B가 순차적으로 등기되었고, 저당권자 A가 임의경매를 신청해 C가 낙찰 받은 경우.

* 말소기준권리는 저당권자 A이다. 원칙적으로 매각대금이 납부되면 저당권자 A와 가처분권자 B의 등기가 모두 말소된다.

* 가처분권자 B가 매각물건 소유자를 상대로 소송을 제기해 매각기일 전에 승소판결이 확정될 경우 경매절차가 취소될 수 있다.

* 가처분권자 B가 매각물건 소유자를 상대로 소송을 제기했으나 낙찰자인 C가 매각대금을 납부한 후에 승소판결이 확정될 경우 B는 C에게 대항할 수 없다. B는 피고에 대해 가처분에 상응하는 채권을 취득할 수 있을 뿐이다.

[사례 2]
가처분권자 B, 저당권자 A가 순차적으로 등기되었고, 저당권자 A가 임의경매를 신청해 C가 낙찰 받은 경우.

* 말소기준권리는 저당권자 A이다. 매각대금이 납부되면 저당권자 A의 등기만 말소된다. 가처분권자 B의 권리는 낙찰자 C가 인수해야 한다. 그 후 B가 소송을 제기해 승소판결이 확정될 경우 C는 소유권을 상실할 수 있다. 다른 예로, B가 가등기권자인 경우에도 본등기를 하게 되면 C는 소유권을 상실할 수 있다.

[사례 3]
저당권자 A, 가처분권자 B (피보전권리: 건물철거청구권)가 순차적으로 등기되었고, 저당권자 A가 임의경매를 신청한 경우.

* 저당권자 A가 말소기준권리이다. 경매로 소유권이 바뀐 건물의 법정지상권이 인정되지 않을 경우 토지의 소유자는 건물철거청구권(비금전채권, 가처분)과 지료청구권(금전채권, 가압류)을 피보전권리로 하는 보전처분을 신청할 수 있다. 이때 지료청구권을 실행하기 위한 강제경매가 진행될 수 있는데, 말소기준권리인 저당권자 A보다 B가 후순위로 가처분을 했더라도 피보전권리가 건물철거청구권인 경우 인수되는 권리이다.

④ 전 소유자에 대한 가압류

전 소유자에 대한 가압류 채권자가 배당 요구할 경우 경매 실무와 판례에 따라 말소된다.

☀ 부동산에 대한 가압류집행 후 가압류목적물의 소유권이 제3자에게 이전된 경우 가압류의 처분금지적 효력이 미치는 것은 가압류결정 당시의 청구금액의 한도 안에서 가압류목적물의 교환가치이다. 가압류의 처분금지적 효력이 미치는 매각대금 부분은 가압류채권자가 우선적인 권리를 행사할 수 있고, 제3취득자의 채권자들은 이를 수인하여야 할 것이므로 가압류채권자는 그 매각절차에서 당해 가압류목적물의 매각대금에서 가압류결정 당시의 청구금액을 한도로 하여 배당을 받을 수 있고, 제3취득자의 채권자는 위 매각대금 중 가압류의 처분금지적 효력이 미치는 범위의 금액에 대하여는 배당을 받을 수 없다(대법원 2006. 7. 28. 선고 2006다19986 판결). 다만, 가압류결정 당시의 청구금액의 한도를 제외한 나머지 부분은 제3취득자의 재산에 대한 매각절차라 할 것이므로, 제3취득자에 대한 채권자는 그 매각절차에서 제3취득자의 재산 매각대금 부분으로부터 배당을 받을 수 있다(대법원 2005. 7. 29. 선고 2003다40637 판결).

⑤ 점유이전금지가처분

임대인이 건물 명도소송을 제기하거나 경매 낙찰자가 부동산 인도명령을 신청하기 전에 채무자 소유 주택에 대해 점유이전금지가처분을 신청할 수 있다. 명도소송 확정판결문과 인도명령 결정문에 기초해 강제집행 할 때 해당 주택의 점유자가 채무자에서 타인으로 이전되면 집행 할 수 없기 때문이다.

⑥ 부동산경매절차 종료 후 남은 채권과 양도소득세

부동산경매 절차가 종료되어 낙찰자 명의로 소유권이 이전되면 채무자는 경매주택에 관한 모든 채무가 종결되는 것으로 생각하는 경우가 있다. 경매주택의 매각대금에서 채권의 만족을 얻지 못한 채권자[근저당권자, (가)압류권자, 임차인 등]는 남은 채권에 대해 계속 권리를 행사할 수 있다. 경매절차에서 매각금액이 채무자가 취득했던 금액보다 높을 경우 양도소득세도 부과될 수 있다.

▶ 권리분석의 4원칙

① 소유권과 제한물권

소유권과 제한물권(저당권, 전세권 등)이 동시에 존재하는 경우, 성립의 선후와 관계없이 제한물권이 소유권에 우선한다.

'갑'소유 부동산에 '을'이 전세권을 설정한 후 매매(경매)로 소유권이 '병'으로 변경된 경우, 소유권자인 '병'은 전세권자인 '을'에게 주택의 명도를 요구할 수 없다.

② 제한물권 상호간

하나의 물건 위에 여러 개의 제한물권이 동시에 존재하는 경우, 먼저 성립한 물권이 나중에 성립한 물권보다 우선한다.

'갑'소유 부동산에 '을'이 1순위 저당권 설정 후, '병'이 2순위 저당권을 설정한 상태에서 경매가 진행 될 경우, '을'이 우선 배당받고 남은 잔액에 대해 '병'이 배당받는다.

③ 물권과 채권

1. 물권 우선의 원칙: 동일한 물건 위에 물권과 채권이 동시에 존재하는 경우, 성립 시기에 관계없이 원칙적으로 물권이 우선한다.

2. 물권 우선의 원칙 예외

가. 주택 및 상가건물 임대차보호법의 소액보증금, 근로기준법상 최종 3개월분의 임금채권 등은 성립시기에 관계없이 최우선 변제된다.

나. 대항력을 갖춘 주택임차권·상가임차권, 부동산소유권이전등기청구권가등기 등은 성립시기에 의해 우열이 가려진다.

[사례 1] 주택 소유자 '갑'과 임차인 '을'이 전세계약을 체결함에 따라, '을'은 '갑'에 대하여 임차권(채권)을 갖는다. 그 후 '갑'이 주택을 '병'에게 매도할 경우, '병'은 소유권(물권)을 취득한다. '을'의 임차권은 채권이어서 '갑'에게만 그 권리를 주장할 수 있을 뿐 '병'에게 대항할 수 없다. 따라서 '병'은 '을'에게 주택을 명도해달라고 요구할 수 있다. 다만, '을'의 임차권이 주택임대차보호법에 의한 대항요건을 갖추었을 경우, 물권화 되므로 '병'에게 대항할 수 있다. '을'이 임차권을 등기했을 때도 마찬가지이다.

[사례 2] '갑'이 '병'에게 담보 없이 신용으로 1억원을 빌려주었다. 그 후 '을'이 '병'소유 주택에 근저당권을 설정하고 1억원을 빌려주었다. 이때 '갑'은 '병'에 대해서 '대여금청구권'이라는 채권만 갖지만, '을'은 '병'에 대해 물권(저당권)과 채권('병'에 대한 대여금청구권)을 동시에 갖는다. 저당권자인 '을'이 임의경매를 신청해 1억5천만 원에 낙찰되었을 경우, '갑'이 '을'보다 먼저 '병'에게 돈을 빌려주었다고 하더라도 우선권을 주장할 수 없다. 따라서 '을'이 1억원을 배당받고 '갑'이 5천만 원을 배당받는다.

④ 점유권과 본권

점유권은 점유라는 외관과 그 운명을 같이하므로 권리의 우열문제가 발생하지 않는다. 점유권은 다른 물권과는 다르게 우선적 효력이 없다. 소유권과 제한물권, 제한물권 상호간에 서로 양립하듯이 본권과 점유권도 병존할 수 있다.

▣ 법정지상권

▶ 지상권의 종류

지상권에는 지상권, 구분지상권, 관습법상 법정지상권, 민법 제366조에 의한 법정지상권, 분묘기지권 등이 있다. 이 중 관습법상 법정지상권, 민법 제366조에 의한 법정지상권, 분묘기지권은 등기되지 않는다.

▶ 관습법상 법정지상권

"관습법상 법정지상권"이란 토지와 건물이 동일인의 소유이었다가 매매 기타 원인으로 토지와 건물의 소유자가 다르게 된 경우 건물철거 특약이 없는 한 건물 소유자는 등기 없이도 관습법에 의해 당연히 취득하게 되는 지상권을 말한다. 이는 판례가 관습으로 인정한 것이다.

▶ 민법 제**366**조에 의한 법정지상권

"민법 제366조에 의한 법정지상권"이란 저당물의 경매로 인하여 토지와 그 지상건물이 다른 소유자에 속하게 되면 건물이 철거되는 사회적 손실이 발생할 수 있다. 민법 제366조는 이를 방지하기 위해 만든 강행규정으로, 요건이 성립할 경우 토지소유자는 건물소유자에 대하여 지상권을 설정한 것으로 본다.

● **법정지상권** (민법 제366조).

저당물의 경매로 인하여 토지와 그 지상건물이 다른 소유자에 속한 경우에는 토지소유자는 건물소유자에 대하여 지상권을 설정한 것으로 본다. 그러나 지료는 당사자의 청구에 의하여 법원이 이를 정한다.

▶ 관습법상 법정지상권과 민법 제**366**조에 의한 법정지상권의 공통점

토지와 건물의 소유자가 동일한 상태에서 매매, 경매 등의 사유로 토지와 건물의 소유자가 다르게 된 때에 토지의 소유자는 건물소유자를 위해 지상권을 설정한 것으로 본다. 따라서 건물 소유자는 지상권이 존속하는 기간 동안 토지를 사용할 수 있다.

▶ **관습법상 법정지상권과 민법 제366조에 의한 법정지상권의 차이점**

토지 건물의 동시 존재 여부와 소유자가 동일한 시점, 다르게 된 사유, 특약 인정 여부, 등기 여부에 따른 차이가 있다.

① 토지 건물의 동시 존재 여부와 소유자가 동일한 시점.

1. 관습법상 법정지상권은 처분시에 토지와 건물이 존재해야 하고 소유자가 동일해야 한다. 처음부터 타인의 토지위에 세워진 건물은 성립할 수 없다.

2. 민법 제366조에 의한 법정지상권은 저당권 설정일 당시에 토지와 건물이 존재해야 하고 소유자가 동일해야 한다.

② 토지 건물의 소유자가 다르게 된 사유.

1. 관습법상 법정지상권은 매매·증여·상속·국세징수법에 의한 공매·강제경매 등으로 토지와 건물의 소유자가 달라져야 한다. 이때 건물은 건물로서의 요건을 갖추고 있는 이상 무허가 건물이나 미등기 건물 따위를 가리지 않는다.

2. 민법 제366조에 의한 법정지상권은 토지와 건물이 동시에 또는 어느 한쪽에만 저당권이 설정되었다가 저당권 실행을 통한 임의경매로 인해 토지와 건물의 소유자가 달라져야 한다.

③ 특약의 인정 여부.

1. 관습법상 법정지상권은 임의규정이므로 계약서에 특약으로 건물철거 조항을 추가함으로써 법정지상권 성립을 배제할 수 있다.

2. 민법 제366조에 의한 법정지상권은 강행규정이기 때문에 특약으로 법정지상권 성립을 배제할 수 없다.

④ 건물에 대한 등기 여부.

1. 관습법상 법정지상권의 경우 건물에 대한 등기는 성립요건이 아니다. 그러나 취득한 관습법상의 법정지상권을 차분하려면 등기를 해야 한다. 등기 없이 건물을 처분한 때에는 그 건물의 취득자는 토지소유자에게 관습법상의 지상권을 주장할 수 없다.

2. 민법 제366조에 의한 법정지상권은 저당권 설정 및 실행을 원인으로 발생하므로 건물에 대한 등기를 해야 한다.

* 강제경매는 경매개시결정기입등기 시에 토지와 건물이 동시에 존재해야 하고 소유자가 동일해야 민법 제366조에 의한 법정지상권이 성립한다. 경매개시결정기입등기 전에 가압류가 등기되거나 근저당권이 설정되었을 경우에는 등기·설정일 당시에 토지와 건물이 동시에 존재해야 하고 소유자가 동일해야 한다.

■ 법정지상권에 관한 판례

☀ 토지 또는 건물이 동일한 소유자에게 속하였다가 그 건물 또는 토지가 매매 기타의 원인으로 인하여 양자의 소유자가 다르게 된 때에 그 건물을 철거한다는 조건이 없는 이상 건물소유자는 토지소유자에 대하여 그 건물을 위한 관습상의 법정지상권을 취득하는 것이고, 자기의 의사에 의하여 건물만의 소유권을 취득하였다고 하여 관습상의 법정지상권을 취득할 수 없는 것은 아니다(대법원 1997. 1. 21. 선고 96다40080 판결).

☀ 법정지상권과 토지 소유자의 지료청구권

법정지상권 또는 관습에 의한 지상권이 발생하였을 경우에 토지의 소유자가 지료를 청구함에 있어서 지료를 확정하는 재판이 있기 전에는 지료의 지급을 소구할 수 없는 것은 아니고, 법원에서 상당한 지료를 결정할 것을 전제로 하여 바로 그 급부를 구하는 청구를 할 수 있다 할 것이며, 법원도 이 경우에 판결의 이유에서 지료를 얼마로 정한다는 판단을 하면 족하다(대법원 2003. 12. 26. 선고 2002다61934 판결).

☀ 관습상의 법정지상권 성립 여부

관습상의 법정지상권은 동일인의 소유이던 토지와 그 지상건물이 매매 기타 원인으로 인하여 각각 소유자를 달리하게 되었으나 그 건물을 철거한다는 등의 특약이 없으면 건물 소유자로 하여금 토지를 계속 사용하게 하려는 것이 당사자의 의사라고 보아 인정되는 것이므로 토지의 점유·사용에 관하여 당사자 사이에 약정이 있는 것으로 볼 수 있거나 토지 소유자가 건물의 처분권까지 함께 취득한 경우에는 관습상의 법정지상권을 인정할 까닭이 없다 할 것이어서, 미등기건물을 그 대지와 함께 매도하였다면 비록 매수인에게 그 대지에 관하여만 소유권이전등기가 경료되고 건물에 관하여는 등기가 경료되지 아니하여 형식적으로 대지와 건물이 그 소유 명의자를 달리하게 되었다 하더라도 매도인에게 관습상의 법정지상권을 인정할 이유가 없다(대법원 2002. 6. 20. 선고 2002다9660 전원합의체 판결).

☀ 민법 제366조에 의한 법정지상권 성립 여부

민법 제366조의 법정지상권은 저당권 설정 당시에 동일인의 소유에 속하는 토지와 건물이 저당권의 실행에 의한 경매로 인하여 각기 다른 사람의 소유에 속하게 된 경우에 건물의 소유를 위하여 인정되는 것이므로, 미등기건물을 그 대지와 함께 매수한 사람이 그 대지에 관하여만 소유권이전등기를 넘겨받고 건물에 대하여는 그 등기를 이전받지 못하고 있다가, 대지에 대하여 저당권을 설정하고 그 저당권의 실행으로 대지가 경매되어 다른 사람의 소유로 된 경우에는, 그 저당권의 설정 당시에 이미 대지와 건물이 각각 다른 사람의 소유에 속하고 있었으므로 법정지상권이 성립될 여지가 없다(대법원 2002. 6. 20. 선고 2002다9660 전원합의체 판결).

☀ 동일인의 소유에 속하는 토지 및 그 지상 건물에 관하여 공동저당권이 설정된 후 그 지상 건물이 철거되고 새로 건물이 신축된 경우에는 그 신축건물의 소유자가 토지의 소유자와 동일하고 토지의 저당권자에게 신축건물에 관하여 토지의 저당권과 동일한 순위의 공동저당권을 설정해 주는 등 특별한 사정이 없는 한 저당물의 경매로 인하여 토지와 그 신축건물이 다른 소유자에 속하게 되더라도 그 신축건물을 위한 민법 제366조의 법정지상권은 성립하지 않는다(대법원 2003. 12. 18. 선고 98다43601 전원합의체 판결).

▣ 분묘기지권

"분묘기지권"이란 분묘를 수호하고 봉제사하는 목적을 달성하는 데 필요한 범위 내에서 타인 소유의 토지를 사용할 수 있고 토지 소유자나 제3자의 방해를 배제할 수 있는 관습상의 물권인데 아래와 같은 경우 중에 한 가지 요건만 갖추면 성립한다.

① 토지소유자의 승낙을 얻어 분묘를 설치한 경우.

② 토지소유자의 승낙을 받지 않았더라도 설치하고 20년 동안 평온·공연하게 점유함으로써 시효로 취득한 경우.

③ 자기 소유의 토지에 분묘를 설치한 자가 분묘에 관해서는 별도의 특역 없이 토지만을 타인에게 처분한 경우.

■ 분묘기지권에 관한 판례

☀ 분묘기지권자의 지료 지급의무에 관한 대법원 전원합의체 판결

[1] 타인 소유의 토지에 분묘를 설치한 경우에 20년간 평온, 공연하게 분묘의 기지를 점유하면 지상권과 유사한 관습상의 물권인 분묘기지권을 시효로 취득한다는 법적 규범이 2000. 1. 12. 법률 제6158호로 전부 개정된 '장사 등에 관한 법률'의 시행일인 2001. 1. 13. 이전에 설치된 분묘에 관하여 현재까지 유지되고 있다.

[2] 토지 소유자의 승낙이 없음에도 20년간 평온, 공연한 점유가 있었다는 사실만으로 사실상 영구적이고 무상(무상)인 분묘기지권의 시효취득을 인정하는 것은 토지 소유자의 아무런 관여나 귀책사유 없이 토지 소유권을 과도하게 제한하는 것일 뿐만 아니라 토지 소유자에게 토지의 제공에 대한 아무런 보상조차 허용하지 아니하므로, 토지 소유권이라는 사유재산권이 유명무실해지는 등 헌법상 보장된 재산권의 본질적 내용을 침해할 수 있다.

[3] 2001. 1. 13. 당시 아직 20년의 시효기간이 경과하지 아니한 분묘의 경우에는 이와 같이 법적 규범의 효력을 상실한 분묘기지권의 시효취득에 관한 종전의 관습을 가지고 분묘기지권의 시효취득을 주장할 수 없다(대법원 2017. 1. 19. 선고 2013다17292 전원합의체 판결).

☀ 분묘기지권자의 지료 지급시기에 관한 대법원 전원합의체 판결

장사법 시행일 이전에 타인의 토지에 분묘를 설치한 다음 20년간 평온·공연하게 그 분묘의 기지를 점유함으로써 분묘기지권을 시효로 취득하였더라도, 분묘기지권자는 토지소유자가 분묘기지에 관한 지료를 청구하면 그 청구한 날부터(소장 부본 송달일 다음날부터)의 지료를 지급할 의무가 있다. 그 상세한 이유는 다음과 같다.

[1] 관습법으로 인정된 권리의 내용을 확정함에 있어서는 그 권리의 법적 성질과 인정 취지, 당사자 사이의 이익형량 및 전체 법질서와의 조화를 고려하여 합리적으로 판단하여야 한다. 취득시효형 분묘기지권은 당사자의 합의에 의하지 않고 성립하는 지상권 유사의 권리이고, 그로 인하여 토지 소유권이 사실상 영구적으로 제한될 수 있다. 따라서 시효로 분묘기지권을 취득한 사람은 일정한 범위에서 토지소유자에게 토지 사용의 대가를 지급할 의무를 부담한다고 보는 것이 형평에 부합한다.

[2] 지료의 구체적 액수는 당사자의 협의로 정하거나 당사자의 청구에 따라 법원이 정할 수 있고(민법 제366조 단서), 그와 같이 정해진 지료가 지가 상승 등 경제사정의 변동으로 상당
하지 않게 되면 당사자는 지료증감을 청구할 수 있다(민법 제286조). 지료 채권에 대해서는 원칙적으로 10년의 소멸시효가 적용되지만(민법 제162조 제1항), 당사자가 협의하여 1년 이내의 기간에 대한 정기금으로 정하였다면 3년의 단기소멸시효에 걸리고(민법 제163조 제1호), 법원의 판결로 정해졌다면 10년의 소멸시효에 걸린다(민법 제165조 제1항). 분묘기지권자가 2년 이상의 지료를 지급하지 않으면 토지소유자는 분묘기지권의 소멸을 청구할 수 있다(민법 제287조). 다만 토지소유자가 법원에 지료결정 청구를 하여 지료 금액이 판결로 확정될 때까지는 분묘기지권자가 지료 지급을 지체하였다고 볼 수 없으므로 분묘기지권 소멸청구를 할 수 없고(대법원 1994. 12. 2. 선고 93다52297 판결 참조), 지료 금액을 결정하는 판결 확정 후 상당한 기간이 지나도록 분묘기지권자가 2년분 이상의 지료 지급을 지체하여야만 토지소유자가 분묘기지권 소멸청구를 할 수 있다. 이때 '상당한 기간'이 지났는지 여부는 분묘기지권의 성격, 토지의 이용 목적, 분묘의 설치 경위·위치·면적, 지료를 연체한 이유와 연체 액수, 당사자의 태도 등을 종합적으로 고려하여 판단해야 한다(대법원 2021. 4. 29. 선고 2017다228007 전원합의체 판결).

▶ 결론

위 전원합의체 판결에 따라 분묘기지권자는 토지소유자가 분묘기지에 관한 지료를 청구하면 그 청구한 날부터(소장 부본 송달일 다음날부터)의 지료를 지급할 의무가 있다. 다만, 토지 1필지의 전체 면적에서 분묘가 위치한 실제 면적과 전체 면적 중 어느 면적에 대해 지료를 청구할 수 있을 것인가 라는 문제가 대두되고 이에 대한 소송이 이어질 것으로 보인다.

▣ 유치권

"유치권"이란 타인의 물건이나 유가증권을 점유하고 있는 자가 그 물건에 관하여 생긴 채무의 변제를 받을 때까지 그 물건이나 유가증권을 유치할 수 있는 법정 담보물권이다. 유치권은 점유로써 외부에 공시되므로 등기가 필요 없다. 유치권자는 채권의 변제를 받을 때까지 목적물의 점유를 계속하면서 인도를 거절할 수 있다. 예를 들어, 컴퓨터 수리업자는 수리대금을 받기까지 수리한 컴퓨터를 유치하고 그 반환을 거절할 수 있어 간접적으로 수리대금의 지급을 강제한다. 경락인이 유치권자로부터 목적물을 인도받으려면 유치권에 관한 채무를 변제해야 하므로 사실상 우선변제를 받는 결과가 된다.

▶ 유치권의 성립요건

유치권이 성립하기 위해서는 아래의 요건 모두가 충족되어야 한다.

① 타인 소유의 물건이나 유가증권일 것

② 목적물을 적법하게 점유할 것 (간접점유, 직접점유를 가리지 않는다)

③ 채권의 경우 변제기가 도래했을 것

④ 유치권 배제특약이 없을 것

⑤ 채권과 목적물 사이에 견련관계가 있을 것

⑥ 경매개시결정 이전에 점유할 것

* "견련관계"란 둘 이상의 사람, 사물, 현상 따위가 서로 관련을 맺거나 관련이 있는 것을 말한다.

■ 유치권에 관한 '민법'및 '상법'

- 유치권의 내용 (민법 320조).

① 타인의 물건 또는 유가증권을 점유한 자는 그 물건이나 유가증권에 관하여 생긴 채권이 변제기에 있는 경우에는 변제를 받을 때까지 그 물건 또는 유가증권을 유치할 권리가 있다.

② 전항의 규정은 그 점유가 불법행위로 인한 경우에 적용하지 아니한다.

• 유치권의 불가분성 (민법 제321조).

유치권자는 채권전부의 변제를 받을 때까지 유치물 전부에 대하여 그 권리를 행사할 수 있다.

• 경매, 간이변제충당 (민법 제322조).

① 유치권자는 채권의 변제를 받기 위하여 유치물을 경매할 수 있다.

② 정당한 이유있는 때에는 유치권자는 감정인의 평가에 의하여 유치물로 직접 변제에 충당할 것을 법원에 청구할 수 있다. 이 경우에는 유치권자는 미리 채무자에게 통지하여야 한다.

• 과실수취권 (민법 제323조).

① 유치권자는 유치물의 과실을 수취하여 다른 채권보다 먼저 그 채권의 변제에 충당할 수 있다. 그러나 과실이 금전이 아닌 때에는 경매하여야 한다.

② 과실은 먼저 채권의 이자에 충당하고 그 잉여가 있으면 원본에 충당한다.

• 유치권자의 선관의무 (민법 제324조).

① 유치권자는 선량한 관리자의 주의로 유치물을 점유하여야 한다.

② 유치권자는 채무자의 승낙없이 유치물의 사용, 대여 또는 담보제공을 하지 못한다. 그러나 유치물의 보존에 필요한 사용은 그러하지 아니하다.

③ 유치권자가 전2항의 규정에 위반한 때에는 채무자는 유치권의 소멸을 청구할 수 있다.

• 유치권자의 상환청구권 (민법 제325조).

① 유치권자가 유치물에 관하여 필요비를 지출한 때에는 소유자에게 그 상환을 청구할 수 있다.

② 유치권자가 유치물에 관하여 유익비를 지출한 때에는 그 가액의 증가가 현존한 경우에 한하여 소유자의 선택에 좇아 그 지출한 금액이나 증가액의 상환을 청구할 수 있다. 그러나 법원은 소유자의 청구에 의하여 상당한 상환기간을 허여할 수 있다.

• 피담보채권의 소멸시효 (민법 제326조).

유치권의 행사는 채권의 소멸시효의 진행에 영향을 미치지 아니한다.

• 타담보 제공과 유치권소멸 (민법 제327조).

채무자는 상당한 담보를 제공하고 유치권의 소멸을 청구할 수 있다.

• 점유상실과 유치권소멸 (민법 제328조).

유치권은 점유의 상실로 인하여 소멸한다.

• 상사유치권 (상법 제58조).

상인간의 상행위로 인한 채권이 변제기에 있는 때에는 채권자는 변제를 받을 때까지 그 채무자에 대한 상행위로 인하여 자기가 점유하고 있는 채무자소유의 물건 또는 유가증권을 유치할 수 있다. 그러나 당사자 간에 다른 약정이 있으면 그러하지 아니하다.

■ 유치권에 관한 판례

☀ 유치권의 성립요건인 유치권자의 점유는 직접점유이든 간접점유이든 관계없다. 간접점유를 인정하기 위해서는 간접점유자와 직접점유를 하는 자 사이에 일정한 법률관계, 즉 점유매개관계가 필요한데, 간접점유에서 점유매개관계를 이루는 임대차계약 등이 해지 등의 사유로 종료되더라도 직접점유자가 목적물을 반환하기 전까지는 간접점유자의 직접점유자에 대한 반환청구권이 소멸하지 않는다. 따라서 점유매개관계를 이루는 임대차계약 등이 종료된 이후에도 직접점유자가 목적물을 점유한 채 이를 반환하지 않고 있는 경우에는, 간접점유자의 반환청구권이 소멸한 것이 아니므로 간접점유의 점유매개관계가 단절된다고 할 수 없다(대법원 2019. 8. 14. 선고 2019다205329 판결).

☀ 유치권은 법정담보물권이기는 하나 채권자의 이익보호를 위한 채권담보의 수단에 불과하므로 이를 포기하는 특약은 유효하고, 유치권을 사전에 포기한 경우 다른 법정요건이 모두 충족되더라도 유치권이 발생하지 않는 것과 마찬가지로 유치권을 사후에 포기한 경우 곧바로 유치권은 소멸한다. 그리고 유치권 포기로 인한 유치권의 소멸은 유치권 포기의 의사표시의 상대방뿐 아니라 그 이외의 사람도 주장할 수 있다(대법원 2016. 5. 12. 선고 2014다52087 판결).

☀ 공사대금채권에 기하여 유치권을 행사하는 자가 스스로 유치물인 주택에 거주하며 사용하는 것은 특별한 사정이 없는 한 유치물인 주택의 보존에 도움이 되는 행위로서 유치물의 보존에 필요한 사용에 해당한다고 할 것이다. 그리고 유치권자가 유치물의 보존에 필요한 사용을 한 경우에도 특별한 사정이 없는 한 차임에 상당한 이득을 소유자에게 반환할 의무가 있다(대법원 2009. 9. 24. 선고 2009다40684 판결).

☀ 임대인과 임차인 사이에 건물명도시 권리금을 반환하기로 하는 약정이 있었다 하더라도 그와 같은 권리금반환청구권은 건물에 관하여 생긴 채권이라 할 수 없으므로 그와 같은 채권을 가지고 건물에 대한 유치권을 행사할 수 없다(대법원 1994. 10. 14. 선고 93다62119 판결).

☀ 건물의 신축공사를 한 수급인이 그 건물을 점유하고 있고 또 그 건물에 관하여 생긴 공사금 채권이 있다면, 수급인은 그 채권을 변제받을 때까지 건물을 유치할 권리가 있다(대법원 1995. 9. 15. 선고 95다16202, 16219 판결).

☀ 채무자 소유의 부동산에 경매개시결정의 기입등기가 마쳐져 압류의 효력이 발생한 후에 유치권을 취득한 경우에는 그로써 부동산에 관한 경매절차의 매수인에게 대항할 수 없는데, 채무자 소유의 건물에 관하여 증·개축 등 공사를 도급받은 수급인이 경매개시결정의 기입등기가 마쳐지기 전에 채무자에게서 건물의 점유를 이전받았다 하더라도 경매개시결정의 기입등기가 마쳐져 압류의 효력이 발생한 후에 공사를 완공하여 공사대금채권을 취득함으로써 그때 비로소 유치권이 성립한 경우에는, 수급인은 유치권을 내세워 경매절차의 매수인에게 대항할 수 없다(대법원 2011. 10. 13. 선고 2011다55214 판결).

☀ 부동산에 관한 민사집행절차에서는 경매개시결정과 함께 압류를 명하므로 압류가 행하여짐과 동시에 매각절차인 경매절차가 개시되는 반면, 국세징수법에 의한 체납처분절차에서는 그와 달리 체납처분에 의한 압류와 동시에 매각절차인 공매절차가 개시되는 것이 아닐 뿐만 아니라, 체납처분압류가 반드시 공매절차로 이어지는 것도 아니다. 또한 체납처분절차와 민사집행절차는 서로 별개의 절차로서 공매절차와 경매절차가 별도로 진행되는 것이므로, 부동산에 관하여 체납처분압류가 되어 있다고 하여 경매절차에서 이를 그 부동산에 관하여 경매개시결정에 따른 압류가 행하여진 경우와 마찬가지로 볼 수는 없다.
따라서 체납처분압류가 되어 있는 부동산이라고 하더라도 그러한 사정만으로 경매절차가 개시되어 경매개시결정등기가 되기 전에 부동산에 관하여 민사유치권을 취득한 유치권자가 경매절차의 매수인에게 유치권을 행사할 수 없다고 볼 것은 아니다(대법원 2014. 3. 20. 선고 2009다60336 전원합의체 판결).

☀ 부동산 경매절차에서의 매수인은 민사집행법 제91조 제5항에 따라 유치권자에게 그 유치권으로 담보하는 채권을 변제할 책임이 있는 것이 원칙이나, 채무자 소유의 건물 등 부동산에 경매개시결정의 기입등기가 경료되어 압류의 효력이 발생한 후에 채무자가 위 부동산에 관한 공사대금 채권자에게 그 점유를 이전함으로써 그로 하여금 유치권을

취득하게 한 경우, 그와 같은 점유의 이전은 목적물의 교환가치를 감소시킬 우려가 있는 처분행위에 해당하여 민사집행법 제92조 제1항, 제83조 제4항에 따른 압류의 처분금지효에 저촉되므로 점유자로서는 위 유치권을 내세워 그 부동산에 관한 경매절차의 매수인에게 대항할 수 없다. 그러나 이러한 법리는 경매로 인한 압류의 효력이 발생하기 전에 유치권을 취득한 경우에는 적용되지 아니하고, 유치권 취득시기가 근저당권설정 후라거나 유치권 취득 전에 설정된 근저당권에 기하여 경매절차가 개시되었다고 하여 달리 볼 것은 아니다(대법원 2009. 1. 15. 선고 2008 다70763 판결).

☀ 공매절차에서 점유자의 유치권 신고 사실을 알고 부동산을 매수한 자가 그 점유를 침탈하여 유치권을 소멸시키고 나아가 고의적인 점유이전으로 유치권자의 확정판결에 기한 점유회복조차 곤란하게 하였음에도 유치권자가 현재까지 점유회복을 하지 못한 사실을 내세워 유치권자를 상대로 적극적으로 유치권부존재확인을 구하는 것은, 자신의 불법행위로 초래된 상황을 자기의 이익으로 원용하면서 피해자에 대하여는 불법행위로 인한 권리침해의 결과를 수용할 것을 요구하고, 나아가 법원으로부터는 위와 같은 불법적 권리침해의 결과를 승인받으려는 것으로서, 이는 명백히 정의 관념에 반하여 사회생활상 도저히 용인될 수 없는 것으로 권리남용에 해당하여 허용되지 않는다(대법원 2010. 4. 15. 선고 2009다96953 판결).

☀ 상사유치권은 민사유치권과 달리 피담보채권이 '목적물에 관하여' 생긴 것일 필요는 없지만 유치권의 대상이 되는 물건은 '채무자 소유'일 것으로 제한되어 있다(상법 제58조, 민법 제320조 제1항 참조). 따라서 유치권 성립 당시에 이미 목적물에 대하여 제3자가 권리자인 제한물권이 설정되어 있다면, 상사유치권은 그와 같이 제한된 채무자의 소유권에 기초하여 성립할 뿐이고, 기존의 제한물권이 확보하고 있는 담보가치를 사후적으로 침탈하지는 못한다고 보아야 한다. 그러므로 채무자 소유의 부동산에 관하여 이미 선행(선행)저당권이 설정되어 있는 상태에서 채권자의 상사유치권이 성립한 경우, 상사유치권자는 채무자 및 그 이후 채무자로부터 부동산을 양수하거나 제한물권을 설정받는 자에 대해서는 대항할 수 있지만, 선행저당권자 또는 선행저당권에 기한 임의경매절차에서 부동산을 취득한 매수인에 대한 관계에서는 상사유치권으로 대항할 수 없다(대법원 2013. 2. 28. 선고 2010다57350 판결).

4부

채권자의 대반격과 채무자의 대응 방안

1장 대반격의 법적근거

채권적 청구권은 계약의 당사자에게만 효력이 미치는 것이 원칙이다. 그러나 계약의 상대방이 아닌 자 에게도 청구할 수 있는 법적 근거가 다음과 같이 마련되어 있다.

민법 제404조(채권자대위권), 민법 제406조(채권자취소권), 민법 제734조(사무관리), 민법 제741조(부당이득반환), 민법 제750조(불법행위로 인한 손해배상 책임), 상법 제24조(명의대여자의 책임), 상법 제42조(상호를 속용하는 양수인의 책임), 상법이론(법인격 부인론)

따라서 채권자는 계약의 당사자가 아닌 자에게도 이행청구의 소를 제기할 수 있다. 민법 제404조(채권자대위권)와 제406조(채권자취소권)는 채권의 제3자적 효력에 관한 규정으로 상대적 효력의 예외를 인정하고 있다. 대위권의 종류로, 채권자대위권(민법 제404조), 변제자의 법정대위: 변제자대위권(민법 제481조), 제3자에 의한 보험대위: 보험자대위권(상법 제682조)이 있다.

▣ 채권자대위권

"채권자대위권"은 채권자가 자기 채권을 보전하기 위하여 채무자의 권리를 대신 행사할 수 있는 실체법상의 권리이다. 또한 채권자가 자기 이름으로 채무자의 권리를 행사할 수 있는 권리이므로, 대리권은 아니며 일종의 법정재산관리권이라고 할 수 있다. 채무자의 일반재산을 이루는 재산권은 그 종류를 묻지 않고 모두 채권자대위권의 목적이 된다. 반면에 행사상의 일신전속권, 압류금지채권, 소송상의 개개의 행위 또는 권리는 채권자대위권의 객체가 아니다.

● 채권자대위권 (민법 제404조).

① 채권자는 자기의 채권을 보전하기 위하여 채무자의 권리를 행사할 수 있다. 그러나 일신에 전속한 권리는 그러하지 아니하다.

② 채권자는 그 채권의 기한이 도래하기 전에는 법원의 허가없이 전항의 권리를 행사하지 못한다. 그러나 보전행위는 그러하지 아니하다.

● 채권자대위권행사의 통지 (민법 제405조).

① 채권자가 전조 제1항의 규정에 의하여 보전행위 이외의 권리를 행사한 때에는 채무자에게 통지하여야 한다.

② 채무자가 전항의 통지를 받은 후에는 그 권리를 처분하여도 이로써 채권자에게 대항하지 못한다.

* 그러나 대위권 행사에 채무자의 동의를 받아야 하는 것은 아니며, 채무자가 그 행사에 반대하더라도 대위권의 행사가 가능하다.

* 대위권 행사의 통지가 없었더라도 채무자가 대위권 행사의 사실을 알고 있었다면 통지가 있었던 경우에서와 마찬가지의 효과가 생긴다.

▶ 채권자대위권의 행사요건

① 피보전채권 및 피대위채권의 존재

② 채권보전의 필요성(원칙적으로 채무자의 무자력이 요구된다. 판례에 의해 일정한 금전채권, 일정한 특정채권의 경우 예외가 인정된다).

③ 피보전채권의 이행기의 도래

④ 채무자의 권리 불 행사

위 요건이 모두 충족되어야 한다. 법원의 허가가 있거나 보존행위에 대해서는 채권의 기한이 도래하기 전이라도 대위권을 행사할 수 있다.

☀ 채권자대위권 행사요건에 관한 판례

[1] 채권자대위권에 의해 보전되는 채권은 보전의 필요성이 인정되고 이행기가 도래한 것이면 족하고, 그 채권의 발생원인이 어떠하든 대위권을 행사함에는 아무런 방해가 되지 아니하며, 또한 채무자에 대한 채권이 제3채무자에게까지 대항할 수 있는 것임을 요하는 것도 아니다.

[2] 채권자대위권을 재판상 행사하는 경우에 있어서도 채권자인 원고는 그 채권의 존재사실 및 보전의 필요성, 기한의 도래 등을 입증하면 족한 것이지, 채권의 발생원인 사실 또는 그 채권이 제3채무자인 피고에게 대항할 수 있는 채권이라는 사실까지 입증할 필요는 없으며, 따라서 채권자가 채무자를 상대로 하여 그 보전되는 청구권에 기한 이행청구의 소를 제기하여 승소판결이 확정되면 제3채무자는 그 청구권의 존재를 다툴 수 없다(대법원 2003. 4. 11. 선고 2003다1250 판결).

▶ 채권자대위권 행사의 효과

채권자가 채무자의 권리를 자기의 이름으로 행사하나, 대위권 행사의 모든 효과는 채무자에게 귀속되어 전 채권자의 공동담보로 된다. 채권자에게 직접 귀속하는 것이 아니다. 그러나 대위권을 행사함에 있어서 반드시 채무자에게 급부하라고 하여야 하는 것은 아니고, 채권자 자신에게 직접 급부하도록 요구하여도 된다. 즉 채권자에 의한 대위수령이 가능하다. 대위권행사를 통해 회복되는 재산은 총채권자를 위한 공동담보(책임재산)가 된다. 대위채권자라고 하여 우선변제권이 주어지지는 않는다. 대위채권자가 자기 채권의 변제를 받기 위해서는 채무자로부터 임의변제를 받거나 강제집행을 해야 한다.

▶ 예를 들어, 채권자 A → A의 채무자 겸, C에 대한 채권자 B → B의 채무자(제3채무자) C 사이에 채권·채무관계가 형성되어 있다고 가정하자. 위 4가지 요건을 모두 충족한 상태에서 A가 B를 대위해서 C에게 채무의 이행을 직접 청구할 수 있는 권리가 채권자대위권이다(추심권능). A의 B에 대한 권리를 '피보전채권'이라 하고, B의 C에 대한 권리를 '피대위채권'이라 한다.

▶ 소송을 통한 채권자대위권 행사

A가 B를 대위하여 C를 상대로 제기한 소송에서 승소하게 되면 A는 C에 대해 금전청구권을 갖게 되고 변제수령 권능이 생기게 된다.

▶ 채권압류 및 추심(전부)명령

A가 B에 대한 집행권원을 기초로 C를 제3채무자로 하는 채권압류 및 추심명령을 신청하거나 집행권원이 없을 경우 채권가압류를 신청할 수도 있다.

▶ 복수의 채권자가 신청한 채권압류 및 전부명령의 효력

B가 다른 채권자 D에게도 채무를 이행하지 못하고 있는 상태에서, A가 C를 상대로 하는 채권자대위소송 제기 사실을 B에게 고지한 이후에 D가 채권압류 및 전부명령을 신청했다면 민법 제405조 제2항에 의해 효력이 발생하지 않는다.

☀ 채권자대위권 행사와 시효중단의 효과

채권자대위권 행사의 효과는 채무자에게 귀속되는 것이므로 채권자대위소송의 제기로 인한 소멸시효 중단의 효과 역시 채무자에게 생긴다(대법원 2011. 10. 13. 선고 2010다80930 판결).

☀ 채무자의 처분 제한

채권자가 채권자대위권에 기하여 채무자의 권리를 행사하고 있는 경우 그 사실을 채무자에게 통지하였거나 채무자가 그 사실을 알고 있었던 때에는 채무자가 그 권리를 처분하여도 채권자에게 대항하지 못한다(대법원 2003. 1. 10. 선고 2000다27343 판결).

☀ 가압류 · 가처분의 취소를 신청할 수 있는 권리에 대한 채권자대위권 행사

가압류 · 가처분결정에 대한 본안의 제소명령을 신청할 수 있는 권리나 제소기간의 도과에 의한 가압류 · 가처분의 취소를 신청할 수 있는 권리, 사정변경에 따른 가압류 · 가처분의 취소를 신청할 수 있는 권리는 가압류 · 가처분신청에 기한 소송을 수행하기 위한 소송절차상의 개개의 권리가 아니라 가압류 · 가처분신청에 기한 소송절차와는 별개의 독립된 소송절차를 개시하게 하는 권리라고 할 것이므로, 이는 채권자대위권의 목적이 될 수 있는 권리이다(대법원 1993. 12. 27.자 93마1655 결정).

☀ 채권자취소권의 대위행사

채권자취소권도 채권자가 채무자를 대위하여 행사하는 것이 가능하다. 채권자가 채무자의 채권자취소권을 대위행사하는 경우, 제소기간은 대위의 목적으로 되는 권리의 채권자인 채무자를 기준으로 하여 그 준수 여부를 가려야 할 것이고, 따라서 채권자취소권을 대위행사하는 채권자가 취소원인을 안 지 1년이 지났다 하더라도 채무자가 취소원인을 안 날로부터 1년, 법률행위가 있은 날로부터 5년 내라면 채권자취소의 소를 제기할 수 있다(대법원 2001. 12. 27. 선고 2000다73049 판결).

▣ 변제자대위권

"변제자대위권"이란 채무자를 위하여 변제한 자와 변제할 정당한 이익이 있는 자가 채무자나 다른 연대채무자에게 변제한 가액의 범위 내에서 채권자를 대위하여 구상권을 행사할 수 있는 권리를 말한다. 채권자를 대위함에 있어 임의대위의 경우 채권자의 승낙을 얻어야 하며, 법정대위의 경우 채권양도절차 없이 변제로 당연히 채권자를 대위한다.

● 변제자의 임의대위 (민법 제480조). → 변제할 정당한 이익이 없는 경우

① 채무자를 위하여 변제한 자는 변제와 동시에 채권자의 승낙을 얻어 채권자를 대위할 수 있다.

② 전항의 경우에 제450조 내지 제452조의 규정을 준용한다.

● 변제자의 법정대위 (민법 제481조). → 변제할 정당한 이익이 있는 경우

'변제자대위권'에 따라, 변제할 정당한 이익이 있는 자는 변제로 당연히 채권자를 대위한다.

▶ 채무의 변제는 제3자도 할 수 있으나, 이해관계 없는 제3자는 채무자의 의사에 반하여 변제하지 못한다. '변제할 정당한 이익이 있는 자'란 변제를 하지 않으면 채권자로부터 집행을 받게 되거나 또는 채무자에 대한 자기의 권리를 잃게 되는 지위에 있기 때문에 변제함으로써 당연히 대위의 보호를 받아야 할 법률상의 이익을 가지는 자를 말한다. 보증인, 연대보증인, 연대채무자, 물상보증인, 저당 부동산의 제3취득자, 후순위담보권자 등을 말한다. 이해관계는 법률상의 이해관계를 말하고 단지 사실상의 이해관계를 가진 자는 제외된다. 채무자의 의사에 반하였다고 주장하는 자에게 입증책임이 있다.

● 변제자대위의 효과, 대위자간의 관계 (민법 제482조). → 전부변제에 의한 대위

① 전2조의 규정에 의하여 채권자를 대위한 자는 자기의 권리에 의하여 구상할 수 있는 범위에서 채권 및 그 담보에 관한 권리를 행사할 수 있다.

② 전항의 권리행사는 다음 각호의 규정에 의하여야 한다.

1. 보증인은 미리 전세권이나 저당권의 등기에 그 대위를 부기하지 아니하면 전세물이나 저당물에 권리를 취득한 제삼자에 대하여 채권자를 대위하지 못한다.

2. 제삼취득자는 보증인에 대하여 채권자를 대위하지 못한다.
3. 제삼취득자 중의 1인은 각 부동산의 가액에 비례하여 다른 제삼취득자에 대하여 채권자를 대위한다.
4. 자기의 재산을 타인의 채무의 담보로 제공한 자가 수인인 경우에는 전호의 규정을 준용한다.
5. 자기의 재산을 타인의 채무의 담보로 제공한 자와 보증인간에는 그 인원수에 비례하여 채권자를 대위한다. 그러나 자기의 재산을 타인의 채무의 담보로 제공한 자가 수인인 때에는 보증인의 부담부분을 제외하고 그 잔액에 대하여 각 재산의 가액에 비례하여 대위한다. 이 경우에 그 재산이 부동산인 때에는 제1호의 규정을 준용한다.

- 일부의 대위 (민법 제483조). → 일부변제에 의한 대위

① 채권의 일부에 대하여 대위변제가 있는 때에는 대위자는 그 변제한 가액에 비례하여 채권자와 함께 그 권리를 행사한다.
② 전항의 경우에 채무불이행을 원인으로 하는 계약의 해지 또는 해제는 채권자만이 할 수 있고 채권자는 대위자에게 그 변제한 가액과 이자를 상환하여야 한다.

- 대위변제와 채권증서, 담보물 (민법 제484조).

① 채권전부의 대위변제를 받은 채권자는 그 채권에 관한 증서 및 점유한 담보물을 대위자에게 교부하여야 한다.
② 채권의 일부에 대한 대위변제가 있는 때에는 채권자는 채권증서에 그 대위를 기입하고 자기가 점유한 담보물의 보존에 관하여 대위자의 감독을 받아야 한다.

- 채권자의 담보상실, 감소행위와 법정대위자의 면책 (민법 제485조).

제481조의 규정에 의하여 대위할 자가 있는 경우에 채권자의 고의나 과실로 담보가 상실되거나 감소된 때에는 대위할 자는 그 상실 또는 감소로 인하여 상환을 받을 수 없는 한도에서 그 책임을 면한다.

- 변제 이외의 방법에 의한 채무소멸과 대위 (민법 제486조).

제삼자가 공탁 기타 자기의 출재로 채무자의 채무를 면하게 한 경우에도 전6조의 규정을 준용한다.

☀ 변제할 정당한 이익이 있는 자가 채무자를 위하여 채권의 일부를 대위변제할 경우에 대위변제자는 변제한 가액의 범위내에서 종래 채권자가 가지고 있던 채권 및 담보에 관한 권리를 취득하게 되고 따라서 채권자가 부동산에 대하여 저당권을 가지고 있는 경우에는 채권자는 대위변제자에게 일부 대위변제에 따른 저당권의 일부 이전의 부기등기를 경료해 주어야 할 의무가 있다 할 것이나 이 경우에도 채권자는 일부 대위변제자에 대하여 우선변제권을 가지고 있다(대법원 1988. 9. 27. 선고 88다카1797 판결).

☀ 어느 연대채무자가 자기의 출재로 공동면책이 된 때에는 민법 제425조 제1항에 따라 다른 연대채무자의 부담부분에 대하여 구상권을 가짐과 동시에 민법 제481조, 제482조 제1항에 따른 변제자대위에 의하여 당연히 채권자를 대위하여 채권자의 채권 및 그 담보에 관한 권리를 행사할 수 있는데, 구상권과 변제자대위권은 원본, 변제기, 이자, 지연손해금의 유무 등에서 내용이 다른 별개의 권리이다.

회생채권자가 민법 제481조, 제482조 제1항의 규정에 의한 변제자대위에 의하여 채권자를 대위하여 채권자의 채권 및 그 담보에 관한 권리를 행사하는 데에는 영향이 없다(대법원 2015. 11. 12. 선고 2013다214970 판결).

☀ 일부 대위변제자의 채무자에 대한 구상채권에 대하여 보증한 자가 자신의 보증채무를 변제함으로써 일부 대위변제자를 다시 대위하게 되었다 하더라도 그것만으로 채권자의 채무자에 대한 권리가 아니라 채권자와 일부 대위변제자 사이의 약정에 지나지 않는 '우선회수특약'에 따른 권리까지 당연히 대위하거나 이전받게 된다고 볼 수는 없다(대법원 2010. 4. 8. 선고 2009다80460 판결).

☀ 납세보증보험의 보험자가 그 보증성에 터잡아 보험금을 지급한 경우에는 변제자대위에 관한 민법 제481조를 유추적용하여 피보험자인 세무서가 보험계약자인 납세의무자에 대하여 가지는 채권을 대위행사 할 수 있다.

채무를 변제할 이익이 있는 자가 채무를 대위변제한 경우에 통상 채무자에 대하여 구상권을 가짐과 동시에 민법 제481조에 의하여 당연히 채권자를 대위하나, 위 구상권과 변제자 대위권은 그 원본, 변제기, 이자, 지연손해금의 유무 등에 있어서 그 내용이 다른 별개의 권리이므로, 대위변제자와 채무자 사이에 구상금에 관한 지연손해금 약정이 있더라도 이 약정은 구상금을 청구하는 경우에 적용될 뿐, 변제자대위권을 행사하는 경우에는 적용될 수 없다(대법원 2009. 2. 26. 선고 2005다32418 판결).

▣ 보험자대위권

"보험자대위권"이란 보험회사가 보험사고로 인한 피보험자의 손실을 보상해주는 대신 피보험자가 가지는 목적이나 제3자에 대하여 가지는 권리를 당연히 취득하는 것을 말한다. 인보험에서는 원칙적으로 보험자 대위가 인정되지 않으며, 손해보험계약의 경우 보험회사는 이득금지 원칙에 의하여 보험약관에 따라 대위권을 행사할 수 있다.

▶ 제3자에 의한 보험자대위 (청구권대위)

- 권리취득 요건

손해가 제3자의 행위로 인하여 생겨야 한다. 여기서 제3자의 행위라 함은 불법행위 뿐만 아니라 채무불이행으로 인한 손해배상의무를 부담하는 것을 포함한다.

- 권리이전 효과

보험회사가 보험금을 지급한 때로부터 제3자에 대한 피보험자의 권리가 보험회사에 이전된다. 보험회사가 피보험자에게 보상할 보험금액의 일부를 지급한 때에는 피보험자의 권리를 침해하지 않는 범위 내에서 대위권을 행사할 수 있다.

● 제3자에 의한 보험대위 (상법 제682조).

① 손해가 제3자의 행위로 인하여 발생한 경우에 보험금을 지급한 보험자는 그 지급한 금액의 한도에서 그 제3자에 대한 보험계약자 또는 피보험자의 권리를 취득한다. 다만, 보험자가 보상할 보험금의 일부를 지급한 경우에는 피보험자의 권리를 침해하지 아니하는 범위에서 그 권리를 행사할 수 있다.

② 보험계약자나 피보험자의 제1항에 따른 권리가 그와 생계를 같이 하는 가족에 대한 것인 경우 보험자는 그 권리를 취득하지 못한다. 다만, 손해가 그 가족의 고의로 인하여 발생한 경우에는 그러하지 아니하다.

☀ 상법 제682조 소정의 보험자대위는 보험사고로 인한 손해가 보험계약자 또는 피보험자 아닌 제3자의 행위로 인하여 생긴 경우에 보험금액을 지급한 보험자가 보험계약자 또는 피보험자의 그 제3자에 대한 권리를 취득하는 제도이므로, 보험계약의 해석상 보험사고를 일으킨 자가 상법 소정의 "제3자"가 아닌 "피보험자"에 해당될 경우에는 보험자는 그 보험사고를 일으킨 자에 대하여 보험자대위권을 행사할 수 없다(대법원 1995. 6. 9. 선고 94다4813 판결).

■ 채권자취소권

"채권자취소권"이란 채무자가 무자력 상태에서 채권자를 해함을 알면서 자기의 일반재산을 감소시키는 법률행위를 한 경우에, 채권자가 그 법률행위를 취소하고 재산을 원상으로 회복시킬 수 있는 실체법상의 권리이다. 예를 들어, 채무자의 책임재산을 유지할 목적으로 채무자와 제3채무자 사이에 행하여진 채무자의 재산을 감소시키는 법률행위를 취소하고, 채무자의 책임재산으로부터 빠져나간 재산을 다시 채무자의 책임재산으로 회복시킬 수 있는 권리를 채권자에게 인정하는 제도이다.

● 채권자취소권 (민법 제406조).

① 채무자가 채권자를 해함을 알고 재산권을 목적으로 한 법률행위를 한 때에는 채권자는 그 취소 및 원상회복을 법원에 청구할 수 있다. 그러나 그 행위로 인하여 이익을 받은 자나 전득한 자가 그 행위 또는 전득당시에 채권자를 해함을 알지 못한 경우에는 그러하지 아니하다.

② 전항의 소는 채권자가 취소원인을 안 날로부터 1년, 법률행위있은 날로부터 5년내에 제기하여야 한다.

● 채권자취소의 효력 (민법 제407조).

① 전조의 규정에 의한 취소와 원상회복은 모든 채권자의 이익을 위하여 그 효력이 있다.

* 취소의 효력은 소송당사자인 채권자와 수익자 또는 전득자 사이에서 발생하는 법률행위만 무효로 한다(상대적 무효).

* 즉 채무자의 책임재산의 유지라는 결과를 가져온다. 여기에서 '채권자'는 사해행위 당시 채무자에 대하여 채권을 가지고 있었던 자 및 채권자취소권의 피보전채권으로서의 적격을 가지는 장래의 채권을 가지게 된 자에 한정되고, 사해행위 후의 채권자는 포함되지 않는다.

* 민법 제407조는 채권자 평등주의를 지향하고 있다. 다만, 대법원은 원물반환의 경우에는 채권자 평등주의를 따르지만, 가액 배상의 경우에는 우선변제권을 인정하고 있다.

▶ 채권자취소권 행사의 요건

- 객관적 요건

① 피보전채권이 존재할 것

② 사해행위가 존재할 것

(이때의 사해행위는 재산권을 목적으로 하는 법률행위일 것, 채권자를 해하는 법률행위일 것이 요구된다).

- 주관적 요건 (사해행위 당시에)

① 채무자의 악의가 존재할 것

② 수익자 또는 전득자의 악의가 존재할 것

▶ 사해행위로서의 적격성

사해행위는 재산상의 법률행위이어야 하고, 채무자의 총재산을 감소시키는 행위로 인해 채무초과상태에 이르거나 채무초과상태가 심화되어야 한다. 사해행위에는 계약뿐만 아니라 단독행위도 포함된다. 그 밖에 채무자의 재산을 감소시키는 것이라면 준법률행위도 포함되지만 부작위나 순수사실행위는 포함되지 않는다.

* 용어 정리

단독행위 (예: 채무면제)

준법률행위 중 표현행위 (예: 이행의 청구, 채권양도의 통지)

준법률행위 중 사실행위 (예: 유실물 습득, 사무관리)

부작위 (예: 배고파 우는 아기에게 젖을 먹이지 않는 소극적인 태도)

순수사실행위 (예: 과실의 분리, 매장물 발견)

▶ 수익자의 선의 항변 판단 기준

① 채무자와 수익자의 인적관계

② 처분행위의 내용과 경위

③ 처분행위의 거래조건이 정상적인지 여부 + 의심할 만한 특별한 사정이 없는지 여부 + 정상적인 거래관계임을 증명할 객관적인 자료의 유무

④ 처분행위 이후의 정황에 따라 선의 여부를 판단한다.

☀ 사해행위취소소송에서 수익자의 악의는 추정되므로 수익자로서는 자신의 책임을 면하려면 자신의 선의를 입증할 책임이 있다 할 것인데, 이 경우 수익자의 선의 여부는 채무자와 수익자의 관계, 채무자와 수익자 사이의 처분행위의 내용과 그에 이르게 된 경위 또는 동기, 그 처분행위의 거래조건이 정상적이고 이를 의심할만한 특별한 사정이 없으며 정상적인 거래관계임을 뒷받침할만한 객관적인 자료가 있는지 여부, 그 처분행위 이후의 정황 등 여러 사정을 종합적으로 고려하여 논리칙·경험칙에 비추어 합리적으로 판단하여야 할 것이다(대법원 2008. 7. 10. 선고 2007다74621 판결).

☀ 사해행위취소소송에 있어서 수익자가 사해행위임을 몰랐다는 사실은 그 수익자 자신에게 입증책임이 있다. 이때 그 사해행위 당시 수익자가 선의였음을 인정함에 있어서는 객관적이고도 납득할 만한 증거자료 등에 의하여야 하고, 채무자의 일방적인 진술이나 제3자의 추측에 불과한 진술 등에만 터 잡아 그 사해행위 당시 수익자가 선의였다고 선뜻 단정하여서는 안 된다(대법원 2006. 7. 4. 선고 2004다61280 판결).

☀ 사해행위취소소송에서는 수익자의 선의 여부만이 문제되고, 수익자의 선의에 과실이 있는지 여부는 문제되지 않는다(대법원 2001. 5. 8. 선고 2000다50015 판결).

▶ 전득자의 악의 판단 기준

☀ 채권자가 사해행위의 취소로서 수익자를 상대로 채무자와의 법률행위의 취소를 구함과 아울러 전득자를 상대로도 전득행위의 취소를 구함에 있어서, 전득자의 악의는 전득행위 당시 그 행위가 채권자를 해한다는 사실, 즉 사해행위의 객관적 요건을 구비하였다는 것에 대한 인식을 의미한다.

따라서 전득자의 악의를 판단함에 있어서는 단지 전득자가 전득행위 당시 채무자와 수익자 사이의 법률행위의 사해성을 인식하였는지 여부만이 문제가 될 뿐이지, 수익자와 전득자 사이의 전득행위가 다시 채권자를 해하는 행위로서 사해행위의 요건을 갖추어야 하는 것은 아니다(대법원 2006. 7. 4. 선고 2004다61280 판결).

☀ '취소원인을 안 날'의 의미

채권자취소권의 행사에 있어서 제척기간의 기산점인 채권자가 '취소원인을 안 날'은 채권자가 채권자취소권의 요건을 안 날, 즉 채무자가 채권자를 해함을 알면서 사해행위를 하였다는 사실을 알게 된 날을 의미하고, 채권자가 취소원인을 알았다고 하기 위하여는 단순히 채무자가 재산의 처분행위를 하였다는 사실을 아는 것만으로는 부족하고 구체적인 사해행위의 존재를 알고 나아가 채무자에게 사해의 의사가 있었다는 사실까지 알 것을 요하며, 사해행위의 객관적 사실을 알았다고 하여 취소의 원인을 알았다고 추정할 수는 없다(대법원 2006. 7. 4. 선고 2004다61280 판결). 한편 그 제척기간의 도과에 관한 입증책임은 채권자취소소송의 상대방에게 있다(대법원 2009. 3. 26. 선고 2007다63102 판결).

☀ '법률행위 있은 날'의 의미

어느 시점에서 사해행위에 해당하는 법률행위가 있었는가를 따짐에 있어서는 당사자 사이의 이해관계에 미치는 중대한 영향을 고려하여 신중하게 이를 판정하여야 할 것이고, 사해행위에 해당하는 법률행위가 언제 있었는가는 실제로 그러한 사해행위가 이루어진 날을 표준으로 판정할 것이되, 다른 특별한 사정이 없는 한 처분문서에 기초한 것으로 보이는 등기부상 등기원인일자를 중심으로 그러한 사해행위가 실제로 이루어졌는지 여부를 판정할 수밖에 없을 것이다(대법원 2002. 11. 8. 선고 2002다41589 판결).

☀ 채무자 소유의 부동산에 관하여 수익자의 명의로 소유권이전 청구권의 보전을 위한 가등기가 경료되었다가 그 가등기에 기한 소유권이전의 본등기가 경료된 경우에, 가등기의 등기원인인 법률행위와 본등기의 등기원인인 법률행위가 명백히 다른 것이 아닌 한 본등기의 기초가 된 가등기의 등기원인인 법률행위를 제쳐놓고 본등기의 등기원인인 법률행위만이 취소의 대상이 되는 사해행위라고 볼 것은 아니므로, 가등기의 등기원인인 법률행위가 있은 날이 언제인지와 관계없이 본등기가 경료된 날로부터 사해행위 취소의 소의 제척기간이 진행된다고 볼 수 없다(대법원 1996. 11. 8. 선고 96다26329 판결). 이 경우 제척기간의 기산점은 가등기일자이다.

2장 채권자대위권, 채권자취소권에 근거한 특수한 민사소송

▣ 채권자대위권에 근거한 소 제기

[사례] 2019년 5월 손모 씨(50세)는 남편 강모 씨와 사별했다. 의정부시 녹양동에 위치한 다가구주택에서 중학교 2학년, 고등학교 3학년인 두 아들과 함께 월세(손모 씨 명의 보증금 3천만 원, 월세 60만 원)로 거주하고 있다. 유일한 상속재산으로 고양시 원당동에 소재한 전용면적 50㎡ 다세대주택이 있는데 경황이 없어 2년째 상속등기를 하지 않았다. 이 다세대주택의 시세는 1억5천만 원인데, 남편 강모 씨 생전에 보증금 1억원에 전세계약을 체결했다. 임차인은 대항력과 확정일자를 갖추었고, 반환할 전세보증금 외에 특별한 상속채무는 없다.

손모 씨 부부가 2017년 6월부터 동대문 밀리오레 의류상가에서 운영했던 도・소매업도 경기불황의 여파를 이겨내지 못하고 2021년 1월에 폐업했다. 지방에 있는 '갑 쇼핑센터'에 3천만 원 상당의 의류 완제품을 납품했는데 8개월째 대금을 받지 못한 것이 결정적이었다. 매출처인 '갑'쇼핑센터도 경영악화로 도산위기에 처해 있다.

다중채무자로 전락한 손모 씨는 6개월 이상 채무변제를 이행하지 못하고 있다. 갚지 못한 채무가 8개 채권자 총 2억원에 달한다. 이 중 손모 씨의 창업자금대출 5천만 원을 대위변제한 구상금채권자 OO신용보증재단은 모든 사실관계를 파악하고 관련 자료를 확보했다.

현재 채무자 손모 씨는 자포자기 상태이고, 요양보호사 급여 월 220만 원으로 생계를 유지하고 있다. 큰 아들은 군 복무중이다. 손모 씨가 과중한 채무상환 부담에서 벗어날 수 있는 방법은 없을까? 채권자 OO신용보증재단은 어떤 법적조치를 취할 수 있을까?

□ 결론과 법리

▶ 상속에 관한 법률관계

① 상속인들이 상속개시있음을 안 날로부터 3월 내에 한정승인이나 포기를 하지 않았으므로 단순승인 한 것으로 간주된다.

② 법정 상속비율

상속인들의 법정 상속비율은 배우자 손모 씨 3/7, 자녀 2명 각자 2/7 이다.

③ 상속재산(적극재산): 다세대주택 1억5천만 원

배우자 손모 씨 지분 가액 64,285,714원 / 자녀 2명 지분 가액 각각 42,857,143원

④ 상속채무: 반환해야 할 다세대주택 전세보증금(소극재산): 1억원

배우자 손모 씨 지분 가액 42,857,142원 / 자녀 2명 지분 가액 각각 28,571,429원

⑤ 배우자 손모 씨의 순 상속재산 21,428,572원 (적극재산 64,285,714원 - 소극재산 42,857,142원 = 21,428,572원)

▶ 채권자 OO신용보증재단이 취할 수 있는 법적조치

① 채무자 손모 씨를 상대로 구상금청구소송을 제기할 수 있다.

② 집행권원을 확보하기 전에는 상속재산인 다세대주택의 손모 씨 상속지분, 급여채권, 매출채권, 예금채권 등에 대하여 가압류 신청할 수 있다.

③ 집행권원을 확보한 후에는 채권자대위권에 기해 채무자 손모 씨의 거래은행, 근무 중인 요양병원, 매출처인 쇼핑센터 '갑'을 제3채무자로 하여 채권압류 및 추심(전부)명령을 신청할 수 있다.

④ 채권자대위권에 기해 채무자 손모 씨를 대위하여 쇼핑센터 '갑'을 상대로 판매대금 청구에 관한 소송을 제기할 수 있다. 이때 대위권 행사의 효과가 직접적으로 채무자 손모 씨에게 귀속되고 그의 권리에 대해서는 시효중단의 효과가 생긴다.

⑤ 채권자대위권에 기해 채무자 손모 씨를 대위하여 다세대주택에 대한 상속등기를 신청할 수 있다.

● '채권자대위에 의한 등기절차에 관한 사무처리지침'(등기예규 1432호 2011. 10. 13. 시행)

이 예규는 채권자(특정의 등기청구권을 가진 채권자 및 금전채권자 포함)가 「민법」 제404조(채권자대위권) 및 「부동산등기법」 제28조(채권자대위권에 의한 등기신청)의 규정에 의한 대위등기절차 등을 규정함을 목적으로 한다.

예시: 가압류등기촉탁과 채권자의 대위에 의한 상속등기

1. 상속등기를 하지 아니한 부동산에 대하여 가압류결정이 있을 때 가압류채권자는 그 기입등기촉탁 이전에 먼저 대위에 의하여 상속등기를 함으로써 등기의무자의 표시가 등기기록과 부합하도록 하여야 한다.

2. 대위원인 : " 년 월 일 지방법원의 가압류 결정"이라고 기재한다.

3. 대위원인증서 : 가압류결정의 정본 또는 그 등본을 첨부한다.

⑥ 상속대위등기 후에는 다세대주택의 채무자 손모 씨 상속지분에 대하여 강제경매를 신청할 수 있다.

▶ **법률상(실무상) 채권자 OO신용보증재단이 취할 수 없는 법적조치**

① 압류금지채권

채무자 손모 씨 명의 월세보증금 3천만 원은 압류금지채권이므로 채권자들이 압류할 수 없다. 월세보증금 3천만 원이 수도권정비계획법에 따른 과밀억제권역(의정부) 임차보증금 범위 1억3천만 원 이하, 보증금 중 일정액 4천3백만 원 범위 내로 주택임대차보호법에 의한 보호대상이기 때문이다.

② 실무상 강제경매 신청 유보

법률적으로 채무자 손모 씨 상속지분(3/7)에 대해 강제경매 신청은 가능하다. 그러나 실익이 없어 경매신청을 유보할 수밖에 없다. 그 이유는 아래와 같다.

1. 대항력과 확정일자를 갖춘 다세대주택 임차인의 전세보증금 1억원은 경락인이 인수해야 하는 권리이므로 손모 씨의 상속지분이 매각될 가능성은 낮다. (경락인이 손모 씨의 자녀들과 함께 전세보증금 1억원을 반환해야 하는 의무에 대해서는 별론으로 한다)

2. 제3자에게 매각 되더라도 손모 씨의 자녀들과 공유관계이므로 독립적으로 권리를 행사할 수 없다.

3. 임차인이 배당을 요구할 경우, 잉여가치가 없어 경매신청이 취소될 가능성이 높다. 최초법사가(손모 씨 상속지분 감정평가액) 64,285,714원은 1순위 임차인 배당요구액 1억원에 미치지 못하여 채권자가 배당받을 가능성이 없기 때문이다.

4. 손모 씨 상속지분이 매각되어 상속채무(전세보증금 반환) 전부가 소멸될 경우, 채권의 만족을 얻지 못한 채권자는 다른 상속인들에 대한 구상금채권을 취득한다.

③ 채권자대위권에 기한 공유물분할청구의 소 제기

- "공유물분할"이라 함은 공유자간에 공유물을 나누는 것으로 공유관계의 소멸원인중의

하나이다. 각 공유자는 원칙적으로 언제든지 공유물의 분할을 청구하여 공유 관계를 종료시킬 수 있다. 즉, 공유물 분할은 자유이다. 그러나 공유자 사이의 계약을 일정한 한도 내에서 분할의 자유를 제한하는 것은 인정된다.

- 공유물분할청구권도 채권자대위권의 목적이 될 수는 있다. 그러나 이 사례의 경우 대법원 2020. 5. 21. 선고 2018다879 전원합의체 판결에 따라, 상속대위등기 이후 채권자 가 채무자 손모 씨를 대위하여 자녀들을 상대로 공유물분할청구소송을 제기할 수 없다. 위 ②의 3. 손모 씨 사례와 같이 이미 설정된 근저당권이 과다하여 지분경매에 대한 실익이 없더라도 극히 예외적인 경우가 아니라면 금전 채권자는 다른 공유자를 상대로 부동산에 관한 공유물분할청구권을 대위행사 할 수 없다.

▶ 공유물분할청구소송에 관한 판례

☀ 채권자가 자신의 금전채권을 보전하기 위하여 채무자를 대위하여 부동산에 관한 공유물분할청구권을 행사하는 것은, 책임재산의 보전과 직접적인 관련이 없어 채권의 현실적 이행을 유효·적절하게 확보하기 위하여 필요하다고 보기 어렵고 채무자의 자유로운 재산관리행위에 대한 부당한 간섭이 되므로 보전의 필요성을 인정할 수 없다.
또한 특정 분할 방법을 전제하고 있지 않은 공유물분할청구권의 성격 등에 비추어 볼 때 그 대위행사를 허용하면 여러 법적 문제들이 발생한다. 따라서 극히 예외적인 경우가 아니라면 금전채권자는 부동산에 관한 공유물분할청구권을 대위행사 할 수 없다고 보아야 한다(대법원 2020. 5. 21. 선고 2018다879 전원합의체 판결).

---

* 위 판례에 따른 채권자의 행동특성

채무자의 부동산 공유 지분 평가액보다, 인수되거나 우선 변제되는 임차보증금 또는 선순위 근저당권 채권최고액이 클 경우에는 강제경매 신청에 따른 실익이 없다.

① 집행권원을 득하기 전에는 채무자의 공유지분에 대하여 가압류 신청한다.

② 위 판례로 변경되기 전에는 집행권원을 득한 후 공유물분할청구소송을 제기하였다.

③ 변경된 판례에 따라, 채권자는 특별한 사유가 없는 한 금전채권을 보전하기 위해 공유물분할청구권을 행사하는 것이 불가능하다.

④ 따라서 선순위 근저당권으로 인해 공유물분할청구소송 제기가 불가능 할 경우, 공유지분 소유자의 채권자는 근저당권자가 권리를 실행할 때까지 기다린 후, 집행권원에 근거해 채무자 지분에 대한 권리신고 및 배당을 요구할 수 있다.

⑤ 공유지분을 소유한 채무자 지분이 먼저 경매되어 배당받지 못했을 경우, 공유 지분 소유자의 채권자는 물상보증인의 변제자대위 법리에 따라 차후에 근저당권의 채무자에게 구상권을 행사하게 된다.

▶ 채무자 손모 씨의 선택

① 상속등기

상속인들은 스스로 다세대주택에 대한 상속등기를 이행할 필요는 없다. 상속등기로 인한 이익이 크지 않고 취득세 등 상당한 비용이 소요되기 때문이다. 답답한 채권자들이 상속대위등기를 하도록 방치하는 것이 유리할 수도 있다.

☀ 담보권 실행을 위한 경매절차에서 경매신청인이 경매절차를 진행시키기 위하여 상속인을 대위하여 상속등기를 마친 경우 그 상속등기를 마치기 위해 지출한 비용은 공익비용이므로 집행비용에 해당한다(대법원 2021. 10. 14. 선고 2016다201197 판결).

* "대위"란 제3자가 타인의 법률상 지위에 대신하여 그가 가진 권리를 취득하거나 행사하는 일을 말하며, 등기권리자 또는 등기의무자를 대신해서 행하는 등기를 대위등기라 한다. 등기권리자 또는 등기의무자인 본인의 대리를 맡아 행하는 대리인에 의한 등기와 구분된다.

② 채무조정 제도 신청

손모 씨의 근로소득으로는 고액의 채무를 도저히 변제할 수 없는 상환으로 판단된다. 따라서 신용회복, 개인회생, 개인파산・면책 중에서 채무자에게 가장 유리한 구제 제도를 신청할 수밖에 없다. 신용회복은 변제할 금액과 기간 면에서 불리하다. 손모 씨가 아직 젊고 경제활동을 하고 있으므로 개인파산・면책 신청도 일단 유보하기로 한다.

③ 개인회생 신청

- 손모 씨는 일정한 근로소득이 있으므로 개인회생을 신청할 수 있다.
- 손모 씨 명의 월세보증금 30,000,000원은 면제재산으로 인정받아 청산가치 산입 대상에서 제외될 수 있다.
- 손모 씨는 가용소득 약 347,153원(월 평균 소득 2,200,000원 - 군 복무 중인 큰 아들을 제외한 2인 가구 기본생계비 1,852,847원 = 347,153원)을 36개월 동안 매월 변제해야 한다(3년 동안 변제할 총 금액 12,497,508원).

* 손모 씨의 순 상속재산 21,428,572원은 청산가치에 산입해야 한다. 이로 인해 월 변제금액이 증가하거나 변제기간이 길어질 수 있다.

- '갑'쇼핑센터에 대한 매출채권 30,000,000원도 회생법원에서 회수할 경우 청산가치에 산입해야 한다.
- 최악의 경우 손모 씨는 36개월 동안 총 채무액 2억원 중 총 63,926,080원을 변제한 후 136,073,920원에 대해 면책 신청 할 수 있다.
- 손모 씨가 사실상 포기한 '갑'쇼핑센터에 대한 매출채권 3천만 원을 제외할 경우, 총 33,926,080원을 변제한 후 166,073,920원에 대해 면책 신청 할 수 있다.

□ 채권자대위권에 관한 일반 이론

▶ 일신에 전속한 권리(재산분할청구권 등)를 제외하고 채권자는 자기의 채권을 보전하기 위하여 채무자의 권리를 행사할 수 있다. 보전행위는 이행기가 도래하지 않아도 행사할 수 있다. 채권자가 보전행위 이외의 권리를 행사하면 채무자에게 통지해야 하는데, 채무자가 통지를 받은 후에는 그 권리를 처분하여도 채권자에게 대항하지 못한다. 채권자가 통지를 하지 아니한 경우라도 채무자가 자기의 채권이 채권자에 의하여 대위행사 되고 있는 사실을 알고 있는 경우에는 그 처분을 가지고 채권자에게 대항할 수 없다. 채권자대위권 행사의 효과는 채무자에게 귀속되는 것이므로 채권자대위소송의 제기로 인한 소멸시효 중단의 효과 역시 채무자에게 생긴다.

▶ 대위변제에 따른 구상금청구소송의 청구 권원

"대위변제"란 제3자 또는 공동채무자의 1인이 채무자를 대신해서 변제하는 것을 말한다. 이때 취득하는 구상권의 범위 안에서 채권자가 채무자에 대하여 가지고 있던 권리가 변제자에게 이전하는 것 또는 권리를 대위하여 행사할 수 있는 것을 변제자대위권이라고 한다. 즉, 제3자가 채무자를 대신해 갚은 금액 만큼의 권리가 채권자로부터 제3자에게 이전되는 것을 말한다. 대위변제는 실무적으로 보험자·부동산의 제3취득자·후순위 저당권자·임차인 등이 변제하는 경우 발생한다.

① 보험자(보증보험사) 또는 보증자(신용보증기금, 기술보증기금, 지역신용보증재단)와 채무자 사이에 체결한 추가약정서 ② 보험자 또는 보증자와 피보험자(실제 대출해준 은행) 사이에 체결한 업무협약서상 채권양도조항 ③ 민법상 변제자대위 조항에 기한 대위권(대법원 2009. 2. 26. 선고 2005다32418 판결). ④ 채권자를 대위하는 자는 자기의 구상권의 범위에서 채권자의 채무자에 대한 채권을 행사할 수 있다(민법 제482조 제1항). 그 구상권의 성질은 사무관리자의 비용상환청구권(민법 제 739조 제1항) 또는 부당이득반환청구권(민법 제748조) 이다.

▶ 보험자가 피보험자에게 보험금을 지급함으로써 보험계약자에 대한 구상권을 취득한 때에는 보증인에게 이를 지체 없이 통지하여 상환의무의 발생을 알려줌으로써 지연손해의 확대를 방지할 신의칙상 의무가 있다. 통지를 게을리 함으로써 지연손해가 확대된 경우에는 보험자의 과실이 경합되었으므로 과실상계 사유가 된다.

▶ 채무자가 파산절차에서 면책 결정을 받은 때에는 파산채권을 피보전채권으로 하여 채권자대위권을 행사하는 것은 그 채권이 위 법률 제566조(면책의 효력) 단서의 예외사유에 해당하지 않는 한 허용되지 않는다. 그러나 채무자의 면책은 보증인 등의 변제책임과 물상보증인이 제공한 담보에 아무런 영향을 미치지 않는다.

■ 채권자취소권에 근거한 사해행위취소의 소 제기

○ 사해행위취소의 소 일반

'사해행위취소소송'이란 채무초과 상태인 채무자가 채권자를 해함을 알면서도 자신의 재산을 은닉, 손괴, 증여, 허위양도, 허위의 채무를 부담하는 방법으로 총재산을 감소시키는 행위에 대하여 수익자(전득자)를 상대로 원상회복을 청구하기 위해 제기하는 소송을 말한다. 사해행위(詐害行爲)란 채권자를 해(害)하는 법률행위로 채무자의 재산권을 목적으로 한다. 채권자취소권이란 채권자를 해함을 알면서 행한 채무자의 법률행위를 취소하여 채무자 소유이었던 재산의 원상회복을 재판상 청구할 수 있는 채권자의 권리이다. 사해행위취소권이라고도 한다. 채권자취소권은 법률행위의 취소를 구하는 형성소송이어서 반드시 재판상 청구로 행사하여야 한다.

▶ 사해행위 판단 시점

☀ 민법 제406조에서 정하는 채권자취소권의 대상인 '사해행위'란 채무자가 적극재산을 감소시키거나 소극재산을 증가시킴으로써 채무초과상태에 이르거나 이미 채무초과상태에 있는 것을 심화시킴으로써 채권자를 해하는 행위를 가리킨다. 그리고 사해행위취소소송에서 채무자가 그와 같이 채무초과상태에 있는지 여부는 사해행위 당시(실제 사해행위가 이루어진 날)를 기준으로 판단된다(대법원 2012. 1. 12. 선고 2010다64792 판결).

▶ 사해행위의 성립 요건

"사해행위"란 채무자가 자신의 유일한 재산을 처분(매매, 가등기, 근저당권, 임차권 설정)함으로써, 적극재산(자산)을 감소시키거나 소극재산(부채)을 증가시켜 채무초과 상태에 이르거나, 이미 채무초과 상태(무자력)에 있는 것을 심화시킴으로써 채권자의 권리를 침해하는 행위를 말하는데 국세기본법상 사해행위취소의 소에도 적용된다. 한편 편파행위란 채무자가 자산초과 상태에서 한 행위를 말한다.

▶ 사해행위취소의 요건

사해행위취소는 객관적 요건으로 ① 피보전채권이 존재할 것, ② 사해행위가 존재할 것이 요구된다. 주관적 요건으로 사해행위 당시 ① 채무자의 악의가 존재할 것, ② 수익자와 전득자의 악의가 존재할 것이 요구된다. 이때 채무자의 악의(채무초과 상태)가 입증될 경우, 수익자와 전득자의 악의는 추정되므로 스스로 선의임을 입증해야 한다.

▶ 채권자취소소송의 효력발생 시기

채권자취소권은 재판상 청구로 행하여야 하고, 채권자취소소송은 법률행위의 취소를 구하는 형성소송이어서 그 취소판결이 확정되어야 비로소 법률행위에 대한 취소의 효과가 발생하는데 반하여, 부인권 행사의 효력발생 시기는 부인의 의사표시가 상대방에게 도달한 때이다.

▶ 사해행위취소소송의 제척기간

사해행위취소의 소는 채권자가 취소원인을 안 날로부터 1년, 법률행위 있은 날로부터 5년 내에 제기하여야 한다. 이를 제척기간이라고 하는데 법률상으로 정한 권리의 존속기간이다. 시효와 달리 포기·중단·정지가 없고 법원이 직권으로 조사한다. 따라서 채권자는 법률이 정한 기간 내에 권리를 행사해야 한다.

▶ 제척기간은 법원이 직권으로 조사할 사항이지만 채무자도 제척기간이 지나 채권자의 권리가 소멸되지는 않았는지 주의 깊게 살펴보아야 한다.

▶ 법률행위 일자를 기준으로 한 제척기간 경과 여부 판단 (예시)

① 금융회사인 채권자가 2020. 5. 10. 부동산등기부등본을 열람함(채무자가 증여를 원인으로 배우자에게 소유권을 이전한 사실 확인함).

② 채권자가 채권자취소권 행사 요건에 해당됨을 인식하고 2020. 5. 12. 채무자와 배우자에게 '거래관계소명협조요청문'을 내용증명우편으로 발송함(소명에 응하지 않음).

③ 채권자가 2020. 6. 5. 사해행위취소소송(원물반환)을 전제로 배우자 명의 부동산에 대해 처분금지가처분 신청서를 제출하였고, 2020. 6. 15. 가처분결정 및 등기됨.

④ 채권자가 2021. 6. 10. 배우자를 상대로 하는 사해행위취소소송 소장을 제출함.

▶ 위 예시의 경우 사해행위취소소송 제척기간 경과 여부가 문제될 수 있다. 채권자는 취

소원인을 안 날을 가처분 등기일인 2020. 6. 15.로 인식하고 그로부터 1년 내에 소송을 제기했으므로 제척기간이 경과하지 않았다고 주장한다. 반면에 법원은 전문가 집단인 채권자가 2020. 5. 10. 등기부등본을 열람했고, 사해행위 성립요건과 취소원인을 안 상태에서 '거래관계소명협조요청문'을 발송했다고 판단할 수 있다. 채무초과 상태에서 배우자에게 증여한 것으로 보아 부부 사이에 사해의 의사가 있었다는 것까지 인식하고 있었다고 볼 수 있다. 제척기간 준수 여부는 법원의 직권 조사사항 이다. 다만 채무자는 제척기간의 기산점이 2020. 5. 10.(또는 2020. 6. 5.)이고, 그로부터 1년이 경과해 소송을 제기했으므로 위법하다고 주장할 필요가 있다. 참고로 대법원은 가압류(가처분) 등기일자가 아닌, 신청서 접수일자(취소원인을 안 날)로부터 1년 내에 사해행위취소의 소를 제기해야 한다는 입장이다.

▶ 채무자의 무자력(채무초과상태) 판단 기준

☀ 채권자취소의 대상인 사해행위에 해당하는지를 판단할 때 채무자 소유의 재산이 다른 채권자의 채권에 물상담보로 제공되어 있다면, 물상담보로 제공된 부분은 채무자의 일반 채권자들을 위한 채무자의 책임재산이라고 할 수 없으므로 물상담보에 제공된 재산의 가액에서 다른 채권자가 가지는 피담보채권액을 공제한 잔액만을 채무자의 적극재산으로 평가하여야 한다. 한편 사해행위취소소송에서 채무자의 무자력 여부는 사해행위 당시를 기준으로 판단하여야 한다(대법원 2012. 1. 12. 선고 2010다64792 판결).

☀ 처분행위 당시에는 채권자를 해하는 것이었다고 하더라도 그 후 채무자가 자력을 회복하여 사해행위취소권을 행사하는 사실심의 변론종결시에는 채권자를 해하지 않게 된 경우에는 책임재산 보전의 필요성이 없어지게 되어 채권자취소권이 소멸하는 것으로 보아야 한다(대법원 2007. 11. 29. 선고 2007다54849 판결).

▶ 원상회복방법

- '원상회복'은 사해행위가 있기 전의 상태로 복귀시키는 것을 말한다. 원물반환이 원칙이지만 아래와 같은 경우에는 가액배상을 청구할 수 있다.

① 저당권이 실행되거나 말소된 경우, ② 부동산이 멸실되어 사실상 원물반환이 불가능한 경우, ③ 금융회사 등 선의의 제3자가 목적부동산에 저당권을 설정 받은 경우, ④ 수익자가 선의의 전득자에게 양도해 법률상 원물반환이 불가능한 경우, ⑤ 약속어음 발행행위가 사해행위인 경우, ⑥ 저당권이 설정된 부동산이 양도된 후 그 저당권이 소멸한 경우 등. 다만, 저당권이 설정된 후 담보제공자인 소유자가 사망함에 따라, 상속협의분할을 원인으로 소유권이 이전된 경우에는 원물반환 대상이다.

- 원상회복청구권은 사실심 변론종결 당시의 채권자의 선택에 따라 원물반환과 가액배상 중 어느 하나로 확정된다. 만약 채권자가 원물반환을 청구해 승소했다면, 그 후 어떠한 사유로 원물반환의 목적을 달성할 수 없게 되었다고 하더라도, 다시 원상회복청구권을 행사해 가액배상을 청구할 수 없다.

☀ 채권자의 사해행위취소 및 원상회복청구가 인정되면, 수익자는 원상회복으로서 사해행위의 목적물을 채무자에게 반환할 의무를 지게 된다. 원물반환이 불가능하거나 현저히 곤란한 경우에는 원상회복의무의 이행으로서 사해행위 목적물의 가액 상당을 배상하여야 한다. 여기에서 원물반환이 불가능하거나 현저히 곤란한 경우라 함은 원물반환이 단순히 절대적, 물리적으로 불능인 경우가 아니라 사회생활상의 경험법칙 또는 거래상의 관념에 비추어 그 이행의 실현을 기대할 수 없는 경우를 말하는 것이다.
사해행위 후 그 목적물에 관하여 제3자가 저당권이나 지상권 등의 권리를 취득한 경우에는 수익자가 목적물을 저당권 등의 제한이 없는 상태로 회복하여 이전하여 줄 수 있다는 등의 특별한 사정이 없는 한 채권자는 수익자를 상대로 원물반환 대신 그 가액 상당의 배상을 구할 수도 있다고 할 것이나, 그렇다고 하여 채권자가 스스로 위험이나 불이익을 감수하면서 원물반환을 구하는 것까지 허용되지 아니하는 것으로 볼 것은 아니다.
이 경우 채권자는 원상회복 방법으로 가액배상 대신 수익자 명의의 등기의 말소를 구하거나 수익자를 상대로 채무자 앞으로 직접 소유권이전등기절차를 이행할 것을 구할 수 있다(대법원 2001. 2. 9. 선고 2000다57139 판결).

▶ 가액배상 방법

* 가액배상 산정 시 공제될 금액에는 원칙적으로 담보권과 같이 당해 목적물 자체에 우선권이 인정되는 것에 한정되므로, 채무자의 모든 재산에 우선권을 행사할 수 있는 임금채권이나 조세채권은 포함되지 않는 것이 원칙이다. 다만, 조세채권(건강보험료, 연금보험료, 산재보험료 포함)에 관하여 압류가 이미 이루어진 부동산에 대하여 사해행위가 이루어지고 수익자가 출연하여 조세채권 등을 변제하고 압류를 해제한 경우, 반환범위를 고려할 때 공평의 측면에서 반영함이 옳다. 수익자가 반환목적물의 가치를 증대시킨 경우에도 마찬가지라 할 것이다.

* 가액배상 시 당초 일반 채권자들의 공동담보로 되어 있지 않던 부분까지 회복을 명하는 것은 공평에 반한다. 따라서 해당 부동산의 가액에서 공동담보로 되어 있지 않던 부분의 가액을 뺀 나머지 금액 한도에서 반환하는 것이 타당하다.

* 가액배상은 사실심 변론 종결일을 기준으로 청구해야 한다. 사해행위 이후 수익자가 리모델링한 주택의 경우, 대지는 변론종결일에 근접한 시점의 시가를, 건물가액은 리모델링 이전 시점의 시가를 기준으로 평가해야 한다.

☀ 채무자의 재산처분행위가 사해행위가 되는지 여부는 처분행위 당시를 기준으로 판단하여야 하므로 담보로 제공된 부동산이 사해성 여부가 문제되는 재산처분행위가 있은 후에 임의경매 등 절차에서 환가가 진행된 경우에는 그 재산처분행위의 사해성 여부를 판단하기 위한 부동산 가액의 평가는 부동산 가액의 하락이 예상되는 등 특별한 사정이 없는 한 사후에 환가된 가액을 기준으로 할 것이 아니라 사해성 여부가 문제되는 재산처분행위 당시의 시가를 기준으로 하여야 한다(대법원 2002. 11. 8. 선고 2002다41589 판결).

☀ 어느 부동산의 매매계약이 사해행위에 해당하는 경우에는 원칙적으로 위 매매계약을 취소하고 그 소유권이전등기의 말소 등 부동산 자체의 회복을 명하여야 하는 것이지만, 위 사해행위가 저당권이 설정되어 있는 부동산에 관하여 당해 저당권자 이외의 자와의 사이에 이루어지고 그 후 변제 등에 의하여 저당권설정등기가 말소된 때에는 위 부동산 자체의 회복을 명하는 것은 당초 담보로 되어 있지 아니하던 부분까지 회복시키는 것이 되어 공평에 반하는 결과가 되므로 위 부동산의 가액에서 저당권의 피담보채권액을 공제한 잔액의 한도에서 위 매매계약을 취소하고 위 가액의 배상을 명할 수 있을 뿐이라 할 것이다(대법원 1996. 10. 29. 선고 96다23207 판결).

▶ 채권자취소권에 의하여 보호될 수 있는 채권

채권자취소권에 의하여 보전되는 채권은 원칙적으로 사해행위라 할 수 있는 행위가 행하여지기 전에 발생한 것이어야 한다.

☀ 반면 채권자의 채권이 사해행위 이전에 성립되어 있는 이상 그 채권이 양도된 경우에도 그 양수인이 채권자취소권을 행사할 수 있고, 이 경우 채권양도의 대항요건을 사해행위 이후에 갖추었더라도 채권양수인이 채권자취소권을 행사하는 데 아무런 장애사유가 될 수 없다 할 것이다(대법원 2006. 6. 29. 선고 2004다5822 판결).

☀ 피보전채권의 성립 시기에 관한 예외

채권자취소권에 의하여 보호될 수 있는 채권은 원칙적으로 사해행위라고 볼 수 있는 행위가 행하여지기 전에 발생된 것임을 요하지만(대법원 1995. 2. 10. 선고 94다2534 판결 참조), 그 사해행위 당시에 이미 채권 성립의 기초가 되는 법률관계가 발생되어 있고, 가까운 장래에 그 법률관계에 기하여 채권이 성립되리라는 점에 대한 고도의 개연성이 있으며, 실제로 가까운 장래에 그 개연성이 현실화되어 채권이 성립된 경우에는, 그 채권도 채권자취소권의 피보전채권이 될 수 있다(대법원 2013. 4. 26. 선고 2011다37001 판결).

▶ 사해행위취소소송 제기 방법

사해행위취소소송의 피고는 수익자·전득자이다. 채무자를 상대로 제기하면 각하된다. 채무자에 대해 피보전채권에 대한 이행청구는 가능하다. [예: 대여금(구상금)청구소송]

- 채권자가 채무자에 대한 집행권원을 확보한 상황 → 수익자·전득자를 상대로 사해행위취소소송만 제기한다.

- 채권자가 채무자에 대한 집행권을 확보하지 못한 상황 → 1개의 소장에 채무자를 피고 1로 하는 대여금(구상금)청구소송을, 수익자를 피고 2, 전득자를 피고 3으로 하는 사해행위취소소송을 제기한다. 대여금(구상금)청구소송과 사해행위취소소송을 병합해서 제기하는 방식이다.

▶ 수익자의 소멸시효 주장

☀ 소멸시효를 원용할 수 있는 사람은 권리의 소멸에 의하여 직접 이익을 받는 자에 한정되는바, 사해행위취소소송의 상대방이 된 사해행위의 수익자는, 사해행위가 취소되면 사해행위에 의하여 얻은 이익을 상실하고 사해행위취소권을 행사하는 채권자의 채권이 소멸하면 그와 같은 이익의 상실을 면하는 지위에 있으므로, 그 채권의 소멸에 의하여 직접 이익을 받는 자에 해당하는 것으로 보아야 한다(대법원 2007. 11. 29. 선고 2007다54849 판결).

▶ 채무자 · 수익자 · 전득자 사이의 관계

- 채무자 · 수익자 사이의 법률행위와 수익자 · 전득자 사이의 법률행위는 채권자취소권의 행사에 영향을 받지 않고 여전히 유효하다. 예를 들어, 부동산의 처분이 사해행위에 해당하고 수익자가 악의의 전득자에게 저당권을 설정해 준 경우를 가정해보자. 사해행위취소소송을 제기한 채권자가 그 부동산을 환가하여 자기 채권의 만족을 얻고도 남은 부분이 있다면 그 잔액은 수익자에게 귀속되어야 하고, 전득자는 저당권자로서 물상대위권을 행사해 그 금액으로부터 우선변제를 받을 수 있다.
- 채권자취소권의 행사에 의하여 취소의 상대방인 수익자 또는 전득자는 재산상의 손실을 입게 되는데, 이것이 어떻게 보상될 것이냐가 문제된다. 수익자 또는 전득자는 채권자와의 관계에서 자기 재산으로 타인의 채무를 변제한 결과가 되므로, 채무자가 이득(채무의 소멸)을 얻은 한도에서 채무자에 대하여 부당이득의 반환을 청구할 수 있다.

□ 사해행위취소소송의 상대방

▶ 채무자가 부동산의 소유권을 가장매매로 제3자에게 이전하거나 자녀, 배우자, 제3자에게 증여한 행위 → 제척기간 이내인 경우에는 수익자 및 전득자, 수증자를 상대로 사해행위취소소송을 제기한다. 제척기간이 경과한 경우에는 소유권이전등기말소소송을 제기할 수 있다(통정허위표시, 진정명의회복).

▶ 피상속인 소유이었던 상속재산을 채무자를 포함한 상속인들이 '협의분할에 의한 상속'을 원인으로 이전등기 하면서 채무자 상속지분등기를 하지 않은 행위 → 등기 명의자인 공동상속인을 상대로 제기한다.

▶ 공정증서를 집행권원으로 채무자가 받을 급여 및 퇴직금에 대하여 채권압류 및 전부(추심)명령을 받아 제3채무자로부터 변제받거나 채권배당절차에서 배당받아간 행위 → 허위 채권자로 의심되는 전부(추심)권자를 상대로 제기한다.

▶ 매매대금은 채무자가 부담하면서 자녀 명의로 부동산 소유권을 취득한 행위 → 채무자의 자녀를 상대로 사해행위취소소송 + 부당이득반환청구소송을 제기한다.

▶ 부동산의 가장 임차인이 경매절차에서 소액보증금을 우선 배당받아가 채권자에게 손해를 끼친 경우 → 가장 임차인을 상대로 사해행위취소소송 + 부당이득반환청구소송을 제기한다.

▶ 채무자 소유 부동산에 대하여 허위의 근저당권(가등기)를 설정해준 경우 근저당권자(가등기권자)를 상대로 사해행위취소소송을 제기한다.

■ 사해행위취소소송 대상으로 볼 수 있는 행위에 관한 판례

▶ 채무자가 부동산의 소유권을 가장매매로 제3자에게 이전하거나 자녀, 배우자, 제3자에게 증여한 행위

▶ 채무초과 상태에서 채무자 소유 부동산에 대하여 제3자에게 근저당권, 전세권, 가등기 등의 권리를 설정해 준 행위

▶ 피상속인 소유이었던 상속재산을 채무자를 포함한 상속인들이 '협의분할에 의한 상속'을 원인으로 이전등기 하면서 채무자 상속지분등기를 하지 않은 행위

▶ 채무자가 허위의 약속어음을 발행하여 가공의 어음채무를 부담하는 행위

▶ 공정증서를 집행권원으로 채무자가 받을 급여 및 퇴직금에 대하여 채권압류 및 추심(전부)명령을 받아 제3채무자로부터 변제받거나 채권배당절차에서 배당받아간 행위

▶ 매매대금은 채무자가 부담하면서 자녀 명의로 부동산 소유권을 취득한 행위

▶ 부동산의 가장 임차인이 경매절차에서 소액보증금을 우선 배당받아가 채권자에게 손해를 끼친 행위

▶ 채무자가 일부 채권자와 통모하여 다른 채권자를 해칠 의사를 가지고 유일한 재산인 부동산을 매각하여 소비하기 쉬운 금전으로 바꾸는 행위

※ 신규자금의 융통 없이 단지 기존채무의 이행을 유예받기 위하여 자신의 채권자 중 한 사람에게 담보를 제공하는 행위(대법원 2010. 4. 29. 선고 2009다10454 판결).

※ 부동산 명의신탁약정을 해지하면서 신탁자 명의로 이전하지 않고 수탁자에게서 제3자에게 직접 처분하는 행위(대법원 2016, 7. 29. 2015다56086 판결).

※ 매매계약에 관한 예약 완결권이 제척기간 경과가 임박하여 소멸할 예정인 상태에서 제척기간을 연장하기 위하여 새로 매매예약을 체결하는 행위(대법원 2018. 11. 29. 선고 2017다247190 판결).

※ 채무발생 개연성이 높은 상태에서 무자력인 채무자가 유일한 부동산을 매도한 행위(대법원 2001. 4. 24. 선고 2000다41875 판결).

☀ 채무자가 영업재산과 영업권이 유기적으로 결합된 일체로서의 영업을 양도함으로써 채무초과상태에 이르거나 이미 채무초과상태에 있는 것을 심화시킨 경우(대법원 2015. 12. 10. 선고 2013다84162 판결) 등.

■ 사해행위취소소송 대상으로 볼 수 없는 행위에 관한 판례

▶ 채무자가 상속재산협의분할이 아닌 가정법원을 통해 상속포기심판을 받고 상속재산에 관한 권리를 포기한 행위 → 상속의 포기는 민법 제406조 제1항에서 정하는 재산권에 관한 법률행위에 해당하지 않는다.

▶ 피상속인이 생전에 자신의 재산을 채무자 외 다른 상속인에게 증여한 행위 → 당초부터 상속받을 재산에서 제외되므로 해당 금액은 상속재산협의분할 및 사해행위취소소송의 대상이 될 수 없다. 즉, 생전 증여가 자연적인 애정을 바탕으로 자녀를 배려하는 특별수익으로 인정될 경우를 말한다.

☀ 재산분할청구권을 포기한 행위→ 협의 또는 심판에 의하여 구체화되지 않은 재산분할 청구권은 채무자의 책임재산에 해당하지 아니하고, 이를 포기하는 행위 또한 채권자취소권의 대상이 될 수 없다(대법원 2013. 10. 11. 선고 2013다7936 판결).

☀ 이혼에 따른 재산분할로 일정한 재산을 양도하는 행위 → 재산분할은 혼인 중 부부 쌍방의 협력으로 이룩한 공동재산의 청산이라는 성격에다가 경제적으로 곤궁한 상대방에 대한 부양적 성격이 가미된 제도이다. 재산분할이 민법 제839조의2 제2항의 규정취지에 따른 상당한 정도를 벗어나는 과대한 것이라고 인정할 만한 특별한 사정이 없는 한 채권자에 의한 취소의 대상이 되는 것은 아니다(대법원 2016. 12. 29. 선고 2016 다 249816 판결).

☀ 유일한 재산인 부동산을 처에게 증여한 행위가 처가 취득 대가를 부담하여 남편에게 명의 신탁한 재산의 반환으로 인정되는 경우(대법원 2000. 12. 12. 선고 2000다45723 판결).

☀ 채무자가 자기의 유일한 재산인 부동산을 매각하여 소비하기 쉬운 금전으로 바꾸는 경우, 그 매각 목적이 채무를 변제하거나 변제자력을 얻기 위한 것이고 그 대금이 부당한 염가가 아니며 실제 이를 채권자에 대한 변제에 사용하거나 변제자력을 유지하고 있는 때에는 채무자가 일부 채권자와 통모하여 다른 채권자를 해칠 의사를 가지고 변제를 하는 등의 특별한 사정이 없는 한, 사해행위에 해당한다고 볼 수 없다(대법원 2015. 10. 29. 선고 2013다83992 판결). 이러한 법리는 유일한 재산인 영업재산과 영업권을 상당한 가격으로 매각하고 그 매각대금 중 상당 부분이 채무 변제에 사용된 경우에도 마찬가지로 적용된다(대법원 2021. 10. 28. 선고 2018다223023 판결).

☀ 부동산의 명의수탁자가 신탁행위에 기한 반환의무의 이행으로서 신탁부동산의 소유권이전등기를 경료하는 행위→ 기존 채무의 이행으로서 사해행위를 구성하지 않는다(대법원 2001. 8. 24. 선고 2001다35884 판결).

▶ 사해행위 이후에 채권 성립의 기초(대출거래 약정을 하는 것)가 되는 법률관계가 발생한 경우.

☀ 자금난으로 신규자금을 융통하기 위하여 부득이 그 재산을 특정채권자에게 담보로 제공하고 그로부터 신규자금을 추가로 융통받은 행위(대법원 2009. 5. 14. 선고 2008다70701 판결) → 다만 사업의 계속 추진과는 아무런 관계가 없는 기존채무를 아울러 피담보채무에 포함시켰다면 그 부분에 한하여 사해행위에 해당할 여지가 있다.

☀ 일부 채권자와 통모하여 다른 채권자를 해할 의사를 가지고 변제를 한 경우가 아닌 한, 채무자가 특정 채권자에게 채무의 본지에 따른 변제를 한 행위(대법원 2006. 6. 15. 선고 2005다621767 판결).

☀ 유증을 받을 채무자가 이를 포기하는 행위(대법원 2019. 11. 17. 선고 2018다260855 판결).

■ 사해행위취소소송의 입증책임에 관한 판례

▶ 채권자는 채무자의 무자력을 입증해야 한다. 이로 인해 채무자의 악의(사해행위로 인해 채권자의 공동담보를 해한다는 인식)가 입증될 경우 수익자 및 전득자의 악의는 추정되므로 스스로 선의임을 입증해야 한다.

☀ 사해행위취소소송은 사해행위의 객관적 사실을 알았다고 하여 취소의 원인을 알았다고 추정할 수는 없고 채무자에게 사해의 의사가 있었다는 사실까지 알아야 한다. 제척기간 경과에 대한 증명책임은 채권자취소소송의 상대방에게 있다(대법원 2013. 4. 26. 선고 2013다5855 판결).

☀ 채무자가 자기의 유일한 재산인 부동산을 매각하여 소비하기 쉬운 금전으로 바꾸거나 타인에게 무상으로 이전하여 주는 행위는 특별한 사정이 없는 한 채권자에 대하여 사해행위가 된다고 볼 것이므로 채무자의 사해의 의사는 추정되는 것이고, 이를 매수하거나 이전 받은 자가 악의가 없었다는 입증책임은 수익자에게 있다(대법원 2001. 4. 24. 선고 2000다41875 판결).

☀ 채무자가 다른 사람의 예금계좌로 송금한 금전에 관하여 통정허위표시에 의한 증여계약이 성립하였다고 하려면, 무엇보다도 우선 객관적으로 채무자와 다른 사람 사이에서 그와 같이 송금한 금전을 다른 사람에게 종국적으로 귀속되도록 '증여'하여 무상 공여한다는 데에 관한 의사 합치가 있는 것으로 해석되어야 한다. 그리고 그에 관한 증명책임은 위와 같은 송금행위가 채권자취소권의 대상이 되는 사해행위임을 주장하는 채권자에게 있다(대법원 2012. 7. 26. 선고 2012다30861 판결).

☀ 처분행위 당시에는 채권자를 해하는 것이었다고 하더라도 그 후 채무자가 자력을 회복하여 사해행위취소권을 행사하는 사실심의 변론 종결시에는 채권자를 해하지 않게 된 경우에는 책임재산 보전의 필요성이 없어지게 되어 채권자취소권이 소멸하는 것으로 보아야 할 것인바, 그러한 사정변경이 있다는 사실은 채권자취소소송의 상대방이 증명하여야 한다(대법원 2007. 11. 29. 선고 2007다54849 판결).

☀ 사해행위취소소송에서 지정상속분이나 기여분, 특별수익 등의 존부 등 구체적 상속분이 법정상속분과 다르다는 사정은 채무자가 주장・입증하여야 할 것이다(대법원 2001. 2. 9. 선고 2000다51797 판결).

☀ 사해행위의 취소를 구하는 채권자가 채무자의 수익자에 대한 금원지급행위를 증여라고 주장함에 대하여, 수익자는 이를 기존 채무에 대한 변제로서 받은 것이라고 다투고 있는 경우, 이는 채권자의 주장사실에 대한 부인에 해당할 뿐 아니라, 위 법리에서 보는 바와 같이 채무자의 금원지급행위가 증여인지, 변제인지에 따라 채권자가 주장・입증하여야 할 내용이 크게 달라지게 되므로, 결국 위 금원지급행위가 사해행위로 인정되기 위하여는 그 금전지급행위가 증여에 해당한다는 사실이 입증되거나 변제에 해당하지만 채권자를 해할 의사 등 앞서 본 특별한 사정이 있음이 입증되어야 할 것이고, 그에 대한 입증책임은 사해행위를 주장하는 측에 있다고 할 것이다(대법원 2007. 5. 31. 선고 2005다28686 판결).

○ 사해행위취소의 소 제기 검토(안)

채무자의 법률행위가 채권자취소권 행사 대상이라고 판단될 경우 채권자는 어떠한 행동특성을 보이는가? 온전히 채권자 입장에서 종합적으로 검토해본다. 채권자의 사해행위취소소송 제기와 법적조치에 대한 이해력 향상을 통해 금전적인 피해를 최소화 할 수 있을 것이다.

[사례]

1. 채무자의 법률행위 경과 내용

날 짜	내 용
1988. 5. 20.	채무자 '병'의 부친 '갑'이 부산광역시 수영구 소재 단독주택의 소유권을 취득함.
1988. 7. 2.	위 단독주택 등기부등본에는 채무자를 '갑'으로 하는 1순위 OO새마을금고 근저당권 4천2백만 원(피담보 채무금액 3천만 원) 설정됨.
1995. 2. 15.	채무자를 '갑'으로 하는 2순위 OO새마을금고 근저당권 2천8백만 원(피담보 채무금액 2천만 원) 추가로 설정됨.
2015. 4. 26.	채무자 '병'의 부친 '갑'(피상속인) 사망. 상속인으로 '을'(배우자) '병'(채무자, 자녀), '정'(자녀), '무'(자녀)로 총 4명이 있음.
2015. 10. 19.	'협의분할에 의한 상속'(원인일자 2015. 4. 26)을 원인으로 상속 부동산 전체를 상속인 '을'명의로 소유권이전등기 하였음.
2015. 10. 31.	'갑'명의 OO새마을금고 대출(상속채무) 5천만 원을 상속인들이 변제하고 근저당권 2건을 말소함.
2020. 9. 16.	- 상속주택(대지 · 건물)의 시세는 약 3억5천만 원으로 추정됨. - 상속주택은 지상 2층 규모로 임차인 존재 여부는 확인되지 않음. - 채권자 A가 위 사실을 확인함. 채무자 겸 상속인 '병'은 채권자 A에게 7천만 원의 채무를 변제할 의무가 있는 자임.

2. 사전조사 및 분석

▶ 채무자 '병'의 무자력 및 상속포기심판청구 여부

- 채무자 '병'은 사해행위 당시 기준으로 10건 총 1억9천만 원의 금융채무불이행자 정보가 등록된 것으로 보아 채무초과 상태이었던 자로 추정됨.

- 피상속인 '갑'의 사망일자가 2015. 4. 26.(상속개시 있음을 안 날) 임에도 그로부터 3개월 이 지난 2015. 10. 19. 상속등기를 한 것으로 보아 채무자 '병'은 제 날짜에 상속포기심판청구를 하지 않았을 가능성이 높음.

▶ 사해행위취소소송 제척기간 경과 여부

- 협의분할에 의한 상속을 원인으로 등기할 경우, 배우자 '을'이외 다른 상속인들의 인감증명서가 필요하고, 동 인감증명서는 3개월 이내에 발급된 것이어야 함. 등기접수일을 기준으로 역산해보면 2015. 7. 19.부터 2015. 10. 19. 사이에 상속협의분할계약서를 작성(사해행위)했을 것으로 추정됨.
- 등기원인일은 피상속인의 사망일이고, 등기접수일은 소유권이전등기신청서, 상속재산협의분할계약서(분할협의한 날 표시), 상속인들의 인감증명서를 등기소에 제출한 날짜임. 피상속인이 사망한 후 곧바로 '협의분할에 의한 상속'을 원인으로 소유권이전등기를 하는 경우는 흔치 않으므로 등기원인일과 등기접수일은 상당한 차이가 발생하게 됨.
- 상속인들 중에 다중채무자가 있을 경우, 법정 상속지분에 대한 채권자의 강제집행을 우려해 수년째 상속등기를 이행하지 않는 사례도 있음. 이 경우 채권자는 소 제기 후 채무자를 대위하여 법정 상속비율에 따른 등기를 하고 채무자 상속지분에 대한 강제경매를 신청하게 됨.
- 이 사건의 제척기간은 민법 제406조(채권자취소권) 제2항에 따라 채권자가 취소원인을 안 날로부터 1년, 법률행위 있은 날로부터 5년 내에 제기하여야 함.
- '취소원인을 안 날'의 의미는 채무자가 채권자를 해함을 알면서 '사해행위를 하였다는 사실을 알게 된 날'이다. 단순히 채무자가 재산의 처분행위를 한 사실을 아는 것만으로는 부족하고, 구체적인 사해행위의 존재를 알고 나아가 채무자에게 사해의 의사가 있었다는 사실까지 알아야 한다(대법원 2009. 3. 26. 선고 2007다63102 판결), 따라서 채권자 A는 넉넉히 잡아 2020. 9. 16. 부터 1년 이내에 사해행위취소소송을 제기하면 될 것임.
- 다만, '취소원인을 안 날'조건을 충족했더라도, 채권자가 사해행위 사실을 확인한 날짜인 2020. 9. 16. 시점에서 '법률행위 있은 날'의 기준을 언제로 보느냐에 따라 제척기간 경과여부가 결정됨.

① '갑'사망일인 2015. 4. 26.(등기 원인일) 기준으로 역산하면 제척기간 5년이 지났음.

② 등기 접수일인 2015. 10. 19. 기준으로 역산하면 2020. 10. 18.까지 소장을 접수하면 되므로 제척기간이 32일(등기부등본 발급일 다음날 2020. 9. 17 ~ 2020. 10. 18.)남아 있음.

- 통상적으로 상속인들은 상속등기 무렵 상속재산협의분할계약서를 작성하므로, 2015. 10. 19. 직전에 상속재산분할협의(사해행위)를 했을 가능성이 높음.

※ 이 사건의 경우와 다르게, 채권자가 사해행위취소소송 제기 전에 보전처분의 방법으로 부동산 가압류·가처분한 경우, 제척기간의 기산점이 되는 '취소원인을 안 날'이라 함은 결정일(등기일)이 아니라 '가압류·가처분 신청시'라는 것이 판례의 태도임. 더 나아가 최초 부동산등기부등본 열람일자가 기산점이 될 수 있음.

▶ 실제 상속재산분할협의를 한 날

※ 사해행위에 해당하는 법률행위가 언제 있었는가는 실제로 그러한 사해행위가 이루어진 날을 표준으로 판정할 것이되, 이를 판정하기 곤란한 경우 등에는 처분문서에 기초한 것으로 보이는 등기부상 등기원인일자를 중심으로 그러한 사해행위가 실제로 이루어졌는지 여부를 판정할 수 있다(대법원 2010. 2. 25. 선고 2007다28819,28826 판결).

※ 부동산에 관한 등기부상 소유권이전등기가 경료되어 있는 이상 일응 그 절차 및 원인이 정당한 것이라는 추정을 받게 되고 그 절차 및 원인의 부당을 주장하는 당사자에게 이를 입증할 책임이 있는 것이나, 등기절차가 적법하게 진행되지 아니한 것으로 볼만한 의심스러운 사정이 있음이 입증되는 경우에는 그 추정력은 깨어진다(대법원 2003. 2. 28. 선고 2002다46256 판결).

- 위 판례에 따르면, 등기부상 원인일자에도 등기추정력이 미치게 되므로, 등기원인 일자인 2015. 4. 26. 상속재산분할협의(사해행위)를 한 것으로 추정을 하게 됨. 따라서 관할 등기소 문서송부촉탁을 통해 상속재산협의분할계약서 작성 일자를 확인·증명하여 등기추정력을 깨뜨리고자 함.

※ 이 사건과 유사한 사건의 제척기간에 관한 대법원 판결

대법원 2020다265808 판결에 의하면 실제 상속재산분할협의를 언제 했느냐가 쟁점임

[사례] 2011. 8. 9. 피상속인이 사망하여 배우자가 자녀 갑·을과 협의하여 상속재산분할협의를 하고, 2013. 6. 20. 배우자 명의로 소유권이전등기를 한 사안을 가정함(등기원인, 2011. 8. 9. 상속협의분할). → 2018. 3. 5. 자녀 '갑'의 채권자 B가 배우자를 상대로 사해행위취소소송을 제기한 사안에서, 등기부에 기재된 등기원인 일자와 다른 날에 상속재산분할협의가 있었다고 볼 만한 특별한 사정을 발견할 수 없다고 하면서 제척기간 경과사유로 원고 패소 판결하였음.

* 이 사건에서 채권자 B는 상속재산협의분할계약서 및 자녀 갑과 을의 인감증명서 사본을 확보할 수 없어 입증하지 못했거나 상속재산협의분할계약서 일자가 2011. 8. 9. 로 작성되었을 것으로 추정됨.

▶ 원상회복청구권 행사 방법

※ 사해행위 후 변제 등에 의하여 저당권설정등기가 말소된 경우, 사해행위를 취소하여 그 부동산 자체의 회복을 명하는 것은 당초 일반 채권자들의 공동담보로 되어 있지 아니하던 부분까지 회복을 명하는 것이 되어 공평에 반하는 결과가 되므로, 그 부동산의 가액에서 저당권의 피담보채무액을 공제한 잔액의 한도에서 사해행위를 취소하고 그 가액의 배상을 구할 수 있을 뿐이다(대법원 2007. 5. 31. 선고 2006다18242 판결).

- 이 사건의 경우 위 판례에 따라 원상회복 방법으로 가액배상을 청구하고자 함.

- 가액배상 판결을 득하기 위해서는 사실조회를 통한 피담보 채무금액 확정과 감정평가가 필요하므로 이에 관한 추가 비용이 발생할 것으로 예상됨.

- 이 사건과 다르게 원상회복 방법 선택에 대한 확신이 없을 경우, 원물반환 또는 가액배상으로 소 제기한 후, 사실관계를 확인하여 사실심 변론종결시까지 원물반환과 가액배상 중에서 확정하게 됨. 이때의 청구취지는 주위적으로 사해행위취소 및 가액배상(원물반환)을, 예비적으로 사해행위취소 및 원물반환(가액배상)을 청구하게 됨.
- 사해행위 이후 저당채권의 일부만이 변제되었을 것으로 추정되는 경우, 저당권등기가 그대로 존속하는 경우에도 원물반환을 인정하면 그 사해행위로 인하여 감소된 공동담보 이상의 담보가치를 반환하는 결과가 되므로 원물반환이 불가능하고 가액배상의 방법으로 원상회복을 신청해야 함.

▶ **OO 새마을금고를 상대로 한 근저당권말소소송 제기**

- 이 사건 상속부동산의 근저당권은 설정일로부터 25년 이상 경과되었음.
- 이미 변제했음에도 근저당권을 말소하지 않았거나, OO새마을금고의 근저당권 피담보채권 소멸시효가 완성되었을 경우, 채권자 A는 사해행위취소소송과는 별개로 근저당권말소소송을 제기할 수 있음.
- OO 새마을금고에 대한 채무가 변제되었거나 시효로 소멸되었을 경우, 채권자 A는 채무자 '병'의 상속지분에 관하여, 채무자를 대위하여 OO 새마을금고를 상대로 근저당권말소소송을 제기할 수 있음.
- 채권자 A가 '을'을 상대로 제기한 사해행위취소소송의 청구권이 원물반환일 경우, 원고가 승소하고 채무자 상속지분이 등기된 이후에나 채권자대위권을 행사해 근저당권말소소송을 제기할 수 있음.

□ 가액배상 판결을 가정한 피고의 가액배상 의무액 산출금액 (추정)

▶ 채무자 '병'의 추정 상속재산 지분 금액

상속재산인 노후 단독주택(대지 · 건물)의 추정 감정가격 금 350,000,000원 X 채무자 '병'의 법정 상속 지분 2/9 = 금 77,777,777원

(피상속인 사망 전에 체결한 전 · 월세 보증금 반환채무, 병원비, 장례비, 특별수익, 배우자 특별기여분, 장례비, 주택 개보수비용 등은 확인할 수 없어 감안하지 않음)

▶ 상속인들의 추정 상속채무 지분 금액

- 상속주택에 대한 임차인은 없는 것으로 가정함.
- 소 제기 전에는 상속인들이 변제한 피상속인 '갑'의 피담보 채무 잔액을 확인할 수 없으므로 약 5천만 원으로 계산함. (근저당권 채권최고액 합계 7천만 원 / 설정비율 140% = 5천만 원)

① 상속채무 OO새마을금고 근저당권 피담보채무액 5천만 원에 대한 상속지분을 적용함.

② 상속인 '을'(배우자) 법정 상속 지분 3/9 금액 16,666,667원

③ 상속인 '병'(채무자, 자녀) 법정 상속지분 2/9 금액 11,111,111원

④ 상속인 '정'(자녀) 법정 상속지분 2/9 금액 11,111,111원

⑤ 상속인 '무'(자녀) 법정 상속지분 2/9 금액 11,111,111원

▶ 채무자 '병'의 상속지분에 관한 가액배상 산출금액

추정 상속재산 지분 금액 77,777,777원 - 추정 상속채무 지분 금액 11,111,111원 = 금 66,666,666원(감정평가 금액, 상속재산에서 공제할 금액, 피담보 채무금액 규모에 따라 달라질 수 있음)

▶ 가백배상이 아닌 원물반환 판결(근저당권 2건의 피담보채무 5천만 원을 상환하지 않은 경우)을 가정했을 때 채권자 A의 행동특성

① 사해행위취소소송(원물반환) 승소 판결문에 기초해, '을'명의 등기에서 채무자 '병'의 상속지분 만큼 이전하는 소유권이전등기를 대위 신청하게 됨. 그 후 채무자 '병'의 상속 지분 2/9에 대해 부동산강제경매를 신청함.

② 채무자 '병'의 상속 재산가액은 77,777,777원, 상속채무액은 11,111,111원, 근저당권 2건의 피담보채무는 50,000,000원으로 추정하고, 임차인이 없는 것으로 가정함.

③ 채무자 '병'상속지분에 대한 부동산강제경매 배당표는 아래와 같이 작성될 것으로 예상됨(우선 배당되는 경매절차 비용과 조세 등은 별론으로 하고, 80,000,000원에 매각된 것으로 가정함)

1순위 근저당권자 OO새마을금고 금 30,000,000원 배당.

2순위 근저당권자 OO새마을금고 금 20,000,000원 배당.

3순위 채권자 A 금 30,000,000원 (남은 채권 40,000,000원).

④ 채무자 '병'의 상속지분 2/9 강제경매를 통해 상속채무 50,000,000원 전액이 변제되는 결과가 초래됨.

⑤ 결국 채무자 '병'은 자신의 법정 상속채무액 11,111,111원보다 38,888,889원 초과한 금액을 변제하게 됨.

⑥ 채권자 A는 다른 상속인들에게 38,888,889원에 대한 구상권을 다음과 같이 취득하게 됨.
[상속인 '을'(배우자)의 상속채무 16,666,667원, 상속인 '정'의 상속채무 11,111,111원, 상속인 '무'의 상속채무 11,111,111원, 합계 38,888,889원]

* 민법 제1005조는 '상속인은 상속개시된 때로부터 피상속인의 재산에 관한 포괄적 권리 의무를 승계한다'라고 규정하고 있는바, 상속인들 중 전부 또는 일부가 상속을 포기하였다는 등의 특별한 사정이 없는 한 OO새마을금고에 변제해야할 피상속인의 대출금도 자신의 각 상속지분에 따라 함께 상속받아야 할 것임.
⑦ 채권자 A는 채무자 '병'을 대위하여 다른 상속인들에게 구상금 채권을 행사할 수 있으며, 채무자 '병'이 채권자 A에게 변제해야할 잔액과 상속인들에게 가지는 구상금채권을 비교하여 둘 중 적은 금액을 구상금청구소송 소가로 정하게 됨.
⑧ 이 사건 나머지 상속재산 지분 7/9를 다른 상속인들이 처분하게 되면 채권자가 승소하더라도 강제집행이 불가능하므로 각 상속지분에 대해 가압류 한 후 상속인 '을, 정, 무'를 상대로 구상금청구소송을 제기하게 됨.

3. 채권보전조치 및 사해행위취소의 소 제기

▶ 채권자 A의 채권보전조치 및 사해행위취소소송 제기
- 확인되지 않은 제척기간을 제외하고 채권자취소권의 객관적·주관적 요건을 충족하므로, 수익자 '을'을 상대로 사해행위취소소송(가액배상청구)을 제기하고자 함. 소장 접수 전에 가액배상청구권을 피보전권리로 하는 가압류부터 신청하고자 함.
- 소 제기 이익
'병'의 채무 금액이 7천만 원이므로, 피고 '을'이 패소할 경우 원고인 채권자 A에게 '병'의 실제 상속지분 금액인 66,666,666원 범위 내에서 배상해야 할 것으로 판단됨.

- 피상속인이 생전에 OO 새마을금고 대출금 50,000,000원 또는 임차보증금을 자신을 위해 소비한 경우 가정 시.
피상속인이 생전에 부동산담보대출 또는 임차보증금을 받아 소비했다면 그 금액은 일반채권자들의 공동담보가 아님. 따라서 상속재산인 부동산 평가액에서 임차보증금 또는 근저당권의 피담보채무액을 공제한 잔액을 기준으로 상속 지분 금액을 계산해 가액배상 판결을 하게 됨. 이와 같은 법리에 따르더라도 피고 '을'의 가액배상 금액에는 영향이 없음.
① 추정 상속재산 평가금액 350,000,000원 - OO새마을금고 근저당권 피담보채무액 50,000,000원 = 상속인 전원의 실제 상속재산 금액 300,000,000원

② 상속인 전원의 실제 상속재산 금액 300,000,000원 X 채무자 '병'의 상속지분 2/9 = 피고 '을'의 가액배상 금액 66,666,666원

▶ 소장 청구취지 내용

- 주위적 청구: 사해행위(상속재산 협의분할)취소 및 가액배상

＊ 소송 진행 과정에서 사실조회를 통해 임차인 현황 및 근저당권 피담보채무 잔액 등을 확인한 후 그에 맞게 대응할 필요가 있음.

＊ 이 사건과 다르게 소송 진행 과정에서 가액배상 사유가 존재하지 않은 것으로 확인될 수 있음. 이 경우에는 예비적 청구(사해행위 취소 및 원물반환)로 원물반환을 함께 청구할 수 있음.

▶ 주위적 청구(가액배상) 인용 시 예상되는 판결문 주문 내용

1. 소외 '병'과 피고 '을'사이에서 부산시광역시 수영구 OOO 소재 단독주택에 관하여 2015. 10. . 체결한 상속재산분할협의를 66,666,666원 한도에서 이를 취소한다.
2. 피고는 원고에게 66,666,666원 및 이에 대하여 이 사건 판결확정일 다음날부터 다 갚는 날까지 연 5%의 비율로 계산한 돈을 지급하라.
3. 위 제1항은 가집행 할 수 있다.
4. 소송비용은 피고가 부담한다.

▶ 예비적 청구(원물반환) 인용 시 예상되는 판결문 주문 내용

1. 별지 목록 기재 부동산 중 2/9 지분에 관하여,

가. 피고와 '병'사이에 2015. 10. . 체결된 상속재산분할협의를 취소하고,

나. 피고는 병에게 진정명의회복을 원인으로 한 소유권이전등기절차를 이행하라.

＊ 등기원인은 '진정한 등기명의의 회복'이 될 것이나, 판결문 주문 내용에 따라 등기상 근저당권 등 이해관계 있는 제3자가 없을 경우 경정등기를 신청할 수도 있음.

2. 위 제1항은 가집행 할 수 있다.
3. 소송비용은 피고가 부담한다.

▶ 사해행위취소소송 원고 승소 판결이 확정된 경우 채권자 A의 후속조치

- 현금 공탁금의 회수

＊ 부동산가압류·가처분 신청 시 납부한 현금 공탁금에 대한 회수를 신청하고자 함.

＊ 채무자로부터 인감증명서 · 동의서 · 항고포기서 · 영수증을 징구하여 회수하거나, '권리행사 최고에 의한 담보취소신청'을 통해 회수하고자 함.
- 소송비용의 청구
＊ 1심 법원에 변호사 보수, 인지대, 송달료, 감정비용 등에 대한 소송비용 확정 신청을 하여 피고에게 청구하고자 함.

4. 채무자 '병'과 다른 상속인들의 입장

▶ **가백배상이 아닌 원물반환 판결**(근저당권 2건의 피담보채무 5천만 원을 상환하지 않은 경우)**을 가정했을 때 채권자 A의 행동특성에 관하여 → 강제경매 사건 종결 후 남은 상속재산 7/9에 대해 합법적으로 강제집행을 면할 수 있는 방법**

① 채무자 '병'이 법정기간 이내에 '상속재산협의분할'이 아닌 상속포기심판을 청구했다면, 채권자 A는 '을'을 상대로 사해행위취소소송을 제기할 수 없다.

② 채권자 A가 보전처분 또는 소송을 제기하기 전에, 채무자 '병'이 서둘러 개인파산 · 면책결정을 받았다면 사해행위취소소송을 제기할 수 없다. 채권자 A의 채권이 채무자 '병'의 면책으로 소멸되기 때문이다.

③ 위 ②와 같은 상황이라면, 아래의 판례에 따라 채권자 A는 채권자대위권을 행사할 수 없다.

☀ 채권자대위권은 채권자가 자기의 채권을 보전하기 위하여 채무자의 권리를 행사할 수 있는 권리로서 채무자에 대하여 채권을 행사할 수 있음이 전제되어야 할 것인바, 채무자 회생 및 파산에 관한 법률 제566조 본문은 "면책을 받은 채무자는 파산절차에 의한 배당을 제외하고는 파산채권자에 대한 채무의 전부에 관하여 그 책임이 면제된다"고 규정하고 있고, 다만 그 단서에서 들고 있는 일정한 채무의 경우에만 책임이 면제되지 아니한다는 예외규정을 두고 있으므로, 채무자가 파산절차에서 면책결정을 받은 때에는 파산채권을 피보전채권으로 하여 채권자대위권을 행사하는 것은 그 채권이 위 법률 제566조 단서의 예외사유에 해당하지 않는 한 허용되지 않는다.
그리고 채무자 회생 및 파산에 관한 법률 제567조는 "면책은 파산채권자가 채무자의 보증인 그 밖에 채무자와 더불어 채무를 부담하는 자에 대하여 가지는 권리와 파산채권자를 위하여 제공한 담보에 영향을 미치지 아니한다"고 규정하고 있는바, 이는 채무자의 면책은 보증인 등의 변제책임과 물상보증인이 제공한 담보에 아무런 영향을 미치지 않는다는 취지라고 할 것이다(대법원 2009. 6. 23. 선고 2009다13156 판결).

▶ 미래의 상속인이 될 채무자의 입장
- 대법원 2020다265808 판결에 따라 상속설계를 한다면, 상속개시 후 곧 바로 상속등기 할 수 없는 경우일지라도 상속재산협의분할계약서는 상속개시일과 가까운 날짜에 작성한 후

지체 없이 확정일자를 받아두는 것이 좋다.

- 그 후 5년의 시간이 흐른 상태에서 상속등기 하거나 그 전에 등기했더라도 채권자가 5년 이후에 사해행위취소소송을 제기할 경우 특별한 사유가 없는 한 제척기간이 경과한 것으로 볼 수 있기 때문이다.
- 사해행위취소소송의 제척기간 중 법률행위 기산일은 상속재산협의분할계약서를 작성한 날이다. 미리 상속재산협의분할계약서 작성 및 확정일자를 받지 못한 상태에서 나중에 상속등기 할 경우에도 상속재산협의분할계약서 작성일자를 상속개시일과 가까운 날짜로 정하는 것이 좋다.

▶ 주의할 점

- 사해행위취소소송의 피고와 소외 채무자는 부동산가압류 또는 처분금지가처분 등기를 말소하고 사해행위취소소송을 취하시킬 목적으로 원고에게 자진해서 변제하면 안 된다.
- 반드시 가액배상 판결에 의하거나 부동산강제경매절차를 통해 소외 채무자 '병'의 상속지분이 채권자에게 배당되도록 해야 한다.
- 감정하기 전에는 '병'의 상속지분 해당 금액을 정확하게 산출할 수 없을 뿐만 아니라, 임의로 변제하면 다른 채권자들도 사해행위취소소송을 제기하게 된다. 이중지급의 위험이 있는 것이다.

[tip] 채무자 '병'의 과실과 수습 방법

- 채무자 '병'의 과실

모든 채권자(채권추심원)가 이토록 면밀하게 분석하지는 않는다. 채권자의 행동특성을 경계하라는 차원에서 상세하게 검토하고 기획했을 뿐이다. 어쨌든 '병'의 채무로 인해 피고 '을'은 제척기간 32일을 남겨두고 사해행위취소소송을 당해 거액을 배상할 위기에 처해 있다. 이 사건과 다르게 원물반환 대상일 경우 채무자 '병'의 상속지분에 대한 강제경매가 종결된 후 다른 상속인들에 대해 구상금청구소송이 제기될 수도 있다. 채무자 '병'이 이러한 법리를 알고 법정기간 이내에 가정법원에 상속포기심판청구를 하거나 개인회생 또는 개인파산·면책 결정을 득했다면 채권자 A는 상속재산에 관해 조치할 수 있는 방법이 없다. 그래서 상속등기를 비롯한 법률행위를 할 때에는 피상속인과 상속인의 채권·채무 관계를 종합적으로 살펴서 법률서비스를 제공해줄 수 있는 전문가를 선임해야 한다.

- 수습 방법

① 채무자 '병'이 다른 특별한 재산이 없고, 채권자 A가 사해행위취소소송을 제기하기 전에

개인회생 또는 개인파산·면책을 신청했을 경우, 가액배상액 66,666,666원만 청산가치에 산입하거나 파산재단에 귀속시킴으로써, 총 채무액 중 123,333,334원을 면책 받을 수 있었다 (총 채무액 190,000,000원 - 청산가치 산입 또는 파산재단 귀속금액 66,666,666원 = 금 123,333,334원).

② 지금이라도 늦지 않았다. 채권자 A와 수익자 '을'이 사해행위취소소송을 진행하고 있는 것과 별개로 개인회생을 신청하면 된다. 현 상황이라면, 개인파산 선고 보다는 개인회생 개시결정 가능성이 상대적으로 높기 때문이다. 당연히 채권자 A의 이의신청이 뒤따르겠지만 적극적으로 소명해서 개인회생 법원으로부터 개시결정과 변제계획인가결정을 받아내야 한다.

③ 수익자(피고) '을'도 사해행위취소소송 관할 법원에 적극적으로 소명하고 호소하면 채무자 '병'의 개인회생 신청 사건 결과가 나올 때까지 사해행위취소소송 진행이 중단될 수 있다. '병'은 개인회생 신청이 기각될 경우 즉시항고를 통해 불복할 수 있다.

④ 변제계획인가결정 내용에 따라 다르겠지만, 제1회차 변제기일에 가액배상 의무액인 66,666,666원을 납부할 각오를 해야 한다. 금액이 커서 힘들다면 이 금액의 1~5회 분할 납부도 가능할 것이다. 청산가치 보장금액이 가액배상 의무액 66,666,666원을 초과할 경우 나머지 금액만 분할납부 하면 된다. 개인회생 법원을 설득할 수 있도록 양심적이고 성실하게 변제계획을 수립해야한다. 채무자 '병'이 제출한 변제계획인가신청서를 개인회생위원이 심사하여 판사가 최종 결정하기 때문이다.

[tip] 상속개시 전·후 채무자의 대처 방법

▶ 재무설계 세부 방법론 중에 주식·펀드·예금·보험·부동산·상속에 관한 설계가 있다. 채무자 입장에서는 상속설계가 가장 중요하다. 상속개시 전·후의 상속설계 방법에 따라 적극적으로 대처해야 한다. 부모님 사망 전·후로 피상속인의 자산 및 부채상황과 채무상환 불능 상태인 상속인이 있는지 부터 확인해야 한다. 법무사사무소를 통해 상속재산에 대한 소유권이전등기를 하는 행위부터 서두를 것이 아니라 그 전에 피상속인과 전체 상속인들의 부채상황을 포괄하는 상속계획을 세워야한다.

▶ 채무상환 불능 상태인 상속인은 반드시 상속개시 있음을 안 날로부터 3월내에 가정법원에 상속포기심판청구를 해야 한다. 법률상 '상속개시 있음을 안 날'부터 이지만 분쟁예방 차원에서 '사망일'로부터 3월내에 신청하는 것이 좋다. 사례와 같이 상속인 간에 상속협의분할을 원인으로 상속재산의 소유권을 이전하게 되면 채권자취소권 행사의 대상이 될 수 있음을 명심해야 한다. 이로 인해 단독 상속받은 상속인(수익자)이 거액을 부담하게 되어

가족 간에 불화가 발생하는 경우가 많다.

▶ 상속인 중에 미성년자가 있는 경우, 미성년자와는 상속협의분할계약서를 작성할 수 없으므로 특별대리인 신청을 검토해야 한다.

▶ 법리상 피고가 패소할 것으로 예상된다면 자녀들이 부담한 부친의 암 수술비 등 병원비, 장례비용, 상속 부동산 개수와 보수비용, 배우자의 특별 기여분 등을 감안하여 상속재산에서 공제해달라고 주장해야 한다. 그리고 상속재산을 취득함에 있어 실질적으로 모친이 대가를 부담한 것이 증명되는 때에는 특유재산의 추정이 번복되기 때문에 그 금액을 상속재산에서 공제할 수 있다.

○ 상속재산 협의분할과 사해행위취소의 소

[사례] 채무자 한모 씨의 부친이 2019. 7. 30. 지병으로 사망하였다. 유족은 배우자와 아들 3명이 있었다. 이 경우 상속재산에 대한 법정 상속지분은 배우자 3/9, 아들 3명은 각각 2/9 이다. 부친은 사망 당시 거래시세 10억원인 인천광역시 소재 50평형(전용 145㎡) 아파트를 소유하고 있었다. 부채와 유언은 없었고 장례비용으로 2천만 원이 지출되었다.

한편 장남인 한모 씨는 부친 생전에 사업자금 명목으로 1억5천만 원을 증여받은 사실이 있다. 그는 3년 전에 도산해 특별한 재산이 없었다. 5개 금융회사와 세군데 거래처에 갚아야 할 채무가 총 5억원에 이른다. 한모 씨 상속지분에 대한 채권자들의 강제집행을 우려한 상속인들은 2020. 4. 30. '상속재산협의분할계약서'를 작성했다. 상속에서 제외된 한모 씨의 상속지분 평가액은 나중에 현금으로 보전해주기로 했다. 상속재산만 있고 상속할 채무는 없기 때문에 단순승인 한 것이다.

같은 날 상속인들은 법무사사무소에 의뢰하여 모친 김모 씨와 두 형제 명의로 아파트 소유권이전등기를 마쳤다(등기원인 상속재산분할협의, 등기원인일 2019. 7. 30.). 상속인들은 모친 김모 씨의 병원비와 생활비 등에 충당하기 위해 2020. 5. 8. 상속받은 아파트를 담보로 00은행으로부터 1억원을 대출 받았다. (채무자 김모 씨, 채권최고액 1억2천만 원) 이 대출에 두 형제가 물상보증인으로 입보하였다.

한편 금융회사인 채권자 A는 한모 씨에 대하여 2억원의 구상금채권이 있고 확정판결을 받아놓은 상태이다. 2021. 1. 15. 채권자 A가 상속등기권리자에서 한모 씨가 제외된 사실을 확인하였다. 이어서 상속인들과 한모 씨에게 상속재산협의분할등기에 관해 소명해달라는 공문을 발송하였다. 2주가 경과되었음에도 소명이 없자 채권자 A는 2021. 2. 5. 모친 김모 씨와 두 형제를 피고로 하는 사해행위취소소송을 제기했다. 이와 동시에 상속부동산에 대한 가압류를 신청했다.

2021. 8. 5. 자 감정평가서를 통해 확인한 아파트의 시세는 10억 원이었다. 이를 한모 씨의 법정 상속지분 2/9로 환산하면 2억2천2백만 원이다(10억원 X 2/9, 백만 원 미만 절사). 채권자 A는 청구취지 및 원인을 변경해 가액배상 금액으로 채권 전액인 2억원을 청구했다. 다른 채권자들도 사해행위취소소송을 제기해올 수 있는 상황에서 한모 씨와 피고들이 변제금액을 최소화 할 수 있는 방법은 없을까?

□ 결론과 법리

▶ 사해행위의 성립 여부

사해행위(상속재산협의분할계약서 작성일) 당시 채무자 한모 씨는 무자력(채무초과) 상태에서 상속재산협의분할계약서를 작성하고 자신의 권리를 행사하지 않았으므로 채권자취소권 행사 대상이다. 채무자와 피고들은 가족 관계로 선의항변이 인정될 여지가 거의 없다.

▶ 제척기간 경과 여부

사해행위일자 및 등기접수일이 2020. 4. 30. 이고, 채권자 A가 2021. 2. 5. 사해행위취소의 소를 제기했으므로, 제척기간이 경과되지 않은 상태에서 적법하게 소송을 제기하였다.

▶ 원상회복 방법

사해행위 이후에 피고 중 김모 씨가 선의의 제3자인 00은행으로부터 1억원을 대출받고 근저당권을 설정했으므로 가액배상 대상이다.

▶ 가액배상 시 사해행위 대상 부동산의 가격과 특별수익 산정 시점

가액배상액을 산정함에 있어 부동산의 가액은 사실심 변론종결시를 기준으로 객관적으로 평가한 금액이므로 2021. 8. 5.자 감정평가서 금액 10억원이 기준이 된다. 특별수익 산정 금액은 상속개시 당시(2019. 7. 30.)의 부동산 거래시세(평가금액) 10억원이 기준이 된다.

* 특별수익자가 존재한다고 해서 상속채무에 대한 법정 상속지분이 달라지는 것은 아니다. 즉, 상속지분이 특별수익자에게 일부 가산되거나 감해지는 것이 아니다.

▶ **채권자 A의 가액배상 청구금액 2억원의 타당성**

상속재산분할협의로 인한 사해행위취소소송에서 원고(채권자)의 가액배상 청구 시 수익자인 피고들이 배상할 금액은 채무자의 법정상속지분비율에 따른 가액이다. 상속재산 금액을 산출함에 있어 특별수익을 받은 자 또는 기여한 자가 있다면 민법 제1008조에 따라 이를 조정한 후 채무자의 구체적 상속분을 산출해야 한다. 재산분할 결과가 구체적 상속분에 상당하는 정도에 미달하는 과소한 경우에도 사해행위로서 취소되는 범위는 그 미달하는 부분에 한정하여야 한다. 따라서 채권자 A의 청구는 부당하다.

▶ **가액배상 판결의 경우, 조정 후 상속재산 계산 시 공제 주장 가능한 것.**

- 현존 상속재산 금액 + 생전 증여(유증)액 - 기여분액에서,

① 장례비용

② 피상속인의 병원비용 (통상적인 범위를 벗어난 병원비용을 상속인들이 부담한 경우)

③ 사해행위 이후 상속인들이 대신 변제한 피상속인 명의 대출금, 조세

④ 우선변제권 있는 임차보증금 (사해행위 이전에 임대차계약이 체결된 경우) 등을 공제해줄 것을 주장할 수 있다.

▶ 상속재산의 분할

공동상속의 경우에 상속인간에서 그 상속분의 비율에 따라서 누가 어느 재산을 가지느냐를 정하는 것을 말한다. 이론적으로 말하면 일단 상속인들의 공동소유로 되었던 상속재산을 분할하여 각 상속인의 단독상속으로 하는 것이다. 민법은 상속재산을 분할할 것을 원칙으로 하기 때문에 공동상속인은 누구든지 분할을 청구할 수 있다. 그러나 피상속인은 5년을 초과하지 아니하는 기간을 정하여 분할의 금지를 유언할 수 있다. 분할의 방법으로 피상속인은 유언으로써 분할의 방법을 정하거나 또는 이를 정할 것을 제3자에게 위탁할 수 있다. 그러한 유언이 없으면 공동상속인의 협의에 의하여 분할하는 것이지만 협의가 성립되지 않는 경우에는 법원에 그 분할을 청구할 수 있다. 분할의 효력은 상속개시에 소급한다.

▶ 상속재산의 분할협의는 재산권을 목적으로 하는 법률행위이다. 반면에 가정법원을 통한 상속의 포기는 처음부터 상속인이 아니었던 것으로 봄으로서 상속인의 지위 자체를 소멸케 하는 것이다.

▶ 상속재산의 분할협의는 상속이 개시되어 공동상속인 사이에 잠정적 공유가 된 상속재산에 대하여 그 전부 또는 일부를 각 상속인의 단독소유로 하거나 새로운 공유관계를 이행시킴으로써 상속재산의 귀속을 확정시키는 것으로 성질상 재산권을 목적으로 하는 법률행위이므로 채권자(사해행위)취소권 행사의 대상이 될 수 있다. 반면에 상속의 포기는 대상이 아니다.

▶ 채권자가 사해행위취소소송에서 원상회복의 방법으로 가액배상청구권을 주장할 경우에는 '부동산가압류를', 원물반환청구권을 주장할 경우에는 '부동산처분금지가처분'을 신청한다.

● 특별수익자의 상속분 (민법 제1008조).

공동상속인 중에 피상속인으로부터 재산의 증여 또는 유증을 받은 자가 있는 경우에그 수증재산이 자기의 상속분에 달하지 못한 때에는 그 부족한 부분의 한도에서 상속분이 있다.

☀ 상속분의 산정에서 증여 또는 유증을 참작하게 되는 것은 원칙적으로 상속인이 유증 또는 증여를 받은 경우에만 발생하고, 그 상속인의 직계비속, 배우자, 직계존속이 유증 또는 증여를 받은 경우에는 그 상속인이 반환의무를 지지 않는다고 할 것이나, 증여 또는 유증의 경위, 증여나 유증된 물건의 가치, 성질, 수증자와 관계된 상속인이 실제 받은 이익 등을 고려하여 실질적으로 피상속인으로부터 상속인에게 직접 증여된 것과 다르지 않다고 인정되는 경우에는 상속인의 직계비속, 배우자, 직계존속 등에게 이루어진 증여나 유증도 특별수익으로서 이를 고려할 수 있다고 함이 상당하다(대법원 2007. 8. 28.자 2006스3,4 결정).

☀ 갑이 을과 사이에 딸 병 등과 아들 정을 두고 을의 사망시까지 43년 4개월 남짓의 혼인생활을 유지해 오다가 을의 사망 7년 전에 을에게서 부동산을 생전 증여받은 사안에서, 을이 부동산을 갑에게 생전 증여한 데에는 갑이 을의 처로서 평생을 함께 하면서 재산의 형성·유지과정에서 기울인 노력과 기여에 대한 보상 내지 평가, 청산, 부양의무 이행 등의 취지가 포함되어 있다고 볼 여지가 충분하고, 이를 반드시 공동상속인 중 1인에 지나지 않는 갑에 대한 상속분의 선급이라고 볼 것만은 아니다. 원심으로서는 갑과 을의 혼인생활의 내용, 을의 재산 형성·유지에 갑이 기여한 정도, 갑의 생활유지에 필요한 물적 기반 등 제반 요소를 심리한 후, 이러한 요소가 생전 증여에 포함된 정도나 비율을 평가함으로써 증여재산의 전부 또는 일부가 특별수익에서 제외되는지를 판단하였어야 함에도, 단순히 위 부동산 외에는 아무런 재산이 없던 을이 이를 모두 갑에게 증여하였다는 사정만으로 증여재산 전부를 특별수익에 해당한다고 본 원심판결에는 배우자의 특별수익에 관한 법리오해의 위법이 있다(대법원 2011. 12. 8. 선고 2010다66644 판결).

☀ 유류분에 관한 민법 제1118조에 의하여 준용되는 민법 제1008조는 "공동상속인 중에 피상속인으로부터 재산의 증여 또는 유증을 받은 자가 있는 경우에 그 수증재산이 자기의 상속분에 달하지 못한 때에는 그 부족한 부분의 한도에서 상속분이 있다."라고 규정하고 있다. 이러한 유류분제도의 입법 취지와 민법 제1008조의 내용 등에 비추어 보면, 공동상속인 중 특별수익을 받은 유류분권리자의 유류분 부족액을 산정할 때에는 유류분액에서 특별수익액과 순상속분액을 공제하여야 하고, 이때 공제할 순상속분액은 당해 유류분권리자의 특별수익을 고려한 구체적인 상속분에 기초하여 산정하여야 한다(대법원 2021. 8. 19. 선고 2017다235791 판결).

☀ 공동상속인 중 피상속인으로부터 재산의 증여 또는 유증을 받은 자는 그 수증재산이 자기의 상속분에 부족한 한도 내에서만 상속분이 있다(민법 제1008조). 공동상속인 중에 특별수익자가 있는 경우에는 이러한 특별수익을 고려하여 상속인별로 고유의 법정상속분을 수정하여 구체적인 상속분을 산정하게 되는데, 이러한 구체적 상속분을 산정함에 있어서는 피상속인이 상속개시 당시에 가지고 있던 재산의 가액에 생전 증여의 가액을 가산한 후 이 가액에 각 공동상속인별로 법정상속분율을 곱하여 산출된 상속분 가액으로부터 특별수익자의 수증재산인 증여 또는 유증의 가액을 공제하는 계산방법에 의하여야 한다(대법원 1995. 3. 10. 선고 94다16571 판결 참조). 금전채무와 같이 급부의 내용이 가분인 채무가 공동상속된 경우 이는 상속개시와 동시에 당연히 법정상속분에 따라 공동상속인에게 분할되어 귀속되는 것이므로 상속재산 분할의 대상이 될 여지가 없다(대법원 1997. 6. 24. 선고 97다8809 판결 참조). 따라서 특별

수익자인 채무자의 상속재산 분할협의가 사해행위에 해당하는지를 판단함에 있어서도 위와 같은 방법으로 계산한 구체적 상속분을 기준으로 그 재산분할결과가 일반 채권자의 공동담보를 감소하게 하였는지 평가하여야 하고, 채무자가 상속한 금전채무를 구체적 상속분 산정에 포함할 것은 아니다(대법원 2014. 7. 10. 선고 2012다26633 판결).

☀ 이미 채무초과 상태에 있는 채무자가 상속재산의 분할협의를 하면서 상속재산에 관한 권리를 포기함으로써 결과적으로 일반 채권자에 대한 공동담보가 감소되었다 하더라도, 그 재산분할결과가 위 구체적 상속분에 상당하는 정도에 미달하는 과소한 것이라고 인정되지 않는 한 사해행위로서 취소되어야 할 것은 아니고, 구체적 상속분에 상당하는 정도에 미달하는 과소한 경우에도 사해행위로서 취소되는 범위는 그 미달하는 부분에 한정하여야 한다. 이때 지정상속분이나 기여분, 특별수익 등의 존부 등 구체적 상속분이 법정상속분과 다르다는 사정은 채무자가 주장·입증하여야 할 것이다(대법원 2001. 2. 9. 선고 2000다51797 판결).

- 기여분 (민법 제1008조의2).

① 공동상속인 중에 상당한 기간 동거·간호 그 밖의 방법으로 피상속인을 특별히 부양하거나 피상속인의 재산의 유지 또는 증가에 특별히 기여한 자가 있을 때에는 상속개시 당시의 피상속인의 재산가액에서 공동상속인의 협의로 정한 그 자의 기여분을 공제한 것을 상속재산으로 보고 제1009조 및 제1010조에 의하여 산정한 상속분에 기여분을 가산한 액으로써 그 자의 상속분으로 한다.

② 제1항의 협의가 되지 아니하거나 협의할 수 없는 때에는 가정법원은 제1항에 규정된 기여자의 청구에 의하여 기여의 시기·방법 및 정도와 상속재산의 액 기타의 사정을 참작하여 기여분을 정한다.

③ 기여분은 상속이 개시된 때의 피상속인의 재산가액에서 유증의 가액을 공제한 액을 넘지 못한다.

④ 제2항의 규정에 의한 청구는 제1013조제2항의 규정에 의한 청구가 있을 경우 또는 제1014조에 규정하는 경우에 할 수 있다.

☀ 배우자가 장기간 피상속인과 동거하면서 피상속인을 간호한 경우, 민법 제1008조의2의 해석상 가정법원은 배우자의 동거·간호가 부부 사이의 제1차 부양의무 이행을 넘어서 '특별한 부양'에 이르는지 여부와 더불어 동거·간호의 시기와 방법 및 정도뿐 아니라 동거·간호에 따른 부양비용의 부담 주체, 상속재산의 규모와 배우자에 대한 특별수익액, 다른 공동상속인의 숫자와 배우자의 법정상속분 등 일체의 사정을 종합적으로 고려하여 공동상속인들 사이의 실질적 공평을 도모하기 위하여 배우자의 상속분을 조정할 필요성이 인정되는지 여부를 가려서 기여분 인정 여부와 그 정도를 판단하여야 한다.

배우자의 장기간 동거·간호에 따른 무형의 기여행위를 기여분을 인정하는 요소 중 하나로 적극적으로 고려할 수 있다. 다만 이러한 배우자에게 기여분을 인정하기 위해서는 앞서 본 바와 같은 일체의 사정을 종합적으로 고려하여 공동상속인들 사이의 실질적 공평을 도모하기 위하여 배우자의 상속분을 조정할 필요성이 인정되어야 한다 (대법원 2019.11.21.자 2014스44,45 전원합의체 결정).

▶ 구체적 상속분 계산방법

- 조정 후 상속재산 = 현존 상속재산 금액 + 생전 증여(유증)액 - 기여분액
- 기여분권자의 구체적 상속분 = 기여분액 + 조정 후 상속재산 X 법정상속지분비율
- 특별수익자의 구체적 상속분 = 조정 후 상속재산 금액 X 법정상속지분비율 - 특별수익금액(생전에 증여받은 금액, 유증한 금액)

---

* 채무자 한모 씨의 구체적 상속분은 아래와 같다.

- 조정 후 상속재산 = 현존 생속재산 금액 10억원 + 생전 증여액 1억5천만 원 - 장례비용 2천만 원 = 1십1억3천만 원
- 특별수익자 채무자 한 모 씨의 구체적 상속분 = 조정 후 상속재산 1십1억3천만 원 X 채무자의 법정상속지분비율 2/9 - 한모 씨의 특별수익금액 1억5천만 원 = 101,111,111원

* 따라서 원고 전부승소 판결 시 피고는 채권자 A가 청구한 가액배상 금액 2억원 중에서 101,111,111원과 소송비용만 지급하면 된다.

* 그러나 상속개시 당시(2019. 7. 30. 기준)의 아파트 평가금액과 가액배상을 위한 감정평가 금액(2021. 8. 5.자)이 차이가 날 경우 조정 후 상속재산 금액에 변동이 생기고 가액배상 판결 금액이 달라질 수 있다. 상속채무가 있는 경우에도 마찬가지이다.

* 상속에 관한 채무는 소송 및 보전조치 취하 조건으로 어느 한 채권자에게 임의로 변제하지 말고 법원의 판결에 따라 변제하는 것이 안전하다.

* 피고가 채권자 A에게 가액배상 판결에 따른 채무를 이행한 후에는 다른 채권자들에게 추가로 가액배상을 할 필요는 없다(대법원 2005. 5. 27. 선고 2004다67806 판결, 2014. 8. 20. 선고 2014다28114 판결).

▶ 쟁점별 부동산 평가 시점

- 구체적 상속분 산정: 상속개시 당시 평가 금액
- 채무자의 무자력 여부: 사해행위 당시 평가 금액
- 가액배상 금액 판단: 사실심 변론종결 당시 평가 금액

☀ 공동상속인 중에 피상속인으로부터 재산의 증여 또는 유증 등의 특별수익을 받은 자가 있는 경우에는 이러한 특별수익을 고려하여 상속인별로 고유의 법정상속분을 수정하여 구체적인 상속분을 산정하게 되는데, 이러한 구체적 상속분을 산정함에 있어서는 상속개시시를 기준으로 상속재산과 특별수익재산을 평가하여 이를 기초로 하여야 할 것이다. 다만 법원이 실제로 상속재산분할을 함에 있어 분할의 대상이 된 상속재산 중 특정의 재산을 1인 및 수인의 상속인의 소유로 하고 그의 상속분과 그 특정의 재산의 가액과의 차액을 현금으로 정산할 것을 명하는 방법(소위 대상분할의 방법)을 취하는 경우에는 분할의 대상이 되는 재산을 그 분할시를 기준으로 하여 재평가하여 그 평

가액에 의하여 정산을 하여야 한다(대법원 1997. 3. 21.자 96스62 결정).

☀ 채무자의 무자력 여부는 사해행위 당시를 기준으로 판단하여야 하는 것이므로 채무자의 적극재산에 포함되는 부동산이 사해행위가 있은 후에 경매절차에서 경락된 경우에 그 부동산의 평가는 경락된 가액을 기준으로 할 것이 아니라 사해행위 당시의 시가를 기준으로 하여야 할 것이며, 부동산에 대하여 정당한 절차에 따라 산출된 감정평가액은 특별한 사정이 없는 한 그 시가를 반영하는 것으로 보아도 좋을 것이다(대법원 2001. 4. 27. 선고 2000다69026 판결).

☀ 사해행위의 취소에 따른 원상회복은 원칙적으로 그 목적물 자체의 반환에 의하여야 할 것이나, 그것이 불가능하거나 현저히 곤란한 경우에는 예외적으로 가액배상에 의하여야 하고, 가액배상액을 산정함에 있어 그 가액은 수익자가 전득자로부터 실제로 수수한 대가와는 상관없이 사실심 변론종결시를 기준으로 객관적으로 평가하여야 한다(대법원 2010. 4. 29. 선고 2009다104564 판결).

☀ 부동산의 매매계약 등이 사해행위에 해당되어 취소되고 수익자에게 그에 따른 원상회복으로서 원물반환이 아닌 가액배상을 명하는 경우, 그 부동산에 대한 가액은 특별한 사정이 없는 한 당해 사해행위취소소송의 사실심 변론종결 당시를 기준으로 산정하여야 한다(대법원 2010. 2. 25. 선고 2007다28819,28826 판결).

☀ 저당권이 설정되어 있는 부동산에 관하여 사해행위 후 변제 등으로 저당권설정등기가 말소되어 사해행위 취소와 함께 가액반환을 명하는 경우, 부동산 가액에서 저당권의 피담보채권액을 공제한 한도에서 가액반환을 하여야 한다. 그런데 그 부동산에 위와 같은 저당권 이외에 우선변제권 있는 임차인이 있는 경우에는 임대차계약의 체결시기 등에 따라 임차보증금 공제 여부가 달라질 수 있다. 가령 사해행위 이전에 임대차계약이 체결되었고 임차인에게 임차보증금에 대해 우선변제권이 있다면, 부동산 가액 중 임차보증금에 해당하는 부분이 일반 채권자의 공동담보에 제공되었다고 볼 수 없으므로 수익자가 반환할 부동산 가액에서 우선변제권 있는 임차보증금 반환채권액을 공제하여야 한다. 그러나 부동산에 관한 사해행위 이후에 비로소 채무자가 부동산을 임대한 경우에는 그 임차보증금을 가액반환의 범위에서 공제할 이유가 없다. 이러한 경우에는 부동산 가액 중 임차보증금에 해당하는 부분도 일반 채권자의 공동담보에 제공되어 있음이 분명하기 때문이다(대법원 2018. 9. 13. 선고 2018다215756 판결).

☀ 실제 가액배상 할 금액의 산출

저당권이 설정되어 있는 부동산에 관하여 사해행위 후 변제 등으로 저당권설정등기가 말소되어 사해행위 취소와 함께 가액반환을 명하는 경우, 부동산 가액에서 저당권의 피담보채권액을 공제한 한도에서 가액반환을 하여야 한다. 그런데 그 부동산에 위와 같은 저당권 이외에 우선변제권 있는 임차인이 있는 경우에는 임대차계약의 체결시기 등에 따라 임차보증금 공제 여부가 달라질 수 있다. 가령 사해행위 이전에 임대차계약이 체결되었고 임차인에게 임차보증금에 대해 우선변제권이 있다면, 부동산 가액 중 임차보증금에 해당하는 부분이 일반 채권자의 공동담보에 제공되었다고 볼 수 없으므로 수익자가 반환할 부동산 가액에서 우선변제권 있는 임차보증금 반환채권액을 공제하여야 한다. 그러나 부동산에 관한 사해행위 이후에 비로소 채무자가 부동산을 임대한 경우에는 그 임차보증금을 가액반환의 범위에서 공제할 이유가 없다. 이러한 경우에는 부동산 가액 중 임차보증금에 해당하는 부분도 일반 채권자의 공동담보에 제공되어 있음이 분명하기 때문이다(대법원 2018. 9. 13. 선고 2018다215756 판결).

▶ 중복 제기된 사해행위취소소송의 권리보호 이익

- 이와 달리 가액배상 금액(채무자의 상속재산 지분 평가액)이 1억원 이라고 가정할 경우, 총 채무가 1억원을 초과하더라도 1억원 범위 내에서만 변제하면 된다. 만약 채권자 A(채권액 8천만 원)와 채권자 B(채권액 1억원)가 순차적으로 사해행위취소소송을 제기했다면 수익자는 1억원 범위 내에서 변제할 채권자를 선택할 수 있다. 채권자 B에게 1억원을 전부 변제해 버

리면 채권자 A는 한 푼도 받을 수 없다. 채권자가 승소하더라도 실제로 돈을 받으려면 시간과 비용이 많이 소요된다. 수익자의 눈치를 보며 긴장하고 있는 채권자들을 경쟁시켜 채무감면의 무기로 활용할 수 있다는 것이다.

- 두 개 이상의 가액배상 판결이 있고 아직 모두 이행되지 않은 경우 수익자(피고)로서는 채권자중 1인에게 임의이행 하거나 민법 제487조(변제공탁) 단서에 의하여 채권자 상대적불확지공탁을 하고 다른 확정판결에 대하여 청구이의의소를 제기함으로써 이중지급의 위험에서 벗어날 수 있다. 이때 서로 다른 금액의 가액배상 판결이 존재한다면 그 중 다액을 공탁하면 된다.

☀ 채권자취소권의 요건을 갖춘 각 채권자는 고유의 권리로서 채무자의 재산처분 행위를 취소하고 그 원상회복을 구할 수 있는 것이므로 여러 명의 채권자가 동시에 또는 시기를 달리하여 사해행위취소 및 원상회복청구의 소를 제기한 경우 이들 소가 중복제소에 해당하지 아니할 뿐만 아니라, 어느 한 채권자가 동일한 사해행위에 관하여 사해행위취소 및 원상회복청구를 하여 승소판결을 받아 그 판결이 확정되었다는 것만으로는 그 후에 제기된 다른 채권자의 동일한 청구가 권리보호의 이익이 없게 되는 것은 아니다. 그러나 확정된 판결에 기하여 재산이나 가액의 회복을 마친 경우에는 다른 채권자의 사해행위취소 및 원상회복청구는 그와 중첩되는 범위 내에서 권리보호의 이익이 없게 된다(대법원 2003. 7. 11. 선고 2003다19558 판결, 2005. 5. 27. 선고 2004다67806 판결).

☀ 수익자가 확정된 판결에 기하여 해당 채권자에게 재산이나 가액을 반환함으로써 그 채권자가 다른 채권자보다 사실상 우선변제를 받는 불공평한 결과가 초래된다고 하더라도, 그 재산이나 가액의 반환이 다른 채권자를 해할 목적으로 수익자와 해당 채권자가 통모한 행위라는 등의 특별한 사정이 없는 한 확정된 판결에 따른 반환의무를 이행하는 것이 다른 채권자의 신의에 반하는 행위라고 할 수는 없으므로, 확정된 판결에 따라 재산이나 가액의 반환을 마친 수익자가 다른 채권자의 사해행위취소 및 원상회복청구에 대하여 권리보호의 이익이 없다고 주장하는 것이 신의성실의 원칙에 위배된다고 할 수는 없다(대법원 2014. 8. 20. 선고 2014다28114 판결).

▶ 원상회복의 방법

원상회복의 방법은 원물반환이 원칙이다. 원물반환이 불가능하거나 현저히 곤란한 경우에는 원상회복의무의 이행으로서 사해행위 목적물의 가액 상당을 배상하여야 한다. 사례의 경우에는 상속개시 이후에 설정된 00은행의 근저당권이 존재해 원물반환(근저당권말소 및 모친 명의 등기를 말소해 피상속인 소유로 회복)이 현실적으로 불가능하기 때문에 가액배상 판결을 하게 되는 것이다. 가액배상 판결의 경우 판결문, 송달증명원, 확정증명원, 집행문이 있어야 강제집행이 가능하다. 원물반환 판결은 위 서류 중 집행문이 없어도 채무자 상속지분에 대한 대위등기가 가능하다.

☀ 채권양도와 사해행위

채무자의 수익자에 대한 채권양도가 사해행위로 취소되는 경우, 수익자가 제3채무자에게서 아직 채권을 추심하지 아니한 때에는, 채권자는 사해행위취소에 따른 원상회복으로서 수익자가 제3채무자에게 채권양도가 취소되었다는 취지의 통지를 하도록 청구할 수 있다. 그런데 사해행위의 취소는 채권자와 수익자의 관계에서 상대적으로 채무자와 수익자 사이의 법률행위를 무효로 하는 데에 그치고, 채무자와 수익자 사이의 법률관계에는 영향을 미치지 아니한다. 따라서 채무자의 수익자에 대한 채권양도가 사해행위로 취소되고, 그에 따른 원상회복으로서 제3채무자에게 채권양도가 취소되었다는 취지의 통지가 이루어지더라도, 채권자와 수익자의 관계에서 채권이 채무자의 책임재산으로 취급될 뿐, 채무자가 직접 채권을 취득하여 권리자로 되는 것은 아니므로, 채권자는 채무자를 대위하여 제3채무자에게 채권에 관한 지급을 청구할 수 없다(대법원 2015. 11. 17. 선고 2012다2743 판결).

☀ 상속채권자가 상속재산에 대하여 상속관계 확정 전에 결정 받은 가압류의 효력

상속인은 아직 상속 승인, 포기 등으로 상속관계가 확정되지 않은 동안에도 잠정적으로나마 피상속인의 재산을 당연 취득하고 상속재산을 관리할 의무가 있으므로, 상속채권자는 그 기간 동안 상속인을 상대로 상속재산에 관한 가압류 결정을 받아 이를 집행할 수 있다. 그 후 상속인이 상속포기로 인하여 상속인의 지위를 소급하여 상실한다고 하더라도 이미 발생한 가압류의 효력에 영향을 미치지 않는다. 따라서 위 상속채권자는 종국적으로 상속인이 된 사람 또는 민법 제1053조에 따라 선임된 상속재산관리인을 채무자로 한 상속재산에 대한 경매절차에서 가압류채권자로서 적법하게 배당을 받을 수 있다(대법원 2021. 9. 15. 선고 2021다224446 판결).

☀ 원상회복 된 부동산의 처분 행위

사해행위의 취소는 채권자와 수익자의 관계에서 상대적으로 채무자와 수익자 사이의 법률행위를 무효로 하는 데에 그치고 채무자와 수익자 사이의 법률관계에는 영향을 미치지 아니하므로, 채무자와 수익자 사이의 부동산매매계약이 사해행위로 취소되고 그에 따른 원상회복으로 수익자 명의의 소유권이전등기가 말소되어 채무자의 등기명의가 회복되더라도, 그 부동산은 취소채권자나 민법 제407조에 따라 사해행위 취소와 원상회복의 효력을 받는 채권자와 수익자 사이에서 채무자의 책임재산으로 취급될 뿐, 채무자가 직접 부동산을 취득하여 권리자가 되는 것은 아니다. 채무자가 사해행위 취소로 등기명의를 회복한 부동산을 제3자에게 처분하더라도 이는 무권리자의 처분에 불과하여 효력이 없으므로, 채무자로부터 제3자에게 마쳐진 소유권이전등기나 이에 기초하여 순차로 마쳐진 소유권이전등기 등은 모두 원인무효의 등기로서 말소되어야 한다. 이 경우 취소채권자나 민법 제407조에 따라 사해행위 취소와 원상회복의 효력을 받는 채권자는 채무자의 책임재산으로 취급되는 부동산에 대한 강제집행을 위하여 원인무효 등기의 명의인을 상대로 등기의 말소를 청구할 수 있다(대법원 2017. 3. 9. 선고 2015다217980 판결).

▶ 주의할 점

- 부동산 매수인 입장에서, 사해행위취소소송과 관련하여 가압류・가처분 되었다가 前 소유자에서 채무자인 현재 소유자 명의로 등기가 회복된 부동산에 대해서는 매매계약을 체결하면 안 된다. 채무자 명의로 등기가 회복되었더라도 제3자에게 처분하면 무권리자의 처분으로 효력이 없다.

- 채무자로부터 제3자에게 마쳐진 소유권이전등기나 이에 기초하여 순차로 마쳐진 소유권이전등기는 사해행위취소와 원상회복의 효력을 받는 채권자가 등기의 말소를 청구할 경우 원인무효의 등기로 말소된다. 따라서 등기부상 가압류 또는 가처분이 말소되었고 전 소유자(수익자)의 소유권이전등기가 말소되어 전 전 소유자(채무자) 명의로 회복된 부동산이 매물로 나왔을 경우 사해행위취소소송 목적 부동산이 아닌지 반드시 확인해야 한다.

○ 단순승인 간주자의 상속채무 변제 의무

[사례] 백화점 화장품 코너 직원인 양모 씨는 2남 1녀 중 장녀로 부모님과 함께 살았다. 2017. 3. 25. 중소기업 직원이던 양모 씨의 부친이 업무를 수행하다가 과로로 쓰러져 사망했다. 상속재산은 1억3천5백만 원 상당액(퇴직금 2천만 원, XX은행 예금 2천5백만 원, 유족보상금 5천만 원, 수익자가 법정상속인인 생명보험금 3천만 원, 일반임야 공유지분 500㎡ 공시가격 1천만 원, 금액 미상의 국민연금 유족급여)이고, 상속채무는 7개 채권자 합계 2억원이었다.

장례비용으로 1천5백만 원이 지출되었다. 자녀들이 동의해 퇴직금, 유족 보상금, 생명보험금 합계 1억원은 OO은행에 개설된 배우자 계좌에 입금되었다. 2017. 5. 26. 배우자는 채권자들 몰래 XX은행 예금 2천5백만 원을 인출하여 큰 아들에게 중고 자동차를 사주었다. 일부는 딸 양모 씨의 신용카드대금 변제와 작은 아들의 용돈으로 사용하였다.

상속인 전원은 2017. 5. 28. 한정승인심판을 청구했다. 상속인들은 한정승인심판청구서에 적극재산을 1억1천만 원(퇴직금 2천만 원, 유족보상금 5천만 원, 수익자가 법정상속인인 생명보험금 3천만 원, 일반임야 공유지분 500㎡ 공시가격 1천만 원, 금액 미상의 국민연금 유족급여)으로 신고했다. XX은행 예금 2천5백만 원은 인출해 사용했으므로 제외하였다. 소극재산은 2억원으로 신청서에 기재했다. 이들의 한정승인심판청구는 2017. 7. 20. 수리되었다.

2018. 1. 30. 1억2천만 원의 채권을 보유한 채권자 A가 채무자인 피상속인을 피고로 대여금청구소송을 제기했다. 소송 진행 중에 원고가 청구취지 및 청구원인 변경 신청서, 당사자표시정정 신청서를 제출하여 피고가 상속인 전원으로 변경되었다. 상속인들은 답변서와 한정승인심판 결정문을 법원에 제출했다. 2018. 11. 20. 법원은 "원고에게, 피고들은 상속받은 재산 범위 내에서 각각 법정 상속비율(배우자 3/9 지분 40,000,000원, 자녀들 3명 각각 2/9 지분 금 26,666,666원)에 의한 돈을 갚으라"는 판결을 하였다. 상속인들은 한정승인 심판과 대여금청구소송 판결이 확정된 후 상속에 관한 모든 사건이 종결된 것으로 알고 민법 제1032조 제1항 등에 대한 후속조치를 하지 않고 방치하였다.

2020. 2. 5. 상속채권자 A는 확정판결에 기초해 공동상속인 중 배우자 명의 예·적금에 대한 채권압류 및 추심명령을 신청했다. 이로써 상속재산이 입금된 OO은행 배우자 계좌가 압류되었다. OO은행은 압류채권자 A에게 채권압류 및 추심명령 결정문 내용에 따라 예금 1억원 중 4천만 원(배우자 상속 채무액 지분)을 지급했다. 그 후 다른 채권자들도 소송을 제기했고 공동상속인들에게 상속채무를 변제하라고 독촉해왔다. 무엇이 잘못된 것일까?

□ 결론과 법리

위 법률과 판례에 따른 양모 씨를 비롯한 상속인들의 과실, 권리, 책임 등에 대해 살펴보자.

▶ 채무자 사망 시 채권자의 업무처리

① 채권자는 채무자의 주민등록초본 발급 또는 상속인의 통지를 통해 사망 사실을 확인할 수 있다.

② 상속인의 통지가 없는 경우, 채권자는 채무자의 주민등록상 최종 주소지로 상속채무 발생 사실을 통지한다. 채무자의 가족이 최종 주소지에서 거주하는 것을 전제로 한다.

③ 상속채무 발생 사실을 통지받은 상속인은 상속포기 또는 한정승인 사실을 채권자에게 서면으로 통지해야 한다.

④ 이를 게을리 할 경우 채권자는 상속인이 단순승인 한 것으로 간주하고 소송을 제기한다. 소송 진행 과정에서 법원의 보정명령을 받은 원고는 상속인들을 피고로 하는 당사자 표시정정 신청 및 청구취지 및 청구원인 변경 신청을 한다.

⑤ 상속인들이 소장 부본을 송달받고도 답변서를 제출하지 않을 경우, 단순승인 한 것으로 간주되어 원고 전부 승소판결을 하게 된다. 상속인이 단순승인을 한 때에는 제한 없이 피상속인의 권리의무를 승계하기 때문이다.

⑥ 상속인이 한정승인심판을 받은 사실을 항변할 경우, 상속에 의해 취득한 재산 범위 내에서 피상속인의 채무를 변제하라는 원고승소 판결을 하게 된다. 이때 상속인은 한정승인 심판문과 보정명령에 따른 서류를 제출해야 한다. 이 경우 책임의 범위를 제한하게 되는데 상속인이 변제할 금액은 한정승인한 상속인의 법정상속 지분 비율에 따른다.

⑦ 상속인이 상속포기심판을 받은 사실을 항변할 경우, 각하 또는 원고 패소 판결을 하게 된다. 법원의 소 취하 권고에 따르거나 원고 스스로 소를 취하하기도 한다. 이때 상속인은 상속포기심판문, 제적등본, 가족관계증명서, 기본증명서, 혼인관계증명서, 후순위 상속인들의 각 주민등록초본을 제출해야 한다.

▶ 상속포기 · 한정승인의 소송법적 성격

민법 제1024조제2항, 제1030조 및 제1041조에 따른 상속의 한정승인신고 또는 포기신고의 수리와 한정승인 취소신고 또는 포기 취소신고의 수리는, 가사소송법 제2조 제1항 제2호 가목 32.에 의해 가사비송사건에 해당한다. 특히 상속포기 신고에 대한 수리 심판은 라류 비송사건으로서 그 심판의 효력은 심판을 받을 당사자가 당해 심판을 고지 받음으로써 발생한다.

▶ 상속포기 · 한정승인 심판의 효력 및 신청 순서

- 상속의 한정승인이나 포기는 상속인의 의사표시만으로 효력이 발생하는 것이 아니라 가정법원에 신고를 하여 가정법원의 심판을 받아야 하며, 심판은 당사자가 이를 고지받음으로써 효력이 발생한다.
- 상속인은 피상속인의 일신에 전속한 것을 제외하고, 상속 개시된 때로부터 피상속인의 재산에 관한 포괄적 권리의무를 승계한다. 피상속인의 재산으로 상속채무 전액을 변제할 수 없을 때는 한정승인을 신청하는 것이 바람직하다.
- 상속인은 상속개시 있음을 안 날로부터 3월내에 상속포기 또는 한정승인을 해야 한다. 각자의 상속인이 두 가지 절차를 병행할 경우, 상속포기 심판을 고지 받은 후에 한정승인을 신청하는 것이 좋다.

▶ 상속인들의 과실

- 상속재산과 고유재산의 구분

위 사례에서 피상속인 사망 후 남은 재산 1억3천5백만 원 중 상속재산으로 보는 것은 ① 퇴직금 1천만 원(압류가 금지되지 않는 퇴직금의 절반 금액) ② XX은행 예금 2천5백만 원, ③ 시골 임야 공유지분 1천만 원, 합계 4천5백만 원이다. 여기에서 장례비용 1천5백만 원을 공제하면 실제 상속재산은 3천만 원이다.

- 압류금지 퇴직금 1천만 원, 유족보상금(사망 위로금) 5천만 원, 생명보험금 3천만 원, 금액 미상의 국민연금 유족급여는 상속인들의 고유재산이다. 피상속인의 업무상 과로사가 산업

재해로 인정받을 수 있을지 여부는 별론으로 한다. 산업재해보상보험법에 의한 유족급여를 수령하더라도 상속인들의 고유재산에 해당된다. 상속인들은 한정승인 신청서에 고유재산인 퇴직금의 절반, 유족보상금, 생명보험금을 상속재산으로 기재했다.

☀ 상해의 결과로 피보험자가 사망한 때에 사망보험금이 지급되는 상해보험에서 보험계약자가 보험수익자를 단지 피보험자의 '법정상속인'이라고만 지정한 경우, 특별한 사정이 없는 한 그와 같은 지정에는 장차 상속인이 취득할 보험금청구권의 비율을 상속분에 의하도록 하는 취지가 포함되어 있다고 해석함이 타당하다. 따라서 보험수익자인 상속인이 여러 명인 경우, 각 상속인은 특별한 사정이 없는 한 자신의 상속분에 상응하는 범위 내에서 보험자에 대하여 보험금을 청구할 수 있다.(대법원 2017. 12. 22. 선고 2015다236820, 236837 판결).

- 단순승인 간주에 따른 불이익

피상속인의 배우자가 한정승인 신청 전에 XX은행 예금 2천5백만 원을 인출하여 사용한 행위는 '상속인이 상속재산에 대한 처분행위를 한때'에 해당되어 단순승인 한 것으로 간주된다. 민법 제1026조(법정단순승인) 제3항 '한정승인 또는 포기를 한 후에 상속재산을 은닉하거나 부정소비하거나 고의로 재산목록에 기입하지 아니한 때'와 구분할 필요가 있다. 상속인들은 정당한 사유없이 상속재산을 써서 없앰으로써 그 재산적 가치를 상실시켰다. 한정승인을 함에 있어 상속재산을 은닉하여 상속채권자를 사해할 의사로써 재산목록에 기입하지 않은 고의도 있다.

* 상속인이 단순승인을 한 때에는 제한 없이 피상속인의 권리의무를 승계하므로(민법 제1025조), 최악의 경우 상속인들은 상속채무 전액을 변제할 위기에 처해 있다.

- 한정승인자의 배당변제 의무 불이행

한정승인자는 한정승인을 한 날로부터 5일내에 2월 이상의 기간을 정하여 일반상속채권자와 유증받은 자에 대하여 한정승인의 사실과 일정한 기간 내에 그 채권 또는 수증을 신고할 것을 공고하여야 한다. 한정승인자는 채권자에 대한 공고, 최고 기간 만료후에 상속재산으로서 그 기간 내에 신고한 채권자와 한정승인자가 알고 있는 채권자에 대하여 각 채권액의 비율로 변제할 의무가 있음에도 이행하지 않았다.

- 장례비의 미 공제

묘지구입비를 포함한 장례비는 상속인의 사회적 지위와 그 지역의 풍속 등에 비추어 합리적인 금액 내라면 상속비용에 포함할 수 있다(대법원 1997. 4. 25. 선고 97다3996). 상속에 관한 비용으로 인정되면 상속재산에서 공제할 수 있다. 한편, 상속인이 장례비가 상속비용에 포함되는 비용임을 주장하면, 상속채권자는 부의금으로 장례비용을 충당했으므로 인정할 수 없다고 항변할 수 있다. 이에 관한 구체적인 판례는 아직 없으므로 상속인은 한정승인 심판청구서에 무조건 장례비를 상속에 관한 비용으로 기재해야 한다.

▶ 퇴직금의 고유재산 여부

- 사회보장적 차원에서 압류가 금지되는 망인의 퇴직금 절반과 퇴직연금은 처분 시 상속이 의제되는 상속재산에 포함되지 않는다(울산지방법원2017가단16791 판결).

- 학계의 다수설도 근로자 사망 시 유족에게 지급되는 퇴직금 등과 퇴직연금 전부가 유족의 고유재산에 해당한다고 보고 있다. 또한 사망퇴직금의 수령권자의 범위나 순서는 단체협약이나 취업규칙, 회사의 내규 등에 정해져 있다. 대개 근로기준법 시행령 제61조 내지 제63조에서 그 기준이 정해지고 있는데 이러한 퇴직금 규정은 '제3자를 위한 계약'으로 해석하고 있다. 그러므로 단체협약 등에 명시되어 있는 경우 수급권자가 그 고유의 권리로 사망퇴직금을 수령한다고 할 수 있으므로, 퇴직금은 상속재산이 아닌 상속인의 고유재산으로 보아야 한다.

- 그렇다면 학계의 다수설과 단체협약 등에 의해 피상속인의 퇴직금 2천만 원 전액을 상속인의 고유재산으로 볼 것인가? 압류가 금지되는 1천만 원(2천만 원의 절반)만 고유재산으로 볼 것인가의 문제가 대두된다. 이에 관한 판례가 아직 없으므로 향후 대법원 판단을 주목할 필요가 있다. 따라서 양모 씨 상속인들 사례의 경우 위 울산지법 판례에 따라 퇴직금 중 압류금지 채권인 1천만 원만 상속인의 고유재산이고, 나머지 1천만 원은 상속재산으로 판단할 수 있다.

▶ 유족보상금 및 생명보험금 등의 고유재산 여부

- 회사 내 상조회나 업무규정에 의하여 지급되는 유족보상금, 수익자가 법정상속인으로 계약된 생명보험금, 국민연금법 등에 의해 지급되는 유족급여는 상속재산이 아니라 수급권자인 상속인들의 고유재산이다. 따라서 한정승인이나 상속포기를 해도 유족보상금, 생명보험금, 유족급여를 받을 수 있다.

- 그러나 생명보험의 사망 시 수익자가 법정상속인이 아니라 피상속인 자신이라면 상속재산에 해당된다. 해약환급금이나 사망하기 전에 발생한 보험금도 마찬가지이다. 교통사고로 인한 사망의 경우 가해자 보험사가 지급하는 위자료나 일실수입에 대한 손해배상금도 피상속인에 대해 지급하는 것으로 보기 때문에 상속재산에 해당된다.

- 생명보험이나 상해보험에 있어 사망보험금 성격이 상속재산일 경우 한정승인 또는 상속포기한 상속인이 보험금을 수령하게 되면 단순승인 한 것으로 간주될 수 있으므로 이해득실을 잘 따져보아야 한다. 그러나 사망보험금 성격이 고유재산일 경우에는 한정승인 또는 상속포기한 상속인이 수령해도 문제가 없다.

※ 생명보험 사망보험금에 관한 대법원 판결(2001. 12. 2. 선고 2000다31502)

생명보험의 계약자가 스스로를 피보험자로 하면서, 수익자는 만기까지 생존할 경우에는 자기 자신을, 자신이 사망한 경우에는 '상속인'이라고만 지정하고 그 피보험자가 사망하여 보험사고가 발생한 경우, 보험금청구권은 상속인들의 고유재산으로 보아야 할 것이고, 이를 상속재산이라 할 수 없다.

※ 상해보험 사망보험금에 관한 대법원 판결(2004. 7. 9. 선고 2003다29463).

① 자동차상해보험은 피보험자가 피보험자동차를 소유·사용·관리하는 동안에 생긴 피보험자동차의 사고로 인하여 상해를 입었을 때에 보험자가 보험약관에 정한 사망보험금이나 부상보험금 또는 후유장해보험금 등을 지급할 책임을 지는 것이다. 인보험의 일종이기는 하나 피보험자가 급격하고도 우연한 외부로부터 생긴 사고로 인하여 신체에 상해를 입은 경우에 그 결과에 따라 보험약관에 정한 보상금을 지급하는 보험이어서 그 성질상 상해보험에 속한다.

② 보험계약자가 피보험자의 상속인을 보험수익자로 하여 맺은 생명보험계약에 있어서 피보험자의 상속인은 피보험자의 사망이라는 보험사고가 발생한 때에는 보험수익자의 지위에서 보험자에 대하여 보험금 지급을 청구할 수 있다. 이 권리는 보험계약의 효력으로 당연히 생기는 것으로서 상속재산이 아니라 상속인의 고유재산이라고 할 것이다. 이는 상해의 결과로 사망한 때에 사망보험금이 지급되는 상해보험에 있어서 피보험자의 상속인을 보험수익자로 미리 지정해 놓은 경우는 물론, 생명보험의 보험계약자가 보험수익자의 지정권을 행사하기 전에 보험사고가 발생하여 상법 제733조에 의하여 피보험자의 상속인이 보험수익자가 되는 경우에도 마찬가지라고 보아야 한다.

③ 보험수익자의 지정에 관한 상법 제733조는 상법 제739조에 의하여 상해보험에도 준용된다. 상해의 결과로 사망한 때에 사망보험금이 지급되는 상해보험에 있어서 보험수익자가 지정되어 있지 않아 위 법률규정에 의하여 피보험자의 상속인이 보험수익자가 되는 경우에도 보험수익자인 상속인의 보험금청구권은 상속재산이 아니라 상속인의 고유재산으로 보아야 한다.

▶ 상속세법 및 증여세법상 상속재산으로 보는 보험금.

- 상속재산으로 보는 경우 → 상속세 및 증여세법상 생명보험금(보험계약자가 자식이더라도 부친인 피상속인이 사실상 보험료를 지불하였을 때는 부친을 보험계약자로 보아 상속재산으로 판단한다).

- 상속재산으로 보는 보험금 = 보험금 수령액 X 피상속인이 부담한 보험료 합계액 / 피상속인의 사망 시까지 불입된 보험료의 총 합계액

▶ 상속재산 파산 신청

한정승인자는 상속채권자들에 대한 배당을 위해 한정승인 심판문에 기재된 적극재산을 환가해야 한다. 부동산은 환가하는데 어려움이 따르는 대표적인 것이다. 적극재산 중 일반 임야 공유지분 500㎡(공시가격 1천만 원)는 '청산을 위한 형식적 경매'를 통해 환가해야 한다. 한정승인자는 환가 절차와 착오배당에 따른 부담을 완화하기 위해 법원에 상속재산 파산신청을 할 수있다. 파산관재인은 환가한 적극재산 총액을 채권액별로 안분해서 상속채권자들에게 배당하게 된다. 자세한 내용은 별도로 다루기로 한다.

▶ 한정승인자의 상속채권자에 대한 의무

① 한정승인 심판 결정문 정본을 받은 날로부터 5일(공휴일, 연휴 포함) 내에 일반상속채권자와 유증받은 자에 대하여 한정승인의 사실을 공고하여야 한다.

② 기간은 2월 이상으로 정하고 기간 내에 그 채권 또는 수증을 신고할 것을 공고하여야 한다. 공고는 피상속인의 주민등록지에서 발행되는 일간신문에 하여야 한다.

③ 다만 한정승인자가 알고 있는 일반상속채권자 및 유증받은 자에 대하여는 신고를 직접 최고하여야 한다. 최고는 내용증명우편으로 한다.

④ 한정승인자는 공고기간 내에 신고한 채권자와 한정승인자가 알고 있는 채권자에 대하여 각 채권액의 비율로 변제하여야 한다.

⑤ 한정승인자가 제1032조의 규정에 의한 공고나 최고, 각 채권액에 대한 비율변제를 해태하여 다른 상속채권자나 유증받은 자에 대하여 변제할 수 없게 된 때에는 그 손해를 배상하여야 한다.

⑥ 양모 씨를 비롯한 한정승인자는 위 의무를 이행하지 않았으므로 상속채권자나 유증받은 자로부터 민법 제1038조에 따른 손해배상청구소송을 당할 수 있다. 전·후 사정을 알고 있고 우선권이 없음에도 상속재산 중 4천만 원을 추심해간 상속채권자 A를 상대로 다른 상속채권자들이 부당이득반환을 청구할 수 있는지 여부는 별론으로 한다.

▶ 한정승인 한 상속재산의 변제 순서

- 한정승인자는 공고 기간 만료 후에 상속재산으로서 우선권 있는 채권자(담보물권자 등)에게 먼저 변제하고 남은 잔액을 그 기간 내에 신고한 채권자와 한정승인자가 알고 있는

채권자에 대하여 각 채권액의 비율로 변제하여야 한다.

- 상속채권자에 대한 변제 완료 후에 유증받은 사람에게 순차적으로 변제해야 하고 일방의 상속채권자나 유증받은 자에게 변제할 경우에도 손해배상 의무가 발생한다. 정리하면, 한정승인자의 변제 순서는 1순위 우선권 있는 채권자, 2순위 일반 상속채권자, 3순위 유증받은 자 이다.

● 국세의 우선 (국세기본법 제35조).

① 국세 및 강제징수비는 다른 공과금이나 그 밖의 채권에 우선하여 징수한다. 다만 이법 제1항 제1호 ~ 5호 단서에서 정한 채권은 그렇지 않다.

☀ 국세기본법 제35조(국세의 우선) 등에 따라 국세 및 지방세 · 가산금 · 체납처분비는 한정승인 상속재산 변제 시 우선권 있는 채권이다(대법원 2017다286058 판결).

■ 상속에 관한 '가사소송법'및 '민법'

● 재판의 방식 (가사소송법 제39조).

가사비송사건(상속의 한정승인신고 또는 포기신고의 수리와 한정승인 취소신고 또는 포기 취소신고의 수리)에 대한 제1심 종국재판은 심판으로써 한다. 다만, 절차상의 이유로 종국재판을 하여야 하는 경우에는 그러하지 아니하다. 심판에 관하여는 민사소송법 중 결정에 관한 규정을 준용한다.

● 심판의 효력발생 시기 (동법 제40조).

심판의 효력은 심판을 받을 사람이 심판을 고지받음으로써 발생한다. 다만, 제43조에 따라 즉시항고를 할 수 있는 심판은 확정되어야 효력이 있다.

● 상속의 순위 (민법 제1000조 제1항 ~ 제3항).

피상속인의 재산과 채무는 모두 상속인에게 상속되는 것이 원칙이다. 상속한정승인과 상속포기는 피상속인의 채무로부터 상속인을 보호하기 위한 제도이다. 상속의 순위는 1순위 피상속인의 직계비속(자녀)과 배우자, 2순위 피상속인의 직계존속(부모)과 배우자, 3순위 피상속인의 형제자매, 4순위 피상속인의 4촌 이내의 방계혈족(이모, 삼촌 등)이다. 상속인이 수인인 때에는 최근친을 선순위로 하고 동친 등의 상속인이 수인인 때에는 공동상속인이 된다. 태아는 상속순위에 관하여는 이미 출생한 것으로 본다.

● 대습상속 (민법 제1001조).

민법 제1000조 제1항 제2호와 제3호의 규정에 의해 상속인이 될 직계비속 또는 형제자매가 상속개시 전에 사망하거나 결격자가 된 경우에 그 직계비속이 있는 때에는 그 직계비속이 사망하거나 결격된 자의 순위에 갈음하여 상속인이 된다.

☀ 상속인에게 민법 제1004조의 상속결격사유가 발생한 경우, 그 사람은 그때부터 피상속인을 상속하는 자격을 당연히 상실하고, 그 사람의 직계비속 또는 배우자가 결격된 자에 갈음하여 대습상속인이 된다(대법원 2015. 7. 17.자 2014스206,207 결정).

---

* 여기서 '직계비속'이란 상속권의 우위가 인정되는 피상속인의 자녀, 손자녀, 증손자녀를 말하고, '직계존속'이란 피상속인의 부모, 조부모, 증조부모를 의미한다. '4촌 이내의 방계혈족'이란 피상속인을 기준으로 형제자매의 직계비속과 그 직계비속의 자녀, 직계존속의 형제자매, 그 형제의 직계비속을 말한다. 4촌 이내 방계 혈족을 4순위 법정상속인으로 정한 민법 제1000조 제1항 제4호에 대한 위헌법률심판 제청 사건에 대하여 합헌 결정된바 있다. 참고로 '직계혈족'이란 피상속인의 직계존속과 직계비속 모두를 말하고 며느리나 사위는 직계나 방계로 인정되지 않는다. 피상속인이 다중채무자인 경우 그의 사망 전에 먼저 사망한 자녀가 있다면 대습상속이 발생한다. 이때는 먼저 사망한 자녀와 그의 자녀들(피상속인의 손자녀)까지 상속을 포기해야 안전하다.

- 배우자의 상속순위 (민법 제1003조).

배우자는 민법 제1000조 제1항 제1호와 제2호의 규정에 의한 상속인이 있는 경우에는 그 상속인과 공동상속인이 되고 그 상속인이 없는 경우에는 단독상속인이 된다. 즉 배우자는 자녀가 있는 경우에는 그들과 공동상속인이 되고, 없는 경우에는 시부모(처부모)와 공동상속인이 된다.

☀ 상속을 포기한 자는 상속개시된 때부터 상속인이 아니었던 것과 같은 지위에 놓이게 되므로, 피상속인의 배우자와 자녀 중 자녀 전부가 상속을 포기한 경우에는 배우자와 피상속인의 손자녀 또는 직계존속이 공동으로 상속인이 되고, 피상속인의 손자녀와 직계존속이 존재하지 아니하면 배우자가 단독으로 상속인이 된다(대법원 2015. 5. 14. 선고 2013다48852 판결).

- 공동상속인의 권리의무승계 (민법 제1007조).

공동상속인은 각자의 상속분에 응하여 피상속인의 권리의무를 승계한다.

- 특별수익자의 상속분 (민법 제1008조).

공동상속인 중에 피상속인으로부터 재산의 증여 또는 유증을 받은 자가 있는 경우에 그 수증재산이 자기의 상속분에 달하지 못한 때에는 그 부족한 부분의 한도에서 상속분이 있다.

- 법정상속분 (민법 제1009조).

동순위의 상속인이 수인인 때에는 그 상속분은 균분으로 하되, 피상속인의 배우자 상속분은 직계존·비속 상속분의 5할을 가산한다.

＊ 만약 2남1녀의 아버지가 사망한 경우 법정 상속비율은 배우자 1.5 vs 아들 1.0 vs 아들 1.0 vs 딸 1.0 이다.

● 유언에 의한 분할방법의 지정, 분할금지, 협의에 의한 분할 (민법 제1012 ~10132조).

피상속인이 유언으로 상속재산의 분할방법을 정하거나 상속개시의 날로부터 5년을 초과하지 아니하는 기간 내의 그 분할을 금지할 수 있다. 이 외에 공동상속인은 언제든지 협의에 의하여 상속재산을 분할할 수 있다).

● 승인, 포기의 기간 (민법 제1019조). 상속에 관한 입증 책임상속인은 상속개시 있음을 안 날로부터 3월내에 단순승인이나 한정승인 또는 포기를 할 수 있다.

☀ 특별한정승인

위 내용에 불구하고 상속인은 상속채무가 상속재산을 초과하는 사실을 중대한 과실 없이 상속개시 있음을 안 날로부터 3월내에 알지 못하고 단순승인을 한 경우에는 그 사실을 안 날로부터 3월내에 한정승인을 할 수 있다. 이 기간은 제척기간인데 불변기간이 아니어서 그 기간을 지난 후에는 당사자가 책임질 수 없는 사유로 그 기간을 준수하지 못하였더라도 추후에 보완할 수 없다(대법원 2003. 8. 11. 2003스32 결정).

위 기간은 민법 제1026조 제2호 법정 단순승인에 대한 헌법재판소의 헌법불합치 결정 이후에 신설된 조항이다.

☀ 상속개시 있음을 안 날로부터 3월 내에 알지 못하였다는 점은 위 법 규정에 따라 한정승인을 할 수 있는 요건으로서 그 입증책임은 채무자인 피상속인의 상속인에게 있다(대법원 2003. 9. 26. 선고 2003다30517 판결). 다만 민법 제1026조 제3호(상속인이 한정승인 또는 포기를 한 후에 상속재산을 은닉하거나 부정소비하거나 고의로 재산목록에 기입하지 아니한 때)의 고의의 입증책임은 채권자에게 있다.

☀ 상속인이 미성년인 경우 민법 제1019조 제3항이나 그 소급 적용에 관한 민법 부칙(2002. 1. 14. 개정 법률 부칙 중 2005. 12. 29. 법률 제7765호로 개정된 것, 이하 같다) 제3항, 제4항에서 정한 '상속채무 초과사실을 중대한 과실 없이 제1019조 제1항의 기간 내에 알지 못하였는지'와 '상속채무 초과사실을 안 날이 언제인지'를 판단할 때에는 법정대리인의 인식을 기준으로 삼아야 한다.

미성년 상속인의 법정대리인이 상속개시 있음과 상속채무 초과사실을 모두 알았다면, 앞서 본 민법 부칙 규정에 따라 그 상속인에게는 민법 제1019조 제3항이 적용되지 않으므로, 이러한 상속인은 특별한정승인을 할 수 없다(대법원 2020. 11. 19. 선고 2019다232918 전원합의체 판결).

● 승인, 포기의 취소금지 (민법 제1024조).

상속의 승인이나 포기는 제1019조 제1항의 기간 내에도 이를 취소하지 못한다.

● 단순승인의 효과 (민법 제1025조).

상속인이 단순승인을 한 때에는 제한 없이 피상속인의 권리와 의무를 승계한다.

● 법정단순승인 (민법 제1026조).

다음 각호의 사유가 있는 경우에는 상속인이 단순승인을 한 것으로 본다.

1. 상속인이 상속재산에 대한 처분행위를 한 때
2. 상속인이 제1019조제1항의 기간내에 한정승인 또는 포기를 하지 아니한 때

3. 상속인이 한정승인 또는 포기를 한 후에 상속재산을 은닉하거나 부정소비하거나 고의로 재산목록에 기입하지 아니한 때

＊ '고의로 재산목록에 기입하지 아니한 때'라는 것은 한정승인을 함에 있어 상속재산을 은닉하여 상속채권자를 사해할 의사로써 상속재산을 재산목록에 기입하지 않는 것을 의미한다.

- 한정승인의 효과 (민법 제1028조), 공동상속인의 한정승인 (민법 제1029조).

상속인은 상속으로 인하여 취득할 재산의 한도에서 피상속인의 채무와 유증을 변제할 것을 조건으로 상속을 승인할 수 있다. 상속인이 수인인 때에는 각 상속인은 그 상속분에 응하여 취득할 재산의 한도에서 그 상속분에 의한 피상속인의 채무와 유증을 변제할 것을 조건으로 상속을 승인할 수 있다.

- 채권자에 대한 공고, 최고 (민법 제1032조).

한정승인자는 한정승인을 한 날로부터 5일 내에 일반상속채권자와 유증받은 자에 대하여 한정승인의 사실과 일정한 기간 내에 그 채권 또는 수증을 신고할 것을 공고하여야 한다. 그 기간은 2월 이상이어야 한다.

- 배당변제 (민법 제1034조).

한정승인자는 제1032조 제1항의 기간 만료 후에 상속재산으로서 그 기간 내에 신고한 채권자와 한정승인자가 알고 있는 채권자에 대하여 각 채권액의 비율로 변제하여야 한다. 그러나 우선권 있는 채권자의 권리를 해하지 못한다.

- 상속재산의 경매 (민법 제1037조).

배당변제, 변제기전의 채무 등의 변제, 수증자에의 변제를 하기 위하여 상속재산의 전부나 일부를 매각할 필요가 있는 때에는 민사집행법에 의하여 경매하여야 한다.

- 부당변제 등으로 인한 책임 (민법 제1038조 제1항).

한정승인자가 제1032조의 규정에 의한 공고나 최고를 해태하거나 제1033조 내지 1036조의 규정에 위반하여 어느 상속채권자나 유증받은 자에게 변제함으로 인하여 다른 상속채권자나 유증받은 자에 대하여 변제할 수 없게 된 때에는 한정승인자는 그 손해를 배상하여야 한다. 제1019조 제3항의 규정에 의하여 한정승인을 한 경우 그 이전에 상속채무가 상속재산을 초과함을 알지 못한 데 과실이 있는 상속인이 상속채권자나 유증자에게 변제한 때에도 또한 같다.

- 부당변제 등으로 인한 책임 (민법 제1038조 제2항).

제1항 전단의 경우에 변제를 받지 못한 상속채권자나 유증받은 자는 그 사정을 알고 변제

를 받은 상속채권자나 유증받은 자에 대하여 구상권을 행사할 수 있다. 제1019조 제3항의 규정에 의하여 한정승인을 한 경우 그 이전에 상속채무가 상속재산을 초과함을 알고 변제받은 상속채권자나 유증받은 자가 있는 때에도 또한 같다.

- 신고하지 않은 채권자 등 (민법 제1039조).

제1032조 제1항의 기간내에 신고하지 아니한 상속채권자 및 유증받은 자로서 한정승인자가 알지 못한 자는 상속재산의 잔여가 있는 경우에 한하여 그 변제를 받을 수 있다. 그러나 상속재산에 대하여 특별담보권 있는 때에는 그러하지 아니하다.

■ 상속에 관한 판례와 해설

▶ "상속권"이란 상속의 개시 이전 또는 이후에 상속인이 가지는 권력으로서 상속권은 두 가지의 의미가 있다. 첫째 상속이 개시되면 상속재산을 취득할 수 있다고 하는 추정상속인의 지위를 가르키며, 둘째 상속재산을 지배하거나 또는 지배를 청구할 수 있는 상속개시 후의 상속인의 지위를 말한다. 상속개시 전의 상속권은 하나의 기대권, 즉 조건부 권리에 불과한데, 이 상속기대는 선순위 상속인이 나타나면 소멸되고, 상속결격에 의하여서도 소멸한다. 상속개시 후의 상속권은 상속재산에 속하는 개개의 물권과 채권 기타 권리의 총칭에 지나지 않는다고 할 수 있으나, 기대권 이상으로 확정적인 것이며, 그것을 침해당한 사람에게는 상속회복청구권이 인정된다.

▶ "상속재산"이란 상속에 의하여 개개의 상속인이 계승하는 재산을 포괄적으로 부르는 말이다. 피상속인이 가진 소유권·채권 등의 적극재산과 함께 피상속인이 지고 있던 채무·유증에 의한 채무 등의 소극재산도 포함한다. 상속재산은 보통 상속인의 고유한 재산과 혼동해버리지만 상속의 한정승인·재산분리·상속재산의 파산 등에 의하여 그 청산을 행할 경우는 상속인의 고유한 재산으로부터 분리된 일종의 특별재산으로 취급된다.

▶ "포괄승계"란 특정승계에 상대되는 개념으로, 단일 원인에 터잡아 전주의 모든 권리·의무를 일괄하여 승계하는 승계취득을 말한다. 예컨대 회사 합병이나 상속으로 인하여 합병회사와 상속인은 합병전의 회사 및 피상속인의 권리·의무를 포괄적으로 승계한다. 부동산의 경우에는 등기를 필요로 하지 않으나 등기를 하지 아니하면 이를 처분하지 못한다.

▶ 한정승인심판과 상속포기심판의 효력과 차이점.

상속 한정승인은 피상속인 사망으로 인해 발생한 재산 중 상속재산 범위 내에서만 피상속인의 채무를 변제하는 제도이다. 상속포기의 경우 1순위 상속인이 포기할 경우 순차적으로 다음 순위 상속인에게 채무가 상속된다. 이에 반해 한정승인의 경우, 1순위 상속인이 한정승인 심판을 득하면 피상속인의 채무가 다음 순위 상속인에게 상속되지 않는 차단효가 있다. 실무적으로 수인의 상속인이 있을 때 1명만 한정승인하고 나머지 상속인들은 상속포기하는 경우도 있다. 보통 상속재산과 상속채무 내용을 정확하게 파악할 수 없을 때 한정승인을 신청한다.

▶ 상속인의 고유재산에 대한 강제집행

상속인이 한정승인의 신고를 한 경우, 원칙적으로 상속채권자는 상속인의 고유재산에 강제집행을 할 수 없고 책임재산(상속재산)으로부터만 채권의 만족을 받을 수 있다. 한정승인자의 책임재산은 상속받은 재산으로만 한정된다. 그래서 법원은 집행력을 제한하기 위해서 이행판결의 주문에 상속재산의 한도에서만 집행할 수 있다는 취지를 명시하는 것이다. 소송구조상 상속채권자가 제기한 소송에 대하여 한정승인자는 패소판결을 받을 수밖에 없다. 상속포기자가 법원에 상속포기 사실을 밝히고 항변할 경우 각하 또는 원고 패소판결을 하게 된다. 법원의 소 취하 권고에 따르거나 원고 스스로 소를 취하하기도 한다.

☀ 상속재산에 대해 한정승인자의 고유채권자가 행사할 수 있는 강제집행의 제한

[1] 민법 제1028조는 "상속인은 상속으로 인하여 취득할 재산의 한도에서 피상속인의 채무와 유증을 변제할 것을 조건으로 상속을 승인할 수 있다."라고 규정하고 있다. 상속인이 위 규정에 따라 한정승인의 신고를 하게 되면 피상속인의 채무에 대한 한정승인자의 책임은 상속재산으로 한정되고, 그 결과 상속채권자는 특별한 사정이 없는 한 상속인의 고유재산에 대하여 강제집행을 할 수 없으며 상속재산으로부터만 채권의 만족을 받을 수 있다.

[2] 상속채권자가 아닌 한정승인자의 고유채권자가 상속재산에 관하여 저당권 등의 담보권을 취득한 경우, 담보권을 취득한 채권자와 상속채권자 사이의 우열관계는 민법상 일반원칙에 따라야 하고 상속채권자가 우선적 지위를 주장할 수 없다. 그러나 상속재산에 관하여 담보권을 취득하였다는 등 사정이 없는 이상, 한정승인자의 고유채권자는 상속채권자가 상속재산으로부터 채권의 만족을 받지 못한 상태에서, 상속재산을 고유채권에 대한 책임재산으로 삼아 이에 대하여 강제집행을 할 수 없다고 보는 것이 형평의 원칙이나 한정승인제도의 취지에 부합하며, 이는 한정승인자의 고유채무가 조세채무인 경우에도 그것이 상속재산 자체에 대하여 부과된 조세나 가산금, 즉 당해세에 관한 것이 아니라면 마찬가지이다(대법원 2016. 5. 24. 선고 2015다250574 판결).

☀ '상속이 개시되었음을 안 날'이라 함은 상속개시의 원인이 되는 사실의 발생을 알고 이로써 자기가 상속인이 되었음을 안 날을 뜻한다(대법원 2013. 6. 14. 선고 2003다15869 판결).

☀ '상속채무가 상속재산을 초과하는 사실을 중대한 과실로 알지 못한다'함은 상속인이 조금만 주의를 기울였다면 그 사실을 알 수 있었음에도 이를 게을리 함으로써 그러한 사실을 알지 못한 것을 의미하고, 민법 제1019조 제1항의 기간 내에 알지 못하였다는 점에 대한 입증책임은 상속인에게 있다(대법원 2011. 11. 24. 선고 2011다64331 판결).

☀ 민법 제1019조 제3항이 말하는 '중대한 과실'은 상속인의 나이, 직업, 피상속인과의 관계, 친밀도, 동거여부, 상속개시 후 생활 양상, 생활의 근거지 등 개별 상속인의 개인적 사정에 비추어 상속재산에 대한 권리와 의무를 현저히 결여한 것을 뜻한다(서울가정법원 2006. 3. 30. 2005브85 결정).

☀ 상속 순위

선순위 상속인으로서 피상속인의 처와 자녀들이 모두 적법하게 상속을 포기한 경우에는 피상속인의 손자녀 등 그 다음의 상속순위에 있는 사람이 상속인이 되는 것이다(대법원 2005. 7. 22. 선고 2003다43681 판결).

☀ 채무자인 피상속인이 그의 처와 동시에 사망하고 제1순위 상속인인 자 전원이 상속을 포기한 경우, 상속을 포기한 자는 상속 개시시부터 상속인이 아니었던 것과 같은 지위에 놓이게 되므로 같은 순위의 다른 상속인이 없어 그 다음 근친 직계비속인 피상속인의 손들이 차순위의 본위 상속인으로서 피상속인의 채무를 상속한다(대법원 1995. 9. 26. 선고 95다27769 판결).

▶ 주의할 점

상속을 포기하더라도 피상속인의 처와 자녀들, 손자녀까지 신청인에 포함해야 한다. 피상속인의 며느리(사위)는 상속인이 아니다. 예를 들어, 선순위 상속인들이 상속을 포기했다고 해서 상속채권·채무관계가 종결되는 것이 아니고 다음 순위 공동상속인에게 피상속인의 권리와 의무가 순차적으로 승계된다는 것이다. 잘못하면 4순위 상속인까지 송사에 휘말릴 수 있다. 채무초과 상태일 때는 이를 방지하기 위해 상속을 포기하는 것보다 한정승인 하는 것이 바람직하다.

☀ 민법 제1034조 제1항에 따라 배당변제를 받을 수 있는 '한정승인자가 알고 있는 채권자'에 해당하는지 여부는 한정승인자가 채권신고의 최고를 하는 시점이 아니라 배당변제를 하는 시점을 기준으로 판단하여야 한다(대법원 2018. 11. 9. 선고 2015다75308 판결).

☀ 법정단순승인에 관한 민법 제1026조 제3호의 '고의로 재산목록에 기입하지 아니한 때'라 함은 한정승인을 함에 있어 상속재산을 은닉하여 상속채권자를 사해할 의사로써 상속재산을 재산목록에 기입하지 않는 것을 뜻한다(대법원 2003. 11. 14. 선고 2003다30968 판결).

☀ 상속인이 상속재산에 대한 처분행위를 한 때에는 단순승인을 한 것으로 보는바(민법 제1026조 제1호), 상속인이 피상속인의 채권을 추심하여 변제받는 것도 상속재산에 대한 처분행위에 해당한다(대법원 2010. 4. 29. 선고 2009다84936 판결).

☀ 법정 단순승인에 관한 민법 제1026조 제3호의 '상속재산의 은닉'이라 함은 상속재산의 존재를 쉽게 알 수 없게 만드는 것을 뜻하고, '상속재산의 부정소비'라 함은 정당한 사유없이 상속재산을 써서 없앰으로써 그 재산적 가치를 상실시키는 것을 의미한다(대법원 2004. 3. 12. 선고 2003다63586 판결).

▶ 상속재산분리제도

채무초과 상태인 상속인을 보호하기 위해 한정승인과 상속포기 제도가 있다면, 상속채권자, 수증자, 상속인의 채권자에게도 각자의 이익을 지키는 수단으로 상속재산분리제도가 있다. 상속재산분리청구는 상속재산과 상속인의 고유재산을 분리할 필요가 있을 때 상속 개시일로부터 3월 내에 상속 개시지(피상속인의 최후 주소지) 가정법원에 신청한다. 심판 확정 후 청구자는 5일 내에 일반채권자와 유증받은 자에게 그 채권 또는 수증을 신고할 것을 공고하여야 하다. 상속재산이 분리될 경우 상속인의 고유재산과의 혼합이 금지된다. 그러나 상속인의 피상속인에 대한 재산상의 권리와 의무는 소멸되지 않는다.

▶ 상속 한정승인의 수리와 효력

☀ 민법 제1019조 제3항에 의한 한정승인신고의 수리 여부를 심판하는 가정법원으로서는 그 신고가 형식적 요건을 구비한 이상 상속채무가 상속재산을 초과하였다거나 상속인이 중대한 과실 없이 이를 알지 못하였다는 등의 실체적 요건에 대하여는 이를 구비하지 아니하였음이 명백한 경우 외에는 이를 문제삼아 한정승인 신고를 불수리 할 수 없다(대법원 2006. 2. 13. 2004스74 결정).

☀ 가정법원의 한정승인신고수리의 심판은 일응 한정승인의 요건을 구비한 것으로 인정한다는 것일 뿐 그 효력을 확정하는 것이 아니고 상속 한정승인의 효력이 있는지 여부의 최종적인 판단은 실체법에 따라 민사소송에서 결정될 문제이다(대법원 2002. 11. 8. 선고 2002다21882 판결). 따라서 상속인은 한정승인심판을 득했다고 해서 채권자의 조치를 방치하는 등 무시해서는 안 되고 민법에서 정한 상속인의 의무를 지체 없이 이행해야 한다.

▶ 장례비용과 부의금의 성격

☀ 상속에 관한 비용은 상속재산 중에서 지급하는 것이고(민법 제998조의2), 상속에 관한 비용이라 함은 상속재산의 관리 및 청산에 필요한 비용을 의미하는바, 장례비용도 피상속인이나 상속인의 사회적 지위와 그 지역의 풍속 등에 비추어 합리적인 금액 내라면 이를 상속비용으로 보아야 한다(대법원 1997. 4. 25. 선고 97다3996).

☀ 사람이 사망한 경우에 부조금 또는 조위금 등의 명목으로 보내는 부의금은 상호부조의 정신에서 유족의 정신적 고통을 위로하고 장례에 따르는 유족의 경제적 부담을 덜어줌과 아울러 유족의 생활안정에 기여함을 목적으로 증여되는 것으로써, 장례비용에 충당하고 남는 것에 관하여는 특별한 사정이 없는 한 사망한 사람의 공동상속인들이 각자의 상속분에 응하여 권리를 취득하는 것으로 봄이 우리의 윤리감정이나 경험칙에 합치된다고 할 것이다(대법원 1992. 8. 18. 선고 92다2998 판결).

▶ 상속포기 시점, 상속재산의 처분과 부정소비

☀ 민법 제1026조 제1호(상속인이 상속재산에 대한 처분행위를 한 때)와 제3호(상속인이 한정승인 또는 포기를 한 후에 상속재산을 은닉하거나 부정소비하거나 고의로 재산목록에 기입하지 아니한 때)의 적용 기준이 되는 상속 포기를 한 시점은 상속인이 상속 포기 신고를 한 때로 해석하는 것이 타당하다(서울남부지방법원 2013. 9. 6. 선고 2013나5201 판결).

☀ 상속의 한정승인이나 포기는 상속인의 의사표시만으로 효력이 발생하는 것이 아니라 가정법원에 신고를 하여 가정법원의 심판을 받아야 하며, 심판은 당사자가 이를 고지받음으로써 효력이 발생한다. 상속인이 가정법원에 상속포기의 신고를 하였더라도 이를 수리하는 가정법원의 심판이 고지되기 이전에 상속재산을 처분하였다면, 이는 상속포기의 효력 발생 전에 처분행위를 한 것이므로 민법 제1026조 제1호에 따라 상속의 단순승인을 한 것으로 보아야 한다(대법원 2016. 12. 29. 선고 2013다73520 판결).

☀ 민법 제1026조 제1호는 상속인이 한정승인 또는 포기를 하기 이전에 상속재산을 처분한 때에만 적용되는 것이고, 상속인이 한정승인 또는 포기를 한 후에 상속재산을 처분한 때에는 그로 인하여 상속채권자나 다른 상속인에 대하여 손해배상책임을 지게 될 경우가 있음은 별론으로 하고, 그것이 같은 조 제3호에 정한 상속재산의 부정소비에 해당되는 경우에만 상속인이 단순승인을 한 것으로 보아야 한다.

민법 제1026조 제3호에 정한 '상속재산의 부정소비'라 함은 정당한 사유 없이 상속재산을 써서 없앰으로써 그 재산적 가치를 상실시키는 행위를 의미한다.
상속인이 상속재산을 처분하여 그 처분대금 전액을 우선변제권자에게 귀속시킨 것이라면, 그러한 상속인의 행위를 상속재산의 부정소비에 해당한다고 할 수 없다고 한 사례(대법원 2004. 3. 12. 선고 2003다63586 판결).

▶ 상속의 포기가 사해행위에 해당하는지 여부

☀ 상속의 포기는 상속이 개시된 때에 소급하여 그 효력이 있고(민법 제1042조), 포기자는 처음부터 상속인이 아니었던 것이 된다. 따라서 상속포기의 신고가 아직 행하여지지 아니하거나 법원에 의하여 아직 수리되지 아니하고 있는 동안에 포기자를 제외한 나머지 공동상속인들 사이에 이루어진 상속재산분할협의는 후에 상속포기의 신고가 적법하게 수리되어 상속포기의 효력이 발생하게 됨으로써 공동상속인의 자격을 가지는 사람들 전원이 행한 것이 되어 소급적으로 유효하게 된다. 이는 설사 포기자가 상속재산분할협의에 참여하여 그 당사자가 되었다고 하더라도 그 협의가 그의 상속포기를 전제로 하여서 포기자에게 상속재산에 대한 권리를 인정하지 아니하는 내용인 경우에는 마찬가지이다.
상속의 포기는 1차적으로 피상속인 또는 후순위상속인을 포함하여 다른 상속인 등과의 인격적 관계를 전체적으로 판단하여 행하여지는 '인적 결단'으로서의 성질을 가진다. 그러한 행위에 대하여 비록 상속인인 채무자가 무자력상태에 있다고 하여서 그로 하여금 상속포기를 하지 못하게 하는 결과가 될 수 있는 채권자의 사해행위취소를 쉽사리 인정할 것이 아니다. 그리고 상속은 피상속인이 사망 당시에 가지던 모든 재산적권리 및 의무・부담을 포함하는 총체재산이 한꺼번에 포괄적으로 승계되는 것으로서 다수의 관련자가 이해관계를 가지는데, 위와 같이 상속인으로서의 자격 자체를 좌우하는 상속포기의 의사표시에 사해행위에 해당하는 법률행위에 대하여 채권자 자신과 수익자 또는 전득자 사이에서만 상대적으로 그 효력이 없는 것으로 하는 채권자취소권의 적용이 있다고 하면, 상속을 둘러싼 법률관계는 그 법적 처리의 출발점이 되는 상속인 확정의 단계에서부터 복잡하게 얽히게 되는 것을 면할 수 없다. 또한 상속인의 채권자의 입장에서는 상속의 포기가 그의 기대를 저버리는 측면이 있다고 하더라도 채무자인 상속인의 재산을 현재의 상태보다 악화시키지 아니한다. 이러한 점들을 종합적으로 고려하여 보면, 상속의 포기는 민법 제406조 제1항에서 정하는 "재산권에 관한 법률행위"에 해당하지 아니하여 사해행위취소의 대상이 되지 못한다.
상속인 '갑'이 상속포기 신고를 하였는데, 나머지 공동상속인들이 위 신고가 수리되면 갑은 처음부터 상속인에 해당하지 않는다고 생각하여, 상속포기 신고를 한 날 '갑'을 제외한 채 상속재산분할협의를 한 사안에서, 상속포기가 사해행위취소의 대상이 될 수 없고, 설령 '갑'이 상속재산분할협의에 참여하여 당사자가 되었더라도 협의 내용이 '갑'의 상속포기를 전제로 상속재산에 대한 권리를 인정하지 아니하는 것으로서 같은 날 행하여진 '갑'의 상속포기 신고가 그 후 수리됨으로써 상속포기의 효과가 적법하게 발생한 이상 이를 달리 볼 것이 아니다(대법원 2011. 6. 9. 선고 2011다29307 판결).

▶ 한정승인한 상속인의 청구이의소송 제기

☀ 채무자가 한정승인을 하고도 채권자가 제기한 소송의 사실심 변론종결 시까지 그 사실을 주장하지 아니하는 바람에 책임의 범위에 관하여 아무런 유보가 없는 판결이 선고되어 확정되었다고 하더라도 채무자는 그 후 위 한정승인 사실을 내세워 청구에 관한 이의의 소를 제기하는 것이 허용된다(대법원 2006. 10. 13. 선고 2006다23138 판결).
* 즉 한정승인 이후에 확정된 판결에 대한 추완항소 기간이 경과한 이후에도 상속한정승인을 이유로 청구이의소송을 제기하여 상속재산 이외의 고유재산에 대한 집행을 저지할

수 있다. 상속인들이 청구이의소송을 제기해 승소할 경우 상속인들의 고유재산에 대한 집행력만 배제될 뿐이고 이미 확정된 대여금(구상금)청구소송의 기판력에는 영향을 미치지 않는다. 또한 청구이의소송에서 상속인들이 '기 확정된 판결정본에 기한 강제집행은 전부 불허한다'라는 취지의 주장을 할 경우 채권자는 피상속인의 적극재산 범위 내에서 채무를 변제하라는 주장을 할 수 있다.

☀ 한정승인에 의한 책임의 제한은 상속채무의 존재 및 범위의 확정과는 관계없이 다만 판결의 집행 대상을 상속재산의 한도로 한정함으로써 판결의 집행력을 제한할 뿐으로, 채권자가 피상속인의 금전채무를 상속한 상속인을 상대로 그 상속채무의 이행을 구하여 제기한 소송에서 채무자가 한정승인 사실을 주장하지 않으면 책임의 범위는 현실적인 심판대상으로 등장하지 아니하여 주문에서는 물론 이유에서도 판단되지 않는 관계로 그에 관하여는 기판력이 미치지 않기 때문이다(대법원 2009. 5. 28. 선고 2008다79876 판결).

○ 상속재산 파산신청

● 상속재산의 파산신청권자 (채무자 회생 및 파산에 관한 법률 제 299조).

① 상속재산에 대하여 상속채권자, 유증을 받은 자, 상속인, 상속재산관리인 및 유언집행자는 파산신청을 할 수 있다.

② 상속재산관리인, 유언집행자 또는 한정승인이나 재산분리가 있은 경우의 상속인은 상속재산으로 상속채권자 및 유증을 받은 자에 대한 채무를 완제할 수 없는 것을 발견한 때에는 지체 없이 파산신청을 하여야 한다.

③ 상속인 · 상속재산관리인 또는 유언집행자가 파산신청을 하는 때에는 파산의 원인인 사실을 소명하여야 한다.

● 상속재산에 대한 파산신청기간 (동법 제300조).

상속재산에 대하여는 민법 제1045조(상속재산의 분리청구권)의 규정에 의하여 재산의 분리를 청구할 수 있는 기간에 한하여 파산신청을 할 수 있다. 이 경우 그 사이에 한정승인 또는 재산분리가 있은 때에는 상속채권자 및 유증을 받은 자에 대한 변제가 아직 종료하지 아니한 동안에도 파산신청을 할 수 있다.

● 상속재산의 분리청구권 (민법 제1045조).

① 상속채권자나 유증받은 자 또는 상속인의 채권자는 상속개시 된 날로부터 3월내에 상속재산과 상속인의 고유재산의 분리를 법원에 청구할 수 있다.

② 상속인이 상속의 승인이나 포기를 하지 아니한 동안은 전항의 기간경과 후에도 재산의 분리를 청구할 수 있다.

* 따라서 한정승인자도 각 권리자간 이해충돌 방지와 부당변제로 인한 책임을 면하기 위해 상속재산파산을 신청할 수 있다. 특별한정승인자도 신청 가능하다. 상속재산에 대하여 파산선고가 있는 때에는 이에 속하는 모든 재산을 파산재단으로 한다.

▶ 위 '단순승인 간주자의 상속채무 변제 의무' 양모 씨 사례의 경우 상속재산 파산신청

수익자가 법정상속인인 생명보험금, 각종 연금의 유족급여, 사망 시 유족에게 지급되는 퇴직금 성격의 급여, 금양임야(선산)와 600평 이내의 묘토인 농지, 부의금. 상속인의 피상속인에 대한 채권(피상속인의 상속인에 대한 권리는 포함됨)은 파산재단에 포함되지 않는다. 양모 씨 등 상속인들은 한정승인 후에 상속재산 범위 내에서 상속채권자들에게 배당해주어야 한다. 이를 위해 상속재산인 임야 500㎡에 대해서 상속재산경매 신청을 해야 한다.

▶ 형식적 경매인 상속재산경매는 채권자의 권리행사가 아니라 법률이 특정한 재산의 가격보존 또는 정리를 위한 환가방법으로 상속인의 개별적 청산 절차이다. 민법 규정에 의한 청산절차는 부동산뿐만 아니라 그 외 상속재산을 상속인이 직접 처분하여 상속채권자들에게 안분 배당해 주기까지의 과정이 만만치 않다. 반면에 상속재산파산 제도는 포괄적(부동산, 동산, 예금, 기타 재산 등)으로 상속재산을 법원에 신고하면 파산관재인이 청산절차를 진행하게 된다. 상속인들이 해야 할 상속재산 청산절차를 파산관재인이 대신 해주는 것이다.

▶ 상속재산파산 신청이 필요한 경우

① 상속채권자가 너무 많거나 상속채무 금액이 명확하지 않아 배당변제에 어려움이 따를 경우

② 배당해 줄 상속재산이 많거나 권리관계가 복잡해 부당변제 위험이 따를 경우

③ 부동산, 자동차 등에 대해 청산을 위한 형식적 경매가 어려운 경우

④ 일부 상속채권자나 상속인의 채권자가 강제집행을 시도하며 압박해 올 경우

⑤ 상속재산의 환가에 어려움이 따르거나 상속재산 관련 소송이 진행되고 있는 경우

⑥ 고가의 부동산 환가 과정에서 양도소득세(상속비용으로 인정받을 수 있음) 발생이 예상되는 경우

⑦ 그 외 청산절차 진행에 어려움이 따를 경우 등

▶ 상속재산에 대하여 파산선고가 있는 때에는 상속인은 한정승인 한 것으로 본다. 다만, 민법 제1026조 제3호에 의하여 상속인이 단순승인 한 것으로 보는 때에는 그러하지 아니하다(채무자 회생 및 파산에 관한 법률 제389조 제3호). 한정승인을 하지 않고도 관할 회생법원에 상속재산 파산 신청을 하고 법원이 파산선고를 하면 자동으로 한정승인을 한 것으로 본다. 그러나 파산신청이 기각되고 상속개시일로부터 3개월이 지나면 고인이 남긴 빚 모두를 상속하겠다는 단순승인을 한 것으로 의제되기 때문에 가정법원에 한정승인을 신청한 다음 상속재산 파산신청을 하는 것이 안전하다.

○ 상속포기와 고유재산 강제집행

[사례] OO은행 별정직으로 일하던 왕모 씨는 2013. 10. 31. 정년퇴직했다. 구직급여가 종료되는 시점에 도심 외곽 지역에서 배달 치킨 가게를 창업했다. 재료비와 배달수수료 등을 공제하면 남는 것이 별도 없었다. 출혈경쟁으로 시간이 지날수록 수익성이 악화되자 1년 6개월 만에 폐업했다. 고민하던 그가 가게를 포괄양도 하려고 했으나 인수하겠다는 사람이 나타나지 않았다.

원상복구 등 폐업 과정에서 약 1억원의 손실을 본 후 다단계 업체에 취업할 수밖에 없었다. 지인 등을 상대로 회원을 확보하고 가공 매출을 늘리는 과정에서 빚이 늘어갔고 다중채무자로 전락하게 되었다. 스트레스로 건강이 악화된 왕모 씨는 2018. 5. 3. 지병으로 사망했다. 상속인으로 배우자와 두 아들이 있었다. 2018. 6. 10. 상속인 전원이 상속포기심판을 청구하여 수리되었다.

이 사실을 알 수 없었던 채권자 A가 2019. 3. 25. 대여금청구소송을 제기했다. 소장 부본, 청구취지 및 청구원인 변경 신청서, 당사자 표시정정 신청서가 피상속인 왕모 씨의 배우자에게 송달되었다. 피고들(상속인들)은 이미 상속포기 심판을 득했기 때문에 문제없을 것이라고 판단하고 아무런 대응을 하지 않았다. 법원은 상속인들이 단순승인 한 것으로 판단하고 채무 전액을 법정 상속 지분 비율에 따라 변제하라는 취지의 판결을 하였다.

채권자 A는 우선적으로 아파트를 소유하고 있는 상속인 왕모(피상속인의 아들) 씨에게 법정 상속 지분 비율에 따른 상속채무 3천만 원을 변제하라고 독촉했다. 1개월 이내에 변제하지 않으면 상속인의 고유 재산인 아파트에 대한 강제경매에 착수하겠다고 통지해왔다. 상속인 왕모 씨가 억울하다면서 뒤 늦게 상속포기 항변을 하였으나 인정되지 않았다. 무엇이 잘못된 것일까?

□ 결론과 법리

▶ 상속이 개시되면 사망신고 한 후 곧바로 안심상속원스톱서비스(정부 24 -www.gov.kr)를 신청한다. 이 서비스는 1~3순위 상속인, 대습상속인, 실종 선고자의 상속인, 상속재산관리인, 성년 · 미성년 후견인이 피상속인의 금융내역(예금 · 보험 · 증권 등), 토지 · 자동차 · 세금(국세 · 지방세), 연금(국민 · 공무원 · 사학 · 군인) 가입유무 등 재산의 조회를 시 · 구 · 읍 · 면 · 동에서 한 번에 통합 신청하는 제도이다. 상속인 본인도 몰랐던 사망자의 채무로 인한 피해를 줄일 수 있다.

▶ 구비서류는 신분증과 가족관계증명서 등 상속관계 증빙서류가 필요하다. 1~2순위 상속인은 온라인으로 신청 가능하다. 신청 후 2~3주 지나서 문자 또는 금융감독원 홈페이지(www.fss.or.kr)를 통해 조회할 수 있다. 채무불이행자정보 등록 내용은 한국신용정보원에서 확인할 수 있다. 다만, 위 조회서비스는 공적인 장부에 남아있는 기록을 기반으로 한 것이다. 따라서 피상속인이 지인으로부터 차용한 채무, 연대보증한 채무, 고금리의 사채 등은 확인할 수 없는 한계가 있다.

▶ 상속의 포기는 상속이 개시된 때에 소급하여 그 효력이 있고(민법 제1042조), 포기자는 처음부터 상속인이 아니었던 것이 된다. 상속의 포기는 민법 제 406조 제1항에서 정하는 '재산권에 관한 법률행위'에 해당하지 아니하여 사해행위취소소송의 대상이 되지 않는다.

▶ 상속인은 상속개시 있음을 안 날로부터 3월내에 단순승인이나 한정승인 또는 포기를 할 수 있다(민법 제1019조 제1항). 상속포기는 상속 순위 순서대로 상속포기를 해도 되고, 1~4순위 상속인들이 한꺼번에 상속을 포기해도 된다. 상속인들의 자녀(피상속인의 손자녀)가 있다면 그들도 상속포기 해야 한다.

▶ 상속포기한 상속인의 '청구이의의 소'제기 가능 여부책임의 제한 여부만이 문제되는 한정승인의 경우에는 기판력에 의한 실권효 제한의 법리가 미치므로, 청구이의의 소 또는 제

3자 이의의 소 제기를 통해 상속인의 고유재산에 대한 집행을 저지할 수 있다. 반면에 상속에 의한 채무의 존재 자체가 문제되는 상속포기의 경우에는 확정판결의 주문에 당연히 기판력이 미친다. 상속포기한 상속인이 피상속인(상속인)에게 제기된 이행소송에서 소장 부본을 송달 받고도 상속포기 사실을 항변하지 않아 원고승소 판결이 확정된 후에는 예외적인 경우를 제외하고 청구이의의 소를 제기할 수 없다. 따라서 한정승인·상속포기 했음에도 채권자가 소송을 제기해올 경우 법원에 답변서와 한정승인(상속포기) 심판 결정문 등을 제출하고 항변해야 한다.

☀ 상속의 한정승인이나 포기는 상속인의 의사표시만으로 효력이 발생하는 것이 아니라 가정법원에 신고를 하여 가정법원의 심판을 받아야 하며, 그 심판은 당사자가 이를 고지받음으로써 효력이 발생한다(대법원 2004. 6. 25. 선고 2004다20401 판결). 채권자가 제기한 소송과 상속포기 신청이 각각의 법원에서 동시에 진행될 수 있다. 이때는 채권자가 제기한 소송의 사실심 변론종결일 전까지 상속포기심판을 득하고 판결 선고 전에 항변해야 한다. 피고(상속인)의 항변에도 불구하고 원고(피상속인의 채권자)의 주장이 인용될 경우, 2심 또는 청구이의의 소에서 상대방의 이의를 배척하기 위함이다.

▶ 위 사례와 같이 상속인들이 상속포기를 했음에도 채권자 A가 제기한 소송에서 항변하지 않았으므로 법정 상속분 비율에 따른 상속채무를 각자 변제해야 한다. 다만, 채권자 A가 상속포기 한 사실을 알면서도 소송을 제기한 경우 등 권리를 남용한 경우에는 상속인들이 청구이의의 소를 제기해 항변할 수는 있다. 권리남용 여부에 관해서는 상속인들에게 증명책임이 있다.

▶ 상속인들이 청구이의의 소를 제기하더라도 강제집행의 개시와 속행에는 아무런 영향이 없다. 따라서 상속인들이 부동산강제경매를 당한 후 이의를 제기함에 있어서 청구이의의 소 제기와 함께 강제집행 정지 신청을 해야 한다.

☀ 위 사례와 같이 채권자 A가 상속포기를 한 사정을 알면서도 확정판결을 받았다고 보기 어려운 이상 사실심 변론종결 시까지 채무자가 상속포기를 주장하지 아니한 바람에 그대로 판결이 선고, 확정되어 그 확정판결에 기하여 이루어지는 집행이 현저히 부당하고 상대방으로 하여금 그 집행을 수인하도록 하는 것이 정의에 반함이 명백하여 사회생활상 용인할 수 없는 경우에 해당한다고 볼 수 없다(대법원 2009. 5. 28. 선고 2008다7987 청구이의소송 판결).

☀ 상속채무의 이행을 구하는 소송에서 피고의 한정승인 항변이 받아들여져서 원고 승소판결인 집행권원 자체에 '상속재산의 범위 내에서만'금전채무를 이행할 것을 명하는 이른바 유한책임의 취지가 명시되어 있음에도 불구하고, 상속인의 고유재산임이 명백한 임금채권 등에 대하여 위 집행권원에 기한 압류 및 전부명령이 발령되었을 경우에, 상속인인 피고로서는 책임재산이 될 수 없는 재산에 대하여 강제집행이 행하여졌음을 이유로 제3자이의의 소를 제기하거나, 그 채권압류 및 전부명령 자체에 대한 즉시항고를 제기하여 불복하는 것은 별론으로 하고, 청구에 관한 이의의 소에 의하여 불복할 수는 없다고 보아야 한다.

나아가 만약 그 채권압류 및 전부명령이 이미 확정되어 강제집행절차가 종료된 후에는 집행채권자를 상대로 부당이득의 반환을 구하되, 피전부채권 중 실제로 추심한 금전 부분에 관하여는 그 상당액을 반환을 구하고, 아직 추심하지 아니한 부분에 관하여는 그 채권 자체의 양도를 구하는 방법에 의할 수밖에 없다(대법원 2005. 12. 19.자 2005그128 결정).

▶ 한정승인 사례별 소 제기 가능 여부

- 집행권원에 유한책임의 취지가 명시된 경우 → 제3자이의의 소 제기 가능, 청구이의의 소 제기 불가.
- 집행권원에 유한책임의 취지가 명시되지 않은 경우 → 청구이의의 소 제기 가능

○ 우선 변제 소액보증금과 사해행위취소의 소

[사례] 경기도 안산에 사는 서모 씨는 25평형 아파트에 거주하고 있었다. 4식구가 살기에 넉넉한 공간은 아니었다. 사춘기인 딸의 성화에 못 이겨 2018. 10. 22. 임대인 김모 씨와 인근 32평형 아파트에 대한 전세계약을 체결하고 보증금으로 2천만 원을 지급하였다. 거래시세가 3억원(전세시세 2억원)인 그 아파트 등기부등본에는 이미 채권자 A의 근저당권 2건 2억8천8백만 원과 채권자 B의 가압류 1천4백만 원이 등기되어 있었다(1순위 근저당권 설정일자 2018. 9. 20). 공인중개사는 근저당권의 실제 피담보채무가 2억4천만 원이고 가압류 청구금액이 소액이라 임대인이 곧 말소할 예정이라고 했다.

서모 씨는 경매가 진행되더라도 우선변제 받을 수 있다는 공인중개사의 말을 믿고 2018. 11. 25. 전입신고와 확정일자까지 마쳤다. 전에 살던 아파트는 제3자에게 월세로 임대하였다. 이사한 후 2개월이 지난 시점인 2019. 1. 26. 경매가 시작되었다. 임차인 서모 씨는 배당기일(2019. 12. 15.)에 소액보증금 2천만 원을 우선 배당받고 전에 살던 집으로 이사하였다.

한편 임대인 김모 씨는 2017. 8. 23. 채권자 A에게 위 아파트를 담보로 제공하고 대출을 받은바 있다. 이 과정에서 채권자 A를 피보험자로 하는 보험금 2천만 원의 모기지 신용보험(MCI)에 가입했다. 채무자 김모 씨의 대출금 2억4천만 원이 부실화 되어 경매가 진행될 경우 전액 회수할 수 없을 것 같아 채권자 A가 보증보험증권 2천만 원을 추가 담보로 취득한 것이었다.

채권자 A는 배당기일에 이의신청하지 않았으며, 예상보다 낮은 매각가격과 임차인 서모 씨의 우선변제 보증금으로 인해 3천만 원의 부실채권이 발생했다. 경매절차가 종결되자 채권자 A는 부실채권 중 2천만 원에 대하여 보험자 OO보증보험에게 대위변제 청구했다. 서류 심사 후 OO보증보험은 채권자 A에게 2020. 2. 10. 보험금 2천만 원을 지급하였다. 채권자 A의 채무자 김모 씨 빚을 OO보증보험이 대신 변제해준 것이다. 이 돈을 구상금이라 하고 OO보증보험을 구상금채권자라고 한다.

OO보증보험은 채무자 김모 씨를 상대로 구상금청구소송을 제기했고 2020. 7. 25. 원고 승소 판결이 확정되었다. 이 채권은 추심 전문회사인 OO신용정보회사에 회수 위임되었고, OO보증보험은 임차인 서모 씨를 상대로 2020. 8. 17. 사해행위취소송(부당이득반환)을 제기하였다.

□ 결론과 법리

▶ 위 사례와 관련하여 채권자 A가 제기한 소장의 청구취지는 이렇게 작성된다.

① 사해행위취소 및 원상회복(가액배상) 청구

가. 소외 김모 씨와 피고 사이에서 안산시 OO구 XX로 123번길 307동 901호에 관하여 2018. 9. 22. 체결한 임대차계약을 20,000,000원 한도에서 이를 취소한다.

나. 피고는 원고에게 20,000,000원 및 이에 대하여 이 사건 판결 확정일 다음날부터 다 갚는 날까지 연 5%의 비율로 계산한 돈을 지급하라.

* 해설

- 소외 김모 씨는 임대인이고 피고는 서모 씨로 임차인이다.
- 소가 20,000,000원은 피고가 소액임차인 지위로 경매 절차에서 우선 배당받은 금액이다.
- 피고에게 부당하게 배당받아간 날(2019. 12. 15.) 다음날부터 연 5%의 이자를 청구하지 않은 이유는 사해행위취소소송은 판결 확정일 다음날부터 원상회복의무가 발생하기 때문이다.
- 원칙적으로 취소채권자의 피보전채권액은 원본으로부터 발생하는 부대 채권(이자나 지연손해금)의 경우 사실심 변론 종결 시까지 발생한 부분도 포함된다.

② 부당이득반환청구 (제1항과 선택적으로)

가. 피고는 원고에게 20,000,000원 및 이에 대하여 2020. 2. 10.부터 이 사건 소장부본 송달일까지는 연 5%, 그 다음날부터 다 갚는 날까지는 연 12%의 각 비율로 계산한 돈을 지급하라.

＊ 해설

- 제1항과 선택적으로 병합한 이유는 양립할 수 있는 2개의 청구를 하면서 그중에 어느 하나가 인용되면 원고의 목적이 달성되므로 다른 청구에 대해서는 판단을 구하지 않겠다는 의미이다.
- 2020. 2. 10.은 OO보증보험이 채권자 A에게 대위변제한 날이다.
- 연 5%는 민사 법정이율이고, 연 12%는 '소송촉진 등에 관한 특례법'시행령에 의한 이율이다.
- 부당이득반환의무는 이행기한의 정함이 없는 채무이므로 그 채무자는 이행청구를 받은 때에 비로소 지체책임을 진다. 따라서 법원은 소장 부본 송달일 다음 날부터 다 갚는 날까지 연 12%의 비율로 계산한 돈을 지급하라고 판결할 수 있다.
- 피고 서모 씨를 민법 제748조 제2항에 따른 악의의 수익자로 보아 받은 이익에 대한 이자를 붙여 청구하였다. 수익자가 이익을 받은 후 법률상 원인 없음을 안때에는 그때부터 악의의 수익자로서 이익반환의 책임이 있다. 악의의 수익자라고 주장하는 측에서 입증책임을 진다.
- 선의의 수익자는 받은 이익이 현존하는 한도 내에서 청구한다. 선의의 수익자가 패소한 때에는 그 소를 제기한 때부터 악의의 수익자로 본다.

③ 소송비용은 피고가 부담한다.

④ 제 2항은 가집행할 수 있다. 라는 판결을 구합니다.

＊ 해설

- 가집행은 선고에 의하여 즉시 집행력이 발생하는 것이다. 상급심에서 가집행 선고 또는 그 본안 판결이 취소되지 않을 것을 해제조건으로 한다.

▶ 이 소송에서 원고 승소 판결이 확정될 경우 임차인 서모 씨는 경매절차에서 우선 변제 보증금조로 배당받아간 2천만 원과 지연손해금, 소송비용을 OO보증보험에 변제할 수밖에 없다.

▶ 보증금중 일정액은 경매 매각금액의 1/2 범위 내에서 최우선 변제되고, 민사집행법 제246조 제1항 제6호에 따라 압류가 금지된다. 최우선변제 받을 수 있는 보증금 중 일정액은

주택임대차의 경우 월세를 제외한 순수한 보증금만을 말한다. 주택은 상가건물 임대차보호법과 달리 주거안정을 위해 환산보증금을 적용하지 않는다. 다만, 그 보증금 이 말소기준권리(최 선순위 근저당권 등) 일자를 기준으로 해당 지역별 '임차인 보증금 범위'이하 금액이어야 한다. 전입일, 계약일, 확정일자 기준이 아니다.

▶ 현행법에 따르면 같은 안산시의 경우 경매나 공매 절차에서 보증금을 우선 변제받기 위해서는 전세보증금이 7천만 원 이하이어야 한다. 예를 들어, 전세보증금이 7천만 원 이라면 그 중에서 2천3백만 원만 최우선 변제받을 수 있고 잔액 4천7백만 원은 확정일자에 의한 순위배당 또는 일반채권자로서 배당에 참가할 수 있을 뿐이다. 만약 전세보증금이 7천1백만 원 이라면 확정일자에 의한 순위배당은 가능하나 한 푼도 우선 변제 받을 수 없다. 전세보증금이 2천3백만 원이라면 전액을 우선 변제받는다.

▶ 임차인 서모 씨의 경우, 채권자 A의 최선순위 근저당권 설정일자 2018. 9. 20. 당시 시행되고 있는 주택임대차보호법에 따라 보호여부가 결정된다. 2018. 9. 18. 개정된 법률에 따라 보증금 규모가 6천만 원 이하 이어서 2천만 원까지 우선변제 받을 수 있었던 것이다.

▶ 다른 예로, 2021. 7. 7. 확정일자와 대항력(주택의 인도와 주민등록)을 갖춘 서울 거주 임차인의 보증금이 5천만 원일 경우, 경매 배당절차에서 무조건 전액을 최우선 변제받는 것이 아니다. 최 선순위 근저당권 설정일이 2018. 10. 21.인 경우 3천7백만 원 밖에 배당받지 못한다.

▶ 위 법률의 최근 개정일이 2021. 5. 11.(서울특별시 5천만 원)이고, 직전 개정일은 2018. 9. 18.(서울특별시 3천7백만 원)이다. 따라서 말소기준권리인 2018. 10. 21. 당시 시행되고 있었던 법률 내용에 따라서 우선 변제 보증금 규모가 확정된다. 5천만 원을 우선 변제받으려면 말소기준권리가 없거나 있더라도 2021. 5. 11. 이후이어야 한다.

▶ 주택임대차보호법 제8조에 의한 보호 대상에서 제외되는 임차인에 관한 판례

☀ 주택임대차보호법의 입법목적과 제도의 취지 등을 고려할 때, 임차인이 임대차계약을 체결하고 전입신고를 마친 다음 그 곳에 거주하여 주택임대차로서의 외관을 갖추었다 하더라도 그 목적이 오로지 소액임차인 보호규정을 악용하여 다른 채권자의 권리를 해하고 자신의 이익이나 채무자의 이익을 도모하기 위한 목적에서 주택을 점유, 사용하는 자에 대하여는 위 법률 조항이 적용되지 않는다(춘천지방법원 원주지원 2015가단31789 판결).

☀ '갑'주식회사가 을에 대한 대여금 채권의 담보를 위하여 을 소유의 아파트에 근저당권설정등기를 마친 후 병이 을과 아파트임대차계약을 체결하고 확정일자를 받았는데, 그 후 아파트에 관하여 임의경매가 진행되어 소액임차인 병에게 1순위로 매각대금을 배당하는 내용의 배당표가 작성되자 갑 회사가 이의한 사안에서, 임차인이 임차부동산에 선순위 담보물권이 있어 조기에 경매될 가능성이 높음을 알고서도 소액임대차보증금의 최우선 변제제도를 악용하여 소액의 임대차보증금만을 지급하고 부동산을 임차하고, 임대인 역시 임대차보증금을 지급받아 자신이 취득한 뒤 부동산이 경매되면 선순위 담보물권자가 배당받아야 할 금원에서 임대차보증금이 공제되도록 할 목적으로 부동

산을 임대하는 경우에까지 주택임대차보호법 제8조의 보호를 받는 것은 아닌데, 제반 사정에 비추어 병은 아파트에 경매가 개시될 것을 충분히 예상하면서도 임대인 을과 공모하여 부당한 이득을 취하기 위하여 임대차계약을 체결하였으므로 주택임대차보호법에서 보호하는 소액임차인에 해당하지 아니한다(서울서부지방법원 2017. 1. 10. 선고 2015가단214120 판결).

☀ '갑'이 아파트를 소유하고 있음에도 공인중개사인 남편의 중개에 따라 근저당권 채권최고액의 합계가 시세를 초과하고 경매가 곧 개시될 것으로 예상되는 아파트를 소액임차인 요건에 맞도록 시세보다 현저히 낮은 임차보증금으로 임차한 다음 당초 임대차계약상 잔금지급기일과 목적물인도기일보다 앞당겨 보증금 잔액을 지급하고 전입신고 후 확정일자를 받았는데, 그 직후 개시된 경매절차에서 배당을 받지 못하자 배당이의를 한 사안에서, 갑은 소액임차인을 보호하기 위하여 경매개시결정 전에만 대항요건을 갖추면 우선변제권을 인정하는 주택임대차보호법을 악용하여 부당한 이득을 취하고자 임대차계약을 체결한 것이므로 주택임대차보호법의 보호대상인 소액임차인에 해당하지 않는다(대법원 2013. 12. 12. 선고 2013다62223 판결).

▶ 위 사례에 대한 판결내용 분석

① 인근에 자가 소유 아파트를 소유하고 있었던 피고가 경매가 진행 될 가능성이 높은 아파트에 소액보증금 정도의 돈만 지불하고 전입신고 하는 행위가 선한 의도로 보이지 않는다.

② 전세보증금을 임대인 계좌로 송금하고 관리비를 납부해온 외관을 갖추었더라도 마찬가지이다.

③ 경매가 진행될 경우 낙찰가격이 거래시세 이하로 결정될 가능성이 높기 때문에 전세보증금으로 가압류를 말소하는 것이 상식임에도 이를 이행하지 않았다.

④ 정상적인 계약 이라면 아파트 전세보증금 시세 2억원을 받아 가압류를 말소하고 근저당권 피담보채무를 일부 변제해 근저당권을 감액시키는 것이 상식이다.

⑤ 계약 체결 당시 32평형 아파트 거래시세가 3억원인 반면 근저당권 채권 최고액, 가압류 금액, 피고의 전세보증금을 합한 금액은 총 3억2천 2백만 원이다. 임대인의 유일한 재산 가액보다 부채가 2천2백만 원 초과한다. 피고가 충분히 위험을 인식할 수 있었음에도 회피 노력을 게을리 했다.

⑥ 이러한 상황을 종합해볼 때, 피고가 주택임대차로서의 형식적인 외관을 갖추었으나 소액임차인 보호규정을 악용한 것으로 판단된다. 따라서 피고는 주택임대차보호법 제3조의 2(보증금의 회수) 제2항 및 제8조(보증금 중 일정액의 보호) 제1항에 의해 보호받을 수 있는 임차인이 아니다. 세상에 공짜 점심은 없다. 각별히 유의해야 한다.

□ 보증금 중 일정액과 부당이득반환청구권

▶ 주택임대차보호법 제3조의2(보증금의 회수) 제2항(확정일자), 제3조(대항력 등) 제1항(주택의 인도와 주민등록)·제2항(주거생활 안정을 목적으로 전세임대주택을 지원하는 법인 / LH 등)·제3항(중소기업이 임차한 직원 거주용 주택)의 대항요건과 임대차계약증서상의 확정일자를 갖춘 임차인은 민사집행법에 따른 경매 또는 국세징수법에 따른 공매를 할 때에 임차주택(대지 포함)의 환가대금에서 후순위권리자나 그 밖의 채권자 보다 우선하여 보증금을 변제받을 권리가 있다.

▶ 주택임대차보호법 제8조(보증금 중 일정액의 보호) 제1항에 의해 임차인은 보증금 중 일정액을 다른 담보물권자보다 우선하여 변제받을 권리가 있다. 이 경우 임차인은 주택에 대한 경매신청의 등기 전에 제3조제1항의 요건인 대항력(주택의 인도와 주민등록 전입)을 갖추어야 한다.

▶ 배당에서 제외된 일반채권자의 부당이득반환청구권

☀ 확정된 배당표에 의하여 배당을 실시하는 것은 실체법상의 권리를 확정하는 것이 아니므로, 배당을 받아야 할 채권자가 배당을 받지 못하고 배당을 받지 못할 자가 배당을 받은 경우에는, 배당을 받지 못한 채권자로서는 배당에 관하여 이의를 한 여부 등에 관계없이 배당을 받지 못할 자이면서도 배당을 받았던 자를 상대로 부당이득반환청구권을 가지며, 반대로 자신이 배당받아야 할 금액보다 초과하여 배당받은 채권자는 그 초과 부분을 적법하게 배당요구를 하였으나 정당한 배당을 받지 못한 다른 채권자에게 부당이득으로서 반환할 의무가 있다. 배당을 받지 못한 채권자가 일반채권자라고 할지라도 달리 볼 것은 아니다(대법원 2012. 12. 26. 선고 2011다60421 판결 등).

☀ 권리신고 및 배당요구를 하지 못해 배당에서 제외된 임차인의 부당이득반환청구권

주택에 관한 임의경매절차에서 개정 전의 주택임대차보호법(1990.3.5. 법률 제3379호로 개정되기 전의 것) 제8조 소정의 우선변제권 있는 소액임차인이 배당요구를 하지 아니하여 근저당권자가 소액임차인이 배당받아야 할 임차보증금 상당의 금원까지 배당받았다면 이에 의하여 실체법상의 권리가 확정되는 것이 아니므로 소액임차인은 근저당권자에 대하여 소액보증금 상당의 부당이득반환청구권를 갖게 된다(대법원 1990. 3. 27.자 90다카315,322,339 결정).

▶ 한편 민간임대주택에 관한 특별법 제49조(임대보증금에 대한 보증) 제1항, 제2항에 따르면 2020. 8. 18. 부터 등록 임대사업자는 민간임대주택을 임대하는 경우 임대보증금 전액에 대하여 보증에 가입하여야 한다. 이 상품은 HUG(주택도시보증공사)와 SGI서울보증에서 취급하고 있다.

□ 주택임대차보호법에 의한 임차인 보호 범위

기준시점	지 역	임차인 보증금 범위	보증금 중 일정액의 범위
2018. 9. 18. ~	서울특별시	1억 1천만 원 이하	3,700만 원
	수도권정비계획법에 따른 과밀억제권역(서울특별시 제외), 용인시, 세종특별자치시, 화성시	1억원 이하	3,400만 원
	광역시(수도권정비계획법에 따른 과밀억제권역에 포함된 지역과 군지역 제외), 안산시, 김포시, 광주시 및 파주시	6,000만 원 이하	2,000만 원
	그 밖의 지역	5,000만 원 이하	1,700만 원
2021. 5. 11. ~	서울특별시	1억 5천만 원 이하	5,000만 원
	수도권정비계획법에 따른 과밀억제권역(서울특별시 제외), 세종특별자치시, 용인시, 화성시, 김포시	1억 3천만 원 이하	4,300만 원
	광역시 (수도권정비계획법에 따른 과밀억제권역에 포함된 지역과 군지역 제외), 안산시, 광주시, 파주시, 이천시 및 평택시	7,000만 원 이하	2,300만 원
	그 밖의 지역	6,000만 원 이하	2,000만 원

□ 주의할 점

▶ 2018. 9. 18. 이전 개정 이력은 '대법원 인터넷등기소 → 소액임차인의 범위 안내 → 소액 임차인 범위 등 안내 전체보기 → 주택임대차보호법'을 클릭해 확인하면 된다.

▶ 기준시점은 말소기준권리(저당권, 근저당권, 가등기담보권 등) 설정(등기)일자 기준이다.

☀ 구 주택임대차보호법(1989. 12. 30. 법률 제4188호로 개정되어 동일자부터 시행된 것) 부칙 제3항에 의하면 이 법 시행 전에 임대주택에 대하여 담보물권을 취득한 자에 대하여는 종전의 규정에 의한다고 규정하고 있어 위 법률 시행 후에 설정된 근저당권에 대하여는 위 법률의 규정에 따라 소액임차인에 해당하는지 여부를 가리는 것이 원칙이라 할 것이지만, 위 법률 시행 후 어떤 범위에서 소액임차인에게 우선변제권을 인정해 줄 것인가에 관하여 위 법률의 위임에 따른 구체적인 요건을 정한 새로운 대통령령이 아직 시행되기 전에 근저당권이 설정된 경우 다른 특별한 사정이 없는 한 구 주택임대차보호법시행령(1990. 2. 19. 대통령령 제12930호로 개정되기 전의 것)은 신법인 위 법률의 취지에 반하지 않는 범위 내에서 새로운 대통령령이 시행될 때까지 여전히 그 효력을 유지한다고 볼 것이고, 그 이후 1990. 2. 19.부터 시행된 구 주택임대차보호법시행령(1990. 2. 19. 대통령령 제12930호로 개정된 것)에서 아무런 경과규정을 둔 바 없다고 하여 같은 개정 시행령의 규정이 막바로 위 법률의 시행시점으로 소급하여 위와 같은 근저당권에 대하여 적용될 수는 없다(대법원 2002. 3. 29. 선고 2001다84824 판결).

▶ 배당요구의 종기까지 배당요구를 하여야 한다. 주택임대차보호법에 의해 보호되는 임차인이 경매절차에서 권리신고 및 배당요구를 하지 않으면 배당에서 제외된다. 이 경우 임차인은, 자신의 소액보증금까지 배당받아간 근저당권자를 상대로 부당이득반환청구소송을 제기할 수 있다.

▶ 경매개시 결정의 등기 전에 대항요건(주택 인도 및 주민등록)을 갖추어야 하고, 배당요구의 종기까지 대항력을 유지해야 한다.

▶ 주택가액(대지의 가액 포함)의 1/2에 해당하는 금액까지만 우선변제 받는다.

▶ 임차인의 보증금 중 일정액이 주택가액의 2분의 1을 초과하는 경우에는 주택가액의 2분의 1에 해당하는 금액까지만 우선변제권이 있다.

▶ 하나의 주택에 임차인이 2명 이상인데, 그 각 보증금 중 일정액을 모두 합한 금액이 주택가액의 2분의 1을 초과할 수 있다. 이 경우에는 그 각 보증금 중 일정액을 모두 합한 금액에 대한 각 임차인의 보증금 중 일정액의 비율로 그 주택가액의 2분의 1에 해당하는 금액을 분할한 금액을 각 임차인의 보증금 중 일정액으로 본다.

▶ 예를 들어, 임차인이 5명인 다가구주택의 경매 매각가격이 3억2천만 원, 임차인 소모 씨의 보증금 중 일정액 5천만 원, 전체 임차인의 보증금 중 일정액 합계 2억3천만 원인 경우, 소모 씨가 경매절차에서 우선 배당받을 수 있는 소액보증금은 34,782,608원이다. (주택 매각가격의 2분의 1 금액 160,000,000원 X 소모 씨의 보증금 중 일정액 50,000,000원 / 전체 임차인의 보증금 중 일정액 230,000,000원 = 34,782,608원)

▶ 하나의 주택에 임차인이 2명 이상이고 이들이 그 주택에서 가정공동생활을 하는 경우에는 이들을 1명의 임차인으로 보아 이들의 각 보증금을 합산한다.

▶ 수도권정비계획법에 의한 과밀억제권역 (2017. 6. 20. ~)

- 서울특별시
- 인천광역시[강화군, 옹진군, 서구 대곡동 · 불로동 · 마전동 · 금곡동 · 오류동 · 왕길동 · 당하동 · 원당동, 인천경제자유구역(경제자유구역에서 해제된 지역을 포함한다) 및 남동 국가산업단지는 각 제외]

- 경기도 중 의정부시, 구리시, 남양주시(호평동, 평내동, 금곡동, 일패동, 이패동, 삼패동, 가운동, 수석동, 지금동, 도농동만 해당), 하남시, 고양시, 수원시, 성남시, 안양시, 부천시, 광명시, 과천시, 의왕시, 군포시, 시흥시[반월특수지역(반월특수지역에서 해제된 지역 포함) 제외]

□ 상가건물 임대차보호법 및 시행령

▶ 상가의 경우에도 상가건물 임대차보호법 제5조(보증금의 회수) 제2항에 따라 대항요건(건물의 인도와 사업자등록)을 갖추고 관할 세무서장으로부터 임대차계약서상의 확정일자를 받으면, 경매 또는 공매 시 임차건물의 환가대금에서 후순위권리자나 그 밖의 채권자보다 우선하여 보증금을 변제받을 수 있다. 같은 법 제14조(보증금 중 일정액의 보호) 제1항에 따라 경매개시결정의 등기 전에 대항요건을 갖춘 임차인은 임대건물 가액(임대인 소유 대지 가액 포함)의 2분의1 범위에서 보증금 중 일정액을 다른 담보물권자보다 우선하여 변제받을 수 있다.

● 상가건물 임대차보호법 시행령 제2조(적용범위)에 따른 환산보증금 한도

① 서울특별시 9억원

② 수도권정비계획법에 따른 과밀억제권역(서울시 제외), 부산광역시 6억9천만 원

③ 광역시(수도권정비계획법에 따른 과밀억제권역에 포함된 지역과 군지역, 부산광역시 제외), 세종특별자치시, 파주시, 안산시, 용인시, 김포시, 광주시 5억4천만 원

④ 그 밖의 지역 3억7천만 원 이다.

⑤ 상가 환산보증금이 이 금액 이하이어야 상가건물 임대차보호법상임차인의 권리(임대차 기간, 계약갱신청구권, 권리금 회수기회 보호, 차임 증감청구권 등)를 행사할 수 있다.

상가 환산보증금은 보증금 + (월세 X 100) 이다. 예를 들어 보증금 2억원에 월세 300만 원인 경우, 환산보증금은 2억원 + (300만 원 X 100) = 5억원이다.

● 계약 갱신요구 등에 관한 임시 특례 (제10조의9).

임차인이 이 법 시행일(2020. 9. 29.)부터 6개월까지의 기간 동안 연체한 차임액은 제10조제1항제1호(계약갱신 요구), 제10조의4제1항(권리금의 회수기회 보호) 단서 및 제10조의8(차임연체와 해지)의 적용에 있어서는 차임연체액으로 보지 아니한다. 이 경우 연체한 차임액에 대한 임대인의 그 밖의 권리는 영향을 받지 아니한다.

* 개정법 시행일로부터 6개월의 기간 동안은 그 사이에 연체한 차임액을 계약해지, 계약갱신 거절, 권리금 회수기회 보호 제외 사유가 되는 '차임연체액'에 해당하지 않은 것으로 본다는 내용이다.

● 차임 등의 증감청구권 (동법 제11조).

① 차임 또는 보증금이 임차건물에 관한 조세, 공과금, 그 밖의 부담의 증감이나 「감염병의 예방 및 관리에 관한 법률」 제2조제2호에 따른 제1급감염병 등에 의한 경제사정의 변동으로 인하여 상당하지 아니하게 된 경우에는 당사자는 장래의 차임 또는 보증금에 대하여 증감을 청구할 수 있다. 그러나 증액의 경우에는 대통령령으로 정하는 기준에 따른 비율을 초과하지 못한다.

② 제1항에 따른 증액 청구는 임대차계약 또는 약정한 차임 등의 증액이 있은 후 1년 이내에는 하지 못한다.

③ 「감염병의 예방 및 관리에 관한 법률」 제2조제2호에 따른 제1급감염병에 의한 경제사정의 변동으로 차임 등이 감액된 후 임대인이 제1항에 따라 증액을 청구하는 경우에는 증액된 차임 등이 감액 전 차임 등의 금액에 달할 때까지는 같은 항 단서를 적용하지 아니한다.

---

* 한편 '감염병예방법'에 따라 3개월 이상 집합금지조치 또는 집합제한조치를 받은 임차인이 중대한 경제사정의 변동으로 폐업신고를 한 경우, 임차인이 임대차계약을 해지할 수 있도록 하는 내용의 '상가건물임대차보호법'이 2022. 1. 4. 신설되었다.

● 폐업으로 인한 임차인의 해지권 (동법 제11조의2).

① 임차인은 「감염병의 예방 및 관리에 관한 법률」 제49조제1항제2호에 따른 집합 제한 또는 금지 조치(같은 항 제2호의2에 따라 운영시간을 제한한 조치를 포함한다)를 총 3개월 이상 받음으로써 발생한 경제사정의 중대한 변동으로 폐업한 경우에는 임대차계약을 해지할 수 있다.

② 제1항에 따른 해지는 임대인이 계약해지의 통고를 받은 날부터 3개월이 지나면 효력이 발생한다.

▶ 상가건물임대차보호법 시행령 제6조(우선변제를 받을 임차인의 범위)와 제7조(우선변제를 받을 보증금의 범위) 내용은 아래의 표를 참고하면 된다.

▶ 임차인의 보증금중 일정액이 상가건물의 가액의 2분의 1을 초과하는 경우에는 상가건물의 가액의 2분의 1에 해당하는 금액에 한하여 우선변제권이 있다. 상가건물 임대차보호법에 의한 보증금 중 일정액은 민사집행법 제246조(압류금지채권) 제1항 제1호 ~ 제8호에 의한 압류금지 채권이 아니다. 주택과 다른 부분이다.

현실적으로 권리금은 임대차계약의 차임, 임차보증금, 기간 등 조건과 맞물려 정해지는 경우가 많다. 신규 임차인이 되려는 자가 임대인과의 임대차계약 조건에 따라서 임차인에게 지급하려고 하는 권리금 액수가 달라질 수 있고, 이러한 이유로 권리금 계약과 임대차계약이 동시에 이루어지는 경우도 있다.

☀ 영업용 건물 권리금에 관한 판례

영업용 건물의 임대차에 수반되어 행하여지는 권리금의 지급은 임대차계약의 내용을 이루는 것은 아니고 권리금 자체는 거기의 영업시설·비품 등 유형물이나 거래처, 신용, 영업상의 노하우(know-how) 혹은 점포 위치에 따른 영업상 이점 등 무형의 재산적 가치의 양도 또는 일정 기간 동안의 이용대가라고 볼 것인바, 권리금계약은 임대차계약이나 임차권양도계약 등에 수반되어 체결되지만 임대차계약 등과는 별개의 계약이다.

임차권의 양수인 갑이 양도인 을의 기망행위를 이유로 을과 체결한 임차권양도계약 및 권리금계약을 각 취소 또는 해제한다고 주장한 사안에서, 임차권양도계약과 권리금계약의 체결 경위와 계약 내용 등에 비추어 볼 때, 위 권리금계약은 임차권양도계약과 결합하여 전체가 경제적·사실적으로 일체로 행하여진 것으로서, 어느 하나의 존재 없이는 당사자가 다른 하나를 의욕하지 않았을 것으로 보이므로 권리금계약 부분만을 따로 떼어 취소할 수 없다(대법원 2013. 5. 9. 선고 2012다115120 판결).

☀ 영업용 건물의 임대차에 수반되어 행하여지는 권리금의 지급은 임대차계약의 내용을 이루는 것은 아니고 권리금 자체는 거기의 영업시설·비품 등 유형물이나 거래처, 신용, 영업상의 노우하우(know-how) 또는 점포 위치에 따른 영업상의 이점 등 무형의 재산적 가치의 양도 또는 일정 기간 동안의 이용대가라고 볼 것인바, 권리금이 임차인으로부터 임대인에게 지급된 경우에, 그 유형·무형의 재산적 가치의 양수 또는 약정기간 동안의 이용이 유효하게 이루어진 이상 임대인은 그 권리금의 반환의무를 지지 아니하며, 다만 임차인은 당초의 임대차에서 반대되는 약정이 없는 한 임차권의 양도 또는 전대차의 기회에 부수하여 자신도 그 재산적 가치를 다른 사람에게 양도 또는 이용케 함으로써 권리금 상당액을 회수할 수 있을 것이고, 따라서 임대인이 그 임대차의 종료에 즈음하여 그 재산적 가치를 도로 양수한다든지 권리금 수수 후 일정한 기간 이상으로 그 임대차를 존속시켜 그 가치를 이용케 하기로 약정하였음에도 임대인의 사정으로 중도 해지됨으로써 약정기간 동안의 그 재산적 가치를 이용케 해주지 못하였다는 등의 특별한 사정이 있을 때에만 임대인은 그 권리금 전부 또는 일부의 반환의무를 진다고 할 것이다(대법원 2001. 4. 10. 선고 2000다59050 판결).

☀ 임대인이 임대차기간이 종료될 무렵 현저히 높은 금액으로 임차보증금이나 차임을 요구하거나 더 이상 상가건물을 임대하지 않겠다고 하는 등 새로운 임대차계약 체결 자체를 거절하는 태도를 보이는 경우 임차인이 신규임차인이 되려는 자를 찾아 권리금 계약을 체결하는 것은 사실상 불가능하다. 이러한 임대인의 행위는 상가임대차법 제10조의4 제1항 제3호, 제4호에서 정한 방해행위에 해당한다고 볼 수 있고, 임차인과 신규임차인이 되려는 자 사이에 권리금 계약이 체결되지 않았더라도 임대인은 임차인의 권리금 회수 방해를 이유로 손해배상책임을 진다고 보아야 한다(대법원 2019. 7. 10. 선고 2018다239608 판결).

☀ 임대차계약서상의 "권리금은 임대인이 인정하되, 임대인이 점포를 요구시는 권리금을 임차인에게 변제한다"라는 기재에 관하여, 임대인이 임차인에게 점포의 명도를 요구하거나 특별한 사유도 없이 점포에 대한 임대차계약의 갱신을 거절하고 타에 처분하면서 권리금을 지급받지 못하도록 하는 등 점포에 대한 임차인의 권리금회수를 방해하는 경우에는 임대인이 임차인에게 직접 권리금을 지급하겠다는 취지일 뿐이다. 따라서 점포의 임대차기간이 만료된다고 하여 당연히 임차인에게 권리금을 지급하겠다고 약정한 것으로는 볼 수 없으므로, 임대차기간 만료를 이유로 한 임차인의 권리금 청구를 배척한다(대법원 1994. 9. 9. 선고 94다28598 판결).

☀ 상가건물 계약갱신요구권에 관한 판례

[1] 상가건물 임대차보호법은 제10조 제1항과 제3항의 규정에서 갱신요구권에 관하여 임대인은 임차인이 임대차기간이 만료되기 6개월 전부터 1개월 전까지 사이에 계약갱신을 요구하면 제1항 단서에서 정하는 사유가 없는 한 갱신을 거절하지 못하고, 전 임대차와 같은 조건으로 다시 계약된 것으로 보도록 정하고 있다. 구 상가건물 임대차보호법(2018. 10. 16. 법률 제15791호로 개정되기 전의 것) 제10조 제2항은 갱신요구권은 최초 임대차기간을 포함하여 전체 임대차기간이 5년을 초과하지 않는 범위에서만 행사할 수 있다고 정하였는데, 개정 상가임대차법 제10조 제2항은 이에 대해 10년을 초과하지 않는 범위에서만 행사할 수 있다고 정하고, 그 부칙 제2조는 "제10조 제2항의 개정규정은 이 법 시행 후 최초로 체결되거나 갱신되는 임대차부터 적용한다."라고 정하고 있다.

위 규정들의 문언, 내용과 체계에 비추어 보면, 개정 상가임대차법 부칙 제2조의 '이 법 시행 후 최초로 체결되거나 갱신되는 임대차'는 개정 상가임대차법이 시행되는 2018. 10. 16. 이후 처음으로 체결된 임대차 또는 2018. 10. 16. 이전에 체결되었지만 2018. 10. 16. 이후 그 이전에 인정되던 계약 갱신 사유에 따라 갱신되는 임대차를 가리킨다고 보아야 한다. 따라서 개정 법률 시행 후에 개정 전 법률에 따른 의무임대차기간이 경과하여 임대차가 갱신되지 않고 기간만료 등으로 종료된 경우는 이에 포함되지 않는다(대법원 2020. 11. 5. 선고 2020다241017 판결).

□ 상가건물 임대차보호법에 의한 임차인 보호 범위

기준시점	지 역	적용범위	임차인 보증금 범위	보증금 중 일정액의 범위
2019. 4. 2. ~	서울특별시	9억원 이하	6,500만 원 이하	2,200만 원
	수도권정비계획법에 따른 과밀억제권역(서울특별시 제외)	6억9천만 원 이하	5,500만 원 이하	1,900만 원
	부산광역시(기장군 제외)	6억9천만 원 이하	3,800만 원 이하	1,300만 원
	부산광역시(기장군)	6억9천만 원 이하	3,000만 원 이하	1,000만 원
	광역시(수도권정비계획법에 따른 과밀억제권역에 포함된 지역과 군지역, 부산광역시 제외), 안산시, 용인시, 김포시 및 광주시	5억4천만 원 이하	3,800만 원 이하	1,300만 원
	세종특별자치시, 파주시, 화성시	5억4천만 원 이하	3,000만 원 이하	1,000만 원
	그 밖의 지역	3억7천만 원 이하	3,000만 원 이하	1,000만 원

□ 주의할 점

▶ 2019. 4. 2. 이전 개정 이력은 '대법원 인터넷등기소 → 소액임차인의 범위 안내 → 소액임차인 범위 등 안내 전체보기 → 상가건물임대차보호법'을 클릭해 확인하면 된다.

▶ 기준시점은 말소기준권리(저당권, 근저당권, 가등기담보권 등) 설정(등기)일자 기준이다(대법원 2001다84824 판결 참조).

▶ 배당요구의 종기까지 배당요구를 하여야 한다.

▶ 경매개시 결정의 등기 전에 대항요건(건물 인도 및 사업자등록)을 갖추어야 하고, 배당요구의 종기까지 대항력을 유지해야 한다.

▶ 임대건물가액(임대인 소유의 대지가액 포함)의 1/2에 해당하는 금액까지만 우선변제 받는다.

▶ 하나의 상가건물에 임차인이 2인 이상이고, 그 각 보증금중 일정액의 합산액이 상가건물의 가액의 2분의 1을 초과하는 경우에는 그 각 보증금중 일정액의 합산액에 대한 각 임차인의 보증금중 일정액의 비율로 그 상가건물의 가액의 2분의 1에 해당하는 금액을 분할한 금액을 각 임차인의 보증금중 일정액으로 본다.

□ 전(월)세 계약 체결 시 주의사항

▶ "계약"이란 서로 대립하는 2개 이상의 의사표시가 합치하여 성립하는 법률행위를 말한다. 계약에는 물권계약 · 채권계약 · 가족법상의 계약 등이 있는데, 협의의 채권계약은 매매, 임대차, 증여, 교환, 고용, 도급 등을 말한다. 주택이나 상가 등 부동산임대차계약은 계약자유의 원칙에 따라 일정한 형식을 요하지 않으며, 당사자의 의사표시의 합치만으로 성립하는 낙성계약이다.

▶ 부동산 전 · 월세 계약을 체결할 때, 위 사례와 연계하여 임차인이 주의할 점에 대해 살펴보자. 일부 부동산 중개업자가 경매 가능성이 높은 주택만 골라 위와 같은 불법행위를 조장하는 경우가 있다.

① 전봇대 등에 '저렴한 임대'광고를 부착하거나 SNS로 유인한다.

② 각종 권리침해로 임대가 사실상 불가능한 주택을 임대해주는 대가로 임대인과 결탁해 불법인 고액 중개수수료를 편취 한다.

③ 중개업자로 등록된 공인중개사가 계약서를 작성하는지 확인해야 한다. 자격증을 빌려서 불법으로 영업하는 자가 불법을 조장하거나 손해를 끼칠 가능성이 높다.

④ 계약일, 중도금 지급일, 잔금 지급일 당일에 열람 · 발급된 등기부상 권리관계, 중개대상물 확인 설명서의 내용, 목적물에 대한 하자, 계약 상대방 본인을 확인하는 것이 중요하다.

특히 다가구주택인 경우 다른 임차인의 전(월)세계약 내용을 서면으로 반드시 확인해야 한다. 다가구주택에는 다른 임차인들이 이미 전입 신고한 경우가 많다. 경매 진행 시 배당 절차에서 후순위로 밀리는 등 권리관계가 복잡해질 수 있다. 고액의 근저당권이 설정되었거나 임차인이 많은 다가구주택은 피해야 한다. 사기꾼인 임대인과 일부 악덕 중개업자는 기존 임차인들이 전세로 입주했음에도 월세로 살고 있다면서 안심시킨다.

⑤ 계약서, 중개대상물 확인 설명서, 부동산 공제증서, 영수증, 본인 확인서류, 위임장 등을 반드시 교부받아야 한다.

⑥ 중개업자가 임대인의 권한을 위임 받았다면 위임장과 최근에 발급된 임대인의 인감증명서도 교부받아야 한다. 계약금은 임대인 계좌로 입금하고 수임인(대리인)이 계약을 체결하는 사안에 대해 임대인과 통화해 확인하는 것이 좋다. 중도금 또는 잔금 지급일에 임대인을 직접 만나서 추인하는 조건으로 계약서를 작성한다. 대리인은 본인의 허락이 없으면 다툼이 없는 채무의 이행을 제외하고 자기계약이나 쌍방대리 행위를 할 수 없다.

계약을 체결하는 행위는 대리인이 할 수 있지만 계약을 해제하는 행위는 대리할 수 없다.

☀ 대리인의 권한 제한

어떠한 계약의 체결에 관한 대리권을 수여(수여)받은 대리인이 수권된 법률행위를 하게 되면 그것으로 대리권의 원인된 법률관계(기초적 내부관계)는 원칙적으로 목적을 달성하여 종료되는 것이고, 법률행위에 의하여 수여(수여)된 대리권은 그 원인된 법률관계의 종료에 의하여 소멸하는 것이므로(민법 제128조), 그 계약을 대리하여 체결하였다 하여 곧바로 그 사람이 체결된 계약의 해제 등 일체의 처분권과 상대방의 의사를 수령할 권한까지 가지고 있다고 볼 수는 없다(대법원 2008. 1. 31. 선고 2007다74713 판결).

---

⑦ 부동산등기부등본과 중개업자의 언행, 부동산공제증서를 100% 믿어서는 안 된다. 동산의 점유는 공신력을 인정한다. 부동산등기부등본에는 공시력(공시의 원칙)은 적용되지만 공신력(공신의 원칙)은 인정하지 않는다. 부동산등기부등본을 믿고 거래했더라도 진정한 소유자가 나타나 자신의 권리를 주장하면 매수인(임차인)은 권리를 상실할 수 있다. 등기관이 등기할 수 있는 권리의 실체관계까지 조사하지 않고 신청주의에 따라 서류만 형식적으로 심사하도록 법률에 규정되었기 때문이다. 등기관은 부동산등기법 제29조(신청의 각하) 각 호의 어느 하나에 해당되지 않을 경우 등기신청을 수리해야 한다.

＊ 형식적 심사주의

넓은 의미로는 법률상의 절차에 있어서 권리의 실체관계, 즉 사실의 실질까지 조사하는 실질적 심사주의에 상대되는 개념으로, 형식요건만을 조사하여 판단하는 주의를 말한다. 좁은 의미로는 특히 등기의 신청에 있어서 등기법령이 정하는 형식적 요건을 갖추고 있는가의 여부에 대하여서만 심사할 권한을 등기관에게 부여하고, 실체법상의 권리관계와 일치하느냐의 여부에 심사권한은 주지 않는 것을 말한다. 우리 나라의 부동산등기법은 형식적 심사주의를 취하여 등기의 신청을 부적법이라 하여 각하할 수 있는 경우를 형식적·한정적으로 규정하고 있다. 그러나 상업등기에 관하여서는 견해가 대립된다. 형식적 적법주의라고도 한다.

---

* 부동산공제증서

부동산공제증서 금액인 1억원(중개법인 2억원)은 중개사고 1건당 피해금액을 1억 원(중개법인 2억원) 범위 내에서 보상하는 것이 맞지만 함정이 있다. 무조건 보상해주는 것이 아니다. 중개업자가 고의 또는 과실로 거래 당사자에게 손해를 끼치는 등 귀책사유가 존재해야 한다. 1년에 중개사고로 보상 받을 수 있는 한도 금액이 1억원이다. 초과하는 금액은 보상 받을 수 없다. 작정하고 사고를 치려는 중개업자가 있다면 1년에 1억 원 범위 내에서만 손해를 끼친다는 보장이 없다. 그 중개업자를 상대로 불법행위에 기한 손해배상금청구소송을 제기해 승소 판결을 받더라도 집행실익이 없을 가능성이 매우 높다. 부동산공제증서를 발급한 한국공인중개사협회나 인허가보증보험증권을 발급한 SGI서울보증과 보상(보험)금액에 대한 분쟁이 발생할 경우 소송을 제기할 수 있다. 그러나 법원은 중개의뢰인의 과실 비율을 산정하기 때문에 전액을 보상받는 것도 힘들다. 현재 전세보증금 수준을 감안할 때, 부동산공제증서 금액의 대폭적인 상향에 대한 법제화가 필요해 보인다.

---

⑧ 근저당권이 과다하거나 가압류, 가처분 등 권리침해가 등기된 경우 계약을 체결하지 않는 것이 좋다. 서두르지 말고 공포마케팅에 현혹되지 않도록 주관이 확실해야 한다. 계약서 문구의 의미와 법률효과를 정확하게 이해하기도 전에 도장을 찍으면 안 된다. 시원하게 도장을 찍고 나면 나중에 끔찍한 고통에 시달리게 된다. 수익형부동산 등의 사기에 속아 생계자금과 노후자금을 날린 사람들이 많다.

⑨ 계약 체결 시 까다롭고 불편하더라도 첫 단추를 잘 끼워야 뒤탈이 없다. 중개 사고는 피해규모가 크고 회복이 어렵다. 스스로 검증능력을 키워야 한다. 위에서 설명한 내용은 부동산 중개의 기본이다. 대다수의 중개업자가 정석대로 업무를 수행하겠지만 공인중개사법 등 기본 수칙을 준수하지 않고 의뢰인을 회유하는 중개업자도 있다. 원칙과 기본에 충실하지 않은 중개업자는 업(業)의 본질에 대한 이해가 부족하고 개념이 없는 사람이다. 회피하

거나 요구사항을 관철시키는 것이 좋다. 거래 당사자의 전 재산일 수 있는 매매대금 또는 전(월)세 보증금을 소홀이 대하는 자를 믿고 계약할 수는 없기 때문이다.

⑩ 구분등기 된 주택(다세대, 연립, 아파트)은 건축물대장, 등기부등본, 계약서, 출입문에 표시된 동·호수가 일치해야 대항력이 발생한다. 서로 다를 경우 주택임대차보호법 적용 대상에서 제외될 수 있다.

☀ 주택임대차보호법 제3조 제1항에서 주택의 인도와 더불어 대항력의 요건으로 규정하고 있는 주민등록은 거래의 안전을 위하여 임차권의 존재를 제3자가 명백히 인식할 수 있게 하는 공시방법으로 마련된 것이라고 볼 것이므로, 주민등록이 어떤 임대차를 공시하는 효력이 있는가의 여부는 일반사회 통념상 그 주민등록으로 당해 임대차건물에 임차인이 주소 또는 거소를 가진 자로 등록되어 있다고 인식할 수 있는가의 여부에 따라 결정된다고 할 것이다(대법원 2002. 6. 14. 선고 2002다15467 판결).

⑪ 전(월)세 보증금이 소액보증금 규모에 해당되더라도 경매신청 등기 전에 대항력(주택의 인도와 주민등록 전입신고)을 갖추고 확정일자도 지체 없이 받아야 한다. 거주 주택에 대한 경매개시가 결정될 경우 반드시 배당요구종기일까지 계약서 사본을 첨부한 '권리신고 및 배당요구 신청서'를 경매법원에 제출해야 확정일자에 의한 순위배당 절차에 참가할 수 있고, 주택임대차보호법 제8조(보증금 중 일정액의 보호) 제1항에 의한 소액보증금이라도 우선 변제받을 수 있다.

＊ 계약의 해제

유효하게 성립하여 있는 계약관계를 당사자 일방의 의사표시에 의하여 청산관계로 전환시켜 당사자 사이에 처음부터 계약이 존재하지 않았던 것과 같은 상태로 만드는 것을 말한다. 해제권의 종류에는 당사자가 계약에서 미리 그것을 보류하는 약정해제권(예 : 계약금의 수수)과 법률의 규정에 의하여 주어지는 법정해제권이 있다. 민법이 규정하고 있는 일반적인 법정해제권의 발생 원인으로서는 ① 보통의 이행지체, ② 정기행위의 이행지체, ③ 이행불능, ④ 불완전이행의 네 가지 경우가 있는데, 실제로 가장 많이 행하여지고, 이론으로서도 곤란한 문제를 일으키는 것은 보통의 이행지체이다. 그 밖에 일반적인 법정해제권의 발생 원인으로 들 수 있는 것은 수령지체와 사정의 변경이다(판례는 사정변경의 원칙에 의한 해제권의 발생을 부인한다).

○ 공정증서 작성과 사해행위취소의 소

[사례] 중견기업에 근무하던 장모 씨는 2019년 5월부터 주식투자를 시작했다. 욕심을 부리다 보니 투자 규모가 커져 아파트 담보대출과 신용대출까지 받게 되었다. 손실을 빨리 만회하고 자 변동성이 큰 선물·옵션까지 투자 범위를 넓혔다가 더 큰 손실을 입었다. 아파트를 급매로 매도해 급한 빚은 일부 갚았지만 변제하지 못한 채무가 7개 금융회사 1억6천만 원에 달했다.

채권자들이 소송을 제기할 태세를 보이며 독촉해오자 채무자 장모 씨는 친구인 양모 씨(차용금액 1억2천만 원), 후배인 최모 씨(차용금액 8천만 원)와 공모해 2건, 총 2억원의 약속어음 공정증서를 작성했다. 두 사람으로부터 실제로 돈을 빌리지는 않았다. 허위 채권자인 두 사람은 공정증서를 집행권원으로 채무자의 급여, 퇴직금, 명예퇴직금에 대한 채권압류 및 추심명령 결정을 득했다. 이어서 7개 채권 금융회사도 확정판결을 집행권원으로 채권압류 및 추심명령 결정을 득했다.

6개월 후 장모 씨가 퇴직하게 되었는데 제3채무자인 중견기업은 채권 압류금 1억4천만 원을 법원에 공탁했다. 공탁금은 채권 배당기일에 양모 씨 4천6백7십만 원, 최모 씨 3천1백1십만 원, 7개 압류 금융기관 6천2백2십만 원을 안분배당 하는 것으로 종결 되었다. 총 채권액 3억6천만 원에 대비하여 개별 채권자의 채권액 별로 안분한 것이다. 두 사람은 약간의 수고비와 식사대접을 받고 배당금 합계 7천7백8십만 원을 장모 씨의 배우자 계좌로 송금해주었다.

채권 금융회사 중에서 압류금액이 8천만 원으로 가장 컸던 채권자 A가 전후 사정을 조사하기 시작했다. 결국 채권자 A는 양모 씨와 최모 씨를 상대로 사해행위취소소송을 제기했고 원고 승소 확정판결을 받았다. 피고들이 소외 장모 씨에게 실제로 돈을 빌려주었다는 사실을 입증하지 못했고, 장모 씨와 피고들의 계좌에 대한 금융거래내역 조회를 통해 배당금의 실제 수령자가 장모 씨로 확인되었기 때문이다.

더 큰 문제는 원고 승소 판결이 확정되자 장모 씨가 잠적했고 연락이 두절되었다는 것이다. 피고 양모 씨와 최모 씨가 원고의 청구금액 전액을 변제해야 할 위기에 처한 것이다.

□ 결론과 법리

▶ 채무자 장모 씨가 회사에 근무 중이고 양모 씨와 최모 씨가 압류금을 정기적으로 추심해왔다면 실제로 추심한 금액은 채권자 A에게 반환해야 하고, 추심하지 않은 부분에 관해서는 그 채권 자체를 채권자 A에게 양도하는 방법에 의하여 반환해야 한다.

※ 채권압류 및 전부 명령이 확정된 후, 그 집행권원인 집행증서의 기초가 된 법률행위 중 전부 또는 일부에 무효사유가 있는 것으로 판명된 경우, 위 무효 부분에 관하여 집행채권자는 집행채무자에게 부당이득을 반환해야 한다. 전부명령에 따라 전부받은 채권 중 실제로 추심한 금전 부분에 관하여는 그 상당액을 반환하여야 하고, 추심하지 아니한 나머지 부분에 관하여는 그 채권 자체를 양도하는 방법에 의하여 반환하여야 한다(대법원 2005. 4. 15. 선고 2004다70024 판결).

▶ 채무자 장모 씨가 퇴직하였고 연락이 두절된 상황에서, 사해행위취소소송의 피고인 양모 씨와 최모 씨가 자진변제 의사를 보이지 않는 한, 기타 채무자로 등록하고 그들의 재산에 대해 강제집행 할 수밖에 없다.

▶ 최악의 경우, 채권자 A는 허위의 채무를 부담한 채무자 장모 씨를 형법 제327조에 의한 강제집행면탈죄의 주범으로, 양모 씨와 최모 씨를 공동정범으로 형사고소 할 수 있다. 강제집행면탈죄는 행위자의 이득여부와 관계없이 채권자가 본안 또는 보전소송을 제기하거나 제기할 태세를 보이고 있는 상태에서, 주관적으로 강제집행을 면탈하려는 목적으로 재산을 은닉, 손괴, 허위양도하거나 허위의 채무를 부담하여 채권자를 해할 위험이 있으면 성립하기 때문이다.

▶ 허위의 금전소비대차계약공정증서를 작성하고, 이를 기초로 다른 채권자의 채권압류 및 추심명령 효력을 차단할 목적으로 채무자의 급여 및 퇴직금에 대하여 채권압류 및 전부명령을 결정을 받아 추심해간 경우도 마찬가지이다.

▶ 양모 씨와 최모 씨가 사해행위취소소송 판결문에 따른 채무를 자진 변제하면 의무가 소멸되고 구상권을 갖겠지만, 불이행 상태에서는 다른 채권자도 동일한 소송을 제기해 올 수 있다.

▶ 이와 같은 불상사를 면하려면 채무자 장모 씨의 소재를 파악해 설득하거나, 그가 숨겨둔 재산을 조사해 채권자가 강제집행 할 수 있도록 협조해주어야 한다.

● 공동정범 (형법 제30조).

2인 이상이 공동하여 죄를 범한 때에는 각자를 그 죄의 정범으로 처벌한다.

※ 형법 제30조의 공동정범은 공동가공의 의사와 그 공동의사에 의한 기능적 행위지배를 통한 범죄 실행이라는 주관적 · 객관적 요건을 충족함으로써 성립하므로, 공모자 중 구성요건행위를 직접 분담하여 실행하지 않은 사람도

위 요건의 충족 여부에 따라 이른바 공모공동정범으로서의 죄책을 질 수 있다. 구성요건행위를 직접 분담하여 실행하지 않은 공모자가 공모공동정범으로 인정되기 위해서는 전체 범죄에서 그가 차지하는 지위·역할, 범죄 경과에 대한 지배나 장악력 등을 종합하여 그가 단순한 공모자에 그치는 것이 아니라 범죄에 대한 본질적 기여를 통한 기능적 행위지배가 존재한다고 인정되어야 한다(대법원 2018. 4. 19. 선고 2017도14322 전원합의체 판결).

▶ 주의할 점

* 만약 채무자 장모 씨가 돈을 부담해서 자진 변제를 하더라도, 다른 채권자들의 추가 소제기에 대비해야 되기 때문에 사해행위취소소송의 피고인 양모 씨와 최모 씨가 변제하는 듯한 외관을 갖추는 것이 좋다.

* 사회생활을 하다보면 불가피하게 명의를 대여하거나 상대방의 부탁을 수용해주는 경우가 많다. 아무런 의심 없이 불법적인 행위에 개입하게 되면 크게 후회하는 일이 생긴다. 회사의 대표나 직장 상사가 위법한 행위를 요구해오더라도 거절할 수 있어야 한다. 사전에 전문가나 주변 지인에게 조언을 구하는 것도 잊지 말자.

□ 법률행위별 사해행위

☀ 약속어음 발행과 사해행위

기존 채무의 지급을 위하여 약속어음이 발행된 경우에는 특별한 사정이 없는 한 사해행위에 해당되지 않는다. 다만 채무자가 약속어음을 발행함으로써 새로운 채무를 부담하게 되는 경우에 있어서는, 그 채무부담으로 인하여 채무자가 채무초과상태에 빠지거나 이미 빠져있던 채무초과상태가 더욱 악화되거나 심화된다면 그 약속어음의 발행은 다른 채권자를 해하는 것으로서 사해행위에 해당한다고 할 것이다(대법원 2002. 10. 25. 선고 2000다64441 판결).

☀ 공정증서 작성과 사해행위

"공정증서"란 사법상 법률행위 기타 사권에 관한 사실에 관하여 공증인이 일정한 방식에 따라 작성하는 증서이다. 법률상 집행력이 있는 공정증서는 공문서로 추정되며 소송에 있어 강한 증명력이 인정된다. 금전소비대차계약공정증서를 작성할 경우 확정판결과 동일한 효과를 갖는다.

☀ 무자력 상태의 채무자가 기존 채무에 관한 특정의 채권자로 하여금 채무자가 가지는 채권에 대하여 압류 및 추심명령을 받음으로써 강제집행절차를 통하여 사실상 우선변제를 받게 할 목적으로 그 기존채무에 관하여 강제집행을 승낙하는 취지가 기재된 공정증서를 작성하여 주어 채권자가 채무자의 그 채권에 관하여 압류 및 추심명령을 얻은 경우에는 그와 같은 공정증서 작성의 원인이 된 채권자와 채무자의 합의는 기존 채무의 이행에 관한 별도의 계약인 이른바 채무변제계약에 해당하는 것으로서 다른 일반채권자의 이익을 해하여 사해행위가 된다고 할 것이다(대법원 2010. 4. 29. 선고 2009다33884 판결).

□ 내용증명, 차용증, 약속어음공정증서, 금전소비대차계약공정증서

경제활동을 하다보면 계약에 관한 분쟁이 발생하거나 지인에게 돈을 빌리거나 빌려주는 경우가 발생할 수 있다. 채무불이행이 발생하거나 빌려준 돈을 돌려받지 못하게 되면 경제적·정신적으로 타격을 입을 수 있다. 채권·채무와 관련된 문서의 사용법과 효력에 대해서 살펴보자.

▶ **선택적 우편역무의 종류 및 이용조건 등** (우편법 시행규칙 제25조).

- 배달증명

등기취급을 전제로 우편물의 배달일자 및 수취인을 배달우체국에서 증명하여 발송인에게 통지하는 특수취급제도이다.

- 내용증명

등기취급을 전제로 우체국창구 또는 정보통신망을 통하여 발송인이 수취인에게 어떤 내용의 문서를 언제 발송하였다는 사실을 우체국이 증명하는 특수취급제도이다.

▶ 내용증명은 사실증명 또는 의사표시의 방법 중 하나이므로 그 자체로서 법적인 효력이 발생하는 것은 아니다. 즉, 채권양도통지, 보험금 지급 사실 통보, 손해배상청구, 계약해지 통보, 법적절차 착수 예고 통지 등 어떠한 사실이 있었다는 것을 증명하기 위한 목적으로 사용된다.

▶ 내용증명은 정해진 양식이 없으며 자유롭게 작성하면 된다. 1부는 발신자용, 1부는 수신자용, 1부는 우체국 보관용으로 총 3부를 작성해 등기우편으로 발송한다.

▶ 내용증명의 효과(력)

① 상대방에 대한 경고와 심리적 압박을 줄 수 있다.

② 우체국으로부터 공적증명을 받은 문서이기 때문에 소송 시 사실관계에 관한 증거자료로 활용할 수 있다.

③ 채무불이행을 이유로 계약해지 시 상대방을 이행지체 상태에 빠지게 하고, 의무이행 기간을 정한 독촉의 수단으로 사용할 수 있다.

④ 내용증명이 송달된 시점에 소멸시효 중단을 위한 최고로서의 효력이 있다. 6개월간 시효가 연장되는 효과가 있다. 이를 위해 채권자는 내용증명 송달 시점으로부터 6개월 이내에 재판상의 청구(소 제기), 가압류 등 조취를 취해야 한다.

● 최고와 시효중단 (민법 제174조).

최고는 6월내에 재판상의 청구, 파산절차참가, 화해를 위한 소환, 임의출석, 압류 또는 가압류, 가처분을 하지 아니하면 시효중단의 효력이 없다.

▶ 차용증

① 돈을 빌려줄 때는 반드시 차용증을 작성해야 한다. 채무자 계좌로 송금했다는 사실은 돈을 빌려주었다는 결정적 증거가 아니다. 거꾸로 채무자가 과거에 채권자에게 빌려준 돈을 계좌로 돌려받았다고 주장할 수 있다. 증여받았거나 용역·물품대금을 받은 것이라고 주장할 수도 있다. 특히 사기 치려고 작정한 사람은 가능하면 본인 명의 계좌로 빌린 돈을 받지 않는다. 급한 사정을 들먹이며 변제능력이 전무한 자신의 노부모나 타인 명의 계좌로 송금 받아 법률관계에 혼선이 생기게 한다. 차용증을 받기 곤란한 상황일 때는 문자나 카카오톡 등으로 증거를 남기거나 녹취를 해두는 것도 요령이다. 돈을 빌려주고 받았다는 의사의 합치에 관한 입증 책임은 채권자에게 있다는 사실을 명심해야 한다.

☀ 의사의 합치에 관한 판례

소비대차는 당사자 일방이 금전 기타 대체물의 소유권을 상대방에게 이전할 것을 약정하고, 상대방은 그와 같은 종류, 품질 및 수량으로 반환할 것을 약정함으로써 성립하는 계약이므로(민법 제598조), 위와 같은 점에 관한 당사자의 의사합치가 있어야 함은 당연하다(대법원 2010. 11. 11. 선고 2010다41263,41270 판결).

☀ 입증책임에 관한 판례

다른 사람의 예금계좌에 금전을 이체하는 등으로 송금하는 경우 그 송금은 다양한 법적 원인에 기하여 행하여질 수 있는 것으로서, 과세 당국 등의 추적을 피하기 위하여 일정한 인적 관계에 있는 사람이 그 소유의 금전을 자신의 예금계좌로 송금한다는 사실을 알면서 그에게 자신의 예금계좌로 송금할 것을 승낙 또는 양해하였다거나 그러한 목적으로 자신의 예금계좌를 사실상 지배하도록 용인하였다는 것만으로는 다른 특별한 사정이 없는 한 객관적으로 송금인과 계좌명의인 사이에 그 송금액을 계좌명의인에게 위와 같이 무상 공여한다는 의사의 합치가 있었다고 추단된다고 쉽사리 말할 수 없다.(대법원 2012. 7. 26. 선고 2012다30861 판결). 그러한 의사에 관한 합치가 있었다는 사실에 관한 입증책임은 그 송금이 소비대차를 원인으로 행하여진 것임을 주장하는 원고에게 있다(대전지법 2014가단204656 판결).

☀ 채무자가 특정한 채무의 변제조로 금원을 지급하였다고 주장함에 대하여, 채권자가 이를 수령한 사실을 인정하면서도 다른 채무의 변제에 충당하였다고 주장하는 경우에는 채권자는 그 다른 채권이 존재한다는 사실과 그 다른 채권에 변제충당하기로 하는 합의나 지정이 있었다거나 그 다른 채권이 법정충당의 우선순위에 있었다는 사실을 주장·증명하여야 할 것이다(대법원 2014. 10. 15. 선고 2014다45522 판결).

② 차용증을 작성할 때는 법적효력을 이해하고 필수 사항을 기재해야 한다. 차용일자, 차용금액, 채무자·연대보증인·채권자의 인적사항, 변제기, 변제방법 및 장소, 이자율 및 연체이자율, 사용용도, 기한의 이익 상실조항은 반드시 기재하고 담보물 취득 및 추심비용 부담주체, 합의관할도 추가하는 것이 좋다. 사용용도를 기재해놓으면 타 용도로 사용한 후 변제하지 않을 경우 '용도사기'혐의로 형사고소 할 수 있고, 이때 채권자의 입증책임

부담이 줄어든다. 인적사항은 성명, 주소지, 주민번호로 특정 시키고 자필로 작성한다. 차용증 자체는 소멸시효가 없으나 일반채권인 경우 민법 제162조 제2항에 따라 변제기일로부터 10년이다.

③ 변제는 당사자가 별도로 약정하지 않는 한 채권자의 현주소에서 해야 한다. 다만, 영업에 관한 채무의 변제는 채권자인 대여인의 현 영업소에서 해야 한다. 양 당사자 모두에게 편리한 장소가 있으면 돈을 갚을 장소를 별도로 정하여 계약서에 기재하거나 채권자의 은행 계좌 번호를 기재하면 된다. 이자를 정하지 않으면 금전대차에서는 이자를 청구할 수 없다. 다만, 상인 간의 금전대차에서는 특약이 없더라도 채권자는 법정이자 연 6%를 청구할 수 있다. 또한, 이자를 지급하기로 하였더라도 그 이율을 정하지 않았으면 민사채무는 연 5%, 상사채무는 연 6%의 법정이율로 지급하게 된다. 채무자는 채무를 변제하였을 경우 차용증 원본을 회수하여야 하며, 아울러 채권자로부터 영수증을 받아 두는 것도 잊지 않아야 한다. 차용증보다는 원칙적으로 금전소비대차계약서를 작성하여 당사자 간의 약정내용을 서면으로 기재하고 공증을 하는 것이 나중에 생길 수 있는 분쟁을 방지할 수 있는 방법이다.

▶ 약속어음

약속어음은 어음 발행인이 소지인에게 장래의 특정 시기에 기재된 금액을 지급할 것을 약속하는 유가증권이다. 약속어음 공정증서란 약속어음에 부착하여 강제집행을 인낙하는 취지를 기재한 공적 증서로서 공증인이 작성한다. 소멸시효는 지급기일로부터 3년이다. 지급기일 대신 일람출급 조건으로 기재하면 발행일로부터 4년이다. 이자와 지연손해금, 분할변제 약정은 할 수 없고 공정증서에 기재된 금액만 받을 수 있다.

▶ 금전소비대차계약공정증서

'금전소비대차계약'이란 돈을 빌린 사람이 돈에 대해 반환을 이행할 것을 약속하고 추가적으로 계약사항을 기재한 것이다. "금전소비대차계약공정증서"란 금전소비대차계약서에 부착하여 채무자 및 연대보증인에 대한 강제집행을 인낙하는 취지를 기재한 공적 증서로서 공증인이 작성한다. 소멸시효는 지급기일로부터 10년이다. 이자제한법 제2조(이자의 최고한도) 제1항 및 같은 법 최고이자율에 관한 규정에 따른 계약상의 최고이자율인 연 20% 범위 내에서 이자와 지연손해금을 약정할 수 있다. 자유롭게 분할변제 약정도 할 수 있다. 약속어음공정증서와 같이 지급기일이 경과하거나 기한의 이익 상실 사유가 발생하면 공증인 사무소에서 집행문을 발급받아 강제 집행할 수 있다.

□ 차용증, 약속어음공정증서, 금전소비대차계약공정증서의 활용 방법

□ 독자 여러분이 돈을 빌려준 채권자 입장이라는 관점에서 살펴보자.

▶ 돈을 빌려줄 때는 기본적으로 받아야 할 채권 원인서류가 있다. 차용증, 약속어음공정증서, 금전소비대차계약공정증서 중 한 가지 서류는 반드시 받고 채무자 계좌로 송금하는 것이 좋다.

▶ 채무자가 변제하지 않는다면 소멸시효가 완성되는 것에 대비하기 위해 일부 금액이라도 갚으라고 독촉해야 한다. 민법상 일반채권의 소멸시효는 10년이고, 상법상 상사시효는 5년임을 잊지 말아야 한다.

▶ 공증내용 이외의 당사자 간에 약정한 사항은 채무불이행에 해당되지 않기 때문에 집행문 발급사유가 될 수 없다. 약속어음공정증서와 금전소비대차계약공정증서를 작성했다고 하더라도 안전한 것은 절대 아니다. 공정증서 작성은 특정한 사실 또는 법률관계의 존재를 공적으로 증명함으로써 집행력을 담보할 수 있는 채권자의 권리에 불과하기 때문이다. 집행할 채무자의 재산이나 권리가 없다면 그 의미가 축소될 수밖에 없다. 그래도 채무자로부터 차용증을 받는 것보다 '금전소비대차계약공정증서'를 작성하는 것이 시간과 비용 측면에서 훨씬 유리하다.

차용증은 채권자가 민사소송을 제기해 확정판결을 받아야 집행할 수 있지만 공정증서는 공증인 사무소에서 집행문만 부여받으면 곧 바로 집행할 수 있기 때문이다. 공정증서 작성 이후에도 방심하지 말고 추가담보 확보와 법적조치를 준비하는 것이 좋다.

☀ 공정증서는 집행력만 있을 뿐이고 기판력이 없기 때문에 기판력 있는 판결을 받기 위하여 공정증서의 내용과 동일한 청구의 소로 제기할 이익이 있다(대법원 1996. 3. 8. 선고 95다2795 판결).

* 공정증서는 기판력이 없기 때문에 반대로 채무자가 청구이의소송을 제기해 올 가능성도 있다. 공정증서에 관한 청구이의소송은 민사집행법 제44조 제2항이 적용되지 않기 때문이다.

○ 부동산 명의신탁과 사해행위취소의 소

[사례] 2018. 6. 3. 서울시 노원구 소재 소형 아파트에 대해 매도인 진모 씨와 매수인 나모 씨가 매매계약을 체결하고 소유권을 매수인 명의로 이전하였다. 매매대금은 2억5천만 원 이었고 그 중 전세보증금은 2억원 이었다. 급매로 나온 물건을 갭 투자 한 것이다. 운영하던 사업체의 경영이 악화되어 도산 위기에 내몰린 나모 씨는 2019. 4. 30. 위 아파트를 사촌동생 박모 씨에게 '부담부 증여'를 원인으로 소유권을 이전해주었다. 박모 씨

는 나모 씨 고모의 아들이다.

증여 당시 해당 아파트 거래시세는 3억3천만 원 이었다. 상대적으로 소외되었던 서울 강북지역 아파트 투기 붐을 타고 짧은 기간에 급등한 것이다. 나모 씨의 채권자 A가 이 사실을 발견하고 박모 씨를 상대로 사해행위취소소송(원물 반환)을 제기했다. 피고 박모 씨는 다음과 같이 항변했다. ① 소외 매수인 나모 씨가 직접 매매계약을 체결했으나 매매대금은 자신이 부담했다. ② 계약 체결 당시 소외 매도인 진모 씨가 실제 매수인은 자신이고 등기 명의만 나모 씨로 한다는 사실을 알고 있었다(악의). ③ 이 때문에 나모 씨 명의 소유권이전등기는 명의신탁에 해당되어 무효이다. ④ 따라서 해당 부동산은 채권자에 대한 나모 씨의 책임재산에 해당되지 않고, 이건 부담부 증여계약은 사해행위에 해당되지 않는다.

즉 원래부터 박모 씨 자신의 소유이었던 부동산을 반환받았을 뿐 사해행위를 한 사실이 없다고 주장한 것이다. 그러나 법원은 매도인 진모 씨가 명의신탁약정 사실을 알았다고 볼 만한 증거가 없다는 이유로 피고의 항변을 배척하고 원고 승소 판결을 하였다.

□ 결론과 법리

▶ "명의신탁"이란 부동산과 같이 소유관계를 외부에 공시하도록 되어 있는 재산에 대하여 소유자의 명의를 실제 소유자가 아닌 다른 사람 명의로 등기해놓는 행위를 말한다.

▶ 명의신탁약정은 원칙적으로 무효이고, 명의신탁약정에 따른 등기로 이루어진 부동산에 관한 물권변동도 무효이다. 무효인 명의신탁약정을 하고 명의신탁 부동산에 신탁자 명의의 가등기를 마치고 향후 본등기를 해주기로 약정하였더라도, 이러한 약정 또한 무효인 명의신탁약정을 전제로 한 것이어서 무효이다. 따라서 위 약정에 의하여 마쳐진 가등기는 원인무효이다.

▶ 피고 박모 씨는 본 사건의 경우 매도인이 악의인 계약명의신탁이고, 실제로는 자신 소유이었던 부동산을 소외 나모 씨로부터 반환받은 것일 뿐이라고 주장하였다. 그러나 법원은 채무자 나모 씨가 자신 소유 아파트에 대한 강제집행을 면탈할 목적으로 피고 박모 씨와 공모하여 부담부 증여계약을 체결하여 소유권을 이전한 것으로 판단한 것이다.

☀ 채무자가 채무초과 상태에서 자신의 재산을 타인에게 증여했다면 특별한 사정이 없는 한 사해행위에 해당된다(대법원 2014. 10. 27. 선고 2014다41575 판결).

▶ 관점을 달리해서, 채무초과 상태인 명의수탁자가 강제집행 당할 것을 우려해 실제 자신의 소유가 아닌 신탁부동산을 처분했을 경우 사해행위에 관한 법리는 이러하다.

① 매도인의 악의가 입증되었을 경우에는 수탁자 명의 등기가 무효이므로, 그 이후에 수탁자가 제3자에게 처분하여도 사해행위에 해당되지 않는다.

② 매도인이 선의인 경우에는 수탁자 명의 등기가 유효하므로, 그 이후 수탁자가 고의로 제3자에게 처분하거나 근저당권 설정, 가등기 해줄 경우 사해행위에 해당될 수 있다.

▶ 주의할 점

자신 소유 부동산을 타인 명의로 신탁등기하는 행위는 위험부담이 크다. 수탁자가 변심할 경우 소유권을 잃을 수 있고 피해를 회복하는데 상당한 시간과 비용이 소요되기 때문이다. 법률위반에 대한 불이익이 수반되고 사해행위취소소송에서 패소할 경우 충격이 크다. '금융실명거래 및 비밀보장에 관한 법률'을 위반한 예금주 명의신탁계약도 마찬가지이다.

□ 부동산 명의신탁의 구분

▶ 2자간 명의신탁

신탁자가 소유했던 부동산을 매매 또는 증여로 가장하여 수탁자 명의로 등기하는 행위이다. 명의신탁약정과 등기 모두 무효이고 신탁자는 수탁자를 상대로 소유권이전등기말소소송을 제기할 수 있을 뿐이다.

▶ 등기명의신탁(3자간 명의신탁)

매매계약 체결 당시 매도인이 신탁자가 원 소유자임을 알면서 수탁자 명의로 등기하는 행위이다. 명의신탁약정과 수탁자 명의 등기는 무효이다.

☀ 명의신탁된 부동산은 매도인 소유로 복귀하므로, 매도인은 수탁자에게 무효인 그 명의 등기의 말소를 구할 수 있다. 그러나 신탁자와 매도인의 매매계약은 유효하다. 신탁자는 매도인에 대하여 매매계약에 기한 소유권이전등기를 청구할 수 있고, 그 소유권이전등기청구권을 보전하기 위해 매도인을 대위하여 무효인 수탁자 명의 등기의 말소를 구할 수 있다. 즉 매도인을 대위해서 수탁자 명의 등기를 말소시킨 다음 자신의 명의로 이전받아야 한다. 수탁자가 신탁 부동산을 임의로 매각처분한 경우, 특별한 사정이 없는 한 그 매수인은 유효하게 소유권을 취득하게 되는 바, 매도인에 대하여 매매대금의 반환을 구하거나 명의신탁자 앞으로 재차 소유권이전등기를 경료 할 것을 요구하는 것은 신의칙상 허용되지 않는다. 매도인은 수탁자의 처분행위로 인하여 손해를 입은 바가 없다(대법원 2002. 3. 15. 선고 2001다 61654 판결).

☀ 따라서 3자간 등기명의신탁에 있어서 신탁자는 수탁자에게 부당이득반환을 원인으로 하는 소유권이전등기청구권을 행사할 수 없다(대법원 2008. 11. 27. 선고 2008다 55290 판결).

☀ 또한 수탁자가 신탁부동산을 임의로 처분하거나 강제수용이나 공공용지 협의취득 등을 원인으로 제3취득자 명의로 이전등기가 마쳐진 경우, 수탁자가 신탁자에게 신탁부동산의 처분대금이나 보상금으로 취득한 이익을 부당이득으로 반환할 의무가 있다(대법원 2011. 9. 8. 선고 2009다49193 판결).

한편 등기명의신탁은 신탁자 명의로 등기한 후 수탁자 명의로 등기하는 단순 명의신탁과, 신탁자 자신이 부동산을 매수하면서 매도인에서 수탁자명의로 바로 소유권이전등기를 하는 중간생략형 명의신탁이 있다.

▶ 계약명의신탁

수탁자가 신탁자로부터 매매대금과 계약체결 권한을 위임 받아 매수인의 지위로 매도인과 계약을 체결하고 자신 명의로 등기하는 행위이다.

☀ 계약명의신탁은 매도인의 선의·악의에 따라 법률효과가 달라진다. 매도인이 매매계약 체결 시점에 명의신탁 약정 사실을 몰랐다면(선의) 명의신탁약정은 무효이지만 수탁자 명의 등기는 유효하다. 따라서 신탁자는 매도인에게 소유권 이전을 청구할 수 없다. 매도인이 명의신탁 사실을 알고 있었다면(악의) 명의신탁약정과 수탁자 명의 등기 모두 무효이고 소유권은 매도인에게 귀속된다. 선의 악의 여부는 매매계약을 체결할 당시 매도인의 인식을 기준으로 판단해야 하고, 매도인이 계약체결 이후에 명의신탁 약정 사실을 알게 되었다고 하더라도 계약과 등기의 효력에는 영향이 없다(대법원 2018. 4. 10. 선고. 2017다257715 판결).

만약 수탁자가 부동산을 임의 처분했다면 부당이득반환의 범위는 부동산 처분대금이 아니라 매수대금이 된다.

[tip] 구분하자면 매도인과 계약을 체결한 사람이 신탁자이면 등기명의신탁(3자간 명의신탁)이고, 수탁자이면 계약명의신탁이다.

■ '부동산실권리자명의등기에관한법률'

● 정의 (동법 제2조).

이 법에서 사용하는 용어의 뜻은 다음과 같다.

1. "명의신탁약정"이란 부동산에 관한 소유권이나 그 밖의 물권(이하 "부동산에 관한 물권"이라 한다)을 보유한 자 또는 사실상 취득하거나 취득하려고 하는 자[이하 "실권리자"라 한다]가 타인과의 사이에서 대내적으로는 실권리자가 부동산에 관한 물권을 보유하거나 보유하기로 하고 그에 관한 등기(가등기를 포함한다. 이하 같다)는 그 타인의 명의로 하기로 하는 약정[위임·위탁매매의 형식에 의하거나 추인에 의한 경우를 포함한다]을 말한다. 다만, 다음 각 목의 경우는 제외한다.

가. 채무의 변제를 담보하기 위하여 채권자가 부동산에 관한 물권을 이전받거나 가등기하는 경우

나. 부동산의 위치와 면적을 특정하여 2인 이상이 구분소유하기로 하는 약정을 하고 그 구분소유자의 공유로 등기하는 경우

다. 「신탁법」 또는 「자본시장과 금융투자업에 관한 법률」에 따른 신탁재산인 사실을 등기한 경우

2. "명의신탁자"란 명의신탁약정에 따라 자신의 부동산에 관한 물권을 타인의 명의로 등기하게 하는 실권리자를 말한다.

3. "명의수탁자"란 명의신탁약정에 따라 실권리자의 부동산에 관한 물권을 자신의 명의로 등기하는 자를 말한다.

4. "실명등기"란 법률 제4944호 부동산실권리자명의등기에관한법률 시행 전에 명의신탁약정에 따라 명의수탁자의 명의로 등기된 부동산에 관한 물권을 법률 제4944호 부동산실권리자명의등기에관한법률 시행일 이후 명의신탁자의 명의로 등기하는 것을 말한다.

● 실권리자명의 등기의무 등 (동법 제3조).

① 누구든지 부동산에 관한 물권을 명의신탁약정에 따라 명의수탁자의 명의로 등기하여서는 아니 된다.

② 채무의 변제를 담보하기 위하여 채권자가 부동산에 관한 물권을 이전받는 경우에는 채무자, 채권금액 및 채무변제를 위한 담보라는 뜻이 적힌 서면을 등기신청서와 함께 등기관에게 제출하여야 한다.

● 명의신탁약정의 효력 (동법 제4조).

① 명의신탁약정은 무효로 한다.

② 명의신탁약정에 따른 등기로 이루어진 부동산에 관한 물권변동은 무효로 한다. 다만, 부동산에 관한 물권을 취득하기 위한 계약에서 명의수탁자가 어느 한쪽 당사자가 되고 상대방 당사자는 명의신탁약정이 있다는 사실을 알지 못한 경우에는 그러하지 아니하다.

③ 제1항 및 제2항의 무효는 제3자에게 대항하지 못한다.

☀ 부동산 실권리자명의 등기에 관한 법률 제4조 제3항에 의하면 명의신탁약정 및 이에 따른 등기로 이루어진 부동산에 관한 물권변동의 무효는 제3자에게 대항하지 못하는데, 여기서 '제3자'는 명의신탁약정의 당사자 및 포괄승계인 이외의 자로서 명의수탁자가 물권자임을 기초로 그와 사이에 직접 새로운 이해관계를 맺은 사람으로서 소유권이나 저당권 등 물권을 취득한 자뿐만 아니라 압류 또는 가압류채권자도 포함하고 그의 선의·악의를 묻지 않는다(대법원 2000. 3. 28. 선고 99다56529 판결).

● 종중, 배우자 및 종교단체에 대한 특례 (동법 제8조).

다음 각 호의 어느 하나에 해당하는 경우로서 조세 포탈, 강제집행의 면탈 또는 법령상 제한의 회피를 목적으로 하지 아니하는 경우에는 제4조부터 제7조까지 및 제12조제1항부터 제3항까지를 적용하지 아니한다.

1. 종중이 보유한 부동산에 관한 물권을 종중(종중과 그 대표자를 같이 표시하여 등기한 경우를 포함한다) 외의 자의 명의로 등기한 경우
2. 배우자 명의로 부동산에 관한 물권을 등기한 경우
3. 종교단체의 명의로 그 산하 조직이 보유한 부동산에 관한 물권을 등기한 경우

■ 부동산 명의신탁에 관한 판례

▶ 부동산 명의신탁의 사해행위 해당 여부

☀ 부부간의 명의신탁은 특별한 사정이 없는 한 유효하다. 부부간 명의신탁관계가 종료된 경우 신탁자의 수탁자에 대한 소유권이전등기청구권은 신탁자의 일반채권자들에게 공동담보로 제공되는 책임재산이다. 명의신탁약정을 해지함을 전제로 수탁자 및 제3자와의 합의아래 수탁자에게서 곧 바로 제3자 앞으로(수탁자 → 신탁자 → 제3자 경로를 거치지 않고) 소유권이전등기를 마쳐준 경우 신탁자의 일반채권자들을 해하는 행위로써 사해행위에 해당한다(대법원 2016. 7. 29. 선고 2015다56086 판결). 한편 유일한 재산인 부동산을 처에게 증여한 행위가, 처가 취득대가를 부담하여 남편에게 명의신탁한 재산의 반환으로 인정될 경우 사해행위에 해당되지 않는다.

☀ 부동산의 명의 수탁자가 신탁행위에 기한 반환의무의 이행으로서 신탁부동산의 소유권이전등기를 경료하는 행위는 기존채무의 이행으로서 사해행위를 구성하지 아니한다(대법원 2001. 8. 24. 선고 2001다35884 판결).

☀ 명의수탁자인 채무자가 부동산을 제3자에게 처분한 행위와 사해행위

채무자가 이른바 중간생략등기형 명의신탁 또는 3자간 명의신탁 약정에 따라 명의수탁자로서 부동산에 관하여 그 명의로 소유권이전등기를 마쳤다면 부동산 실권리자명의 등기에 관한 법률 제4조 제2항 본문이 적용되어 채무자 명의의 위 소유권이전등기는 무효이므로 위 부동산은 채무자의 소유가 아니기 때문에 이를 채무자의 일반채권자들의 공동담보에 공하여지는 책임재산이라고 볼 수 없다.

채무자가 위 부동산에 관하여 제3자와 매매계약을 체결하고 그에게 소유권이전등기를 마쳐주었다 하더라도 그로써 채무자의 책임재산에 감소를 초래한 것이라고 할 수 없으므로 이를 들어 채무자의 일반 채권자들을 해하는 사해행위에 해당한다고 할 수 없다(대법원 2000. 3. 10. 선고 99다55069 판결, 대법원 2007. 12. 27. 선고 2005다54104 판결).

☀ 명의수탁자의 처분행위로 인한 부당이득반환 의무

부동산 실권리자명의 등기에 관한 법률에 의하면 명의신탁약정은 무효이고, 명의신탁약정에 따른 등기로 이루어진 부동산에 관한 물권변동도 무효이다(법 제4조 제1항, 제2항). 따라서 3자간 등기명의신탁에서 명의신탁 부동산에 관한 명의수탁자의 소유권이전등기는 무효이고 소유권은 매도인에게 있다.

☀ 3자간 등기명의신탁의 경우 매도인과 명의신탁자 사이의 매매계약은 유효하므로 명의신탁자는 매도인에게 매매계약에 기초한 소유권이전등기를 청구할 수 있고, 소유권이전등기청구권을 보전하기 위하여 매도인을 대위하여 무효인 명의수탁자 명의의 소유권이전등기의 말소를 청구할 수 있다(대법원 2002. 3. 15. 선고 2001다61654 판결).

☀ 3자간 등기명의신탁에서 명의수탁자가 명의신탁 부동산을 임의로 처분하거나 강제수용이나 공공용지 협의취득 등을 원인으로 제3취득자 명의로 이전등기가 마쳐진 경우, 특별한 사정이 없는 한 제3취득자는 유효하게 소유권을 취득하게 되므로(법 제4조 제3항), 그로 인하여 매도인의 명의신탁자에 대한 소유권이전등기의무는 이행불능이 되고 그 결과 명의신탁자는 명의신탁 부동산의 소유권을 이전받을 권리를 상실하는 손해를 입게 되는 반면, 명의수탁자는 명의신탁 부동산의 처분대금이나 보상금을 취득하는 이익을 얻게 되므로, 명의수탁자는 명의신탁자에게 그 이익을 부당이득으로 반환할 의무가 있다(대법원 2015. 9. 10. 선고 2015다207235 판결).

☀ 명의수탁자에 대한 부당이득반환청구

3자간 등기명의신탁에서 명의수탁자가 다른 사람에게 부동산을 매도하거나 근저당권을 설정하는 등 처분행위를 한 경우 그 과정에서 명의수탁자가 얻은 이익에 대해서는 명의신탁자가 명의수탁자를 상대로 직접 부당이득반환을 청구할 수 있다(대법원 2018다284233 전원합의체 판결).

☀ 부동산경매절차에서의 명의신탁 약정

[1] 매수대금을 부담한 명의신탁자와 명의를 빌려 준 명의수탁자 사이의 명의신탁약정은 부동산 실권리자명의 등기에 관한 법률 제4조 제1항에 의하여 무효이므로, 명의신탁자는 명의수탁자에 대하여 그 부동산 자체의 반환을 구할 수는 없고 명의수탁자에게 제공한 매수대금에 상당하는 금액의 부당이득반환청구권을 가질 뿐이다.

[2] 경매절차에서 매수대금을 부담한 명의신탁자와 매수인 명의를 빌려준 명의수탁자 및 제3자 사이의 새로운 명의신탁약정에 의하여 명의수탁자가 다시 명의신탁자가 지정하는 제3자 앞으로 소유권이전등기를 마쳐 주었다면, 제3자 명의의 소유권이전등기는 위 법률 제4조 제2항에 의하여 무효이므로, 제3자는 소유권이전등기에도 불구하고 그 부동산의 소유권을 취득하거나 그 매수대금 상당의 이익을 얻었다고 할 수 없다. (대법원 2009. 9. 10. 선고 2006다73102 판결).

☀ 예금주 명의신탁과 출연자의 권리

[1] 출연자와 예금주인 명의인 사이의 명의신탁약정상 명의인은 출연자의 요구가 있을 경우에는 금융기관에 대한 예금반환채권을 출연자에게 양도할 의무가 있다고 보아야 할 것이어서 출연자는 명의신탁을 해지하면서 명의인에 대하여 금융기관에 대한 예금채권의 양도를 청구하고 아울러 금융기관에 대한 양도통지를 할 것을 청구할 수 있다.

[2] 명의신탁관계는 반드시 신탁자와 수탁자 간의 명시적 계약에 의하여서만 성립되는 것이 아니라 묵시적 합의에 의하여서도 성립될 수 있다(대법원 2001. 1. 5. 선고 2000다49091 판결).

☀ 과징금 및 형사처벌

부동산 실권리자 명의 등기에 관한 법률'을 위반하면 해당 부동산 가액의 100분의 30에 해당하는 금액의 과징금이 부과된다. 계약 체결 경위, 자금출처, 신탁자와 수탁자가 얻는 이익 등 과징금 부과에 대한 구체적인 증명책임은 부동산 소재지 지자체에 있다. 부동산실명법 시행령 제3조의2에 의한 과징금 감경은 이를 주장하는 자가 입증해야 한다(대법원 2005. 9. 15. 선고 2005두3257 판결).

과징금을 부과받은 자는 지체 없이(1년 내) 해당 부동산에 관한 물권을 자신의 명의로 등기해야 한다. 미 이행 시 부동산평가액의 100분의 10(과징금 부과일로부터 1년 초과 시)과 100분의 20(2년 초과 시)에 해당하는 이행강제금이 부과된다.

▶ 과징금과 이행강제금 이외에도 형사처벌이 뒤따른다. 이 법률 제3조 제1항을 위반한 명의수탁자는 3년 이하의 징역 또는 1억원 이하의 벌금에 처해질 수 있다. 다만, 종중, 배우자 및 종교단체가 조세포탈, 강제집행의 면탈 또는 법령상 제한의 회피를 목적으로 하지 않은 경우에는 예외적으로 명의신탁 약정이 유효하고 과징금, 이행강제금, 형사처벌 대상에서 제외된다. 형사소송법상 공소시효는 명의신탁자 7년, 명의수탁자 5년이다.

■ 양자간 명의신탁에서 명의수탁자가 신탁부동산을 임의로 처분한 경우 횡령죄가 성립하는지 여부에 관한 판례

> ☀ 위탁관계는 횡령죄로 보호할 만한 가치 있는 신임에 의한 것으로 한정함이 타당하다(대법원 2016. 5. 19. 선고 2014도6992 전원합의체 판결).
>
> ☀ 양자간 명의신탁의 경우, 계약인 명의신탁약정과 그에 부수한 위임약정, 명의신탁약정을 전제로 한 명의신탁 부동산 및 그 처분대금 반환약정은 모두 무효이다(대법원 2015. 9. 10. 선고 2013다55300 판결).
>
> ☀ 사실상의 위탁관계라는 것은 부동산실명법에 반하여 범죄를 구성하는 불법적인 관계에 지나지 아니할 뿐 이를 형법상 보호할 만한 가치 있는 신임에 의한 것이라고 할 수 없다(대법원 2014도6992 전원합의체 판결).
>
> ☀ 말소등기의무의 존재나 명의수탁자에 의한 유효한 처분가능성을 들어 명의수탁자가 명의신탁자에 대한 관계에서 '타인의 재물을 보관하는 자'의 지위에 있다고 볼 수도 없다.
>
> ☀ 이와 달리 부동산실명법에 위반한 양자간 명의신탁을 한 경우, 명의수탁자가 명의신탁자에 대한 관계에서 '타인의 재물을 보관하는 자'의 지위에 있다고 보아 명의수탁자가 그 명의로 신탁된 부동산을 임의로 처분하면 명의신탁자에 대한 횡령죄가 성립한다고 판시한 기존 대법원 판결은 이 판결에 배치되는 범위에서 이를 변경하기로 한다.
>
> ☀ 대법원은 부동산실명법에 위반한 이른바 양자간 명의신탁의 경우에도, 중간생략등기형 명의신탁에 관한 대법원 2016. 5. 19. 선고 2014도6992 전원합의체 판결의 법리가 마찬가지로 적용되어, 명의신탁자와 명의수탁자 사이에 무효인 명의신탁약정 등에 기초하여 존재한다고 주장될 수 있는 사실상의 위탁관계를 형법상 보호할 만한 가치 있는 신임에 의한 것이라고 할 수 없으므로 명의수탁자가 신탁부동산을 임의로 처분하여도 횡령죄가 성립하지 않는다는 이유로, 이와 다른 취지의 종래 대법원 판례를 변경(전원일치 의견)하고, 횡령죄를 무죄로 판단한 원심판결에 횡령죄의 타인의 재물을 보관하는 자에 관한 법리를 오해한 위법이 없다며 상고를 기각하였다(대법원 2021. 2.18. 선고. 2016도18761 전원합의체 판결).

○ 기타 사해행위취소의 소에 관한 판례

> ☀ 유일한 재산의 매각과 사해행위에 관한 판례
>
> 채무자가 자기의 유일한 재산인 부동산을 매각하여 소비하기 쉬운 금전으로 바꾸거나 타인에게 무상으로 이전하여 주는 행위는 특별한 사정이 없는 한 채권자에 대하여 사해행위가 된다고 볼 것이므로 채무자의 사해의 의사는 추정되는 것이고, 이를 매수하거나 이전 받은 자가 악의가 없었다는 입증책임은 수익자에게 있다(대법원 2001. 4. 24. 선고 2000다41875 판결).
>
> ☀ 증여와 사해행위에 관한 판례
>
> 채무자가 채무초과 상태에서 자신의 재산을 타인에게 증여하였다면 특별한 사정이 없는 한 이러한 행위는 사해행위가 된다고 할 것이나(대법원 1998. 5. 12. 선고 97다57320 판결, 2006. 5. 11. 선고 2006다11494 판결), 채무자가 채무초과의 상태에서 특정 채권자에게 채무의 본지에 따른 변제를 함으로써 다른 채권자의 공동담보가 감소하는 결과가 되는 경우, 그 변제는 채무자가 특히 일부의 채권자와 통모하여 다른 채권자를 해할 의사를 가지고 변제를 한 경우가 아닌 한 원칙적으로 사해행위가 되는 것이 아니다(대법원 2006. 6. 15. 선고 2005다62167 판결).

☀ 채무자의 금원지급행위가 증여인지, 변제인지에 따라 채권자가 주장·입증하여야 할 내용이 크게 달라지게 되므로, 결국 위 금원지급행위가 사해행위로 인정되기 위하여는 그 금전지급행위가 증여에 해당한다는 사실이 입증되거나 변제에 해당하지만 채권자를 해할 의사 등 앞서 본 특별한 사정이 있음이 입증되어야 할 것이고, 그에 대한 입증책임은 사해행위를 주장하는 측에 있다고 할 것이다(대법원 2007. 5. 31. 선고 2005다28686 판결).

☀ 예금주 명의신탁계약과 사해행위에 관한 판례

[1] 송금 등 금전지급행위가 증여에 해당하기 위해서는 객관적으로 채무자와 수익자 사이에 금전을 무상으로 수익자에게 종국적으로 귀속시키는 데에 의사의 합치가 있어야 한다.

[2] 출연자와 예금주인 명의인 사이의 예금주 명의신탁계약이 사해행위에 해당하여 취소되는 경우 취소에 따른 원상회복은 수탁자인 명의인이 금융회사에 대한 예금채권을 출연자에게 양도하고 아울러 금융회사에 대하여 양도통지를 하도록 명하는 방법으로 이루어져야 한다.

예금계좌에서 예금이 인출되어 사용된 경우에는 위와 같은 원상회복이 불가능하므로 가액반환만이 문제 되는데, 신탁자와 수탁자 중 누가 예금을 인출·사용하였는지에 따라 결론이 달라진다. 신탁자가 수탁자의 통장과 인장, 접근매체 등을 교부받아 사용하는 등 사실상 수탁자의 계좌를 지배·관리하고 있을 때에는 신탁자가 통상 예금을 인출·사용한 것이라고 볼 수 있다. 그러나 신탁자가 사실상 수탁자의 계좌를 지배·관리하고 있음이 명확하지 않은 경우에는 신탁자가 명의인의 예금계좌에서 예금을 인출하거나 이체하여 사용했다는 점을 수탁자가 증명하지 못하면 수탁자가 예금을 인출·사용한 것으로 보아야 한다. 예금을 인출·이체하는 데 명의인 본인 확인이나 본인 인증 등을 거쳐야 한다는 점에 비추어 일반적으로는 명의인이 예금을 사용했다고 보는 것이 보다 자연스럽기 때문이다(대법원 2018. 12. 27. 선고 2017다290057 판결).

제3장 채권자의 형사고소

▣ 강제집행면탈죄

[사례] 다중채무자 신모 씨는 5개 금융회사와 개인채권자 3명에게 총 5억6천만 원의 부채가 있었다. 신모 씨가 운영하던 사업장에서 화재가 발생하고 공사미수금을 받지 못해 최종 부도처리 되었다. 부도 직전 신모 씨는 실거래가격이 약 4억원인 자신 소유 아파트에 친구 김모 씨를 채권자로 하는 4순위 근저당권 1억3천만 원을 설정해주었다. 그 전에 신모 씨 소유 아파트에는 실거래가격의 90%에 해당하는 근저당권 3억6천만 원(실제 채무액 3억 원)이 설정되어 있었다.

신모 씨는 그것도 모자라 남동생의 처 정모 씨 명의로 매매를 원인으로 하는 소유권 이전등기까지 마쳐주었다. 김모 씨와는 허위 채무를 부담한 것으로 가장했고, 정모 씨에게는 허위로 소유권을 이전해 준 것이다.

개인 채권자 중 사채업자 A가 채권보전조치를 취한 후 사해행위취소소송을 제기했다. 민사절차를 통해서는 채권 전액을 회수하지 못할 것으로 판단한 사채업자 A는 신모 씨와 김모 씨, 정모 씨를 강제집행면탈죄로 형사고소 했다. 물론 신모 씨는 자재비와 직원들 급여에 충당할 목적으로 친구에게 1억 원을 빌렸고 남동생 부부에게도 갚을 채무가 있어 대물변제 방법으로 소유권을 이전해주었다고 주장했다. 신모 씨는 이 위기에서 벗어날 수 있을까?

□ 결론 및 법리

▶ 강제집행면탈죄

민법 제404조(채권자대위권), 제406조(채권자취소권), 형법 제327조(강제집행면탈)에 의한 채권자의 권리행사는 채무자를 압박할 수 있는 강력한 무기이다. 이 중 채무자가 강제집행을 피하기 위해 고의로 재산을 빼돌린 경우 채권자가 형법상 행사할 수 있는 강제집행면탈죄에 대해 살펴보자. 대형 금융기관과 공기업 성격이 높은 채권자는 채무자의 인신을 구속하는 것을 부담스러워 한다. 회사 이미지 제고와 민원 발생 때문이다. 그러나 사기업이고 공신력이 상대적으로 낮은 채권기관·개인 채권자·대부업자는 강제집행면탈죄목에 의한 형사고소를 적극 활용할 가능성이 높다.

▶ 강제집행을 면할 목적으로 재산을 허위로 양도하거나 허위 채무를 부담하려는 행위자로 부터 그 사실을 알면서 재산을 허위로 양도받거나 허위의 채권자가 된 사람은 본죄의 공범으로 처벌받을 수 있다.

▶ 강제집행면탈죄는 강제집행이 임박한 채권자의 권리를 보호하기 위한 것으로, 채권자가 고소장을 접수한 이후에 채무가 변제되었다고 하더라도 형사처벌은 별개로 이루어질 수 있다.

● 강제집행 면탈 (형법 제327조).

강제집행을 면할 목적으로 재산을 은닉, 손괴, 허위양도 또는 허위의 채무를 부담하여 채권자를 해한 자는 3년 이하의 징역 또는 1천만 원 이하의 벌금에 처한다.

☀ 강제집행면탈죄 성립요건

형법 제327조의 강제집행면탈죄는 위태범으로서 현실적으로 민사소송에 의한 강제집행 또는 가압류, 가처분의 집행을 받을 우려가 있는 객관적인 상태 아래, 즉 채권자가 본안 또는 보전소송을 제기하거나 제기할 태세를 보이고 있는 상태에서 주관적으로 강제집행을 면탈하려는 목적으로 재산을 은닉, 손괴, 허위양도하거나 허위의 채무를 부담하여 채권자를 해할 위험이 있으면 성립하는 것이고, 반드시 채권자를 해하는 결과가 야기되거나 행위자가 어떤 이득을 취하여야 성립하는 것은 아니다(대법원 2012. 6. 28. 선고 2012도3999 판결 / 대법원 2008. 6. 26. 선고 2008도3184 판결).

▶ '재산의 은닉', '재산의 손괴', '재산의 허위양도'의 의미

☀ "재산의 은닉"이란 채권자로 하여금 채무자의 재산발견을 불능 또는 곤란하게 하는 것으로서 재산의 소재를 불명하게 하는 경우와 그 소유관계를 불명하게 하는 경우도 포함된다. 강제집행면탈죄의 성립에 있어서는 채권자가 실제 손해를 입을 것을 요하는 것이 아니라 손해를 입을 위험성만 있으면 족하므로 사업장의 유체동산에 대한 강제집행을 면탈할 목적으로 사업자등록의 사업자 명의를 변경함이 없이 사업장에서 사용하는 금전등록기의 사업자 이름만을 변경한 경우, 강제집행면탈죄의 은닉에 해당한다(대법원 2003. 10. 9. 선고 2003도3387 판결).

- "재산의 손괴"란 재물을 물질적으로 훼손하여 그 효용을 해하는 것 이외에 그 가치를 감소하게 하는 일체의 행위를 포함한다. 실무적으로는 재산을 손괴하면서까지 강제집행을 피하려는 채무자는 거의 없다.
- "재산의 허위양도"란 실제로 재산 양도의 진의가 없으면서 표면상 양도의 형식을 취하여 재산의 명의를 변경시키는 것을 말한다.

▶ 강제집행면탈죄 성립 여부
- 채무자 신모 씨의 행위는 형법 제327조에 의한 강제집행면탈죄와 민법 제406조에 의한 채권자취소권(사해행위취소소송)의 대상이 될 가능성이 높다. 서로 공모하여 친구 김모 씨에게 허위의 채무를 부담한 것으로 가장했고, 정모 씨에게는 허위로 유일한 재산을 양도했기 때문이다. 채무자 신모 씨는 강제집행면탈죄의 주범으로, 김모 씨와 정모 씨는 공동정범으로 처벌받을 수 있다. 이와는 별도로 김모 씨(근저당권 말소)와 정모 씨(소유권이전등기 말소)는 사해행위취소소송도 당할 수 있다.
- 다만, 신모 씨가 강제집행을 면탈할 목적으로 소유권을 이전하여 채권자에게 불이익한 결과가 초래되었더라도, 정식으로 매매계약서를 작성하고 대금을 실제 수령하는 등 진의로 재산을 양도했다면 강제집행면탈죄의 허위 양도로 처벌받을 가능성은 낮다. 이런 경우 일지라도 김모 씨와 정모 씨는 사해행위취소소송에서 자유로울 수 없다.
- 신모 씨로부터 제3자가 정식 매매계약을 통해 소유권을 이전받은 경우에는, 매매계약서·매매대금 지급 증빙서류·통장 입출금 내역·관계 등을 객관적으로 소명하면 선의의 제3자로 간주되어 사해행위취소소송 대상에서 제외될 수 있다.

■ 강제집행면탈죄에 관한 판례

▶ 강제집행면탈죄가 성립하는 행위

☀ 강제집행면탈죄 적용에 있어 은닉한 부동산의 시가액보다 그 부동산에 의하여 담보된 채무액이 더 많다고 하여 그 은닉으로 인하여 채권자를 해할 위험이 없다고 할 수 없다(대법원 1999. 2. 12. 선고 98도2474 판결, 대법원 2006. 12. 21. 선고 2006도4775 판결).

☀ "허위의 채무를 부담한다는 것"은 실제로는 채무가 없으면서 존재하는 것처럼 가장하는 것을 말한다. 허위채무를 부담하고 가등기 및 본등기를 경료하게 한 경우 강제집행면탈죄가 성립된다(대법원 1982. 12. 14. 선고 80도2403 판결).

☀ 이혼을 요구하는 처로부터 재산분할청구권에 근거한 가압류 등 강제집행을 받을 우려가 있는 상태에서 남편이 이를 면탈할 목적으로 허위의 채무를 부담하고 담보목적의 가등기(외관은 소유권이전청구권보전가등기)를 경료한 경우, 강제집행면탈죄가 성립한다(대법원2008. 6. 26. 선고 2008도3184 판결).

☀ 채권자들에 의한 복수의 강제집행이 예상되는 경우 재산을 은닉 또는 허위양도함으로써 채권자들을 해하였다면 채권자별로 각각 강제집행면탈죄가 성립한다(대법원 2011. 12. 8. 선고 2010도4129 판결).

▶ 강제집행면탈죄가 성립하지 않는 행위

☀ 진의에 의하여 재산을 양도하였다면 설령 그것이 강제집행을 면탈할 목적으로 이루어진 것으로서 채권자의 불이익을 초래하는 결과가 되었다고 하더라도 강제집행면탈죄의 허위양도 또는 은닉에는 해당되지 않고(대법원 2007. 11. 30. 선고 2006도7329 판결), 사해행위취소소송 제기 대상인지 여부가 문제될 뿐이다. 또한 계약명의신탁에서의 해당 부동산은 명의신탁자에 대한 강제집행이나 보전처분의 대상이 될 수 없어 강제집행면탈죄의 객체가 될 수 없다(대법원 2009. 5. 14. 선고 2007도 2168 판결).

☀ 강제집행면탈죄에 있어서 은닉이라 함은 강제집행을 면탈할 목적으로 강제집행을 실시하는 자로 하여금 채무자의 재산을 발견하는 것을 불능 또는 곤란하게 만드는 것을 말하는 것으로서 진의에 의하여 재산을 양도하였다면 설령 그것이 강제집행을 면탈할 목적으로 이루어진 것으로서 채권자의 불이익을 초래하는 결과가 되었다고 하더라도 강제집행면탈죄의 허위양도 또는 은닉에는 해당하지 아니한다 할 것이다(대법원 2000. 9. 8. 선고 2000도1447 판결).

☀ 채무자가 채무를 부담하고 있는 양 가장하여 소유권이전청구권가등기를 경료하였더라도 가등기는 순위보전의 효력밖에 없어 가등기를 경료한 사실만으로 피고인이 강제집행을 면탈할 목적으로 허위채무를 부담하여 채권자를 해한 것이라고 할 수 없다(대법원 1987. 8. 18. 선고 87도1260 판결).

☀ 강제집행면탈죄가 적용되는 강제집행은 민사집행법의 적용대상인 가압류・가처분 등의 집행을 가리키는 것이므로, 국세징수법에 의한 체납처분을 면탈할 목적으로 재산을 은닉하는 등의 행위는 위 죄의 규율대상에 포함되지 않는다(대법원 2012. 4. 26. 선고 2010도 5693 판결). 벌금, 추징금, 과태료, 소송비용 등도 포함되지 않는다.

☀ 압류금지채권의 목적물을 수령하는데 사용하던 기존 예금계좌가 채권자에 의해 압류된 채무자가 압류되지 않은 다름 예금계좌를 통하여 그 목적물을 수령하더라도 강제집행이 임박한 채권자의 권리를 침해할 위험이 있는 행위라고 볼 수 없어 강제집행면탈죄가 성립하지 않는다(대법원 2017. 8. 18. 선고 2017도6229 판결).

▶ 강제집행면탈죄의 객체 등

☀ 강제집행을 면할 목적으로 재산을 은닉, 손괴, 허위양도 또는 허위의 채무를 부담하여 채권자를 해한 자"를 처벌함으로써 강제집행이 임박한 채권자의 권리를 보호하기 위한 것이므로, 강제집행면탈죄의 객체는 채무자의 재산 중에서 채권자가 민사집행법상 강제집행 또는 보전처분의 대상으로 삼을 수 있는 것이어야 한다(대법원 2003. 4. 25. 선고 2003도187 판결, 대법원 2011. 12. 8. 선고 2010도4129 판결).

☀ 강제집행면탈죄에 있어서 재산에는 동산・부동산뿐만 아니라 재산적 가치가 있어 민사소송법에 의한 강제집행 또는 보전처분이 가능한 특허 내지 실용신안 등을 받을 수 있는 권리도 포함된다(대법원 2001. 11. 27. 선고 2001도4759 판결). 장래의 권리라도 채무자와 제3채무자 사이에 채무자의 장래청구권이 충분하게 표시되었거나 결정된 법률관계가 존재한다면 재산에 해당하는 것으로 보아야 한다.

☀ 강제집행면탈죄의 성립에 있어서는 채권자가 현실적으로 실제로 손해를 입을 것을 요하는 것이 아니라 채권자가 손해를 입을 위험성만 있으면 족하다(대법원 2003. 10. 9. 선고 2003도3387 판결).

☀ 강제집행면탈죄의 공소시효 기산점

허위의 채무를 부담하는 내용의 채무변제계약 공정증서를 작성한 후 이에 기하여 채권압류 및 추심명령을 받은 때에, 강제집행면탈죄가 성립함과 동시에 그 범죄행위가 종료되어 공소시효가 진행한다(대법원 2009. 5. 28. 선고 2009도875 판결).

▣ 형사소송 판결이 민사소송에 미치는 영향

타인 또는 지인이 전자기록 위작, 서류 위·변조, 인감증명서·신분증을 도용하여 대출받은 후 부실화되었을 경우 서류상의 채무자는 매우 억울한 상황에 처하게 된다. 가해자는 연락두절 상태이다. 대출금도 유흥비로 탕진해버렸고 가진 재산도 없다. 채권자의 독촉강도는 갈수록 심해진다. 이때 하소연 할 곳 없는 채무자는 민사소송에서의 승소확률을 높이기 위해 먼저 형사고소 절차를 밟을 수 있다. 이 경우 형사소송에서 피고소인에 대한 유죄 판결이 민사소송에 어떠한 영향을 미치는지 살펴보자.

■ 형법 및 판례

- 사문서등의 위조·변조 (형법 제231조).

행사할 목적으로 권리·의무 또는 사실증명에 관한 타인의 문서 또는 도화를 위조 또는 변조한 자는 5년 이하의 징역 또는 1천만 원 이하의 벌금에 처한다.

- 자격모용에 의한 사문서의 작성 (형법 제232조).

행사할 목적으로 타인의 자격을 모용하여 권리 의무 또는 사실증명에 관한 문서 또는 도화를 작성한 자는 5년 이하의 징역 또는 1천만 원 이하의 벌금에 처한다.

- 사전자기록위작·변작 (형법 제232조).

사무처리를 그르치게 할 목적으로 권리 의무 또는 사실증명에 관한 타인의 전자기록등 특수매체기록을 위작 또는 변작한 자는 5년 이하의 징역 또는 1천만 원 이하의 벌금에 처한다.

- 허위진단서등의 작성 (형법 제233조).

의사, 한의사, 치과의사 또는 조산사가 진단서, 검안서 또는 생사에 관한 증명서를 허위로 작성한 때에는 3년 이하의 징역이나 금고, 7년 이하의 자격정지 또는 3천만 원 이하의 벌금에 처한다.

- 위조사문서등의 행사 (형법 제234조).

제231조 내지 제233조의 죄에 의하여 만들어진 문서, 도화 또는 전자기록등 특수매체기록을 행사한 자는 그 각 죄에 정한 형에 처한다.

● 사문서의 부정행사 (형법 제236조).

권리·의무 또는 사실증명에 관한 타인의 문서 또는 도화를 부정행사한 자는 1년 이하의 징역이나 금고 또는 300만 원 이하의 벌금에 처한다.

☀ 형법 제232조의2에서 말하는 '사무처리를 그르치게 할 목적'이란 위작 또는 변작된 전자기록이 사용됨으로써 전자적 방식에 의한 정보의 생성·처리·저장·출력을 목적으로 구축·설치한 시스템을 운영하는 주체인 개인 또는 법인의 사무처리를 잘못되게 하는 것을 말한다(대법원 2020. 8. 27. 선고 2019도11294 전원합의체 판결).

☀ '사문서위조죄'는 작성권한이 없는 자가 타인의 명의를 모용하여 권리의무 또는 사실증명에 관한 타인의 문서를 위조한 경우에 성립되는 것으로서, 문서에 작성명의인이 명시되어 있지는 아니하더라도, 문서의 내용, 형식, 체제 등에 비추어 그 문서 자체에 의하여 그 작성명의인을 판별할 수 있어야만 사문서위조죄의 객체가 되는 문서로 볼 수 있다(대법원 1992. 5. 26. 선고 92도353 판결).

☀ 사문서위조죄는 명의자가 진정으로 작성한 문서로 볼 수 있을 정도의 형식과 외관을 갖추어 일반인이 명의자의 진정한 사문서로 오신하기에 충분한 정도이면 성립한다(대법원 2016. 7. 14. 선고 2016도2081 판결).

☀ 사문서변조죄에서 '변조'는 진정하게 성립된 문서의 내용에 권한 없는 자가 문서의 동일성을 해하지 않는 한도에서 변경을 가하여 새로운 증명력을 작출하는 것을 의미하고, 이와 같이 권한 없는 자에 의해 변조된 부분은 진정하게 성립된 부분이라 할 수 없다. 따라서 문서의 내용 중 권한 없는 자에 의하여 이미 변조된 부분을 다시 권한 없이 변경하였다고 하더라도 사문서변조죄는 성립하지 않는다(대법원 2012. 9. 27. 선고 2010도15206 판결).

☀ 서증에 대한 인부로서 원고는 부지라 하고 원고의 인장이 도용 위조된 것이라고 항변하는 경우에는 다른 특별한 사정이 없는 한 그 날인행위도 원고가 한 것으로 추정되는 것이라 할 것이므로 원고측에서 그것이 도용된 것이라는 점에 관하여 입증하여야 하고 이러한 입증이 없을 때에는 위 서증의 진정성립이 추정된다 할 것이다(대법원 1976. 7. 27. 선고 76다1394 판결).

☀ 민사재판에 있어서는 형사재판의 사실인정에 구속을 받는 것은 아니라고 하더라도 동일한 사실관계에 관하여 이미 확정된 형사판결이 유죄로 인정한 사실은 유력한 증거 자료가 되므로 민사재판에서 제출된 다른 증거들에 비추어 형사재판의 사실 판단을 채용하기 어렵다고 인정되는 특별한 사정이 없는 한 이와 반대되는 사실은 인정할 수 없다(대법원 1996. 5. 28. 선고 96다9621 판결).

☀ 동일한 사실관계에 관한 확정된 형사판결은 유력한 증거자료가 되므로 민사재판에서 제출된 다른 증거들에 비추어 형사재판의 사실판단을 채용하기 어렵다고 인정되는 특별한 사정이 없는 한 이와 반대되는 사실을 인정할 수 없다는 것이 대법원의 확립된 판례이지만, 검찰의 무혐의결정에 대해 확정된 형사판결과 동일한 증거가치를 부여할 수는 없으므로, 원심이 검찰의 무혐의결정 이유와 배치되게 사실인정을 한 것이 채증법칙에 위반된다거나 대법원의 판례에 반한다고도 볼 수 없다(대법원 1995. 12. 26. 선고 95다21884 판결).

☀ 행정재판이나 민사재판은 반드시 검사의 무혐의불기소처분 사실에 대하여 구속받는 것은 아니고 법원은 증거에 의한 자유심증으로써 그와 반대되는 사실을 인정할 수 있다(대법원 1987. 10. 26. 선고 87누493 판결).

▶ 위 형법과 판례를 채무부존재확인소송에 적용시켜 보자.

동일한 사실관계에 관하여 피고인의 유죄가 인정된 사실은 민사재판에서도 유력한 증거자료가 된다. 따라서 민사재판에서 제출된 다른 증거들에 비추어 형사재판의 사실 판단을 채용하기 어렵다고 인정되는 특별한 사정이 없는 한 채무자가 제기한 채무부존재확인소송에서 승소 할 가능성이 높다고 할 것이다.

▶ 검사의 무혐의불기소처분 사실이 민사재판을 구속할 수 없으므로, 피고소인이 무혐의불기소처분 되었더라도 채권자를 상대로 민사소송을 제기해 다툴 수 있다.

□ 전자금융거래법 위반죄가 성립하는지 여부

☀ '전자금융거래법' 제6조 제3항 제2호에서 정한 '접근매체의 대여'란 대가를 수수・요구 또는 약속하면서 일시적으로 다른 사람으로 하여금 접근매체 이용자의 관리・감독 없이 접근매체를 사용해서 전자금융거래를 할 수 있도록 접근매체를 빌려주는 행위를 말하고(대법원 2017. 8. 18. 선고 2016도8957 판결 참조),

여기에서 '대가'란 접근매체의 대여에 대응하는 관계에 있는 경제적 이익을 말한다(대법원 2019. 6. 27. 선고 2017도16946 판결 참조). 이때 접근매체를 대여하는 자는 접근매체 대여에 대응하는 경제적 이익을 수수・요구 또는 약속하면서 접근매체를 대여한다는 인식을 가져야 한다.

보이스피싱 조직원으로부터 '대출 원리금을 회수할 수 있는 체크카드를 보내주면 대출을 해 주겠다'는 말을 듣고 위 조직원에게 체크카드를 교부한 것은 전자금융거래법 제6조 제3항 제2호의 '대가를 약속한 경우'에 해당하거나 접근매체 대여에 대한 인식이 있었다고 볼 수 없다. 따라서 전자금융거래법 위반죄가 성립하지 않는다.

제4장 채무자의 대응방안

■ 채무자가 화를 면하는 방법

채권자가 법률상의 절차에 의하지 않고 폭력적인 방법으로 자신의 권리를 행사할 수는 없다. 자력구제를 금지하는 법률 때문이다. 권리를 실현하기 위해서는 국가권력(법원)의 도움을 받아서 행사해야 한다. 다만, 긴급한 사정으로 공권력의 보호를 구할 여유가 없을 때에는 필요한 범위 내에서의 자력구제가 예외적으로 허용된다. 형법상 정당방위, 긴급피난 등이 그것이다.

대한민국의 법원(法源)을 살펴보자. 성문법에는 헌법, 법률, 명령, 규칙, 조례가 있고, 불문법에는 관습, 판례, 조리가 있다. 채권자는 법률과 판례, 감독기관의 업무지도, 업무규정에 따라 권리를 행사해야 한다. 채권 · 채무에 관계되는 법률과 판례를 적극 활용할 수밖에 없는 것이다.

그렇다면 채무자는 어떤 입장을 취해야 할까? 연락을 끊으며 회피한다고 해결되지는 않는다. 변제능력을 상실했거나, 때로는 억울하거나, 일부라도 감면받고 싶을 때는 법원의 힘을 빌리거나 채권자와 협상해야 한다. 그 과정에서 치열한 법리다툼이 수반된다. 이러한 상황에 대비하기 위해 채무자도 법률과 친해져야 한다. 어렵다고 포기하면 채권자에게 속수무책으로 당할 수밖에 없다. 법률은 한글로 구성되어 있고 일부 한자를 병기했을 뿐이다. 내용과 용어가 쉽게 이해되지는 않겠지만 반복해서 읽다보면 자기 것으로 만들 수 있다. 채무자가 화를 면하는데 있어 법적 사고력을 갖추는 것 보다 중요한 일은 없다.

■ 채권자의 권리행사 원칙에 관한 '민법'

● 법원 (민법 제1조).

민사에 관하여 법률에 규정이 없으면 관습법에 의하고 관습법이 없으면 조리에 의한다.

● 신의성실 (민법 제2조).

① 권리의 행사와 의무의 이행은 신의에 좇아 성실히 하여야 한다.

② 권리는 남용하지 못한다.

* 신의성실의 원칙의 파생적 원칙으로, 금반언의 원칙(모순된 행위 금지의 원칙), 사정변경의 원칙, 실효의 원칙(실권의 법리), 권리남용금지의 원칙이 있다.

■ 자력구제의 예외에 관한 '형법'

● 정당행위 (형법 제20조).

법령에 의한 행위 또는 업무로 인한 행위 기타 사회상규에 위배되지 아니하는 행위는 벌하지 아니한다.

● 정당방위 (형법 제21조).

① 현재의 부당한 침해로부터 자기 또는 타인의 법익을 방위하기 위하여 한 행위는 상당한 이유가 있는 경우에는 벌하지 아니한다.

② 방위행위가 그 정도를 초과한 경우에는 정황에 따라 그 형을 감경하거나 면제할 수 있다.

③ 제2항의 경우에 야간이나 그 밖의 불안한 상태에서 공포를 느끼거나 경악하거나 흥분하거나 당황하였기 때문에 그 행위를 하였을 때에는 벌하지 아니한다.

● 긴급피난 (형법 제 22조).

① 자기 또는 타인의 법익에 대한 현재의 위난을 피하기 위한 행위는 상당한 이유가 있는 때에는 벌하지 아니한다.

② 위난을 피하지 못할 책임이 있는 자에 대하여는 전항의 규정을 적용하지 아니한다.

③전조 제2항과 제3항의 규정은 본조에 준용한다.

● 자구행위 (형법 제23조).

① 법률에서 정한 절차에 따라서는 청구권을 보전할 수 없는 경우에 그 청구권의 실행이 불가능해지거나 현저히 곤란해지는 상황을 피하기 위하여 한 행위는 상당한 이유가 있는 때에는 벌하지 아니한다.

② 제1항의 행위가 그 정도를 초과한 경우에는 정황에 따라 그 형을 감경하거나 면제할 수 있다.

▣ 단계별 종합 대응방안

□ 1부 경제적 자유를 쟁취하기 위한 중요한 원칙들

▶ 채권자와 불편한 관계를 만들 필요는 없다. 예의를 갖추고 이해를 구하면 그들도 기다려 줄 수 있다. 채무감면 신청 시 큰 도움을 줄 수도 있다.

▶ 상환능력 범위 내에서 대출을 받고 변제계획을 수립한다. 철저한 신용관리와 부채관리를 병행한다. 고령인 부모님의 건강상태 악화 시 상속설계도 준비해야 한다.

▶ 채권자와 상담할 때는 대화매너를 갖추고 절제된 언어를 사용한다. 민감한 정보까지 제공해줄 필요는 없다. 채권자는 상담 과정에서 알게 된 정보를 역이용하기도 한다.

▶ 대출 사기 혐의로 형사고소 당하지 않도록 고지의무를 이행하고 대출금의 용도를 관리해야 한다.

▶ 잘못을 인정하는 것은 패배가 아니다. 변제능력을 상실한 다중채무자로 전락했다면 먼저 자신이 처한 상황을 정확하게 인식해야 한다. 자산과 부채규모, 소득과 지출규모, 법적 조치 현황, 변제(채무조정)계획 등에 대해 장기적인 안목에서 재점검한다.

▶ 자신감을 회복해야 한다. 취미 · 종교 활동을 통해 심리적 안정감을 찾고 희망을 간직해야 한다.

▶ 어려운 법률문제에 대해서는 대한법률구조공단, 서민금융진흥원, 신용회복위원회, 금융복지상담센터 등 전문기관 상담을 통해 자문을 구하는 것도 좋은 방법이다.

▶ 채권자가 주로 활용하는 강제집행 방법은 채권압류 및 추심명령, 재산명시, 재산조회, 채무불이행자명부등재 순이다. 관련 법률과 효과 등에 대해 알고 있어야 예방과 대처가 가능하다.

▶ 대법원, 법제처 국가법령정보센터 · 종합법률정보, 대한법률구조공단, 서민금융진흥원 등에서 제공되는 법률과 정보에 대한 접근성을 높이고 관련 지식을 쌓아간다.

▶ 채권자(신용정보회사)의 추심전략과 채권추심원의 근로형태를 이해할 필요가 있다.

▶ 채권자의 다양한 정보취득 방법을 이해해야 강제집행에 대비할 수 있다.

▶ 채권자의 단계별 행동특성을 이해하면 향후 진행될 법적조치를 예상할 수 있다.

▶ 사해행위취소소송 등 채권자가 제기할 수 있는 특수한 소송의 요건・효과・항변방법에 대해 알아보고 대비해야 한다. 부동산・유체동산・채권에 대한 강제집행도 마찬가지이다.

▶ 유체동산 압류 시 '배우자우선매수신청권'을 행사하거나 개인회생 또는 개인파산・면책 절차의 중지・금지명령을 신청해 강제집행을 저지할 수도 있다.

▶ 예・적금 잔액 185만 원 이하, 보험해약・만기환급금 150만 원 이하에 대해서는 적극적으로 '압류금지채권범위변경신청'제도를 활용해 인출할 수 있다.

▶ 변제능력을 상실한 채무자의 경우 체크카드를 사용하지 않는 것이 좋다. 채권자는 수시로 KCB를 통해 채무자의 체크카드 발급내역을 조회한다. 이를 통해 예・적금 계좌를 (가)압류한다. 시중은행 뿐만 아니라 카카오뱅크・케이뱅크・신협에서 발급한 체크카드도 확인할 수 있다.

▶ 주소지 인근에 소재한 금융기관과 거래하지 않는 것이 좋다. 채권자는 집과 직장 인근에 위치한 불특정 금융기관을 선정해 (가)압류 한다.

▶ 일반 채권자와 달리 국세청은 정기적(통상 6개월)으로 체납자의 금융거래를 조회하여 압류하는 방법으로 시효진행을 중단시킨다.

- 재산조회 및 강제징수를 위한 지급명세서 등의 사용 (국세징수법 제111조).
국세청장・지방국세청장 또는 관할 세무서장은 「금융실명거래 및 비밀보장에 관한 법률」 제4조 제4항 본문에도 불구하고 「소득세법」 제164조 및 「법인세법」 제120조에 따라 제출받은 이자소득 또는 배당소득에 대한 지급명세서 등 금융거래에 관한 정보를 체납자의 재산조회와 강제징수를 위하여 사용할 수 있다.

▶ 등록된 대부업체가 아닌 불법사채는 절대 이용하지 않는다.

▶ 채권자의 불법추심 등 부당한 행위에 대해서는 공식적인 사과와 시정을 요구한다. 수용되지 않을 경우 지점장, 감사실, 금융감독원, 국민권익위원회 등에 민원을 제기하면 도움을 받을 수 있다.

▶ 장기 소액채권 소각, 긴급 복지 지원제도를 적극 활용해 위기를 극복한다.

▶ 타인을 위한 보증은 삼가야 한다. 특히 명의대여 행위는 절대 하지 않아야 한다. 부득이

연대보증인으로 입보해야 한다면 보증인·연대보증인의 차이점과 위험에 대해 충분히 숙지하고 결정해야 한다.

▶ 소멸시효 완성 항변은 채무자의 권리이다. 채무자가 소송 등 채권보전조치를 할 경우 소멸시효와 제척기간이 경과되지 않았는지 우선적으로 확인해야 한다.

▶ 채권자가 일정금액만 변제하면 종결시켜준다거나 소액이라도 채무자 본인 명의로 입금해달라고 회유할 경우 거절하고 향후 변제계획을 알려주는 것이 좋다. 입금하는 순간 채무승인으로 시효가 중단되고 그때부터 새로운 시효가 진행될 수 있다.

▶ 채권자의 강제집행에 불복할 수 있는 채무자의 권리가 보장되어 있다. 가압류·가처분 이의신청과 청구에 관한 이의의 소, 재심의 소 등에 대해 공부하자.

□ 3부 채무자가 법률과 친해져야 하는 이유

▶ 압류·가압류·가처분 등 채권자의 보전처분에 대한 이해가 선행되어야 이의신청 하거나 취소소송을 제기할 수 있다.

▶ 채무자의 부동산에 제3자(주로 개인)가 가등기 한 경우, 가등기권자는 약정한 매매예약완결권 행사기한 내 또는 가등기일로부터 10년 이내에 본등기 해야 한다.

▶ 민사소송 절차와 보전처분, 독촉방법 등에 대해 어느 정도 알고 있어야 변호사와 대화가 가능하고 나 홀로 소송도 진행할 수 있다.

▶ 법원에 답변서, 준비서면, 이의 신청서 등을 제출할 때는 신중해야 한다. 반드시 전문가와 상담하고 법률, 판례, 법리에 따라 작성된 서면을 제출한다. 특히 재산명시 사건에서 재산목록을 제출할 때 더욱 신중해야 한다. 곧바로 채권자가 (가)압류 할 수 있다.

▶ 기억도 나지 않는 오래된 채권 때문에 갑자기 압류를 당했을 경우 사건기록을 열람하게 된다. 압류의 근거가 된 집행권원이 공시송달로 처리되었다면 사건기록 열람일로부터 2주 이내에 추완항소 해야 한다. 추완항소 요건이 충족되지 않는다면 청구이의의 소를 제기해야 한다.

▶ 변제로 이미 소멸된 채무에 대한 이행권고결정이나 지급명령이 송달될 경우 반드시 2주 이내에 이의를 신청해야 한다. 2주 이내에 소 취하 증명서를 받고 이의신청을 유보할 수도 있다. 취하해준다는 채권자의 말을 믿으면 안 된다.

▶ 법원에서 발송한 우편물은 수령하는 것이 좋다. 채무자도 모르는 사이에 공시송달되어 불리한 판결이 선고될 수 있다.

▶ 채권자가 발송한 우편물도 수령해 내용을 파악하고 소명하는 것이 좋다. 채권자는 사해행위취소소송 제기와 법적조치 등 중요한 법률행위를 하기 전에 내용(배달)증명 우편으로 경고를 하기 때문이다. 위협성 문구로 압박을 해오더라도 강제집행 당할 재산이 없다면 너무 겁먹을 필요는 없다.

▶ 법원의 명령을 이행하고 서류제출 기한과 출석의무를 준수해야 한다. 채무자가 인정하는 채무이고 객관적으로 불리한 상황이라면 의미 없는 방어권을 포기하는 것도 고려해볼 수 있다. 때로는 의무를 이행하지 않는 것이 채무자에게 유리한 경우도 있다. 집행에 참고가 될 만한 서류를 제출하지 않으면 채권자가 파악할 수 없기 때문이다.

▶ 허위로 작성된 금전소비대차계약공정증서를 기초로 채무자의 월급·퇴직금에 대해 채권압류 및 전부(추심)명령을 신청하지 않는 것이 좋다. 의심받기 딱 좋다. 차라리 이행권고결정문, 지급명령, 판결문을 기초로 채권압류 및 전부(추심)명령을 신청한 경우라면 의심받을 가능성이 적다.

▶ 생활법률 수준의 지식은 숙지하고 있어야 한다. 채권의 개념과 권리분석 등을 통해 법적 사고력을 향상시키자.

▶ 전세 사기를 당하지 않도록 주택임대차보호법과 판례를 공부하자. 전입신고와 확정일자는 반드시 잔금일에 받고, 다음 날 등기부등본을 열람해 권리관계 변동 여부를 확인한다. 인터넷 등기소 화면 창에 '등기 신청 사건이 접수되어 처리 중입니다.'라는 문구가 나오면 문제가 발생한 것이다.

□ 4부 채권자의 대반격과 채무자의 대응 방안

▶ 전문가와 상담을 통해 상속개시일로부터(안 날로부터) 3월 내에 반드시 상속포기심판청구 또는 한정승인심판청구를 해야 한다. 상속이 개시된 사실과 피상속인의 채무초과 상태를 알면서도 가만히 있으면 단순승인으로 간주되어 상속채무 전액을 변제해야 한다.

▶ 채무자가 채권자로서 갖고 있는 권리(근저당권, 전세권, 급여, 임차보증금반환청구권 등)가 노출되지 않도록 주의한다. 채권자가 가처분·(가)압류하거나 채권자대위권을 행사할 수 있다.

▶ 채무자와 제3자가 소유권이전등기(매매·증여), 근저당권 설정, 가등기, 상속재산협의분할, 명의신탁 등 법률행위를 할 때는 사해행위에 저촉되지 않도록 주의해야 한다.

▶ 상속 부동산에 대해 '상속재산협의분할'을 원인으로 채무자의 법정 상속지분을 다른 상속인에게 증여하는 형식의 소유권이전등기를 할 경우, 채권자로부터 사해행위취소소송을 당할 가능성이 높다.

▶ 사해행위취소소송이 진행 중인 사건에 대하여 가압류·가처분 등기 말소 및 해당 소송 취하 목적으로 수익자나 채무자가 자진변제 하면 안 된다. 다른 채권자도 동일한 소송을 제기해 올 수 있기 때문이다. 법원의 판결(원물반환·가액배상)에 따라 변제하면 된다.

▶ 가족인 수익자가 '상속재산협의분할'로 인해 사해행위취소소송을 당했을 경우, 모든 채무를 변제할 의사가 있는 채무자라면 개인회생을 신청해 평등변제를 시도하는 것이 더 유리할 수 있다.

▶ '채권자대위권과 채권자취소권에 근거한 특수한 민사 소송'부분을 정독하면 권리 주장 근거를 배울 수 있고 관련 소송을 피해갈 수 있다. 소송이 제기 되더라도 그 피해를 최소화 할 수 있는 방법을 찾을 수 있게 된다.

▶ 상속개시 후 곧 바로 상속등기 할 수 없는 경우일지라도, 상속재산협의분할계약서는 상속개시일과 가까운 날짜에 작성하고 확정일자를 받아두는 것이 좋다. 상속재산협의분할계약서 작성 이후 5년이 경과하면 특별한 사유가 없는 한 사해행위취소소송 제척기간이 경과한 것으로 보기 때문이다.

▶ 채무면탈을 위한 사해행위임이 명백할 경우 채무자의 자진변제를 강제하기 위해 일부 채권자는 '강제집행면탈'혐의로 형사고소 할 수 있다. 해당 부분을 정독해보면 그 내용을 확인할 수 있다. 강제집행을 면탈할 목적이더라도 진의에 의해 재산을 양도한 때에는 고소 대상에서 제외될 수 있다.

□ 5부 혼돈의 시대, 희망을 노래하다.

▶ 채무조정제도(신용회복, 개인회생, 개인파산·면책)와 서민금융지원제도를 적극적으로 활용해야 한다. 해당 내용을 정독하고 자신의 상황에 맞는 조정제도를 선택한다.

▶ 채권자의 독촉이 심해질 경우, 개인회생 또는 개인파산·면책 신청 준비 중이라고 고지하고 사건번호가 나오면 알려주겠다고 한다. 전화를 고의로 받지 않을 경우 역효과를 초래할 수 있다. 채권자를 계속 무시하면 일방적으로 압류 등 강제집행을 신청할 수 있기 때문이다.

▶ 개인회생, 개인파산・면책 신청 시 채권자가 누락되지 않도록 꼼꼼하게 살펴보아야 한다. 누락된 채권은 면책 대상에서 제외되므로 자진변제하거나 추가 소송절차를 통해 면책 대상 채권임을 주장해야 한다. 신청서와 채권자목록 제출 전에 법률 대리인과 함께 종합적으로 점검해야 한다.

▶ 중요한 법률행위를 할 때는 처음부터 전문가와 구체적으로 상담한 후 결정한다. 상담・선임비용에 연연하지 말고 완벽하게 마무리해줄 수 있는 전문가를 선임해야 한다. 신뢰가 가지 않을 경우 다른 전문가와 상담을 통해 중복 점검하고 진행상황을 수시로 확인해야 한다. 일명 '회생・파산공장'이라고 불리는 법무법인이나 법률사무소는 피하는 것이 좋다. 낮은 수임 금액에 대량의 업무를 처리하다보면 법률서비스의 질 측면에서 문제가 발생할 수 있다.

▶ 채무감면 신청 서류 제출 시 자신에게 불리한 내용이 없는지 확인하고 제출해야 한다. 지방세세목별과세증명서에는 부동산과 자동차 등에 관한 재산세 부과 내용이 기재된다. 계좌통합관리서비스조회표(상세)에는 은행별 활동성 계좌 내역과 잔액이 표시된다.

▶ 이자뿐만 아니라 원금의 일부까지 감면받기 위해서는 채권자와 숙려기간을 가져야 한다. 채무자의 소득이 적고 오래 숙성된 채권일수록 감면받기에 수월하다.

▶ 취업, 이직 전에 감면을 신청하는 것이 유리하다. 월 평균 소득이 압류금지채권(185만 원)을 초과할 경우 감면 대상에서 제외될 수 있다. 최대한 감면받을 수 있도록 평소에 채권자와 원만한 관계를 유지하자.

▶ 대한법률구조공단, 서민금융진흥원, 신용회복위원회 등 무료상담 기관을 적극 활용한다. 신용회복위원회를 통해 개인회생, 개인파산・면책 신청에 관해 무료 지원을 받을 수 있다. 자신의 채무내용과 관계되는 법률공부 부터 시작해 그 범위를 확장해보자. 이를 위해 '법률정보에 접근하는 방법'을 참고해서 검색하면 도움이 된다.

5부

혼돈의 시대, 희망을 노래하다

1장 공·사적 채무조정과 채무감면

[사례] 인천에서 거주하며 16년째 중소기업에 다니는 46세 채 차장은 다중채무자이다. 배우자, 중·고등학생인 두 딸, 78세 모친과 함께 거주하고 있다. 43세인 배우자는 공공기관에서 5년째 시간제 아르바이트로 일하고 있다.

5개 금융회사에 8천만 원, 3개 신용회복지원 협약 가입 대부회사에 2천만 원, 3명의 지인에게 4천만 원, 개인 채권자에 대한 연대보증채무 2천만 원 등 총 1억6천만 원(이자 별도)이다. 모두 담보를 제공하지 않은 신용대출이다. 채무금액 중 상당한 돈이 대장암으로 투병중인 모친의 의료비와 비급여 치료비·약값 등으로 지출되었다.

단기간에 돈을 벌어 부채를 정리할 욕심으로 돈을 빌려 시작한 코인투자도 화근이었다. 월 평균소득은 약 450만 원인데 급여와 퇴직금에 대해 9개 채권자가 채권압류 및 추심명령을 받았다. 압류금을 공제하고 수령한 급여 225만 원(월 급여가 370만 원 ~ 월 600만 원인 채무자는 월 급여채권액의 2분의 1까지 압류가능)으로는 5인 가족의 생계비와 모친의 병원비를 충당하기에 턱없이 부족했다. 매월 급여에서 공제해 누적된 압류금 2천만 원은 제3채무자인 회사가 법원에 공탁하지 않은 채 보관하고 있다. 현재까지의 퇴직금 약 5천만 원은 퇴직연금에 가입되어 있다.

다행이 채 차장의 업무수행 능력이 뛰어나 회사 대표가 이해해주고 있지만 추심원들의 독촉은 갈수록 심해지고 있다. 그의 소득으로는 도저히 채무 전액을 변제할 방법이 없다. 압류가 경합된 폐차 직전의 중고차 외 특별한 재산은 없다. 월세보증금 4천만 원(월세 50만 원)은 배우자 명의이다. 너무 괴로워 개인파산이나 자살까지 생각했지만 가족들 생각에 마음을 바꿔먹었다. 채 차장은 어떤 선택을 해야 하는가.

□ 결론과 법리

▶ 신용회복과 개인회생의 장・단점 비교 후 채 차장의 상황에 대입시켜 볼 때 조정대상채무, 감면(탕감)규모, 상환기간 측면에서 개인회생을 신청하는 것이 더 유리하다. 채무자가 신용회복・개인회생・개인파산을 신청한 사실이 채권자에게 통보된 후에는 변제촉구문 등을 발송할 수 없다.
- 채 차장이 신용회복을 신청할 경우 3명의 지인에게 차용한 4천만 원과 개인 채권자에 대한 연대보증채무 2천만 원은 지원대상에서 제외된다. 이들 개인 채권자들은 신용회복지원협약 금융회사가 아니기 때문에 별도로 변제해야 한다.
- 그러나 개인회생을 신청할 경우 채 차장의 모든 채무가 조정대상에 포함되고 변제기간도 3년으로 단축된다. 신용회복을 통한 원금 감면은 채권자들의 동의를 받아야하고 감면 비율도 낮지만, 개인회생은 채권자들의 동의가 필요 없고 최대 원금의 90%까지도 감면이 가능하다.
- 가용소득만으로 변제에 제공하는 경우와 가용소득과 재산처분을 통해 변제에 제공하는 경우가 있다. 개인회생 변제계획(안) 작성 시 채무자 및 피부양자의 생활에 필요한 생계비는 매년 조금씩 증가하는데 아래의 표와 채무자 회생 및 파산에 관한 법률에 따라 조정된 생계비를 적용한다.

□ 2021년 기준 중위소득 및 그 60% 금액 (보건복지부 고시 자료)

단위: 원 / 월

구 분	1인 가구	2인 가구	3인 가구	4인 가구	5인 가구	6인 가구
기준 중위 소득	1,827,831	3,088,079	3,983,950	4,876,290	5,757,373	6,628,603
기준 중위 소득의 60%	1,096,699	1,852,847	2,390,370	2,925,774	3,454,424	3,977,162

* 2022년 기준 중위소득은 1인 가구 1,944,812원 / 2인 가구 3,260,085원 / 3인 가구 4,194,701원 / 4인 가구 5,121,080원 / 5인 가구 6,024,515원 / 6인 가구 6,907,004원 / 7인 가구 7,780,592원 이다. 8인 이상 가구의 기준 중위소득은 1인 증가시마다 873,588원씩 증가한다(8인 가구 8,654,180원).

□ 채무자의 월 평균 수입 규모와 생계비 산정

▶ 채무자의 월 평균 수입이 가구별 기준 중위소득의 60% 이상 되어야만 개인회생을 신청할 수 있는 것은 아니다. 채무자의 월 평균 수입이 가구별 기준 중위소득의 60%에 미치지 못하는 소액일 경우, 기준 중위소득의 40% 정도를 생계비로 지출하고 남은 소득을 매월 변제하는 것으로 변제계획(안)을 작성할 수 있다. 물론 채무자의 어려운 사정이 객관적으로 증명되었을 경우에 한 한다.

▶ 정해진 월 평균 수입에서 가구별 생계비를 높이면 월 평균 가용소득이 낮아진다. 대신 총 변제할 금액 조건을 충족시키기 위해 총 변제기간이 늘어날 수도 있다. 생계비 산정에 관하여 가구별로 기준 중위소득의 60% 이상 금액을 반드시 적용해야 하는 것은 아니라는 말이다.

▶ 한편 채무자의 월 평균 수입이 동일 업종의 평균 소득과 현저하게 차이 날 경우에는 그 이유를 소명해야 한다. 법원에서는 최저시급 8,720원(2021년도)에, 월 209 시간(주 5일, 1일 8시간, 주휴수당 포함)노동을 제공한 것을 기준으로 일반 근로자의 월 평균 수입을 1,822,480원으로 책정하고 있다.

▶ 가구별 기본 생계비를 전액 인정받지 못하는 경우.

① 변제기간 동안 총 변제금액이 청산가치(채무자의 재산 환가액)를 보장하지 못하는 경우.

② 전체 채무금액 중에 최근(개인회생 신청일로부터 1년 전)에 대출받은 금액의 비중이 높거나 도박 등 사행성으로 사용된 경우.

③ 채무자 월 평균 수입 대비 가구원 전체의 총 보험료 납부금액이 과다한 경우.

□ 채 차장의 월(총) 실제 가용소득 산출(2021년 중위소득 기준)

단위: 원

① 월 평균 수입	② 월 평균 생계비	③ 월 평균 가용소득 (① - ②)	④ 월 회생 위원 보수	⑤ 월 실제 가용소득 (③ - ④)	⑥ 변제 횟수 (월 단위로 환산)	⑦ 총 실제 가용소득 (⑤ x ⑥)
4,500,000	2,925,774	1,574,226	15,742	1,558,484	36회	56,105,424

□ 해설

- 부양가족 수는 채무자 및 채무자가 실제 부양하고 있는 가족을 말한다. 채 차장을 포함해 총 5인 가족이나 4인 가구 생계비를 적용하였다. 배우자가 아르바이트로 경제활동을 하고 있어 부양가족에서 제외되기 때문이다. 주소지에서 함께 거주하고 있는 미성년자인 자녀·장애인·경제활동을 하지 않은 65세 이상 부모는 부양가족 수에 포함할 수 있다. 배우자도 일정한 요건을 갖춘 경우 포함될 수 있다. 따라서 채 차장 가족의 월 평균 생계비는 2021년도 4인 가구 기준 중위 소득의 60%인 2,925,774원을 적용하였다.

＊ 배우자 명의 임차 주택의 월세 50만 원과 노모의 의료비에 대한 추가 생계비 인정 여부는 별론으로 한다.

- 예를 들어, 4인 가족(미성년 자녀 2명 포함)인 채무자의 월 평균 수입이 2백만 원이고, 배우자의 월 평균 수입이 400만 원인 경우, 기본 생계비 산정 시 배우자와 자녀 2명이 부양가족에서 제외될 수 있다. 배우자의 소득으로 자녀를 충분히 부양할 수 있기 때문이다. 결국 채무자 1인의 생계비 1,096,699원만 기본 생계비로 인정받을 수 있다.

- 출고 후 20년이 경과한 채 차장 명의 중고 자동차는 연령초과로 폐차 대상이고 환가의 의미가 없어 청산가치 산정에서 제외하였다.
- 주택 월세보증금 4천만 원은 배우자 명의이고 부인권 행사 대상이 아닌 것으로 판단하였다. 또한 압류가 금지되는 면제재산의 범위(인천지역 4천3백만 원)에 해당하는 금액이기 때문에 청산가치 산정에서 제외하였다.
- 법원 결정에 의해 외부회생위원을 선임한다는 전제하에 월 회생위원 보수는 월평균 가용소득의 1%를 적용하였다(총 채무액 1억원 이상 → 외부회생위원 선임, 법원 사무관이 선임되는 경우에는 0원으로 기재함).
- '근로자퇴직급여보장법'에 의한 퇴직연금 5천만 원은 전액 압류금지채권이므로 청산가치에 반영하지 않았다.

□ 압류된 급여 보관금의 청산가치 산정과 추가생계비 인정

- 위 월(총) 실제 가용소득 산출표는 압류 보관금 2천만 원을 감안하기 전 기준으로 작성되었다. 변제계획인가결정이 내려지면 채권압류 및 추심명령의 효력이 실효되어 채무자가 제3채무자(회사)가 보관중인 압류 보관금을 직접 수령할 수 있다.

- 관리 처분 권한의 예외로 회생위원은 실무상 채무자가 직접 수령하는 것을 지양하고 채권자들이 압류한 급여 보관금 20,000,000원을 제1회 변제기일에 일시적으로 투입하여 변제에 충당하게 한다.
- 이 경우 채 차장이 개인회생을 통해 추가로 변제할 금액은 36,105,424원(총 실제 가용소득 56,105,424원 - 누적된 압류금 20,000,000원)이다. 따라서 제2회 ~ 제36회 차에 분할변제 할 금액을 매월 1,031,583원(조정 후 총 실제 가용소득 36,105,424원 / 35개월)으로 감액하는 변제계획(안)을 작성할 수 있다.
- 이로 인해 월 평균 생계비가 526,901원 (조정 전, 월 실제 가용소득 1,558,484원 - 조정 후, 매월 분할 변제할 금액 1,031,583원) 증가하는 효과가 있다.
- 채권압류 및 추심명령의 제3채무자가 집행공탁한 압류금(예 · 적금, 보험해약금 등)에 대해서도 중지 · 금지명령 · 개인회생개시결정 효력 발생 이후에 개인회생채권자가 배당받아간 사실이 있다면 해당 금액을 회수하여 1회차 변제금으로 투입하는 변제계획(안)을 작성할 수 있다.
- 여기에 배우자 명의 임차주택 월세(50만 원)와 모친의 의료비까지 추가 생활비로 인정받을 경우, 변제율과 변제금액은 더 낮아질 수 있다.

□ 추가 생계비 및 배우자의 부양가족 인정 기준 (서울회생법원 / 2022. 1. 1.부터 적용)

▶ 추가 생계비 인정 기준

* 주거비

① 주택담보대출채권의 원리금을 상환하여야 한다는 점을 대출계약서 · 부채증명서와 같이 이를 뒷받침할 수 있는 자료를 제출함으로써 소명하는 때

② 월 차임을 지급하여야 한다는 점을 임대차계약서 · 월 차임 지급 사실을 알 수 있는 예금거래 내역과 같이 이를 뒷받침할 수 있는 자료를 제출함으로써 소명하는 때

[예시] 서울특별시 거주자의 추가 주거비 인정한도 (지역별로 차이가 있음)

4인 가구 1,114,915원, 3인 가구 938,937원, 2인 가구 672,453원, 1인 가구 372,758원.

---

* 교육비

① 채무자가 미성년 자녀에 대한 공교육비로서 합리적이고 필요한 비용을 지속적으로 지출하여야 한다는 점을 납부고지서 · 납입증명서와 같이 이를 뒷받침할 수 있는 자료를 제출함으로써 소명하는 때

② 채무자가 자녀의 신체적 내지 정신적 장애 등으로 특수한 교육이 필요하여 지속적으로 비용을 지출하여야 한다는 점을 장애인증명서 · 진단서 · 납입증명서와 같이 이를 뒷받침할 수 있는 자료를 제출함으로써 소명하는 때

[예시] 자녀 1인 기준 추가 공교육비 150,000원 / 자녀 1인 기준 추가 특수교육비 500,000원(특별한 사정이 있는 경우 500,000원 초과하는 금액 가능)

＊ 의료비

채무자가 본인 또는 그 부양가족을 위하여 합리적이고 필요한 의료비를 지속적으로 지 출하여야 한다는 점을 진단서 · 영수증과 같이 이를 뒷받침할 수 있는 자료를 제출함으로써 소명하는 경우

[예시] 4인 가구 의료비 중 129,051원(3인 105,706원 / 2인 82,154원 / 1인 49,009원)을 초과하는 의료비.

▶ 배우자의 부양가족 인정 기준

채무자의 배우자가 경제활동이 가능한 연령대라고 하더라도, 다음 ①과 ②의 요건을 모두 충족하는 경우와 같이 실제로 채무자가 배우자를 부양해 왔다고 볼 수 있다면, 배우자도 부양가족으로 인정받을 수 있다.

① 미성년인 자녀 또는 장애인 등 보살핌이 필요한 다른 부양가족이 있는 때

② 과거 1년간 배우자의 소득이 없거나 소득금액의 합계액이 100만 원 이하(근로소득만 있는 경우에는 총급여액 500만 원 이하)인 때

□ 변제율과 면책 금액

- 각 일반 개인회생채권의 액수를 기준으로 월 평균가용소득에서 월 회생위원 보수를 차감한 실제 가용소득을 안분하여 산출한 금액을 각 일반개인회생채권자에게 3년(36개월 / 특별한 사정이 있는 경우 5년) 동안 변제 완료하면 면책을 신청할 수 있다. 채무자는 변제계획인가결정에 따른 분할변제 금액을 개인회생위원 계좌에 순차 입금하면 된다. 개인회생채권자는 법원에 계좌를 신고하여 개인회생위원으로부터 변제액을 송금받는 방법으로 지급받는다. 채 차장의 경우 변제율은 35.1% 상당액이다(총 실제 가용소득 56,105,424원 / 개인회생채권 원금 160,000,000원).
- 즉, 36개월 동안 총 실제 가용소득인 56,105,424원(압류 보관금 20,000,000원 포함)을 변제하

고 나머지 원금 103,894,576원과 약정이자, 연체이자에 대해서는 그 책임이 면제된다. 다만 채무자 회생 및 파산에 관한 법률 제625조 제2항 단서의 비면책 채권은 면책되지 않는다.

□ 합법적으로 변제율을 낮추는(변제금을 줄이는) 방법

① 가용소득 제공의 원칙과 영업비용 반영
채무자의 소득 중에서 최저생계비를 공제하고 나머지는 모두 변제해야 한다. 이를 '가용소득 제공의 원칙'이라고 한다. 근로소득자의 경우 급여가 낮을 때 개인회생을 신청하는 것이 유리하다. 급여가 갑자기 줄어든 상태에서 개인회생을 신청할 경우에는 그 사유를 적극적으로 소명해야 한다. 보험설계사, 학습지 교사 등 특수형태근로자의 경우 소득에서 30% 정도의 영업비용을 반영할 수 있다. 그 만큼 낮아진 실제소득을 바탕으로 변제계획(안)을 작성할 수 있는 것이다.

② 추가생계비 인정 대상의 조정
법원에서 일반적으로 주택 월세, 자녀 교육비, 의료비는 추가생계비로 인정해준다. 인정받을 수 있는 비율은 채무자의 사정과 주장하는 바에 따라 결정된다. 여기에 장기간 동안 부모의 생계비를 책임지고 있는 경우, 가족 중에 중병에 걸린 환자나 장애인이 있는 경우 등 특별한 사정이 있을 때 생계비를 추가로 신청하거나 인정비율의 제고를 요청할 수 있다.

③ 청산가치 보장의 원칙과 산정 대상의 조정
개인회생을 통한 변제금 총액이 채무자가 소유한 재산과 권리를 평가한 가치보다 많아야 한다. 이를 '청산가치 보장의 원칙'이라고 한다. 청산가치는 존속가치와 반대되는 개념으로, 총 변제금액을 현재 가치로 환산한 금액이 재산과 권리의 가액보다 많아야 한다. 배우자 명의 부동산·상속재산·특유재산, 면제 재산, 압류금지채권 등에 대하여 그 정당성을 주장하고 청산가치 산입 대상에서 제외해 줄 것을 적극적으로 요청해야 한다.

④ 퇴직금(퇴직연금)의 청산가치 반영
- 전 직장에서 퇴직금을 받고 이직한 상태에서 개인회생을 신청한 경우, 수령한 퇴직금 전액을 청산가치에 반영하거나 사용 내역을 소명해야 한다. 중간정산 한 경우에도 소명해야 한다. 퇴직금을 개인채무 변제(편파변제) 또는 도박에 사용한 경우 청산가치에 반영해야 한다.
- 재직 중에 개인회생을 신청한 경우, 향후에 받을 퇴직금의 50%를 청산가치에 반영해야 한다.
- 개인회생 진행 중에 정년퇴직해 퇴직금을 수령하게 될 경우, 퇴직금으로 남은 분할 변제금을 일시에 변제하고 면책 신청할 수 있다.
- 채 차장의 경우와 같이 퇴직연금에 가입되어 있는 경우, 청산가치에 반영하지 않아도 된다.

'근로자퇴직급여보장법'에 의한 퇴직연금은 전액 압류금지채권이기 때문이다.

- 압류금지채권(민사집행법 제246조 제1항 제4~5호).

4호: 급료 · 연금 · 봉급 · 상여금 · 퇴직연금, 그 밖에 이와 비슷한 성질을 가진 급여채권의 2분의 1에 해당하는 금액.

5호: 퇴직금 그 밖에 이와 비슷한 성질을 가진 급여채권의 2분의 1에 해당하는 금액

- 수급권의 보호(근로자퇴직급여 보장법 제7조 제1항).

퇴직연금제도(중소기업퇴직연금기금제도 포함)의 급여를 받을 권리는 양도 또는 압류하거나 담보로 제공할 수 없다.

＊ 민사집행법과 근로자퇴직급여보장법의 충돌

민사집행법 제246조 제1항 제4호에 따르면 2분의 1을 초과한 퇴직연금은 압류할 수 있다. 그러나 근로자퇴직급여보장법 제7조 제1항에 의하면 퇴직연금에 관한 권리는 양도 또는 압류하거나 담보로 제공할 수 없다고 규정하고 있다. 민사집행법은 일반법이고 근로자퇴직급여보장법은 특별법이자 강행법규이다. 따라서 퇴직연금에 관한 권리는 전액 압류금지 채권이고 개인회생절차의 청산가치 산정에서 제외되는 것이다.

□ 개인회생「변제계획의 변제기간」준칙 요약 (서울회생법원 / 시행일 2021. 8. 1.)

▶ 3년 미만의 변제기간을 정할 수 있는 구체적인 경우(준칙 제2조 제1항, 제2항)

채무자의 사정	구체적인 대상	변제기간
원금 전부 변제 가능	3년 미만의 변제기간 동안 원금의 전부를 변제할 수 있는 채무자	이자의 변제 여부에 불구하고 원금을 전부 변제할 수 있는 때까지를 원칙적인 변제기간으로 함
고령자	(만) 65세 이상	3년 미만 (원금 전부 변제 불문)
장애인	장애인복지법 제2조에 따른 장애인 중 장애의 정도가 심한 경우	
청년	(만) 30세 미만	
다자녀	3명 이상의 미성년 자녀를 양육하는 자	
한부모 가족	한부모가족지원법에 따른 한부모가족의 부 또는 모	

＊ 청년 채무자의 경우 실무준칙 제424호 제정 취지에 따라 원칙적으로 변제기간을 24개월로 단축할 수 있다. 다만, 청년이면서 장애인이거나 한부모 가정의 부 또는 모인 경우에는 추가 6개월 단축이 가능하다. 도박 등 사행성 채무, 채무총액 1억5천만 원 이상, 변제율 20% 미만, 개인 채권자 2인 이상, 우선권 있는 회생채권 변제기간이 전체 변제기간의 1/2을 초과하는 경우에는 단축할 수 없다.

▣ 신용회복지원

□ 채무조정제도

▶ "채무조정제도"란 빚이 너무 많아 정상적으로 상환하기 어려운 채무자를 대상으로 상환기간 연장, 분할상환, 이자율 조정, 상환유예, 채무감면 등의 방법으로 상환조건을 변경하여 경제적으로 재기 할 수 있도록 지원하는 제도이다. 신용회복위원회는 과중한 채무와 신용문제로 고통 받는 채무자의 신용회복과 경제적 재기를 지원한다. 신용과 채무문제 진단, 채무자 구제제도 안내, 서민금융지원제도를 안내하고 신용상담보고서를 발급하는 등 본인이 처한 상황에 가장 적합한 솔루션을 제공하고 있다.

□ 신용회복지원 종류와 대상

신용회복지원제도는 연체전 채무조정(신속채무조정), 이자율 채무조정(프리워크아웃), 채무조정(개인워크아웃)으로 구분된다.

▶ '신속채무조정'은 2곳 이상 채권 금융회사에 상환해야 할 의무가 있으며 총 채무액이 15억원 이하이어야 한다. 정상 이행중이더라도 연체가 예상되고 연체기간이 30일 이하이어야 한다. 연체상태가 아니더라도 실직, 휴직, 폐업, 질병, 신용도 하락 등이 발생한 채무자 중 연체전 채무조정 지원 없이는 정상적인 상환이 어려운 경우에 신청할 수 있다. 원리금 상환전, 6개월간 이자(약정 이자율, 신용카드 이율 10% 이내)만 내는 유예기간을 지원한다. 유예기간이 종료되면 최장 10년 범위 내에서 원리금 분할상환 방식으로 최고이율은 15%, 신용카드 이율은 10% 이내로 조정된다. 채권 금융회사의 동의를 받아 채무조정이 확정되면 연체이자를 감면할 수 있다.

▶ '프리워크아웃'은 2곳 이상 채권 금융회사에 상환할 의무가 있고 중에서 그 중 한 곳의 연체기간이 30일 ~ 89일 사이인 채무자가 신청할 수 있다. 총 채무금액이 15억원 이하이어야 한다. 이때 담보채무는 10억원 이하, 무담보채무는 5억원 이하이어야 한다. 담보채무는 최장 20년 이내 분할상환 할 수 있으며 연체이자만 감면된다. 무담보채무는 최장 10년 이내 분할상환 할 수 있으며 약정 이자율의 1/2까지 이자 인하된다. 상환방식이 원리금균등상환이기 때문에 상환기간을 장기로 할 경우 초기 이자부담이 크다는 점에 유의해야 한다.

▶ '개인워크아웃'은 3개월 이상 장기연체자이고 소득증빙이 어려운 경우에 신청할 수 있다. 보증서 담보대출의 경우 보증기관(신용보증기금, 지역신용보증재단 서울보증보험 등)이

대위변제하면 신청 가능하다. 총 채무금액이 15억원 이하이어야 한다. 이때 담보채무는 10억원 이하, 무담보채무는 5억원 이하이어야 한다. 담보채무는 최장 20년 이내(3년 이내 거치기간 포함) 분할상환 할 수 있으며 연체이자만 감면된다. 무담보채무는 약정이자와 연체이자가 전액 감면되고 원금의 일부도 감면 가능할 수 있다. 최장 8년(사회 취약계층은 10년) 이내 분할상환 할 수 있다. 상각채권의 경우 채무과중도(소득, 채무규모, 재산, 사회취약계층 여부, 대부채권 등)에 따라 채권자와 협의하여 원금의 20% ~ 70%까지 감면 가능할 수 있다. 미상각채권의 경우에도 채무과중도에 따라 원금의 0% ~ 30%까지 감면 가능할 수 있다.

□ 신용회복지원 제도

▶ 총 채무액 기준으로 50% 이상의 협약가입 금융회사 동의가 필요하다. 신용회복지원협약에 가입한 금융회사 채권을 대상으로 채무가 조정되며 신청 다음날부터 주채무자 및 연대보증인에 대한 변제독촉이 중단된다. 신청 후부터는 채권금융회사에 채무를 별도로 상환할 필요가 없다.

▶ 채무조정 신청 후 확정될 때까지 평균 2개월 정도 소요되는데 금융채무불이행자(단기 연체정보 등)로 등록되지 않아 신용회복에 유리하다. 채무조정 후에는 신용카드나 마이너스 통장 사용이 중단될 수 있다. 채무가 있는 채권금융회사에 예·적금이 있으면 채권금융회사의 채무상환에 충당될 수 있다. 신청일로부터 6개월 이내 신규발생 채무가 잔여 총 채무액의 30% 미만이어야 한다. 단, 사채는 채무조정 대상에서 제외된다.

▶ 신용정보 조회로 확인이 불가한 채무가 있을 수 있으므로 누락되지 않도록 독촉 우편물 등을 통해 채무내역을 확인해야 한다. 보증서(보증보험) 담보대출의 경우 3개월 이상 연체로 보증기관이 대위변제하면 채무조정에 포함될 수 있다. 부동산, 자동차와 같은 담보대출은 매각, 경매로 담보권이 소멸되면 채무조정에 포함될 수 있다.

▶ 채무자가 신용회복 중 개인회생 또는 개인파산을 신청할 수도 있다.

▶ 신용회복지원이 확정된 경우에도 보험해약금 및 만기환급금과, 지급 보험금 중 입원비, 수술비, 사고처리비 등 실비용을 제외한 금액에 대하여 채권자의 상계권 행사가 가능하다.

▶ 매월 납입액은 채무원금 상환에 우선 충당된다. 채무조정 확정 후 3회 이상 변제계획을 이행하지 못하여 효력이 상실되는 경우에는 원래의 채무내용대로 환원되고 연체정보도 등록된다.

▶ 적용이자율은 조정 후 채무액을 기준으로 상환기간 중 적용되는 이자율이다. 원리금균등분할상환식 채무의 경우에는 조정된 이자율이 5% 미만인 경우에는 5%가 적용된다. 약

정이자율이 5% 미만인 경우에는 약정이자율을 적용한다. 원금 우선 상환식 채무의 경우 산출된 이자는 월 납입액에 포함되지 않으며 상환계획을 정상적으로 완료하는 경우 전액 면책된다.

▶ 다중채무자가 아닌 1건의 경우에도 신용회복지원 가능할 수 있다. 부동산이 있더라도 1건의 대출에 직접 담보로 제공된 부동산이 아닌 이상 약정이자와 연체이자 감면이 가능할 수 있다. 부동산담보대출은 채권금융회사의 동의 여부에 따라 채무조정이 가능할 수 있다.

● 채무조정을 신청할 수 없는 채무자

신용회복지원협약 제4조(신청대상) 제5항에 따라 다음 각 호의 어느 하나에 해당하는 채무자는 개인채무조정을 신청할 수 없다.

1. 개인채무조정의 효력이 상실된 날부터 3개월 이상 경과하지 아니한 채무자
2. 제9조에 의한 심의위원회의 심의·의결, 제10조에 의한 채권금융회사의 동의 등의 요건을 충족하지 못하여 개인채무조정 신청이 기각된 경우, 기각된 날부터 1년 이상 경과하지 아니한 채무자. 다만, 그 기각 사유를 해소한 자는 그러하지 아니하다.
3. 재산을 도피·은닉하거나 고의로 책임재산의 감소를 초래한 채무자
4. 「신용정보의 이용 및 보호에 관한 법률」에 따라 신용정보집중관리 위원회가 정한 「일반신용정보관리규약」의 부도정보 및 금융질서문란정보가 등록된 채무자
5. 협약을 체결하지 아니한 채권자에 대한 채무의 원금이 동 원금과 채권금융회사에 대한 채무원금을 합산한 원금총액의 20/100 이상인 채무자. 다만, 협약을 체결하지 아니한 채권자가 이 협약의 개인채무조정에 준하여 상환조건 변경에 동의한 경우 해당 채무는 제외할 수 있다.
6. 개인채무조정 신청 전 6개월 이내에 발생한 채무의 원금이 원금총액의 30/100 이상인 채무자. 다만, 기존 채무의 상환자금으로 사용한 경우 해당 채무는 제외할 수 있다.
7. 채무부존재확인소송 중인 자 또는 대출의 무효, 취소를 다투거나 분쟁상태에 있는 채무자
8. 고의로 채무이행을 지연할 목적으로 개인채무조정을 신청하는 채무자
9. 「신용정보의 이용 및 보호에 관한 법률」에 따라 신용정보집중관리 위원회가 정한 「일반신용정보관리규약」의 부도정보 및 금융질서문란정보가 등록된 채무자

● 개인채무조정 채권의 범위 (신용회복지원협약 제5조).

① 개인채무조정 대상이 되는 채권의 범위는 다음 각 호와 같다.

1. 대출

2. 신용카드

3. 할부금융

4. 보증을 제공한 채권금융회사가 대위변제하여 발생한 구상채권

5. 그밖에 제1호부터 제4호에 해당하는 것으로 심의위원회가 인정하는 채권

② 채권금융회사가 제3자로부터 제1항에 해당하는 채권을 인수한 경우 해당 채권은 개인 채무조정 대상 채권으로 본다.

③ 제1항 및 제2항의 채권이 보증인부인 경우 해당 보증인에 대한 채권은 주채무자가 3개월 이상 연체하거나 기한의 이익이 상실된 때 개인채무조정 대상으로 본다.

④ 다음 각 호의 어느 하나에 해당하는 채권은 개인채무조정에서 제외할 수 있다.

1. 채무자와 채권금융회사가 합의하여 이 협약에 의한 개인채무조정에 준하는 정도로 이미 상환조건이 변경되어 있는 채권

2. 법령에 의해 개인채무조정이 제한되는 채권

3. 조세에 대한 보증, 채무자의 근로자의 임금・퇴직금에 대한 보증, 재해보상금・임치금 및 신원에 대한 보증 등에 의한 대지급금 채권

4. 고의 또는 불법행위로 인한 손해배상에 따른 구상채권

5. 심의위원회가 효과적인 개인채무조정을 위해 개인채무조정 대상에서 제외하는 것이 타당하다고 인정하는 채권

⑤ 개인채무조정 대상이 되는 부동산담보채권은 다음 각 호의 요건을 모두 충족하여야 한다.

1. 담보물건이 주택일 것

2. 채권금융회사에 대한 주택담보채무 중 어느 하나라도 연체일수가 31일 이상일 것

3. 담보물건인 주택에 채무자가 거주할 것. 다만, 채무자가 원격지 근무, 부모부양 등의 사유로 부득이하게 소유 주택에 거주하지 못하는 경우에는 그러하지 아니하다.

▶ 채무조정 확정기준

동의한 채권금융회사 채권합계액이 과반수 미만인 경우 채무조정에 동의하지 아니한 채권금융회사의 의견을 반영하여 채무조정 심사를 다시 진행하며, 재심의한 채무조정안에 대해 동의한 채권금융회사 채권합계액이 과반수 이상이면 채무조정이 확정된다. 채권금융회사 부동의로 위원회 채무조정지원이 불가한 경우 법원의 개인회생・파산 신청을 무료로 지원받을 수 있다.

▶ 채무조정 신청서 접수 이후 변제

채무조정 신청접수 이후에는 임의로 금융회사에 채무상환을 하여서는 안 된다. 담보, 보증인, 법조치 해제 등 불가피한 사유가 있는 경우에는 채무조정 확정 후 위원회를 통해 일시·일부상환이 가능하다. 다만, 채무조정 신청접수 시 개별상환 해야 하는 것으로 안내받았거나 채무조정합의서 체결 시 채무조정에서 제외된 것으로 안내받은 채무에 대해서는 채무조정과 관계없이 해당 금융회사와 협의하여 개별상환 해야 한다.

▶ 채무조정 효력 상실 사유

채무조정 확정 후 변제계획을 3개월 이상 미이행한 경우 채무조정의 효력이 상실된다. 채무조정의 효력이 상실되면 금융회사의 채권추심이 가능해지고 채무자의 책임은 채무조정 신청 전의 채무내용대로 환원되므로 변제계획을 성실히 이행해야 한다.

▶ 보증인에 대한 채무조정의 효력

주채무자가 위원회 채무조정을 신청한 경우 채무조정의 효력은 보증인에게도 미친다. 따라서, 채권금융회사는 보증인에게 채권추심 등 일체의 채권행사를 할 수 없으며, 주채무자가 채무조정에 따른 변제계획 이행을 완료하여 면책된 경우 보증인은 채무상환의무를 면하게 된다.

▶ 취업을 위한 신원보증보험 증권 발급

채무조정이 확정된 경우 서울보증보험의 신원보증보험을 발급받을 수 있다. 다만, 서울보증보험 채무가 채무조정에서 제외되었거나 연체 중인 경우에는 신원보증보험 발급이 제한될 수 있다.

▶ 보험해약환급금 수령

보험계약자가 보험을 해약한 경우(보험사고가 발생한 경우 포함) 보험해약환급금이 발생한다. 채무자가 보험회사에 부담하는 채무를 조정받아 상환 중인 경우 보험해약환급금이 발생하면 보험회사는 입원비, 사고처리비 등의 실비를 제외한 나머지 금액과 채무조정 후 채무잔액을 상계처리한다. 따라서, 채무조정 확정 후 보험을 해약한 경우에는 채무조정 후 채무잔액, 실비 등을 제외한 금액만 수령할 수 있다.

▶ 성실 상환자 소액금융지원 대상

① 신용회복위원회 또는 다른 채무조정기관으로부터 채무조정을 받아 6개월 이상 성실하게 상환하고 있는 채무자

② 최근 3년 이내 상환을 완료한 채무자, 채무자회생 및 파산에 관한 법률에 의거 법원으로부터 개인회생 변제계획 인가를 받아 18개월 이상 성실하게 상환하고 있거나 최근 3년 이내 상환을 완료한 채무자(최대 7백만 원)

③ 소액금융기금 출연 주체가 출연목적에 따라 지원대상자로 별도 지정한 채무자에게 생활안정자금, 학자금, 시설개선자금, 운영자금, 고금리 차환자금 용도로 소액금융을 지원하며 금액은 성실하게 상환한 기간에 따라 다르다.

- 변제계획에 의한 상환일자를 기준으로 6회차 납입일의 익일부터 지원자격 인정
- 대출신청일 현재 본인의 채무조정 변제금 미납 및 신용정보조회표상 연체정보가 없어야 되며 변제금을 선납했다면 선납기간은 제외된다.

▶ 개인회생 · 파산 신청 지원제도의 구체적인 내용

① 개인회생 또는 파산에 대한 요건을 무료로 상담

② 개인회생 또는 파산 및 면책신청서 서류 작성을 보조

③ 채무내역, 소득, 재산등이 기재된 신용상담보고서를 작성

④ 신용회복위원회 법률지원단, 법률구조공단 등으로 연계하여 법원에 사건서류 접수를 보조

⑤ 사회취약계층(기초수급자, 장애인 및 장애인 부양자, 만 60세 이상자 등)의 송달료, 인지액, 파산관재인 비용 등의 법률비용을 지원(단, 회생위원 선임보수는 지원 제외)

□ 신용회복지원 제도의 장점

▶ 채무조정의 효력은 연대보증인에게도 미치며, 주채무자가 채무조정에 따른 변제계획 이행을 완료하여 면책된 경우 연대보증인도 채무 상환의무를 면하게 된다. 개인회생은 면책 개념이기 때문에 보증인까지 면책되지 않으며, 신용회복은 변제 개념이기 때문에 주채무자가 신용회복지원을 통해 변제할 경우에는 보증인도 변제의무가 소멸되는 것이다. 그러나 보증인이 신용회복지원을 통해 변제할 경우에는 잔액을 주채무자가 변제해야 한다.

▶ (연체)이자, 원금감면, 상환기간 연장 및 분할상환 등을 통해 채무상환 부담이 경감되고, 여러 금융회사의 채무를 하나로 모아 관리할 수 있어서 편리하다.

▶ 신용회복위원회 채무조정 신청절차는 간단하며 신청비용도 5만 원으로 저렴하다.

▶ 채무조정 뿐만 아니라 소액금융지원, 신용교육 등 채무자 자활에 필요한 서비스를 제공받을 수 있어 보다 근본적인 채무문제 해결에 도움을 받을 수 있다.

□ 신용회복지원 제도의 단점

▶ 협약이 체결되어 있지 않은 채권금융회사 채권 및 사채, 조세 청구권은 조정이 불가능하다. 개인회생이나 개인파산도 조세 청구권은 면책되지 않는다.

▶ 원금 감면 조건이 개인회생에 비해 까다롭다.

▶ 최장 분할변제 기간이 8년(사회 취약계층은 10년)으로 개인회생에 비해 장기간이다.

▣ 개인회생

□ 개인회생절차

"개인회생"이란 재정적 어려움으로 인하여 파탄에 직면하고 있는 개인채무자로서 장래 계속적으로 또는 반복하여 수입을 얻을 가능성이 있는 자에 대하여 채권자 등 이해관계인의 법률관계를 조정함으로써 채무자의 효율적 회생과 채권자의 이익을 도모하기 위하여 마련된 절차이다. 여기서는 '채무자 회생 및 파산에 관한 법률'을 '동법'으로 표시하였고, 그 외 다른 법률은 정식 명칭을 기재하였다.

▶ 개인회생 진행 절차

- 신청서 제출
- 변제계획안 제출(신청일 부터 14일 이내) ↔ 기각
- 개인회생위원 선임
- 보전처분 중지명령 · 포괄적 금지명령
- 개시결정(신청일 부터 1월 이내)
- 채권 이의기간(개시결정일 부터 2월 이내) ↔ 채권조사 확정재판
- 채권자 집회(개시결정일 부터 3월 이내)
- 변제계획 인가(신용불량 등록 해제) ↔ 불인가(폐지)
- 변제계획의 수행 ↔ 미 수행(폐지 및 연체정보 재등록)
- 면책 신청
- 면책(5년 이내 재신청 금지) ↔ 부정한 방법 시(면책의 취소) 절차에 따라 진행된다.

[tip] 개인회생 신청에 관해 변호사 · 법무사와 상담 시 고지하고 준비할 내용

① 대출금 및 사채, 보증채무 총액과 각 대출을 받은 시점

* 장기적이고 포괄적인 계획을 세워 개인회생 신청을 준비해야 한다. 최근 1년 전에 대출받은 금액의 비중이 높을 경우 변제기간이 3년 이상으로 결정될 수도 있다.

* 대출 받은 후 3개월 이내에 개인회생을 신청할 경우 사기죄로 형사고소 당할 수 있다. 사기죄 유죄 판결이 날 경우 해당 채권은 면책되지 않는다.

② 채무자와 배우자의 재산 소유 현황 (부동산, 임차보증금반환청구권, 주식, 자동차, 예금

및 주식 잔고, 보험해약 환급금, 퇴직금 등)

* 청산가치에 산입할 재산의 가치를 파악하기 위함이다.

③ 채무자의 직업과 근무기간, 월 평균 수입, 부양가족 수, 특이사항

* 가용소득과 기초생계비, 추가생계비 산정을 위함이다.

④ 대출금 및 사채의 사용처, 매각한 재산의 사용처

* 채무자가 개인회생을 신청하기 전에 지인 등 개인 채권자에게 편파변제 하거나 배우자의 채무를 변제해 준 사실이 없는지 등을 확인하기 위함이다.

* 사용처를 입증하지 못하거나 명품 구매, 도박 빚, 사행성 행위에 사용한 경우 그 금액만큼 청산가치에 반영하거나 현금으로 일시에 납부해야 한다. 개인파산의 경우에도 신청이 성실하지 않은 것으로 간주되어 기각될 수 있다.

⑤ 상속재산 및 상속협의분할 여부 등

* 상속인으로서 법정 상속지분에 대한 권리행사에 문제점이 없는지 확인하기 위함이다.

⑥ 강제집행 여부

* 중지·금지 명령 신청의 필요성 및 1회차 변제에 투입할 압류 보관금 현황 등을 확인하기 위함이다.

[tip] 개인회생, 개인파산·면책의 신청(재신청) 기간

① 개인회생 면책 확정일로부터 → 5년 경과 후에 개인파산·면책 신청 가능

② 개인회생 면책 확정일로부터 → 5년 경과 후에 개인회생 재 신청 가능

③ 개인파산·면책 확정일로부터 → 5년 경과 후에 개인회생 신청 가능

④ 개인파산·면책 확정일로부터 → 7년 경과 후에 개인파산·면책 재 신청 가능

⑤ 개인워크아웃 진행 중 → 제한 없이 개인회생, 개인파산·면책 신청 가능

● 시효의 중단 (동법 제32조).

다음 각호의 경우에는 시효중단의 효력이 있다.

1. 제147조의 목록의 제출 그 밖의 회생절차참가. 다만, 그 목록에 기재되어 있지 아니한 회생채권자 또는 회생담보권자가 그 신고를 취하하거나 그 신고가 각하된 때에는 그러하지 아니하다.

2. 파산절차참가. 다만, 파산채권자가 그 신고를 취하하거나 그 신고가 각하된 때에는 그러하지 아니하다.

3. 제589조 제2항의 개인회생채권자목록의 제출 그 밖의 개인회생절차참가. 다만, 그 목록에 기재되어 있지 아니한 개인회생채권자가 그 조사확정재판신청을 취하하거나 그 신청이 각하된 때에는 그러하지 아니하다.

[tip] 연대보증인의 면책 여부와 시효중단

* 주채무자만 개인회생을 신청해 변제계획인가결정에 따른 금액을 전액 상환했을 경우 연대보증인은 나머지 채무를 별도로 변제해야 한다. 헌법재판소 전원재판부는 개인회생 연대보증인 면책 불허 사건에 대해 6:3으로 합헌결정을 내린바 있다. 따라서 주채무자만 개인회생을 신청해 보전처분의 중지, 금지명령이 내려지더라도 법리적으로 연대보증인에 대한 보전처분과 청구는 가능하다. 다만, 실무적으로 주채무자가 인가받은 변제계획에 따라 분할변제를 완료할 때까지 기다렸다가 남은 잔액을 청구하고 있을 뿐이다.

* 민법 제440조에 따라 주채무자에 대한 시효의 중단은 보증인에 대하여 그 효력이 있으므로, 채무자의 개인회생 신청으로 시효가 중단되면 그 효력이 보증인에게도 미친다. 다만, 해당 채권이 개인회생채권자목록에 기재되어 있어야 한다.

---

* 회생채무자에 대한 채권의 구분

① 회생채권 (동법 제118조).

채무자에 대하여 회생절차개시 전의 원인으로 생긴 재산상의 청구권이다. 회생철자에 의해서만 변제가 가능하므로, 채권자목록에 신고 · 기재되어 있어야 한다.

② 공익채권 (동법 제179조).

채무자의 업무 및 재산에 관하여 관리인이 회생절차개시 후에 한 자금의 차입 그 밖의 행위로 인하여 생긴 청구권 등으로, 회생절차에 의하지 않고도 수시로 회생채권, 개시 후 기타채권에 우선하여 변제할 수 있다.

③ 개시 후 기타채권 (동법 제181조).

회생절차개시 이후의 원인에 기하여 발생한 재산상의 청구권으로서 공익채권, 회생채권 또는 회생담보권이 아닌 청구권으로, 회생절차가 개시된 때부터 회생계획상의 변제기간이 만료되는 때까지 변제할 수 없는 채권이다.

● 용어의 정의 (동법 제293조의2).

1. "영업소득자"란 부동산임대소득 · 사업소득 · 농업소득 · 임업소득, 그 밖에 이와 유사한 수입을 장래에 계속적으로 또는 반복하여 얻을 가능성이 있는 채무자를 말한다.

2. "소액영업소득자"란 회생절차개시의 신청 당시 회생채권 및 회생담보권의 총액이 50억 원 이하(현행 대통령령은 30억 원 이하)로 정함의 범위에서 대통령령으로 정하는 금액 이하인 채무를 부담하는 영업소득자를 말한다.
3. "간이회생절차"란 이 장의 규정에 따라 소액영업소득자에게 적용되는 회생절차를 말한다.

● 간이회생절차개시의 신청 (동법 제293조의4).

소액영업소득자는 법원에 간이회생절차개시의 신청을 할 수 있다. 다만, 개인인 소액영업소득자가 신청일 전 5년 이내에 개인회생절차 또는 파산절차에 의한 면책을 받은 사실이 있는 경우에는 신청할 수 없다.

* 간이회생절차에서는 간이조사위원에 의하여 조사위원의 업무를 간이한 방법으로 수행하므로 통상의 사건보다 조사위원 보수를 위한 예납비용이 적다. 기존의 가결요건 이외에 '회생채권자의 의결권 총액의 2분의 1을 초과하는 의결권을 가진 자의 동의 및 의결권자의 과반수의 동의가 있는 경우'에도 회생계획안 가결 요건을 충족하게 되므로 가결요건이 완화되었다. 소액영업소득자의 경우 채권, 채무 관계가 간단함에도 불구하고, 통상의 회생절차를 이용할 경우 기간 및 비용이 상당히 든다는 단점을 보완한 것이다.

● 용어의 정의 (동법 제579조).

1. 개인회생을 신청할 수 있는 "개인채무자"라 함은 파산의 원인인 사실이 있거나 그러한 사실이 생길 염려가 있는 자로서 개인회생절차개시의 신청 당시 다음 각목의 금액 이하의 채무를 부담하는 급여소득자 또는 영업소득자를 말한다.

가. 유치권·질권·저당권·양도담보권·가등기담보권·「동산·채권 등의 담보에 관한 법률」에 따른 담보권·전세권 또는 우선특권으로 담보된 개인회생채권은 15억 원

나. 가목 외의 개인회생채권은 10억 원

* 위 금액을 초과하는 법인이나 개인사업자인 채무자는 일반회생 신청 대상이다. 일정 금액 이상의 채권을 보유한 채권자, 회사의 주주도 신청할 수 있다.

2. "급여소득자"라 함은 급여·연금 그 밖에 이와 유사한 정기적이고 확실한 수입을 얻을 가능성이 있는 개인을 말한다.
3. "영업소득자"라 함은 부동산임대소득·사업소득·농업소득·임업소득 그 밖에 이와 유사한 수입을 장래에 계속적으로 또는 반복하여 얻을 가능성이 있는 개인을 말한다.
4. "가용소득"이라 함은 다음 가목의 금액에서 나목 내지 라목의 금액을 공제한 나머지 금액을 말한다.

가. 채무자가 수령하는 근로소득 · 연금소득 · 부동산임대소득 · 사업소득 · 농업소득 · 임업소득, 그 밖에 합리적으로 예상되는 모든 종류의 소득의 합계 금액

나. 소득세 · 주민세 개인분 · 개인지방소득세 · 건강보험료, 그 밖에 이에 준하는 것으로서 대통령령이 정하는 금액

다. 채무자 및 그 피부양자의 인간다운 생활을 유지하기 위하여 필요한 생계비로서, 「국민기초생활 보장법」 제6조의 규정에 따라 공표된 최저생계비, 채무자 및 그 피부양자의 연령, 피부양자의 수, 거주지역, 물가상황, 그 밖에 필요한 사항을 종합적으로 고려하여 법원이 정하는 금액

라. 채무자가 영업에 종사하는 경우에 그 영업의 경영, 보존 및 계속을 위하여 필요한 비용

[tip] 개인회생 신청자격, 고액 연봉자

* 재산을 소유하고 있는 자 · 자영업자 · 일용직 · 프리랜서 · 아르바이트 등 4대 보험 미가입자도 정기적이고 확실한 수입을 얻을 가능성이 있으면 신청 가능하다. 그러나 소유한 부동산의 청산가치가 총 채무액보다 현저하게 클 경우에는 신청이 기각될 수 있다. 부동산의 매각을 통해서 채무를 전액 변제할 수 있기 때문이다.

* 총 채무액 대비 연봉이 고액이라면 개인회생 보다 신용회복지원 제도인 개인워크아웃을 신청하는 것이 더 유리할 수 있다. 개인회생이 변제기간은 짧으나 월 변제금액이 커질 수 있기 때문이다.

[tip] 2021. 4. 20. 채무금액 상향 개정 후, 개인회생 신청이 가능한 경우 (예시)

① 담보채무 9억원 및 무담보채무 7억원

② 담보채무 14억원 및 무담보채무 3억원

③ 담보채무 14억원 및 무담보채무 7억원

[tip] 2021. 4. 20. 채무금액 상향 개정 후, 개인회생 신청이 불가능한 경우 (예시)

① 담보채무 14억원 및 무담보채무 11억원

② 담보채무 16억원 및 무담보채무 7억원

[tip] 개인회생 신청 시기

신용회복신청은 연체상태가 일정기간 지속되어야 한다. 신속채무조정은 30일 이하, 프리워크아웃은 30일 ~ 89일 사이, 개인워크아웃은 3개월 이상 장기연체자에 한해 신청할 수 있다. 그러나 개인회생은 연체기간에 대한 제한이 없다. 연체가 시작되기 전에도 신청할 수 있다. 카드 돌려 막기 등으로 한계에 이른 채무자는 연체가 시작되기 약 1개월 전에 신청하

는 것이 좋다. 그 이유는 다음과 같다.

* 금지 명령으로 가압류와 같은 채권보전조치와 독촉으로부터 자유롭다.

* 특히 자영업자 등 개인사업자는 고객이 결제한 카드사 매출채권과 채무자의 신용카드 사용대금이 상계되는 것을 방지할 수 있다.

* 지급명령 등 채권자들의 소 제기를 차단할 수 있다. 이와 같이 서둘러 개인회생을 신청함으로써 채무자는 연체상태에서도 정상적인 경제활동을 할 수 있는 것이다.

[tip] 부부의 동시 개인회생 신청

* 다중채무자인 부부가 일정한 소득이 있을 경우 동시에 개인회생을 신청하는 것도 가능하다. 배우자의 사업자 대출에 연대보증인으로 입보함에 따라 동반해서 금융채무불이행자로 전락하는 경우가 대표적이다. 다만, 부부가 동시에 개인회생을 신청할 때는 청산가치 보장의 원칙을 준수하는 범위 내에서 부양가족을 합리적으로 산정해야 한다.

* 월 가용소득을 산정함에 있어, 부부 각자의 월 평균수입에서 부양가족을 나눠 기초생계비를 차감할 수 있다. 예를 들어, 미성년 자녀가 2명일 경우 각자 1명씩 부양가족으로 산정할 수 있다. 부부 중 한 사람의 월 평균수입이 상대적으로 적더라도 위 예시와 동일한 조건으로 변제계획을 수립할 수 있다.

* 다만, 신청자의 채무가 많거나 변제율이 현저하게 낮은 경우에는 부부의 월 평균수입을 합한 금액에서 전체 가구원의 기초생계비(4인 가구)를 차감한 월 가용소득을 부부가 함께 변제하라는 내용의 보정권고를 받을 수 있다.

* 법원에 따라 부부 각자 명의 재산에 대한 청산가치 산정 방법이 다를 수 있다. 부부의 공동재산으로 판단되는 재산을 모두 합한 후에 50% 씩을 부부 각자의 청산가치로 산정해 변제계획을 수립할 것을 요구받을 수 있다. 반면에 각자가 가지고 있는 고유재산 전부를 그대로 청산가치에 반영하도록 요구받을 수도 있다. 이 경우 고유재산을 소유한 배우자는 상대적으로 많은 금액을 변제해야 하지만, 고유재산이 없는 배우자는 상대적으로 적은 금액을 변제할 수 있다.

* 채무자의 배우자 명의 재산의 취급에 대해서는 '서울회생법원 실무준칙'에서 다루기로 한다.

- 개인회생채권의 변제 (동법 제582조).

개인회생채권자목록에 기재된 개인회생채권에 관하여는 변제계획에 의하지 아니하고는 변제하거나 변제받는 등 이를 소멸하게 하는 행위(면제를 제외한다)를 하지 못한다.

▶ 개인회생채권의 변제기간

채무를 조정 받아 법원이 허가한 변제계획에 따라 3년 이내(채무자 회생 및 파산에 관한 법률 제611조 제5항, 2017. 12. 12. 개정)에 변제해야 한다. 특별한 사정이 있는 경우 5년 이내에 변제해야 한다. 이 기간 내에 분할변제를 하고 남은 채무는 면책된다.

① 법 시행 이전 사건(5년 이내)에 대하여도 서울회생법원이 법 개정이 있었다는 이유로 2018. 1. 8.부터 단축된 변제기간인 3년을 허용한 사건에 대하여 대법원은 인가된 변제계획에서 정한 변제기간을 변경할 사유가 발생하였다고 볼 수 없다고 결정하였다(대법원 2019. 3. 19.자 2018마6364 결정).

② 그 후 형평성을 고려하기 위하여 '채무자 회생 및 파산에 관한 법률'부칙이 개정되었다. 개정된 부칙의 적용례는 아래 ③과 같다.

③ 다만, 이 개정규정 시행 전에 변제계획인가결정을 받은 채무자가 이 규정 개정 시행일(2018. 3. 12.)에 이미 변제계획안에 따라 3년 이상 변제계획을 수행한 경우에는 당사자의 신청 또는 직권으로 이해관계인의 의견을 들은 후 면책의 결정을 할 수 있다.

④ 서울회생법원의 변제기간 단축에 관한 준칙 제정에 따라 고령자·한부모가족 등에 해당하는 경우 변제기간을 3년 미만으로 단축할 수 있다.

⑤ 최저 생계비가 적어서 생활할 수 없을 경우, 최저 생계비를 높이고 가용소득을 낮춰서 변제기간을 3년 이상으로 신청하는 변제계획은 허용되지 않는다.

⑥ 다만, 채무자 재산의 청산가치가 높아서 가용소득으로 3년 이내에 변제를 완료하지 못할 것으로 인정되는 경우 5년 이내에서 변제기간을 설정할 수 있다. 사례의 채무자가 맞벌이 부부인 경우, 배우자의 소득으로 생계를 유지하고 채무자의 가용소득을 높여서 3~5년 범위 내로 단축할 수도 있다.

● 개인회생절차개시신청서 (동법 제589조).

① 개인회생절차개시의 신청은 다음 각호의 사항을 기재한 서면으로 하여야 한다.

1. 채무자의 성명·주민등록번호 및 주소
2. 신청의 취지 및 원인
3. 채무자의 재산 및 채무

② 제1항의 규정에 의한 서면에는 다음 각호의 서류를 첨부하여야 한다.

1. 개인회생채권자목록(채권자의 성명 및 주소와 채권의 원인 및 금액이 기재된 것을 말한다)
2. 재산목록
3. 채무자의 수입 및 지출에 관한 목록

4. 급여소득자 또는 영업소득자임을 증명하는 자료
5. 진술서
6. 신청일 전 10년 이내에 회생사건·화의사건·파산사건 또는 개인회생사건을 신청한 사실이 있는 때에는 그 관련서류
7. 그 밖에 대법원규칙이 정하는 서류

＊ 상계권 (동법 제416조).

파산채권자가 파산선고 당시 채무자에 대하여 채무를 부담하는 때에는 파산절차에 의하지 아니하고 상계할 수 있다.

＊ 상계의 금지 (동법 제422조).

다음 각호의 어느 하나에 해당하는 때에는 상계를 할 수 없다.

1. 파산채권자가 파산선고 후에 파산재단에 대하여 채무를 부담한 때
2. 파산채권자가 지급정지 또는 파산신청이 있었음을 알고 채무자에 대하여 채무를 부담한 때. 다만, 다음 각목의 어느 하나에 해당하는 때를 제외한다.
가. 그 부담이 법정의 원인에 의한 때
나. 파산채권자가 지급정지나 파산신청이 있었음을 알기 전에 생긴 원인에 의한 때
다. 파산선고가 있은 날부터 1년 전에 생긴 원인에 의한 때
3. 파산선고를 받은 채무자의 채무자가 파산선고 후에 타인의 파산채권을 취득한 때
4. 파산선고를 받은 채무자의 채무자가 지급정지 또는 파산신청이 있었음을 알고 파산채권을 취득한 때. 다만, 제2호 각목의 어느 하나에 해당하는 때를 제외한다.

● 상계권 (동법 제587조).

제416조 내지 제422조의 규정은 개인회생절차에 관하여 준용한다. 이 경우 "파산신청"은 "개인회생절차개시신청"으로, "파산재단"은 "개인회생재단"으로, "파산선고"는 "개인회생절차개시결정"으로 본다.

＊ 상계의 요건 (민법 제492조).

① 쌍방이 서로 같은 종류를 목적으로 한 채무를 부담한 경우에 그 쌍방의 채무의 이행기가 도래한 때에는 각 채무자는 대등액에 관하여 상계할 수 있다. 그러나 채무의 성질이 상계를 허용하지 아니할 때에는 그러하지 아니하다.

② 전항의 규정은 당사자가 다른 의사를 표시한 경우에는 적용하지 아니한다. 그러나 그 의사표시로써 선의의 제삼자에게 대항하지 못한다.

[tip] 개인회생채권자가 상계권을 행사할 수 없는 경우

① 민법 제492조 제1항에 의하면, 1. 당사자 사이의 채권이 서로 대립할 것 2. 자동채권과 수동채권이 같은 종류의 채권일 것 3. 양 채권이 모두 이행기에 도래할 것을 상계적상 요건으로 규정하고 있다. 다만, 개인회생의 경우 기한 미도래 채권이라 할지라도 개시결정 시 기한이 도래한 것으로 간주하고 상계할 수 있다.

② 상계권 행사는 채권자의 일방적인 의사표시로 가능하다. 개인회생절차 진행 중, 재판상, 재판 외에서 의사표시로도 행사할 수 있다. 다만, 개인회생절차에서는 채권자 간 공평의 관점에서 상계요건이 강화되기도 한다. 채권자 평등의 원칙에 반하거나 개인회생 재단의 감소를 초래해 채권자들의 이익을 해하게 될 경우에는 상계권에 제한을 두고 있다.

③ 동법 제422조 제2호 (파산채권자가 지급정지 또는 파산신청이 있었음을 알고 채무자에 대하여 채무를 부담한 때)에 해당될 경우 상계가 금지된다. 예를 들어, 개인회생 개시결정 이후에 OO은행 계좌에 입금된 채무자의 예금은, OO은행이 개인회생채권자라 할지라도 상계할 수 없다.

④ 동법 제422조 제4호 (파산선고를 받은 채무자의 채무자가 지급정지 또는 파산신청이 있었음을 알고 파산채권을 취득한 때)에 해당될 경우 상계가 금지된다.

[사례] '회생채무자 A'에게 1천만 원을 변제할 의무가 있는 '채무자 B'(회생채무자의 채무자)로부터 받을 돈은 변제계획(안) 작성 시 청산가치에 산입해야 한다. 그런데 채무자 B가, 회생채무자 A에게 1천만 원의 채권을 가지고 있는 '다른 회생채권자 C'로부터 해당 채권을 5백만 원에 양수한 다음, 이를 자동채권(C → B에게 채권양도, B가 A에게 가지는 채권 1천만 원)으로 하여, 수동채권(A가 B에게 가지는 청산가치 산입 대상 채권 1천만 원)을 상계할 수 있다. 동법 제422조 제4호는 이러한 상계를 금지한다는 내용이다. 이를 허용하게 되면 채무자 B는 5백만 원에 양수한 채권을 활용해 회생채무자 A에 대한 1천만 원의 채무를 변제하는 효과와 함께 5백만 원의 부당이득을 취하게 되기 때문이다. 다른 회생채권자 C 또한 5백만 원을 조기에 회수하게 되는 이점이 있고, 개인회생의 평균적인 변제율 보다 훨씬 높은 50%를 변제받게 되는 불합리가 발생한다.

[tip] 자영업자의 개인회생 신청 시 참고할 점

① 직장인이 개인회생을 신청할 경우 급여명세서, 근로소득원천징수명세서를 통해 월 평균수입을 산출한다. 영업활동, 재무활동, 투자활동으로부터 발생한 사업자(법인 및 개인사업자)의 월 평균수입을 산출하기 위한 손익계산서는 다음과 같은 기준에 따라 작성된다.

1. 매출액에서 매출원가를 차감하면 매출총손익이 산출된다.

2. 매출총손익에서 판매비와 관리비를 차감하면 영업손익이 산출된다.

3. 영업손익에서 영업 외 수익을 더하고 영업 외 비용을 차감하면 법인세(종합소득세) 차감 전 순손익이 산출된다.

4. 법인세(종합소득세) 차감 전 순손익에서 법인세를 차감하면 당기순손익이 산출된다.

5. 전년도의 당기순이익을 12개월로 나누면 월 평균수입이 산출된다.

---

* 판매비와 관리비에 대해서는 법원과 사업자(자영업자 포함)의 인식기준이 다르다. 통신비, 유류비, 수도광열비, 지급수수료 등의 변동비는 해당 사업 활동을 위해 직접 지출한 것만 인정된다. 고정비 성격의 인건비, 임차료, 보험료 등도 매월 지출된 사실이 객관적으로 확인되어야 한다.

* 매출총이익, 영업이익, 당기순이익은 원칙적으로 정(+)의 비례관계를 갖는다. 매출액이 증가하면 모두 증가한다. 매출액과 판매비·관리비도 원칙적으로 정(+)의 비례관계를 갖는다. 매출액이 증가하면 변동비 성격의 항목이 증가하기 때문이다.

② 예를 들어, 신용카드 회사(예: 신한카드사)는 금지명령과 관계없이 자영업자의 신한카드 사용채권(자동채권)과 고객이 신한카드로 결제한 매출채권(수동채권)을 상계할 수 있다. 급여 소득자의 경우, 회생채권자인 OO은행 계좌에 월급이 입금된다면 해당 은행은 자동채권(대여금채권 등)과 수동채권(예금, 청약저축 등 적금)을 상계할 수 있다. 다만, 개인회생개시결정 이후에는 상계가 금지된다. 채무자 입장에서는 개인회생채권자목록에 기재된 채권 금융회사와 수신거래를 하지 않는 것이 좋다.

③ 위와 같이 자영업자가 개인회생을 신청할 경우 근로소득자보다 불리한 측면이 있다. 이를 보완하기 위해 공동으로 사업장을 운영해 1인당 당기순이익 규모를 낮추는 것이 좋다. 예를 들어, 남편을 대표사업자로, 배우자를 공동사업자로 등록해 사업을 공동으로 영위하는 외관을 갖춘 후에 개인회생을 신청하는 방법이다. 배우자를 직원으로 등록할 때는 4대 보험에 가입하고 급여를 통장으로 지급해야 한다.

- 개인회생재단 (동법 제580조).

① 다음 각호의 재산은 개인회생재단에 속한다.

1. 개인회생절차개시결정 당시 채무자가 가진 모든 재산과 채무자가 개인회생절차 개시결정 전에 생긴 원인으로 장래에 행사할 청구권

2. 개인회생절차진행 중에 채무자가 취득한 재산 및 소득

[tip] 변제계획인가결정 후 채무자의 재산 취득

* 개인회생절차개시결정 이후 면책이 확정될 때 까지 증여 · 상속 등으로 재산이 증가하면 위 법률에 따라 취득경위를 소명하고 변제계획을 변경하는 것이 원칙이다. 실무적으로 변제계획인가결정 후에 회생위원이나 채권자가 채무자의 재산을 추적하는 경우는 흔치 않다. 그러나 조건부 변제계획인가결정 또는 회생위원 · 채권자의 이의가 있을 때는 증가된 재산을 청산가치에 추가로 반영해야 하는 경우가 발생할 수 있다.

● 중지명령 (동법 제593조).

① 법원은 개인회생절차개시의 신청이 있는 경우 필요하다고 인정하는 때에는 이해관계인의 신청에 의하거나 직권으로 개인회생절차의 개시신청에 대한 결정시까지 다음 각호의 절차 또는 행위의 중지 또는 금지를 명할 수 있다.

1. 채무자에 대한 회생절차 또는 파산절차
2. 개인회생채권에 기하여 채무자의 업무 및 재산에 대하여 한 강제집행 · 가압류 또는 가처분
3. 채무자의 업무 및 재산에 대한 담보권의 설정 또는 담보권의 실행 등을 위한 경매
4. 개인회생채권을 변제받거나 변제를 요구하는 일체의 행위. 단, 소송행위를 제외한다.
5. 「국세징수법」 또는 「지방세징수법」에 의한 체납처분, 국세징수의 예(국세 또는 지방세 체납처분의 예를 포함한다. 이하 같다)에 의한 체납처분 또는 조세채무담보를 위하여 제공된 물건의 처분. 이 경우 징수의 권한을 가진 자의 의견을 들어야 한다.

② 제1항제5호의 규정에 의한 처분의 중지기간 중에는 시효는 진행하지 아니한다.

③ 개인회생절차개시의 신청이 기각되면 중지된 절차는 속행된다.

④ 법원은 상당한 이유가 있는 때에는 이해관계인의 신청에 의하거나 직권으로 제1항의 규정에 의한 중지 또는 금지명령을 취소하거나 변경할 수 있다. 이 경우 법원은 담보를 제공하게 할 수 있다.

⑤ 제45조 내지 제47조는 개인회생절차에 관하여 준용한다.

[tip] 강제집행과 중지 · 금지명령

① 개인회생 신청 전에 채권자가 채권압류 및 추심명령을 득했을 경우에는 중지명령과 금지명령을 함께 신청해야 한다. 소송행위는 금지명령에서 제외된다.

② 부동산 경매절차 진행 중에 개인회생 중지명령이 내려지면 경매절차가 중지된다. 변제계획인가결정 후에는 중지 · 금지 명령의 효력이 상실되어 임의경매를 진행할 수 있다. 그러나 강제경매는 계속 진행할 수 없다.

③ 개인회생 신청과 채무자 소유 주택의 임의경매 진행

- 채무자 소유 주택에 설정된 근저당권에 관한 피담보채무는 원칙적으로 동법 제 411조(별제권자) ~ 제 412조(별제권의 행사)에 따라 개인회생 변제계획(안)과는 별도로 변제해야 한다. 이를 별제권이라 한다. 따라서 채무자는 개인회생 신청 시 부동산임의경매가 진행되지 않도록 사전에 근저당권자와 협의해야 한다. 다만, 한국주택금융공사를 비롯한 일부 은행은 채무자가 개인회생을 신청할 경우 협의절차 없이 임의경매를 신청하는 경우도 있다.

- 서울회생법원의 경우 채무자가 소유한 6억 원 이하 주택에 한해 소유권을 유지하면서 개인회생절차를 진행할 수 있는 제도를 시행하고 있다. 다만, 원·리금 상환을 일정기간 동안 연체할 경우 주택담보대출 채무조정 프로그램에 의해 유보되었던 임의경매 절차가 진행될 수 있으므로 주의해야 한다.

- 채권자가 임의경매를 신청해 채무자 소유 주택의 매각 및 배당절차가 종료되었는데도 잔존채무가 남아 있다면 어떻게 해야 할까? 이 경우 개인회생 일반채권과 동일하게 미확정채권으로 유보했다가 변제계획(안)을 통해서 변제해나갈 수 있다.

- 변제계획인가결정으로 거주하고 있는 주택이 임의경매로 속행될 경우, 경매절차로 매각되기 전에 중개업소를 통해 매도하고 경매를 취하시키는 것이 좋다. 근저당권자에 대한 채무와 임차인의 보증금을 변제(반환)해준 후에 소액으로 전·월세 주택에 거주하면 개인회생 절차에서 유리하다. 새로 거주하는 주택의 소액보증금은 면제재산으로 인정받을 수 있기 때문이다.

- 매도하지 않고 계속 거주하기를 원한다면, 소유권을 배우자에게 이전하고 근저당권의 피담보 채무자를 개인회생 신청자에서 그의 배우자로 변경할 수 있다(면책적 채무인수). 일부 채권자는 피담보 채무자를 변경하더라도 부부 공동소유를 원하고 개인회생 신청자를 연대보증인으로 입보하게 하는 경우도 있다. 결론적으로 원래 개인회생 신청자 소유 재산으로 인정하고 청산가치 만큼 변제계획에 반영하면 큰 문제가 없다.

* 주택을 소유한 채무자가 개인회생을 신청할 경우, 임차인의 전(월)세반환청구권은 회생재단채권이므로 우선변제 받는다.

④ 금지명령을 받지 못하는 경우

- 신청일 전 1년 이내에 발생한 채무의 합계가 총 채무액에서 차지하는 비중이 큰 경우
- 신청일 전 1년 이내에 발생한 채무의 합계가 다액인 경우
- 채무자가 과거 개인파산이나 개인회생을 신청한 적이 있는 경우
- 개인회생절차의 남용에 해당한다고 볼 객관적인 사정이 있는 경우

● 개인회생절차개시신청의 기각사유 (동법 제595조).

① 채무자가 신청권자의 자격을 갖추지 아니한 때

② 채무자가 제589조 제2항 각호의 어느 하나에 해당하는 서류를 제출하지 아니하거나, 허위로 작성하여 제출하거나 또는 법원이 정한 제출기한을 준수하지 아니한 때

③ 채무자가 절차의 비용을 납부하지 아니한 때

④ 채무자가 변제계획안의 제출기한을 준수하지 아니한 때

⑤ 채무자가 신청일 전 5년 이내에 면책(파산절차에 의한 면책을 포함한다)을 받은 사실이 있는 때

⑥ 개인회생절차에 의함이 채권자 일반의 이익에 적합하지 아니한 때

⑦ 그 밖에 신청이 성실하지 아니하거나 상당한 이유 없이 절차를 지연시키는 때

[tip] 개인회생채권자(개인 사채)에 대한 송달 방법

* 개인 사채도 개인회생, 개인파산·면책 신청 대상이다. 다만, 채권자가 개인인 경우 진위를 파악하기 어렵기 때문에 차용증 및 대여금이 입금된 통장 등 채무발생 사실 및 금액을 확인할 수 있는 객관적인 자료를 제출해야 한다.

* 개인회생절차에 있어서 개시결정문, 중지·금지명령이 채권자에게 송달되어야 다음 절차가 진행된다. 민사소송절차에서도 소장 부본이 피고에게 송달되어야 한다.

* 금융회사 등 법인 채권자에 대한 문서 송달 문제는 발생할 여지가 거의 없다. 개인 채권자의 경우 법원 문서를 고의로 수령하지 않거나 외국거주 등 주소불명으로 송달할 수 없는 경우가 발생할 수 있다. 이때 채무자는 어떻게 대처해야 할까?

① 법원의 주소보정 명령을 근거로 채무자가 개인 채권자의 주민등록초본을 발급받을 수 있다. 주민등록초본을 첨부해 최종 주소지로 보정하면 법원에서 그곳으로 문서를 송달한다.

② 폐문부재, 수취인 불명 등의 사유로 개인 채권자에게 계속 송달되지 않을 경우 야간 특별송달을 신청한다.

③ 개인 채권자가 전입신고한 주소지에서 거주하지 않아 송달이 불가능할 경우 공시송달을 신청할 수 있다. 교부송달의 예외를 인정하고 있는 것이다.

▶ 개인회생절차개시결정의 효력 발생 시기

① 채무자회생 및 파산에 관한 법률 제596조(개인회생절차의 개시결정) 제5항 → 개인회생절차개시결정은 그 결정시부터 효력이 발생한다.

② 채무자회생 및 파산에 관한 법률 제597조(개시의 공고와 송달) 제1항 → 법원은 개인회생절차개시결정을 한 때에는 지체 없이 다음 각 호의 사항을 공고하여야 한다.
③ 채무자회생 및 파산에 관한 법률 제9조(공고) 제2항 → 제1항의 규정에 의한 공고는 관보에 게재된 날의 다음 날 또는 대법원규칙이 정하는 방법에 의한 공고가 있은 날의 다음 날에 그 효력이 생긴다.
④ 위 법률 조항에 따르면 결국 개인회생절차개시결정은 '공고'가 있은 날의 다음날에 효력이 발생함을 알 수 있다. 이때는 결정문이 개인회생채권자에게 송달되지 않더라도 공고로써 개시결정의 효력이 발생한다.
⑤ 개인회생절차는 동법 제596조 제5항에 따라, 개시결정이 발령된 일자 및 시간(예시: 2021. 11. 20. 10:30) 이후부터 효력이 발생한다. 중지·금지명령은 결정문이 개인회생채권자에게 송달된 시점 이후부터 효력이 발생한다.
⑥ 재산명시, 채권압류 및 추심명령 결정문과 달리 개인회생절차개시결정문이나 파산선고결정문에는 연, 월, 일, 시를 기재하도록 법률로 규정하고 있다. 위 예시와 같이 결정일자 옆에 결정시간이 기재된다. 따라서 1. 개인회생절차개시결정문(파산선고결정문)에 표시된 일자의 해당 시간 이후부터, 2. 중지명령·금지명령이 채권자에게 송달된 시점 이후부터는 채권자의 강제집행·가압류 또는 가처분 등이 중지·금지된다.

- 다른 절차의 중지 등 (동법 제600조).

① 개인회생절차개시의 결정이 있는 때에는 다음 각호의 절차 또는 행위는 중지 또는 금지된다. 다만, 제2호 내지 제4호의 절차 또는 행위는 채권자목록에 기재된 채권에 의한 경우에 한한다.
1. 채무자에 대한 회생절차 또는 파산절차
2. 개인회생채권에 기하여 개인회생재단에 속하는 재산에 대하여 한 강제집행·가압류 또는 가처분
3. 개인회생채권을 변제받거나 변제를 요구하는 일체의 행위. 다만, 소송행위를 제외한다.
4. 「국세징수법」 또는 「지방세징수법」에 의한 체납처분, 국세징수의 예(국세 또는 지방세 체납처분의 예를 포함한다. 이하 같다)에 의한 체납처분 또는 조세채무담보를 위하여 제공된 물건의 처분
② 개인회생절차개시의 결정이 있는 때에는 변제계획의 인가결정일 또는 개인회생절차 폐지결정의 확정일 중 먼저 도래하는 날까지 개인회생재단에 속하는 재산에 대한 담보권의 설정 또는 담보권의 실행 등을 위한 경매는 중지 또는 금지된다.

③ 법원은 상당한 이유가 있는 때에는 이해관계인의 신청에 의하거나 직권으로 제1항 또는 제2항의 규정에 의하여 중지된 절차 또는 처분의 속행 또는 취소를 명할 수 있다. 다만, 처분의 취소의 경우에는 담보를 제공하게 할 수 있다.
④ 제1항 또는 제2항의 규정에 의하여 처분을 할 수 없거나 중지된 기간 중에 시효는 진행하지 아니한다.

▶ 중지·금지명령의 활용

중지·금지명령은 개인회생절차 개시 후 법원의 직권이나 채무자 또는 이해관계인의 신청에 의해 결정한다. 개인회생 신청과 동시에 압류된 급여 등 구체적인 내용을 기재해서 중지·금지명령을 신청하는 것이 좋다. 중지명령은 기존의 압류·가압류는 유지하되 새로운 압류·가압류를 할 수 없게 하는 것이다. 지속성과 범위 측면에서 금지명령이 더 유리하다. 중지명령은 1회성인데 금지명령은 결정의 효력이 개인회생개시결정이 내려질 때까지 유지된다. 또한 금지명령은 기존과 새로운 압류·가압류 모두에 대해 집행을 정지하는 것이므로 중지명령보다 유리하다.

[tip] 일반 개인회생 채무자의 변제시기, 급여가 압류된 개인회생 채무자의 변제시기와 중지명령

* 일반 개인회생 채무자는 개인회생 신청 후 60 ~ 90일 사이의 날짜를 정해 1회차 변제기일을 지정해야 한다. 예를 들어, 변제부담을 최대한 줄이기 위해 89일이 되는 날짜부터 매월 50만 원을 입금하는 것으로 변제계획(안)을 작성했다고 가정하자. 그러나 개인회생개시결정이 발령되기 전에는 이 돈을 입금할 가상계좌를 알 수 없으므로 예치할 방법이 없다. 법원의 업무과중과 보정지연으로 개시결정이 10개월이 되는 날짜에 발령되었다면 8개월분, 총 400만 원을 한꺼번에 입금해야 한다. 개인회생 신청 이후부터 변제할 금액을 저축해놓지 않으면 어려움에 처하게 된다. 변제금 400만 원을 입금하지 못하면 개인회생절차가 기각될 수 있으므로 주의해야 한다.

* 반면에 급여가 압류된 개인회생 채무자는 변제계획인가결정일의 다음달부터 변제를 하게 되는 장점이 있다. 급여가 압류된 상태에서 개인회생 초기부터 변제금을 납부해 나가는 것이 쉽지 않기 때문이다. 따라서 급여가 압류된 채무자는 신속하게 개인회생을 신청하는 것이 유리한 측면이 있다. 장기적으로 변제해나갈 의지가 있는 채무자라면 압류된 급여와 독촉으로 고통 받는 것보다 3년 동안 안정적으로 변제해나가는 것이 가족부양과 정신건강에 이롭기 때문이다.

* 급여가 압류된 상태에서 개인회생 중지명령이 발령되면 채권자의 추심절차가 중지된다.

중지명령은 압류의 효력을 상실시키는 것이 아니기 때문에 급여액 중 압류된 일정 금액은 계속 적립된다. 중지명령이 발령되었다고 해서 급여를 정상적으로 받아갈 수는 없는 것이다. 변제계획이 인가되면 압류의 효력이 상실되므로 그 이후부터 정상적으로 급여를 수령할 수 있다. 이때까지 압류된 급여 보관금은 청산가치에 반영되어 제1회차 변제 기일에 전액 투입하게 된다. 이로 인해 2회차부터 변제할 금액은 줄어들게 된다.

- 개인회생채권의 확정 (동법 제603조).

개인회생채권자는 개인회생절차폐지결정이 확정된 때에는 채무자에 대하여 개인회생채권자표에 기하여 강제집행을 할 수 있다.

- 개인회생채권조사확정재판 (동법 제604조).

① 개인회생채권자목록의 내용에 관하여 이의가 있는 개인회생채권자는 제589조의2제4항 또는 제596조제2항제1호에 따른 이의기간 안에 서면으로 이의를 신청할 수 있다. 채무자가 이의내용을 인정하는 때에는 법원의 허가를 받아 개인회생채권자목록을 변경할 수 있다. 이 경우 법원은 조사확정재판신청에 대한 결정을 하지 아니할 수 있다.

② 개인회생절차개시 당시 이미 소송이 계속 중인 권리에 대하여 이의가 있는 경우에는 별도로 조사확정재판을 신청할 수 없고 이미 계속 중인 소송의 내용을 개인회생채권조사확정의 소로 변경하여야 한다.

- 변제계획인가의 효력 (동법 제615조).

① 변제계획은 인가의 결정이 있은 때부터 효력이 생긴다. 다만, 변제계획에 의한 권리의 변경은 면책결정이 확정되기까지는 생기지 아니한다.

② 변제계획인가결정이 있는 때에는 개인회생재단에 속하는 모든 재산은 채무자에게 귀속된다. 다만, 변제계획 또는 변제계획인가결정에서 다르게 정한 때에는 그러하지 아니하다.

③ 변제계획인가결정이 있는 때에는 제600조의 규정에 의하여 중지한 회생절차 및 파산절차와 개인회생채권에 기한 강제집행·가압류 또는 가처분은 그 효력을 잃는다. 다만, 변제계획 또는 변제계획인가결정에서 다르게 정한 때에는 그러하지 아니하다.

▶ '변제계획 또는 변제계획인가결정에서 다르게 정한 때'의 의미

* 동법 제615조 제3항에 따라 채권자의 강제집행, 가압류, 가처분을 실효시킬 경우, 채무자가 이를 임의로 처분하는 것도 모자라 변제계획까지 이행하지 않아 개인회생 채권자들이 큰 손해를 입게 되는 경우가 있다. 법원은 이를 방지하기 위해 변제계획 또는 변제계획인가결정에서 강제집행이 유지되거나 속행하도록 정할 수 있다, 이 경우 강제집행의 효력

은 상실되지 않고 유지된다.

* 예를 들어, 채무자의 성실성이 의심되는 경우(성실한 변제를 통한 경제적 회생보다 는 변제계획인가결정을 통해 부동산 가압류를 해제한 후, 그 부동산을 매각해 매매대금을 빼돌릴 목적으로 개인회생을 신청한 것으로 의심되는 경우)에는 조건부로 변제계획을 인가할 수 있다.

---

* 조건부 변제계획인가결정 내용

"채무자 소유 부동산을 포함한 채무자의 모든 재산에 관하여 개인회생채권에 기한 강제집행, 가압류, 또는 가처분은 채무자 회생 및 파산에 관한 법률 제615조 제3항에도 불구하고 채무자에 대한 면책결정 확정시에 그 효력을 상실한다". 즉 변제계획인가결정에 의한 개인회생 채무 전액을 변제하고 면책결정이 확정된 후에 강제집행, 가압류 또는 가처분을 해제할 수 있다는 의미이다.

* 조건부 변제계획인가결정 대상 채무자

대부분의 개인회생 채무자는 변제기간 동안 매월 일정한 금액을 변제하게 된다. 아래의 경우에는 조건부 변제계획인가결정이 내려질 수 있다.

① 최근에 취업하거나 이직한 상태에서 개인회생을 신청한 채무자

② 근무 직종의 평균 소득보다 낮게 신고한 채무자

③ 변제율이 현저하게 낮게 결정된 채무자

④ 프리렌서 · 영업소득자

⑤ 신청이 성실하지 않은 채무자

* 법원은 변제계획(안)에 대한 보정을 통해 변제기간 중에 재산을 취득하거나 소득이 증가하면(이직 또는 일정 금액 이상 소득이 증가할 경우 포함) 그 금액만큼 더 변제하는 조건으로 변제계획을 인가할 수 있다. 조건부로 변제계획인가를 결정받은 채무자는, 변제계획 인가 후 매년 7월 31일까지(이직 시에는 지체 없이) 법원에 소득과 관련되는 증빙자료를 첨부해 신고해야 한다.

* 전년도 기준으로 변경된 '소득금액증명원'은 매년 7월 1일 이후에 발급받을 수 있다. '지방세세목별과세증명서'도 제출해야 하는데 이를 통해 변제기간 중에 채무자가 취득한 재산내역을 확인할 수 있다.

* 변제계획인가결정 전에 이직 등으로 가용소득이 높아진 경우 법원에 신고해야 한다. 인가 후에 채권자가 이를 발견해 이의제기 할 수 있다.

[tip] 변제계획인가결정과 부동산가압류 취소 신청

* 개인회생은 면책결정 전 단계인 변제계획인가결정 후에는 개인회생채권에 기한 강제집행·가압류 또는 가처분의 효력이 없어진다. 조건부 변제계획인가결정이 아닌 경우, 채무자는 부동산가압류 등 강제집행 중지 상태인 자신의 재산에 대하여 해제 및 집행취소 신청할 수 있다.

* 부동산에 가압류 되었을 경우, 부동산가압류해제신청서, 변제계획인가결정문 정본, 개인회생권자목록 등본, 등록면허세 납부영수증, 등기신청수수료 납부영수증을 제출해야 하고, 채권자목록에 가압류 채권자가 포함되어 있어야 한다. 채권자목록에 부동산 가압류 채권자가 기재되어 있지 않으면 변제계획인가를 받은 채권과 가압류한 채권이 동일한 채권인지 확인할 수 있는 증명서(동일채권 확인서)의 제출을 요구받게 된다.

* 개인회생을 신청할 때 미리 채권자목록에 (가)압류 채권과 동일한 채권이라는 사실을 표시해놓으면 채권자로부터 동일채권 확인서를 발급받을 필요가 없다.

[tip] 우선변제채권(조세, 국민연금, 건강보험 등)이 과다한 채무자의 개인회생

* 조세, 국민연금, 건강보험 체납액 등은 일반채권자보다 우선변제 된다. 실무적으로 개인회생 분할변제 기간 3년의 1/2인 18개월(5년인 경우 30개월) 이내에 우선변제채권이 전액 변제되어야 변제계획인가결정을 받을 수 있다. 반대로 해석하면 3년(5년) 동안 우선변제채권의 2배 정도를 변제할 경우에 변제계획인가결정을 받을 수 있다는 의미이다. 예를 들어, 18개월 이내에 우선변제채권을 변제하지 못하고 25개월 만에 변제할 수 있다면 일반채권자들에 대한 변제기간도 25개월 이상 되어야 한다는 것이다.

[tip] 변제 기간 중 사정의 변경

* 변제계획인가결정에 따른 분할변제를 3회(3개월) 이상 연체할 경우 법원에서 채무자에게 개인회생 폐지예정 통지서를 발송한다. 소득 감소, 사고 등 사정이 발생할 경우 소명서를 제출하고 유예신청을 해야 한다. 직권으로 폐지되는 경우를 방지하기 위해 3회 이상 금액이 연체되기 전에 일부라도 입금하는 것이 좋다.

* 매월 정해진 분할변제 금액 이상의 돈을 입금해도 된다. 초과 입금한 돈은 적립금으로 쌓인다. 채무자의 사정변경으로 나중에 변제금을 입금하지 못할 경우 그 동안 쌓인 유보금으로 채권자에 지급한다.

* 가족이나 지인의 도움으로 목돈이 생겨 분할 변제금을 일시에 변제하고 면책을 원할 경우 일시변제 신청을 해야 한다. 채무자의 진술서, 재산내역 변동 소명자료, 변제자금 출처와 금융자료, 일시변제에 따른 변제계획 수정(안)을 제출해야 한다. 법원은 채무자의 소득과 재산변동 내역 등 일시변제 사유의 타당성을 조사한 후 가부를 결정한다.

● 인가 후의 변제계획변경 (동법 제619조).

① 채무자 · 회생위원 또는 개인회생채권자는 변제계획에 따른 변제가 완료되기 전에는 인가된 변제계획의 변경안을 제출할 수 있다.

② 제1항의 규정에 의한 변제계획변경안에 관하여는 제597조 제2항 · 제611조 · 제613조 · 제614조 · 제615조 제1항 및 제617조의 규정을 준용한다.

● 변제계획인가 전 개인회생절차의 폐지 (동법 제620조).

① 법원은 다음 각호의 어느 하나에 해당하는 때에는 이해관계인의 신청에 의하거나 직권으로 개인회생절차폐지의 결정을 하여야 한다.

1. 개인회생절차의 개시결정 당시 제595조 제1호 · 제5호에 해당한 사실이 명백히 밝혀진 때
2. 채무자가 제출한 변제계획안을 인가할 수 없는 때

② 법원은 다음 각호의 어느 하나에 해당하는 때에는 직권으로 개인회생절차폐지의 결정을 할 수 있다.

1. 제595조 제2호에 해당하는 때
2. 채무자가 정당한 사유 없이 제613조 제2항의 규정에 의한 출석 또는 설명을 하지 아니하거나 허위의 설명을 한 때

● 변제계획인가 후 개인회생절차의 폐지 (동법 제621조).

① 법원은 다음 각호의 어느 하나에 해당하는 때에는 이해관계인의 신청에 의하거나 직권으로 개인회생절차폐지의 결정을 하여야 한다.

1. 면책불허가결정이 확정된 때
2. 채무자가 인가된 변제계획을 이행할 수 없음이 명백할 때. 다만, 채무자가 제624조제2항의 규정에 의한 면책결정을 받은 때에는 그러하지 아니하다.
3. 채무자가 재산 및 소득의 은닉 그 밖의 부정한 방법으로 인가된 변제계획을 수행하지 아니하는 때

② 제1항의 규정에 의한 개인회생절차의 폐지는 이미 행한 변제와 이 법의 규정에 의하여 생긴 효력에 영향을 미치지 아니한다.

[tip] 개인회생 변제기간 종료사건 폐지 및 구제절차

① 폐지결정 대상

변제계획안의 변제기간이 종료된 후 상당한 기간이 경과되었으나 변제금을 미납(3회 미만)하고 있어 면책의 결정을 할 수 없는 개인회생 사건

② 폐지절차

- 송달료 잔액이 있는 경우 ⇒ 폐지예정통지서 송달 ⇒ 폐지결정

- 송달료 잔액이 없는 경우 ⇒ 폐지결정

③ 구제절차

- 폐지결정 공고 후 14일 이내 미납액 전액을 납부하고 즉시항고장 제출

- 폐지결정 확정 후 미납액 전액을 납부하고 추완항고장 제출

● 면책결정 (동법 제624조).

① 법원은 채무자가 변제계획에 따른 변제를 완료한 때에는 당사자의 신청에 의하거나 직권으로 면책의 결정을 하여야 한다.

② 법원은 채무자가 변제계획에 따른 변제를 완료하지 못한 경우에도 다음 각호의 요건이 모두 충족되는 때에는 이해관계인의 의견을 들은 후 면책의 결정을 할 수 있다.

1. 채무자가 책임질 수 없는 사유로 인하여 변제를 완료하지 못하였을 것

2. 개인회생채권자가 면책결정일까지 변제받은 금액이 채무자가 파산절차를 신청한 경우 파산절차에서 배당받을 금액보다 적지 아니할 것

3. 변제계획의 변경이 불가능할 것

③ 제1항 및 제2항의 규정에 불구하고 법원은 다음 각호의 어느 하나에 해당하는 경우에는 면책을 불허하는 결정을 할 수 있다. ☞ 면책 불허가 사유

1. 면책결정 당시까지 채무자에 의하여 악의로 개인회생채권자목록에 기재되지 아니한 개인회생채권이 있는 경우

2. 채무자가 이 법에 정한 채무자의 의무를 이행하지 아니한 경우

④ 법원은 면책의 결정을 한 때에는 그 주문과 이유의 요지를 공고하여야 한다. 이 경우 송달은 하지 아니할 수 있다.

● 면책결정의 효력 (동법 제625조). ☞ 비면책 채권

개인회생을 통한 면책 결정은 확정된 후에 효력이 발생하는데 다음의 청구권에 관하여는 책임이 면제되지 않는다.

① 개인회생채권자 목록에 기재되지 아니한 청구권

② 제583조 제1항 제2호의 규정에 의한 조세 등의 청구권

③ 벌금·과료·형사소송비용·추징금 및 과태료

④ 채무자가 고의로 가한 불법행위로 인한 손해배상

⑤ 채무자가 중대한 과실로 타인의 생명 또는 신체를 침해한 불법행위로 인하여 발생한 손해배상

⑥ 채무자의 근로자의 임금·퇴직금 및 재해보상금

⑦ 채무자의 근로자의 임치금 및 신원보증금

⑧ 채무자가 양육자 또는 부양의무자로서 부담하여야 할 비용

☀ 개인회생채권자목록에 주채권자의 채권이 전액 기재돼 있고 채무자가 개인회생절차에 따른 변제계획을 모두 이행해 법원으로부터 면책결정을 받았다면, 목록에 기재되지 않은 채무자의 연대보증인의 구상금채권(연대보증인의 대위변제에 따라, 채무자에 대하여 가지는 권리)에도 면책 효력이 미친다(서울중앙지방법원 2014가합587861 판결).

- 사기회생죄 (동법 제643조 제1항).

채무자가 자기 또는 타인의 이익을 도모하거나 채권자를 해할 목적으로 다음 어느 하나에 해당하는 행위를 하고, 채무자에 대하여 회생절차개시 또는 간이회생절차개시의 결정이 확정된 경우 그 채무자는 10년 이하의 징역 또는 1억원 이하의 벌금에 처한다.

① 채무자의 재산을 손괴 또는 은닉하거나 회생채권자·회생담보권자·주주·지분권자에 불이익하게 처분하는 행위

② 채무자의 부담을 허위로 증가시키는 행위

③ 법률의 규정에 의하여 작성하여야 하는 상업장부를 작성하지 아니하거나, 그 상업장부에 재산의 현황을 알 수 있는 정도의 기재를 하지 아니하거나, 그 상업장부에 부정의 기재를 하거나, 그 상업장부를 손괴 또는 은닉하는 행위

④「부정수표단속법」에 의한 처벌회피를 주된 목적으로 회생절차개시 또는 간이회생절차개시의 신청을 하는 행위

- 사기회생죄 (동법 제643조 제3항).

채무자가 자기 또는 타인의 이익을 도모하거나 채권자를 해할 목적으로 다음 어느 하나에 해당하는 행위를 하고, 채무자에 대하여 개인회생절차개시의 결정이 확정된 때에는 5년 이하의 징역 또는 5천만 원 이하의 벌금에 처한다.

① 재산을 은닉 또는 손괴하거나 채권자에게 불이익하게 처분하는 행위

② 허위로 부담을 증가시키는 행위

▶ 개인회생 변제계획인가결정 시 '연체정보'등의 해제절차

해당 법원이 개인회생 변제계획인가결정 내용을 신용정보원에 전송함으로써, 개인회생정보가 공공정보로 등록되며, 신용정보원에 등록된 기존의 연체정보 등은 일괄 해제된다. 다만, 해제된 연체정보 등은 등록금액이 일정금액(대출금 1천만 원, 카드대금 5백만 원)을 초과하고 등록사유발생일로부터 90일 이내에 상환되지 못한 경우에는 최장 1년 이내에서 연체

한 기간만큼 이력이 금융기관 등에 제공된다.

▶ 개인회생 절차 진행에 따른 신용정보의 처리

＊ 개인회생 변제계획인가결정

① 연체정보는 해제되고 공공 정보(1301)가 등록된다.

- 등록기관: 법원이 공공정보 등록 시 신용정보원이 연체정보 등 일괄해제

- 사유발생일: 변제계획 인가일

② 채무 보증정보 해제 여부는 변동없다.

＊ 변제계획에 따른 변제 완료

① 공공정보(1301)가 해제된다.

- 등록기관: 법원

- 사유발생일: 변제완료결정일 개인대출정보, 채무보증 정보 해제

- 해제 기관: 해당금융기관

- 사유발생일: 변제완료결정일

▶ 채무자의 배우자 명의 재산의 취급 (기존의 실무 관행)

채무자의 배우자 명의 재산이 특유(고유)재산이 아니고 부부 공동의 노력으로 형성되었을 경우 혼인유지 기간에 따라 통상 그 재산가액의 50%를 채무자 권리로 반영한다. 이때는 채무자 재산 청산가액에 배우자 명의 재산 청산가액을 더한 금액을 변제해야 한다. 그러나 채무자(배우자 포함)의 재산이 있더라도 그 재산의 청산가치를 합한 금액 보다 3년 동안 변제한 총 금액이 많을 경우 나머지 채무를 면책 받을 수 있었다.

▶ 채무자의 배우자 명의 재산의 취급 (서울회생법원 실무준칙 제정)

기존 개인회생 실무상 배우자 명의 재산에 관하여 일단 그 가액의 1/2을 채무자의 청산가치에 산입하도록 하는 경우가 많았으나, 부부재산제도의 기본인 부부별산제를 고려하였을 때 문제가 있는 실무 운용이고, 구체적인 사안에서 채무자의 채권자와 배우자의 채권자 사이에 형평에 맞지 아니하는 결과를 초래하는 것으로 지적되어 왔다. 이에 서울회생법원은 '배우자 명의 재산의 청산가치 산입문제와 관련된 실무준칙'을 제정하여 2020. 11. 24.부터 시행하고 있다.

▶ 서울회생법원 실무준칙 제406호 제2조.

① 준칙 제406호는 개인회생절차에서 배우자 명의 재산의 취급에 관한 사항을 정함을 목적으로 한다.

② 채무자의 배우자 명의로 되어있는 재산(부동산, 자동차, 임차보증금반환채권 등)은 법 제614조 제1항 제4호 본문 및 같은 조 제2항 제1호의 '채무자가 파산하는 때에 배당받을 총액'을 산정할 때 고려하여서는 아니 된다. 다만, 다음 각호의 경우에는 그러하지 아니하다.

1. 제출된 자료 등에 비추어 채무자가 당해 재산을 실질적으로 소유하기 위하여 그 대가를 부담한 명의신탁재산으로 인정되는 경우

2. 채무자가 배우자에게 당해 재산을 처분한 행위에 관하여 부인권 성립 및 행사의 요건이 충족되는 경우

② 법원은 제1항 단서 각호의 경우에 해당한다고 의심할 만한 사정이 있는 때에는 채무자에게 그에 관한 조사를 위하여 필요한 자료를 제출하도록 요구할 수 있다.

* 주의할 점

서울회생법원의 영향력으로 보아 다른 회생법원도 위와 같은 「배우자 명의 재산의 취급」 준칙을 적용할 것으로 기대된다. 다만, 무조건 배우자 명의 재산이 청산가치에서 제외되는 것이 아니다. 위 실무준칙 단서조항에 해당될 경우에는 청산가치에 포함될 수 있다.

[tip] 압류금지채권의 청산가치 산정 제외 관련 법률(주택 임차보증금 중 일정액)

● 압류금지채권 (민사집행법 제246조 제1항 제6호).

주택임대차보호법 제8조, 같은 법 시행령의 규정에 따라 우선변제를 받을 수 있는 금액은 압류가 금지된다.

● 보증금 중 일정액의 보호 (주택임대차보호법 제8조 제1항).

임차인은 보증금 중 일정액을 다른 담보물권자보다 우선하여 변제받을 권리가 있다. 이 경우 임차인은 주택에 대한 경매신청의 등기 전에 제3조제1항의 요건을 갖추어야 한다.

● 대항력 등 (주택임대차보호법 제3조 제1항).

임대차는 그 등기가 없는 경우에도 임차인이 주택의 인도와 주민등록을 마친 때에는 그 다음 날부터 제삼자에 대하여 효력이 생긴다. 이 경우 전입신고를 한 때에 주민등록이 된 것으로 본다.

[예시] 서울특별시에서 전세보증금 1억7천만 원에 거주하는 채무자가 개인회생을 신청했다고 가정하자. 주택임대차보호법 시행령 제10조(보증금 중 일정액의 범위 등)에 따르면, 서울특별시의 경우 전세보증금 1억5천만 원 이하인 임차인이 주택의 인도와 주민등록을 갖추었을 때 보증금 중 일정액인 5천만 원까지 보호(압류금지)된다.

▶ 위 규정은 경·공매절차에서 임차인이 다른 채권자들 보다 보증금 중 일정액을 우선하여 배당받을 수 있는 요건 중 하나이다. 위 채무자는 주택임대차보호법상 보호받는 임차인은 아니다. 그러나 채무자의 전세보증금이 1억5천만 원을 초과했다고 해서 개인회생절차 청산가치 산정 시 1억7천만 원 전액을 포함해야 하는 것은 아니다.

▶ 채무자의 전세보증금 1억7천만 원 중 5천만 원에 대하여 경·공매 절차에서는 우선변제받지 못하지만 개인회생 절차에서는 면제재산으로 신청할 수 있다. 면제재산 결정을 받게 되면 청산가치 산정에서 제외할 수 있다. 잔액 1억2천만 원은 청산가치에 포함시켜야 한다. 전세보증금이 7천만 원인 경우 5천만 원은 면제재산으로 신청하고, 2천만 원은 청산가치에 포함시켜야 한다.

□ 개인회생채권자목록에서 누락된 채권

● 개인회생채권자목록의 수정 (동법 제589조의2).

① 채무자는 개인회생절차개시 결정이 있을 때까지 개인회생채권자목록에 기재된 사항을 수정할 수 있다.

② 제1항에도 불구하고 채무자는 그가 책임을 질 수 없는 사유로 개인회생채권자목록에 누락하거나 잘못 기재한 사항을 발견한 경우에는 개인회생절차개시결정 후라도 법원의 허가를 받아 개인회생채권자목록에 기재된 사항을 수정할 수 있다. 다만, 변제계획인가결정 이후에는 수정할 수 없다.

＊ 실무적으로 변제계획인가결정 전까지 채권자목록을 수정할 수 있으나, 개인회생절차개시 결정 이후에 수정하게 되면 채권자 추가사유 소명, 변제금 총액 증가, 개인회생 폐지에 대한 부담이 발생할 수 있다.

＊ 동법 제625조(면책결정의 효력)

제2항 제1호에 의해 '개인회생채권자목록에 기재되지 아니한 청구권'은 면책되지 않는다. 개인회생채권자목록에서 누락된 채권은 개인파산·면책과 달리 면책확인의 소나 청구이의의 소를 통해 구제받을 수도 없다. 소액이라면 별도로 채무감면을 통해 변제하거나 고액이라면 개인회생절차를 폐지한 후에 다시 신청할 수밖에 없다. 채권 금융회사에 따라 누락된 채권액에 대해 개인회생 변제율 이상 상환하는 조건으로 나머지 채무를 감면해주는 경우도 있기 때문이다.

＊ 개인회생채권자목록에 누락될 가능성이 높은 채권

특별한 경우가 아니면 채무는 저절로 소멸되지 않는다. 오래된 채무일수록 기억도 나지 않는다. 채권자의 독촉이 없다고 해서 채무가 소멸되었다고 착각하면 안 된다. 따라서 개인회생 신청 시 채권자목록을 작성할 때는 ① 공시송달로 소송이 종결된 사건, ② (법인)연대보증채무, ③ 대위변제한 채권, ④ 지인 등 개인채권, ⑤ 양도된 채권 ⑥ 출자자로서 법인의 채무에 대한 제2차 납세의무가 누락된 사실이 없는지 철저하게 확인해야 한다.

특히 일부만 대위변제한 채권의 경우, 대위변제한 채권과 원래의 채권을 모두 채권자목록에 기재해야 한다. 예를 들어, 원금의 80%만 대위변제한 채권 또는 원금 + 약정이자만 대위변제한 채권이 있을 수 있는데, 후자의 경우 연체이자와 약정이자의 차액이 원래의 채권자에게 상환해야할 채무이다.

---

* 법인의 채무에 대한 변제의무 발생

법인 사업체를 운영하다가 도산하여 개인회생을 신청한 채무자는 법인 대출에 대한 연대보증채무와 아래와 같은 경우의 우발채무도 채권자목록에 기재해야 한다.

① 법인 채무에 대해 개인 자격으로 변제각서를 작성해 준 경우

채무자가 법인의 대표이사로 재직하다가 도산했을 경우, 원칙적으로 법인의 채무에 연대보증인으로 입보하지 않는 한 변제할 의무가 없다. 다만, 개인 자격으로 변제각서를 작성해주면 변제의무가 발생하게 된다.

② 출자자의 제2차 납세의무

채무자가 합명회사의 사원, 합자회사의 무한책임사원, 과점주주에 해당될 경우, 체납된 조세와 직원들의 4대 보험에 대한 2차 납세의무가 발생한다.

- 출자자의 제2차 납세의무 (국세기본법 제39조).

법인(대통령령으로 정하는 증권시장에 주권이 상장된 법인은 제외한다. 이하 이 조에서 같다)의 재산으로 그 법인에 부과되거나 그 법인이 납부할 국세 및 강제징수비에 충당하여도 부족한 경우에는 그 국세의 납세의무 성립일 현재 다음 각 호의 어느 하나에 해당하는 자는 그 부족한 금액에 대하여 제2차 납세의무를 진다. 다만, 제2호에 따른 과점주주의 경우에는 그 부족한 금액을 그 법인의 발행주식 총수(의결권이 없는 주식은 제외한다. 이하 이 조에서 같다) 또는 출자총액으로 나눈 금액에 해당 과점주주가 실질적으로 권리를 행사하는 주식 수(의결권이 없는 주식은 제외한다) 또는 출자액을 곱하여 산출한 금액을 한도로 한다.

1. 무한책임사원으로서 다음 각 목의 어느 하나에 해당하는 사원

가. 합명회사의 사원

나. 합자회사의 무한책임사원

2. 주주 또는 다음 각 목의 어느 하나에 해당하는 사원 1명과 그의 특수관계인 중 대통령령으로 정하는 자로서 그들의 소유주식 합계 또는 출자액 합계가 해당 법인의 발행 주식 총수 또는 출자총액의 100분의 50을 초과하면서 그 법인 의 경영에 대하여 지배적인 영향력을 행사하는 자들(이하 "과점주주"라 한다)

가. 합자회사의 유한책임사원

나. 유한책임회사의 사원

다. 유한회사의 사원

---

* 개인파산·면책을 신청할 때도 파산채권자목록에 누락된 채권이 없는지 꼼꼼하게 살펴보아야 한다. 금융회사로부터 장기 연체 채권을 매입해 관리하고 있는 한국자산관리공사, 국민행복기금에 확인해보는 것도 좋은 방법이다. 대리인이 자세히 알 수 없는 채무자의 사정이 있을 수 있기 때문에 수시로 소통하고 확인해야 한다.

☀ 개인회생절차에서 채무자의 위임에 따라 개인회생채권자목록을 작성한 법무사의 과실로 일부 채무가 누락된 상태로 개인회생채권자목록이 제출되고 그에 따라 작성된 변제계획안을 인가하는 결정이 있었다는 사정만으로 즉시 위임인인 채무자의 손해가 발생한다고 할 수는 없고, 향후 채무자가 일부 채무가 누락된 상태로 작성되어 인가된 변제계획의 수행을 완료하고 법원으로부터 면책결정을 받아 변제계획에 포함된 채무를 면책받은 때에 비로소 채무자의 손해가 현실적·확정적으로 발생한다고 할 것이다. 나아가 이때 채무자의 손해는 면책결정 이후에 해당 채권자로부터 채무의 전부 또는 일부를 면제받는 등의 특별한 사정이 없는 한 변제계획에서 누락된 채무의 액수 상당액이다(대법원 2021. 2. 25. 선고 2018다43180 판결).

▶ 채무자의 개인회생절차 불복 방법

법원은 동법 제595조 개인회생절차개시신청의 기각사유 외에 금융회사가 아닌 개인이 채권자목록에 기재된 경우 등 의문점이 있으면 이에 대해 소명하라는 보정명령 또는 보정권고를 하게 된다. 소명자료를 제출하지 못하거나 제출기한을 지키지 못한 경우에는 '개인회생절차개시신청 기각결정'을 하게 된다. 개인회생절차개시결정 후 변제계획인가 전·후에 폐지사유가 발생한 경우에는 '개인회생절차 폐지결정'을 하게 된다.

▶ 개인회생절차개시신청이 기각되거나 개인회생 폐지결정이 있을 때 → 즉시항고 할 수 있다. 법원으로부터 결정문을 송달받았을 때는 그 다음 날부터 1주일 이내에, 법원에서 공고한 경우에는 공고가 있은 날로부터 14일 이내에 즉시항고장을 제출해야 한다. 즉시항고가 인용되면 항고법원은 파기환송, 개인회생절차기각취소결정, 개인회생절차폐지취소결정을 하게 된다. 즉시항고 기간을 지키지 못한 경우에는 기각사유를 정비하여 개인회생을 다시 신청하는 방법도 있다.

● 즉시항고 (동법 제13조).

즉시항고는 재판의 공고가 있는 때에는 그 공고가 있은 날부터 14일 이내에 하여야 한다. 즉시항고는 집행정지의 효력이 있다.

● 개인회생절차폐지결정에 대한 즉시항고 (동법 제623조).

개인회생절차폐지의 결정에 대하여는 즉시항고를 할 수 있다. 제247조 제4항 내지 제7항의 규정은 개인회생절차폐지의 결정에 대한 즉시항고에 관하여 이를 준용한다.

● 면책결정 등에 관한 즉시항고 (동법 제627조).

면책 여부의 결정과 면책취소의 결정에 대하여는 즉시항고를 할 수 있다.

* 동법 제627조는 "면책 여부의 결정과 면책취소의 결정에 대하여는 즉시항고를 할 수 있다."라고 규정할 뿐 면책취소신청 기각결정에 대하여는 아무런 규정을 두고 있지 아니하므로, 이에 대하여는 즉시항고를 할 수 없고, 민사소송법 제449조 제1항의 특별항고만 허용될 뿐이다(대법원 2016. 4. 18.자 2015마2115 결정).

● 특별항고 (민사소송법 제449조).

불복할 수 없는 결정이나 명령에 대하여는 재판에 영향을 미친 헌법위반이 있거나, 재판의 전제가 된 명령·규칙·처분의 헌법 또는 법률의 위반여부에 대한 판단이 부당하다는 것을 이유로 하는 때에만 대법원에 특별항고(특별항고)를 할 수 있다. 특별항고는 재판이 고지된 날부터 1주 이내에 하여야 한다. 특별항고 기간은 불변기간으로 한다.

▶ 개인회생 채권자의 이의 신청

개인회생절차의 경우 법인회생절차와 달리 채권자의 동의는 필수요소가 아니다. 다만, 개인회생채권자는 채무자의 개인회생 신청에 관하여 다음과 같은 사유로 이의를 제기할 수 있다.

① 채무자가 신고한 개인회생채권의 내용이 상이한 경우.

② 채권이 양도되거나 대위 변제되어 기존 채권에 변동이 생긴 경우.

* 이를 방지하기 위해 양도된 채권에 대해서는 양수한 채권자 명의를 개인회생채권자 목록에 기재해야 된다. 다만, 대위변제 된 채권은 구상금채권자의 대위채권과 원채권자의 잔존채권(이자 등)을 분할해서 기재해야 한다.

③ 채무자의 개인회생 신청이 불성실한 경우.

채권자의 이의신청에 대하여 채무자는 근거자료를 첨부한 답변서를 제출하는 등 적극적으로 소명해야 한다. 채무자의 소명이 없거나 타당하지 않은 경우 채권자의 이의신청은 변제계획불인가 사유가 될 수 있다.

④ 동법 제625조(면책결정의 효력) 제4항 채무자가 고의로 가한 불법행위로 인한 손해배상에 해당될 경우 비면책 채권이다. 변제의사나 능력 없이 대출을 받아 변제하지 않거나 용도사기에 의한 대출인 경우 불법행위로 인한 손해배상책임 대상이다. 이에 대해 채권자가 이의제기할 수 있다.

● 개인회생채권자집회 (동법 제613조).

① 법원은 개인회생채권자집회의 기일과 변제계획의 요지를 채무자·개인회생채권자 및 회생위원에게 통지하여야 한다.

② 채무자는 개인회생채권자집회에 출석하여 개인회생채권자의 요구가 있는 경우 변제계획에 관하여 필요한 설명을 하여야 한다.

③ 개인회생채권자집회는 법원이 지휘한다.

④ 회생위원이 선임되어 있는 때에는 법원은 회생위원으로 하여금 개인회생채권자집회를 진행하게 할 수 있다.

⑤ 개인회생채권자는 개인회생채권자집회에서 변제계획에 관하여 이의를 진술할 수 있다.

□ 부인권의 행사

▶ "부인권"이란 채무자가 회생채권자 또는 회생담보권자를 해하는 것을 알고 법률행위를 하거나 채권자들의 평등을 해하는 행위를 했을 때, 그 법률행위의 효력을 부인해서 재산을 원상으로 회복시킬 수 있는 관리인(파산관재인)의 권리이다.

▶ '부인의 소'를 통해 원상회복된 재산은 청산가치에 포함시키거나(개인회생), 경매 매각 절차를 통해 채권자들에게 공평하게 배당해준다(개인파산).

● 부인할 수 있는 행위 (동법 제100조).

① 관리인(채무자)은 회생절차개시 이후 채무자의 재산을 위하여 다음 각호의 행위를 부인할 수 있다.

1. 채무자가 회생채권자 또는 회생담보권자를 해하는 것을 알고 한 행위. 다만, 이로 인하여 이익을 받은 자가 그 행위 당시 회생채권자 또는 회생담보권자를 해하는 사실을 알지 못한 경우에는 그러하지 아니하다.

＊ 채무자가 회생채권자 또는 회생담보권자를 해하는 행위의 종류

- 이혼하면서 재산분할청구권을 포기(채무자의 재산을 배우자에게 증여) 한 후에 개인회생을 신청한 경우.

- 상속협의분할에 의해 채무자의 상속지분에 대한 권리를 포기한 후에 개인회생을 신청한 경우

.- 채무자 소유 재산을 가족 등 타인 명의로 이전하거나 근저당권을 설정해준 후에 개인회생을 신청한 경우.

---

2. 채무자가 지급의 정지, 회생절차개시의 신청 또는 파산의 신청이 있은 후에 한 회생채권자 또는 회생담보권자를 해하는 행위와 담보의 제공 또는 채무의 소멸에 관한 행위. 다만, 이로 인하여 이익을 받은 자가 그 행위 당시 지급의 정지등이 있는 것 또는 회생채권자나 회생담보권자를 해하는 사실을 알고 있은 때에 한한다.

3. 채무자가 지급의 정지 등이 있은 후 또는 그 전 60일 이내에 한 담보의 제공 또는 채무의 소멸에 관한 행위로서 채무자의 의무에 속하지 아니하거나 그 방법이나 시기가 채무자의 의무에 속하지 아니한 것. 다만, 채권자가 그 행위 당시 채무자가 다른 회생채권자 또는 회생담보권자와의 평등을 해하게 되는 것을 알지 못한 경우(그 행위가 지급의 정지등이 있은 후에 행한 것인 때에는 지급의 정지등이 있은 것도 알지 못한 경우에 한한다)에는 그러하지 아니하다.

4. 채무자가 지급의 정지등이 있은 후 또는 그 전 6월 이내에 한 무상행위 및 이와 동일시할 수 있는 유상행위

② 제1항의 규정은 채무자가 제140조 제1항 및 제2항의 청구권에 관하여 그 징수의 권한을 가진 자에 대하여 한 담보의 제공 또는 채무의 소멸에 관한 행위에 관하여는 적용하지 아니한다.

- 부인권 (동법 제584조).

① 제3편 제3장 제2절(부인권)은 개인회생절차에 관하여 준용한다.

② 부인권은 채무자가 행사한다.

③ 법원은 채권자 또는 회생위원의 신청에 의하거나 직권으로 채무자에게 부인권의 행사를 명할 수 있다.

④ 회생위원은 부인권의 행사에 참가할 수 있다.

⑤ 부인권은 개인회생절차개시결정이 있은 날부터 1년이 경과한 때에는 행사할 수 없다. 제391조 각호의 행위를 한 날부터 5년이 경과한 때에도 같다.

[tip] 사해행위취소소송 진행 중, 소외 채무자가 개인회생 또는 개인파산 · 면책을 신청한 경우와 부인권

- 예를 들어, '상속협의분할'을 원인으로 채무자를 제외한 상속인 명의로 부동산소유권이 전등기 할 경우, 채권자는 해당 부동산의 소유권을 이전받은 상속인들을 상대로 사해행위

취소소송을 제기하게 된다. 채무자와 피고는 가족관계 이므로 응소전략을 함께 수립한다.
- 피고들의 패소가 확실시 될 경우 소외 채무자는 소송을 중단시키기 위해 개인회생을 신청할 수 있다. 채권자의 이의 신청으로 개인회생절차개시신청이 기각될 경우에는 즉시항고할 수 있다.
- 채무자는 평등변제 명분으로 상속지분 가액을 청산가치에 산입하고 변제계획(안)에 포함시킬 수 있다. 개인회생 변제계획을 통해(개인파산 재산 매각절차를 통해) 모든 채권자들에게 평등하게 변제하고 면책을 신청할 수 있기 때문이다.
- 채무자가 신고한 회생채권에 대해 채권자의 이의가 있을 경우 채권조사확정재판을 신청할 수 있으며(동법 제170조 제1항), 그 재판에 불복하는 자는 채권조사확정재판에 대한 이의의 소를 제기할 수 있다(동법 제171조 제1항).

▶ 세부 절차

① 채권자취소권 행사 대상일 경우 채권자는 수익자・전득자를 상대로 사해행위취소소송을 제기하게 된다. 피고의 패소가 확실할 경우 소외 채무자는 급히 개인회생이나 개인파산을 신청한다.

② 채무자가 개인회생(개인파산)을 신청하면 개시결정(파산선고)이(가) 내려질 수 있다. 이 경우 사해행위취소소송은 수계 또는 개인회생절차의 종료에 이르기까지(파산절차의 종료에 이르기까지) 중단된다. 채권자가 가장 싫어하는 상황이나 채무자 입장에서는 검토해볼 만한 전략이다.

③ 이때 채무자는 자신을 관리인으로 하는 소송수계신청을 할 수 있다(동법 제74조). 개인파산의 경우 파산관재인이 소송을 수계하게 된다(동법 제406조).

④ 개인회생의 경우 채무자가 관리인이 되고, 원고인 채권자의 지위를 수계하여 피고들(수익자・전득자)과 다투게 된다는 의미이다.

⑤ 이 경우 원고(채권자)의 소송상 지위를 수계한 채무자는 사해행위취소소송에 매우 소극적으로 임하게 된다. 법원은 동법 제100조의 부인할 수 있는 행위에 대해 관리인(채무자)에게 부인권 행사를 명할 수 있다. 원고는 보조참가 하여 소송수계인인 채무자로 하여금 사해행위취소소송의 청구취지를 '부인의 소'로 교환적으로 변경하게 한다.

⑥ 한편, 개인파산 사건의 파산관재인이 부인할 수 있는 행위는 동법 제391조에 규정하고 있다.

[tip] 사해행위취소소송 진행 중, 피고(수익자・전득자)가 개인회생을 신청한 경우
위 사례와 달리 수익자・전득자에 대한 가액배상청구권은 회생절차 개시 전의 원인으로

생긴 재산상의 청구권으로 볼 수 없어 공익채권에 해당된다. 따라서 사해행위취소소송 판결이 확정될 경우 피고가 회생계획과 무관하게 가액배상금을 임의변제 하거나, 채권자가 이에 기해 피고의 재산에 대해 강제집행 할 수 있다.

☀ 수익자 또는 전득자가 사해행위취소로 인한 원상회복으로서 가액배상을 하여야 함에도, 수익자 또는 전득자에 대한 회생절차개시 후 회생재단이 가액배상액 상당을 그대로 보유하는 것은 취소채권자에 대한 관계에서 법률상의 원인 없이 이익을 얻는 것이 되므로 이를 부당이득으로 반환할 의무가 있고, 이는 수익자 또는 전득자의 취소채권자에 대한 가액배상의무와 마찬가지로 사해행위의 취소를 명하는 판결이 확정된 때에 비로소 성립한다고 보아야 한다. 따라서 설령 사해행위 자체는 수익자 또는 전득자에 대한 회생절차개시 이전에 있었더라도, 이 경우의 사해행위취소에 기한 가액배상청구권은 채무자회생법 제179조 제1항 제6호의 '부당이득으로 인하여 회생절차개시 이후 채무자에 대하여 생긴 청구권'인 공익채권에 해당한다(대법원 2019. 4. 11. 선고 2018다203715 판결)

▶ 개인회생 사건의 개인파산 절차로의 전환 (서울회생법원 실무준칙 제407호)

개인파산절차를 진행하여야 할 상황에 있는 채무자가 개인회생을 신청한 경우에 보정명령을 통해 개인회생의 취하 및 개인파산의 신청을 권유할 수 있다.

* 대상 사건

① 개인회생 사건 중 채무자의 수입이 국민기초생활보장법 제6조의 규정에 따라 공표된 개인회생절차 개시신청 당시의 기준 중위소득에 100분의 60을 곱한 금액에 미치지 못하는 것으로 보이는 사건

② 채무자가 수입을 장래에 계속적·반복적으로 얻을 가능성이 있다고 보기 어려운 사건

③ 위 ① 또는 ②에 해당하는 사건이라고 하더라도 개인파산절차의 면책불허가 사유가 있는 것으로 보이는 경우, 또는 개인회생절차에서는 면책될 수 있으나 개인파산절차에서는 면책될 수 없는 채무를 부담하고 있는 경우 등에는 절차 전환에 관한 보정명령 대상에서 제외한다.

□ 개인회생절차에 관한 판례

☀ 개인회생채권에 대한 이행의 소 제기

개인회생절차개시의 결정이 내려진 후에 새로이 개인회생채권자목록에 기재된 개인회생채권에 기하여 이행의 소를 제기하는 것은 허용되지 아니한다. 다만, 개인회생절차개시의 결정 당시 개인회생채권자목록에 기재된 개인회생채권에 관한 소가 이미 제기되어 있는 경우에는 그에 관한 소송행위를 할 수 있다.

동법 제32조 제3호, 제589조 제2항은 개인회생채권자목록의 제출에 대하여 시효중단의 효력이 있다고 규정하고 있고 그에 따른 시효중단의 효력은 특별한 사정이 없는 한 개인회생절차가 진행되는 동안에는 그대로 유지되므로, 개인회생채권자목록에 기재된 개인회생채권에 대하여는 소멸시효의 중단을 위한 소송행위를 허용하는 예외를 인정할 필요가 있다고 할 수도 없다. 이러한 법리는 개인회생채권자목록에 기재된 개인회생채권에 관하여 개인회생절차개시의 결정 전에 이미 확정판결이 있는 경우에도 마찬가지로 적용된다(대법원 2013. 9. 12. 선고 2013다42878 판결).

☀ 개인회생채권에 대한 사해행위취소의 소 제기

개인회생절차 개시결정이 내려진 후에는 채무자가 부인권을 행사하고, 법원은 채권자 또는 회생위원의 신청에 의하거나 직권으로 채무자에게 부인권의 행사를 명할 수 있으며, 개인회생채권자가 제기한 채권자취소소송이 개인회생절차 개시결정 당시에 계속되어 있는 때에는 그 소송절차는 수계 또는 개인회생절차의 종료에 이르기까지 중단된다. 이러한 규정 취지와 집단적 채무처리절차인 개인회생절차의 성격, 부인권의 목적 등에 비추어 보면, 개인회생절차 개시결정이 내려진 후에는 채무자가 총채권자에 대한 평등변제를 목적으로 하는 부인권을 행사하여야 하고, 개인회생채권자목록에 기재된 개인회생채권을 변제받거나 변제를 요구하는 일체의 행위를 할 수 없는 개인회생채권자가 개별적 강제집행을 전제로 하여 개개의 채권에 대한 책임재산의 보전을 목적으로 하는 채권자취소소송을 제기할 수는 없다(대법원 2010. 9. 9. 선고 2010다37141 판결).

☀ 개인회생변제계획인가와 소멸시효 중단 효력

개인회생절차에서 개인회생채권자목록이 제출되거나 그 밖에 개인회생채권자가 개인회생절차에 참가한 경우에는 시효중단의 효력이 있고 (동법 제32조 제3호, 제589조 제2항), 시효중단의 효력은 특별한 사정이 없는 한 개인회생절차가 진행되는 동안에는 그대로 유지된다. 개인회생절차에서 변제계획인가결정이 있더라도 변제계획에 따른 권리의 변경은 면책결정이 확정되기까지는 생기지 않으므로(동법 제615조 제1항), 변제계획인가결정만으로는 시효중단의 효력에 영향이 없다(대법원 2019. 8. 30. 선고 2019다235528 판결).

* 위 판례는, 개인회생채권자목록 제출 등 개인회생절차 참가로 인한 시효중단의 효력이 변제계획인가결정으로 소멸되지는 않는다는 내용이다. 개인회생 채무를 모두 변제해야 채무가 소멸되고, 변제계획에 따른 권리의 변경은 면책결정이 확정되기 전까지는 생기지 않기 때문이다. 개인회생절차의 경우 채권자목록을 제출한 시점(개인회생 신청 시)에 소멸시효가 중단된다. 주채무자의 개인회생절차가 계속 진행 중인 이상 시효중단의 효력은 그대로 유지되며, 연대보증인에게도 시효중단의 효력이 있다.

☀ 법인 · 일반 회생계획인가결정과 소멸시효 중단 효력

시효중단의 효력은 회생절차 참가라는 권리행사가 지속되는 한 그대로 유지되는데, 후에 회생계획에 의하여 채무의 전부 또는 일부가 면제되거나 이율이 경감된 경우에 그 면제 또는 경감된 부분의 채무는 회생계획의 인가결정이 확정된 때 소멸하게 됨에 따라 그 시점에서 채권자의 회생절차에서의 권리행사가 종료되므로 그 부분에 대응하는 물상보증인에 대한 권리의 소멸시효는 위 인가결정 확정시부터 다시 진행한다. 그러나 회생계획에 의해서도 채무가 잔존하고 있는 경우에는 회생절차 참가에 의한 시효중단의 효력이 그대로 유지되므로 그 회생절차의 폐지결정 또는 종결결정이 확정되어 회생절차에서 한 권리행사가 종료되면 그 시점부터 중단되어 있던 소멸시효가 다시 진행한다(대법원 2007. 5. 31. 선고 2007다11231 판결).

☀ 한편 회사정리법 제245조 제1항에 의하면, 정리계획인가의 결정이 확정된 때 정리채권 또는 정리담보권에 기하여 정리계획의 규정에 의하여 인정된 권리에 관하여는, 그 정리채권자표 또는 정리담보권자표의 기재가 회사, 신회사, 정리채권자, 정리담보권자, 회사의 주주와 정리를 위하여 채무를 부담하거나 또는 담보를 제공하는 자에 대하여 확정판결과 동일한 효력이 있으므로, '정리계획의 규정에 의하여 인정된 권리'에 대하여는 민법 제165조가 적용되어 그 소멸시효기간이 10년으로 연장된다(민법 제165조 제1항, 제2항). 그러나 정리계획에 의하여 정리채권 또는 정리담보권의 전부 또는 일부가 면제되거나 감경된 경우에 면제 또는 감경된 부분에 대한 권리는 '정리계획의 규정에 의하여 인정된 권리'라고 할 수 없으므로, 그 소멸시효기간은 민법 제165조에 의하여 10년으로 연장된다고 할 수 없다(대법원 2017. 8. 30.자 2017마600 결정).

☀ '이행할 수 없음이 명백한 때'의 판단 기준

법원이 채무자가 인가된 변제계획을 이행할 수 없음이 명백한지 여부를 판단함에 있어서는, 인가된 변제계획의 내용, 당시까지 변제계획이 이행된 정도, 채무자가 변제계획을 이행하지 못하게 된 이유, 변제계획의 이행에 대한 채무자의 성실성의 정도, 채무자의 재정상태나 수입 및 지출의 현황, 당초 개인회생절차개시 시점에서의 채무자의 재정상태 등과 비교하여 그 사이에 사정변경이 있었는지 여부 및 채권자들의 의사 등 여러 사정을 종합적으로 고려할 것이나, 단순히 변제계획에 따른 이행 가능성이 확고하지 못하다거나 다소 유동적이라는 정도의 사정만으로는 '이행할 수 없음이 명백한 때'에 해당한다고 할 것은 아니다.

한편 개인회생절차폐지결정에 대하여 즉시항고가 제기된 경우, 항고심으로서는 그 속심적 성격에 비추어 '항고심 결정 시'를 기준으로 당시까지 발생한 사정까지 고려하여 판단하여야 하고, 필요할 경우에는 변론을 열거나 당사자와 이해관계인, 그 밖의 참고인을 심문한 다음 항고의 당부를 판단할 수도 있다(대법원 2017. 1. 25. 자 2016마1765 결정).

☀ 회생담보권자라고 판단되는 근저당권자라 할지라도 개인회생개시결정 후에 배당금을 수령하는 방법으로 우선적인 권리를 행사하는 것도 인정되지 않는다(대법원 2018. 11. 29. 선고 2017다286577 판결).

■ 개인회생절차의 장·단점

□ 개인회생절차의 장점

▶ 채권자의 동의 없이 소득, 재산, 부채 규모 등에 따라 이자 전액뿐만 아니라 원금도 최대 90%까지 탕감 받을 수 있다.

▶ 사채 및 사금융을 포함한 모든 채무를 조정대상으로 하며 보증채무도 포함된다.

▶ 낭비, 도박으로 채무가 늘어난 경우에도 제한적으로 가능하다.

▶ 중지·금지명령을 통해 경매, 압류 추심 등 강제집행이 중지된다. 변제독촉과 채무자의 재산에 대한 보전조치도 금지된다.

▶ 특별한 사정이 없는 한 3년이라는 비교적 짧은 기간 내에 분할변제 함으로써 잔여채무를 면책 받고 신용을 회복할 수 있다. 고령자·장애인 등 채무자의 사정에 따라 3년 미만의 변제기간을 정할 수도 있다.

▶ 개인파산과 달리 공무원 신분, 회사 임원지위 등 직장인 신분을 유지할 수 있다.

▶ 월 평균 수입에서 가구별 기준 중위소득의 60%를 최저생계비로 보장하고 남은 금액만 상환하기 때문에 최소한의 생계유지가 가능하다.

▶ 변제계획 이행 중에도 채무자 명의로 재산을 보유하거나 증식할 수도 있다.

□ 개인회생절차의 단점

▶ 개인회생절차 진행 중에는 일반적인 통장거래와 체크카드 사용은 가능하나 신용카드 발급, 신용대출, 휴대폰 할부개통 등 신용거래가 불가능하다.

▶ 재취업 시 신용도를 입사 요건으로 판단하는 회사에 취업하기 힘들다.

▶ 주채무자만 개인회생을 신청할 경우 연대보증인은 보호되지 않는다.

▣ 개인파산 · 면책

[사례] 백모 씨는 IT 전문가 소모 씨와 법인 벤처기업을 공동 운영했다. 백모 씨가 자본금전액을 출자하고 소모 씨가 기술개발을 주도하였는데 2001. 5. 28. 상용화 실패로 도산하였다. 백모 씨는 전 재산을 날리고 2005년에 이혼하였다.

2021. 6. 30. 부터 화성시 변두리 지역에서 월세보증금 4천5백만 원(월세 50만 원 / 2018. 10. 5. 임대인의 채권자 홍모 씨 명의 근저당권 7천만 원 설정)에 장애인인 아들과 함께 살고 있다. 아들이 근로능력이 없어 백 대표의 일용직 소득으로 생계를 유지하고 있는데 재기의 희망이 보이지 않는다.

재산이라고는 월세보증금과 중고 소형 트럭, 소액 예금밖에 없다. 특별한 기술이 없고 경기침체와 62세라는 나이 때문에 일용직 일자리도 구하기 어렵다. 연간 수입이 1천2백만 원에 불과하다. 아직까지 변제하지 못한 개인채무와 연대보증채무가 10여개 채권기관과 조세를 포함해 총 15억 원에 달한다. 대표이사이었던 백모 씨가 대부분의 법인채무에 개인 연대보증인으로 입보했던 것이다. 백모 씨의 능력으로는 도저히 갚을 수 없는데도 추심원의 압박과 독촉은 20년째 이어지고 있다. 개인파산 · 면책을 통해 채무상환 부담에서 벗어나고 싶다. 방법이 없을까?

□ 결론 및 법리

▶ 백모 씨는 개인파산 · 면책 신청 및 파산선고의 주요 조건을 갖추고 있다. 보유하고 있는 자산보다 부채가 훨씬 많고, 소득이 없거나 일정치 않아 1년에 3~4개월은 기본적인 생계마저 위협받고 있을 것으로 추정된다. 이전에 개인파산으로 면책을 받았거나 개인회생으로 면책 받은 사실도 없다. 재산의 은닉 · 채권자에게 불이익한 행위 · 과다한 낭비 · 허위진술 등 면책 불허가 사유가 될 만한 행위를 한 사실이 없다면 적극적으로 개인파산 · 면책을 신청할 필요가 있다.

▶ 파산신청과 동시 또는 파산선고 후 14일 이내에 면제재산목록 및 소명에 필요한 자료를 첨부하여 서면으로 채무자 회생 및 파산에 관한 법률 제383조와 시행령 제16조에 의한 면제

재산으로 신청해야 한다. 백모 씨의 월세보증금 4천5백만 원 중 4천3백만 원은 면제재산으로 신청할 수 있다. 잔액 2백만 원은 파산재단 재산으로 귀속시켜야 한다. 2021. 5. 11. 부터 개정·시행 중인 주택임대차보호법에 따르면, 화성시 거주자는 임차보증금이 1억3천만 원 이하인 경우에 보증금 중 일정액인 4천3백만 원까지 면제재산으로 인정받을 수 있기 때문이다. 물론 대법원 2001다84824 판결(근저당권 등 최선순위 말소기준권리 등기일 당시에 시행 중이었던 주택임대차보호법 규정에 의해 소액임차인을 보호해야 한다는 내용)의 적용 배제 등 법원의 허가를 받아야 한다.

▶ 상가임대차보호법에 의해 보호되는 임차보증금에 대한 면제재산 신청 가능 여부

상가건물을 임차해 영업을 하고 있는 채무자의 경우 상가임대차보호법에 의해 보호를 받는 임차인에 해당되더라도 면제재산으로 신청할 수 없다. 예를 들어, 채무자가 화성 시 지역에서 소액인 보증금 3천만 원에 상가건물을 임차해 영업을 하고 있더라도 면제재산으로 신청할 수 없다. 채무자가 개인회생 신청할 경우 보증금 3천만 원은 청산가치에 반영해야 한다. 개인파산·면책 신청 시에도 파산재단 재산으로 귀속시켜야 한다. 상가건물 임차보증금과 거주에 필수적인 주택 임차보증금의 보호가치를 달리 보는 것이다.

▶ 백모 씨는 장애인인 아들을 부양하고 있으므로 이와는 별도로 6개월간의 생계비에 사용할 특정한 재산으로서 1천110만 원까지 면제재산으로 신청할 수 있다. 면제재산으로 인정받으면 해당 금액만큼 소유자산 청산가치 산정에서 제외된다. 최소한 인간으로서 누려야 할 기본권을 보장해준다는 개념이다.

▶ 백모 씨에게 일정규모 이상의 재산이 남아있는 경우에는 재산을 매각하여 채권자들에게 배당까지 마친 후 파산절차 종결결정을 하게 된다. 파산절차 폐지결정과 종결결정이 이루어진 이후 백모 씨에 대한 면책여부에 관해 판단을 하게 되는 데 이를 '이시폐지 및 종결'이라고 한다. 백모 씨에게 면책을 불허가할 만한 특별한 사유가 없다면 면책은 결정될 것이고 나머지 채무변제 부담에서 벗어날 수 있을 것이다. 다만 채무자 회생 및 파산에 관한 법률 제566조에 의한 조세는 면책되지 않는다.

- 파산재단에 속하지 아니하는 재산 (동법 제383조).

① 압류할 수 없는 재산은 파산재단에 속하지 아니한다.

② 법원은 개인인 채무자의 신청에 의하여 다음 어느 하나에 해당하는 재산을 파산재단에서 면제할 수 있다.

1. 채무자 또는 그 피부양자의 주거용으로 사용되고 있는 건물에 관한 임차보증금반환청구권으로서 「주택임대차보호법」 제8조(보증금중 일정액의 보호)의 규정에 의하여 우선변제를 받을 수 있는 금액의 범위 안에서 대통령령이 정하는 금액을 초과하지 아니하는 부분

2. 채무자 및 그 피부양자의 생활에 필요한 6월간의 생계비에 사용할 특정한 재산으로서 대통령령이 정하는 금액을 초과하지 아니하는 부분

③ 제2항의 규정에 의한 신청은 파산신청일 이후 파산선고 후 14일 이내에 면제재산목록 및 소명에 필요한 자료를 첨부한 서면으로 하여야 한다.

④ 법원은 파산선고 전에 제2항의 신청이 있는 경우에는 파산선고와 동시에, 파산선고 후에 제2항의 신청이 있는 경우에는 신청일부터 14일 이내에 면제 여부 및 그 범위를 결정하여야 한다.

⑤ 제4항의 규정에 의한 결정이 있는 때에는 법원은 채무자 및 알고 있는 채권자에게 그 결정서를 송달하여야 한다.

⑥ 제4항의 규정에 의한 결정에 대하여는 즉시항고를 할 수 있다.

⑦ 제6항의 규정에 의한 즉시항고는 집행정지의 효력이 없다.

⑧ 법원은 파산선고 전에 면제신청이 있는 경우에 채무자의 신청 또는 직권으로 파산선고가 있을 때까지 제2항의 면제재산에 대하여 파산채권에 기한 강제집행, 가압류 또는 가처분의 중지 또는 금지를 명할 수 있다.

⑨ 면제결정이 확정된 때에는 제8항의 규정에 의하여 중지한 절차는 그 효력을 잃는다.

⑩ 제4항의 규정에 의하여 면제되는 재산에 대하여는 제556조 제1항의 규정에 따라 면책신청을 할 수 있는 기한까지는 파산채권에 기한 강제집행, 가압류 또는 가처분을 할 수 없다.

● 면제재산 (동법 시행령 제16조).

① 법 제383조 제2항 제1호에 따라 파산재단에서 면제할 수 있는 임차보증금반환청구권의 상한액은 「주택임대차보호법 시행령」 제10조 제1항에서 정한 금액으로 하되, 그 금액이 주택가격의 2분의 1을 초과하는 경우에는 주택가격의 2분의 1로 한다.

② 법 제383조 제2항 제2호에서 "대통령령이 정하는 금액"이란 1천110만 원을 말한다.

▶ 주의할 점.

- 백모 씨의 채무는 발생 시점이 2001년 경으로 20년이 경과되었다. 너무 오래되었을 뿐만 아니라 채권자 숫자도 많아 정확한 내용이 기억나지 않을 수 있다. 일반적인 금융 채무와 조세 체납정보는 채무불이행자정보 등록사유 발생일로부터 7년이 경과하면 기록이 삭제된다.

- 백모 씨의 경우 등록된 채무불이행자정보가 모두 삭제되었을 것이고 이를 통해 정확한 채권자 현황을 확인할 수는 없다. 오로지 기억에 의존해야 하는데 한계가 있을 수밖에 없다. 대위변제기관(보증기금, 보증보험, 지역신용보증재단, 공제조합)에서 대신 변제한 채무는 채권자 명의를 최초에 대출받은 금융회사가 아니라 대위변제기관으로 신고해야 한다. 채권이 양도된 경우 양수인을 채권자로 기재해야 한다. 이를 모르고 최초에 대출받은 금융회사를 채권자로 신고하거나 해당 채권을 아예 누락시키는 경우가 많다.

- 금융회사는 대위변제기관으로부터 변제 받아 잔존채권(이자)이 없거나 소액인 경우 채무자에게 더 이상 독촉장을 발송하지 않는다. 대위변제한 기관이 파산채권자 목록에서 누락되었을 경우 해당 채무는 면책대상 채권에서 제외된다. 개인회생의 경우에도 마찬가지이다.

▶ 파산채권자목록에 누락된 채권

동법 제566조(면책의 효력) 제7호에 의해 '채무자가 악의로 채권자목록에 기재하지 아니한 청구권'은 면책되지 않는다. 다만, 채권자가 파산선고가 있음을 안 때에는 그러하지 아니하다'. 여기에서 채무자의 악의란 '채무의 존재사실을 알고 있었던 경우'로 이해하면 된다. 선의라면(과실이 있더라도) 채권자목록에 기재하지 않았더라도 소 제기를 통해 면책받을 수 있다. 반대로 과실이 없더라도 악의이면 면책되지 않는다.

① 파산선고 전·후를 막론하고 최종적으로 면책결정을 받기 전까지는 채권자목록경정신청을 통해 누락된 채권을 파산채권자목록에 포함시킬 수 있다. 면책결정 이후에는 추가할 수 없다. 면책은 1회에 한한다. 면책 신청이 불허가 될 경우 면책을 재신청 할 수 없다.

② 선의인 채무자가 면책결정을 받고 난 후에 누락된 채권의 존재를 알게 되었다면(집행권원이 없는 상태) 채권자를 상대로 면책확인의 소를 제기해야 한다.

③ 선의인 채무자가 면책결정을 받고 난 후에, 파산채권자목록에 누락된 채권의 집행권원에 기초한 강제집행(채권압류 및 추심명령 등)을 당한 경우에는 채권자를 상대로 청구이의의 소를 제기해야 한다.

● 배당이의의 소 등 (민사집행법 제154조 제2항).

집행력 있는 집행권원의 정본을 가진 채권자에 대하여 이의한 채무자는 청구이의의 소를 제기하여야 한다.

☀ 집행권원이 있는 채권자를 파산채권자목록에 기재하지 않은 채무자의 비면책채권에 대한 청구이의소송 제기

파산채무자에 대한 면책결정의 확정에도 불구하고 어떠한 채권이 비면책채권에 해당하는지 여부 등이 다투어지는 경우에 채무자는 면책확인의 소를 제기함으로써 권리 또는 법률상 지위에 현존하는 불안·위험을 제거할 수 있다. 그러나 면책된 채무에 관한 집행권원을 가지고 있는 채권자에 대한 관계에서 채무자는 청구이의의 소를 제기하여 면책의 효력에 기한 집행력의 배제를 구하는 것이 법률상 지위에 현존하는 불안·위험을 제거하는 유효적절한 수

단이 된다. 따라서 이러한 경우에도 면책확인을 구하는 것은 분쟁의 종국적인 해결 방법이 아니므로 확인의 이익이 없어 부적법하다(대법원 2017. 10. 12. 선고 2017다17771 판결).

[tip] 특히 집행권원을 득하기 위한 대여금·구상금청구소송에서 소장 부본·판결문 등을 채무자나 그 가족이 수령하지 못해 공시송달로 소송이 종결되었고, 결과적으로 해당 채권만 파산채권자목록에 신고 누락한 경우에는 적극적으로 청구이의소송을 제기해 면책 받을 필요가 있다. 채무자가 이와 같은 사유로 청구이의소송을 제기할 경우, "원고의 주장을 수용하되, 소송 비용 각자 부담" 조건으로 판결해달라는 취지의 준비서면을 제출하는 피고(채권자)도 있다.

☀ 채무자 회생 및 파산에 관한 법률 제566조 제7호(채무자가 악의로 채권자목록에 기재하지 아니한 청구권. 다만, 채권자가 파산선고가 있음을 안 때에는 그러하지 아니하다) 해석.

- 채무자 회생 및 파산에 관한 법률 제566조 제7호에서 말하는 '채무자가 악의로 채권자목록에 기재하지 아니한 청구권'이라고 함은 채무자가 면책결정 이전에 파산채권자에 대한 채무의 존재 사실을 알면서도 이를 채권자목록에 기재하지 않은 경우를 뜻하므로, 채무자가 채무의 존재 사실을 알지 못한 때에는 비록 그와 같이 알지 못한 데에 과실이 있더라도 위 법조항에 정한 비면책채권에 해당하지 아니하지만(대법원 2007. 1. 11. 선고 2005다76500 판결),

☀ 이와 달리 채무자가 채무의 존재를 알고 있었다면 과실로 채권자목록에 이를 기재하지 못하였다고 하더라도 위 법조항에서 정하는 비면책채권에 해당한다. 이와 같이 채권자목록에 기재하지 아니한 청구권을 면책대상에서 제외한 이유는, 채권자목록에 기재되지 아니한 채권자가 있을 경우 그 채권자로서는 면책절차 내에서 면책신청에 대한 이의 등을 신청할 기회를 박탈당하게 될 뿐만 아니라 그에 따라 법 제564조에서 정한 면책불허가사유에 대한 객관적 검증도 없이 면책이 허가, 확정되면 원칙적으로 채무자가 채무를 변제할 책임에서 벗어나게 되므로, 위와 같은 절차 참여의 기회를 갖지 못한 채 불이익을 받게 되는 채권자를 보호하기 위한 것이다. 따라서 사실과 맞지 아니하는 채권자목록의 작성에 관한 채무자의 악의 여부는 위에서 본 법 제566조 제7호의 규정 취지를 충분히 감안하여, 누락된 채권의 내역과 채무자와의 견련성, 그 채권자와 채무자의 관계, 누락의 경위에 관한 채무자의 소명과 객관적 자료와의 부합 여부 등 여러 사정을 종합하여 판단하여야 하고, 단순히 채무자가 제출한 자료만으로는 면책불허가 사유가 보이지 않는다는 등의 점만을 들어 채무자의 선의를 쉽게 인정하여서는 아니 된다(대법원 2009. 3. 30.자 2009마225 결정).

☀ 그리고 여기에서 '채무자가 채무의 존재 사실을 알지 못한 때'에는 채무자가 채무 발생 사실 자체를 알지 못한 경우는 물론, 채무자가 채무가 소멸한 것으로 잘못 안 경우, 오랜 기간의 경과나 그 밖의 사정으로 채무의 존재 사실을 잊어버린 경우 등은 포함되나, 채무자가 채무의 존재 사실을 알고 있었으면서도 단순히 순간적인 착각이나 부주의로 인하여 채권자목록에 기재하는 것을 누락한 경우까지 포함되는 것은 아니라고 보아야 한다(전주지방법원 2014. 8. 21. 선고 2013나12054 판결).

---

⑤ 위 ③의 상황 이외의 경우에는 면책확인의 소를 제기할 수 있다.

⑥ 개인회생과 마찬가지로 1. 공시송달로 소송이 종결된 사건 2. (법인)연대보증채무 3. 대위변제한 채권 4. 지인 등 개인채권 5. 양도된 채권, 6. 출자자로서 법인의 채무에 대한 제2차 납세의무가 파산채권자목록에 누락되지 않도록 철저히 점검해야 한다. 특히 일부만 대위변제한 채권의 경우, 대위변제한 채권과 원래의 채권을 모두 파산채권자목록에 기재해야 한다.

⑦ 금융회사인 채권자보다 지인 등 개인채권자는 입증결과에 따라 면책확인의 소에서 승소 가능성이 낮을 수 있으므로 더욱 주의해야 한다.
⑧ 대위변제한 채권이나 양도된 채권은 채권자가 변동된다. 한국신용정보원 이외에도 신용회복위원회(전국 35개 서민금융통합지원센터), NICE평가정보㈜, 코리아크레딧뷰로㈜의 인터넷 홈페이지나 담당부서를 방문해 확인할 수 있다. 채권자변동정보는 최초 대출일자 및 대출금액, 채권 양도일자 · 양도사유 · 양수기관명 및 양도금액, 소멸시효완성여부 및 기산일, 기한이익상실 여부, 법적조치집행 여부, 채권추심위탁 여부 등의 정보를 포함하고 있다.
⑨ 한국신용정보원은 조회 신청일로부터 7년 전까지 등록되었던 채무불이행정보만 제공하고 있다. 그 이전에 등록되었던 채무불이행정보는 공식적인 채널을 통해 확인할 수 없다.
⑩ 전자적 기록으로 제공된 주채무와 연대보증인으로 입보한 사실에 대한 개인신용정보는 금융기관이 공유한다. 그러나 연대보증채무는 일반신용정보관리규약에 의한 연체정보 등록대상이 아니므로 한국신용정보원에서 확인할 수 없다. 평소에 법원과 채권자로부터 송달된 우편물을 버리거나 방치하지 말고 잘 보관해두어야 한다.

□ 개인파산 · 면책 신청 절차 등

▶ "개인파산"이란 개인사업 또는 소비활동의 결과 자신의 모든 채무를 변제할 수 없는 상태에 빠진 경우에 그 채무의 정리를 위하여 스스로 파산신청을 하는 경우를 말한다. 채무자나 채권자의 신청에 의해 선고된다. 개인파산제도의 목적은 모든 채권자가 채권액에 비례해 평등하게 채권을 변제받도록 보장함과 동시에 채무자에게 면책절차를 통하여 남아 있는 채무에 대한 변제책임을 면제하여 경제적으로 회생할 수 있는 기회를 부여하는데 그 목적이 있다. 채무자의 재산보다 부채가 더 많아야 하고 도박 등 사행행위로 발생한 채무가 아니어야 한다. 소득이 있더라도 부양 가구원 기준으로 중위소득의 60% 이하이면 신청할 수 있다. 주채무 · 연대보증채무 · 사채 등 모든 채무가 파산채권에 포함된다.

▶ 법인이 지급불능 상태에 빠진 경우 계속기업 가치와 청산가치를 비교해서 결정한다. 계속기업 가치가 청산가치보다 높으면 법인회생, 그 반대의 경우 청산절차로 진행하게 된다. 이때의 청산절차를 '법인파산'이라고 한다. 파산절차 종결 시 법인격이 소멸되므로 별도의 면책절차는 없다. 법인채무에 대표이사가 연대보증인으로 입보한 경우 개인회생, 개인파산 · 면책을 통해 구제받아야 한다. 임금이 체불된 직원 숫자가 많거나 청산할 재산이 있는 경우 법인파산을 신청한다.

▶ "면책"이란 자신의 잘못이 아닌 자연재해나 경기변동 등과 같은 불운으로 인하여 파산선고를 받은 '성실하나 불운한 채무자'에게 새로운 출발의 기회를 주기위한 제도이다. 파산절차를 통하여 변제되지 않고 남은 채무에 대한 채무자의 변제책임을 파산법원의 재판에 의하여 면제시킴으로써 채무자의 경제적 회생을 도모하는 것으로 개인에게만 인정된다.

▶ 개인파산 · 면책 신청 절차

- 개인파산 · 면책 신청서 동시에 접수
- 서면심사 · 보정명령 · 채무자 심문 ↔ 이송 · 각하 · 기각
- 예납명령 (동시폐지 대상일 경우 예납명령 없음)
- 파산선고 및 파산관재인 선임 ↔ 파산선고 · 동시폐지 결정
- 파산관재인 재산관리 · 조사
- 채권자 집회 · 의견청취(면책 심문기일)
- 파산채권조사 · 파산재단 환가 · 배당
- 파산절차 종결 ↔ 이시폐지 결정
- 면책결정 · 면책불허가 결정
- 복권(당연복권, 신청에 의한 복권)

[tip] 개인파산 · 면책 신청 전에 검토 및 참고할 내용

① 파산선고로 인한 공 · 사법상의 불이익을 극복할 수 있는지 검토한다. 면책 받을 경우 당연복권 된다.

② 면책을 받더라도 조세 등 비면책 채무가 과도하여 그 의미가 퇴색되지 않는지 확인한다.

③ 파산신청의 기각, 면책신청의 기각, 면책불허가, 면책취소 사유가 없는지 확인한다.

④ 현재 및 장래에 지급불능 상태가 계속될 수밖에 없는 상황인지 점검한다.

⑤ 연령은 중요한 기준이 될 수 있지만 절대적인 것은 아니다.

⑥ 직장에 근무하는 등 소득이 있더라도 그 소득으로 가족을 부양하기에 턱없이 부족할 경우 신청 가능하다.

⑦ 채무자 명의 부동산이 있어도 신청 가능하다. 다만, 채무자의 재산을 청산하고 환가하여 채권자들에게 배당해주어야 하기 때문에 소유권을 유지할 수는 없다. (단, 면제 재산으로 인정받을 경우 재산명세에서 제외되기 때문에 유지 가능하다)

⑧ 과다한 낭비, 도박 그 밖의 사행행위는 면책 불허가 사유이다. 면책 불허가 사유가 있더라도 빚을 질 수밖에 없는 절박한 사정이나 채무를 변제하기 위한 노력이 인정될 경우 법원의 재량에 의해 채무의 일부를 면책 받을 수 있다. 다만, 재량면책은 환수금액을 3개월 이내에 일시에 변제해야 한다. 이 경우 차라리 개인회생을 신청하는 것이 더 유리할 수 있다.
⑨ 배우자 명의 재산과 소득이 있어도 신청 가능하다. 배우자의 소득 규모는 문제되지 않는다. 원칙적으로 배우자 명의 재산도 문제되지 않는다. 다만, 배우자 명의 재산이 부인권 대상이거나 취득경위를 입증하지 못 할 때는 그 재산을 환가했을 때 가치의 1/2 금액을 현금으로 납부하는 방법으로 청산될 수도 있다.
⑩ 파산선고일 이후에는 동법 제348조에 의해 강제집행, 가압류 또는 가처분은 파산재단에 대해 효력을 잃는다. 동법 제557조에 의해 채무자의 재산에 대하여 파산채권에 기한 강제집행, 가압류, 가처분을 할 수 없고, 파산선고 전에 이미 행하여진 강제집행, 가압류, 가처분은 중지되고 면책결정 확정 이후에 효력이 소멸한다.
⑪ 파산선고 결정문 등 법원 중요 문서가 모든 채권자에게 송달되어야 절차가 지연되지 않는다. 개인채권자의 경우 정확한 인적사항과 주소지를 파악해야 한다.
⑫ 파산채권자목록에 누락된 채권이 없는지 확인한다.
⑬ 장기적이고 포괄적인 계획을 세워 개인파산·면책 신청을 준비해야 한다.

▶ 이시폐지

채무자에게 재산이 없거나 재산이 있어도 파산절차 비용에 충당하기 부족할 정도의 규모라면 파산절차 폐지결정을 하게 되고, 채무자에게 일정규모 이상의 재산이 남아있는 경우에는 재산을 매각하여 채권자들에게 배당까지 마친 후 파산절차 종결결정을 하게 된다. 위와 같이 파산절차 폐지결정과 종결결정이 이루어진 이후 채무자에 대한 면책여부에 관해 판단을 하게 되는 데 이를 '이시폐지 및 종결'이라고 한다.

▶ 동시폐지

채무자에게 재산이 없거나 재산이 있어도 파산절차 비용에 충당하기에 부족할 정도임이 명백하고, 부인권 대상 행위(채권자를 해하는 것을 알고 한 재산 처분, 편파변제, 대물변제 행위 등)도 없는 경우에는 파산선고와 동시에 파산절차를 폐지하는 결정을 할 수 있는데 이를 '동시폐지'라고 한다. 동시폐지 결정시 파산관재인을 선임하지 않으므로 예납금을 납부하지 않는다. 면책결정까지 시간도 단축된다.

[tip] 진술서 작성 방법

- ① 성장배경 및 과거경력, ② 현재까지의 생활상황, ③ 채무가 많아져 파산신청에 이르게 된 사정, ④ 지급불능 경위 및 변제노력, ⑤ 현재의 생활상황 및 각오 등을 기재해야 한다. A4 용지 5장 분량이 적당하다. 진술서의 느낌은 성실하게 살아왔지만 불운했던 과거 상황과 절박한 현재 사정이 묻어날 수 있도록 성의 있게 작성해야 한다.

- 진술서 내용 중 '현재까지의 생활상황'에 기재할 내용은 다음과 같다.

① 채무의 지급이 곤란할 정도로 경제사정이 어려워진 이후에 일부 채권자에게만 변제한 경험

② 사기죄·사기파산죄·과태파산죄로 고소되거나 형사재판을 받은 경험

③ 과거에 파산신청을 하였다가 취하하거나 기각당한 경험

④ 개인회생절차를 이용한 경험(개인회생절차 중이면 기각될 수 있음)

⑤ 슬롯머신, 경마, 경륜, 포커 등 도박행위를 한 경험

⑥ 과거 자신의 월수입의 반 이상이 소요되는 호텔·콘도·골프장·고급음식점에 다닌 경험

⑦ 과거 2년간 국내·해외여행 경험

⑧ 과거 2년간 500만 원 이상의 물건을 구입한 경험

⑨ 과거 물건을 할부로 구입하고 대금을 전부 지급하지 않은 상태에서 처분한 경험

⑩ 개인 영업을 경영한 경험

[tip] 개인파산 예납금(파산관재인 보수 등)이 감액될 수 있는 경우

① 채무자가 생계급여 수급자인 경우

② 지급불능 상태에 이른 시기가 파산 신청일로부터 10년 이전인 경우

③ 채무자 및 직계존비속인 부양가족에 대하여 의료비가 지속적으로 지출되어야 하는 불가피한 사정이 있는 경우

④ 채무자에게 질병이 있거나 재산이나 수입이 전혀 없는 등 예납금의 납입이 곤란한 특별한 사정이 인정되는 경우

* 위 각호 중 2개 이상의 사유에 해당할 경우 소송구조를 받아 예납금이 감액될 수 있다.

▶ 지급불능 상태에 대한 판단

"지급불능"이라 함은 채무자가 변제능력이 부족하여 즉시 변제하여야 할 채무를 일반적·계속적으로 변제할 수 없는 객관적 상태를 말하고, 채무자가 개인인 경우 그가 현재보유하고 있는 자산보다 부채가 많음에도 불구하고 지급불능 상태가 아니라고 판단하기 위하여는, 채무자의 연령·직업 및 경력·자격 또는 기술·노동능력 등을 고려하여 채무

자가 향후 구체적으로 얻을 수 있는 장래 소득을 산정하고, 이러한 장래 소득에서 채무자가 필수적으로 지출하여야 하는 생계비 등을 공제하여 가용소득을 산출한 다음, 채무자가 보유 자산 및 가용소득으로 즉시 변제하여야 할 채무의 대부분을 계속적으로 변제할 수 있는 객관적 상태에 있다고 평가할 수 있어야 한다. 따라서 개인 채무자의 변제능력에 관한 위와 같은 구체적·객관적인 평가 과정을 거치지 아니하고는 그가 단지 부채초과 상태에 있다는 이유만으로 함부로 지급불능 상태에 있지 않다고 단정하여서는 안 된다(대법원 2009. 11. 6.자 2009마1464, 1465 결정).

[tip] 법원이 채무자의 재산과 금융거래 내역을 밝혀내는 방법

* 법원에 따라 차이는 있지만 통상 개인파산·면책 신청 시 채무자 외에 부모, 배우자, 자녀의 재산 소유 현황과 금융거래 기록을 제출해야 하는 경우도 있다. 법원은 채무자가 제출한 지방세세목별과세증명서, 지적전산자료조회결과, 계좌통합관리서비스조회표, 보험가입내역조회표·보험해약환급금확인서에 기초하여 채무자와 가족들의 재산과 금융거래 내역에 관해 조사·확인하다. 채무자는 이에 대해 소명할 의무가 있으므로 사전에 철저히 준비해야 한다.

① 지급불능 시점을 기준으로 1년 전의 재산처분 내역과 대금의 사용처를 조사한다.

② 이혼한 채무자라면 재산분할 금액이 적정했는지 조사한다.

③ 지인 등 특정 채권자에 대하여 편파 변제한 사실이 없는지 확인한다.

④ 상속등기 미이행, 상속재산분할협의, 증여, 근저당권 설정 등 채권자의 권리를 침해하는 사해행위를 한 사실이 없는지 확인한다.

⑤ 가족 간에 통장거래를 통해 돈을 빼돌리거나 증여한 사실이 없는지 확인한다.

⑥ 압류금지채권 범위를 초과하여 파산재단으로 환수할 재산이 있는지 확인한다.

* 지방세세목별과세증명서

지방세 세목별 과세증명서(신청일로부터 5~10년 전 과세내역)에는 취득세, 재산세(토지, 건물), 자동차세 과세내역이 표시된다. 과세근거인 부동산 소재 지번과 자동차 등록번호도 함께 표시된다. 상속등기 후 상속세를 납부기한 내에 납부하지 못하고 6개월이 경과되었을 경우 상속인 전원이 지방세 체납자로 기재된다.

* 지적전산자료조회결과

지적전산자료조회결과표에는 채무자와 가족들 명의로 전국에 소유하고 있는 토지 현황이 표시된다. 부모가 사망했음에도 상속등기를 하지 않은 것으로 확인될 경우에는 채무자의 법정 상속지분이 환가재산이 될 수 있다.

＊ 계좌통합관리서비스조회표

금융결제원에서 운영하고 있는 '계좌통합관리서비스조회표'상세조회 시 채무자가 금융회사(은행, 상호금융, 증권사 등)에 개설한 활동성, 비활동성 계좌 건수가 표시된다. 이에 기초한 해당 금융회사의 잔액증명서나 거래 내역서를 확인해 채무자의 재산을 찾아낸다.

＊ 보험가입내역조회표, 보험해약환급금확인서

생명보험협회에서 발급받을 수 있는 보험가입내역조회표에는 채무자가 평생 가입했던 보험사별 가입내역과 과거 보험가입 이력, 실효, 해약, 만기내용이 표시된다. 법원은 보험사별 해약환급금 확인서를 통해 채무자의 재산을 확인한다. 이 중 150만 원을 초과한 해약환급금은 파산재단에 환수된다. 파산관재인이 보험을 해지하여 파산재단으로 환수하는 것이 원칙이나, 채무자의 건강상태 등 사정에 따라 환수할 금액을 현금으로 납부하는 조건으로 보험을 유지할 수도 있다. 개인파산·면책 신청 전에 생활비가 없는 채무자가 150만 원을 초과한 해약환급금을 담보로 약관대출을 받아 생활비로 사용했다면 그 사실을 입증해야 한다. 단, 보험계약자 명의를 가족 명의로 변경하면 재산의 은닉으로 간주될 수 있으므로 주의해야 한다.

▶ 파산선고에 따른 불이익

파산선고를 받으면 공사법상의 제한과 경제활동에 제약이 따른다. 불이익은 파산자 본인에게만 한정되고 가족 등 다른 사람에게는 아무런 불이익이 없다.

① 취업 결격 사유에 해당된다. 공무원, 사립학교 교원, 전문 자격사, 부동산중개업자 등 업무에 종사할 수 없다.

② 사업의 제한 사유에 해당된다. 부동산 중개업자, 건설업자, 학원설립 및 운영자, 보험설계사 등으로 등록할 수 없다.

③ 당연 퇴직 사유에 해당된다. 교육 공무원, 사립학교 교원, 장교 및 부사관, 합명·합자회사 사원 등의 퇴사 원인이 된다.

[tip] 파산자에 대한 공·사법상의 제한 개정 움직임 등.

＊ 채무자에 대한 파산이 선고될 경우 위와 같은 불이익이 발생한다. 특히 개별법에서 당연퇴직 사유로 규정하고 있는 교육 공무원 등은 파산을 신청해야 할 상황임에도 퇴직이 두려워 신청하지 못하고 있다. 다행이 정치권에서 입법을 통해 파산선고자의 불이익을 제거하려는 움직임을 보이고 있다. 채무자 회생 및 파산에 관한 법률 제32조의2 내용과 모순되는 234개의 개별 법령을 정비하겠다는 것이다.

- 차별적 취급의 금지 (동법 제32조의2).

누구든지 이 법에 따른 회생절차·파산절차 또는 개인회생절차 중에 있다는 이유로 정당한 사유 없이 취업의 제한 또는 해고 등 불이익한 처우를 받지 아니한다. 라고 규정되어 있음에도 개별 법률인 공인중개사법에는 아래와 같이 등록을 제한하고 있다.

● 등록의 결격사유 등 (공인중개사법 제10조 제1항 제3호).

파산선고를 받고 복권되지 아니한 자는 중개사무소의 개설등록을 할 수 없다.

▶ 파산선고를 받았더라도 면책결정이 확정되기 전까지는 채무가 존재한다. 금융거래도 제약이 따른다. 면책 결정이 확정되면 연체기록이 삭제되지만 공공기록 정보란에 파산면책 받은 사실이 등록되므로 5년 동안 수신거래를 제외한 신용카드개설, 대출 등 금융거래에 제약이 따른다. 다만, 5년이 경과되기 전이라도 면책이 확정된 만 25세 ~ 55세인 사람을 상대로 면책자 대출을 해준다는 대부업자의 광고를 볼 수 있다.

▶ 파산을 선고받은 채무자가 전부면책을 받지 못하거나 면책결정이 취소된 경우 또는 면책신청이 각하되거나 기각된 경우에 한하여 채무자의 신원증명업무를 관장하는 등록기준지 시·구·읍·면장에게 파산선고 사실이 통지되어 신원조회 시 그 사실이 나타나게 된다. 그렇다고 가족관계등록부에 기록되는 것은 아니다.

● 상속재산의 파산신청권자(동법 제299조).

① 상속재산에 대하여 상속채권자 , 유증을 받은 자, 상속인, 상속재산관리인 및 유언집행자는 파산신청을 할 수 있다.

② 상속재산관리인, 유언집행자 또는 한정승인이나 재산분리가 있은 경우의 상속인은 상속재산으로 상속채권자 및 유증을 받은 자에 대한 채무를 완제할 수 없는 것을 발견한 때에는 지체 없이 파산신청을 하여야 한다.

③ 상속인·상속재산관리인 또는 유언집행자가 파산신청을 하는 때에는 파산의 원인인 사실을 소명하여야 한다.

● 상속재산에 대한 파산신청기간 (동법 제300조).

상속재산에 대하여는 민법 제1045조(상속재산의 분리청구권)의 규정에 의하여 재산의 분리를 청구할 수 있는 기간에 한하여 파산신청을 할 수 있다. 이 경우 그 사이에 한정승인 또는 재산분리가 있은 때에는 상속채권자 및 유증을 받은 자에 대한 변제가 아직 종료하지 아니한 동안에도 파산신청을 할 수 있다.

▶ 상속재산에 대한 파산신청기간의 준수

● 상속재산의 분리청구권 (민법 제1045조).

① 상속채권자나 유증받은 자 또는 상속인의 채권자는 상속개시된 날로부터 3월내에 상속재산과 상속인의 고유재산의 분리를 법원에 청구할 수 있다.

② 상속인이 상속의 승인이나 포기를 하지 아니한 동안은 전항의 기간경과 후에도 재산의 분리를 청구할 수 있다.

* 상속인이 상속재산으로 상속채무를 완제할 수 없거나, 상속재산의 환가・배당절차 등에 대한 부담이 있을 경우, 상속개시일 이후 신속하게 한정승인・포기를 신청해야 한다. 한정승인・포기 심판을 득한 후에는 지체 없이 상속재산파산신청을 해야 한다.

● 상속재산의 파산원인 (동법 제307조).

상속재산으로 상속채권자 및 유증을 받은 자에 대한 채무를 완제할 수 없는 때에는 법원은 신청에 의하여 결정으로 파산을 선고한다.

● 파산신청 기각사유 (동법 제309조).

① 신청인이 절차의 비용을 미리 납부하지 아니한 때

② 법원에 회생절차 또는 개인회생절차가 계속되어 있고 그 절차에 의함이 채권자 일반의 이익에 부합하는 때

③ 채무자에게 파산원인이 존재하지 아니한 때

④ 신청인이 소재불명인 때

⑤ 그 밖에 신청이 성실하지 아니한 때

⑥ 법원은 채무자에게 파산원인이 존재하는 경우에도 파산신청이 파산절차의 남용에 해당한다고 인정되는 때에는 심문을 거쳐 파산신청을 기각할 수 있다.

▶ 파산절차의 남용

☀ 파산신청이 '파산절차의 남용'에 해당하는지 여부는 다른 일반조항에서와 마찬가지로 그 권리의 행사에 관련되는 제반 사정을 종합적으로 고려하여 판단되어야 한다. 특히 위 법 규정의 입법 연혁이나 문언 및 규정 체계 등에 비추어 보면, 정직하고 성실한 채무자의 새로운 출발을 도모하면서도 채권자에게 보다 공평한 만족을 보장하려는 파산제도 기타 도산제도의 본래적 기능이 정상적으로 발휘될 수 있도록 하기 위하여, 채무자의 현재 및 장래의 변제능력이 무겁게 고려됨은 물론이고, 그 외에도 파산신청의 동기와 그에 이른 경위, 지급불능의 원인 및 그에 관련한 이해관계인들의 행태, 파산절차와 관련하여 제공되는 각종 정보의 정확성, 채무자가 예정하는 지출 등의 낭비적 요소 유무 등이 문제될 수 있다. 한편 그에 있어서는 면책불허가사유가 존재하더라도 법원이 파산에 이르게 된 경위 등을 참작하여 재량으로 면책을 허가할 수 있는 점 등에 비추어, 채무자가 위와 같은 재량면책을 받을 수 있는 기회를 부당하게 상실하는 것이 아닌지 하는 점에도 유념할 것이다.

☀ 상속재산이 없다고 기재하여 본인의 재산상태에 관하여 허위의 진술을 하는 등 면책불허가사유에 해당하는 행위를 저지르면서 한 파산신청을 파산절차의 남용행위로 보아 '채무자 회생 및 파산에 관한 법률'제309조 제2항에 따라 그 파산신청을 기각한 원심판단은 수긍할 수 있고, 그러한 판단이 섣불리 파산신청을 기각하여 채무자에게 재량면책을 받을 기회를 부당히 상실하게 하는 것이라고 볼 수 없다(대법원 2011. 1. 25.자 2010마1554, 1555 결정).

● 파산선고 (동법 제310조).

파산결정서에는 파산선고의 연·월·일·시를 기재하여야 한다.

● 파산의 효력발생시기 (동법 제311조).

파산은 선고를 한 때부터 그 효력이 생긴다.

● 강제집행 및 보전처분에 대한 효력 (동법 제348조).

① 파산채권에 기하여 파산재단에 속하는 재산에 대하여 행하여진 강제집행·가압류 또는 가처분은 파산재단에 대하여는 그 효력을 잃는다. 다만, 파산관재인은 파산재단을 위하여 강제집행절차를 속행할 수 있다.

② 제1항 단서의 규정에 의하여 파산관재인이 강제집행의 절차를 속행하는 때의 비용은 재단채권으로 하고, 강제집행에 대한 제3자의 이의의 소에서는 파산관재인을 피고로 한다.

● 파산재단 (동법 제382조).

① 채무자가 파산선고 당시에 가진 모든 재산은 파산재단에 속한다.

② 채무자가 파산선고 전에 생긴 원인으로 장래에 행사할 청구권은 파산재단에 속한다.

* 따라서 파산선고 이후에 부모로부터 증여받거나 상속받아도 문제되지 않는다.

● 부인할 수 있는 행위 (동법 제391조).

파산관재인은 파산재단을 위하여 다음 각호의 어느 하나에 해당하는 행위를 부인할 수 있다.

1. 채무자가 파산채권자를 해하는 것을 알고 한 행위. 다만, 이로 인하여 이익을 받은 자가 그 행위 당시 파산채권자를 해하게 되는 사실을 알지 못한 경우에는 그러하지 아니하다.
2. 채무자가 지급정지 또는 파산신청이 있은 후에 한 파산채권자를 해하는 행위와 담보의 제공 또는 채무소멸에 관한 행위. 다만, 이로 인하여 이익을 받은 자가 그 행위 당시 지급정지 또는 파산신청이 있은 것을 알고 있은 때에 한한다.
3. 채무자가 지급정지나 파산신청이 있은 후 또는 그 전 60일 이내에 한 담보의 제공 또는 채무소멸에 관한 행위로서 채무자의 의무에 속하지 아니하거나 그 방법 또는 시기가 채무자의 의무에 속하지 아니하는 것. 다만, 채권자가 그 행위 당시 지급정지나 파산신청이 있은 것 또는 파산채권자를 해하게 되는 사실을 알지 못한 경우를 제외한다.
4. 채무자가 지급정지 또는 파산신청이 있은 후 또는 그 전 6월 이내에 한 무상행위 및 이와 동일시할 수 있는 유상행위

● 부인권행사의 기간 (동법 제405조).

부인권은 파산선고가 있은 날부터 2년이 경과한 때에는 행사할 수 없다. 제391조 각호의

행위를 한 날부터 10년이 경과한 때에도 또한 같다.

● 채권자취소소송 등의 중단 (동법 제406조).

①「민법」 제406조 제1항이나「신탁법」 제8조에 따라 파산채권자가 제기한 소송이 파산선고 당시 법원에 계속되어 있는 때에는 그 소송절차는 수계 또는 파산절차의 종료에 이르기까지 중단된다.

* 수계 후 파산관재인은 청구취지를 부인의 소로 변경해야 하고 이후 소송은 부인의 소로 진행된다.

② 제347조의 규정은 제1항의 경우에 관하여 준용한다.

● 별제권자 (동법 제411조).

파산재단에 속하는 재산상에 존재하는 유치권 · 질권 · 저당권 ·「동산 · 채권 등의 담보에 관한 법률」에 따른 담보권 또는 전세권을 가진 자는 그 목적인 재산에 관하여 별제권을 가진다.

● 별제권의 행사 (동법 제412조).

별제권은 파산절차에 의하지 아니하고 행사한다.

● 파산채권의 행사 (동법 제424조).

파산채권은 파산절차에 의하지 아니하고는 행사할 수 없다. 파산선고 이후에는 파산채권자의 개별적인 권리행사가 허용되지 않는다.

● 파산채권 조사확정의 재판 (동법 제462조).

파산채권의 조사에서 신고한 파산채권의 내용에 대하여 파산관재인 또는 파산채권자가 이의를 한 때에는 그 파산채권을 보유한 파산채권자는 그 내용의 확정을 위하여 이의자 전원을 상대방으로 하여 법원에 채권조사확정의 재판을 신청할 수 있다. 다만, 제464조 및 제466조의 경우에는 그러하지 아니하다.

* 파산채권자목록에 기재되어 있으나 파산채권 신고를 하지 못해 배당에서 제외될 가능성이 있는 채권자는 파산채권 조사확정의 재판을 신청하게 된다.

● 채권조사확정재판에 대한 이의의 소 (동법 제463조).

채권조사확정재판에 불복하는 자는 그 결정서의 송달을 받은 날부터 1월 이내에 이의의 소를 제기할 수 있다.

* 위 기간은 불변기간으로서 기간을 도과하여 신청하게 되면 각하된다.

● 파산재단의 점유 및 관리 (동법 제479조).

파산관재인은 취임 후 즉시 파산재단에 속하는 재산의 점유 및 관리에 착수하여야 한다.

● 재산의 가액의 평가 (동법 제482조).

파산관재인은 지체 없이 파산재단에 속하는 모든 재산의 파산선고 당시의 가액을 평가하여야 한다. 이 경우 채무자를 참여하게 할 수 있다.

[tip] 채무자가 소유한 자동차의 환가

① 환가가치 및 실익이 있는 경우

- 중고차 시장에서 공매하는 방법으로 환가해 파산재단에 편입시킨다.
- 채무자가 자동차 소유권의 유지를 원할 경우, 중고차 시장가격에 해당하는 금액을 파산재단에 납부하게 한다.

② 환가가치가 없는 경우

- 차량의 연식이 오래되어 폐차 대상인 자동차 (구체적인 차량의 종류 및 상태, 제작년도, 운행거리에 따른 환가가치 유무는 파산관재인이 판단한다).
- 차량의 연식이 오래되지 않았더라도 심각한 사고와 침수로 가치가 현저하게 낮은 자동차

③ 환가실익이 없는 경우

- 할부로 구매한 자동차등록원부의 을구에 설정된 근저당권 피담보채무 잔액이 중고차 시세에 근접한 자동차
- 선순위 조세채권 압류, 가압류가 경합되어 실익이 없는 자동차
- 차량 자체의 환가실익은 있지만 채무자 공유지분이 극히 낮아 실제로는 실익이 없는 자동차 (채무자 1%, 장애인인 가족 99% 지분 공유 자동차)
- 채무자가 차량을 이용해 생업에 종사하고 있거나, 채무자나 가족 중에 장애인이 있어 이동의 편리성을 제공해야 할 때

④ 자동차 소유권의 유지가 가능한 경우

- 파산관재인의 판단에 따라 자동차의 환가가치와 실익이 없는 경우 채무자 명의로 계속 소유권을 유지·운행할 수 있다.

⑤ 주의할 점

- 개인파산·면책 신청 전에 자동차를 매각(증여)한 경우 그 사유와 대금의 사용처를 소명할 수 있어야 한다. 정상적으로 생활비에 지출하면 큰 문제가 없다.
- 자동차 매각대금을 받지 않고 개인 채권자에게 대물변제 하면 안 된다.
- 자동차 매각대금을 가족에게 증여하거나, 지인에게 편파변제 하면 안 된다.
- 위와 같은 사유에 해당될 경우, 중고차 시세 금액만큼 환수될 수 있다.

▶ 배우자 명의 재산, 가상자산, 면제 재산의 청산가치 산입 여부.

- 대법원 예규 개정으로 개인파산을 신청할 때 채무자의 배우자 명의 재산에 관한 서류를 제출할 필요가 없다. 다만, 파산관재인의 부인권 대상 행위로 의심될 경우에는 배우자 재산에 관한 자료의 제출을 요구받게 된다.

* 파산선고 및 면책신청의 경우 배우자, 부모, 자녀에게 천만 원 이상의 재산이 있는 경우 그 각 재산에 대한 자료를 첨부하고, 어떤 경위와 자금으로 취득하게 되었는지에 대한 진술이 필요하다.

- 서울회생법원은 개인파산 시 채무자의 재산목록 총 14가지 항목에 보유하고 있는 가상자산인 비트코인 등을 추가하는 방안에 대해 논의하고 있다.

- 2021. 5. 11. 개정된 소액임차인의 범위에 따라, 서울특별시 기준으로 주택임대차보호법에 의한 최우선 변제 소액보증금 5천만 원(면제 재산)까지는 청산가치에 산입하지 않고(파산재단에 환입하지 않고) 개인회생 또는 개인파산 · 면책을 신청할 수 있다.

- 면책신청 (동법 제556조).

① 개인인 채무자는 파산신청일부터 파산선고가 확정된 날 이후 1월 이내에 법원에 면책신청을 할 수 있다.

② 채무자가 그 책임 없는 사유로 인하여 제1항의 규정에 의한 면책신청을 하지 못한 때에는 그 사유가 종료된 후 30일 이내에 한하여 면책신청을 할 수 있다.

③ 채무자가 파산신청을 한 경우에는 채무자가 반대의 의사표시를 한 경우를 제외하고, 당해 신청과 동시에 면책신청을 한 것으로 본다.

④ 면책신청을 하는 때에는 제538조의 규정에 의한 파산폐지의 신청을 할 수 없다.

⑤ 제538조의 규정에 의한 파산폐지의 신청을 한 때에는 그 기각의 결정이 확정된 후가 아니면 면책신청을 할 수 없다.

⑥ 면책의 신청에는 채권자목록을 첨부하여야 한다. 다만, 신청과 동시에 제출할 수 없는 때에는 그 사유를 소명하고 그 후에 지체 없이 이를 제출하여야 한다.

⑦ 제3항의 규정에 의하여 면책신청을 한 것으로 보는 경우에는 제302조제2항제1호의 규정에 의하여 제출한 채권자목록은 제6항의 채권자목록으로 본다.

- 강제집행의 정지 (동법 제557조).

① 면책신청이 있고, 파산폐지결정의 확정 또는 파산종결결정이 있는 때에는 면책신청에 관한 재판이 확정될 때까지 채무자의 재산에 대하여 파산채권에 기한 강제집행 · 가압류 또는 가처분을 할 수 없고, 채무자의 재산에 대하여 파산선고 전에 이미 행하여지고 있던 강제집행 · 가압류 또는 가처분은 중지된다.

② 면책결정이 확정된 때에는 제1항의 규정에 의하여 중지한 절차는 그 효력을 잃는다.

* 위 조항 채무자의 재산은 파산재단, 자유재산(면제재산, 압류금지 재산, 파산선고일 이후 신규 취득한 재산)을 포함한다.

- 면책신청의 기각사유 (동법 제559조).

원칙적으로 파산선고와 면책은 별개의 절차이며 파산신청은 면책신청을 하기 위한 전 단계이다. 따라서 채무자에 대한 파산절차의 신청이 기각된 경우에는 면책신청이 기각된다.

① 채무자가 신청권자의 자격을 갖추지 아니한 때

② 채무자에 대한 파산절차의 신청이 기각된 때

③ 채무자가 절차의 비용을 예납하지 아니한 때

④ 그 밖에 신청이 성실하지 아니한 때

- 면책신청에 대한 이의 (동법 제562조).

① 검사·파산관재인 또는 면책의 효력을 받을 파산채권자는 제558조의 규정에 의한 심문기일부터 30일(심문기일을 정하지 않은 경우에는 법원이 정하는 날) 이내에 면책신청에 관하여 법원에 이의를 신청할 수 있다. 다만, 법원은 상당한 이유가 있는 때에는 신청에 의하여 그 기간을 늘일 수 있다.

② 제1항의 규정에 의한 이의신청을 하는 때에는 제564조제1항 각호의 면책불허가사유를 소명하여야 한다.

- 면책허가 (동법 제564조). ☞ 면책 불허가 사유

① 법원은 다음 각호의 어느 하나에 해당하는 때를 제외하고는 면책을 허가하여야 한다.

1. 채무자가 제650조(사기파산죄)·제651조(과태파산죄)·제653조(구인불응죄)·제656조 (파산증뢰죄) 또는 제658조(설명의무위반죄)의 죄에 해당하는 행위가 있다고 인정하는 때

2. 채무자가 파산선고 전 1년 이내에 파산의 원인인 사실이 있음에도 불구하고 그 사실이 없는 것으로 믿게 하기 위하여 그 사실을 속이거나 감추고 신용거래로 재산을 취득한 사실이 있는 때

3. 채무자가 허위의 채권자목록 그 밖의 신청서류를 제출하거나 법원에 대하여 그 재산상태에 관하여 허위의 진술을 한 때

4. 채무자가 면책의 신청 전에 이 조에 의하여 면책을 받은 경우에는 면책허가결정의 확정일 부터 7년이 경과되지 아니한 때, 제624조(개인회생 면책결정)에 의하여 면책을 받은 경우에는 면책 확정일 부터 5년이 경과되지 아니한 때

5. 채무자가 이 법에 정하는 채무자의 의무를 위반한 때

6. 채무자가 과다한 낭비·도박 그 밖의 사행행위를 하여 현저히 재산을 감소시키거나 과대한 채무를 부담한 사실이 있는 때

[tip] 동법 제564조 제1항 제5호 '채무자가 이 법에 정하는 채무자의 의무를 위반한 때'란 아래의 경우를 말한다.

① 채무자가 자기 재산을 숨기거나 부수거나 다른 사람 명의로 바꾸거나 헐값에 팔아버린 행위

② 채무자가 채무를 허위로 증가시키는 행위

③ 채무자가 신용거래로 구입한 상품을 현저히 불리한 조건으로 처분하는 행위

④ 채무자가 파산원인인 사실이 있음을 알면서 어느 채권자에게 특별한 이익을 줄 목적으로 채무자의 의무에 속하지 않거나 그 방법 또는 시기가 채무자의 의무에 속하지 않는데도 일부 채권자에게만 변제하거나 담보를 제공하는 행위(아직 변제기가 도래하지 않은 일부 채권자에게만 변제하거나 원래 대물변제 약정이 없는데도 일부 채권자에게 대물변제하는 행위를 포함)

[tip] 면책 신청의 기각, 면책 불허가 시 재신청

① 파산 선고 후 면책신청 취하, 채권자의 이의신청 및 면책 불허가 사유로 면책신청이 기각될 경우에는 다시 면책을 신청할 수 없다. 단, 면책 확정일로부터 7년이 경과하면 개인파산·면책을 재신청 할 수 있다.

② 면책 신청이 기각될 경우에는 복권되지 않고 파산자로 살아가게 된다. 단, 동법 제574조 제1항 제3호에 따라, 채무자가 파산선고 후 제650조의 규정에 의한 사기파산으로 유죄의 확정판결을 받음이 없이 10년이 경과한 때에는 복권된다.

③ 면책 신청이 기각될 경우에는 개인회생을 통해 채무 일부를 면책 받을 수 있을 뿐이다.

[tip] 일부면책허가결정

면책허가결정이 확정되면 채무자는 당연히 복권되고, 공·사법상의 신분상 제한이 소멸된다. 그러나 채무 중 일부에 대하여서만 면책을 허가하는 일부 면책허가결정은 동시에 일부 면책불허가결정의 성질을 띠고 있어 "면책의 결정이 확정된 때"에 해당하지 아니하므로 당연히 복권되지 않는다. 일부면책허가결정을 받은 채무자는 면책 받지 못한 채무를 변제한 후 복권절차를 신청함으로써 파산선고로 인한 불이익을 제거할 수 있다. 면책결정이 확정되면 한국신용정보원에 면책결정 확정통지서가 발송된다. 신용정보관리규약 제6조 제5항에 의하여 '연체 등' 정보는 해제가 되나, 파산으로 인한 면책결정 사실이 특수기록정보로 5년간 등록된다.

[tip] 면책결정과 채권압류 및 추심명령 취소 신청

* 개인파산·면책은 면책 결정이 확정된 후에는 파산채권에 기한 강제집행·가압류 또는 가처분의 효력이 없어진다. 이때부터 채무자는 채권압류 및 추심명령 등 강제집행 중지 상태인 자신의 재산에 대하여 해제 및 집행취소 신청 할 수 있다.

* 거래은행 계좌가 압류되었을 경우, 채권압류 및 추심명령 해제 신청서, 면책허가결정등본, 확정증명원, 파산채권자목록정본을 제출해야 하고, 채권자목록에 압류 채권자가 포함되어 있어야 한다. 채권자목록에 압류 채권자가 기재되어 있지 않으면 면책을 받은 채권과 압류한 채권이 동일한 채권인지 확인할 수 있는 증명서(동일채권 확인서)의 제출을 요구받게 된다.

* 개인파산·면책을 신청할 때 미리 채권자목록에 (가)압류채권과 동일한 채권이라는 사실을 기재하면 채권자로부터 동일채권 확인서를 발급받을 필요가 없다.

● 면책의 효력 (동법 제566조). ☞ 비면책 채권

면책을 받은 채무자는 파산절차에 의한 배당을 제외하고는 파산채권자에 대한 채무의 전부에 관하여 그 책임이 면제된다. 다만, 다음 각호의 청구권에 대하여는 책임이 면제되지 아니한다.

① 조세

② 벌금·과료·형사소송비용·추징금 및 과태료

③ 채무자가 고의로 가한 불법행위로 인한 손해배상

④ 채무자가 중대한 과실로 타인의 생명 또는 신체를 침해한 불법행위로 인하여 발생한 손해배상

⑤ 채무자의 근로자의 임금·퇴직금 및 재해보상금

⑥ 채무자의 근로자의 임치금 및 신원보증금

⑦ 채무자가 악의로 채권자목록에 기재하지 아니한 청구권. 다만, 채권자가 파산선고가 있음을 안 때에는 그러하지 아니하다.

⑧ 채무자가 양육자 또는 부양의무자로서 부담하여야 하는 비용

⑨「취업 후 학자금 상환 특별법」에 따른 취업 후 상환 학자금대출 원리금

* 채무자 회생 및 파산에 관한 법률 제625조 제2항에 따른 개인회생채무자는 위 비면책 청구권 중 「취업 후 학자금 상환 특별법」에 따른 취업 후 상환 학자금대출 원리금도 그 책임이 면제된다.

☀ 채무자가 면책신청의 채권자목록에 파산채권자 및 파산채권의 원본 내역을 기재하여 제출하면 채권자는 면책절차에 참여할 수 있는 기회가 보장되므로, 채무자가 채권자목록에 원본 채권만을 기재하고 이자 등 그에 부수하는

채권을 따로 기재하지 않았더라도, 부수채권이 채무자가 악의로 채권자목록에 기재하지 아니한 비면책채권에 해당하지 아니한다(대법원 2016. 4. 29. 선고 2015다71177 판결).

[tip] 개인파산·면책 절차에서 조세를 면책 받는 효과

* 서울에서 전(월)세로 거주하고 있는 채무자 명의 임차보증금반환청구권이 6천만 원이고, 체납된 조세가 1천만 원인 경우를 가정해보자.

① 동법 383조(파산재단에 속하지 않는 재산) 제2항 1호 및 동법 시행령 제16조(면제재산) 제1항에 의한 채무자의 면제재산 금액은 5천만 원(서울시 기준으로 우선 변제되는 소액 보증금)이다.

② 국세징수법 또는 지방세징수법에 의하여 징수할 수 있는 청구권은 파산재단채권으로서 그 징수우선순위가 일반 파산채권보다 우선한다.

③ 어차피 채무자 명의 임차보증금반환청구권 6천만 원 중 면제제산 5천만 원을 제외한 1천만 원은 파산재단재산으로 귀속되어 채권자에게 배당해주어야 한다. 이 경우 1천만 원은 파산재단의 관리·환가 및 배당에 관한 비용을 제외하고 전액 체납된 조세의 납부 용도로 배당된다. 대신 다른 채권자들이 배당받지 못하는 문제가 발생할 수 있다.

④ 이로 인해 면책에서 제외되는 채무인 조세의 면책효과가 발생하는 것이다. 면책을 목표로 개인파산·면책을 신청한 채무자 입장에서는 손해 볼 일이 아닌 것이다.

[tip] 채무자가 개인파산·면책 확정 후 사망한 경우, 상속인의 상속포기 또는 한정승인

- 채무자가 개인파산·면책을 받은 후에 사망한 경우, 이 사실을 들어 상속인들이 상속포기나 상속한정승인 절차를 생략하는 경우가 있다. "면책"이란 채무 자체는 존재하지만 이행을 강제할 수 없다는 의미이기 때문에 채무는 소멸하지 않고 자연채무 상태로 남게된다. '자연채무'이므로 파산채권자는 면책 후에 파산채권으로 강제집행을 할 수는 없지만 채무자가 임의로 변제하는 것에 대하여는 수령할 수 있고 부당이득이 성립하지 않는다. 따라서 면책을 받은 채무자가 사망하더라도 채무는 다시 상속인에게 상속되는 것이므로 반드시 상속포기 또는 상속한정승인을 신청해야 한다. 이를 게을리 할 경우 상속채권자가 상속인들을 상대로 소송을 제기해올 수 있으며, 이미 피상속인에 대한 집행권원을 가지고 있다면 승계집행문을 부여 받아서 상속인 재산에 강제집행을 할 수 있기 때문이다.

- 반대로 부자관계(부친이 주채무자이고 아들이 연대보증인 경우)인 채무관련인 중, 연대보증인인 아들이 개인파산·면책을 받은 이후에 부친이 사망했다는 이유로 (해당 연대보증채무에 대해서는 이미 면책을 받았다는 이유로) 상속포기 또는 상속한정승인을 생략하는 경

우도 있다. 아들은 자신의 연대보증채무에 대해서만 면책을 받은 상태일 뿐 상속채무는 존재하므로, 채무자인 부친이 사망한 경우에 아들은 상속포기 또는 상속한정승인을 별도로 신청해야 한다.

※ 채무자회생법 제251조에 정해진 "면책"이라 함은, 채무가 실체적으로 소멸하는 것이 아니라 책임만이 없어지고 채무 자체는 여전히 존속하는 일종의 자연채무로 되는 것으로서 회생회사에 대하여 이행을 강제할 수 없는 것을 말한다(대법원 2001. 7. 24. 선고 2001다3122 판결).

※ 채무자에 대하여 파산선고 전의 원인으로 생긴 재산상의 청구권 즉, 파산채권은 채무자 회생 및 파산에 관한 법률(이하, '법'이라 한다) 제566조 본문에 따라 채무자에 대한 면책결정이 확정되면 원칙적으로 모두 그 책임이 소멸하고 자연채무가 되어 통상의 채권이 가지는 소제기 권능과 집행력을 상실하게 되는 것이 원칙이다(인천지방법원 2015. 6. 4. 선고 2014가단70015 판결).

● 보증인 등에 대한 효과 (동법 제567조).

면책은 파산채권자가 채무자의 보증인 그 밖에 채무자와 더불어 채무를 부담하는 자에 대하여 가지는 권리와 파산채권자를 위하여 제공한 담보에 영향을 미치지 아니한다.

[tip] 연대보증인 면책 여부, 채무자에 대한 면책의 효력

* 채무자만 면책을 신청하여 확정된 경우 연대보증인은 면책되지 않는다. 연대보증인이 보증채무를 변제하더라도 면책 받은 채무자에게 구상권(대신 갚은 돈을 청구하는 것)을 행사할 수 없다.

● 면책의 취소 (동법 제569조).

① 채무자가 제650조의 규정에 의한 사기파산으로 유죄의 확정판결을 받은 때에는 법원은 파산채권자의 신청에 의하거나 직권으로 면책취소의 결정을 할 수 있다. 채무자가 부정한 방법으로 면책을 받은 경우 파산채권자가 면책 후 1년 이내에 면책의 취소를 신청한 때에도 또한 같다.

② 제1항의 결정에 대하여는 즉시항고를 할 수 있다.

● 당연복권 사유 (동법 제574조).

① 면책의 결정이 확정된 때

② 제538조의 규정에 의한 신청에 기한 파산폐지의 결정이 확정된 때

③ 파산선고를 받은 채무자가 파산선고 후 제650조의 규정에 의한 사기파산으로 유죄의 확정판결을 받음이 없이 10년이 경과한 때

● 신청에 의한 복권 (동법 제575조).

① 제574조의 규정에 의하여 복권될 수 없는 파산선고를 받은 채무자가 변제 그 밖의 방법

으로 파산채권자에 대한 채무의 전부에 관하여 그 책임을 면한 때에는 파산계속법원은 파산선고를 받은 채무자의 신청에 의하여 복권의 결정을 하여야 한다.
② 파산선고를 받은 채무자는 제1항의 규정에 의하여 복권의 신청을 하는 때에는 그 책임을 면한 사실을 증명할 수 있는 서면을 제출하여야 한다.
③ 제1항의 결정에 대하여는 즉시항고를 할 수 있다.

● 사기파산죄 (동법 제650조).

채무자가 파산선고의 전후를 불문하고 자기 또는 타인의 이익을 도모하거나 채권자를 해할 목적으로 다음 어느 하나에 해당하는 행위를 하고, 그 파산선고가 확정된 때에는 10년 이하의 징역 또는 1억원 이하의 벌금에 처한다. 사기파산죄에 관하여 채무자에 대한 유죄가 확정된 때와 부정한 방법으로 면책을 받은 경우에는 파산채권자의 신청에 의하거나 파산법원의 직권으로 면책이 취소될 수 있다.
① 파산재단에 속하는 재산을 은닉 또는 손괴하거나 채권자에게 불이익하게 처분을 하는 행위
② 파산재단의 부담을 허위로 증가시키는 행위
③ 법률의 규정에 의하여 작성하여야 하는 상업장부를 작성하지 아니하거나, 그 상업장부에 재산의 현황을 알 수 있는 정도의 기재를 하지 아니하거나, 그 상업장부에 부실한 기재를 하거나, 그 상업장부를 은닉 또는 손괴하는 행위
④ 제481조의 규정에 의하여 법원사무관등이 폐쇄한 장부에 변경을 가하거나 이를 은닉 또는 손괴하는 행위

□ 개인파산 · 면책의 장점

▶ 사채, 연대보증 등 채무의 종류와 한도에 제한 없이 신청할 수 있다.

▶ 파산선고, 배당절차, 면책확정 후에는 개인파산채권에 대한 변제 책임에서 벗어날 수 있다. 채무자가 소유하고 있는 재산을 청산한 금액만 변제하고, 재산이 없을 경우 한 푼도 변제하지 않아도 된다.

▶ 파산선고 및 중지 · 금지명령 신청으로 강제집행이 중지되고 채권자들의 독촉에서 벗어날 수 있다.

▶ 개인회생과 달리 일정한 수입이 없어도 신청 가능하다.

▶ 면책 받을 경우 공사법상의 제한에서 벗어나고 복권된다.

□ 개인파산 · 면책의 단점

▶ 조세 · 벌금 · 손해배상금 등은 면책되지 않는다. 다만, 국세기본법 제27조에 따른 국세 징수권 소멸시효가 완성된 경우 납부의무가 없다.

▶ 과다한 낭비, 도박으로 지급불능 상태에 이른 경우 면책이 불허가 될 수 있다.

▶ 취업 결격 사유, 사업 제한 사유, 당연 퇴직 사유에 해당된다.

▶ 주채무자만 개인파산을 신청해 면책이 확정될 경우 연대보증인은 면책되지 않는다.

□ 신용회복, 개인회생, 개인파산 · 면책자에 대한 공공정보 등록 및 해제

공 · 사적 채무조정에 관하여 공공정보 등록사유가 발생하면 개별 채권자의 금융채무 불이행 기록은 일괄 해제된다. 공공정보가 해제되면 개인별 신용관리 이력에 따라 개인 신용평점도 300 ~ 600점 대로 상승할 수 있다. 예를 들어, 개인회생 채무자가 변제계획에 의한 변제를 완료하고 면책이 확정될 경우 공공정보가 해제되는데 이때부터 대출을 받을 수 있는지가 문제된다. 공공정보 기록이 해제되더라도 개별 금융회사는 내부적으로 일정기간 동안 해당 내용을 관리한다. 따라서 개인회생채권자목록에 기재된 금융회사로부터 신규대출을 받을 수는 없다. 다만, 그 외 금융회사로부터 담보물 또는 개인 신용평점에 의한 대출을 받을 수 있다.

<table>
<tr><th>구분</th><th>등록사유</th><th>등록
코드</th><th>해제사유</th><th>해제
코드</th><th>비고</th></tr>
<tr><td>신용회복</td><td>신용회복지원협약에 따라 신용회복지원이 확정된 자.</td><td>1101</td><td>1. 확정된 신용회복채무를 변제완료한 경우
2. 확정된 신용회복채무를 2년 이상 변제한 경우
3. 신용회복지원내용이 효력을 상실하여 연체정보 또는 금융질서 문란정보로 등록될 경우
4. 등록사유발생일로부터 5년이 경과한 경우</td><td rowspan="3">77</td><td>신용회복위원회가 등록</td></tr>
<tr><td>개인회생</td><td>개인회생절차의 변제계획인가결정을 받은 자. (변제계획인가결정일을 등록사유 발생일로 본다)</td><td>1301</td><td>1. 변제계획에 따른 변제를 완료한 경우
2. 개회생절차 폐지결정이 확정된 경우
3. 등록사유발생일로부터 5년이 경과한 경우</td><td>법원에서 통보하여 등록</td></tr>
<tr><td>개인파산
면책</td><td>파산면책결정을 받은 자. (파산면책결정일을 등록사유 발생일로 본다)</td><td>1201</td><td>1. 면책채권을 변제한 경우
2. 면책 취소 결정이 확정된 경우
3. 등록사유발생일로부터 5년이 경과한 경우</td><td>법원에서 통보하여 등록</td></tr>
</table>

□ 개인회생 및 개인파산·면책 사건 신청비용

단위: 원

구 분	개인회생	개인파산·면책
인지대	30,000	2,000
송달료 (채권자 5명 가정)	260,000	286,000
예납금	150,000	300,000
변호사·법무사 보수 (약)	1,000,000	1,000,000
합계 (약)	1,440,000	1,588,000

▶ 개인회생 사건 송달료 산출 근거

신청서에는 30,000원의 정부수입인지를 붙여야 한다. 송달료는 기본 10회분 송달료와 이에 추가하여 채권자의 수 곱하기 8회분의 송달료를 납부해야 한다. 1회분 송달료는 5,200원(2021. 9. 1.부터 5,100원에서 5,200원으로 인상)이다. 예를 들어, 채권자의 수가 5명인 경우 납부할 송달료는 260,000원이다.

[기본 송달료 10회분 52,000원 + (채권자수 5명 × 8회분 × 1회분 송달료 5,200원) = 260,000원]

▶ 개인파산 및 면책 사건 송달료 산출 근거

신청서에는 2,000원(개인파산 1,000원 + 면책 1,000원)의 정부 수입인지를 붙여야 한다. 송달료는 기본 10회분 송달료와 이에 추가하여 채권자의 수 곱하기 4회분(면책은 3회분)의 송달료를 납부해야 한다. 1회분 송달료는 5,200원이다. 예를 들어, 채권자의 수가 5명인 경우에 납부할 송달료는 총 286,000원이다.

① 개인파산 송달료: 기본 송달료 10회분 52,000원 + (채권자수 5명 × 4회분 × 1회분 송달료 5,200원) = 156,000원

② 면책 송달료: 기본 송달료 10회분 52,000원 + (채권자수 5명 × 3회분 × 1회분 송달료 5,200원) = 130,000원

③ 개인파산 및 면책 사건 송달료 합계 286,000원 (① + ②)

▶ 해설

- 인지대는 전자소송 이용 시 10% 감액된다. 송달료는 교부송달 비용이며 채권자 수에 따라 변경된다. 신청사건의 취하·폐지 시 환급된다.
- 개인회생 신청 채무자가 사업소득자이거나 총 채무액이 1억원을 초과할 경우 외부 회생위원을 선임해야 한다. 개인회생 예납금은 외부 회생위원 보수이고 특별한 사정이 없으면 환급되지 않는다.
- 개인파산·면책 예납금은 파산관재인 보수이고 특별한 사정이 없으면 환급되지 않는다. 변호사·법무사 보수는 채권자 수, 난이도와 소송 상황, 채무자의 사정 등에 따라 유동적이고 분할지급 할 수 있도록 배려해주기도 한다. (개인회생을 결심한 경우 추후 변제계획에 따라 분할변제 해야 하므로, 당장 갚을 대출 원·리금 상환을 유보하고 그 돈을 모아 보수를 지급하는 방법도 있다)
- 사회취약계층 등 경제사정이 어려운 채무자는 대한법률구조공단, 한국가정법률상담소, 서민금융진흥원, 신용회복위원회로부터 무료 상담 및 법률지원을 받을 수 있다.

□ 채무자 구제제도 비교표

(자료, 신용회복위원회)

구 분	개인파산	개인회생	채무조정 (개인워크아웃)	이자율 채무조정(프리워크아웃)	연체전 채무조정 (신속채무조정)
운영주체	법원		신용회복위원회		
대상채무자	상환 불가한 자 (소득·재산 無)	상환불능 상태이나 고정소득 있는 자	연체기간 90일 이상	연체기간 31일~89일	연체기간 30일 이하
대상채권	제한 없음 (세금, 건보료 면책 불가)	제한 없음 (세금, 건보료 사채 등 포함)	신용회복지원협약 가입 채권금융회사 (대부업체 포함) 세금, 건보료, 개인채무 등 비금융채무 조정불가		
채무액	제한 없음	무담보 10억 담보 15억	무담보 5억 담보 10억 (사업자 30억)	무담보 5억 담보 10억	무담보 5억 담보 10억
변제기간	-	최장 3년	10년 이내 (담보 35년)	10년 이내 (담보 35년)	10년 이내

채무감면	재산처분 배분 후, 잔여채무 면책 (원금감면 100%)	보유재산 이상 변제(원금감면 평균 70%)	이자채권 전액 원금감면 최대 상각채권 70% 소외계층 90% (원금감면 평균 38%) 상각채권 원금 감면평균 62%	연체이자 감면 약정이자율 50% (원금감면 없음)	연체이자 감면 약정이자율 최고 15% (단, 카드는 10%)
담보대출	제외(별제권)		조정가능	조정가능	조정불가
보증인 독촉	보증인에 대한 독촉 가능		보증인에 대한 독촉 불가		
법적효력	판결효력		당사자간 계약효력(민사)		
채무조정 정보 공유기간	면책결정 후 5년간	변제계획 인가 후 3년간	신용회복 확정 후 2년간	미등록	미등록

▣ 국민행복기금

금융소외자의 과도한 채무 부담을 줄여 경제적 회생의 기회를 제공하고, 채무조정 등 자활프로그램을 통해 정상적인 경제활동의 주체로 복귀할 수 있도록 지원하기 위해 2013. 3. 29. 국민행복기금이 출범하였다.

▶ 학자금대출 채무조정

① 지원대상
2013년 2월말 기준 6개월 이상 연체된 한국장학재단 및 주택금융공사의 학자금대출 채무 중 2014년 9월말 국민행복기금이 인수하여 동 기금이 관리중인 채무를 보유한 자
② 지원내용
신청자의 상환능력이 부족한 경우, 채무자의 연령, 연체기간, 소득 등을 고려하여 20% ~ 70%(기초수급자, 만70세 이상 고령자 등의 특수채무자의 경우 60% ~ 90%)까지 채무가 감면된다. 아울러 채무자별 신청 내용 등을 고려하여 최장 10년까지 분할상환 하도록 상환기간이 조정된다.

▶ 국민행복기금 채무조정

① 지원대상
- 국민행복기금이 금융기관 등으로부터 인수한 연체채권 관련자
※ 고객의 신청을 받아 협약가입 금융기관으로부터 연체채권을 매입하는 개별 신청은 2013년 10월말 종료되었다.
- 학자금 대출은 2014년 9월말 한국장학재단 및 주택금융공사에서 국민행복기금으로 양도된 연체채권 관련자
② 지원내용
상환능력이 부족한 경우 채무 일부감면 및 채무자별 신청 내용 등을 고려하여 최장 10년까지 매월 분할상환 할 수 있게 상환기간이 조정된다.
- 일반감면: 연령, 연체기간, 소득 등을 고려하여 20~70% 감면율 산정
- 특수채무관계자감면: 특수채무관계자에 해당할 경우 감면율표에 의해 70 · 80 · 90% 감면율 산정

- 장기연체채무자 추가감면: 15년이상 장기 연체채무자인 경우 소득증빙 제출, 채무조정심의위원회 심의·의결을 통해 추가(10%, 20%, 30%) 감면 가능

▶ '햇살론 15'신용보증

① 지원대상

- 신용평점: 개인신용평점 하위 20% 이하 (연소득 3천5백만 원 이하는 신용등급 제한없음)
- 연소득: 4천5백만 원 이하

② 지원내용

<table>
<tr><th>구분</th><th>대출한도</th><th>대출금리</th><th>대출기간</th><th>우대금리</th><th>상환방법</th></tr>
<tr><td>일반보증</td><td>700만 원
(단일한도)</td><td rowspan="2">연 15.9%
(단일금리)</td><td rowspan="2">3년 또는 5년</td><td rowspan="2">성실상환시 1년마다 금리 인하 (3년 선택 시 3.0%p씩, 5년 선택시 1.5%p씩)</td><td rowspan="2">원리금 균등분할 상환</td></tr>
<tr><td>특례보증</td><td>최대
1,400만 원</td></tr>
</table>

* 일반보증은 시중은행에서 심사부터 대출실행까지 가능하다. 특례보증은 은행이용이 어렵거나 정형화된 서류 구비가 어려운 경우 서민금융통합지원센터에서 추가심사를 거쳐 보증을 승인한다.

▶ 안정망 대출 Ⅱ

법정 최고금리 인하일(2021. 7. 7.) 이전 연 20% 초과 고금리 대출을 받아 정상 상환중인 저신용·저소득자 대상 기존대출을 연 17%~19%로 대환해주는 상품이다.

① 신청대상

2021. 7. 7. 이전에 연 20% 초과 고금리 대출을 받은 채무자 중 1년 이상 이행했거나, 만기가 6개월 이내로 임박한 정상 상환자 중에서,

- 연소득 4천5백만 원 이하 이면서 개인신신용평점 하위 20% 해당하는 자
- 연소득 3천5백만 원 이하인 저소득자(개인신용평점 무관)

② 지원내용

- 대출금액: 최대 2천만 원 (햇살론 15, 햇살론 17과 통합한도)
- 상환기간: 3년 또는 5년
- 대출금리: 연17%~19%

▣ 채무감면

[사례] 다중채무자인 편모 씨는 아파트가 경매로 처분되고도 5개 채권 금융기관에 1억 원 정도의 채무가 남아 있다. 6년 전 한정식 집 폐업 당시에는 도저히 채무를 변제할 방법이 없어 방치할 수밖에 없었다. 임야 공유지분과 폐차 직전의 승용차 외 다른 재산은 없다. 임야 편모 씨 지분과 자동차에는 압류·가압류가 경합되어 있는데 환가가치가 없어서인지 경매가 진행되지 않고 있다.

편모 씨는 사업실패 요인을 분석한 후 서울시 강서구에 배우자 명의로 중국요리 전문점을 개업했다. 개업자금은 시골 부모님 소유 땅을 처분해 마련했다. 불경기에도 '00동 맛집'이라는 소문이나 장사가 잘되었다. 좋은 재료를 사용하고 가장 맛있게 조리할 수 있는 메뉴 7가지로 특화시킨 것이 주효했다.

이제는 사업이 안정되어 채무를 변제할 여력이 생겼다. 신용을 회복하고 서울시 양천구에 자신의 이름으로 직영 2호점을 개설하고 싶다. 신용회복이나 개인회생은 장기간이 소요되어 검토하지 않았다. 원·리금을 전액 변제할 수 있는 여유는 없기에 최대한 감면을 받고 싶다. 편모 씨는 어떻게 접근해야 하는가.

□ 채무감면의 개요

▶"채무감면"이란 회수가능성이 희박한 채무자에 대하여 채권자의 업무규정에서 정한 금액을 변제받는 조건으로 나머지 채무의 상환을 면제시켜주는 제도이다. 감면 승인이 가능한 채무자는 다음과 같은 조건을 충족한 자를 말한다.

① 물적 담보물에 대한 경매절차와 채권보전조치 절차가 모두 종료된 경우.

② 추가 발견재산(부동산, 예·적금, 보험 등)이 없거나 강제집행 실익이 없는 경우.

③ 소득이 없거나 압류금지채권 이하의 월 소득으로 생계를 유지하는 경우.

④ 고령자, 사회취약계층 등 감면을 통해 변제받는 것이 더 유리하다고 판단되는 경우.

⑤ 해당 채무감면 승인이 타 채무자와의 형평에 문제가 없는 경우.
⑥ 신청인의 변제의지와 능력이 확실한 경우 등.

▶ 채무자 편모 씨의 채무감면 절차

① 먼저 편모 씨는 소장과 우편물을 통해 자신의 채무를 어떤 기관에서 관리하고 있는지 확인해야 한다. 은행의 경우 장기간 미 회수된 악성채권을 매각하거나 신용정보회사에 추심을 위임하기 때문이다. 원채권이 양도되거나 보증서(보증보험증권)를 발급한 기관이 대위변제할 수도 있다. 이때는 채권양수인 또는 구상금채권자에게 채무감면 신청해야 한다.
② 채권이 매각된 경우 양수인의 채무감면 규정에 따라야 하고, 신용정보회사에 추심을 위임한 경우 위임한 금융회사의 규정을 적용해야 한다.
③ 채무자는 채무감면 신청서와 필수서류를 제출하고, 변제방법(일시, 분할)을 결정한다.
④ 채권자는 채무감면에 필요한 서류를 징구한 후 재산조사를 실시한다. 이와 함께 편모 씨 소유 임야 공유지분과 승용차에 대한 추심(구상)여력을 산출한다. 이 과정에서 추가서류의 제출을 요구할 수 있으며, 제3채무자로부터 추심할 압류금액이 없는지 확인한다.
⑤ 채권자가 감면 승인여부를 결정한다. 이때 채무자가 변제할 최저금액은 추심(구상)여력을 초과해야 하며, 소송비용 등 채권보전조치 비용은 감면대상에서 제외된다.
⑥ 감면 승인 금액을 채권자 계좌에 입금하면 채권종결 처리한다. 한국신용정보원 전산망에 채무불이행자정보(연체정보, 대지급정보 등) 해제 등록한다.
⑦ (가)압류 등 채권보전조치를 해제·취하한다. 이때 관련비용을 추가로 요구할 수 있다.
⑧ 대부분의 채권자는 회수 가능성이 희박한 채무자로 판단될 경우 적극적으로 감면신청에 응하고 있다.

□ 채무감면 기준

- 채권의 성격
채권자는 보유하고 있는 채권을 일반채권과 특수채권으로 분류하여 관리한다. 일반신용정보관리규약상의 특수채권은 금융기관이 보유하는 대손상각채권 및 그 부대채권과 미수이자채권을 말한다. 대손상각은 대출금 등이 장기간 연체되어 회수 불가능한 것으로 분류될 때, 회수불능 연체대출금을 손실(비용)로 회계 처리하는 것이며, 이 경우 채무자는 '특수채권 보유자'라는 내용으로 연체정보에 등록되어 전 금융기관에서 신용정보로 활용된다. 사망자 · 고령자 · 해외이주자 등은 별도의 채권으로 구분하여 관리한다.

- 채무감면 금액 결정 요소

① 채권의 종류(원금 · 이자), ② 신청인의 자격 유무(주채무자 · 연대보증채무자 · 상속채무자 · 기타채무자), ③ 신청인이 주채무자인 경우 연대보증인 유무와 그 숫자, ④ 장기 · 단기채권 여부, ⑤ 사회취약계층 여부, ⑥ 소유재산과 권리 · 채권보전 조치한 재산의 추심실익 여부, ⑦ 신청인의 소득규모, ⑧ 주채무자가 법인 · 개인인지 여부, ⑨ 채무감면 신청 사유 등을 종합적으로 평가하여 결정한다.

- 채무감면 폭이 큰 채권

① 장기간 미 회수된 특수채권인 경우, ② 주채무자만 있고 연대보증인이 없는 경우, ③ 여러 명의 연대보증인 중 한 명이 감면을 신청한 경우, ④ 사회취약계층 · 저소득자인 경우, ⑤ 이자만 남은 채권인 경우, ⑥ 개인회생 · 개인파산 채권자목록에 누락된 채권으로 정상참작이 필요한 채권, ⑦ 그 외 정책적인 배려가 필요한 경우에 감면 폭이 크다.

- 최저 변제금액 이상 변제

채권자는 통상적으로 위 기준에 의해 최저 변제금액을 산출한다. 채무자 편모 씨는 산출된 소유재산의 추심(구상)여력을 감안한 최저변제금액 이상의 돈을 상환해야 한다. 이때를 위해 평소에 추심원과 원만한 관계를 유지할 필요가 있다. 채무자는 자신이 처한 상황과 변제여력, 상환 의지 등에 대해 충분히 설명하여 변제할 금액을 낮춰야 한다.

□ 채무감면 신청 시 참고 사항

▶ 금융회사 중에는 일용근로자와 프리랜서를 제외한 직장근로자의 월 평균 소득이 185만원인 최저 생계비를 초과할 경우 감면이 불가능한 곳도 있다. 취업 · 이직 전이나 무직자 상태일 때 감면을 신청하는 것이 좋다.

▶ 한꺼번에 채무감면을 추진하는 것이 좋다. 채권자의 숫자가 줄어들수록 나머지 채권자가 더 많은 금액의 변제를 요구할 수 있기 때문이다. 채권자가 평소에 채무불이행자 정보해제 이력을 주의 깊게 지켜보고 있다는 사실을 명심해야 한다.

▶ 일시변제에 따른 인센티브, 분할변제 여부, 원금 감면 여부, 징구서류, 우대하는 사회취약계층, 심사항목 등 주요 기준은 채권자마다 다르다.

▶ 채무감면 금액은 일시에 변제하는 방법과 일정기간 분할하여 변제하는 방법이 있다. 채무감면은 채권자가 권리의 일부를 포기하는 것이기 때문에 일시변제 조건으로 진행되는 경우가 많다.

▶ 채권종류(일반채권 · 특수채권)에 따라 연체이자 · 약정이자 · 원금 감면 기준이 다르다. 일반적으로 법적조치 비용은 감면되지 않는다.

▶ 상속채무자는 감면기준에 따른 최저 변제금액에 자신의 상속지분 비율을 적용한 금액을 변제하게 된다.

▶ 채권자는 채무감면 적정성 심사를 위해 신청인에게 관련 자료를 요구할 수 있다.

금융회사별로 징구서류가 다른데 신용카드 대금 등 소액채권인 경우 간단한 서류만 받고 감면해주는 채권자도 있다. 개인 간 금전채권이나 상거래 채권은 추심업자의 중재 하에 규정이나 준비서류에 구애받지 않고 '채무감면 합의서'만 작성하는 경우도 있다.

□ 준비서류

[필수 서류]

- 채무감면 신청서 → 신청인의 사정, 감면신청 사유, 변제의지를 확인한다.
- 소득금액증명원 → 연간 소득규모를 확인한다. 최저생활비 기준인 월 185만 원 이하인 급여 소득자에 한해 감면해주는 금융회사도 있다. 신고한 소득이 없는 경우 사실증명원을 제출한다.
- 건강보험자격득실확인서 → 직장가입자, 지역가입자, 피부양자 등록 여부를 확인한다.
- 지방세세목별과세증명서 → 전국 지자체 기준으로 취득세, 재산세(토지, 건물) 자동차세 등 과세 사실과 권리관계를 확인한다.
- 주민등록원초본 → 주민등록법 제정 이후 이사한 모든 주소지에 대해 등기부등본을 열람한다. 이를 통해 재산 소유 · 사해행위 여부를 확인한다.
- 신분증 앞면 사본 → 본인 여부를 확인한다.

[필요 시 추가 서류]

- 계좌통합관리서비스조회표(상세조회) 및 활동성 계좌 잔액증명서 → 상세조회표와 금융회사에 개설된 신청인의 활동성 계좌 잔액증명서를 통해 예 · 적금 보유 사실을 확인한다.
- 압류된 계좌 예 · 적금 잔액증명서, 보험해약금환급확인서 → 압류금지채권 여부와 실제 추심할 수 있는 돈의 규모를 확인한다.

- 자동차등록원부 (갑 · 을구) → 차량의 연식, 중고차 거래 가능 여부, 저당권, 압류의 경합 상태를 확인한다.
- 현 주소지 임대차계약서 사본 → 임차인 명의와 보증금 규모를 확인한다.
- 근저당권설정 · 가압류 경합된 부동산에 대한 채무잔액확인서 또는 금융거래확인서 → 근저당권에 관한 피담보채무 잔액과 가압류 관련 채무의 잔액을 확인한다.
- 사회취약계층(장애인, 기초생활수급자, 차상위계층, 고령자, 한부모가족, 다자녀부양자, 국가유공자 등) 임을 입증할 수 있는 서류 → 추가 감면대상 채무자의 적격 여부를 확인한다. 사회취약계층이고 특수채권에 해당될 경우 중복해서 감면 받을 수 있다.

□ 주의할 점

▶ 채무감면 신청서에는 ① 채권자를 기망하거나 제출한 서류가 위 · 변조 되었을 경우, ② 고지한 내용이 사실과 다를 때에는 감면이 취소되고 감면 전 금액을 변제해야 한다. 라고 기재되어 있다.
▶ 감면에 필요한 서류를 발급받아서 아무 생각 없이 제출하면 안 된다. 표시된 재산 및 예금 잔액 내역 등을 자세히 살펴보아야 한다. 서류를 받아 본 채권자의 행동특성을 감안하여 문제발생 소지가 없을 때 제출해야 한다.
▶ 건강보험자격득실확인서를 통해 신청인의 직장 재직여부가 확인된다. 지방세세목별과세증명서에는 토지 · 건물의 소재지와 차량번호가 기재된다. 상속재산 등 본인도 기억나지 않는 재산에 대한 과세사실이 발견될 수 있다. 상당한 돈이 예치된 상태에서 계좌통합관리서비스조회표(상세조회) 및 잔액증명서를 제출하면 안 된다.
▶ 채권자의 변심, 감면신청이 승인되지 않았을 때, 감면 조건에 대해 신청인과 합의가 이뤄지지 않을 경우 추심원은 제출된 서류에 근거하여 압류 등 강제집행 할 수 있다.

▶ 개인회생채권자목록에 누락된 채권

개인회생절차를 통해 면책이 확정되었거나 성실히 변제하고 있음에도 어느 한 채권을 착오나 과실로 개인회생채권자목록에 기재하지 못했을 수 있다. 변제계획인가결정 후에는 누락된 채권을 추가할 수 없다. 개인회생채권자목록에 누락된 채권액에 대해서 변제율에 상응하는 금액을 변제하는 조건으로 나머지 채무를 감면해주는 신사적인 금융회사도 있다.

■ 패럴림픽의 영웅들

패럴림픽(PARALYMPIC)은 '함께'를 의미하는 Para와 올림픽(Olympic)의 합성어이다. '국제 신체 장애인 체육대회'로 영국의 스토크 맨더빌 병원 의사 구트만(GUTTMANN, L.)에 의해 시작되었고 1952년에 국제대회로 발전하였다. 1960년 로마올림픽 개최 직후에 열린 후 4년에 한번 올림픽 개최지에서 거행된다.

코로나19 확산 위험 속에서 2021년 8월 24일 부터 9월 5일까지 진행되었던 제16회 '도쿄 2020 패럴림픽'이 폐막했다. 160개국 4,400여 명의 선수가 출전해 수영, 탁구 등 22개 종목에서 539개 메달을 놓고 경쟁했다. 우리나라는 육상, 태권도, 양궁, 탁구, 휠체어 농구 등 14개 종목에, 대표팀 선수 86명을 포함해 총 159명의 선수단이 참가해 종합순위 41위를 달성했다. 한국 선수들은 한복 단체복을 입고 입장하여 국민들에게 감동을 안겼다. 전통적으로 강한 보치아 페어 BC3 경기에서 9회 연속 금메달이라는 대기록도 달성했다. 올림픽 양궁 여자 단체전 9연패 기록과 동일한 쾌거이다.

탁구 경기에서는 우리나라의 박홍규 선수(세계랭킹 6위)와 이집트의 이브라힘 하마드투 선수(I,HAMADTOU/49세)의 예선전 경기가 있었다. 박 선수는 산업현장에서 불의의 낙상사고로 오른쪽 상하반신이 마비되었다. 휠체어를 거부하고 일어서 왼다리를 축으로 삼아 왼손으로 경기를 치렀다.

하마드투 선수는 두 팔 없는 탁구스타이다. 헤어밴드로 머리카락을 고정시킨 후 라켓을 입에 물고 경기에 임했다. 10살 때 기차사고로 두 팔을 잃었기 때문이다. 사고 후 3

년 동안 집에서만 시간을 보냈던 그는 처음에 축구를 시작했다. 하지만 두 팔 없이 상대 선수와 몸싸움을 벌이며 축구공을 다루는 것이 쉽지 않았다. 조금밖에 남지 않은 오른 팔 끝에 라켓을 매달고 탁구를 시작했지만 여의치 않았다.

결국 라켓을 입에 물고치는 방법을 터득했다. 맨발 상태에서 오른발 엄지발가락과 검지발가락 사이에 탁구공을 끼워서 머리 위 높이까지 차올리고 입에 문 라켓으로 쳐서 네트 너머로 보내는 서브 방법을 개발한 것이다. 이 방법으로 탁구를 배우는데 3년이 걸렸다고 했다. 피나는 노력으로 상상하기조차 어려운 탁구 스타일을 개척한 것이다. 그는 기회가 생길 때 마다 날카로운 스매싱을 날렸다. 아프리카 장애인 탁구대회에서 두 번이나 은메달을 따낸 실력을 유감없이 발휘했다. 그러나 체력과 신체조건의 열세를 뒤집을 수는 없었다. 박 선수가 주특기인 백핸드 스매시 공격을 활용해 3 대 0 승리를 거두었다.

박 선수는 인터뷰에서 "재활운동을 하지 않고 휠체어를 계속 탔다면 일어서지 못했을 것"이라고 했다. 혼신의 힘을 다한 하마드투 선수는 "최고의 무대인 패럴림픽에 출전하고 싶었고 이 자리에 오게 되어 행복하다"고 했다.

여자 탁구선수 중에는 2008년 베이징 대회부터 올림픽과 패럴림픽을 모두 소화하는 선수가 있었다. 폴란드의 나탈리아 파르티카 선수(32세) 이다. 그녀는 오른쪽 팔꿈치 아랫부분이 없어 공을 오른쪽 팔꿈치에서 올려서 서브를 넣고 왼손으로 경기한다. 도쿄 올림픽에서 우리나라의 신유빈, 최효주 선수와 예선전을 치렀다. 그녀는 2004년 아테네 패럴림픽 여자 탁구 단식(스포츠 등급 TT10)부터 2016년 리우 대회까지 4연패를 달성한 최강자로 이번 대회에서는 개인전 동메달에 그쳤다.

통제할 수 있는 것에 집중했던 스포츠 영웅들에 관한 이야기를 소개했다. 이 선수들 뿐이겠는가. 모든 패럴림픽 참가 선수와 그 가족들은 위대하다. 회복탄력성(resilience)이 뛰어나다는 표현은 그들에게 예의가 아니다. 피눈물과 땀의 무게를 감안하지 않은 건조한 언어이기 때문이다. 신체적인 한계를 정신력으로 극복한 '인간승리이자 기적의 주인공'이란 호칭이 맞는 말이다. 인간은 어떤 환경이라도 적응할 수 있다고 하지만, 그들의 성취는 하루아침에 이루어진 것이 아니기 때문이다. 그들의 패럴림픽 참가는 일시적 삶이라고 자학하거나 장애를 숙명으로 여겼다면 이룰 수 없는 원대한 꿈이었다. 가족들의 응원, 미래에 대한 희망, 뚜렷한 목표의식이 재기의 원동력 이었을 것이다.

CTS에서 주관한 제1회 K-가스펠 경연대회 결선에 오른 3중창단 '에필로그'의 '은혜'라는 찬양 가사를 음미해보시라. "내가 누려왔던 모든 것들이, 내가 지나왔던 모든 시간이, 내가 걸어왔던 모든 순간이 당연한 것 아니라 은혜이었소. / 아침 해가 뜨고 저녁의 노을, 봄의 꽃향기와 가을의 열매, 변하는 계절의 모든 순간이 당연한 것 아니라 은혜이었소."라는 노랫말이다. 인생에 당연한 것은 하나도 없으니 모든 것이 은혜라고 생각하며 감사한 삶을 살아가자는 메시지이다. 진실한 고백을 담아 밝고 기쁜 표정으로 노래하는 그들의 모습에 감명 받았다. 놀라운 사실은 3명의 멤버 전원이 시각 장애인이었다는 것이다.

인생의 벼랑 끝에 서본 일이 있는가. 필자는 그 두려움과 절망감에 대해 비교적 익숙하다. IMF 외환위기로 인한 실직, 젊은 나이에 먼저 보낸 하나 밖에 없는 동생, 아내의 투병 때문이었다. 그때마다 미래에 대한 기대가 삶의 의지를 불러 일으켰다. 혼자만이라도 단단해져야 했던 것이다. 당시에는 나의 정신세계가 이와 같은 시련을 감당할 수 있을 것이라는 확신이 생기지 않았다. 그래서 힘들었지만 절절한 기도와 시간이 보약이었다. 견뎌내야 할 이유를 세어보니 너무 많았다. 그때부터 사소한 것에서 행복을 찾는 습관이 생겼다. 행복과 불행은 내가 만드는 것이라는 사실을 깨달았기 때문이다.

여러분도 살아야 할 이유를 세어본 적이 있는가. 자신에 대한 믿음을 상실하면 삶을 향한 의지도 꺾이게 된다. 생존경쟁의 각축장이 되어버린 세상에서 혼자 고통을 감내하는 것이 쉬운 일은 아니다. 그러나 희망의 끈을 절대 놓아서는 안 된다. 희망열차는 스스로 빚의 굴레에서 벗어나겠다는 마음가짐과 노력이 더해질 때 경적을 울린다. 당장은 해결할 수 없더라도 반드시 극복하겠다는 각오도 되새겨야 한다. 지금보다 더한 고통이 찾아오더라도 낙담할 필요 없다. 최악의 경우, 개인파산・면책 후에 화려하게 재기하는 것으로 자신의 존재가치를 증명하면 된다.

필자는 열심히 살아온 사람들의 분노를 충분히 이해한다. 패자부활전에 인색한 우리 사회의 모순, 불평등, 차별에 절망했을 것이다. 하지만 그 억울함을 평생 가슴속에 담아둔 채 살아갈 수는 없다. 자신을 되돌아보지 않고 인생의 황금기에 집착하면 분노와 이별할 수 없고 앞을 향해 나아갈 수도 없기 때문이다.

콤플렉스는 타인과의 비교에서 시작된다. 결국 그 비교가 '이상적인 나'와의 갈등으로 귀결된다. '현실의 나'와 '이상적인(이루고 싶은 것) 나' 사이에 '내가 취할 행동수칙'을 대입해서 실행해보자. 콤플렉스가 '위대한 콤플렉스'로 승화 발전하게 된다. 실행에 있어 타인에 대한 경쟁의식은 중요하지 않다. 단점과 열등감을 장점과 자존감으로 바꾸려는 노력과 내 삶의 중심을 잡는 것이 더 중요하다. '현실의 나'에 좌절하거나 위축될 필요도 없다. 목표한 바를 이루는 '이상적인 나'를 위해 인생을 리셋하자. 긍정의 힘을 믿고 새롭게 출발하자. 행복할 권리를 찾아서...

이 책에서 언급한 모든 교훈적 주장은 필자 스스로에게 하는 다짐이기도 하다. 삶의 지표와 같은 소중한 가치를 소홀이 대했던 지난날에 대한 반성과 회한 때문이다.

"한 번도 실수한 적 없는 사람은 한 번도 새로운 것에 도전해 본 적 없는 사람이다."
Anyone who has never made a mistake has never tried anything new.

알버트 아인슈타인 / Albert Einstein

▣ 변호사 · 법무사의 직무 영역과 선임 방법

채무자 입장에서 책임감 있고 성실한 법률 전문가와 인연을 맺는 것은 매우 중요하다. '한정승인심판청구'에 관한 업무를 대리하면서, 상속채권자에 대한 배당절차까지 완료해주지 않고 방치해 상속인들이 큰 고통을 겪게 되는 경우를 보았다. '상속재산협의분할'을 원인으로 하는 소유권이전등기 업무를 대리하면서도, 이에 관한 위험을 안내하지 않아 사해행위취소소송을 당하는 경우도 상당히 많다.

직무 영역에 따른 변호사나 법무사를 선임할 때는, 단순한 대리인 역할에 한정하지 않고 종합적인 법률서비스를 제공해주는 전문가를 선임해야 한다. 등록된 변호사 숫자가 많은 대형 로펌이라고 해서 의뢰인에게 유리한 것만도 아니다. 판사는 당사자가 선임한 소송 대리인 숫자가 아니라 법률과 판례, 양심에 따라 판단한다는 믿음이 필요하다. 따라서 법률 대리인을 선임할 때는 다음과 같은 사항을 확인한 후 신중하게 결정해야 한다.

① 상담 시 개설 등록증에 표시된 변호사나 법무사가 직접 상담 및 운영하고 있는지 확인한다. 특히 회생 · 파산 공장이라고 불리는 법률(법무사)사무소는 피하는 것이 좋다.
② 상담 과정을 통해 자신의 사건에 대해서 함께 고민해주는 자세와 대안 제시 역량을 갖추었는지 확인한다.
③ 일반 법률행위 대리 및 소송 대리에 관하여 합리적인 수준의 보수를 요구하는지 확인한다.
④ 실제 변론기일에는 직접 상담한 유명(대표) 변호사가 아닌 고용변호사가 출석하는 경우가 많다. 최초 상담 시에 고용변호사의 역할에 대해 솔직하게 밝히는지 확인한다.
⑤ 사건 진행과정에서 변론 기일별 재판 결과를 안내해주고 수시로 소통이 가능한지 확인한다.
⑥ 소송사건 위임계약을 체결할 때는 승소간주 조항 등 불공정한 내용이 없는지 확인한다. 소 취하 등 중요한 사항에 대하여는 특별수권을 받는 조항을 추가시켜야 한다.
⑦ 송무는 생물이어서 다양한 변수와 법률적 위험이 발생할 수 있다. 그 위험과 대비책을 법률과 판례 등 객관적인 근거에 따라 제시해주는 전문가를 선임한다.
⑧ 선고 이후 대응전략을 함께 수립할 수 있을 정도의 신뢰성과 전문성을 갖추었는지

확인 한다.

⑨ 사건 진행 중에 법률의 개정, 당사자의 사정, 증거 등에 따라 변론 전략이 달라질 수 있다. 이 책의 내용을 참고하되 개인별·구체적 상황에 따라 분야별 전문가를 선임하기 바란다.

▶ 변호사와 법무사의 직무영역 등에 대한 비교

구 분	내 용	
적용법률	변호사법	법무사법
직(업)무	▶ 변호사의 직무 (제3조). 변호사는 당사자와 그 밖의 관계인의 위임이나 국가·지방자치단체와 그 밖의 공공기관(이하 "공공기관"이라 한다)의 위촉 등에 의하여 소송에 관한 행위 및 행정처분의 청구에 관한 대리행위와 일반 법률 사무를 하는 것을 그 직무로 한다.	▶ 업무 (제2조). ① 법무사의 업무는 다른 사람이 위임한 다음 각 호의 사무로 한다. 1. 법원과 검찰청에 제출하는 서류의 작성 2. 법원과 검찰청의 업무에 관련된 서류의 작성 3. 등기나 그 밖에 등록신청에 필요한 서류의 작성 4. 등기·공탁사건(供託事件) 신청의 대리(代理) 5. 「민사집행법」에 따른 경매사건과 「국세징수법」이나 그 밖의 법령에 따른 공매사건(公賣事件)에서의 재산취득에 관한 상담, 매수신청 또는 입찰신청의 대리 6. 「채무자 회생 및 파산에 관한 법률」에 따른 개인의 파산사건 및 개인회생사건 신청의 대리. 다만, 각종 기일에서의 진술의 대리는 제외한다. 7. 제1호부터 제3호까지의 규정에 따라 작성된 서류의 제출 대행(代行) 8. 제1호부터 제7호까지의 사무를 처리하기 위하여 필요한 상담·자문 등 부수되는 사무 ② 법무사는 제1항 제1호부터 제3호까지의 서류라고 하더라도 다른 법률에 따라 제한되어 있는 것은 작성할 수 없다.
자격	▶ 변호사의 자격 (제4조). 다음 각 호의 어느 하나에 해당하는 자는 변호사의 자격이 있다. 1. 사법시험에 합격하여 사법연수원의 과정을 마친 자 2. 판사나 검사의 자격이 있는 자 3. 변호사시험에 합격한 자	▶ 자격 (제4조). 법무사시험에 합격한 자는 법무사의 자격이 있다.
	▶ 자격등록 (제7조). ① 변호사로서 개업을 하려면 대한변호사협회에 등록을 하여야 한다.	▶ 등록 (제7조). 법무사자격이 있는 자가 법무사로서 업무를 하려면 대법원규칙으로 정하는 연수교육을 마친 후 대한법

자격등록	② 제1항의 등록을 하려는 자는 가입하려는 지방변호사회를 거쳐 등록신청을 하여야 한다. ③ 지방변호사회는 제2항에 따른 등록신청을 받으면 해당 변호사의 자격 유무에 관한 의견서를 첨부할 수 있다. ④ 대한변호사협회는 제2항에 따른 등록신청을 받으면 지체 없이 변호사 명부에 등록하고 그 사실을 신청인에게 통지하여야 한다.	무사협회에 등록을 하여야 한다. ▶ 등록신청 (제8조). ① 제7조에 따라 등록을 하려는 자는 가입하려는 지방법무사회를 거쳐 대한법무사협회에 등록신청서를 제출하여야 한다.
보수	▶ 산입할 보수의 기준 (변호사보수의 소송비용 산입에 관한 규칙 제3조). ①소송비용에 산입되는 변호사의 보수는 당사자가 보수계약에 의하여 지급한 또는 지급할 보수액(다음부터 '지급보수액'이라 한다)의 범위 내에서 각 심급단위로 소송목적의 값에 따라 별표의 기준에 의하여 산정한다. ②가압류, 가처분 명령의 신청, 그 명령에 대한 이의 또는 취소의 신청사건에 있어서 소송비용에 산입되는 변호사의 보수는 지급보수액의 범위 내에서, 각 심급단위로 피보전권리의 값에 따라 별표의 기준에 의하여 산정한 금액의 2분의 1로 한다. 다만, 가압류, 가처분 명령의 신청사건에 있어서는 변론 또는 심문을 거친 경우에 한한다. ▶ 보수의 감액 (동 규칙 제5조). 피고의 전부자백 또는 자백간주에 의한 판결과 무변론 판결, 이행권고결정의 경우 소송비용에 산입할 변호사의 보수는 지급보수액의 범위 내에서, 소송목적의 값에 따라 별표의 기준에 의하여 산정한 금액의 2분의 1로 한다.	▶ 보수 (제19조). ① 법무사는 그 업무에 관하여 위임인으로부터 소정의 보수(報酬)를 받는다. ② 법무사는 그 업무에 관하여 제1항에 따른 보수 외에는 어떠한 명목으로도 위임인으로부터 금품을 받지 못한다. ③ 제1항에 따른 보수의 기준에 관한 사항은 대한법무사협회 회칙(會則)으로 정한다.
수(위)임	▶ 수임제한 (제31조). ① 변호사는 다음 각 호의 어느 하나에 해당하는 사건에 관하여는 그 직무를 수행할 수 없다. 다만, 제2호 사건의 경우 수임하고 있는 사건의 위임인이 동의한 경우에는 그러하지 아니하다. 1. 당사자 한쪽으로부터 상의(相議)를 받아 그 수임을 승낙한 사건의 상대방이 위임하는 사건 2. 수임하고 있는 사건의 상대방이 위임하는 다른 사건 3. 공무원 · 조정위원 또는 중재인으로서 직무상 취급하거나 취급하게 된 사건	▶ 위임에 따를 의무 (제20조), ① 법무사는 정당한 사유 없이 업무에 관한 위임을 거부할 수 없다. ② 법무사는 당사자 한쪽의 위임을 받아 취급한 사건에 관하여는 상대방을 위하여 서류를 작성하지 못한다. 다만, 당사자 양쪽의 동의가 있는 경우에는 그러하지 아니하다.

▣ 무료로 법률 상담을 받을 수 있는 기관

▶ 서울회생법원 뉴스타트 상담센터

＊ 뉴스타트 상담센터 1호실 (02-3016-4942)

시간	월	화	수	목	금
오전 10–12시	개인 파산관재인 (상속재산 파산상담 가능) (총 48명)				
오후 2–4시	소송구조 지정 변호사 (총 7명)	서울금융복지 상담센터 (총 20명)	신용회복위원회 (총 1명)	서울금융복지 상담센터 (총 20명)	회생위원(전임) (총 10명)
오후 4–6시	개인파산 · 회생 지원변호사 (총 23명)				

＊ 뉴스타트 상담센터 2호실 (02-3016-4943)

시간	월	화	수	목	금
오후 2–4시	법무사 상담위원 (총 9명)				중소벤처기업 진흥공단 회생 컨설팅(법인상담) (총 1명)

▶ 대한법률구조공단 서울중앙지부

구 분	내 용
홈페이지	www.klac.or.kr
전화번호	전국 어디서나 국번 없이「132」번
위치	지하철 2 · 3호선 교대역(10번출구) 도보 3~4분 교대어린이공원 앞
상담방법	방문 · 전화 · 사이버(인터넷) 상담 【월~금】오전 10시 ~ 오후 5시,【수】오후 6시 ~ 오후 8시,【토】오전 9시~오후 1시
특징	농 · 어민, 기초생활수급자, 장애인, 체불임금 근로자 등은 무료로 월 소득 260만 원 이하 국민은 소액으로 소송대리

▶ 서울지방변호사회 서울중앙지방법원 상담실

구 분	내 용
홈페이지	www.seoulbar.or.kr
전화번호	(02) 533-8003
위치	서울 서초동 서울법원종합청사 서관 103호 지하철 2 3호선 교대역(11번 출구) 도보 5분

상담방법	방문 상담 (전화 인터넷 상담은 없음) / 상담위원 1명【월~금】오전 10시~12시, 오후 2시~5시
특징	현재 법원에서 재판중인 사건으로 변호사가 선임되어 있지 않은 사건

▶ 서울중앙지방법무사회 서울중앙지방법원 중앙등기국 상담실

구 분	내 용
홈페이지	www.lawland.or.kr
전화번호	(02) 537 - 1390
위치	서울 서초동 서울중앙지방법원 중앙등기국 1층 무료법률상담실 지하철 2호선 서초역 7,8번 출구 도보 5분
상담방법	방문 상담 (전화 인터넷 상담은 없음) / 상담위원 1명【월~금】오후 2시~5시
특징	서울중앙지방법무사회 홈페이지에서 온라인상담실 운영

▶ 국민고충처리위원회

구 분	내 용
홈페이지	www.ombudsman.go.kr
전화번호	1588 - 1517 (지역번호 없음)
상담방법	【월~금】 오후 2시~5시 30분

▶ 한국소비자보호원

구 분	내 용
홈페이지	www.cpb.or.kr
전화번호	(02) 3460 - 3492
상담방법	【월】 오전 10시~12시(5번째 월요일 제외),【화 목】오후 2시~4시

▶서민금융진흥원 (신용・부채관리 컨설팅)

구 분	내 용
홈페이지	www.kinfa.or.kr
전화번호	국번없이 1397
위치	서울시 중구 세종대로 124, 프레스센터 4층, 5층
상담방법	정책서민금융상품(햇살론 17, 햇살론 youth, 미소금융, 근로자 햇살론) 이용 후 6개월이 지난 분들의 신용・부채관리 컨설팅 프로그램으로 상시 상담
특징	컨설팅 시작일로부터 최대 6개월, 매월 1회 무료 컨설팅

▣ 법률정보에 접근하는 방법

▶ 법률정보 검색

국가법령정보센터 → 현행 법령을 정확하게 입력 → 검색

▶ 판례 검색

종합법률정보 → 판례 → 상세 검색 → 사건번호 입력 → 해당 판례 더블클릭

▶ 판결 검색

전국 법원 주요 판결 → 판결 종류 선택 → 해당 판결 더블클릭

▶ 사건 검색

나의 사건 검색 → 사건번호 등 입력 → 검색

▶ 법원 양식 등 검색

대한법률구조공단 → 혼자 하는 소송 법률 지원센터 → 주요서식 바로가기 · 검색어에 양식 이름 입력 · 카테고리별 검색 → 한글 다운로드 · 서식 작성 바로하기

▶ 등기사항증명서(부동산등기부등본) 열람 · 발급

대법원 인터넷등기소 → 로그인 → 등기 열람 · 발급 → 부동산(열람하기) → 주소지 입력 후 선택 → 검색

▶ 확정일자 내역 검색

대법원 인터넷등기소 → 로그인 → 등기 열람 · 발급 → 부동산(열람하기) → 주소지 입력 후 선택 → 선택 → 다음 → 확정일자 열람하기 → 정보제공유형(확정일자 부여현황 · 임대인, 임차인용 선택 → 요청기간 입력 → 검색)

▶ 지역별 최우선 변제 소액보증금 검색

대법원 인터넷등기소 → 소액임차인의 범위 안내 → 주택 또는 상가건물 임대차보호법 선택 → 해당지역 지도 클릭 또는 소액임차인 범위 등 안내 전체보기

▶ 경매사건 검색

대법원 경매정보 → 경매물건 → 경매사건 검색 → 법원, 사건번호 입력 → 검색

□ 법률용어 (출처 국가법령정보센터, 현암사 (http://www.hyeonamsa.com, 추가 기재)

구 분	내 용
각하	민사소송법상 소가 소송조건을 구비하지 아니하거나 상소가 그 요건을 구비하지 아니한 때, 소 또는 상소를 부적법한 것으로 하여 본안재판에 들어가지 않고서 바로 소송을 종료시키는 것을 말한다. 형사소송법에서는 '각하'라는 용어를 쓰지 않고 '기각'이라고 한다.
강제경매	근저당권을 설정하지 않은 채권자가 법원에 신청하여 채무자 소유의 부동산을 압류하여 경매하는 것을 말한다. 채권자는 부동산소재지의 지방법원에 강제경매신청을 하고(민사집행법 제79조·제80조), 집행법원은 강제경매의 개시결정을 함과 동시에 부동산압류를 명하여야 한다(같은 법 제83조1항). 근저당권을 실행하는 방법으로 부동산을 압류(경매개시결정 등기)하는 것을 임의경매 라고 한다.
강제집행	확정판결이나 공정증서 등 채무명의를 가지고 채권자가 국가권력에 대하여 그 집행을 신청하고, 국가는 채무자의 의사에 반하여 실력으로 그 청구권을 실현시켜주는 절차를 말한다.
강행규정	선량한 풍속이나 사회질서에 관한 규정으로, 강행법규라고도 한다(민법 제103조). 강행규정에 위반한 행위는 무효이다. 당사자의 의사에 관계없이 언제나 적용되는 규정이며, 강행규정을 판단하는 기준은 특별히 정해 놓은 것은 없고 각 규정의 입법목적과 성질 등을 고려하여 정한다.
갑·을·병 호증	원고가 제출하는 서증을 "갑", 피고가 제출하는 것에는 "을", 독립당사자참가인이 제출하는 것에는 "병"이라는 부호를 붙임. 제출한 증거가 여러 개이면 '갑1호증, 갑2호증, 갑3호증.'이라는 식으로 번호를 붙인다.
공시송달	당사자의 주소 등 또는 근무 장소를 알 수 없는 경우 또는 외국에서 해야 할 송달에 관하여 민사소송법 제191조의 규정에 따를 수 없거나 이에 따라도 효력이 없을 것으로 인정되는 경우에 실시하는 송달을 말한다.
공유물분할 청구권	수인이 1개의 물건 위에 1개의 소유권을 분량적으로 분할하여 소유하는 것을 공유라고 한다. 공유물분할은 우선 전원 합의에 의하여 이루어진다. 현물분할, 대금분할, 가격배상이 있는데 협의가 성립되지 않는 경우에는 법원에 분할을 청구할 수 있다. 이를 '공유물분할청구소송'이라고 한다.
기각	민사소송법상 신청의 내용을 종국재판에서 이유가 없다고 하여 배척하는 것을 말한다. 기각의 재판은 본안판결이며 소송·형식재판인 각하와 구별된다.
기판력	확정된 종국판결에 있어서 청구에 대한 판결내용은 당사자와 법원을 규율하는 새로운 규준으로서의 구속력을 가지며, 후에 동일한 사안이 문제되면 당사자는 그에 반하여 되풀이 하여 다투는 소송이 인정되지 아니하며, 어느 법원도 다시 재심사하여 그와 모순·저촉되는 판단을 해서는 안 된다는, 확정판결에 부여되는 통용성 내지는 구속력을 말한다. 기판력 있는 재판으로는 확정된 종국판결(본안판결, 소송판결, 가압류·가처분 절차에서의 확정판결), 외국법원의 확정판결, 확정판결과 동일한 효력이 있는 것, 즉 화해조서, 청구의 포기·인낙조서가 있다. 소송비용에 관한 결정도 기판력이 있으나, 비송사건에 관한 결정은 기판력이 없다. 사실심의 변론 종결 시(무변론 판결의 경우 판결선고 시)가 기판력이 발생하는 표준시점이다. 기판력은 원칙적으로 당사자에게만 미치며, 예외적으로 변론 종결 후의 승계인에게 미친다. 기판력의 효력범위에 있어 원칙적으로 판결주문에만 미치며, 예외적으로 상계항변과 선결적 법률관계에 미친다.

기한의 이익	법률행위의 효력이 발생하는 때와 채무를 이행하여야 하는 때가 시기, 법률행위의 효력이 소멸하는 기간이 종기이다. 채무자는 종기까지는 상환의무가 없으므로 그때까지는 이익이 있다고 할 수 있다. 이를 기한의 이익이라고 한다.
내용증명	우편물의 발송인이 수취인에게 어떤 내용의 문서를 언제 발송하였다는 사실을 우편관서가 증명하는 등기취급제도를 말한다. 법률상 각종의 사건, 권리 등으로 후일 당사자간의 분쟁 등이 생겼을 때를 대비하여 증거로서 소송이나 재판에 도움을 주기 위해 이용된다.
단속규정	강행규정과 관련하여 당사자의 의사로 배척할 수 없는 규정으로 단속규정(법규)이라는 것이 있는데, 이것은 일반적으로 위반시에 행위자에게 벌칙이 내려지는 것은 별론으로 하고 행위의 효력은 유효하다고 해석한다. 예) 광업권자, 어업권자가 명의를 대여한 계약은 무효이다. 반면 무허가음식점 영업행위는 단속규정 위반이지만 음식판매행위는 유효하다.
단순승인	상속인이 상속재산의 승계를 전면적으로 받아들이는 것을 말한다. 이것에 의하여 상속인은 피상속인의 권리·의무를 승계하게 되고(민법 제1025조), 후에 취소(철회)할 수 없게 된다. 그리고 상속재산과 상속인의 고유재산은 완전히 일체화된다. 단순승인에는 특별한 신고를 요하지 아니한다.
답변서	소장 부본을 송달받은 피고가 원고의 청구를 다투는 경우에 제출하는 최초의 서면으로서 소장 부본을 송달받은 날부터 30일 안에 제출하여야 한다.
대습상속	재산상속 개시 전에 상속인이 될 직계비속이나 형제자매가 사망하거나 결격자로 된 경우에, 그 자에게 직계비속이나 배우자가 있으면 그 직계비속이나 배우자가 사망하거나 결격된 자의 순위에 갈음하여 상속인이 되는 것을 말한다(민법 제1001조). 예컨대 피상속인에게 장남A · 차남B · 장녀C가 있는 경우, 상속개시 전에 차남B가 사망하고, 그 차남B에게 X · Y의 직계비속이 있다면 X · Y는 백부 · 백모인 A · C와 동순위로 상속인이 되는 것이다.
대위변제	제3자 또는 공동채무자의 1명이 채무자를 위하여 변제하면 그 변제자는 채무자 또는 다른 공동채무자에 대하여 구상권을 취득하게 되는데, 민법이 이 변제자의 구상권을 확실히 하기 위하여 변제자는 변제를 받은 채권자가 가지고 있는 권리를 대위하여 행사할 수 있다고 정하고 있는 바(민법 제480조 ~ 제481조), 이를 대위변제 또는 변제에 의한 대위라고 한다.
대항요건	이미 발생하고 있는 권리관계를 타인에 대하여 주장할 수 있는 요건을 말한다. 일반적으로 법률행위가 유효한 효력을 발휘하기 위해서는 먼저 성립요건을 갖추고 이어서 효력요건을 갖추어야 한다. 대항요건은 유효하게 성립한 법률행위의 효력을 거래상대방 외의 제3자에게 주장하기 위해 필요한 요건이다. 특히 제3자는 거래당사자 사이의 실제 권리변동사실을 외부에 나타난 표시에 따라 판단하므로, 일정한 요건을 대항요건으로 하여 이러한 요건을 갖추지 못한 경우에는 제3자의 이익을 도모할 필요가 있다.
동시이행의 항변권	쌍무계약의 상대방이 그 채무이행을 제공할 때까지 자기의 채무이행을 거절할 수 있는 권리를 말한다(민법 제536조1항 본문). 예컨대 매매계약에서 매수인은 대금을 지급한다는 채무를 부담하고, 매도인은 상품을 인도한다는 채무를 부담한다. 따라서 매도인의 입장에서 보면 상품의 인도는 대금의 지급이 있을 때까지 이를 거절할 수 있고, 매수인의 입장에서 보면 대금의 지급은 상품의 인도가 있을 때까지 이를 거절할 수 있다. 이와 같이 거절할 수 있는 권리를 동시이행의 항변권이라 한다.
등기의 공신력	등기는 등기된 일정한 사실 또는 법률관계가 실질적으로 있는 것을 전제로 하는데 사실상 존재하는 않는 등기사항이 있을 수도 있다. 등기를 신뢰하고 거래한 사람에 대하여 사실이나 법률관계가 실질상 존재하지 않아도 존재한 것과 같은 법률관계를 부여하려는 것을 공신의 원칙

	이라고 한다. 거래의 안전과 신속성을 갖기 위하여 등기에 공신력을 인정해야 한다는 주장도 있으나 우리나라에서는 등기의 공신력을 인정하지 않는다.
명의신탁	부동산에 관한 소유권 기타 물권을 보유한 자나 사실상 취득하거나 취득하려고 하는 자가 타인과의 사이에서 내부적으로는 실권리자가 부동산에 관한 물권을 보유하거나 보유하기로 약정하고, 그에 관한 등기는 타인의 명의로 하기로 하는 약정(위임・위탁매매의 형식에 의하거나 추인에 의한 경우를 포함)을 말한다. 이러한 명의신탁은 탈세나 강제집행의 회피를 위한 목적으로 이용되어 왔으나 현재 시행중인 「부동산 실권리자명의 등기에 관한 법률」에 의하여 제한을 받고 있다.
무변론 판결	피고가 원고의 청구를 다투는 때에는 소장 부본을 송달받은 날부터 30일 안에 답변서를 제출하여야 하는데, 30일 동안의 답변서 제출기한 내에 답변서를 제출하지 아니하거나 피고가 청구원인 사실을 모두 자백하는 취지의 답변서를 제출한 경우 판사가 변론을 하지 않고 바로 판결선고기일을 지정하는 것을 말한다.
무효	법률행위가 성립한 때부터 법률상 당연히 효력이 없는 것으로 확정된 것을 말한다. 따라서 당사자가 의도한 법률상의 효과는 발생하지 않는다. 예컨대 원시적 불능으로 계약이 무효가 된 경우에도 이로 인하여 계약체결상의 과실책임(민법 제535조)이 발생하며, 무효인 법률행위에 대해서도 추인이나 전환이 인정된다. 또 무효는 법률행위 자체가 처음부터 전혀 존재하지 않는 부존재와도 구별된다.
배당요구	강제집행에 있어서 압류채권자 이외의 채권자가 집행에 참가하여 변제를 받기 위해 집행관에게 압류금전, 매득금 등의 배당을 요구하는 것을 말한다. 우리 민사집행법은 평등배당주의(平等配當主義)를 채택하고 있으므로 압류채권자 이외의 채권자도 배당요구를 하여 평등한 배당을 받을 수 있다. 배당요구의 절차는 압류목적물의 종류에 따라서 다르다.
배당이의	배당기일에 배당표원안에 적힌 각 채권자의 채권이나 배당액에 불복이 있는 이해관계인이 그 기일 중에 말로써(채무자의 경우 서면으로도 가능) 불복을 신청하는 것이다.
변론종결	당사자 쌍방이 판결의 기초가 될 사실과 증거를 모두 제출하여 심리를 종결하는 것. 약칭하여 「결심」이라고도 한다.
변론주의	소송자료, 즉 사실과 증거의 수집·제출의 책임을 당사자에게 맡기고, 당사자가 수집하여 변론에서 제출한 소송자료만을 재판의 기초로 삼아야 한다는 원칙이다.
보정	흠결이 있는 부분을 고치거나 보충하라는 의미이다.
본안판결	소에 의하여 제기된 청구, 즉 원고의 권리주장이 실체법상 이유가 있는가 없는가, 또는 상소에 의한 불복의 주장이 실체법상 이유가 있는가 없는가를 판단하는 종국판결을 말한다.
부종성	주된 권리・의무에 부수적인 권리・의무가 의존하는 것을 말한다. 채권을 담보하기 위하여 저당권・질권을 설정하거나(물적담보) 보증인을 세울 경우(인적담보), 근본이 되는 주된 권리・의무 외에 저당권・질권과 관련된 권리・의무, 그리고 보증채무와 이에 대한 권리라는 형식으로 종속된 권리・의무가 발생한다. 이런 경우에 종속된 권리・의무는 주된 권리・의무가 성립하지 않으면 성립할 수 없고, 주된 권리・의무가 소멸하면 함께 소멸한다. 예를 들어 주채무자가 채무를 이행하여 이에 따라 채무가 소멸하면 주채무에 의존하는 저당권・질권・보증채무도 소멸한다.

불변기간	법률이 불변기간이라고 명시하는 법정기간의 일종이다. 대체로 재판에 대한 불복신청기간이 이에 해당되므로 재판기관은 부가기간을 정할 수 있되 이를 신축(伸縮)할 수 없다. 예를 들어, 제소신청기간, 항소기간, 상고기간, 재심제기기간, 즉시항고기간, 제권판결에 대한 불복기간, 조정에 갈음한 결정에 대한 이의신청기간, 행정소송제소기간, 중재판정취소의 소의 제소기간 등이 있다. 불변기간의 준수여부는 직권조사 사항이다.
상속포기	상속인이 상속재산의 승계를 거부하는 의사표시를 말한다. 재산상속에 관하여는 상속포기의 자유가 인정된다. 상속재산이 채무초과(소극적 재산이 적극적 재산보다 많은 경우)인데도 불구하고 상속을 강제한다는 것은, 상속인에게 손해의 부담을 강요하는 결과가 되어 가혹할 뿐만 아니라 자기책임의 원칙에도 어긋나므로 이러한 경우에 상속을 포기할 수 있게 한 것은 당연하다. 상속의 포기를 할 수 있는 자는 상속권이 있고 또 상속순위에 해당한 자에 한한다.
소급(효)	법률효과(권리 · 의무의 변동 = 권리의 발생·변경·소멸 등)를 과거의 일정한 시기까지 거슬러 올라가는 것으로, 이를 효과의 소급 또는 소급적 효과(소급효)라고 한다. 소급효가 인정되는 중요한 예로는 실종선고(이하 민법 제28조), 취소(제141조 · 제406조), 추인(제133조), 해제(제548조1항) 등이 있다.
소비대차	당사자 일방이 금전 기타 대체물(쌀 · 보리 등)의 소유권을 상대방에게 이전할 것을 약정하고, 상대방은 그와 같은 종류, 품질 및 수량으로 반환할 것을 약정함으로써 성립하는 계약을 말한다(민법 제598조 제608조). 금전의 소비대차가 가장 대표적인 것이다.
손해배상 · 손실보상	손해를 전보하는 것을 말하는데 요건, 효과, 기능 등에 관하여 매우 다르다. ① 손해배상이란 손해를 가한 자가 손해를 입은 자에 대하여 손해를 배상하는 것을 말한다. 「민법」에서는 채무불이행의 경우(민법 제390조)와 불법행위의 경우(제750조)에 인정된다. ② 손실보상은 적법한 공권력의 행사에 의하여 가해진 경제상의 특별한 희생(공용징수·공용사용)에 대하여 행정주체가 행하는 재산적 보상이다. 토지수용에 대한 손실보상, 농지의 강제매수의 대가지급 등이 그 예이다. 적법행위로 인한 손실(재산의 침해)의 보상이라는 점에서 불법행위로 인한 국가배상 및 위법행위로 인한 손해배상(민법 제750조)과 다르다.
수익자	이익을 얻는 자 라는 의미로, 이 책에서는 '사해행위취소소송에서 채무자로부터 권리의 전부나 일부를 최초에 양수받는 자'라고 이해하면 된다.
시효기간	시효로 권리득실의 효력이 발생하는데 필요한 기간이다. 취득시효에서는 부동산에 대하여 20년간 소유의 의사로 평온 · 공연하게 부동산을 점유한 자는 등기함으로써 소유권을 취득한다. 또 부동산의 소유자로 등기한 자가 10년간 소유의 의사로 평온 · 공연하게 선의이며 과실 없이 부동산을 점유한 때에도 소유권을 취득한다(민법 제245조). 동산의 경우에는 10년간 소유의 의사로 평온 · 공연하게 동산을 점유한 자는 소유권을 취득하고, 전의 점유가 선의이며 과실 없는 경우에는 5년을 경과함으로써 소유권을 취득한다(민법 제256조). 소멸시효에는 채권과 소유권 이외의 재산권은 20년, 채권은 10년의 원칙 말고도 많은 단기시효를 인정하고 있다(민법 제163조 제165조).
시효의 정지	시효기간이 거의 완성할 무렵에 권리자가 중단행위를 하는 것이 대단히 곤란한 경우 시효기간의 진행을 일시적으로 멈추게 하고 그러한 사정이 없어졌을 때 다시 나머지 기간을 진행시키는 것을 말한다. 권리자에게 정지기간 중에 시효를 중단하는 기회를 주기 위한 제도이다. 시효의 중단은 이미 경과한 시효기간의 이익을 소멸시키나(민법 제178조 참조), 정지는 정지기간에 해당하는 기간만 시효기간을 연장시킬 뿐이다. 따라서 권리자는 정지기간 내에 시효를 중단시키면 된다.

시효의 중단	시효의 기초가 되는 계속된 사실상태와 부딪히는 어떤 사실(권리자가 권리를 행사하거나 의무자가 의무를 승인하는 것)이 생긴 경우에 시효기간의 진행을 중단시키는 것을 말한다.
실체법 · 절차법	실체법(실체규정)이란 사항의 실체를 규정한 법(규정)을 말하고, 절차법(절차규정)이란 실체법을 실현하는 절차를 규정한 법(규정)을 말한다. 예를 들면, 돈을 빌린 자는 이를 반환할 의무가 있다고 하는 것은 실체규정이고, 돈을 반환하지 않은 경우에 강제적으로 반환시키는 절차를 규정하는 법은 절차법이다. 소송법은 절차법이며「민법」·「상법」·「형법」등은 실체법이다. 그러나 절차법 중에도 실체규정이 있고, 실체법 중에도 절차규정이 있다.
압류선착주의	조세는 원칙적으로 교부청구의 선후에 상관없이 동순위 사이에서는 우선적인 권리가 없다. 다만, 1개의 부동산에 대하여 체납처분의 일환으로 압류가 있을 때 그 압류에 관계되는 조세는 국세나 지방세를 막론하고 교부청구한 조세보다 우선한다. 압류선착주의는 압류 등기 순서에 따라 우선권리가 주어지는 것이 아니라 압류와 교부청구 사이에는 압류가 우선한다는 원칙이다. 압류선착주의는 조세가 체납처분절차를 통하여 징수되는 경우뿐만 아니라 구 민사소송법(2002. 1. 26. 법률 제6626호로 개정되기 전의 것)에 의한 강제집행절차를 통하여 징수되는 경우에도 적용된다.
연대보증	보증인이 주채무자와 연대하여 채무를 부담하는 보증을 말한다. 다만, 연대보증도 보증채무의 일종이기 때문에 부종성이 있다는 점에서 연대채무와 다르다. 즉 주채무가 성립하지 않으면 연대보증도 성립하지 않으며, 주채무가 소멸하면 연대보증도 소멸한다. 그러나 보통의 보증채무와는 달리 연대보증인에게는 최고·검색의 항변권이 없다. 채권자는 주채무자의 자력의 유무에 불문하고 즉시 연대보증인에게 청구하고 강제집행을 할 수 있다.
원고, 피고, 피고인	법원에 대하여 타인과의 법률관계에서 자기의 청구가 법률적으로 올바른 것인가 아닌가에 관하여 심판을 구하는 행위를 하는 것을 소(訴)라고 하는데, 원고는 민사소송을 통해 재판을 구하는 자를 말한다. 원고의 상대가 되는 자를 피고라고 한다. 범죄를 범한 혐의로 형사소송법에 따라 법원에 기소가 된 자를 피고인 이라고 한다. 민사소송에서 소송 대리인을 변호사라고 하고, 형사소송에서 피고인의 소송 대리인을 변호인 이라고 한다.
원상회복의무	계약을 해제하면 계약이 소급하여 해소하기 때문에 일단 인도하였던 물건을 반환받고 대금을 반환하는 것처럼, 각 당사자가 계약이 없었던 것과 같은 상태로 돌아갈 의무를 부담하는 것을 말한다. 이것이 부당이득의 반환청구권인가, 아니면 특별한 법률상의 청구권인가에 대하여는 논쟁이 있지만 전자라고 해석하는 것이 통설과 판례의 입장이다. 다만, 부당이득을 현존이익의 한도에서 반환하는 것에 반해(제748조1항), 해제의 효과인 원상회복의무는 계약이 소급적으로 소멸하고 급부가 없었던 것과 동일한 상태로 돌아가므로, 이익의 현존 여부를 묻지 않고서 받은 급부를 전부 상대방에게 반환하여야 한다.
용익물권	타인의 토지 또는 건물을 일정한 목적을 위하여 사용·수익할 수 있는 물권으로서 민법상의 용익물권의 지상권·지역권·전세권의 세 가지가 있다. 용익물권은 당사자간의 설정계약에 의하여 성립하는 것이 원칙이나, 상속·판결·경매·공용징수·취득시효 기타 법률의 규정에 의하여 지상권이 취득되는 경우가 있고, 관습법에 의하여 성립하는 경우도 있다.
유동적 무효	법률행위가 무효이기는 하지만 추인으로 행위시에 소급하여 유효로 될 수 있는 것을 말한다. 법률행위의 무효는 그것이 확정적인가 아니면 추인에 의하여 소급적으로 유효로 될 수 있는가에 따라 확정적 무효와 유동적 무효(불확정적 무효)로 나누어지는데, 확정적 무효가 무효의 원칙적인 모습이다.

유치권	타인의 물건이나 유가증권을 점유하고 있는 자가 그 물건에 관하여 생긴 채무의 변제를 받을 때까지 그 물건이나 유가증권을 유치할 수 있는 권리이다(민법 제320조 제328조). 예) 컴퓨터 수리업자는 수리대금을 받기까지 수리한 컴퓨터를 유치하고 그 반환을 거절할 수 있어 간접적으로 수리대금의 지급을 강제한다.
의제자백	당사자가 변론이나 준비절차에서 상대방이 주장하고 있는 자기에게 불이익한 사실을 명백히 다투지 않은 경우와 변론기일이나 준비절차기일에 출석하지 아니한 경우에 상대방이 주장하는 사실을 자백한 것으로 간주하는 것을 말한다(민사소송법 제150조1항 본문·3항 본문).
이행의 소	원고가 피고에 대하여 •••을 이행할 것을 요구한다는 내용의 소송이다. 원고의 이행청구를 법원이 인정한 경우 법원은 "피고는 원고에게 금 1천만 원을 지급하라" 와 같이 원고에 대한 피고의 이행을 명령하는 형태가 이행판결이다.
이행지체	채무불이행의 한 유형으로, 채무가 이행기에 있고 그 이행이 가능함에도 불구하고 채무자가 자신의 책임 있는 사유(귀책사유)로 채무의 내용에 좇은 이행을 하지 않는 경우이다. '채무자 지체'라고도 한다.
이행판결	이행의 소에 있어서, 소송요건을 구비하고, 원고의 청구가 이유 있는 경우에 이행을 명하는 판결을 말한다. 이행판결은 본안판결이며, 청구인용판결에 해당된다. 이행판결은 피고에 대한 이행명령을 포함하고 있으므로 채무명의가 되어 집행력이 발생한다. 또한 동시에 이행청구권의 존재를 확인하며, 이 점에 관하여 기판력이 발생한다. 반면에 이행의 소에 있어서 청구기각판결은 확인판결 이다.
일부무효	법률행위의 일부가 무효인 것을 말한다. 법률행위의 일부가 무효인 경우에 원칙적으로 법률행위 전부가 무효이지만, 당사자 쌍방이 법률행위 당시 일부무효임을 알았다면 나머지 부분만으로 법률행위를 하였을 것이라고 인정될 때 나머지 부분은 유효하다(민법 제137조). 일부무효에 관한 민법의 규정은 임의규정이므로 당사자의 약정이 있으면 그에 의하고 민법의 규정은 적용되지 않는다.
일신전속권	상속인에게 승계되지 않는 피상속인의 일신에 전속하는 권리·의무를 말한다(민법 제1005조 단서). 일신전속의 권리 · 의무에는 사인간의 신용을 기초로 하는 대리권, 고용계약에 의한 노동의무 · 위임계약에 의한 사무처리의 의무나 친족관계를 기초로 하는 부양청구권·혼인동의권·부부간의 계약취소권 · 이혼청구권 · 친권 등이 있다.
임의규정	사회질서나 선량한 풍속과 관계가 없는 규정으로 당사자의 의사로 법규의 적용을 배제할 수 있다. 따라서 임의규정은 당사자의 의사표시가 없는 경우나 분명하지 않은 경우에 대비하여 그 공백부분을 없애고 불분명한 부분을 명확하게 하기 위한 규정이다(민법 제105조).
자유심증주의	법원은 변론 전체의 취지와 증거조사의 결과를 참작하여 자유로운 심증으로 사회정의와 형평의 이념에 입각하여 논리와 경험의 법칙에 따라 사실주장이 진실한지 아닌지를 판단해야 한다는 원칙을 말한다(민사소송법 제202조). 민사소송법 제202조가 선언하고 있는 자유심증주의는 형식적인 증거규칙에 얽매일 필요가 없다는 것을 뜻할 뿐 사실의 인정에 관한 법관의 자의적인 판단을 허용하는 것이 아니다. 따라서 사실의 인정은 적법한 증거조사절차를 거친 증거에 의하여 사회정의와 형평의 이념에 입각하여 논리와 경험의 법칙에 따라야 하고, 사실인정이 사실심의 재량에 속한다고 하더라도 그 한계를 벗어나서는 안 된다(대법원 1982. 8. 24. 선고 82다카317 판결, 대법원 2010. 7. 15. 선고 2006다28430 판결).

종국판결	소 또는 상소에 의하여 계속되어 있는 사건의 전부나 일부에 관하여 당해 심급에서 완결하는 판결이다. 법원은 소송심리를 완료한 때에는 종국판결을 하여야 한다. 종국판결의 예로는, 본안판결, 소각하판결, 소송종료선언 등을 들 수 있다.
준비서면	당사자가 변론에서 진술하고자 하는 사항을 기일 전에 미리 적어 법원에 제출하는 서면을 말한다.
재판, 판결, 결정, 명령	① 재판은 광의로는 재판기관의 판단을 말하는데, 통상적으로는 사법권이 속하는 법원의 판단 또는 의사표시를 말한다. ② 법원이 원칙적으로 구술변론을 거쳐서 행하는 재판을 판결이라고 한다(민사소송법 제134조1항 본문, 예외 민사소송법 제124조 본문·제219조). ③ 법원이 구술변론에 의하여 행할 것이 요구되지 않는 재판을 결정이라고 한다(민사소송법 제134조1항 단서, ④ 법관이 행하는 재판을 명령이라고 한다. 판결은 선고로 효력이 생긴다(민사소송법 제205조). 결정·명령은 상당한 방법으로 고지하면 효력을 가진다(민사소송법 제221조1항).
전득자	권리의 양수인으로부터 그것을 다시 양도 받은 자를 말한다. 예) 사해행위 상대방인 수익자로부터 다시 목적인 권리의 전부나 일부를 취득한 자를 말한다.
전부명령	채무자의 제3채무자에 대한 금전채권이 압류된 경우 지급에 갈음하여 채권을 그 액면만큼 압류채권자에게 이전시키는 집행법원의 명령을 말한다(민사집행법 제229조).
제3자이의의 소	제3자가 강제집행의 목적물에 대하여 소유권을 주장하거나 목적물의 양도나 인도를 저지하는 권리를 주장하기 위하여 채권자를 상대로 제기하는 강제집행에 대한 이의의 소를 말한다(민사집행법 제48조). 강제집행의 목적물에 대한 제3자이의의 소는 강제집행 개시 후 그 종료 전에만 이를 제기할 수 있다.
집행권원 (채무명의)	국가의 강제력에 의하여 실현될 청구권의 존재 및 범위를 표시하고 또한 집행력이 부여된 공정증서를 말한다. 채무명의 라고도 한다. 집행권원의 종류는 확정된 종국판결, 가집행의 선고가 있는 종국판결, 항고로만 불복할 수 있는 재판, 확정된 이행권고결정, 확정된 지급명령, 채무자가 강제집행을 승낙한 취지가 적혀 있는 공정증서, 소송상 화해·청구의 인낙 등 그 밖에 확정판결과 같은 효력을 가지는 것, 조정조서, 제소전 화해조서, 개인회생채권자표, 회생담보권자표, 파산채권자표, 소송비용액 확정결정 등이 있다.
처분권주의	민사소송법의 심리에 관한 원칙으로 절차의 개시, 심판의 대상, 절차의 종결에 대해 당사자의 처분에 맡기는 것을 말한다. 법원은 당사자가 신청하지 아니한 사항에 대하여는 판결하지 못한다(민사소송법 제203조).
청구권	대금을 지급하지 않는 자에게 대금의 지급을 청구하거나, 임차기한이 지났는데도 계속 거주하고 있는 임차인에 대하여 가옥의 명도를 청구하는 것과 같이 직접 물건을 지배하는 것이 아니고 타인에게 일정한 행위(부작위도 포함)를 요구하는 것을 내용으로 하는 권리를 말한다. 가장 대표적인 청구권은 채권이고, 그 밖에 소유물반환청구권(민법 제213조), 상속회복청구권(민법 제999조) 등이 있다.
청구의 인낙	피고가 법원에 대하여 원고의 청구가 이유 있음을 스스로 인정하는 것. 피고가 청구의 인낙을 하게 되면 원고가 청구한 내용대로 판결의 효력이 발생한다.
청구의 포기	원고가 법원에 대하여 자신의 청구가 이유 없음을 스스로 인정하는 것. 원고가 소송계속 중에 청구포기의 의사를 표시하면 소송이 종료하고, 그 뒤에 동일한 사안에 대하여 소를 제기할 수 없다.

청구원인	원고가 주장하는 권리 또는 법률관계(소송물)의 성립원인인 사실이다. 청구취지와 같은 결론 도달의 전제가 되는 실체법상의 권리 또는 사실관계를 표시하는 것이다. 소장에는 청구의 취지와 청구의 원인을 기재하여야 한다.
청구취지	원고가 당해 소송에서 소로써 청구하는 판결의 주문 내용. 소장은 당사자에 관한 기재부분, 청구취지, 청구원인의 세 부분으로 구성된다. 소의 결론 부분, 즉 소로써 달성하려는 사회적, 경제적 목적을 표시한 부분이다.
채권양도	계약으로 채권의 동일성을 유지하면서 이전하는 행위를 말한다. 민법은 채권양도를 명문으로 인정하고 있다(민법 제449조 제452조). 예외적으로 채권양도를 허용하지 않는 경우로는 첫째, 법률이 금지하는 경우(예 : 친족간의 부양청구권, 연금청구권 등), 둘째, 채권의 성질로 보아 허용되지 않는 경우[예 : 차주의 사용·수익권(민법 제610조) 및 임차인의 임차권(민법 제629조) 등], 셋째, 채권자와 채무자 사이에 미리 채권을 양도하지 않는다는 특약이 있는 경우(단, 이 특약은 선의의 제3자에게 대항할 수 없다) 등이다.
채무불이행	넓은 의미로는 채무자가 채무의 내용에 따른 이행을 하지 않는 것을 말한다. 채무의 내용에 따른 이행인가 아닌가 하는 것은 당사자가 의도하는 목적과 거래관행, 신의성실의 원칙 등을 고려하여 판단한다. 예를 들면 쌀가게에서 약속한 날에 쌀을 배달하지 않는다거나, 배달된 쌀이 당초의 약속과는 다른 품질이었다면 채무의 내용에 따른 이행이라고 할 수 없다. 채무불이행에는 이행지체, 이행불능, 불완전이행의 세 가지 유형이 있다(민법 제390조). 좁은 의미의 채무불이행이라고 할 때에는 채무의 내용에 따른 이행을 하지 않은 상태가 존재하고 있을 뿐만 아니라, 이 상태의 존재에 채무자의 고의나 과실(채무자의 귀책사유)이 있는 경우를 의미한다. 채무자에게 책임이 있으면 채권자는 채무자에게 불이행으로 발생한 손해배상을 청구할 수 있다(민법 제390조). 또 채무자의 책임 있는 사유로 이행불능이 되면 채권자는 계약을 해제할 수 있다(민법 제546조).
채무의 인수	채무를 그 동일성을 유지하면서 그대로 인수인에게 이전하는 것을 목적으로 하는 계약을 말한다. 채무인수는 ① 채권자·채무자·인수인의 세 당사자에 의한 3면 계약, ② 채권자와 인수인 사이의 계약 또는 ③ 채무자와 인수인 사이의 계약에 의해 행해질 수 있다. 채무자와 인수인 사이의 계약에 의한 채무인수는 채권자의 승낙이 있어야만 그 효력이 생긴다.
채무초과	재산계산에 있어서 소극재산총액이 적극재산총액을 초과하는 경우를 말한다. 채무초과는 파산의 원인이 된다. 「채무자 회생 및 파산에 관한 법률」은 ① 보통파산원인, ② 법인의 파산원인, ③ 상속재산의 파산원인을 규정하고 있다. ①은 채무자가 채무를 지급할 수 없거나 지급을 정지한 때를 말하고(제305조), ②는 법인의 부채총액이 자산총액을 초과하는 경우를 말하며(제306조), ③은 상속재산으로 상속채권자 및 유증을 받은 자에 대한 채무를 변제할 수 없는 경우를 말한다(민법 제307조).
최고·검색의 항변권	보증인이 채권자로부터 주채무자의 채무를 이행할 것을 청구받은 경우, 주채무자에게 변제자력이 있고 그 집행이 용이하다는 사실을 증명하여 먼저 주채무자에게 이행을 청구하라고 주장할 수 있는 권리이다(민법 제437조). 보증인의 최고·검색의 항변에도 불구하고 채권자가 주채무자의 최고나 검색(집행)을 게을리하여 변제를 받지 못하였다면 보증인은 채권자가 게을리하지 않았더라면 변제받았을 한도에서 그 책임을 면한다(민법 제438조). 연대보증인에게는 최고·검색의 항변권이 없다.

추심명령	채무자의 제3채무자에 대한 금전채권이 압류된 경우 민법상의 대위절차(민법 제404조) 없이 압류채권자가 압류채권의 지급을 받을 수 있는 권한을 부여하는 집행법원의 명령을 말한다(민사집행법 제229조).
추인	법률행위의 하자를 후에 보충하여 완전하게 하는 것을 말한다. 특히 취소할 수 있는 행위를 취소하지 않겠다는 확정적 의사표시로서 이론상으로는 취소권의 포기에 해당한다.
추완항소	당사자가 책임질 수 없는 사유로 인해 불변기간을 지킬 수 없었던 경우에 그 사유가 없어진 날로부터(공시송달 된 사실을 안 때로부터) 2주일 이내에 게을리한 소송 행위를 보완하는 것이다.
취소	일단 유효하게 성립한 법률행위의 효력을 제한(무)능력이나 의사표시의 결함을 이유로 취소권자가 그 효력을 소멸시키는 것을 말한다. 취소의 방법은 법률행위를 취소한다는 의사표시면 족하고 다른 특별한 형식을 필요로 하지 않는다.
통상기간	법정기간의 일종으로 재판기관이 신축(伸縮)할 수 있는 기간이다. 예를 들어, 제척・기피사유의 소명기간, 추후 보완기간, 쌍방불출석 취하간주 시 불귀책사유에 기인한 기일지정신청기간, 상고이유서 제출기간 등
파기환송	상소심에서 심리한 결과 원심판결에 법률에 정한 일정한 사유(파기의 사유)가 있어서 원심판결이 지지될 수 없다고 인정된 경우에는 상소법원은 이를 파기해야 하는데(상고심에서는 다시 제1심판결까지 파기할 경우도 있다), 이 경우에 원심판결이 파기되면 동 사건에 대하여 새로이 재판하여야 할 필요가 생긴다. 이 재판을 상소법원 자신이 하는 것을 파기자판이라 하고, 사건을 원심법원(상고심에서는 제1심법원으로 환송할 경우도 있다)에 환송하여 거기서 재판하도록 하는 것을 파기환송이라 하며, 그 밖의 법원에 이송하는 것을 파기이송이라 한다.
피보험자 ・ 보험계약자 ・ 보험자	모두 보험계약의 관계자이다. ① 피보험자는 손해보험과 생명보험에서의 개념이 다르다. 손해보험에서는 피보험이익의 주체이며, 보험금의 지급을 받는 자이다. 생명보험에서는 사람의 생(生)・사(死)라는 보험사고 발생의 객체가 되는 사람으로, 반드시 그가 보험금의 수령자가 되는 것은 아니다. ② 보험계약자는 보험자의 상대방으로서, 그 자와 자기의 명의로 보험계약을 체결하고 보험자에게 보험료를 지급하는 자이다. 보험자와 함께 보험계약의 당사자이다(상법 제638조·제639조). ③ 보험자는 보험사고가 발생한 때에 보험계약의 당사자로서 손해의 보상 기타의 약정한 보험금액을 지급할 책임을 지는 자이다.
한정승인	상속인의 상속으로 인하여 취득할 피상속인의 재산의 한도에서 피상속인의 채무와 유증을 변제할 것을 조건으로 상속을 승인하는 것을 말한다(민법 제1028조). 즉 상속받은 재산의 한도에서 상속받은 채무를 변제하면 족하고, 상속재산을 상속채무가 초과하는 경우에는 더 이상 피상속인의 채무는 상속되지 않으므로 변제할 필요가 없다.
항소	제1심의 종국판결에 대한 상소임. 예) 1심 단독판결에 대한 항소심은 창원지방법원 항소부에서, 1심 합의판결(고액단독 사건 포함)에 대한 상소심은 부산고등법원에서 한다.
해제	일단 유효하게 성립한 계약을 소급하여 소멸시키는 일방적인 의사표시를 말한다. 그리고 이러한 일방적인 의사표시에 의하여 계약을 해소시키는 권리를 '해제권'이라고 한다.

해지	계속적인 계약을 장래에 향하여 실효시키는 것을 말한다. 이것은 장래에 향하여 계약을 소멸시키는 점에서 해제의 소급적 효력과는 구별하여야 한다. 예를 들어 일시적인 계약으로 어떤 매매계약이 해제되면 계약은 처음부터 무효가 되고 원상회복의 의무를 부담하게 된다(민법 제548조1항 본문). 해제는 계약을 소급적으로 무효로 하는 법률행위(단독행위)이다. 이에 반하여 계속적 계약인 임대차에 있어서는 이미 경과한 사실관계를 회복한다는 것(원상회복)은 타당하지 않으므로, 이미 경과한 사실관계는 그대로 두고 장래에 향하여 계약(법률관계)을 실효케 하는 것이다(민법 제550조).
협의분할	상속재산의 분할에는 지정분할, 협의분할, 법원분할이 있다. 협의분할은 피상속인에 의한 지정분할이 없을 때 공동상속인이 협의에 의하여 분할하는 것이다.
형성의 소	법률관계의 변동을 요구하는 소이다. 즉 '원고와 피고는 이혼한다'고 하는 판결을 구하기 위해 제기하는 소를 말한다. '원고와 피고는 이혼한다'고 하는 판결이 확정되면 지금까지 부부였던 원고와 피고는 부부가 아니라고 하는 효과가 형성된다. 따라서 원고인 갑이 피고인 을과 이혼하고 싶으나 을이 이혼에 동의하지 않는 경우, 갑에게 이혼할 정당한 원인이 있으면(민법 제840조) 갑은 을을 상대로 하여 '원고와 피고는 이혼한다'고 하는 판결을 구하기 위해 소를 제기한다. 이러한 소가 '형성의 소'이다.

[에필로그] 함께 행복하게 살아가는 세상을 위하여

지금까지 채무자가 기본적으로 알고 있어야 할 법률지식과 판례, 채권자의 행동특성, 합법적인 불복방법, 채무조정제도 등에 대해 살펴보았다. "법은 도덕의 최소한" 이라는 말이 있다. 사회구성원으로서 지켜야할 윤리적 규범으로서의 법은 필요하다. 사회의 질서와 안정을 유지할 수 있기 때문이다. 기본적으로 채권자와 채무자도 법을 준수하고 상호간 의무를 이행함으로써 신뢰관계를 유지해나가야 한다. 돌이켜보건대, 지금까지 우리 사회는 채무자를 법과 도덕의 경계선에 방치해도 될 실패자로 낙인찍었다. 채무자 보호 법률과 정책, 공·사적 채무조정 제도가 대피할 공간을 제공했을 뿐이다.

변제능력을 상실한 채무자가 처한 상황은 '오징어 게임' 속 참가자들과 같을 것이다. 그들이 실패자라는 현실을 감내하며 살아가는 것은 고역이다. 그래서 스스로 생을 마감하거나 목숨을 건 게임에 참가하고 싶은 유혹에 쉽게 빠질 수 있다. 외생변수 때문에 도산할 수밖에 없었던 채무자의 자유를 제한하는 것이 능사가 아니다. 그들을 우리 사회의 보편적 가치판단 기준으로 포용할 수는 없을까?라는 공존의식이 집필의 출발점이었다.

도덕적 관점과 상식에서 보면 법률과 약정에 따른 채무는 전액 변제하는 것이 맞다. 그러나 채무자의 의지와 전혀 다른 사건·사고로 변제능력을 상실하게 되었다면 정상을 참작할 여지를 남겨두어야 한다. 퇴로의 개방과 정책적 지원을 통한 격려도 필요하다. 실적 쌓기라는 명분하에 대출(보증)권한을 남용하고 고객의 신뢰를 저버린 금융회사의 책임도 크기 때문이다.

통계정보에 따르면 2020년 말 기준으로 대한민국 전체 가구 수는 2,309만 세대이다. 주민등록상 인구는 5,182만 명이다. 15세 이상 생산활동 가능 인구 4,567만 명 중 경제활동 가능 인구는 2,820만 명이다. 이 중 채무자 수는 얼마나 될까? 1,000만 명이 훌쩍 넘는다. 초과잉 유동성, 공격적인 대출 마케팅, 투자시장 활성화, 경제위기 등의 사유로 채무자 수가 꾸준히 증가세를 유지해왔기 때문이다. 신규 대출을 통해 수익을 창출하려는 금융회사의 전략과 투기 세력의 이해가 맞아떨어진 측면도 있다. 이들의 신뢰관계는 지속적인 유동성의 공급, 투자자산 가격의 상승, 안정적인 소득의 확보를 전제로 유지된다. 미래세대를 희생양으로 삼아 진화하고 있는 자산(부동산, 주식, 코인, 미술품 등)의 거품이 꺼지거나 유동성이 축소되면 신뢰관계도 훼손될 수밖에 없다. 소득창출 기반마저 붕괴될 경우 빚더미에 앉게 되고 가족해체로 이어지는 불행이 뒤따른다.

1,000만 명이 넘는 채무자 중에 상환 부담으로부터 자유로운 사람은 얼마나 될까? 20 ~ 30% 미만으로 소수일 것이다. 특히 삶의 터전을 잃어버린 소상공인과 자영업자가 떠안게 될 채무는 부실채권 시장으로 편입될 수밖에 없다. 시간문제일 뿐이다. 코로나19가 종식되어도 그들의 고통은 끝나지 않을 것이기에 걱정스럽다.

채권자와 채무자 사이에 발생하는 '정보의 비대칭' 문제는 더욱 심각하다. 추심 전문조직을 갖춘 금융(신용정보)회사는 정보의 흡수력이 탁월하다. 컨트롤 타워인 법무팀은 채무자 보다 먼저 취득한 법률정보를 바탕으로 추심기법을 개발하고 전수한다. 하루 벌어 하루 먹고 사는데 급급한 채무자는 정보에 접근하고 방어할 기력조차 없다. 전문가에게 사건을 의뢰하자니 상당한 비용이 수반된다.

노벨 경제학상 수상자이자 『거대한 불평등』(원제목 The Great Divide, 거대한 분열)의 저자인 컬럼비아대 '조지프 스티글리츠(JOSEPH E. STIGLITZ)'교수는 논문에서, "정보의 비대칭 상황에서는 보이지 않는 손이 마비된 손으로 바뀌어 효율적인 자원배분에 실패하게 된다. 결과적으로 역선택이나 도덕적 해이가 발생한다"고 했다. 필자는 감춰진 지식과 정보의 불균형으로 기울어진 운동장을 평평한 경기장으로 만들어주고 싶다는 생각으로 에너지를 모두 쏟았다. 여기서 '감춰진 지식과 정보'는 영업비밀이라고 볼 수 없는 법률과 판례 적용의 구체화, 축적된 경험의 공유 등을 말한다.

그동안 우리 사회는 자신과 강자를 동일시하는 관성과 무관심이라는 사회적 폭력이 내면화되어 채무자를 이방인처럼 대해 왔다. 우리가 연대의 몸짓을 보여줄 때 그들의 사회복귀 속도는 빨라진다. 신뢰를 두려워하면 깊은 관계를 맺을 수 없다. 고립되었던 채무자가 세상에 다시 나올 수 있도록 믿고 기다려주자. 이를 위해 그들의 고통은 일반인도 겪을 수 있는 문제라는 인식의 전환이 선행되어야 한다. 물론 공동체가 보여준 우애와 포용에 보답하겠다는 채무자의 마음가짐과 부단한 노력 또한 전제되어야 한다. 함께 행복해야 할 그들이 평생 동안 '약자의 느낌'을 갖고 살아가게 하는 것은 너무 가혹하지 않은가.

전문서적에 가까운 이 책의 특성상 일반 교양서적의 형식을 갖추지 못한 점은 송구스럽다. 이 점을 보완하기 위해 논리적이고 이성적으로 전달할 수 있는 방법에 대해 고민했다. 쉬운 표현을 사용한 친절한 책을 쓰고 싶었지만 법률용어가 다수 포함될 수밖에 없어 아쉽다. 정확한 의미의 전달과 객관성을 담보하기 위해 한자어·법률·판례를 인용하되 해설을 덧붙였다. 이 책이 모든 독자를 만족시킬 수 없다는 점을 잘 알고 있다. 허물이 있다면 겸허하게 받아들이고 성찰하는 시간을 가질 것이다. 생소한 의제임에도 관심을 보여주고 동참해주신 모든 독자들에게 감사드린다.

참고문헌

[도서]

실무제요 민사소송 (법원 행정처)
공탁 실무편람 (법원 행정처)
민법강의 (지원림, 홍문사)
민법 및 민사특별법 (박문각)
민사소송법 (송상현, KNOU)
민사소송법 (이종훈, 에듀스파)
민법총칙 및 채권법(이광수, 에듀스파)
CFP 상속설계 (한국 FPSB)
축적의 시간 (서울대학교 공과대학, 지식노마드)
자본주의에 희망은 있는가 (저자 슬라보예 지젝, 역자 박준형, 문학사상)
실력과 노력으로 성공했다는 당신에게 (저자 로버트 프랭크, 역자 정태영, 글항아리)
거대한 불평등 (저자 조지프 스티글리츠, 역자 이순희, 열린책들)

[홈페이지]

법무부
헌법재판소
대법원 대국민서비스, 전자민원센터, 종합법률정보, 인터넷등기소
서울회생법원
법제처
통계청
대한법률구조공단
금융위원회
금융감독원
한국은행
신용회복위원회
한국신용정보원
서민금융진흥원
법률신문

[기타]

네이버 지식백과
유튜버: 변호사 김신철 · 이상혁 · 김세라, 법무사 김영룡 / 이현민